U0139878

北京大学海上丝路与区域历史研究丛书

东来西往

8—13世纪初期海上丝绸之路贸易史研究

陈烨轩 / 著

社会科学文献出版社
SOCIAL SCIENCES ACADEMIC PRESS (CHINA)

北京大学海上丝路与区域历史研究丛书总序

中国是一个幅员辽阔的大国，也是一个拥有漫长海岸线的国家。溯至远古时期，我国先民就已开始了对海洋的探索。秦汉以降，经由海路与外部世界的交往，更成为一种国家行为，秦始皇派徐福东渡，汉武帝遣使西到黄支，孙吴时有朱应、康泰前往南洋，唐朝时则有杨良瑶远赴大食，直到明初郑和七下西洋，官方主导的外交与外贸持续不断。而民间的交往虽然被史家忽略，但仍然有唐之张保皋，明之郑芝龙家族等，民间的向海而生，时时跃然纸上。特别是唐宋以降，海上"丝绸之路"的迅猛发展，使得中国官民通过海路与沿线国家进行着频繁的政治、文化交往，海上贸易也呈现出一片繁荣的景象。

这条海上"丝绸之路"，联通东北亚、日本、南洋、波斯、阿拉伯世界，远到欧洲、东非，并以此为跳板，连接到世界更广阔的地域与国家，它不仅仅是东西方商业贸易的桥梁，也是沿线各国政治经济往来、文化交流的重要纽带。海上"丝绸之路"沿线的国家，也同样是面向海洋的国度，它们各自的发展与壮大，也见证了海上"丝绸之路"的发展；这些国家的民众，也曾积极参与海上贸易，特别是在大航海时代到来之后，逐步营建出"全球化"的新时代。

古为今用，我国"一带一路"合作倡议的提出，旨在借用古代"丝绸之路"的历史符号，积极发展与沿线国家的经济合作伙伴关系，彰显我国在国际社会中的担当精神。

2019 年初，北大历史学系受学校委托，承担大型专项课题"海上丝绸之路及其沿线国家和地区历史文化研究"，我们深感这一研究的时代意义以及史学工作者承载的历史使命。重任在肩，我们积极组织系内有生力量，打通中外，共同攻关；与此同时，我们也寻求合作伙伴，拓展渠道，与校内外同行共襄盛举。以此项目启动为契机，我们筹划了"北京大学海上丝路与区域历史研究丛书"，希望在课题研究深入的同时，有助于推动历史学系的学科建设，利用这个丛书，发表本系及其他参与人员的研究成果，共同推进海上丝绸之路与沿线区域的历史研究。

让我们共同翻开史学研究的新篇章！

丛书编委会（荣新江 执笔）

2020 年 6 月 6 日

序

　　唐元之际的海上丝绸之路研究无疑是中外关系史领域的一个重要课题，但因为相对来说文献资料较少，而且涉及海外多种语言文献材料，又十分分散，处理起来有一定的困难，所以这项研究有一定的难度。陈烨轩本科就读于中山大学历史学系，师从越南史专家牛军凯教授，以《唐代安南都护府治下诸族群问题研究——以安南土豪和都护府关系为中心》为毕业论文完成学士学业，被评为优秀毕业生，并获得第十届全国大学生"史学新秀奖"一等奖。后负笈北上，在北京大学历史学系跟从我读隋唐史专业硕士和中外关系史专业博士。毕业后继续在北大做博雅博士后研究，成为历史学系"海上丝绸之路研究"项目的中坚力量。他迎难而上，选择唐元时期海上丝绸之路贸易史作为主攻目标，取得了可喜的成果。

摆在面前的这本书，就是烨轩前一阶段研究成果的集中展现。他比较全面地吸收了前人有关海上丝绸之路研究的成果，包括南海史地、亚洲海洋史、中世纪阿拉伯与东南亚海洋史的学术积累，收集了大量中文和域外的相关文献，特别是发掘出中国学者此前比较少利用的一些阿拉伯、犹太商人文书，中外碑铭材料，以及各海域沉船的考古资料等，并做了翻译、整理工作，为这项研究打下深厚的基础。

本书的一个突出特点，是从 8—13 世纪长时段的视角来考察海上丝绸之路的贸易史，也就是说，不同于中国学术界传统的以朝代为中心研究的做法，不是从唐、两宋、元朝的角度来看问题，而是从东西方的角度来看这几个世纪海上丝绸之路贸易史的发展、演变，特别是阿拉伯商人、中国商人在不同时段所起到的作用，从而给出当时海上丝绸之路贸易发展的一个较为全面的景象。

本书的一个贡献，是深入研究了阿拉伯商人和中国商人在各自向东西方从事贸易时，在对方的社会中所能够深入的程度，包括阿拉伯商人在中国东南沿海地区的聚居与经营，在多大程度上渗透到当地的社会当中，以及他们的影响力。同时也利用阿拉伯文材料、中外碑铭记载和沉船考古资料，深入研究了宋朝商人在海上丝绸之路上到底走了多远，中国制造的商船最远航行到了哪里，商船的组织和货物的管理情形，以及沿海社会对于海外贸易的支持与阻碍等问题，都取得了超出前人研究成果的成绩，甚至有些部分填补了空白。

烨轩平日勤于治学，敏于思考。我和他经常在勺园食堂一起用餐，听他讲述一段时间的收获和想法。如今喜见他的第一本书完稿，欣喜莫名，谨撰小序，以纪学缘。

荣新江

2023 年 7 月 17 日于大雅堂

目 录 •

引　言

第一节　学术史回顾

8—13世纪初期海上丝绸之路贸易史研究，是古代中外关系史的重要课题。在进入本书前，需要先从整体上回顾海上丝绸之路研究的历史。关于海上丝绸之路史的研究，存在两条脉络：一是从南海史地的考证，发展到对海上丝绸之路总体的研究；二是沿着年鉴学派地中海研究的路数，将亚洲海洋作为一个整体进行研究，并提出用欧亚视角看待亚洲海洋的发展史。这两条脉络兼具共性和个性，可以融会贯通，为研究海上丝绸之路找寻新的思路。

一　从南海史地到海上丝绸之路的研究

（一）南海史地的早期研究史

海上丝绸之路历史的研究，最早是关于南海史地的考证。19 世纪末到 20 世纪初，沙畹（Edouard Chavannes）、伯希和（Paul Pelliot）、马司帛洛（Georges Maspero）、马伯乐（Henri Maspero）、费琅（Gabriel Ferrand）等西方学者，在印度支那史和中国南海史地的研究上取得了令人瞩目的成就，冯承钧对他们的部分作品进行了翻译。[1]劳费尔（Berthold Laufer）、薛爱华（Edward Schafer）研究了海上丝绸之路上的物质文化。[2]李约瑟（Joseph Needham）《中国科学技术史》对中国的航海技术进行了较为详细的梳理和研究，并叙述了科技史上的中西异同。[3]

日本学者藤田丰八、桑原骘藏对南海史地研究也有重要贡献。1917年，藤田丰八发表《宋代之市舶司与市舶条例》一文，回顾了市舶体制在唐代的源流；[4]其次研究了广州、泉州、明州、温州、杭州、秀州、江阴、密州等港口所在的市舶机构的兴废过程；再次就市舶司官员的选

1　沙畹编著《中国之旅行家》，冯承钧译，商务印书馆，1926。费琅：《昆仑及南海古代航行考》，冯承钧译，商务印书馆，1930。费琅：《苏门答剌古国考》，冯承钧译，商务印书馆，1931。马司帛洛：《占婆史》，冯承钧译，商务印书馆，1933。伯希和：《交广印度两道考》，冯承钧译，商务印书馆，1933。伯希和：《郑和下西洋考》，冯承钧译，商务印书馆，1935。冯承钧《西域南海史地考证译丛三编》，商务印书馆，1962。陆峻岭辑《冯承钧先生译著目录》，北京大学图书馆藏。佴晓笛、盛丰等译《马伯乐汉学论著选译》，中华书局，2014。

2　Berthold Laufer, *Sino-Iranica: Chinese Contributions to the History of Civilization in Ancient Iran, with Special Reference to the History of Cultivated Plants and Products*, Chicago: Field Museum of Natural History, 1919. 中译本见劳费尔《中国伊朗篇》，林筠因译，商务印书馆，1964。Edward Schafer, *The Golden Peaches of Samarkand: A Study of T'ang Exotics*, Berkeley: University of California Press, 1963. 中译本见薛爱华《撒马尔罕的金桃——唐代舶来品研究》，吴玉贵译，社会科学文献出版社，2016。Edward Schafer, *The Vermilion Bird: T'ang Images of the South*, Berkeley: University of California Press, 1967. 中译本见薛爱华《朱雀：唐代的南方意象》，程章灿、叶蕾蕾译，三联书店，2014。

3　Joseph Needham, *Science and Civilisation in China*, Vol. 4, Part 3, Cambridge: Cambridge University Press, 1971. 中译本见李约瑟《中国科学技术史》第 4 卷第 3 分册，汪受淇等译，科学出版社，2008。

4　藤田丰八「宋代の市舶司及び市舶条例」『東洋学報』第 7 卷第 2 号、1917 年、159－246 頁。中译本见藤田丰八《宋代之市舶司与市舶条例》，魏重庆译，商务印书馆，1936。

任、职责等进行考证；最后尝试复原北宋市舶条例的构成。在此前后，桑原骘藏关于蒲寿庚的研究，也成为泉州海外贸易史研究的经典。[1]

中国学者对南海史地的研究，从清代后期就已经开始，具有强烈的现实关怀，比如《海国图志》《瀛寰志略》之类。从 20 世纪 30—60 年代，古代中西交通史籍被中国学者重新发现并整理。张星烺将古代中西交通史料按照地域和时代顺序，进行整理汇总，编成《中西交通史料汇编》，并以贝内代托（Luigi Foscolo Benedetto）的《百万》（Il Millione）英译本为底本，翻译《马可·波罗寰宇记》，题为《马哥孛罗游记》。[2]冯承钧校注了郑和下西洋的史料《瀛涯胜览》和《星槎胜览》，并在夏德（Friedrich Hirth）英译本注释的基础上，对《诸蕃志》进行了校注，同时以沙海昂（Joseph Charignon）整理的《马可·波罗之书》（Le Livre de Marco Polo）为底本，翻译《马可·波罗寰宇记》，题为《马可波罗行纪》。[3]岑仲勉校释法显的《佛游天竺记》。[4]向达在 20 世纪 50 年代校注《西洋番国志》《郑和航海图》《顺风相送》等明代海交史史料，以及反映 9 世纪云南和中南半岛北部形势的《蛮书》。[5]另外，此时期也出版有专论南海交通史的书籍。温雄飞《南洋华侨通史》上卷按"南迁""货殖"的顺序，叙述从汉代到近代，中国和南洋的交通史；下卷为明清以

1　桑原騭藏『蒲寿庚の事蹟：宋末の提挙市舶西域人』東亞攷究會、1923。中译本见桑原骘藏《蒲寿庚考》，陈裕菁译，中华书局，1929。

2　《马哥孛罗游记》，张星烺译，中国地学会，1924；商务印书馆 1936 年再版。张星烺：《中西交通史料汇编》，辅仁大学图书馆，1930；中华书局 1977—1979 年再版（朱杰勤校订）。《马哥孛罗游记》已发现年代最早的版本为巴黎国家图书馆藏 14 世纪的 fr. 1116 号写本，使用法－意混合语（Franco-Italien），标题为《寰宇记》（Divisement dou Monde），故笔者用《马可·波罗寰宇记》称呼此书。

3　Chau Ju-kua: His Work on the Chinese and Arab Trade in the Twelfth and Thirteenth Centuries Entitled Chu-fan-chï, trans. & eds. by Friedrich Hirth and William W. Rockhill, St. Petersburg: Printing Office of the Imperial Academy of Sciences, 1911. 冯承钧校注《瀛涯胜览校注》，商务印书馆，1935。冯承钧校注《星槎胜览校注》，商务印书馆，1938。冯承钧校注《诸蕃志校注》，商务印书馆，1940。《马可波罗行纪》，冯承钧译，商务印书馆，1936。

4　岑仲勉：《佛游天竺记考释》，商务印书馆，1934。

5　巩珍：《西洋番国志》，向达校注，中华书局，1961。《两种海道针经》，向达校注，中华书局，1961。《郑和航海图》，向达整理，中华书局，1961。

后海交史的重要人物立传编年。[1] 向达《中外交通小史》简要叙述中国古代与欧洲、亚洲其他地区的交往。[2] 冯承钧《中国南洋交通史》分上下篇：上篇叙述和考证从汉代到明代宣德以前，中国与南海诸国交往史的变迁；下篇以国别为序，对汉文所载的南海诸国史料进行汇总。[3] 方豪《中西交通史》按照朝代的顺序，结合欧洲和日本学者的研究，对史籍所载的史前到清代的中西交通史基本问题进行叙述和考证。[4] 张铁生《中非交通史初探》是较早讨论中国和非洲关系史的著作，其中海上交通是重点。[5]

此外也有若干经典研究，陈寅恪在 1933 年发表《天师道与滨海地域之关系》一文，提出了"滨海地域"的概念，提倡用此观念来看待东晋的政治与社会，这在今天看来也很有启发性。[6] 全汉昇发表的有关扬州、广州等地与海外贸易的论文，是这方面较早的研究。[7] 陈达于 1934 年完成的《南洋华侨与闽粤社会》，虽然探讨民国时期的华人华侨问题，但成为中国华人华侨史的典范之作。[8] 陈序经关于东南亚的古代史，也有诸多研究。[9]

（二）20 世纪 80 年代后中国学者的海上丝绸之路史的研究

20 世纪 80 年代以后，中国学者在南海史地和海上丝绸之路的研究上取得了较多的成果。首先，中西交通史籍的整理和出版得以延续。夏鼐结合考古资料，对周达观《真腊风土记》进行校注。[10] 苏继庼生前所

1　温雄飞：《南洋华侨通史》，东方印书馆，1929。

2　向达：《中外交通小史》，商务印书馆，1933。

3　冯承钧：《中国南洋交通史》，商务印书馆，1937。

4　方豪：《中西交通史》，中华文化出版社，1955。

5　张铁生：《中非交通史初探》，三联书店，1965。

6　陈寅恪：《天师道与滨海地域之关系》，《陈寅恪集 金明馆丛稿初编》，三联书店，2015，第 1—46 页。鲁西奇近年重点阐发了这一观念，见鲁西奇《汉唐时期滨海地域的社会与文化》，《历史研究》2019 年第 3 期，第 4—22 页。

7　全汉昇：《中国经济史研究》，中华书局，2011。全汉昇：《中国经济史论丛》，中华书局，2012。

8　陈达：《南洋华侨与闽粤社会》，商务印书馆，1938。

9　《陈序经东南亚古史研究合集》，海天出版社，1992。

10　周达观著，夏鼐校注《真腊风土记校注》，中华书局，1981。

校注的《岛夷志略》得以出版。[1] 海军海洋测绘研究所、大连海运学院航海史研究室利用现代地理学知识，对《郑和航海图》进行考证和重绘。[2] 章巽校注《法显传》，[3] 谢方校注了《西洋朝贡典录》。[4] 白化文等在小野胜年注本基础上，校注了《入唐求法巡礼行记》。[5] 王邦维校注了《南海寄归内法传》。[6] 陈佳荣对隋前南海交通史料进行整理和研究，并校注了明代的《渡海方程》。[7] 汪向荣校注了《唐大和上东征传》。[8] 韩振华、杨博文分别对《诸蕃志》进行了校释。[9] 白化文、王丽萍先后校注了《参天台五台山记》。[10] 宋岘译注了《道里邦国志》，耿昇依据法译本翻译了《黄金草原》。[11] 万明对明本《瀛涯胜览》进行了新的整理和校注。[12]

其次，出现专论中国古代海上丝绸之路史的书籍。田汝康对元朝以后中国的远洋帆船贸易进行了专题探讨，其中对于郑和海外航行和胡椒销售问题的研究，尤为经典。[13] 陈佳荣等对古代南海的地名进行考证、汇释，并汇编成辞典。[14] 朱杰勤《东南亚华侨史》对汉代以后，中国在

---

1 汪大渊著，苏继庼校注《岛夷志略校释》，中华书局，1981。

2 海军海洋测绘研究所、大连海运学院航海史研究室编制《新编郑和航海图集》，人民交通出版社，1988。

3 章巽校注《法显传校注》，上海古籍出版社，1985。

4 黄省曾：《西洋朝贡典录》，谢方校注，中华书局，1986。

5 释圆仁著，小野胜年校注，白化文等修订补注《入唐求法巡礼行记校注》，花山文艺出版社，1992。

6 释义净著，王邦维校注《南海寄归内法传校注》，中华书局，1995。

7 陈佳荣：《隋前南海交通史料研究》，香港大学亚洲研究中心，2003。陈佳荣、朱鉴秋编著《渡海方程辑注》，中西书局，2013。朱鉴秋等编著《中外交通古地图集》，中西书局，2017。

8 真人元开：《唐大和上东征传》，汪向荣校注，中华书局，2000。

9 韩振华补注《诸蕃志注补》，香港大学亚洲研究中心，2000。赵汝适撰，杨博文校释《诸蕃志校释》，中华书局，2000。

10 《参天台五台山记》，白化文、李鼎霞点校，花山文艺出版社，2008。成寻撰，王丽萍校点《新校参天台五台山记》，上海古籍出版社，2009。

11 伊本·胡尔达兹比赫：《道里邦国志》，宋岘译注，中华书局，1991。马苏第：《黄金草原》，耿昇译，中国藏学出版社，2013。

12 马欢著，万明校注《明本〈瀛涯胜览〉校注》，海洋出版社，2005。

13 Ju-kang Tien, "Chêng Ho's Voyages and the Distribution of Pepper in China", *Journal of the Royal Asiatic Society*, Vol. 113, No. 2 (1981), pp. 186-197. 田汝康：《郑和海外航行与胡椒运销》，《上海大学学报》1985 年第 2 期，第 15—22 页。田汝康：《中国帆船贸易和对外关系史论集》，浙江人民出版社，1987。

14 陈佳荣等：《古代南海地名汇释》，中华书局，1986。

东南亚的移民史，进行了通贯性的叙述。[1] 韩振华编《南海诸岛史地考证论集》考证了中国南海诸岛的历史，独著的《中国与东南亚关系史研究》《华侨史及古民族宗教研究》收录他关于古代、近代中国海交史的论文。[2] 刘迎胜《丝路文化·海上卷》简明扼要地叙述中国古代海上丝绸之路的发展，《海路与陆路——中古时代的东西交流研究》按照专题形式，研究郑和及其之前的时代中国在亚洲海洋的活动情况。[3] 陈尚胜《中国传统对外关系研究》对中国古代政府处理对外关系的政策倾向和行为模式进行了研究。[4] 郑永常对"蕃客""唐人"等概念，以及海禁政策的产生等问题进行了研究。[5] 陈高华、陈尚胜《中国海外交通史》从航海技术、王朝政策、海港与航线、交往国家和地区等方面，对中国海外交通的历史进行了叙述。[6] 林梅村《观沧海——大航海时代诸文明的冲突与交流》对公元前 2 世纪至公元 19 世纪欧亚海洋历史的发展进行了专题研究，重点叙述大航海时代的文明接触。[7] 刘义杰对中国古代造船和航海技术进行了系统的研究。[8] 2021 年，北京大学历史学系主编出版了两册海上丝绸之路研究论文集、专刊，从全球史视野探讨海上丝路的发展。[9] 从全球史视野研究海上丝绸之路，和亚洲海洋史研究的思想、方法趋近。下文将叙述后者的学术史。

1　朱杰勤：《东南亚华侨史》，高等教育出版社，1990。

2　韩振华编《南海诸岛史地考证论集》，中华书局，1981。韩振华：《中国与东南亚关系史研究》，广西人民出版社，1992。韩振华：《华侨史及古民族宗教研究》，香港大学亚洲研究中心，2003。

3　刘迎胜：《丝路文化·海上卷》，浙江人民出版社，1995。刘迎胜：《海路与陆路——中古时代的东西交流研究》，北京大学出版社，2011。

4　陈尚胜：《中国传统对外关系研究》，中华书局，2015。

5　郑永常：《来自海洋的挑战——明代海贸政策演变研究》，稻乡出版社，2008。又《从蕃客到唐人：中国远洋外商（618—1433）身分之转化》，汤熙勇主编《中国海洋发展史论文集》第10 辑，中研院人文社会科学研究中心，2008，第 143~204 页。又《海禁的转折：明初东亚沿海国际形势与郑和下西洋》，稻乡出版社，2011。

6　陈高华、陈尚胜：《中国海外交通史》，中国社会科学出版社，2017。

7　林梅村：《观沧海——大航海时代诸文明的冲突与交流》，上海古籍出版社，2018。

8　刘义杰：《中国古代海上丝绸之路》，海天出版社，2019。

9　李伯重、董经胜主编《海上丝绸之路——全球史视野下的考察》，社会科学文献出版社，2021。赵世瑜主编《北大史学　海洋史与海上丝绸之路专号》第 22 辑，社会科学文献出版社，2021。

二　亚洲海洋史研究的发展

（一）地中海（Mediterranean）研究的启示

从对南海史地、名物等的考证，发展到对海上丝绸之路历史的研究，体现了中国数代中外关系史学者的辛苦耕耘。而在这一研究脉络之外，还有另一种研究思路，这源自地中海的研究，法国学者费尔南·布罗代尔（Fernand Braudel）的《地中海与菲利普二世时代的地中海世界》是这一研究思路的滥觞。[1] 尽管布罗代尔一书所讨论的范围是前近代的地中海世界，但此书的研究方法和理念影响了同辈和后辈学者的研究工作，其中尤其以总体史（空间、时间、结构）的研究观念和"地理的时间""社会的时间""个人的时间"三时段论最具有启发意义。[2]

布罗代尔的朋友格尔登·乔杜里（Kirti N. Chaudhuri）在其代表作《印度洋的贸易与文明》中，借鉴了布罗代尔的"长时段"理论，对中世纪到近代早期的印度洋经济史进行了综合的研究，并强调中国和阿拉伯商人的作用，成为印度洋史的经典之作。[3] 而后，弗朗索瓦·吉普鲁（Francois Gipouloux）在其所著的《亚洲的地中海：13—21世纪中国、日本、东南亚商埠与贸易圈》一书中，将东亚、东南亚的海域称为"亚洲的地中海"（又译为"亚洲内海"），认为这一海域的历史和地中海有着相似性，此海域的经济结构长期保持稳定，刺激了贸易，形成了独

1　Fernand Braudel, *La Méditerranée et le Monde Méditerranéen à l'Epoque de Philippe II*, Paris: Librairie Armand Colin, 1966. 中译本见费尔南·布罗代尔《地中海与菲利普二世时代的地中海世界》，唐家龙等译，商务印书馆，2013。

2　新近的研究见 Peregrine Horden and Nicholas Purcell, *The Corrupting Sea: A Study of Mediterranean History*, Oxford: Blackwell, 2000。中译本见佩里格林·霍登、尼古拉斯·珀塞尔《堕落之海：地中海史研究》，吕厚量译，中信出版社，2018。

3　Kirti N. Chaudhuri, *Trade and Civilisation in the Indian Ocean: An Economic History from the Rise of Islam to 1750*, Cambridge: Cambridge University Press, 1985.

特的政治体制和大都市的文化。[1] 此书的主旨在于研究从 16 世纪末到 20 世纪末的经济全球化问题，但也引起了学界比较大的争议。[2]

当然，在吉普鲁一书出版前，萧婷（Angela Schottenhammer）主编的《穿越东亚"地中海"的贸易和交流》《东亚的"地中海"：文化、贸易和移民的海洋十字路口》已经使用了"地中海"的概念，这说明了地中海研究的影响。[3]

（二）日本的"海域亚洲史"研究

我们也要关注日本学界的亚洲海洋史研究。2008 年以前日本学界关于"海域亚洲史"的研究成果，可见桃木至朗所编《海域亚洲史研究入门》。[4] 由于史料多寡不一、学者研究兴趣有差别等，"海域亚洲史"的研究，更多地注目于 16 世纪开始的大航海时代以后，代表性学者有滨下武志、杉原薰、岸本美绪、松浦章、黑田明伸等。滨下武志从"长时段"的视角讨论中国和亚洲在世界经济体系形成过程中的地位与意义，并指出在欧洲人到来之前，就存在以中国为中心的朝贡贸易体系。[5] 杉原薰则从经济学的角度论述了亚洲间的贸易，以及日本近代经济的崛起。[6] 岸本美绪从货品流通的角度思考东亚的秩序。[7] 松浦章从航运史的角度思考清代的海上贸易。[8] 黑田明伸从货币史的角度思考亚洲的经济

1　Francois Gipouloux, *La Mediterranee Asiatique: Villes Portuaires et Reseaux Marchands en Chine, au Japon et en Asie du Sud-est, XVIe- XXIe Siècle*, Paris: CNRS Editions, 2009. 中译本见弗朗索瓦·吉普鲁《亚洲的地中海：13—21 世纪中国、日本、东南亚商埠与贸易圈》，龚华燕、龙雪飞译，新世纪出版社，2014。

2　见陈博翼《"亚洲的地中海"：前近代华人东南亚贸易组织研究评述》，《南洋问题研究》2016 年第 2 期，第 77—98 页。

3　Angela Schottenhammer (ed.), *Trade and Transfer across the East Asian "Mediterranean"*, Wiesbaden: Harrassowitz, 2005. Angela Schottenhammer (ed.), *The East Asian "Mediterranean": Maritime Crossroads of Culture, Commerce and Human Migration*, Wiesbaden: Harrassowitz Verlag, 2008.

4　桃木至朗編『海域アジア史研究入門』岩波書店、2008。

5　濱下武志『近代中国の国際的契機 朝貢貿易システムと近代アジア』東京大学出版会、1990。又『朝貢システムと近代アジア』岩波書店、1997。

6　杉原薫『アジア間貿易の形成と構造』ミネルヴァ書房、1996。

7　岸本美緒『清代中国の物価と経済変動』研文出版、1997。

8　松浦章『近世東アジア海域の文化交渉』思文閣、2010。

秩序。[1] 这对我们上溯更早期的亚洲海域史，是富有启发的。

关于日本学者在海上丝绸之路研究上的学术传承，陈奉林总结认为，他们"整体上关注了丝绸之路研究的学术价值，强调它的社会维度，在走向专业化和精密化时更多地关注了它的社会功能"。[2] 这正是吸收社会科学理论、方法后的学术创新。在研究思路上，日本学者将亚洲海洋作为一个整体，从国际秩序、货物流通、文化交流等角度探讨其历史发展，与西方学者的"亚洲内海"研究，具有诸多共性，其实也受到了二战后西方史学思潮的影响。

（三）欧亚（Eurasia）视角下的亚洲海洋史研究

20 世纪，国际史学界长期受到"西方中心论"的影响。作为对此理论的突破，从欧亚视角看待欧亚大陆及海洋的物质、文化交流等，是比较成功的做法。

杰弗里·甘恩（Groffrey C. Gunn）2003 年出版的《第一次全球化：欧亚间的交换，公元 1500—1800 年》试图捕捉现代民族国家体系形成前的边界的流动性和模糊性，无论是物质的还是文化的边界，并提出了欧亚间第一次全球化的理论。[3] 其后出版《没有边界的历史：亚洲世界区域的形成，1000—1800 年》进一步从地理环境，王朝兴衰，伊斯兰东扩，中国的朝贡体系，大航海时期的贸易、陶瓷交易、知识交流等角度，探讨从近古到近代亚洲海域的贸易发展史。[4] 罗德里希·普塔克（Roderich Ptak）的《海上丝绸之路》是一部关于人类亚洲海洋活动的通史，按照东西的顺序，叙述了从远古到前近代海上丝绸之路的发展历

1　黒田明伸『貨幣システムの世界史：〈非対称性〉をよむ』岩波書店、2003。

2　陈奉林：《日本的海上丝绸之路研究：成就、趋势及其启示》，《上海师范大学学报》2020 年第 6 期，第 118 页。

3　Groffrey C. Gunn, *First Globalization: The Eurasian Exchange, 1500–1800*, Lanham: Rowman and Littlefi, 2003.

4　Groffrey C. Gunn, *History without Borders: The Making of an Asian World Region, 1000–1800*, Hong Kong: Hong Kong University Press, 2011.

史。[1]梅维恒（Victor H. Mair）和利亚姆·凯利（Liam C. Kelley）合编的《中华王朝和它的南邻们》论文集，收录了各国学者关于东南亚、南亚、阿拉伯各国和中国关系史的研究论文，尝试在亚洲史的大背景下理解中国和南方邻国的关系。[2]安乐博（Robert J. Antony）与萧婷合编的《超越丝绸之路：关于中国在东亚海洋史中角色的新课题》、萧婷主编的《穿越印度洋世界的早期全球互动》等论文集，也尝试从亚洲海域的大背景思考中国在海上丝绸之路中所扮演的角色。[3]作为对"西方中心论"的突破，欧亚视角下的亚洲海洋史在欧美学界日益成熟。

2017年，由法国学者克里斯蒂安·布歇（Chistian Buchet）主编的四卷本《历史中的海洋》出版，这套书由260位海洋史家合作写成，内容涵盖了从古至今世界各地的海洋历史，展现了重新书写世界海洋历史的雄心壮志。而在和本主题相关的第二卷《中世纪世界》中，涉及印度洋和东亚海洋史的研究也占有一席之地，内容涉及造船技术、港口、海军、海商网络等方面。[4]近年，又有埃里克·塔利亚科佐（Eric Tagliacozzo）《在亚洲水域：从也门到横滨的海洋世界》，以及弗兰克·比尔（Franck Billé）等编《海上丝绸之路：全球联系、区域节点、地域》出版，从宏观的海洋史视野出发，展示了区域交流和技术发展等情况。[5]杨斌也从海贝等微观的事物出发，小中见大，从新的角度探讨全球贸易史的发展。[6]这体现了海洋史研究的广阔前景。

1　Roderich Ptak, *Die Maritime Seidenstrasse: Küstenräume, Seefahrt und Handel in Vorkolonialer Zeit,* München: Beck, 2007. 中译本见罗德里希·普塔克《海上丝绸之路》，史敏岳译，中国友谊出版公司，2019。

2　Victor H. Mair and Liam C. Kelley (eds.), *Imperial China and Its Southern Neighbours,* Singapore: Institute of Southeast Asian Studies, 2015.

3　Robert J. Antony and Angela Schottenhammer (eds.), *Beyond the Silk Roads: New Discourses on China's Role in East Asian Maritime History,* Wiesbaden: Harrassowitz Verlag, 2017. Angela Schottenhammer (ed.), *Early Global Interconnectivity across the Indian Ocean World,* London: Palgrave Macmillan, 2019.

4　Christian Buchet (ed.), *The Sea in History,* Woodbridge: The Boydell Press, 2017.

5　Eric Tagliacozzo, *In Asian Waters: Oceanic Worlds from Yemen to Yokohama,* Princeton: Princeton University Press, 2022. Franck Billé et al. (eds.), *The Maritime Silk Road, Global Connectivities, Regional Nodes, Localities,* Amsterdam: Amsterdam University Press, 2022.

6　杨斌：《海贝与贝币：鲜为人知的全球史》，社会科学文献出版社，2021；又《人海之间：海洋亚洲中的中国与世界》，广西师范大学出版社，2023。

从今天来看，海上丝绸之路研究与欧亚视角下的亚洲海洋史研究其实是"殊途同归"的，二者的研究对象、研究理念都存在诸多共性，当然也有个性。传统的海上丝绸之路研究擅长制度、历史地理、名物等的考证，进而分析叙述具体的历史事件；亚洲海洋史的研究，则强调整体性，并尝试构建解释的构架。这启发我们，在下一阶段的研究中，应该继续坚持海上丝绸之路研究的实证精神，同时要培养亚洲海洋的整体意识，并适当地借鉴社会科学的研究方法。

以上是关于古代海上丝绸之路研究的通贯性研究，下文将叙述唐宋时期海上丝绸之路的研究情况。

三　唐宋海上丝绸之路研究

关于唐宋时期海上丝绸之路的研究，主要有中外关系史、区域研究、考古和物质文化等研究思路。以下将分类叙述具体的研究情况。

（一）中外关系史视角

唐代是海上丝绸之路的建设期，张广达对唐朝中国和阿拉伯世界的海上往来进行了全面的梳理。[1]蔡鸿生对唐宋时期涉及中外交流的各种名物等进行了详细的考证，涉及海上丝绸之路的有市舶宴、昆仑奴等。[2]陈达生在研究郑和下西洋的同时，对唐宋时期伊斯兰入华的历史亦进行了考证。[3]荣新江以唐代的陆上和海上丝绸之路为线索，对唐五代到宋初的东西文化交流进行探讨，其中以传世文献和出土碑刻为材料，论证唐朝与日本、新罗、阿拉伯世界的海上往来。[4]王小甫利用《红海周航

1　张广达：《海舶来天方 丝路通大食——中国与阿拉伯世界的历史联系的回顾》，《文本、图像与文化流传》，广西师范大学出版社，2008，第133—184页。
2　蔡鸿生：《中外交流史事考述》，大象出版社，2007。
3　陈达生：《郑和与东南亚伊斯兰》，海洋出版社，2008。
4　荣新江：《丝绸之路与东西文化交流》，北京大学出版社，2015。又《从张骞到马可·波罗：丝绸之路十八讲》，江西人民出版社，2022。

记》，对中国和阿曼的早期海上交流进行了富有启发性的研究。[1] 韩昇对东北亚"海东诸国"与中国的交往进行考证，内容涵盖外交史、文物考古等多方面。[2] 苌岚对日本出土的 7—14 世纪中国陶瓷、铜钱、铜镜进行了综合研究，并探讨了它们所反映的中日贸易、文化交流的发展情况。[3] 史睿研究了唐时期中日之间的书籍交流。[4] 陈尚胜以专题的形式，从政治、经济、文化等角度，对中韩之间 3000 年的海上交流史进行了探讨。[5] 拜根兴对唐朝和新罗的海上交往也进行了专门的讨论。[6] 在藤田丰八、桑原骘藏研究的基础上，多位学者反思并重新探讨唐代市舶使的职能、存废时间等问题，显示了经典课题的魅力。[7]

宋朝是海上丝绸之路大发展的时期，"宋元"经常并称。罗荣邦在 20 世纪 50 年代完成了关于宋元时期中国海洋史的书稿，可惜一直到 2012 年才得以出版，该书涉及对宋代至明初的海洋政策、航海技术、海事活动等的探讨。[8] 20 世纪 60 年代，和田久德发表了关于宋元时期中国商人在南海的活动和侨居情况的研究。[9] 20 世纪 70 年代，斯波义信在其成名作《宋代商业史研究》中，对中国在宋代的航海技术、海上贸易进行了详细的考证和论述，并运用经济学的分析框架，研究海上贸

---

1 王小甫：《香丝之路：阿曼与中国的早期交流——兼答对"丝绸之路"的质疑》，《清华大学学报》2020 年第 4 期，第 1—14 页。

2 韩昇：《海东集——古代东亚史实考论》，上海人民出版社，2009。

3 苌岚：《7—14 世纪中日文化交流的考古学研究》，中国社会科学出版社，2001。

4 史睿：《岛田翰〈汉籍善本考〉书后——兼谈日本古钞本与中国中古史研究》，《文献》2004 年第 2 期，第 206—214 页。又《圆仁求法目录所记五台山石刻考》，《文献》2005 年第 4 期，第 128—140 页。又《〈西域记〉泛海东瀛考——以最澄〈显戒论〉为例》，荣新江、朱玉麒主编《丝绸之路新探索：考古、文献与学术史》，凤凰出版社，2019，第 287—297 页。

5 陈尚胜：《中韩交流三千年》，中华书局，1997。

6 拜根兴：《唐朝与新罗关系史论》，中国社会科学出版社，2009。

7 相关学术史及最新研究，见郭桂坤《再论唐代市舶使置废问题》，《中国社会经济史研究》2022 年第 1 期，第 12—22 页。

8 Lo Jung-pang, *China as a Sea Power, 1127-1368: A Preliminary Survey of the Maritime Expansion and Naval Exploits of the Chinese People during the Southern Song and Yuan Period*, Singapore: NUS Press; Hong Kong: Hong Kong University Press, 2012. 中译本见罗荣邦《被遗忘的海上中国史》，李春、彭宁译，海南出版社，2021。

9 和田久德「東南アジアにおける初期華僑社会(960-1279)」『東洋学報』第 42 卷第 1 号、1960 年、76-106 頁。

易的经营方式、商业资本来源等。[1] 他从苏轼所云的"福建一路,以海商为业"一句出发,探讨福建海商崛起的社会背景,以及他们的资本来源,"闽人的共同企业、资本结合就是这样趁着海上贸易发展了起来。特别是以沿海的运输业为专业的海船户、海上之民,虽然缺乏资本额,但似乎是通过资本的寄托乃至共同企业来谋求营利的","他们不仅在共通的命运观下以乡党观念紧紧地系结在一起,在社会上、经济上互相扶助,而且还以其身份内相互的流动性来加固社会纽带"。[2] 刘子健也以"背海立国"为题,阐述了南宋和海洋的关系。[3]

20 世纪 80 年代以后,陈高华、吴泰《宋元时期的海外贸易》对宋元时期的海外贸易活动情况、相关管理机构和法令、主要港口和航线、海外贸易和社会的互动关系、海外贸易和政治以及文化的关系等,进行了全面的研究。[4] 王赓武也从宏观的历史视野分析南海贸易的历史变迁,其中闽南商人是主要的活动家,被称为"没有帝国的商人"。[5]

21 世纪以来,黄纯艳在宋代海上丝绸之路研究上取得了显著成果。其《宋代海外贸易》对海外贸易和宋代社会生活、东南沿海地区社会经济发展等关系,进行了详细的研究。[6] 后来在《造船业视域下的宋代社会》一书中,黄纯艳对海船和航海进行了更详细的研究,并认为南宋时期中国东南地区的海船从业人员多达数十万,是一个庞大的社会群体。[7] 黄氏也讨论了中国和韩国在高丽时期的文化交流问题。[8] 山内晋次对东

1　斯波義信『宋代商業史研究』風間書房、1979。中译本见斯波义信《宋代商业史研究》,庄景辉译,浙江大学出版社,2021。
2　斯波义信:《宋代商业史研究》,第 444—445 页。
3　刘子健:《背海立国与半壁山河的长期稳定》,《中国学人》1972 年第 4 期。后收入刘子健《两宋史研究汇编》,联经出版事业公司,1987,第 21—40 页。
4　陈高华、吴泰:《宋元时期的海外贸易》,天津人民出版社,1981。
5　见 Wang Gungwu, *China and the Chinese Overseas*, Singapore: Marshall Cavendish Academic, 1991。王赓武:《没有帝国的商人:侨居海外的闽南人》,李原、钱江译,《海交史研究》1993 年第 1 期,第 111—125 页。
6　黄纯艳:《宋代海外贸易》,社会科学文献出版社,2003。
7　黄纯艳:《造船业视域下的宋代社会》,上海人民出版社,2017。
8　黄纯艳:《高丽史史籍概要》,甘肃人民出版社,2007。

亚和东南亚海域的海商和国家也进行了较为全面的研究，并指出宋商在宋朝和东南亚诸国、高丽、日本的外交中起到重要作用，主要包括：（1）"朝贡的中介人"，（2）"为当地政权搭载作为顾问的中国人"，（3）"传达宋帝的诏旨"，（4）"传达宋朝的政治信息"，（5）"传达军事情报"，（6）"传达公文书"，（7）"搭载高丽使节、并作为向导"，（8）"调达高丽政府的贡品"，（9）"购买宋朝政府的必要物资"等。[1] 苏基朗则从法律、财产和契约等正规制度制约，以及经济理性、伦理、信仰和人脉关系等非正规制度制约方面研究闽南商贸活动。[2]

　　杨文新充分吸收从藤田丰八以来关于唐宋市舶体制的研究成果，对市舶司的地理分布和变化、职能的演变、和其他机构的关系以及市舶司官员的名录等，进行了详细的考证和叙述。[3] 钱江从古代亚洲海洋贸易史的视角，研究闽南商人在高丽、日本、东南亚等地建立的侨居社区，及其独特的商贸网络和风俗。[4] 萧婷在《剑桥中国史·宋代卷》（二）中撰写"中国作为海洋强国的出现"一章，[5] 此章对宋朝海上丝绸之路兴起的政治经济背景、海路情况、航海造船技术、海军建设、市舶机构、交易的货物等进行研究和叙述，并认为宋代的中国是一个先进的海洋强国。土肥祐子《宋代南海贸易史之研究》是作者长期以来对宋代南海贸易史研究的结集，该书探讨了宋代的市舶制度、南海贸易品、泉州的海外贸易情况、占城的朝贡情况、南海贸易中的外国商人和中国商人以及东洋文库藏手抄本《宋会要》食货三八"市舶"条的整理和研究情况。[6]

　　具体到国家间交流史的研究上，也涌现出一系列重要成果。关于宋

1　山内晋次『奈良平安期の日本とアジア』吉川弘文館、2003、205—210 頁。

2　苏基朗：《刺桐梦华录——近世前期闽南的市场经济（946—1368）》，李润强译，浙江大学出版社，2012，第 249—306 页。

3　杨文新：《宋代市舶司研究》，厦门大学出版社，2013。

4　钱江：《古代亚洲的海洋贸易与闽南商人》，亚平、路熙佳译，《海交史研究》2011 年第 2 期，第 1—51 页。

5　Angela Schottenhammer, "China's Emergence as a Maritime Power", in J. Chaffee and D. Twitchett (eds.), *The Cambridge History of China*, Vol. 5, Part 2, Cambridge: Cambridge University Press, 2015, pp. 437-525.

6　土肥祐子『宋代南海貿易史の研究』汲古書院、2017。

日交流史，森克己进行了开拓性研究。[1] 榎本涉的研究聚焦在僧侣与海商、物品的交流等商业和文化方面。[2] 四日市康博编的《物品所见的海域亚洲史》，从物的角度，讨论了亚洲大陆和日本的物质文化交流史，内容涉及木材、金属等。[3] 渡边诚在森克己等学者的基础上，推进了日本平安时代贸易管理制度的研究。[4] 赵莹波利用中、日、韩的汉文文献，以宋商为主要着眼点，提出了东亚"准外交关系"模式。[5]

关于宋丽交流，李镇汉《高丽时代宋商往来研究》利用高丽和宋朝双方的正史、文集等史料，探讨在宋商的主要参与下，高丽和宋朝的商贸往来，并对到访高丽的宋商进行详细的考证和列表记述。[6] 王霞对宋丽间的商人、留学生、求法僧以及移民进行了分类，以研究宋丽关系的特殊性。[7]

关于宋元和大食、南海诸国的交流。张星烺辑录《宋史》《岭外代答》《诸蕃志》等史籍中关于大食的记载，并作笺注。[8] 蔡鸿生以广州为研究地域，讨论蕃坊的生活、市舶宴的情况，并以蕃长辛押陀罗为例，展现大食商人在广州的活动。[9] 土肥祐子讨论南宋时期大食商人乌师点、蒲亚里的活动情况，以及宋代输入香药乳香等问题。[10] 王天顺（Derek Thiam Soon Heng）的《10—14世纪中国和马来之间的贸易和

1 森克己『日宋貿易の研究』国立書院、1948。又『日宋文化交流の諸問題』刀江書院、1950。又『森克己著作選集』国書刊行会、1975－1976。又『新編森克己著作集』勉誠出版、2008－2011。
2 榎本涉『東アジア海域と日中交流』吉川弘文館、2007。又『僧侶と海商たちの東シナ海』講談社、2010。又『南宋・元代日中渡航僧伝記集成』勉誠出版、2013。
3 四日市康博編『モノから見た海域アジア史：モンゴル—宋元時代のアジアと日本の交流』九州大学出版会、2008。
4 渡邊誠『平安時代貿易管理制度史の研究』思文閣、2012。
5 赵莹波：《唐宋元东亚关系研究》，上海社会科学院出版社，2016。赵莹波：《宋日贸易研究》，花木兰文化出版社，2016。
6 李镇汉：《高丽时代宋商往来研究》，李廷青、戴琳剑译，江苏人民出版社，2020。
7 王霞：《宋朝与高丽往来人员研究》，中国社会科学出版社，2018。
8 张星烺编注《中西交通史料汇编》第2册，朱杰勤校订，中华书局，2003。
9 蔡鸿生：《广州海事录——从市舶时代到洋舶时代》，商务印书馆，2018，第92—127页。
10 土肥祐子『宋代南海貿易史の研究』、205－250、445－482、503－534頁。

外交》立足于印度洋和南海的大背景，研究中国和马来世界在近古时期的贸易与外交，并对贸易的货品进行了详细的分类。[1] 马建春、童萌考证了大食进贡使辛押陀罗的生平事迹；[2] 马建春又以杭州为研究地域，讨论了宋代伊斯兰蕃客在杭州的活动。[3] 林梅村依据考古证据论述了马可·波罗时代印度洋贸易的情况。[4] 党宝海考证了元朝和中亚伊利汗国的海路联系。[5] 陈春晓对元朝和中亚伊利汗国的海上往来进行了详细讨论。[6] 2021 年，马建春又将 20 世纪 90 年代以来中国学者研究古代中东商旅群体的论文结集出版。[7] 李大伟对泉州港在印度洋中的作用，以及犹太商人在印度洋贸易中扮演的角色，进行了简明扼要的叙述，并在国内较早使用开罗格尼扎（Geniza，又译"戈尼萨"）文书，同时对"广府"（Khānfū）一词的学术史也进行了梳理。[8]

（二）中国的中古东南区域史和城市考古

区域史研究是中国史研究的重要方面，考古工作的进展能够推动该研究的进步。本书聚焦唐宋浙江（杭州、宁波）、福建（福州、泉州）、

1　Derek Heng, *Sino-Malay Trade and Diplomacy from the Tenth through the Fourteenth Century,* Athens: Ohio University Press, 2009.

2　马建春、童萌：《宋代大食进奉使辛押陀罗其人其事——兼谈广州蕃坊方位等问题》，马明达、纪宗安主编《暨南史学》第 9 辑，广西师范大学出版社，2014，第 158—170 页。

3　马建春：《杭州伊斯兰教史》，中国社会科学出版社，2013，第 21—40 页。

4　林梅村：《马可·波罗时代的印度洋贸易》，荣新江、党宝海主编《马可·波罗与 10—14 世纪的丝绸之路》，北京大学出版社，2019，第 233—247 页。

5　党宝海：《元朝与伊利汗国的海路联系》，荣新江、党宝海主编《马可·波罗与 10—14 世纪的丝绸之路》，第 248—263 页。

6　陈春晓：《伊利汗国的中国文明——以移民、使者和物质交流为中心》，博士学位论文，北京大学，2016。

7　马建春主编《"海上丝绸之路"：中东商旅群体研究论文集》，广东经济出版社，2021。

8　李大伟：《宋元泉州港在印度洋贸易体系中的作用》，《泉州师范学院学报》2012 年第 1 期，第 11—18 页。又《公元 11—13 世纪印度洋贸易体系初探》，《历史教学》2013 年第 2 期，第 49—53 页。又《戈尼萨文书所记印度洋犹太人贸易》，余太山、李锦绣主编《丝瓷之路——古代中外关系史研究》第 6 辑，商务印书馆，2017，第 208—233 页。又《阿拉伯史地学家所记 Khānfū 地望考》，马建春主编《暨南史学》第 20 辑，暨南大学出版社，2020，第 40—52 页。

广东（广州）的港口区域史研究。

　　浙江杭州作为北宋的"东南第一州"、南宋的行在，资料保存较多，相关的研究也众多。[1]杜正贤于2016年出版《南宋都城临安研究——以考古为中心》，是在总结既有研究的基础上，结合长期参与并主持杭州考古工作的经历和所得写成，是目前最新最全的著述。[2]由于杭州是《马可·波罗寰宇记》中着墨最多的城市（即"行在"，Quinsai），所以欧洲的学者对杭州也有许多研究。沙畹的《吴越王国》把钱氏吴越国时期的重要文献翻译成法文，并加以注释。[3]慕阿德的《行在，以及其他关于马可·波罗的注释》，包含《马可·波罗寰宇记》中"行在"一章的注释。[4]谢和耐（Jacques Gernet）《蒙元入侵前夜的中国日常生活》对南宋杭州的社会民生进行了俯瞰式的叙述。[5]路易吉·布雷桑（Luigi Bressan）把从马可·波罗到卫匡国（Martino Martini）等西方人关于杭州的叙述汇编成书。[6]方如金对宋代两浙的经济、文化进行了长期研究，近年结集出版。[7]

　　宁波作为宋代的大海港，也有大量的研究。斯波义信较早讨论了宁波与杭州的关系。[8]日本奈良国立博物馆曾出版关于宁波佛教文物的图录。[9]东京大学在21世纪初有专门的宁波历史研究计划，并出版了系

1　周峰主编《隋唐名郡古杭州》，浙江人民出版社，1997。周峰主编《吴越首府杭州》，浙江人民出版社，1997。周祝伟：《7—10世纪杭州的崛起与钱塘江地区结构变迁》，社会科学文献出版社，2006。

2　杜正贤：《南宋都城临安研究——以考古为中心》，上海古籍出版社，2016。

3　Edouard Chavannes, "Le Royaume de Wou et de Yue 吴越", *T'oung Pao*, Vol. 17, No. 2 (1916), pp. 129-264.

4　Arthur Moule, *Quinsai, with Other Notes on Marco Polo*, Cambridge: Cambridge University Press, 2013.

5　Jacques Gernet, *La Vie Quotidienne en Chine: Á la Veille de l'Invasion Mongole 1250-1276*, Paris: Hachette, 1959. 中译本见谢和耐《蒙元入侵前夜的中国日常生活》，刘东译，北京大学出版社，2008。

6　路易吉·布雷桑：《西方人眼里的杭州》，姚建根译，学林出版社，2010。

7　方如金：《宋代两浙经济文化史论——兼及浙江古代经济文化研究》，河北大学出版社，2019。

8　斯波義信『宋代江南経済史の研究』汲古書院，1988。中译本见斯波义信《宋代江南经济史研究》，刘东译，江苏人民出版社，2001。

9　奈良国立博物館編『聖地寧波：日本仏教1300年の源流 ～すべてはここからやって来た～』奈良国立博物館、2009。

列宁波研究书籍。[1] 戴仁柱（Richard L. Davis）、包伟民、黄宽重、柳立言等学者相继对明州的家族史进行讨论。[2] 林士民结合自身的考古实践，于 2005 年专书叙述了宁波的考古学进展。[3] 陆敏珍于 2007 年专书讨论了明州在唐宋时期的社会经济发展。[4] 张如安于 2009 年专书叙述北宋时期宁波的文化发展。[5] 2013 年，宁波市考古研究所《永丰库——元代仓储遗址发掘报告》出版，这是相关领域新近的重要考古研究成果。[6] 当然，浙江其他地方的海交史成果也需要关注。薛彦乔在台州人郭晞宗墓志中找到了和《诸蕃志》相关的记载。[7] 洪焕椿著有《浙江方志考》，是了解浙江历代地方志编撰与流传的基本书籍。[8]

福建的福州和泉州是宋代的两大港口。薛爱华对五代的闽政权有专书讨论。[9] 杨国桢从社会经济、海上航线、移民史、人物传等方面，对福建从宋代到近代的海洋发展史进行了专题探讨。[10] 廖大珂对福建海外

1　高津孝編『くらしがつなぐ 寧波と日本』東京大学出版会、2013。早坂俊広編『文化都市寧波』東京大学出版会、2013。

2　Richard L. Davis, *Court and Family in Sung China, 960-1279: Bureaucratic Success and Kinship Fortunes for the Shih of Ming-Chou,* Durham: Duke University Press, 1986. 中译本见戴仁柱《丞相世家：南宋四明史氏家族研究》，刘广丰、惠冬译，中华书局，2014。包伟民：《宋代明州楼氏家族研究》，《大陆杂志》第 94 卷第 5 期，1997 年，第 31—39 页。黄宽重：《宋代四明士族人际网络与社会文化活动——以楼氏家族为中心的观察》，《中央研究院历史语言研究所集刊》第 70 本，1999 年，第 627—669 页。柳立言：《士人家族与地方主义：以明州为例》，《历史研究》2009 年第 6 期，第 10—18 页。柳立言：《宋代明州士人家族的形态》，《中央研究院历史语言研究所集刊》第 81 本第 2 分，2010 年，第 289—364 页。柳立言：《科举、人际关系网络与家族兴衰：以宋代明州为例》，《中国社会历史评论》第 11 卷，2010 年，第 1—37 页。

3　林士民：《再现昔日的文明——东方大港宁波考古研究》，上海三联书店，2005。

4　陆敏珍：《唐宋时期明州区域社会经济研究》，上海古籍出版社，2007。

5　张如安：《北宋宁波文化史》，海洋出版社，2009。

6　宁波市考古研究所：《永丰库——元代仓储遗址发掘报告》，科学出版社，2013。

7　薛彦乔：《南宋台州仙居人郭晞宗墓志铭考释》，《台州学院学报》2020 年第 4 期，第 6—12 页。薛彦乔《〈诸蕃志〉"南毗国"条补释》，《中国地方志》2020 年第 4 期，第 115—119 页。

8　洪焕椿：《浙江方志考》，浙江人民出版社，1984。

9　Edward Schafer, *The Empire of Min,* Cambridge: Harvard-Yenching Institute,1954. 中译本见薛爱华《闽国》，程章灿、侯承相译，上海文化出版社，2019。

10　杨国桢：《闽在海中：追寻福建海洋发展史》，江西高校出版社，1998。

交通的历史发展进行了全面的研究，不过侧重于明代以后。[1]陈博翼《限隔山海：16—17世纪南海东北隅海陆秩序》虽然时代限定为16—17世纪，但该书在借鉴布罗代尔"总体史"研究的基础上，讨论了从福建沿海到东南亚的海域网络发展，具有借鉴意义。[2]宋元泉州港的区域史研究，已出版数部重要著作。庄为玑结合泉州湾宋船等考古资料，对泉州港的历史发展进行了通贯的研究。[3]柯胡（Hugh R. Clark）按照"中心地"的理论，研究在海洋贸易下，宋元时期闽南的人口发展、市场整合、社会发展的历史。[4]苏基朗按照经济周期、区域系统、贸易模式、制度制约的分类，探讨中国经济发展中以泉州为中心的外向型的闽南模式。[5]萧婷主编的《世界的商品集散地：海上泉州，1000—1400年》结合历史文献和考古证据，论述了宋元时期泉州海洋贸易发展的官方和非官方因素，以及泉州在区域和跨区域社会和经济中的地位。[6]王铭铭运用历史人类学的理论，对泉州城的兴衰史进行了全方位的叙述，并论述了它在世界历史中的地位。[7]蒋楠运用历史学和民间文献学等研究方法，讨论了宋元以降移民社区对于泉州湾地域社会以及海外侨居地的历史影响。[8]相对于泉州研究的繁荣，福州的研究仍有大力挖掘的空间，仅有当地学者做的地方史研究。[9]

---

1 廖大珂：《福建海外交通史》，福建人民出版社，2002。廖大珂、辉明：《闽商发展史（海外卷）》，厦门大学出版社，2016。

2 陈博翼：《限隔山海：16—17世纪南海东北隅海陆秩序》，江西高校出版社，2019。

3 庄为玑：《古刺桐港》，厦门大学出版社，1989。

4 Hugh R. Clark, *Community, Trade, and Networks: Southern Fujian Province from the Third to the Thirteenth Century*, Cambridge: Cambridge University Press, 1991.

5 Billy K. L. So, *Prosperity, Region, and Institutions in Maritime China*, Cambridge, MA: Harvard University Asia Center, 2001. 中译本见苏基朗《刺桐梦华录——近世前期闽南的市场经济（946—1368）》。

6 Angela Schottenhammer (ed.), *The Emporium of the World: Maritime Quanzhou, 1000-1400*, Leiden: Brill, 2001.

7 王铭铭：《刺桐城：滨海中国的地方与世界》，三联书店，2018。

8 蒋楠：《流动的社区：宋元以来泉州湾的地域社会与海外拓展》，厦门大学出版社，2020。

9 福建省福州市文物管理委员会编印《福州历史与文物》，1981。郑亮主编《福州历史》，福建人民出版社，2006。

广东的海外贸易史，主要集中在对广州历史的研究上。全汉昇《宋代广州的国内外贸易》是较早探讨广州贸易史的专文。[1]曾昭璇探究了历史时期广州城的建设，以及蕃坊等演变问题。[2]蔡鸿生以广州与海上丝绸之路的历史为中心，研究了从唐代到清代广州海洋贸易的管理机构、空间场所、主要人群等的变化情况，并对"舶"的字义、古代海舶的生活情况等发表了独到的见解。[3]江滢河叙述了从秦汉到近代，广州口岸的形成和发展史及其与南海航路的关系。[4]黄启臣主编《广东海上丝绸之路史》，是一部叙述广东海上丝绸之路发展史的通史。[5]王颋考证了宋元明时期中国的岭南和南海诸国的历史地理问题，并由此出发，探讨中国和南海诸国的交流，以及中华文化的外传。[6]广州市文物考古研究所也将 2005 年以前广州城历史考古的发现结集出版。[7]李庆新对历史时期岭南与海上丝绸之路的关系进行了全面的考察，内容包括物质文化、贸易路线、朝贡体系、民间信仰、政治制度、海外华侨等多个方面。[8]王承文结合传世文献和金石、写本资料，对中古时期岭南的社会发展进行专题性叙述，并提出"溪洞豪族"概念来概括岭南当地的权势家族，同时认为，岭南是唐后期为数不多的控制最为成功的地区。[9]白凯琳（Kathlene Baldanza）和钱德梁（Erica Brindley）于 2014 年在《泰东》（*Asia Major*）组织刊出了《亚洲的海洋边缘：约公元 900—1800 年中越关系》特辑，其中肖恩·马士（Sean Marsh）和詹姆斯·安德森（James A. Anderson）的论文对宋代岭南的海洋和边境贸易进行了一定探

1　全汉昇:《宋代广州的国内外贸易》,《中央研究院历史语言研究所集刊》第 8 本第 3 分, 1939年, 第 303—356 页; 后收入全汉昇《中国经济史研究》(二), 中华书局, 2011, 第 1—63 页。

2　曾昭璇:《广州历史地理》, 广东人民出版社, 1991。

3　蔡鸿生:《广州海事录——从市舶时代到洋舶时代》。

4　江滢河:《广州口岸与南海航路》, 广东人民出版社, 2002。

5　黄启臣主编《广东海上丝绸之路史》, 广东经济出版社, 2003。

6　王颋:《西域南海史地考论》, 上海人民出版社, 2008。

7　广州市文物考古研究所编《羊城考古发现与研究》(一), 文物出版社, 2005。

8　李庆新:《濒海之地——南海贸易与中外关系史研究》, 中华书局, 2010。

9　王承文:《唐代环南海开发与地域社会变迁研究》, 中华书局, 2018。

讨。[1] 南越王宫博物馆结合历史文献资料和广州考古所得，对南越国—南汉国宫署遗址与海上丝绸之路的关系进行了专书叙述。[2] 2019 年，为庆祝广东社会科学院历史所成立 60 周年，该所主编出版了一套论文集，集中展示了广州千年商港史的研究成果。[3]

在这些大的港口城市之外，我们也需要关注唐宋时期一些港口市镇，比如上海青龙镇，苏州太仓、黄泗浦等，目前相关研究单位已发布了系列考古报告、简报。[4]

（三）水下沉船考古

在俞伟超等考古学家的倡导和努力下，中国的水下考古 30 余年来取得了突出的成绩。其中，南宋中后期沉船"南海 I 号"在广东台山上、下川岛海域的发现、打捞和出水，为研究宋代海上丝绸之路提供了十分宝贵的材料。国家文物局水下文化遗产保护中心等单位，于 2017 年、2018 年编著《南海 I 号沉船考古报告》之一、之二，对 1989—2004 年调查和 2014—2015 年的打捞情况进行了详细的报告。[5] 目前已经公布了南海 I 号的出水物（陶瓷、木材、金属制品、动物遗骸、植物遗存等），以及相关的化学分析，它们是十

1　Sean Marsh, "Simple Natives and Cunning Merchants: Song Representations of Frontier Trade in Guangxi", *Asia Major*, Vol. 27, No. 2 (2014), pp. 5-28. James A. Anderson, "Commissioner Li and Prefect Huang: Sino-Vietnamese Frontier Trade Networks and Political Alliances in the Southern Song", *Asia Major*, Vol. 27, No. 2 (2014), pp. 29-52.

2　南越王宫博物馆编著《南越国—南汉国宫署遗址与海上丝绸之路》，文物出版社，2020。

3　李庆新主编《学海扬帆一甲子——广东省社会科学院历史与孙中山研究所（海洋史研究中心）成立六十周年纪念文集》，科学出版社，2019。

4　杨志刚主编《千年古港——上海青龙镇遗址考古精粹》，上海书画出版社，2017。苏州市考古研究所、太仓博物馆编《大元·仓：太仓樊村泾元代遗址出土瓷器精粹》，上海古籍出版社，2018。顾篔：《江苏张家港市黄泗浦遗址的发掘》，《东南文化》2010 年第 1 期，第 48 页。

5　国家文物局水下文化遗产保护中心等编著《南海 I 号沉船考古报告之一——1989—2004 年调查》，文物出版社，2017。又《南海 I 号沉船考古报告之二——2014—2015 年发掘》，文物出版社，2018。另见崔勇等《海上敦煌——南海 I 号及其他海上文物》，广东经济出版社，2015。李乃胜等编著《"南海 I 号"沉船发掘现场保护研究（2014—2016）》，科学出版社，2017。李岩：《解读南海 I 号（打捞篇）》，科学出版社，2019。

分重要的物质文化材料。

　　当然，如今发现的宋代沉船并非只有南海Ⅰ号。1979年，宁波市文管会在宁波市区发现了古代海运码头的3个造船场，以及一艘残长9.30米、残高1.14米、最宽（以龙骨为中心的一半）为2.16米的尖头、尖底、方尾的宋代三桅外海船；[1] 2004年又发现了一艘南宋的木船；[2] 2006年发掘出南宋渔浦码头遗址。[3] 1973—1974年，在泉州湾发掘出一艘宋代沉船。[4] 1982年，在泉州法石又发掘出一艘宋船。[5] 1996年，在西沙群岛华光礁，出水华光礁Ⅰ号沉船，其时间应该在南宋。[6]

　　中国远洋水下考古，实际上源自对南海Ⅰ号的发掘。西方的探险队、考古学家在东南亚发现有3艘唐五代时期与中国相关的沉船，即黑石号（Batu Hitam / Belitung）、印坦号（Intan）和井里汶号（Cheribon），目前已经引起国内学者的关注和研究。[7] 韩国新安海域发现有元朝原定

1　林士民：《宁波东门口码头遗址发掘报告》，《再现昔日的文明——东方大港宁波考古研究》，第172—211页。

2　龚昌奇等：《宁波和义路出土古船复原研究》，宁波市文物考古研究所、文物保护管理所编《宁波文物考古研究文集》，科学出版社，2008，第183—188页。

3　浙江宁波市文物考古研究所：《浙江宁波南宋渔浦码头遗址发掘简报》，《南方文物》2013年第3期，第40—41页。

4　福建省泉州海外交通史博物馆编《泉州湾宋代海船发掘与研究》（修订版），海洋出版社，2017。

5　中国科学院自然科学史研究所等：《泉州法石古船试掘简报和初步探讨》，《自然科学史研究》1983年第2期，第164—172页。

6　中国国家博物馆水下考古研究中心、海南省文物保护管理办公室编著《西沙水下考古（1998—1999）》，科学出版社，2006，第35—50页。

7　关于黑石号，见 Regina Krahl et al. (eds.), *Shipwrecked: Tang Treasures and Monsoon Winds*, Washington, D.C.: Arthur M. Sackler Gallery, Smithsonian Institution, 2010。 Alan Chong and Stephen A.Murphy (eds.), *The Tang Shipwreck: Art and Exchange in the Ninth Century*, Singapore: Asian Civilisations Museum, 2017. 上海博物馆编《宝历风物："黑石号"沉船出水珍品》，上海书画出版社，2020。上海博物馆编《大唐宝船：黑石号沉船所见9—10世纪的航海、贸易与艺术》，上海书画出版社，2020。关于印坦号，参见杜希德（Denis Twithcett）、思鉴（Janice Stargardt）：《沉船遗宝：一艘十世纪沉船上的中国银锭》，朱隽琪译，荣新江主编《唐研究》第10卷，北京大学出版社，2004，第383—432页。关于井里汶号，见 Tirtamarta, M. M. Adi Agung：《井里汶海底十世纪沉船打捞纪实》，辛光灿译，《故宫博物院院刊》2007年第6期，第151—154页；以及"井里汶沉船出水文物笔谈"专栏，《故宫博物院院刊》2007年第6期，第77—163页。

开往日本的沉船，即"新安沉船"，范佳楠对此船有详细的研究。[1]此外，经考古勘探，发现有元朝进攻日本时所沉没的战船的遗迹，同时发现有越南军队 1288 年在白藤江抵御元朝海军所使用的木桩。[2]吴春明对环中国海域的沉船遗迹进行了详细的梳理。[3]刘未对宋代的沉船有专门的梳理，并侧重于研究其中的出水陶瓷。[4]孟原召对中国和东南亚海域的古代沉船遗迹，及港口、船坞等遗址进行了简明扼要的叙述。[5]中国航海博物馆详细搜集、整理了中国古代各种船型及其出土、出水情况，具有重要意义。[6]

与水下沉船考古相配合，船舶史学家对中国古代远洋船型进行了详细的研究和复原，其中以席龙飞研究成果最为丰富。[7]而水下考古的发现，也必将推进船舶研究的进步。

（四）物质文化研究

与海上丝绸之路相关的物质文化，以陶瓷和香料研究最为重要。

就中国学界而言，陈万里是现代中国陶瓷研究，特别是青瓷研究的主要开创者，在民国时期经实地调查和考古后，著有《瓷器与浙江》《中国青瓷史略》等论著，其论文结集为《陈万里陶瓷考古文集》。[8]民国时期，吴仁敬、辛安潮著有《中国陶瓷史》，是一部讲述中国从先秦

1　范佳楠：《新安沉船与东亚海上贸易》，博士学位论文，北京大学，2018。

2　Jun Kimura et al., "Naval Battlefield Archaeology of the Lost Kublai Khan Fleets", *International Journal of Nautical Archaeology*, Vol. 43, No. 1 (2013), pp. 1-11.

3　吴春明：《环中国海沉船——古代帆船、船技与船货》，江西高校出版社，2003。又《从沉船考古看海洋全球化在环中国海的兴起》，《故宫博物院院刊》2020 年第 5 期，第 43—70 页。

4　刘未：《中国东南沿海及东南亚沉船所见宋元贸易陶瓷》，《考古与文物》2016 年第 6 期，第 65—75 页。

5　孟原召：《华光礁一号沉船与宋代南海贸易》，《博物院》2018 年第 2 期，第 11—26 页。

6　中国航海博物馆等编著《中国古船录》，上海交通大学出版社，2020。

7　席龙飞：《中国造船史》，湖北教育出版社，2000。又《席龙飞船史研究文选》，武汉理工大学出版社，2015。此外蔡薇等学者也有突出贡献，详见第五章讨论。

8　陈万里：《越器图录》，中华书局，1937。又《瓷器与浙江》，中华书局，1946。又《中国青瓷史略》，上海人民出版社，1956。

到近代的陶瓷通史。[1] 冯先铭是新中国陶瓷考古的主要代表人物，主编有《中国陶瓷史》，其论文也已结集。[2] 叶喆民长于对汝窑的研究，先后出版《中国古陶瓷科学浅说》《中国陶瓷史纲要》《隋唐宋元陶瓷通论》《中国陶瓷史》等论著。[3] 熊海堂通过考古和文献证据，对东亚陶瓷窑业技术的发展史进行了开创性的研究。[4] 21 世纪以来，王光尧对中国古代官窑制度的发展进行了详细研究。[5] 谢明良在外销瓷研究上也有丰富的成果。[6] 秦大树及其团队自 20 世纪 90 年代起，致力于中国古代外销瓷的考古和研究，内容涉及长沙窑、越窑乃至明清景德镇窑瓷器，地域涵盖日本到东非的海上丝绸之路全域，[7] 代表了中国乃至国际学界最为领先的外销瓷研究水平，荣新江先生对此进行了详细的叙述。[8] 孟原召对闽

1　吴仁敬、辛安潮：《中国陶瓷史》，商务印书馆，1937。

2　冯先铭等主编《中国陶瓷史》，文物出版社，1982。《冯先铭中国古陶瓷论文集》，紫禁城出版社、两木出版社，1987。冯先铭主编《中国陶瓷》，上海古籍出版社，1994。冯先铭主编《中国古陶瓷图典》，文物出版社，1998。

3　叶喆民：《中国古陶瓷科学浅说》，轻工业出版社，1982。又《中国陶瓷史纲要》，轻工业出版社，1989。又《隋唐宋元陶瓷通论》，紫禁城出版社，2003。又《中国陶瓷史》，三联书店，2006。

4　熊海堂：《东亚窑业技术发展与交流史研究》，南京大学出版社，1995。

5　王光尧：《中国古代官窑制度》，紫禁城出版社，2004。

6　谢明良：《贸易陶瓷与文化史》，允晨文化，2005。又《六朝陶瓷论集》，台湾大学出版中心，2006。又《中国陶瓷史论集》，允晨文化，2007。又《陶瓷手记：陶瓷史思索和操作的轨迹》，石头出版社，2008。又《陶瓷手记：亚洲视野下的中国陶瓷文化史》，石头出版社，2012。又《陶瓷手记：陶瓷史的地平与想象》，石头出版社，2015。

7　与本书主题相关重要的成果包括秦大树《埃及福斯特遗址中发现的中国陶瓷》，《海交史研究》1995 年第 1 期，第 79—91 页。又《拾遗南海 补阙中土——谈井里汶沉船的出水瓷器》，《故宫博物院院刊》2007 年第 6 期，第 91—101 页。又《中国古代陶瓷外销的第一个高峰——9—10 世纪陶瓷外销的规模和特点》，《故宫博物院院刊》2013 年第 5 期，第 32—49 页。又《肯尼亚出土中国瓷器的初步观察》，秦大树、袁建主编《2011：古丝绸之路——亚洲跨文化交流与文化遗产国际学术研讨会论文集》，世界科技出版公司，2013，第 61—82 页。又《青瓷天下走——云帆万里波 翠色映沧海 越窑的外销及相关问题略谈》，《世界遗产》2017 年第 5 期，第 69—77 页。又秦大树、任林梅《早期海上贸易中的越窑青瓷及相关问题讨论》，《遗产与保护研究》2018 年第 2 期，第 96—111 页。Qin Dashu et al., "Early Results of an Investigation into Ancient Kiln Sites Producing Ceramic Storage Jars and Some Related Issues", *Bulletin de l'École Française d'Extrême-Orient*, Vol. 103 (2017), pp. 359-384.

8　荣新江：《北京大学与海上丝绸之路研究》，赵世瑜主编《北大史学》第 22 辑，社会科学文献出版社，2021，第 21—24 页。

南地区外销瓷的重要生产基地的历史进行了详细的研究。[1]

日本学者在陶瓷研究方面有突出贡献。渡边素舟、上田恭辅等在 1945 年以前已经完成关于中国陶瓷的专著。[2]三上次男《陶瓷之路》，叙述中国陶瓷在南亚、东南亚以及阿拉伯世界的接受史，并提出"陶瓷之路"的概念。[3]三杉隆敏对陶瓷在海上丝绸之路上的运输以及釉彩等情况进行研究。[4]佐久间重男、爱宕松男等研究中国陶瓷业的发展情况。[5]龟井明德对日本贸易陶瓷史进行详细研究，并对中国陶瓷史进行了专题研究。[6]中国陶瓷颇受近代欧洲社会青睐，因此也受到艺术史家的研究。森达也对中国青瓷的年代和流通情况进行专门研究。[7]西方学者玛格丽特·米德利（Margaret Medley）从基础技术、发现和创新、发展与流变等角度，叙述中国陶瓷发展的诸多因素，如技术创新、皇家赞助、市场需求等。[8]

在香料研究上，劳费尔、薛爱华较早对中国的外来香料进行考证。[9]山田宪太郎是香料研究的大家，他在东西交流的大背景下，对东亚的香料进行详细的考证和叙述。[10]饶宗颐讨论了中国古代的香药与香具的关系。[11]赵超讨论了《香谱》与焚香的风尚。[12]土肥祐子对南海贸易中的

1　孟原召：《闽南地区宋至清代制瓷手工业遗存研究》，文物出版社，2017。

2　渡邊素舟『支那陶磁器史』成光館、1934。上田恭輔『支那陶磁の時代的研究』大阪屋號書店、1940。

3　三上次男『陶磁の道—東西文明の接点をたずねて』岩波書店、1969。中译本见三上次男《陶瓷之路——东西文明接触点的探索》，胡德芬译，天津人民出版社，1983。

4　三杉隆敏『海のシルクロード—中国磁器の海上運輸と染付編年の研究』恒文社、1976。

5　佐久間重男『中国史·陶磁史論集』燎原、1983。愛宕松男『中国陶瓷産業史』三一書房、1987。

6　龟井明德『日本貿易陶磁史の研究』同朋舍、1986。又『中国陶瓷史の研究』六一書房、2014。

7　森達也『中国青瓷の研究：編年と流通』汲古書院、2015。

8　Margaret Medley, *The Chinese Potter: A Practical History of Chinese Ceramics*, New York: Scribner, 1976.

9　劳费尔：《中国伊朗篇》。薛爱华：《撒马尔罕的金桃——唐代舶来品研究》。

10　山田憲太郎『東西香藥史』福村書店、1956。又『東亞香料史研究』中央公論美術出版、1976。

11　饶宗颐：《论古代香药之路——郁与古熏香器》，北京图书馆敦煌吐鲁番学资料中心等编《敦煌吐鲁番学研究论集》，书目文献出版社，1996，第 373—377 页。

12　赵超：《〈香谱〉与古代焚香之风》，《中国典籍与文化》1996 年第 4 期，第 47—54 页。

香料进行了分类、量化研究，并由此讨论了香料在宋代社会中的使用。[1]
杜金（R. A. Donkin）对龙涎香有专书研究。[2]陈明对中国古代医学和香
药的关系进行了论述。[3]温翠芳对汉唐的外来香药进行了专门讨论。[4]萧
婷讨论了香药从伊朗和阿拉伯到中国的转换问题。[5]安娜·阿卡索（Anna
Akasoy）等通过麝香之路，研究了吐蕃与穆斯林的交往史。[6]扬之水对
宋朝的香具，以及香料的来源、制作和使用进行了专门讨论。[7]安雅·金
（Anya H. King）讨论了从远东到近东的麝香贸易，以及伊斯兰世界对麝
香的接受和由其产生的知识史。[8]沈琛研究了7—10世纪吐蕃与中亚之
间的麝香之路。[9]在唐代法门寺地宫中，出土有晚唐宫廷使用的秘色瓷
和香具，这为了解中古宫廷用瓷、用香提供了实物标本。[10]这些研究均
涉及对海上丝绸之路的讨论。

四　中世纪阿拉伯与东南亚海洋史研究

与唐宋海上丝绸之路研究相对，对中世纪阿拉伯和海岛东南亚海洋
史的研究也不能被忽视。8世纪中叶至13世纪中期，即伊斯兰黄金时
期（al-'Aṣr al-Dhahabiyy al-'Aslama），在政治上是阿拔斯王朝（黑衣大食）
盛极而衰，诸国并起的历史，但在经济、文化等领域，其则长期处于世

1　土肥祐子『宋代南海貿易史の研究』、115−250 頁。

2　R. A. Donkin, *Dragon's Brain Perfume: A Historical Geography of Camphor*, Leiden: Brill, 1999.

3　陈明：《殊方异药：出土文书与西域医学》，北京大学出版社，2005。

4　温翠芳：《唐代外来香药研究》，重庆出版社，2007。温翠芳：《汉唐时代印度香药入华史研
　　究》，刘新成主编《全球史评论》第 3 辑，中国社会科学出版社，2010，第 223—246 页。

5　Angela Schottenhammer, "Transfer of Xiangyao 香药 from Iran and Arabia to China", in Ralph Kauz
　　(ed.), *Aspects of the Maritime Silk Road: From the Persian Gulf to the East China Sea*, Wiesbaden: Harrassowitz
　　Verlag, 2010, pp. 117-152。

6　Anna Akasoy (ed.), *Islam and Tibet: Interactions along the Musk Routes*, Farnham: Ashgate, 2011.

7　扬之水：《香识》，广西师范大学出版社，2011。

8　Anya H. King, *Scent from the Garden of Paradise: Musk and the Medieval Islamic World*, Leiden: Brill, 2017.

9　沈琛：《麝香之路：7—10 世纪吐蕃与中亚的商贸往来》，《中国藏学》2020 年第 1 期，第 49—
　　59 页。

10　陕西省考古研究院等编著《法门寺考古发掘报告》，文物出版社，2007。

界领先水平。早在 19 世纪，德·古耶（M. J. de Goeje）、G. 勒·斯特兰
奇（Guy Le Strange）等东方学者已经对古代阿拉伯、波斯舆地文献进
行系统收集和研究。[1] 二战后，阿拉伯、波斯史研究取得长足进步。就
阿拉伯海洋贸易史相关研究而言，杰拉德·蒂贝茨（Gerald R. Tibbetts）
全面研究了阿拉伯东方远航的技术。[2] 伊拉·拉比杜斯（Ira M. Lapidus）
对伊斯兰教从成立到向全球传播的历史进行了通贯性的叙述，其中黄金
时期的历史占重要的篇幅。[3] 赛义德·艾哈迈德（Sayyid M. Ahmad）较
为深入而全面地研究了伊斯兰黄金时期的地理学，从中可以理解阿拉
伯远航和地理学发展的关系。[4] 哈桑·哈里莱（Hassan S. Khalilieh）对伊
斯兰和地中海的海事法律进行了系统研究。[5] 罗伯特·萨金特（Robert
B. Serjeant）和雷克斯·史密斯（G. Rex Smith）对中世纪也门和阿拉伯
半岛南部的历史进行了长期研究。[6] 埃里克·瓦莱（Éric Vallet）详细研
究了 13—15 世纪也门商人的发展历史，以及港口政权的管理。[7] 穆罕

1 M. J. de Goeje (ed.), *Bibliotheca Geographorum Arabicorum*, Vol. 1-8, ed. by, Leiden: Brill,1870-1894; reprint in 2013-2014. Guy Le Strange, *Collected Works of Guy Le Strange: The Medieval Islamic World*, London: I.B. Tauris, 2014.《G. 勒·斯特兰奇著作集》中的作品在 1890—1912 年已经陆续出版。其中一部已有中译，见 G. 勒·斯特兰奇《大食东部历史地理研究》，韩中义译注，社会科学文献出版社，2018。

2 Gerald R. Tibbetts, "Arab Navigation in the Red Sea", *The Geographical Journal*, Vol. 127, No. 3 (1961), pp. 322-334. Idem, "Early Muslim Traders in South-East Asia", *Journal of the Malayan Branch of the Royal Asiatic Society*, Vol. 30, No.1 (1957), pp. 1-45. Idem, "Comparisons between Arab and Chinese Navigational Techniques", *Bulletin of the School of Oriental and African Studies*, Vol. 36, No. 1(1973), pp. 97-108. Idem, *Arab Navigation in the Indian Ocean before the Coming of the Portuguese*, London: The Royal Asiatic Society, 1981.

3 Ira M. Lapidus, *A History of Islamic Societies*, Cambridge: Cambridge University Press, 1988.

4 Sayyid Maqbul Ahmad, *A History of Arab – Islamic Geography (9th – 16th Century A. D.)*, Amman: The National Press, 1995.

5 Hassan S. Khalilieh, *Islamic Maritime Law: An Introduction*, Leiden: Brill, 1998. Idem, *Admiralty and Maritime Laws in the Mediterranean Sea (ca. 800-1050)*, Leiden: Brill, 2006. Idem, *Islamic Law of the Sea: Freedom of Navigation and Passage Rights in Islamic Thought*, Cambridge: Cambridge University Press, 2019.

6 Robert B. Serjeant and G. Rex Smith, *Society and Trade in South Arabia*, Hampshire: Variorum, 1996. G. Rex Smith, *Studies in the Medieval History of the Yemen and South Arabia*, Hampshire: Variorum, 1997.

7 Éric Vallet, *L'Arabie Marchande: État et Commerce sous les Sultans Rasūlides du Yémen (626-858/ 1229-1459)*, Paris: Publications de la Sorbonne, 2010.

默德·乌苏吉（Mohammad B. Vosooghi）聚焦广州、泉州和杭州三大港口，利用阿拉伯、波斯和中文材料，对 7—15 世纪伊朗与中国海上交往进行了一定探讨，同时研究了重要的中伊交流史料《动物之自然属性》。[1]

对阿拉伯商人远航的研究，离不开港口考古的进步。希曼尼·雷伊（Himanshu P. Ray）与让－弗朗索瓦·萨雷斯（Jean-François Salles）在 2012 年合编的《传统与考古：印度洋早期的海事交流》，对 2010 年以前印度洋和阿拉伯海沿岸及岛屿的考古进行了较为全面的梳理。[2] 对于与东方贸易密切的尸拉夫（Sīrāf）港，莫伊拉·坦波（Moira Tampoe）详细叙述了它的港口考古历史和陶瓷发现。[3] 大卫·皮科克（David Peacock）和吕西·布鲁（Lucy Blue）等对红海港口库塞尔（Quseir）的考古历史进行了详细的梳理和叙述。[4] 这些研究是我们理解阿拉伯商人远航背景的学术基础。近年来，中国学者黄莹对考古和物质文化所见 7—11 世纪阿拉伯和中国的文化交流也进行了探讨，并对法国考古学家的工作进行了梳理。[5]

1　乌苏吉：《〈动物之自然属性〉对"中国"的记载——据新发现的抄本》，王诚译，《西域研究》2016 年第 1 期，第 97—110 页。又《波斯湾航海家在中国港口的遗迹：广州、泉州、杭州》，穆宏燕译，四川人民出版社，2020。参见马娟《7—15 世纪伊朗与中国的海上交往：穆罕默德·巴格尔·乌苏吉〈波斯湾航海家在中国港口的遗迹：广州、泉州、杭州〉评介》，刘进宝主编《丝路文明》第 7 辑，上海古籍出版社，2022，第 289—300 页。

2　Himanshu Prabha Ray and Jean-François Salles (eds.), *Tradition and Archaeology: Early Maritime Contacts in the Indian Ocean*, Singapore: Institute of Asian Studies, 2012.

3　Moira Tampoe, *Maritime Trade between China and the West: An Archaeological Study of the Ceramics from Siraf (Persian Gulf), 8th to 15th Centuries A.D.*, Oxford: B. A. R., 1989.

4　David Peacock and Lucy Blue (eds.), *Myos Hormos — Quseir al-Qadim: Roman and Islamic Ports on the Red Sea*, Oxford: Oxbow Books, 2006.

5　黄莹：《唐代海上丝绸之路上的广东青瓷：2014 年广东新会官冲窑址和馆藏实物调查记》，余太山、李锦绣主编《丝瓷之路——古代中外关系史研究》第 5 辑，商务印书馆，2016，第 233—256 页。又《唐至北宋供养舍利器具的传播：从唐招提寺藏舍利瓶谈起》，余太山、李锦绣主编《丝瓷之路——古代中外关系史研究》第 7 辑，商务印书馆，2019，第 276—303 页。又《大食与中国的文化交流：公元 7—11 世纪海上丝绸之路考古学研究》，博士学位论文，北京大学，2020。又《大食与中国的海上交通与货物流通网络》，余太山、李锦绣主编《丝瓷之路——古代中外关系史研究》第 8 辑，商务印书馆，2021，第 239—288 页。

关于阿拉伯商人在海上丝绸之路上的早期活动，蒂贝茨在 20 世纪 50 年代进行了专门研究。蒂贝茨主要借助中文文献和阿拉伯文的《道里邦国志》和《印度奇观》，认为"阿拉伯文献倾向于展示，9 世纪末的活动是最多的，此后出现显著的衰退"。蒂贝茨将此归为 10 世纪后阿拉伯半岛的政治动荡，但由于阿拉伯人在东南亚"永久殖民地"（Permanent Colonies）的发展，阿拉伯人的贸易活动依然继续。[1] 家岛彦一从 20 世纪 60 年代开始就对伊斯兰地区进行田野调查和研究，研究涵盖了从伊斯兰地区的形成到大航海时代之前的印度洋和阿拉伯世界的社会经济史，尤其探讨了阿拉伯商人在印度洋贸易网络的发展情况。[2] 伊丽莎白·兰伯恩（Elizabeth Lambourn）通过阿拉伯语碑铭探讨了 13 世纪以后阿拉伯商人在苏门答腊岛北部的活动，并通过格尼扎文书探讨了 12 世纪的印度北马拉巴尔的政治和经济发展。[3]

中世纪东南亚海洋史，是亚洲海洋史研究的具体分支。"东南亚"（Southeast Asia）作为地名，是二战时期才出现的。赛代斯（George Cœdès，又译"戈岱司"）在 1948 年出版的《印度支那和印度尼西亚的印度教诸国》已经尝试通过运用"印度教诸国"（Les États Hindouisés d'Indochine）的概念，将中南半岛和海岛东南亚整合在一起，所以后来出版英译本时（1968 年），就改名为《东南亚的印度化国家》。[4] 但赛代斯

1　Gerald R. Tibbetts, "Early Muslim Traders in South-East Asia", *Journal of the Malayan Branch of the Royal Asiatic Society*, Vol. 30, No.1 (1957), pp. 1-45. 引文见第 43 页。

2　家島彦一『イスラム世界の成立と国際商業：国際商業ネットワークの変動を中心に』岩波書店、1991。又『イブン・バットゥータと境域への旅―「大旅行記」をめぐる新研究―』名古屋大学出版会、2017。

3　Elizabeth Lambourn, "The Formation of the *Batu Aceh* Tradition in Fifteenth-Century Samudera-Pasai", *Indonesia and the Malay World*, Vol. 32, No. 93 (2004), pp. 211-248. Elizabeth Lambourn, "India in the 'India Book': 12th Century Northern Malabar through Geniza Documents", in Claire Hardy-Guilbert et al. (eds.), *Sur les Chemins d'Onagre: Histoire et Archéologie orientale*s, Oxford: Archaeopress, 2018, pp. 71-84.

4　George Cœdès, *Les États Hindouisés d'Indochine et d'Indonésie*, Paris: E. de Boccard, 1948. Idem, *The Indianized States of Southeast Asia*, trans. by Susan Brown Cowing, Kuala Lumper: University of Malaya Press, 1968. G. 赛代斯：《东南亚的印度化国家》，蔡华、杨保筠译，商务印书馆，2018。

的理论也颇有争议，田汝康曾对此发表长文批驳。[1]丹尼尔·霍尔（Daniel
G. E. Hall）在 1955 年出版了《东南亚史》，这是较早将东南亚作为整体
区域的通史，当然在具体的写作上仍然按照国别史的方法叙述。[2]肯尼
斯·霍尔（Kenneth R. Hall）对东南亚的政权、海洋贸易有长期的研究，
于 1985 年出版《东南亚早期的海洋贸易与政权发展》，叙述了 1500 年以
前，东南亚的海洋贸易，以及扶南、室利佛逝等政权的兴衰；后又出版
《早期东南亚史：海洋贸易与社会发展，100—1500 年》，按照海洋贸易
圈层的理论，对大陆东南亚与海岛东南亚各地的社会发展进行了讨论。[3]

安东尼·瑞德（Anthony Reid），借鉴布罗代尔"总体史"的理论，
于 1988—1993 年出版《东南亚的贸易时代：1450—1680 年》上下卷，
从自然、社会、经济、政治等多个维度，将东南亚放在欧亚贸易网络
中，从而提出"贸易时代"（Age of Commerce）的概念，探讨东南亚在
前近代和近代早期的历史发展。[4]1992 年，由尼古拉斯·塔林（Nicholas
Tarling）主编的《剑桥东南亚史》上下卷问世，其上卷叙述了 19 世纪
以前东南亚各地的政治、经济和宗教文化的变化发展，中世纪的历史是
其中重要的部分。[5]维克多·李伯曼（Victor Lieberman）的《形异神似：
全球背景下的东南亚（约 800—1830 年）》将既有的东南亚研究，总结
为"外部式历史书写"（"Externalist" Historiography）、"自发性历史书写"
（"Autonomous" Historiography）、"贸易时代"理论三种叙述模式，并试

---

1 田汝康：《古代中国与东南亚——驳法国汉学家戈岱司在这个问题上的看法》，《郑州大学学报》
   1978 年第 3 期，第 77—85 页。后收入田汝康《中国帆船贸易和对外关系史论集》，第 152—
   167 页。

2 Daniel G. E. Hall, *A History of Southeast Asia*, London: St. Martin's Press, 1955. 中译本见 D.G.E. 霍尔
   《东南亚史》，中山大学东南亚历史研究所译，商务印书馆，1982。

3 Kenneth R. Hall, *Maritime Trade and State Development in Early Southeast Asia*, Honolulu: University of
   Hawaii Press, 1985. Idem, *A History of Early Southeast Asia: Maritime Trade and Societal Development, 100-
   1500,* Lanham: Rowman & Littlefield, 2011.

4 Anthony Reid, *Southeast Asia in the Age of Commerce, 1450-1680*, New Haven: Yale University Press, 1988-
   1993. 中译本见安东尼·瑞德《东南亚的贸易时代：1450—1680 年》，吴小安、孙来臣译，商
   务印书馆，2010。

5 Nicholas Tarling (ed.), *The Cambridge History of Southeast Asia*, Cambridge: Cambridge University Press,
   1992. 中译本见尼古拉斯·塔林主编《剑桥东南亚史》，王士录等译，云南大学出版社，2003。

图突破安东尼·瑞德"贸易时代"的模式，将东南亚的历史放在欧亚的大范围内，探讨其千年的政治、经济和文化的整合，并认为其历史发展与欧亚大陆的诸多文明存在"形异神似"（Strange Parallels）。[1]

　　另外，法国、英国、荷兰等殖民帝国在东南亚进行长期的考古发掘，成就斐然，这极大地影响了各局部区域的研究。保罗·惠特利（Paul Wheatley）《黄金半岛：公元1500年前马来半岛的历史地理研究》结合中西各种语言的材料，研究欧洲人到来前，马来半岛的发展历史。[2]奥利弗·沃尔特斯（Oliver W. Wolters）在1967年、1970年出版专书，结合中文传统文献，对室利佛逝（Srivijaya）的兴衰进行叙述。[3]威廉·范·德·默伦（Willem J. Van Der Meulen）探讨了诃陵的地理位置和历史发展。[4]安托瓦内特·琼斯(Antoinette M. B. Jones)通过早期爪哇碑铭研究当地社会的发展。[5]皮埃尔–伊夫·芒更（Pierre-Yves Manguin，又译"芒苷"）对阿拉伯与东南亚的联系、东南亚早期海洋政权以及造船技术的发展进行研究。[6]查尔斯·海厄姆（Charles Higham）结合大陆东南亚的考古发现情况，从考古学角度对该区域的历史发展进行叙述。[7]

1　Victor Lieberman, *Strange Parallels: Southeast Asia in Global Context, c. 800-1830*, New York: Cambridge University Press, 2003-2009.

2　Paul Wheatley, *The Golden Khersonese: Studies in the Historical Geography of the Malay Peninsula before A.D.1500*, Kuala Lumpur: University of Malaya Press, 1961.

3　Oliver W. Wolters, *Early Indonesian Commerce: A Study of the Origins of Srivijaya*, Ithaca: Cornell University Press, 1967. Idem, *The Fall of Śrivijaya in Malay History*, Ithaca: Cornell University Press, 1970.

4　W. J. Van Der Meulen, "In Search of 'Ho-Ling'", *Indonesia*, No. 23 (1977), pp. 86-111.

5　Antoinette M. Barrett Jones, *Early Tenth Century Java from the Inscriptions, A Study of Economic, Social and Administrative Conditions in the First Quarter of the Century*, Dordrecht: Foris Publications,1984.

6　Pierre-Yves Manguin, "Trading Ships of the South Chian. Shipbuilding Techniques and Their Role in the History of the Development of Asian Trade Networks", *Journal of the Economic and Social History of Orient*, Vol. 36, No. 3 (1993), pp. 253-280. Idem, "The Archaeology of the Early Maritime Polities of Southeast Asia", in I. Glover and P. Bellwood (eds.), *Southeast Asia: From Prehistory to History*, London and New York: Routledge Curzon, 2004, pp. 282-313. Pierre-Yves Manguin and Robert Nicholl, "The Introduction of Islam into Campa", *Journal of the Malaysian Branch of the Royal Asiatic Society*, Vol. 58, No.1 (1985), pp. 1-28.

7　Charle Higham, *Early Mainland Southeast Asia: From First Humans to Angkor*, Tatien: River Books, 2002. 中译本见查尔斯·海厄姆《东南亚大陆早期文化：从最初的人类到吴哥王朝》，云南省文物考古研究所译，文物出版社，2017。

杰夫·韦德（Geoff Wade）指出了 10—14 世纪海岛东南亚当地市场在国际海洋贸易网络中的重要性，并称之为"早期贸易时代"（An Early Age of Commerce）。[1]

日本学界在东南亚的研究方面后来居上。山本达郎详细研究了近古越南史，并讨论了元朝和东南亚的关系。[2]桃木至朗从政治、社会、经济等方面论述了越南从自立到蒙古入侵前的历史。[3]冈崎敬、石泽良昭等学者推进了古代柬埔寨的碑刻、社会经济史研究，其中也包括著名的俄厄（Óc Eo）遗址研究。[4]石井米雄主持海岛东南亚的研究，出版有专著、辞典以及文本翻译。[5]

中国学界在东南亚古代研究上也有突出的成就，如张秀民具体叙述了中古时期中国和越南的交流情况。[6]梁志明等主编的《东南亚古代史（上古至16世纪初）》，是最新的通史类著述。[7]牛军凯广泛搜集并研究越南古代汉喃文献，以及占城（Champa，又译"占婆"，今越南南部）古文献，并讨论了古代海神信仰与中越交流等问题。[8]刘志强等

1　Geoff Wade, "An Early Age of Commerce in Southeast Asia, 900-1300 CE", *Journal of Southeast Asian Studies*, Vol. 40, No. 2 (2009), pp. 221-265.

2　山本達郎『安南史研究』山川出版社、1950。中译本见山本达郎《安南史研究 I：元明两朝的安南征略》，毕世鸿等译，商务印书馆，2020。

3　桃木至朗『中世大越国家の成立と変容』大阪大学出版会、2011。

4　岡崎敬『（増補）東西交渉の考古学』平凡社、1980。石澤良昭『東南アジア：多文明世界の発見』講談社、2009。中译本见石泽良昭《东南亚：多文明世界的发现》，瞿亮译，北京日报出版社，2019。

5　土屋健治、加藤剛、深見純生編『インドネシアの事典』同朋舎、1991。鈴木静夫、早瀬晋三編『フィリピンの事典』同朋舎、1992。石井米雄責任編集『東南アジア近世の成立』岩波書店、2001。

6　张秀民：《中越关系史论文集》，文史哲出版社，1992。

7　梁志明等主编《东南亚古代史（上古至16世纪初）》，北京大学出版社，2013。

8　牛军凯：《试论风水文化在越南的传播与风水术的越南化》，《东南亚南亚研究》2011年第1期，第80—85页。又《"海为无波"：越南海神海四位圣娘的传说与信仰》，《海交史研究》2011年第1期，第49—60页。又《武景碑与东南亚古史研究》，《世界历史》2014年第6期，第90—100页。又《法藏占婆手抄文献目录》，李庆新主编《海洋史研究》第13辑，社会科学文献出版社，2019，第151—184页。又《异域封神：越南"神敕"文献中的宋朝杨太后信仰》，《海交史研究》2020年第2期，第39—51页。

对稀见的爪哇、占城史料进行了翻译和解读，并探讨了古代中越关系。[1] 进入 21 世纪后，中国考古学家也参与了越南、柬埔寨的考古工作，发表或出版了相关的报告或研究。[2] 这些成果如果能与水下考古成果结合起来，必将极大地推进海上丝绸之路的研究。

第二节　问题的提出

通过以上的梳理发现，唐宋时期海上丝绸之路已经取得了丰硕的研究成果。那么，我们要如何继续推进海上丝绸之路的研究？

作为中国史专业的研究者，自然要带有中国本土的关怀，亦即对中国在亚洲海洋史中作用和地位的关怀。今天中国海洋史研究的一个热点话题，即如何从海上看中国，也就是海洋对于中国的发展意味着什么，中国又给海洋世界带来了什么？

在古代中外关系史上，8 世纪末 9 世纪初的"中唐"时期，是十分重要的时间段。为什么这一时期会成为一个重要的节点？就中国本身而言，经济重心的南移，中国南方诸港的兴起，当是重要因素。[3] 不过，如此重大的变化，它的形成原因绝对不会是单一的，中国国内的情况，海上丝绸之路沿线诸国的局势等，都是需要考虑的因素。

首先要考虑的，就是海商群体本身，他们为什么会远涉重洋、贸易东西？他们又是如何实现他们的贸易目标的？而这些海商群体中，最引人注目的就是阿拉伯和中国的两大海商群体。

阿拉伯商人是中世纪海上丝绸之路最活跃的群体之一。阿拉伯阿拔

1　刘志强：《占婆与马来世界的文化交流》，社会科学文献出版社，2013。刘志强编《中越文化交流史论》，商务印书馆，2013。普腊班扎：《爪哇史颂》，徐明月、刘志强译编，商务印书馆，2016。

2　中国文化遗产研究院等编著《柬埔寨吴哥古迹茶胶寺考古报告》，文物出版社，2015。

3　见陈烨轩《黑石号上的"宫廷瓷器"——中古沉船背后的政治经济史》，《北京大学学报》2020 年第 1 期，第 119—129 页。已收入本书附录 I。

斯王朝最鼎盛时期，控制的疆域涵盖今天的中东地区，故本书所界定的中世纪阿拉伯商人群体，并非民族学概念下的阿拉伯民族商人，而是中世纪阿拉伯帝国治理下从事海洋贸易、运输的职业商人、航海家，他们来自阿拉伯、波斯等多种族群。

在重要的港口城市建立贸易移民社区，是古代世界各商人群体扩展商业网络最重要的手段。人类学家艾伯纳·科恩（Abner Cohen）提出"贸易散播社群"（Trading Diaspora）理论，以研究非洲西部的商业移民现象。[1] 菲利普·D. 柯丁（Philip D. Curtin）将其引入历史上的犹太人等重要的跨文化、跨区域贸易群体的研究。[2] 贾志扬（John W. Chaffee）使用这一概念研究近代以前中国东南部的阿拉伯、波斯商人群体，并认为他们的贸易散播社群尽管在近代以前不断演化，甚至还会进一步分化，但始终通过亲缘、语言以及信仰等因素联系在一起。[3] 这种思路可以帮助我们理解海上丝绸之路所发现的中世纪阿拉伯遗迹，如沉船、墓碑等，以及史料所记阿拉伯商人和所在地政权的互动关系。

我们会发现，宋代以后的华人华侨史也具有相似的性质。与阿拉伯商人一样，海外的华商在当地也逐渐建立起稳定的贸易移民社区，有的社区甚至延续到今天。他们也和故土保持了密切的经济和文化往来，而他们的故土，正是中国东南沿海。

8—13 世纪初期，中国东南地区的社会经济得到巨大的发展，这与中国经济重心的南移，以及宋廷的南迁有很大的关系。同时，海外贸易对于东南地区的经济发展也有重要推动作用，这在广州、泉州、明州等

1　见 Abner Cohen, *Custom and Politics in Urban Africa: A Study of Hausa Migrants in Yoruba Towns*, Berkeley: University of California Press, 1969. 不过科恩在此书中未明确使用"Trading Diaspora"一词，而是使用"Traders""Diaspora"等词。明确使用"Trading Diaspora"一词，首见 Abner Cohen, "Cultural Strategies in the Organization of Trading Diasporas", in Claude Meillassoux (ed.), *The Development of Indigenous Trade and Markets in West Africa*, London: Routledge, 1971, pp. 266-281。

2　见 Philip D. Curtin, *Cross-Cultural Trade in World History*, Cambridge: Cambridge University Press, 1984。中译本见菲利普·D. 柯丁《世界历史上跨文化贸易》，鲍晨译，山东画报出版社，2009。

3　John W. Chaffee, *The Muslim Merchants of Premodern China: The History of a Maritime Asian Trade Diaspora, 750–1400*, Cambridge: Cambridge University Press, 2018.

港口城市表现得十分明显，而在杭州这样的区域中心城市，海外贸易的推动力也是显著的。那么，朝廷、官府以及以农业经济为主的定居社会如何对待海洋贸易及其从业者，这也是影响海上丝绸之路发展的重要因素。而从欧亚历史的视野看，13世纪中叶蒙古的崛起改变了海上丝绸之路沿线诸国的格局，亚洲海洋史也因之进入新的阶段。本书将研究的时段定位在8—13世纪初期，正是因为这一阶段的海上丝绸之路历史具有阶段性的特征，可视为中世纪海上丝绸之路的发展阶段。

综上，本书围绕以下问题展开讨论。

（1）中世纪阿拉伯商人为什么来中国？有哪些力量构成对他们的支持？

（2）阿拉伯商人如何来中国？他们的线路是怎样的？

（3）阿拉伯商人在中国沿海社会如何生存并发展的？

（4）中国商人又是如何航行到印度洋？他们有哪些优势？

（5）中国海商在沿海社会过着什么样的生活？又有什么样的影响？

（6）阿拉伯和中国商人的东来西往，对于海上丝绸之路的发展意味着什么？

如何解决这些问题？下文将叙述具体的篇章结构以及资料来源。

第三节　篇章结构

本书正文除引言和结论外，将分成七章进行讨论。

第一章"生意之道：中世纪阿拉伯商人东方远航的背景"认为，中世纪阿拉伯商人远航，受到本土浓厚的重商风尚和契约精神的影响。中国的丝绸、陶瓷和香料成为巴格达、福斯塔特等地的热销产品，激励阿拉伯商人前往东方。《古兰经》及圣训也为他们远航东方提供了法理依据和精神动力。此外，犹太商人也是海洋贸易的重要参与者，他们是阿拉伯人的商业伙伴。从格尼扎、库塞尔文书，可以见到犹太、阿拉伯商人成熟的海洋贸易管理方式。这是阿拉伯商人得以到达中国的国内背景。

第二章"中世纪阿拉伯商人的东方远航之路"从伊斯兰黄金时代早期的地理学入手，认为阿拉伯商人的远航为此提供知识来源。阿拉伯商人远航东方，最重要的手段是通过建立和发展贸易移民社区，形成贸易网络。利用20世纪90年代末以来在东南亚海域发现的中世纪阿拉伯货船遗迹资料，结合中西文献和碑铭，我们可以获得对阿拉伯商人在东南亚活动的新认识。《皇华四达记·广州通海夷道》是现存最早记述广州到巴格达的航路资料，通过分析其知识来源，会发现阿拉伯商人是重要的信息提供者。

第三章"黑石号货物与唐中后期海上贸易线路"研究黑石号货船上的长沙窑、华北诸窑、越窑、广东诸窑的瓷器如何从窑口运输到海港，再进入阿拉伯人的货船。《道里邦国志》也提到，9世纪阿拉伯商人的贸易网络已经拓展至华南、华东沿海，这是他们能将不同地区的货物集中到一个海港装船的关键因素。再结合中国和阿拉伯的史料可知，广州是阿拉伯商人在唐朝最重要的贸易活动地，黑石号等西亚货船最可能从广州回航。但是，扬州、明州等地也有阿拉伯人活动的记录，在风暴等异常天气的影响下，阿拉伯货船可能北上至华东地区，尽管这并非常态。

第四章"宋代的阿拉伯商人与广州城"探讨阿拉伯商人在宋朝的活动情况，以及他们对广州历史发展的贡献。尽管在海上丝绸之路上出现泰米尔商人这样的竞争者，但阿拉伯商人依然是最有力量的贸易群体之一，他们参与到侬智高之乱后广州城的建设，他们居住的蕃坊及其周边成为广州商业最繁华的地域。他们重视教育，并善于处理和官府的关系。南宋时期，泉州的阿拉伯移民社区也发展壮大，这体现了阿拉伯商人在中国东南沿海社会的进一步发展。与此同时，宋朝东南沿海的海商逐渐壮大，他们成为海上丝绸之路上阿拉伯商人强有力的对手和合作者。

第五章"天方神舟：中世纪出现在阿拉伯海的'中国船'"认为，

早在阿拉伯商人直航中国东南沿海的 9 世纪，中国船已经可以远航至阿拉伯海。中国海船在 8 世纪中叶出现重大技术飞跃，这和海战实践有密切关系。南宋中后期的"南海 I 号"货船，是一艘来自中国东南沿海的福船，从中可以见到中国货船的结构、人员组成、船货以及食物供应。而其中出现来自西亚的金制品，这是中国和阿拉伯海商在海上丝绸之路上合作的见证。

第六章"宋代远航的沿海社会背景"重新考察宋代舶商的身份，认为海洋船民在宋代远航中扮演重要角色。南宋初期的海运，以及持续不断的海盗活动，促使官府与海洋船民的上层人物合作，形成了一批从事海洋贸易和运输的"官商"，他们中的部分家族在元朝发展成"航海世家"。妈祖（天妃）也在官府与海洋船民的合作中逐渐成为中国最重要的海神。而在海洋贸易中，也可以见到生活在沿海社会的皇族、官僚的投资，这体现了海洋贸易对于沿海社会的重要意义。在 11—13 世纪特殊的历史背景下，宋商仍通过佛教寺院提供的平台，充当了海上丝绸之路上物质、文化传播者的角色。通过以上梳理，可以知道沿海社会对宋代远航的广泛参与。

第七章"宋商的西方远航之路"结合沉船等考古资料，研究中国海商经大陆和岛屿航线航行到阿拉伯海的历史。宋商也像阿拉伯商人一样，以建立贸易移民社区作为拓宽贸易网络的重要手段，这使得他们和当地社会建立紧密联系，其中的佼佼者甚至发展成当地的上层人物。同时也发现了他们和阿拉伯商人相互竞争的记录。而宋商的西航，尽管在传统史籍中不显，但对海上丝绸之路的发展产生了重要影响，甚至葡萄牙航海家达·伽马远航印度时，也曾见到中国海商的活动。在全球史的维度下，宋商的西航和阿拉伯商人的东来一道推动了欧亚文明交流的进程。

此外，本书亦收录了笔者已发表的四篇论文作为附录。它们涉及对唐宋时期港口城市扬州、杭州历史发展的讨论，并探讨主政官员、朝廷和当地商人阶层的关系，可以为本书正文提供必要的历史、社会背景补充，帮助理解中世纪远航和本土社会、中央王朝等的关系。

第四节　资料来源

一　中国传世文献

本书的基本资料来源，按照四部分类的方法，首先是正史类的《旧唐书》《新唐书》《旧五代史》《新五代史》《宋史》等；其次是编年类的《资治通鉴》《续资治通鉴长编》《建炎以来系年要录》，以及《宋会要》等政书。而地理类的地方志、列国志等，尤为重要。虽然宋元留存至今的地方志很少，但极为重要，如《临安三志》《三山志》《宝庆四明志》《大德南海志》等。列国志中的《诸蕃志》正是本书重点研究的书籍。此外，《梦溪笔谈》《容斋随笔》等杂家类，《太平御览》《册府元龟》《玉海》等类书类，《太平广记》《萍洲可谈》等小说类书籍，可以为本书的研究提供相关案例。《全宋笔记》是较为全面的总集，[1]苏轼、楼钥、真德秀等和沿海关系密切的士大夫的文集也值得重视，里面包含了海洋贸易、沿海社会生活等信息。目前最为全面的总集是《全宋文》。[2]20世纪90年代，刘佩等对二十四史中的海交史资料进行辑录。[3]近年，解登峰、齐晓晨等对中国涉海图书编排了目录提要。[4]这些书目亦应重视。

二　域外文献

本书域外文献资料可按地域分成七种。

（1）日本：日本平安时代晚期、中世早期与中国关系的史料，见《朝野群载》《吾妻镜》等文集和史书，以及《御堂关白记》等公卿日

1　朱易安主编《全宋笔记》第1—10编，大象出版社，2003—2018。

2　曾枣庄、刘琳主编《全宋文》，上海辞书出版社、安徽教育出版社，2006。

3　刘佩等编《二十四史中的海洋资料》，海洋出版社，1995。

4　解登峰、齐晓晨主编《中国涉海图书目录提要·古文献卷》，中国社会科学出版社，2020。

记。《大宰府天满宫史料》是目前便于检索的资料汇编。[1]

（2）高丽《三国史记》《高丽史》等正史，以及《东文选》等文集中，包含有关于中朝关系史的记录。黄纯艳对高丽史籍有专书提要介绍。[2]

（3）越南《大越史记全书》以及《安南志略》是研究中越关系史的基本书籍；越南李朝、陈朝的诗歌、文集汇编为《李陈诗文》，其中也有值得挖掘的部分。刘春银等对越南汉喃文献有提要介绍。[3]

（4）海岛东南亚《爪哇史颂》《马来纪年》虽然成书年代较晚，但是当地现存最早的传世史料，具有重要的价值。[4] 廷尼克·黑尔维希（Tineke Hellwig）《印度尼西亚读本》为基本书籍。[5]

（5）印度：印度在中世纪处于列国林立之中，其中印度南部的注辇（Chola）与宋朝有来往。尼拉坎达·萨斯特利（K. A. Nilakanta Sastri）对印度南部的历史和文献进行叙述，这是研究的基本书籍。[6]

（6）阿拉伯、波斯地区：主要有《先知及帝王编年史》《中国印度见闻录》《道里邦国志》《黄金草原》《印度奇观》《史集》《世界境域志》《伊本·白图泰游记》等。[7] 费琅辑注有《阿拉伯波斯突厥人

1　竹内理三·川添昭二編『大宰府·太宰府天満宮史料—太宰府天満宮史料』卷 1—卷 17 太宰府天満宮、1964—2003。

2　黄纯艳:《高丽史史籍概要》。

3　刘春银主编《越南汉喃文献目录提要》，中研院中国文哲研究所，2002。刘春银主编《越南汉喃文献提要补遗》，中研院中国文哲研究所，2004。

4　罗杰等译著《〈马来纪年〉翻译与研究》，北京大学出版社，2013。普腊班扎:《爪哇史颂》，徐明月、刘志强编译，商务印书馆，2016。

5　Tineke Hellwig, *The Indonesia Reader: History, Culture, Politics*, Durham: Duke University Press, 2009.

6　K. A. Nilakanta Sastri, *A History of South India: From Prehistoric Times to the Fall of Vijayanagar*, London: Oxford University Press, 1958.

7　*The History of al-Tabari (Ta'rikh al-Rusul wa-al-Muluk)*, trans. & ed. by R. Stephen Humphreys, Albany: State University of New York Press, 1988-2007. 徐正祥编译《拓友黎的历史》第 1 部分，徐氏书坊，2017。穆根来等译《中国印度见闻录》，中华书局，1983。伊本·胡尔达兹比赫:《道里邦国志》。马苏第:《黄金草原》。*Les Merveilles de L'Inde (Adjāïb al-Hind)*, trans. & ed. by L. Marcel Devic, Paris: Alphonse Lemerre, 1878. 拉施特主编《史集》，余大钧、周建奇译，商务印书馆，1983—1986。佚名:《世界境域志》，王治来译注，上海古籍出版社，2010。《伊本·白图泰游记》，马金鹏译，华文出版社，2015。

东方文献辑注》，王一丹对拉施特及其同时期的波斯史家有专书研究。[1] 而对中世纪阿拉伯人远航的历史，《中国印度见闻录》《道里邦国志》《黄金草原》《印度奇观》提供了最为丰富的史料。笔者曾修习法语及阿拉伯语相关语言课程，故在前辈学者研究基础上，可以阅读专业内的文本。本书的阿拉伯语拉丁转写依据《伊斯兰百科全书》（*Encyclopaedia of Islam*）体例，但不使用已不常用的下画线。[2]

（7）欧洲：主要即上节所叙述的《马可·波罗寰宇记》，本书采用慕阿德与伯希和合作完成的百衲本。[3] 同时还有意大利传教士和德理（Odoric，又译"鄂多立克"）的游记。[4] 高田英树翻译和研究了各个版本的《马可·波罗寰宇记》，以及中世纪欧洲旅行家的东方游记。[5] 中世纪的欧洲对东方有诸多奇异的想象，这需要再进一步挖掘资料。[6]

三　碑铭

中国浙江、福建、广东三省的金石资料，从清朝中后期就已经有相关的文献汇编，其中部分已经收入《全宋文》之中。这些金石资料汇编有《两浙金石志》《粤东金石略》《闽中金石略》《天一阁明州碑林集录》《宁波历代碑碣墓志汇编（唐·五代·宋·元卷）》《福建宗教碑铭汇编》

1　费琅辑注《阿拉伯波斯突厥人东方文献辑注》，耿昇、穆根来译，中华书局，1989。王一丹：《波斯拉施特〈史集·中国史〉研究与文本翻译》，昆仑出版社，2006。

2　"List of Transliteration", in C. E. Bosworth et al. (eds.), *The Encyclopaedia of Islam*, Vol. 1, Leiden: Brill, 1965.

3　*Marco Polo: The Description of the World*, trans. & eds. by Arthur Moule & Paul Pelliot, London: George Routledge & Sons Ltd., 1938.

4　《鄂多立克东游录》，何高济译，中华书局，2002。

5　高田英樹校訳『世界の記——「東方見聞録」対校訳』名古屋大学出版会、2013。又『原典中世ヨーロッパ東方記』名古屋大学出版会、2019。

6　田汝英：《香料与中世纪西欧人的东方想象》，刘新成主编《全球史评论》第13辑，中国社会科学出版社，2017，第101—113页。

《泉州宗教石刻》《泉州伊斯兰教石刻》《杭州凤凰寺藏阿拉伯文、波斯文碑铭释读译注》《广州碑刻集》《广州府道教庙宇碑刻集释》《南海神庙碑刻集》等。[1]

　　法国考古学家在印度支那地区进行了长期的考古发掘，在 20 世纪中叶已经完成了柬埔寨、占城碑刻的整理和翻译工作，其中可以发现与中国交往的若干史料。[2]前文亦提到荷兰学者安托瓦内特·巴雷特·琼斯关于早期爪哇碑铭的整理和研究。[3]越南汉喃碑铭资料，也在越、法、中三国学者的共同参与下整理出版。[4]此外，19 世纪、20 世纪英国学者整理南印度碑铭，也值得关注。[5]

四　文书资料

　　还应注意中东地区的两种文书资料。其一是 20 世纪初在开罗旧城福斯塔特发现的中世纪犹太商人的希伯来文文书，是为"格尼扎文书"（Geniza Documents）。谢尔莫·戈伊坦（Shelomo D. Goitein）对此

1　阮元主编《两浙金石志》，浙江古籍出版社，2012。翁方纲著，欧广勇、伍庆录补注《粤东金石略补注》，广东人民出版社，2012。林尔嘉：《闽中金石略》，陈怀晔点校，商务印书馆，2019。章国庆：《天一阁明州碑林集录》，上海古籍出版社，2008。章国庆：《宁波历代碑碣墓志汇编（唐·五代·宋·元卷）》，上海古籍出版社，2012。郑振满、丁荷生编纂《福建宗教碑铭汇编》，福建人民出版社，1995—2018。吴文良原著，吴幼雄增订《泉州宗教石刻》（增订本），科学出版社，2005。陈达生主撰《泉州伊斯兰教石刻》，宁夏人民出版社，1984。莫尔顿（Alexander H. Morton）英译，周思成中译《杭州凤凰寺藏阿拉伯文、波斯文碑铭释读译注》，乌苏吉、王一丹校，中华书局，2015。冼剑民编《广州碑刻集》，广东高等教育出版社，2006。黎志添、李静著《广州府道教庙宇碑刻集释》，中华书局，2013。黄召辉、张菽晖编撰《南海神庙碑刻集》，广东人民出版社，2014。

2　*Inscriptions du Cambodge*, Vol. 1-8, trans. & ed. by George Coedès, Hanoi: École Française d'Extrême-Orient, 1937-1966. *Inscriptions of Campā*, trans & ed. by Kal-Heinz Golzio, Aachen: Shaker Verlag, 2004.

3　Antoinette M. Barrett Jones, *Early Tenth Century Java from the Inscriptions*.

4　潘文阁、苏尔梦主编《越南汉喃铭文汇编》第 1 集，远东学院、汉喃研究院，1998。耿慧玲、黄文楼主编《越南汉喃铭文汇编》第 2 集，新文丰出版公司，2002。

5　*South-Indian Inscriptions*, Vol. 1-3, trans. & eds. by E. Hultzsch and K. Sastri, Madras: Superintendent, Government Press, 1890-1929.

进行了长达数十年的整理和研究，其中约 459 件文书与印度洋贸易相关，[1] 合称"印度章"（India Book）；戈伊坦去世后，莫迪凯·弗里德曼（Mordechai A. Friedman）继续研究这批文书，并以"约瑟夫·大卫·拉巴迪（Joseph b. David Lebdi）和他的家族""也门犹太王子马德门·哈桑·雅弗（Maḍmūn b. Hasan-Japheth）和他的家族""亚伯拉罕·本·伊居（Abraham Ben Yijū）和他的家族"为序，研究其中的 177 件文书。[2] 李大伟已经向中文学界介绍了这批文书和印度洋犹太人贸易的关系，[3] 而关于它所反映的印度洋贸易的细节，则仍有待挖掘。

除此之外，1978—1982 年，芝加哥大学考古队在红海港口库塞尔（Quseir）发掘出大批 13 世纪阿拉伯语文书。[4] 按照郭黎的研究，这些文书"是迄今为止唯一发现的阿尤布（Ayyubid）和可能是早期马穆鲁克（Mamluk）埃及时期服务于一个穆斯林社群的私人档案"。[5] 其中，大部分和所谓的"谢赫之房"（Sheikh's House）有关。谢赫家族商业经营的重要事务正是海洋贸易。这两种写本都属于研究中世纪阿拉伯远航国内背景最为重要的史料。

1　*India Traders of the Middle Ages: Documents from the Cairo Geniza*, trans. & eds. by Shelomo D. Goitein and Mordechai A. Friedman, Leiden: Brill, 2008,p.xxiv. 按此前言实已增加至 523 个编号。李大伟也指出"约 459 件与印度洋犹太人贸易相关"，见李大伟《戈尼萨文书所记印度洋犹太人贸易》，余太山、李锦绣主编《丝瓷之路——古代中外关系史研究》第 6 辑，第 210 页。

2　*India Traders of the Middle Ages*, pp. iv-xvi.

3　李大伟：《戈尼萨文书所记印度洋犹太人贸易》，余太山、李锦绣主编《丝瓷之路——古代中外关系史研究》第 6 辑，第 208—233 页。

4　*Commerce, Culture, and Community in a Red Sea Port in the Thirteenth Century: The Arabic Documents from Quseir*, trans. & ed. by Li Guo, Leiden: Brill, 2004.

5　Li Guo, "Arabic Documents from the Red Sea Port of Quseir in the Seventh/Thirteenth Century, Part 1: Business Letters", *Journal of Near Eastern Studies*, Vol. 58, No. 3 (1999), p. 162.

第一章 生意之道: 中世纪阿拉伯商人东方远航的背景

第一节 中世纪阿拉伯的商业社会

一 商人地位的提高

在海上丝绸之路发展史上，8 世纪后期是关键的时间段。考古证据表明，8 世纪后期是外销瓷贸易开始繁荣的时期。[1] 阿拉伯商人正是海上丝绸之路上外销

---

1 这是国际学界基本认同的观念，见三上次男「陶磁器貿易の研究とその意義」『貿易陶磁研究』第 1 期、1981 年、創刊辞 1—2 頁。谢明良:《日本出土唐宋时代陶瓷及其有关问题》,《故宫学术季刊》1996 年第 4 期; 后收入同作者《贸易陶瓷与文化史》, 三联书店, 2019, 第 35—80 页。龟井明德「1970 年から 2010 年の中国陶瓷史研究」『人文科学年报』第 40 期、2010 年、83—115 頁。Himanshu Prabha Ray, "Maritime Archaeology of the Indian Ocean Recent Trends", in Himanshu Prabha Ray and Jean-François Salles (eds.), *Tradition and Archaeology*, p. xvii.

瓷重要的销售者。

荣新江先生注意到，8世纪中叶之后，在中国的史学、文学作品中关于波斯商人的记载显著增多。[1] 钱江也指出，762年，阿拔斯王朝巩固自身统治后，"阿拉伯人对东南亚及中国的海上贸易逐渐进入高潮"。[2] 从历史地理而言，新王朝将首都从大马士革迁移到萨珊王朝故地的巴格达，振兴了幼发拉底河河港巴士拉，这使波斯湾的贸易得到复兴，波斯湾沿岸的海商也因此获益。

为什么8世纪下半叶后，阿拉伯波斯商人来中国的记载会增多？换言之，为什么波斯湾到中国南方的直航得到复兴，扬州、广州的移民社区得以发展？我们应该看到社会阶层和思想方面的因素。

在阿拉伯帝国早期，尽管商业并不被反对，但反对高利贷行为，同时商业行为居于宗教事业之后。[3]《古兰经》第2章第275节云："安拉将贸易定为合法，将利息定为非法。"[4] 第62章第9节云："有正信的人们啊！当聚礼日你们被召唤去礼拜时，你们应当奔忙去记主，并放下买卖。如果你们知道的话，那对你们是更好的。"[5] "记主"即礼拜安拉，此句经典也为泉州清净寺礼拜堂的壁龛石刻（编号A13.3）所引，可知其对伊斯兰的商业发展有广泛的影响。[6]

森本公诚指出，随着8世纪中叶阿拔斯王朝的建立和稳定，"人们对作为职业的商业也改观了，因此8世纪下半叶很快出现了主张商人阶层的利润追求、奢侈消费生活的愿望在宗教上具有正当性的思想

1　荣新江：《波斯与中国：两种文化在唐朝的交融》，《丝绸之路与东西文化交流》，第61—80页。

2　钱江：《波斯人、阿拉伯商贾、室利佛逝帝国与印尼 Belitung 海底沉船：对唐代海外贸易的观察和讨论》，上海中国航海博物馆主办《国家航海》第1辑，上海古籍出版社，2011，第92页。

3　参见森本公誠「ムスリム商人の活躍」嶋田襄平編『イスラム帝国の遺産』平凡社、1970、63—74頁。

4　伊本·凯西尔注《古兰经注》卷3，孔德军译，中国社会科学出版社，2010，第166页。

5　伊本·凯西尔注《古兰经注》卷28，第1364页。

6　吴文良原著，吴幼雄增订《泉州宗教石刻》（增订本），第318页，图版见同书第25页。

家"。[1] 这其中的代表就是活跃于巴格达的哈乃斐（Ḥanafī）学派的法学家赛巴尼（Muḥammad al-Shaybānī，750—803/805）。[2] 他撰写了《获利之书》（Kitāb al-Kasd），这本书已佚，但大部分内容保存在其徒萨玛（Ibn Samā'a，847 年去世）的《合理的生计之书》（al-Ikisāb fī al-Rizq al-Mustatāb）之中。[3] 在书中，赛巴尼主张："谋生是每位穆斯林应尽的义务，就像追求知识一样。"[4] 这为穆斯林商人追求财富提供了合法依据。思想家的主张可以领先于时代，但必然生长自一定的社会土壤中，而这种土壤就是阿拉伯世界的商业环境。

　　阿拉伯的崛起本身也与商人有密切关系。谢尔莫·戈伊坦指出，阿拉伯早期的领导人、将军等是从商人阶层转化而来的，建立政权后在法律上保护穆斯林商人，当局对穆斯林商人征税的税率远低于异教徒。[5] 而商人与军队亦有紧密联系，9 世纪拜拉祖里（al-Baladhuri）《诸国征服史》（Kitāb Futūḥ al-Buldān) 记述第二任哈里发欧麦尔建设库法时云："哈里发建设了商店，挖掘了雅米（al-Jāmi'）运河。"[6] 这些是必要的基础设施建设，客观上推动了商业的发展。家岛彦一指出，库法、巴士拉、福斯塔特等日后的大都会，在早期都是军营地，因建立了市场，商人为军营的战士提供粮食等，逐渐发展成商业都市。[7]

1　森本公誠「ムスリム商人の活躍」、75 頁。

2　其生平见 E. Chaumont，"al-Shaybānī"，in P. Bearman et al. (eds.)，Encyclopaedia of Islam, Second Edition，http://dx.doi.org/10.1163/1573-3912_islam_COM_1051，2021/9/24。

3　此据 Shelomo D. Goitein，"The Rise of the Near-Eastern Bourgeoisie in Early Islamic Times"，Journal of World History, Vol 3, No. 1(1956), p. 586。又见嶋田襄平編『イスラム帝国の遺産』文献解題、413 頁。

4　此据 Shelomo D. Goitein 英译，见 Shelomo D. Goitein，"The Rise of the Near-Eastern Bourgeoisie in Early Islamic Times"，Journal of World History, Vol 3, No. 1(1956), p. 587。

5　Shelomo D. Goitein, Studies in Islamic History and Institutions, Leiden: Brill, 2010, pp. 229-232.

6　al-Baladhuri, The Origins of the Islamic State (al-Baladhuri, Kitāb Futūḥ al-Buldān), trans. by Philip Khuri Hitti, Piscataway: Gorgias, 2002, p. 445. 运河和灌溉设施的修建，是阿拉伯帝国重要的技术成就，见 Donald R. Hill, "Technologie"，in G. C. Anawati et al. (eds.), Histoire des Sciences Arabes, Vol. 3, Paris: Éditions du Seuil, 1997, pp. 12-18。

7　家島彦一『イスラム世界の成立と国際商業：国際商業ネットワークの変動を中心に』岩波書店、1991、178 頁。

二 "波斯舶"与波斯人

钱江注意到，倭马亚王朝时期（661—750 年），阿拉伯帝国的海上贸易为波斯商人垄断，所以中文史料中常见"波斯舶"的记载，阿拔斯王朝（750—1258 年）建立后，阿拉伯半岛的商人才进入印度洋贸易之中。[1] 如果看阿拉伯史料的话，会发现库法、巴士拉的居民多有来自波斯（法尔斯、呼罗珊等地）者，所以也不排除这些阿拉伯半岛的商人为原波斯地区的移民。《诸国征服史》云：

> 吉亚德·伊本·阿比西（Ziyād [ibn-Abīhi]）遵照穆阿维叶（Mu'āwiyah）的指令，将他们中的部分人调往叙利亚，在那里他们被称为"法尔斯人"，其他则被派往巴士拉，在那里他们和"阿萨维拉"（Asāwirah，波斯骑兵）编在一起。
>
> 据阿布·马苏第（abu-Mas'ūd）云，阿拉伯人将非阿拉伯人称为"哈姆剌"（Hamrā'，红色），并说道："我来自哈姆剌·达伊兰（Hamrā' Dailam）。"正如他们所说"我来自祖海娜（Juhainah）"或者其他地方。阿布·马苏第补充道："我听某人说过，这些阿萨维拉生活在阿德达伊兰（ad-Dailam）附近，当他们在卡兹温（Kazwin）被穆斯林攻打时，他们接受了伊斯兰教，如同巴士拉的阿萨维拉一样。接着他们到了库法，并在那里定居。"[2]

这是关于哈里发欧麦尔（634—644 年在位）时期将原萨珊归顺的军人调往库法、巴士拉，而后他们在那里定居下来的记载。家岛彦一在研究贾耽《皇华四达记》中关于阿拉伯半岛的港口时，指出"三兰"是波斯

1　钱江：《波斯人、阿拉伯商贾、室利佛逝帝国与印尼 Belitung 海底沉船：对唐代海外贸易的观察和讨论》，《国家航海》第 1 辑，第 92 页。

2　al-Baladhuri, *The Origins of the Islamic State*, p. 441.

语"Samrān"对音，也就是今天的亚丁，进而推论波斯人在亚丁、阿曼等港口的商业据点一直沿用到阿拉伯帝国时代，"在政治受支配的情况下，经济的实权仍掌握在波斯人手中"。[1] 党宝海先生亦同意家岛彦一提出的对音，并认为 8 世纪后，中国和也门间的经济互动增多。[2]

另外，在阿拔斯王朝建立过程中，萨珊波斯故地呼罗珊（Khurāsān）的什叶派穆斯林厥功至伟；祖居呼罗珊、有波斯血统的巴尔麦克家族成为阿拔斯宫廷的显贵，并在哈里发哈伦在位期间（786—809 年）长期居要职，直到 803 年被哈伦肃清。[3] 原波斯人在政治上的崛起，必然会带动原波斯商人的商业活动。

三　《动物之自然属性》所载之"阿里派"

马卫集（Marvazī，公元 1120 年后不久去世）《动物之自然属性》（*Tabāyi' al-Haivān*）指出，居住在中国蕃坊中的穆斯林，是"阿里派"（什叶派），他们到来的原因为：他们这一教派在倭马亚时期前往呼罗珊并在那里居住。当看到倭马亚的人对其穷追不舍且决意消灭他们时，他们便逃向东方，并且因为害怕倭马亚的势力，不在阿拉伯帝国的城市停留而逃至中国。[4]

倭马亚王朝时期，呼罗珊地区是什叶派重要的聚集地，其中包括了大量新皈依的原萨珊波斯居民（即"麦瓦利"，موالٍ，Mawāli）。[5] 前往呼罗珊一事，当指 740 年库法地区的什叶派起义失败后，领导人扎伊德

1　家岛彦一「南アラビアの東方貿易港について ─ 賈耽の道里記にみるインド洋の西岸航路」『東方学』第 31 卷、1965 年、132─149 頁。引文见第 137 頁。

2　党宝海：《八至十五世纪的中国与也门》，《北京大学学报》2021 年第 2 期，第 38─39 页。

3　哈全安：《中东史 610─2000》（上），天津人民出版社，2010，第 173─174 页。

4　乌苏吉：《〈动物之自然属性〉对"中国"的记载──据新发现的抄本》，王诚译，《西域研究》2016 年第 1 期，第 105 页。

5　见程诗婷《对 mawāli 词源、释义和翻译问题的探讨》，蔡伟良、周放主编《阿拉伯学研究》第 6 辑，世界知识出版社，2021，第 56─66 页。

（Zayd）之子亚哈雅（Yahyā）逃往呼罗珊，但仍被倭马亚当局抓获，并于 743 年处决的事。[1] 亚哈雅之死加强了呼罗珊地区什叶派的团结，747年，在阿布·穆斯林的领导下，呼罗珊大起义爆发，最终推翻了大马士革的倭马亚王朝。[2] 由此可见，《动物之自然属性》的记载，体现了后世穆斯林历史记忆的变化。但也暗示，早在倭马亚王朝时期，法尔斯、库法、呼罗珊等地的什叶派商人，已开展和东方的海洋贸易，并维持着贸易网络。考古资料亦显示，波斯湾西海岸的胡富夫（al-Hasa）绿洲在 9—11 世纪尽管有着密集的人口，但"东方进口品仅限于孤立的物件，分布在胡富夫、盖提夫（Qatif）、达兰（Dhahran）、巴林（Bahrain），以及卡塔尔（Qatar）"，这是因为波斯湾东海岸远比西海岸富裕。[3] 因此，阿拔斯王朝前期的海外贸易，由拥有波斯血统的商人主导，应该是成立的。

即使到 13 世纪，波斯地区已经重新独立，波斯血统的商人在阿拉伯半岛依然是重要的商人群体。如 13 世纪的旅行家伊本·穆扎维尔（Ibn al-Mujāwir）如此叙述当时的吉达（Jeddah）：

> 它是海边的小市镇，是麦加的港口。因为在朝圣的季节，涌入大量民众，那里无法承载。人们从埃及、北非、印度和也门，从大地的尽头、生齿繁衍的世界和岛屿到达那里。当供水不足时，人们从古拉因（al-Qurayn）引水，那里位于麦加和吉达的半道。那里的居民是波斯的世系，他们使用卡舒尔（kāshūr）和棕榈叶建造房屋，他们所有的房屋都是商队客店（Khan）。其中汉·巴萨尔（Khān al-Basar？）是非常有名的客店，还有两家客店相对而立，彼

---

1 W. Madelung, "Shīʿa", in P. Bearman et al. (eds.), *Encyclopaedia of Islam*, Second Edition, http://dx.doi.org/10.1163/1573-3912_islam_SIM_6920 (2021/10/06).

2 C. E. Bosworth, "Khurāsān", in P. Bearman et al. (eds.), *Encyclopaedia of Islam*, Second Edition, http://dx.doi.org/10.1163/1573-3912_islam_SIM_4335 (2022/03/04).

3 Axelle Rougeulle, "Medieval Trade Networks in the Western Indian Ocean (8–14 Centuries)", in Himanshu Prabha Ray and Jean-François Salles (eds.), *Tradition and Archaeology*, p. 164.

此都有大型的仓库。据说，在回历 623 年（英译注：1226 年 1 月 2 日开始），埃米尔商斯·丁·屯布嘎（Shams al-Dīn Tunbughā）在吉达城外建造了一家大客店。凡建造一间棕榈叶房屋，建造者每年要向苏丹缴纳 3 马拉奇（Malakī）迪纳姆。使用石头和石膏〔建造的〕房屋，无须为此纳税，因为它们是真实的财产，业主在里面生活，可以用它们做任何事。[1]

吉达是红海东海岸重要的港口，是通往麦加朝圣的主要进出口岸。波斯世系的居民在这里建设了客店，当有悠久的商业传承。

四　本土的重商风气与契约精神

贾希兹（al-Jahiz）《商业观察》（*Kitāb al-Tabaṣṣur bil-Tijāra*）记载了 9 世纪巴格达来自世界各地的进口品，其中从东方海路输入者为：

印度的输入品：虎、豹、象、豹皮、红宝石、白檀、黑檀、椰果。

中国的输入品：芳香植物、剑、绢、陶器、纸、墨、孔雀、汗血马、鞍、毡、肉桂、纯性大黄。

也门：缟织物、皮革、长颈鹿、铠、红玉髓、香、镶蓝郁金。

法尔斯：亚麻衣类、蔷薇水、睡莲油、糖浆。

阿曼及其沿海地区：珍珠。[2]

中国的香料、丝绸、瓷器是巴格达重要的商品，将在下一节具体叙述。而关于阿拉伯人整体上的东方贸易，安德烈·温克（André Wink）

1　*A Traveller in Thirteenth-Century Arabia: Ibn al-Mujāwir's Tārīkh al-Mustabsir*, trans & ed. by G. Rex Smith, Aldershot: Ashgate, 2008, p. 78.
2　此转译自森本公誠「ムスリム商人の活躍」、86－87 頁。

指出：

> 阿拉伯人很早就认识到与中亚、中国贸易的重要性，早在公
> 元 713 年，最早的贸易使节就被派往中国的宫廷……使节不断地
> 被派往中国的宫廷，但也进行了多次征服战争，只有低吐火罗斯
> 坦（Tukharistan）、支汉那（Chaghanian）、布哈拉（Bukhara）和花
> 剌子模（Khwarazm）成为阿拉伯帝国不可或缺的部分……随着海
> 湾地区到印度、印度尼西亚、马来半岛、广州乃至中国贸易的发
> 展，穆斯林的首都巴格达成为世界上最大的港口，接受美索不达
> 米亚（Mesopotamia）两条河流的运输，它们将城市与大海、印度
> （al-Hind）连接起来，也连接着西方的叙利亚、埃及、北非，北方和
> 东方的阿塞拜疆（Ajarbayjan）、亚美尼亚（Armenia）、伊斯法罕
> （Isfahan）、呼罗珊。[1]

阿拉伯远航的动力，与阿拉伯帝国整体商业环境有密切关系。除
上述商人地位变化等原因外，还需明白市场运营的规则。埃利亚斯·图
玛（Elias H. Tuma）指出，7—10 世纪，阿拉伯的经济政策"始终偏向
于让市场单独决定价格。当处于危机之时，非直接的干预就是常见的，
诸如增加供给或减少税收。特例是，哈里发通过指令设定价格。不过
一般而言，价格是由供需双方的自由互动所决定的，"政府的产业政策
主要是支持性的"，"政府保证种子，并整修运河和水路，并通过土地所
有制创造动力。它同样通过操控税收来鼓励生产"。[2] 而在阿拉伯世界，
合同、契约是商业活动中基本的要素，利益双方的收益、责任等事项，
都需通过契约体现。[3] 如 9 世纪北非马利克教派（Mālikī）的权威赛哈农

1　André Wink, *Al-Hind The Making of the Indo-Islamic World*, Vol. 1, Leiden: Brill, 2002, pp. 44, 53.

2　Elias H. Tuma, "Early Arab Economic Policies (1st/ 7th – 4th/ 10th Centuries)", *Islamic Studies*, Vol.4, No.1 (1965), p.20.

3　Shelomo D. Goitein, "Commercial and Family Partnerships in the Countries of Medieval Islam", *Islamic Studies*, Vol.3, No.3 (1964), pp.315-337.

（Saḥnūn）指出，货船的合伙人有权在船中属于自己的那部分空间装载自己的所有品，而无须向其他合伙人缴纳货运费。[1]

但需要指出，9世纪是阿拔斯王朝由盛转衰的世纪，在政治上出现了回历"3世纪危机"，表现为政治上的分裂、帝国收入的减少（尤其是9世纪后半叶）、农业产出的下降等。[2]不过尽管哈里发权势逐渐消散，阿拉伯世界的经济生活并未受到严重冲击，这与阿拔斯帝国早期的建设有很大的关系。李维斯（B. Lewis）指出：

> 阿拔斯的即位带来了巨大的经济复兴，这建立在以工业和商业实现对帝国资源的开发，以及帝国内外庞大的贸易关系网络的发展上。这些变化具有重大的社会影响。阿拉伯武士阶层瓦解了，取而代之的是地主和官僚所占的统治阶层，以及职业士兵、"文人"（literati）、商人和学者。伊斯兰城镇从要塞城市转变成交易的市场，并最终变成了繁荣和多样化的城市文化中心。到处都在发展文学、艺术、神学、哲学和科学。这里只需指出，这是伊斯兰的经典时代，形成了崭新的、丰富的和原创性的文明，它是许多种族和传统的结晶，并走向成熟。[3]

阿拔斯王朝时期，形成了以士兵、文人、商人、学者等为职业的新兴阶层，并有了新的交易市场和新的社会文化风尚。罗杰·艾伦（Roger Allen）也指出："巴格达陷落后，地方上的王朝保留了他们的宫廷礼仪，以及资助学者、文人的体系，这不仅是幸存，更是增长。"[4]这是社会经

1　Abraham L. Udovitch, *Partership and Profit in Medieval Islam*, Princeton: Princeton University, 1970, pp. 22-23.

2　David Waines, "The Third Century Internal Crisis of the Abbasids", *Journal of the Economic and Social History of the Orient*, Vol. 20, No. 3 (1977), pp. 282-306.

3　B. Lewis, "'Abbāsids", in P. Bearman et al. (eds.), *Encyclopaedia of Islam*, Second Edition, http://dx.doi.org/10.1163/1573-3912_islam_COM_0002, (2022/03/04).

4　Roger Allen, *The Arabic Literary Heritage: The Development of Its Genres and Criticism*, Cambridge: Cambridge University Press, 2005, p. 67.

济、文化相对独立于政治分散性的一面。

《商业观察》中不仅有来自印度、中国等的货品，亦有来自拜占庭、里海沿岸、北非、亚美尼亚等世界各地的货物，贾希兹能够区分出它们的产地，一方面显示了作者深厚的地理学功底，另一方面也暗示了阿拉伯波斯商人的商业网络之大。正因为长期在世界各地从事贸易活动，才能将详细的商业信息带回巴格达，最后由作者记录下来。

五　多族群参与海洋贸易

在波斯湾、印度洋贸易网络已经存在的情况下，随着波斯地区商人地位的提高，他们得以大批地到东方从事贸易，这是商业上的复兴，是黑石号等西亚货船离开故土，到中国商贸的国内背景。尽管波斯地区的商人在远东海洋贸易中表现突出，但中古时期的海洋贸易并未被某一族群所垄断。佩里格林·霍登（Peregrine Horden）、尼古拉斯·珀塞尔（Nicholas Purcell）对地中海海洋贸易的研究表明：

> 从政治角度去审视这一时期的商业史恐怕仍是一种错误。拜占庭或西欧同伊斯兰世界那些部分时断时续的敌意并非对海上再分配进程的巨大阻碍。当时的贸易并不像在后世那样紧随着民族国家的旗帜（例如，塞尔斯·利马 [Serce Liman] 沉船生活区中发现的一些物品表明，该船的船员可能是由穆斯林和基督徒共同构成的）。仅就中世纪早期而言，犹太商人们扮演着基督教与伊斯兰两大世界间商业中介的角色。但并没有哪个基督教权威禁止与非基督徒之间的贸易，而《古兰经》和《圣训》也没有禁止过同不信真主者做买卖。[1]

1　佩里格林·霍登、尼古拉斯·珀塞尔：《堕落之海：地中海史研究》，第 221 页。

因此，多族群参与海洋贸易是此时期的基本特征。犹太人在中古阿拉伯被称为"有经者"（Ahl al-Kitāb），[1]《诸国征服史》记载：

> 迁士们在清真寺有歇脚之处，欧麦尔（'Umar）在那里和他们讨论从各处所获的信息。有一天他说道，"我不知道应该怎么对待异教徒"。阿卜杜尔·拉哈曼（'Abd-ar-Raḥmān ibn- 'Auf）起身说道，"我可证明先知说过，'用同样的律法对待他们，就像汝对待"有经者"一样'"。[2]

按照以色列中世纪犹太研究学者摩西·吉尔（Moshe Gil）的考证，"穆斯林文献的态度显然为，在犹太人和先知之间存在协议，犹太人承担着某些未被解除的义务，并且如果他们后来的境遇变差，那是他们自作自受"。[3]按伊本·伊萨克（Ibn Isḥāq）所记，此协议共计34条，其中涉及犹太人和穆斯林之间经济关系的条款为：

> 23. 犹太人对他们的账目负责，穆斯林对他们客户以及他们自己的账目负责，但对于一桩邪恶勾当或者犯罪案件，只有罪犯和他的家庭要负责。
> 26. 犹太人将支付他们开销的份额，穆斯林将支付他们的份额。犹太人和穆斯林将互相帮助，通过温和、正义的方式，而不是邪恶的勾当对抗违背此文书的人。禁止缔约对抗一位盟友。务必要帮助遭邪恶所害之人。
> 27. 当他们（译注：穆斯林）正在战斗时，犹太人将为穆斯林

1　G. Vajda, "Ahl al-Kitāb", in P. Bearman et al. (eds.), *Encyclopaedia of Islam*, Second Edition, http://dx.doi.org/10.1163/1573-3912_islam_SIM_0383, (2022/03/04). 同为有经者的还有基督教徒、琐罗亚斯德教徒等。

2　al-Baladhuri, *The Origins of the Islamic State*, p. 424.

3　Moshe Gil, *Jews in Islamic Countries in the Middle Ages*, translated from the Hebrew by David Strassler, Leiden: Brill, 2004, p. 35.

承担开销。[1]

这些条款明确了犹太人和穆斯林之间的关系。而犹太人在阿拉伯世界亦保留了自治的传统。10 世纪以后，也门和红海一带成为阿拉伯世界东方海洋贸易的重心。格尼扎文书的"印度章"就是重要的史料。按照莫迪凯·弗里德曼的统计，"印度章"中提及的来自印度洋商品及其出现的次数如下：

A. 香料、芳香剂、染料和漆类植物以及药用的香草	36 条
B. 铁和钢（一种主要商品）	6 类
C. 黄铜和青铜器皿	12 条
D. 印度丝绸和其他棉织品	8 条
E. 珍珠、珠子、子安贝（Cowrie shells）和龙涎香	4 条
F. 鞋和其他皮革制品	2 条
G. 中国瓷器、也门石锅和非洲象牙	3 条
H. 热带水果，比如椰子	5 条
I. 木材	1 条
总计	77 条 [2]

这些商品和上引《商业观察》所记载的 9 世纪巴格达的海上舶来品相仿，说明了阿拉伯世界海洋贸易的传承性。李大伟已经向中文学界介绍了这批文书和印度洋犹太人贸易的关系，[3]而关于这批文书所提供的关于远航贸易的生动细节，下文将会详细叙述。

《印度奇观》中也讲述了犹太商人犹太之子伊沙克（Ishaq fils du

1　Moshe Gil, *Jews in Islamic Countries in the Middle Ages*, pp. 44-45.

2　*India Traders of the Middle Ages: Documents from the Cairo Geniza*, p. 16.

3　李大伟：《戈尼萨文书所记印度洋犹太人贸易》，余太山、李锦绣主编《丝瓷之路——古代中外关系史研究》第 6 辑，第 208—233 页。

Juif）远航中国的故事，[1] 显示出犹太商人和阿拉伯商人、波斯商人一样，是东方远航的重要群体。《印度奇观》作者是布祖尔格·沙赫黎亚（Buzurg b. Shahriyār），他的家族来自今天伊朗的忽兹思田（Khūzistān），赛义德·艾哈迈德认为"尸拉夫港很可能是他的家乡"。[2] 此书根据多位活跃于尸拉夫的水手记闻汇编而成，是了解 9—10 世纪波斯湾沿岸港口生活和远航情况的重要资料。

我们也不能忽视另一批重要的商业文书。1978—1982 年发现的 13 世纪库塞尔（Quseir）的阿拉伯文文书，有大量关于"谢赫之房"的记载，而谢赫家族商业经营的重要事务正是海洋贸易。按照郭黎的考证：

> 受文书中大量出现的"谢赫"（Shaykh）一词启发，以及对主要地点的考古发掘，中央建筑（The Central Buildings）被称为"谢赫之房"（Sheikh's House），这一名字成为考古学的专有名词。事实证明，有几位"谢赫"在使用此房：经查阅所有涉及"谢赫之房"的残片，可证这些研究中的文书都和一个商业家族有关，其中大多数是写给或者代表一位确定的"谢赫·阿布·穆法力兹"（Abū Mufarrij）、他的儿子"谢赫·易卜拉辛"（Ibrāhīm），其次是其他看起来参与家族生意的人……一封信件（RN1066a*）将谢赫的族名（nisba）称为"吉福提"（al-Qiftī），归属于吉福特（Qift）这座靠近古斯（Qūs）和库塞尔的古镇，它因连接红海和印度洋而闻名……超过 30 件以阿布·穆法力兹之名作为直接接收者的文书是商业信件或船货清单。[3]

1　Les Merveilles de L'Inde (Adjā ib al-Hind), pp. 92-96.

2　Sayyid Maqbul Ahmad, A History of Arab-Islamic Geography (9th – 16th Century A. D.), Amman: The National Press, 1995, p. 55.

3　Commerce, Culture, and Community in a Red Sea Port in the Thirteenth Century: The Arabic Documents from Quseir, pp. 1-2.

"谢赫"（شيخ，Shaykh）在阿拉伯语中是"首长""学者"之意，今天阿拉伯联合酋长国的领导人依然使用"谢赫"作为自己的头衔。蔡鸿生在宋代广州的史料中，也找到了一位谢赫，即勿巡（今苏哈尔港）国进奉使辛押陀罗（Shaykh Adullah），蔡先生认为，"所谓'辛押陀罗'，其实就是'阿卜杜拉长老'。由长老出任贡使，说明入宋的勿巡使者具有政教合一的特征"。[1] 这也说明港口地区的谢赫及其家族在海洋贸易中居于重要地位。

尽管库塞尔港并不是与印度洋贸易的最重要的港口，库塞尔文书记录的海洋贸易也是短途性质的，但它可以为理解阿拉伯远洋贸易提供重要的标本。

六　理想的远航商人形象

《印度奇观》以及格尼扎和库塞尔文书是理解中古时期阿拉伯海洋贸易的重要资料，下文将会进一步叙述。但在此之前，还需要解决一个问题：在中古阿拉伯人眼中，什么样的商人才是理想的远航商人？

关于这个问题，可以从元代中国的穆斯林墓碑中找到答案。杭州凤凰寺马合木·西模娘（Mahmūd Simnānī，14世纪某年去世，第7号石碑）的墓碑石上记载：

> 此前，他曾游历诸国，拜访了诸义人、真主虔诚的奴仆，游历过东方和西方，去过苫国和伊拉克，进行过"小朝觐"，到过内志，为穷人带来尊荣，为诸荣之首。他还是一位"谢赫"，最尊贵的、伟大的、慷慨的、杰出的、长寿的、显赫的、受尊敬的，〔是〕伟人与显贵的珍宝，恩惠与正义的源泉，〔是〕商人们的骄傲，善人与贵人的装饰，他名闻诸城，性情优良，操行纯正，闻名于伊

1　蔡鸿生：《广州海事录——从市舶时代到洋舶时代》，第108—109页。

拉克诸王之间。[1]

凤凰寺另一位佚名商人的墓碑石与此记载十分相似，杭州凤凰寺穆斯林墓碑的研究者亚历山大·莫尔顿（Alexander H. Morton）认为，"这块石碑的主人很可能是西模娘人马合木游历各地的旅伴"。[2] 此墓碑载：

> 此前他曾游历诸国，拜访了真主最虔诚的奴仆中的诸义人，游历过大地的东方和西方，去过苫国和伊拉克，进行过"小朝觐"，到过内志，为穷人带来尊荣，为诸善之首。他是一位出身高贵、品行高尚的青年，友朋中的翘楚，同时代人中最卓越者，秉性慷慨，操行纯正，贵人的骄傲，在商人中出身名门，善人的装饰，名闻诸城，诸高贵品性之集大成者，善行与美德之源泉。[3]

从墓碑的细节来看，莫尔顿的推测是成立的，这位佚名商人与马合木确实有密切的关系，应当属于同一个商队。不过其中对商人美德的陈述，亦如出一辙，显然体现了阿拉伯人对于一位理想商人的定义，即出身名门、品德高尚、爱护穷人、走南闯北、名闻四方等。14 世纪已经是伊斯兰黄金时代的尾声，这样的商人形象是在中古时期不断积累而成的。

第二节　中东地区的中国商品

阿拉伯人的东航，必然与中国商品在当地受欢迎相关。今天，我们

1　莫尔顿（Alexander H. Morton）英译，周思成中译《杭州凤凰寺藏阿拉伯文、波斯文碑铭释读译注》，第 105 页。

2　莫尔顿（Alexander H. Morton）英译，周思成中译《杭州凤凰寺藏阿拉伯文、波斯文碑铭释读译注》，第 181 页。

3　莫尔顿（Alexander H. Morton）英译，周思成中译《杭州凤凰寺藏阿拉伯文、波斯文碑铭释读译注》，第 182—183 页。

可以通过陶瓷考古、出土文书以及传世的阿拉伯文献来证明中国商品在中东地区的流行。中古时期，到中国的远航一经成功，那必然是获益非凡的。《印度奇观》如此记载中国到巴士拉远洋贸易的利润：

> 有一位没有财产的人从阿曼出发，他回来时船上满载着价值百万第纳尔的麝香，还有同等价值的丝绸和瓷器，还有同样多的珠宝，来自中国的奇珍数不胜数。[1]

这段记载说明了丝绸、瓷器、香料等商品在远航贸易中的重要价值，可以通过文献和考古发现来进行证明。

一 丝绸

目前，在中古港口和水下考古中，仅在南海 I 号中发现疑似丝绸的物品。[2]不过，考古没有发现确定的丝织品，并不代表它不重要。恰恰相反，丝绸是海上丝绸之路上最重要的商品，并充当了一般等物价。只是因为丝绸作为有机物，其蛋白质纤维容易受海水腐蚀而消失殆尽才没有发现。

从格尼扎文书中，可以看到丝绸与金币同等重要，二者都是印度洋贸易中最重要的商品和一般等价物。如 1137—1140 年，犹太商人马德门·哈桑在亚丁写给亚伯拉罕·本·伊居的信件（编号 TS12.320）中写道：

> 今年，我不能成功地寄出金（译者注：指埃及第纳尔）或丝绸。相反，我寄来了通货（sabīb），20 马利基（Malikī）第纳尔，

---

1 *Les Merveilles de L'Inde*, p. 93.
2 《南海 I 号沉船考古报告之二——2014—2015 年发掘》，第 139 页。

良金制旧第纳尔。请以此支付铜匠的劳动，剩下的为我买〔少〕量的"蛋"（译者注：一种小豆蔻）和小豆蔻，如果钱不够的话，就买点其他的，愿主保佑，使之可行。还有，请随船的第一次航行寄来所有东西。[1]

1138 年后的某年，正在印度的犹太商人达巴坦（Dahbattan）本·伊居又收到哈拉夫·伊萨克（Khalaf b. Isaac）从亚丁寄来的信件（编号 TS24.64）：

我，您的仆人，为我自己寄给（您）5 曼恩（mann）上好的丝绸，当我看到我的主人，最杰出的谢赫·马德门，已经寄一些给伊本·艾德兰（Ibn 'Adlān）等人，他以他（Ibn 'Adlān）的名字报告说，它在马拉巴尔（Malabar）卖得很好。因此，我想它比黄金更适合（akhyar）作为商品寄出，并可能带来一些利润。[2]

约 1145 年，犹太商人马赫鲁兹（Maḥrūz）在印度芒伽罗（Mangalore）写给阿布·杰克利·科亨（Abū Zikrī Kohen）的信件（编号 Bodl. MS. Beb. B.11）中写道：

您将乐意知道，我的主人，阁下还有一笔以丝绸结算的款项留在我这里。我用此为您买了 20〔……〕，和 16 袋〔巴哈尔（bahārs）〕的胡椒，在上帝的庇护下，我将它带给您，从芒伽罗乘

1 *India Traders of the Middle Ages*, p. 560. 本书使用的格尼扎文书编号为图书馆所藏写本编号，见 *India Traders of the Middle Ages*, pp.825-830. 李大伟译作"马达姆·哈桑""亚伯拉罕·伊居"，见李大伟《戈尼萨文书所记印度洋犹太人贸易》，余太山、李锦绣主编《丝瓷之路——古代中外关系史研究》第 6 辑，第 211—212 页。

2 *India Traders of the Middle Ages*, pp. 602-603. 李大伟译作"卡拉夫·艾萨克·布达尔"，见李大伟《戈尼萨文书所记印度洋犹太人贸易》，余太山、李锦绣主编《丝瓷之路——古代中外关系史研究》第 6 辑，第 213 页。

着"庇护"号船出发，愿上帝保佑它一路平安！[1]

当然，印度、伊朗等国家、地区在中世纪已经能够生产和制作丝织品，所以这样的丝绸也可能是印度本土所产。但13世纪的史料表明，中国的丝绸确实行销于印度西海岸的港口。如《诸蕃志》叙述南毗国（位于今印度西海岸）时记载：

> 土产之物，本国运至吉啰、达弄、三佛齐，用荷池缬绢、瓷器、樟脑、大黄、黄连、丁香、脑子、檀香、莒蔻、沉香为货，商人就博易焉。[2]

《马可·波罗寰宇记》叙述马里八儿王国时也说道：

> **东方** [FB] **和蛮子来的** [R] 商人会在船上带来许多铜，**并且** [Z] 他们用这些铜来压舱。他们也带来织金**锦**、[Z] 绸缎、森德尔绸（sendal）、黄金、**和** [Z] 银、丁香、甘松以及与此类似的其他**马里八儿所** [R] 没有的香料，他们拿着这些东西和这个国家的**这些** [Z] 商品做交换。[3]

因此，从事印度洋贸易的商人，将中国丝绸从印度西海岸带到亚丁，是合乎情理的。事实上，中国的丝绸在中世纪一直为海上丝绸之路上行销的重要商品。汪前进先生在《岛夷志略》中，共找到了16种中国的丝绸，即"土绸绢、山红绢、丹山锦、草金缎、五色绢、五色绸、五色缎、

1　*India Traders of the Middle Ages*, p. 478. 李大伟译作"阿布·兹克瑞·科恩"，见李大伟《戈尼萨文书所记印度洋犹太人贸易》，余太山、李锦绣主编《丝瓷之路——古代中外关系史研究》第6辑，第216页。

2　赵汝适撰，杨博文校释《诸蕃志校释》卷上《志国》，第68页。

3　*Marco Polo: The Description of the World*, Vol.1, pp. 418-419. 此据陈烨轩初译，北京大学马可·波罗读书班会校稿，宋黑字表示异本文字。[FB] [R] 等表示 FB 本、R 本等版本信息，下同。

青缎、花宣绢、花锦、红绿绢、细绢、绫罗、遮里绢、龙缎、建宁锦"
等。[1] 南宋的市舶司也知道阿拉伯人热衷于使用丝绸。如《诸蕃志》叙述
大食国时载："帷幕之属，悉用百花锦，其锦以真金线夹五色丝织成。"[2]

　　另外在格尼扎文书中，还提及一种被称为 Zaytuni 的丝绸，被怀疑
来自泉州，即"刺桐货"，但苏基朗认为，"低价丝绸作为转口贸易商品
也没有多大意义"，对其产地表示怀疑。[3] 不过，如果结合上述海上丝绸
之路上中国丝绸传播的话，在福斯塔特出现经泉州出口的中国丝绸，也
是可以成立的。

　　而在库塞尔文书中，也涉及丝绸的使用问题。RN 1004c 号商业信件云：

> 〔麦〕子和两罐肥皂。您将从他那里收到 3 大麻袋和 3 条粗
> 缆。将它们锁在安全的地方。要保证我一半的舶货存于仓库，其
> 他的作为商品。任何您想要的，尽管〔从我这里〕订购。我已经
> 寄给您上好的大米，1 袭精品的基斯瓦（kiswa-）长袍，裁之以纯
> 丝绸，精品的披巾和精品的加拉比亚（galabiya）服装，以及 6 提
> 里斯（tillīs-）麻袋的亚麻，10 奇塔（qitʿa-）单位的花。[4]

信件中，丝绸制作的长袍作为订购商品，被某经销商从某港口运到库塞
尔。而按照詹姆斯·博雅赞（James C. Boyajian）的研究，直到大航海时
代，葡萄牙商人依然热衷于通过印度洋贸易购买东方的丝绸，并运送到
里斯本，其中，"在卡雷拉印度公司（Carreira da Índia），来自中国的丝
绸是稀见的船货，波斯，尤其是印度的丝绸要比中国丝绸常见"。[5] 这是
延续了中世纪印度洋贸易的传统。

1　《岛夷志略》，汪前进译注，辽宁教育出版社，1996，导言第 10 页。

2　赵汝适撰，杨博文校释《诸蕃志校释》卷上《志国》，第 89 页。

3　见苏基朗《刺桐梦华录——近世前期闽南的市场经济（946—1368）》，第 67—68 页。

4　*Commerce, Culture, and Community in a Red Sea Port in the Thirteenth Century*, p. 203.

5　James C. Boyajian, *Portuguese Trade in Asia under the Habsburgs, 1580-1640*, Baltimore and London: The
　　Johns Hopkins University Press, 2008, p. 47.

二 陶瓷

（一）出土情况

中国瓷器是海上丝绸之路研究的明珠。目前，在今伊朗的尸拉夫港出土大量中国的长沙窑瓷器、越窑青瓷、广东诸窑瓷器以及北方的白瓷。[1] 这显示了尸拉夫作为波斯湾贸易集散港的重要地位。据阿克赛拉·罗格勒（Axelle Rougeulle）统计，除尸拉夫外，波斯湾东岸港口遗址米纳布（Minab）、鲁瓦哈（Ruvah）、陶尼哈（Tavuneh）、特勒·穆维哈（Tell Muveh）、卡拉特·阿卜杜拉曼（Qal'at 'Abd al-Rahman）、加拉特（Ziarat）、阿哈塔尔（Akhtar）、毕比·哈屯（Bibi Khatun）、哈卡（Kharq）、沙赫·阿达拉（Shah Adallah）、特勒·莫拉卡（Tell Moragh）以及西岸港口遗址卡提夫（Qatif）、达兰（Dhahran）、博拉（Bohrain）、纳曼（al-Na'man）、苏哈尔（Sohar）也出土了来自 8—10 世纪中国的进口品。[2] 836—892 年作为哈里发都城的萨玛拉（Samarra），亦出土了中国陶瓷。[3]

而位于也门的比尔·阿里 / 加纳（Bi'r 'Alī = Qana），在《红海周航记》中占有重要位置，但 7 世纪后因政治动荡等衰落，主要作为麦加朝圣的中转港存在，也有许多直航非洲的人士在这里聚居。在这里发

1　Moira Tampoe, *Maritime Trade between China and the West: An Archaeological Study of the Ceramics from Siraf (Persian Gulf), 8th to 15th Centuries A. D.*, Oxford: British Archaeological Reports, 1989, pp. 47-68. 关于巴士拉城整体的考古情况，见黄莹《大食与中国的海上交通与货物流通网络》，余太山、李锦绣主编《丝瓷之路——古代中外关系史研究》第 8 辑，第 259—261 页。

2　Axelle Rougeulle, "Medieval Trade Networks in the Western Indian Ocean (8 – 14 Centuries)", in Himanshu Prabha Ray and Jean-Francois Salles (eds.), *Tradition and Archaeology*, pp. 162-165. 关于苏哈尔遗址考古情况，见黄莹《大食与中国的海上交通与货物流通网络》，余太山、李锦绣主编《丝瓷之路——古代中外关系史研究》第 8 辑，第 243—246 页。

3　Alastair Northedge et al., "Survey and Excavations at Sāmarrā' 1989", *Iraq*, Vol. 52 (1990), pp. 121-147. 秦大树、任林梅：《早期海上贸易中的越窑青瓷及相关问题讨论》，《遗产与保护研究》2018 年第 2 期，第 102 页。黄莹：《大食与中国的海上交通与货物流通网络》，余太山、李锦绣主编《丝瓷之路——古代中外关系史研究》第 8 辑，第 262—264 页。

现了一件颜色灰白的中国青瓷，落款为"王"字，亚历山大·谢多夫（Alexander V. Sedov）猜测可能是一位 10—11 世纪的旅行者留下的。[1]据此描述，这件瓷器当为宋代的青白瓷。

巴格达衰落后，埃及开罗旧城福斯塔特成为阿拉伯世界商业最发达的城市，并延续至 14 世纪马穆鲁克王朝时期。20 世纪百年间，在福斯塔特遗址出土超百万件器物，按照弓场纪知的综述，截至 2001 年，"陶瓷器共计 3518 箱，每箱装有 100 片，故总计约合 35 万片。东亚陶瓷有111 箱，其中装有约 1.1 万片陶瓷碎片，约占陶瓷器总量的 3%"。其中"越窑青瓷 941 片；邢窑白瓷 2069 片；龙泉窑青瓷 2394 片；长沙窑青瓷 8 片；耀州窑青瓷 25 片；白釉绿彩陶器 5 片；磁州窑陶器 6 片；元青花瓷 298 片"。[2]

秦大树先生 20 世纪 90 年代在开罗实地调查后指出，9 世纪以前，"以越窑最多。特别是质量都很好，这些器物即使在中国，也属质量最好的"。10 世纪到 11 世纪前期，"产品的窑口很广泛"，"除越窑产品比较集中外，其他窑均以质量较好、带装饰的产品输出"，埃及"当地居民也在选择哪种产品最适合其口味"。11 世纪后期到 13 世纪，"窑口主要集中在浙江、福建、广东、江西的龙泉窑和景德镇窑。这时中国出现了专门的外销瓷窑场，但其主要以地理位置接近港口为特征，产品仍是被动地生产传统的中国瓷器"。11 世纪中期至 15 世纪前期"仍以南方窑场为主"。[3]而这样的年代特点也可以在沉船的发掘成果中体现出来。

1　Alexander V. Sedov, "Qana' (Yemen) and the Indian Ocean: The Archaeological Evidence", in Himanshu Prabha Ray and Jean-François Salles (eds.), *Tradition and Archaeology: Early Maritime Contacts in Indian Ocean*, pp. 11-32.

2　弓场纪知：《福斯塔特遗址出土的中国陶瓷——1998—2001 年研究成果介绍》，黄珊译，《故宫博物院院刊》2016 年第 1 期，第 122—124 页。

3　秦大树：《埃及福斯塔特遗址中发现的中国陶瓷》，《海交史研究》1995 年第 1 期，第 90 页。另可参见黄莹《大食与中国的海上交通与货物流通网络》，余太山、李锦绣主编《丝瓷之路——古代中外关系史研究》第 8 辑，第 264—266 页。

黑石号和南海 I 号沉船被认为是两艘开往西亚港口的货船，年代分别为 9 世纪初期和南宋中后期。黑石号上的瓷器大部分来自长沙窑，其他的来自越窑、广东和华北诸窑；南海 I 号的瓷器则来自福建诸窑、景德镇窑和龙泉窑，和福斯塔特出土瓷器的年代分类相仿。这显示出阿拉伯世界瓷器风尚的变化，以及它对于远航贸易的影响。

（二）使用情况

在中东地区，关于瓷器的使用有严格的禁忌。格尼扎文书中，保存着约 1135 年由亚丁的犹太商人马德门·哈桑写给哈尔丰·内森尼尔（Halfon ha-Levi b. Nethanel）的信件（编号 TS8J37, f.1; TS Arabic 5, f.2），其中详细询问了关于中国瓷器的纯洁性问题：

> 请宽宏大量，我的老爷和主人，〔问候我们的主人〕，愿上帝保佑他平安。关于中国的器皿，透明的中国瓷器，以及所有的透明中国餐具（碗），"月经来潮"的妇女是否被准许使用和清洗它们？〔或者〕它们是否之后会在仪式上不纯净？还有，有或者没有〔上釉的〕中国碗，如果有一些（不净之）物落进它里面，这是否会使它变得不适宜，抑或清洗它是被允许的，（然后）它将被允许使用。请宽宏大量，就此事为我在〔我们的主人那里〕求得〔一个答案〕，如此我们或可正确行事。[1]

尽管这是 12 世纪犹太人之间的通信，但在一神教主导的中东地区，对器物纯洁性的追求是不言而喻的。正因如此，在阿拉伯波斯商人聚居的扬州、杭州以及沉船上会发现波斯陶的存在。

中国瓷器在中东地区当为贵重的礼物。据记载，哈里发曾经从呼罗珊总督阿里·本·爱薛那里收到 20 件中国宫廷瓷器和 2000 件普通瓷

---

1 *India Traders of the Middle Ages*, p. 387.

器。[1]比鲁尼也声称，他在生活在雷伊（Rayy）城的伊斯法罕商人朋友家里，看到了来自中国的瓷器。[2]

王光尧也指出，"最新关于西班牙出土中国瓷器的研究成果表明最早传入地中海西部的中国瓷器，有可能正是来自法蒂玛王朝的政治性礼品"。[3]上引马德门·哈桑的信件也罗列了礼物清单，其中有"一个小篮子装着一达斯特（Dast）的中国陶瓷不倒翁（Tumblers），一共六个不倒翁"。[4]这表明将中国陶瓷作为礼物，在中东有历史传统。

此外，用瓷器装香料，也见于文书记载，如库塞尔 RN 1077b 号文书为商品杂货店的货物清单，其中提到"一个瓷瓶装的香料"，[5]像这样的瓷瓶可能就来自中国。在南海 I 号沉船中，也出水了小瓷瓶，如德化窑青白釉小喇叭口瓶（口径 4.4 厘米，底径 7.1 厘米，腹径 11.2 厘米，高 9.8 厘米），[6]可能就是这一类装香料的瓷瓶。

三 香料

中国香料也见诸阿拉伯的文献、文书的记载。沈琛详细研究了中古吐蕃到中亚的麝香之路上的商贸往来，其中援引 9 世纪中叶伊本·马瓦萨（Ibn Māsawayh）《基本的香料》（*Kitab Jawāhir al-Tib al-Mufrad*）关于麝香的记载，兹移录其中关于海、陆路运输的情况如下：

1　Arthur Lane and R. B. Serjeant, "Pottery and Glass Fragments from Littoral, with Historical Notes", *The Journal of The Royal Asiatic Society*, Vol. 80, No. 3-4 (1948), p. 110. 秦大树：《中国古代陶瓷外销的第一个高峰——9—10 世纪陶瓷外销的规模和特点》，《故宫博物院院刊》2013 年第 5 期，第 39 页。

2　P. Kahle, "Chinese Porcelains in the Land of Islam", *Journal of the Pakistan Historical Society*, I (1953), pp. 1-16. *India Traders of the Middle Ages*, p. 388.

3　王光尧：《福斯塔特遗址与黑石号沉船的瓷器——海外考古调查札记》（3），《南方文物》2020 年第 4 期，第 275 页。

4　*India Traders of the Middle Ages*, p. 383.

5　*Commerce, Culture, and Community in A Red Sea Port in the Thirteenth Century*, p. 285.

6　《南海 I 号沉船考古报告之二——2014—2015 年发掘》，第 243 页。

最好的是粟特麝香，从吐蕃运到粟特，被驮卖至其他地区。
其次是印度麝香，从吐蕃运到印度，然后到达提飓（al-Daybul）再
通过海路运输，由于海上运输其品质劣于前者。还有中国麝香，
由于在海上贮存的时间较长，故其品质劣于印度麝香。也有可能
其优劣差别是最初的草地不同之故。[1]

其中的"粟特麝香"和"印度麝香"，其实都来自中国的吐蕃地区，都
属于中国麝香。其中的"中国麝香"，当指9世纪中叶在唐王朝境内生
产或者经销的品种。马瓦萨在这里是以它们到达阿拉伯世界前的出发地
命名的。安雅·金（Anya H. King）对中古麝香进行了详细研究，其中
叙述中国麝香的使用情况云：

麝鹿在中国、东北亚、西伯利亚、韩国以及南至越南和缅
甸的森林、山地都被发现。其中关于麝香在中国使用的明确记载
要早于其他地区。中国现存最早的字典《尔雅》将麝鹿称为"麝
父"，这部作品的年代可能为公元前3世纪。麝香也见于后汉的字
典《说文解字》。[2]

而结合《基本的香料》的语境，"中国麝香"当是从中国东南的港口出
发，经海路运送到阿拉伯的，符合《印度奇观》所载麝香和丝绸、陶瓷
组合运输的情况。

尽管"中国麝香"被认为不如从粟特和印度运来者，但其实也是天

1　此据沈琛汉译，见沈琛《麝香之路：7—10世纪吐蕃与中亚的商贸往来》，《中国藏学》2020
　　年第1期，第50页。这段引文系转译自马丁·利维英译，见 Martin Levey, "Ibn Māsawaih and
　　His Treatise on Simple Aromatic Substances", *Journal of the History of Medicine and Allied Sciences*, Vol.
　　16, No. 4 (1961), p. 399. 按此段记载的汉译亦可见安雅·金（Anya H. King）《吐蕃麝香和中世
　　纪阿拉伯的制香》，王嘉瑞等译，刘迎胜主编《元史及民族与边疆研究集刊》第29辑，上海
　　古籍出版社，2015，第246页。

2　Anya H. King, *Scent from the Garden of Paradise: Musk and the Medieval Islamic World*, Leiden: Brill, 2017, p.
　　86.

价之物，《印度奇观》记载：

> 犹太之子伊沙克已经在阿曼待了三年。那些见过他的人对我说，在弥哈拉赞（Mihrdjan）这一天，他向赫拉尔之子艾哈迈德（Ahmed fils de Hélal）赠送了一件中国的黑色罐子作为礼物，盖子是黄金做的。"在罐子里有什么？"艾哈迈德问道。"是一盘色巴兹（Sekbadj，译按：一种食物），我在中国为你准备的。"伊沙克说道。"在中国烧好的色巴兹！那就是两年前！它必定保存完好。"艾哈迈德移开盖子，打开了罐子，接着他发现了一条镶着一双红宝石眼睛的黄金鱼，被最上等的麝香团簇着。罐子里的容物价值五万第纳尔。[1]

伊沙克是一名犹太商人。薛爱华注意到这则故事，并认为其中的黄金鱼"很可能是唐朝使臣们所持的一种鱼形符信"。[2]但似乎没有充足的证据。至于"中国的黑色罐子"，笔者认为很可能就是广东生产的酱釉陶罐，后者在黑石号中也有出水。秦大树先生等对这种陶罐进行了专门研究，认为"供海洋贸易使用的储物罐在唐朝（9世纪）开始生产。发祥地主要在广东省，这里在当时是海洋贸易最发达的地区"。[3]"中国的黑色罐子"中装着手工制作的黄金鱼和麝香，这契合储物罐的功能，显示这则记载具有充分的现实依据。而"五万第纳尔"的价值，无疑有夸张的成分，但也显示出"中国麝香"的昂贵。

而在格尼扎文书中，记录约1180年的某段时间中国香料在亚丁的实际价格。这是一封写给一位可能在印度的商人的信件（编号 TS Misc.

1　*Les Merveilles de L'Inde*, pp. 95-96.

2　Edward Schafer, *The Golden Peaches of Samarkand: A Study of T'ang Exotics*. 中译本见薛爱华《撒马尔罕的金桃——唐代舶来品研究》，第 50 页。

3　Qin Dashu et al., "Early Results of an Investigation into Ancient Kiln Sites Producing Ceramic Storage Jars and Some Related Issues", *Bulletin de l'École Française d'Extrême-Orient*, Vol. 103 (2017), p. 376.

28, f. 187），信中云：

> 来自陆地的消息：它是平静的。资源是丰富的，水罐会溢出水。
> 苏丹，愿主保护他长久统治，他是公正的，所有的居民都是安全
> 的，并得到保护。埃及的消息是好的，价格上升了。对于马格里布
> （Maghreb），同样……〔盈余〕胡椒〔每巴哈尔（bahār）〕值〔3〕7
> 〔第纳尔（dinar）……〕60，虫胶六十，班卒儿（Fanṣ[ūrī]）樟脑每曼
> 恩值 80，中国樟脑每曼尼值 1〔……〕，肉豆蔻每 10（曼恩）值 70，
> 清〔理后的〕丁香每 10（曼恩）值 55，〔……〕每"曼尼"值 1 第纳
> 尔。大黄（rāwand）没有在此国中销售〔……〕高良姜（khūlanjān）
> 没有被看到。香木（'ud）正被销售，尤其是中等质量的。[1]

如上文所述，其中"曼恩"不仅用于计量丝绸，也被作为香料的计量单
位，尽管中国樟脑的价格（每"曼尼"约 10 余第纳尔）明显低于来自
苏门答腊岛的班卒儿樟脑（每"曼尼"80 第纳尔），但价格要高于肉豆
蔻和丁香。

库塞尔文书中，也可见香料交易。如"谢赫之房"发现的一封商业
信件（编号 RN1003c，1004d）写道：

> 哦，我的主人！我已经收到一小批面粉和〔其他粮食〕，那价
> 值十迪纳姆。请寄给您所收到的（译注：钱）以及香料（طيبة，
> taiyyaba）。[2]

另一封关于船货的信件（编号 RN 998）也提到：

---

1 *India Traders of the Middle Ages*, pp. 504-505.

2 *Commerce, Culture, and Community in a Red Sea Port in the Thirteenth Century*, p. 165.

　　以宽仁而慈悲的真主之名，主人已经确认此事，并写信〔批准〕香料的销售。[1]

这些销售的香料中，可能就包含来自中国者。事实上，在中古的海上丝绸之路上，丝绸、瓷器和香料都是最重要的商品，贯穿了丝绸之路的东西。如在南海 I 号中，瓷器是主要的出水物，但同时在船舱中也发现了疑似丝织物或香药的遗存，兹引报告如下：

　　右半部（C10c）舱内第 1 层发现大片红褐色夹杂黄色黏性物质遗迹，厚 0.015—0.07 米，断面可见较明显的厚 0.02—0.03 米的叠压分层，应当码放于下部的多数圆木条、木垫板和草席铺成的铺垫物之上，部分区域混杂有浅黄色草席和竹篾编织物残片等，其中圆木条呈与隔舱板垂直的纵向铺垫，红褐色遗迹经检测分析无法判断性质，暂推测为丝织品、香料或药材遗存，部分已提取保护处理。[2]

因南海 I 号很可能是一艘驶往西亚的货船，如果这一遗存最后得到证实，那将是东方丝绸或香料西传的珍贵实物证据。

第三节　远航的法理依据与港口政权的管理

一　《古兰经》及经注

　　哈桑·哈里莱对伊斯兰海事法律有专门研究，他的研究立足于

1　*Commerce, Culture, and Community in a Red Sea Port in the Thirteenth Century*, p. 182.
2　《南海 I 号沉船考古报告之二——2014—2015 年发掘》，第 139 页。

《古兰经》中涉及海事的章节（共计 16 条），以及中世纪伊斯兰法学家的相关理论。[1] 如《古兰经》卷 2 第 2 章第 164 节云：

> 天地的造化，夜昼的循环，载着人类的利益在海上航行的船舶。安拉从云中降雨，复活已死的大地，在其中散布各种动物，风向的改变、天地间受制服的云，对于有理解的民众确有种种迹象。[2]

法学家库鲁图比（Abū 'Abd Allāh Muḥammad ibn Aḥmad al-Qurṭubī，1272年去世）对此的解释为：

> 加百利（Gabriel）命令诺亚（Noah）造一艘船，它的龙骨就像鸟的脊骨（ju'ju' al-tayr）一样。接着诺亚，愿真主保佑他，照加百利之命建好了船，就像一只翻了身的鸟儿一样，海水在它的下面，就像天空在它之上一样。[3]

伊本·凯西尔（Abu al-Fidā 'Imād Ad-Din Ismā'īl ibn 'Umar ibn Kathīr al-Qurashī Al-Damishqī）对"载着人类的利益在海上航行的船舶"的解释为：

> 即他制服了海洋，使船舶在各地运行，交流物资，互通有无，带来生活资料和各种利益。[4]

从以上的经文和经注可以看出，海洋贸易受到伊斯兰教的肯定。而在泉

1　Hassan S. Khalilieh, *Islamic Law of the Sea*, pp. 32-34.

2　伊本·凯西尔注《古兰经注》卷 2，第 99 页。

3　Abū 'Abd Allāh Muhammad ibn Ahmad al-Qurtubī, *Al-Jāmi'li-Ahkām al-Qur'ān*, Beirut: Dār al-Fikr lil-Tibā'a wa'l-Nashr, 1994. 此据哈桑·哈里莱英译，见 Hassan S. Khalilieh, *Islamic Law of the Sea* p. 36。

4　伊本·凯西尔注《古兰经注》卷 2，第 99 页。

州清净寺礼拜堂右边第二壁龛（编号 A13.6）的石刻，亦引用了《古兰经》第 31 章第 31 节：

> 你没看见船舶借安拉的慈悯航行于海洋，以便能使你们看到他的一些迹象吗？对于坚忍和感谢的人，此中确有种种迹象。[1]

伊本·凯西尔对此经文的解释为：

> 清高伟大的安拉说，他制服海洋让船舶奉他的命令在海上航行。换言之，船舶的航行，需要安拉的慈悯和制约。假若安拉没有给水赋予载船的能力，船舶是无法航行的。[2]

清净寺所引用的经文，直观地说明了《古兰经》给予阿拉伯远航者的精神动力。因为对于远航者而言，在海洋中的远航，本身亦是见证安拉伟大的过程。

二　中国阿拉伯文墓碑中出现的圣训

（一）杭州

在元代杭州、泉州和广州的穆斯林碑刻中，也可见到鼓励海外活动的圣训。杭州凤凰寺火者·忽撒马丁（回历 707 年 / 公元 1307 年去世）墓碑石（编号 1）记载：

> 他曾说道："人殁于异域，则其死有若殉道者。"他还说，愿真

1　伊本·凯西尔注《古兰经注》卷 21 第 31 章第 31 节，第 1021 页。相关汉译亦可见吴文良原著，吴幼雄增订《泉州宗教石刻》（增订本），第 320 页，图版见同书第 26 页。

2　伊本·凯西尔注《古兰经注》卷 21 第 31 章第 31 节，第 1021 页。

主保佑并赐福他，"异域之殁是为殉道"。[1]

莫尔顿认为，"此处'人殁于异域，则其死有若殉道者'与'异域之殁是为殉道'二语，被认为出自穆圣，然不见于文辛克（Wensinck）之圣训索引。这一说法颇得到海外侨居元代中国的穆斯林的认同，且出现在邻近福建省的穆斯林石刻中"。[2]引用圣训"人殁于异域，则其死有若殉道者"与"异域之殁是为殉道"的凤凰寺墓主还有瞻思丁·亦思法杭（回历716年／公元1316年去世，第2号石碑）、马合麻·汗八里（回历717年／公元1317年去世，第3号石碑）、马合木·西模娘、佚名商人（第12号石碑）、佚名（第17号石碑）。[3]

（二）泉州

如莫尔顿所言，圣训"死于异国者，即为殉道"同样出现在泉州的墓碑中。

泉州东南隅发现的布哈拉人埃米尔·赛典赤·杜安沙（回历702年／公元1302年去世）墓碑石（编号A44.2）载："先知（愿安拉为其赐福、保其平安）说：'死于异国者，即为殉道。'"[4]引用"死于异国者，即为殉道"这一句圣训的墓主还有格兰塔·特勤·本·素丹（回历708年／公元1308年去世，A48）、侯赛因·本·哈只·格兹维尼（回历707年／公元1307年去世，A50）、教长乌马儿（14世纪某年去世，A51）、哈只·本·艾阿法贝克·本·哈只·马利伊（回历789年／公元1387年去世，A55.2）、瞻思丁·本·努尔丁·本·伊斯哈甘（回历

1　莫尔顿（Alexander H. Morton）英译，周思成中译《杭州凤凰寺藏阿拉伯文、波斯文碑铭释读译注》，第12、16页。

2　莫尔顿（Alexander H. Morton）英译，周思成中译《杭州凤凰寺藏阿拉伯文、波斯文碑铭释读译注》，第8、12页。

3　莫尔顿（Alexander H. Morton）英译，周思成中译《杭州凤凰寺藏阿拉伯文、波斯文碑铭释读译注》，第19—234页。

4　吴文良原著，吴幼雄增订《泉州宗教石刻》（增订本），第330页。

725 年 / 公元 1325 年去世，A56.1）、佚名（A81.1）、佚名（A83）、佚名（A88.1）、塞德尔·艾杰勒·凯比尔（A92.1）、佚名（A118）。[1] 此外亦有意思相近的圣训，见 A97 号墓碑，"死于热恋，即为殉教而死"。[2]

（三）广州

1985 年，在广州桂花岗先贤古墓附近出土了高丽穆斯林剌马丹（回历 751 年 / 公元 1349 年去世）的墓碑，其中也援引了此则圣训：

> 安拉的使者，愿安拉为其赐福、保其平安，说过："死于异国者，即为殉道。"[3]

通过以上梳理，可知此则圣训对于阿拉伯远航者的感召作用。马娟亦注意到此则圣训，并认为这使"他们普遍具有一种'精神移民'的身份"。[4] 这是富有见地的认识。

三　海事法律与港口的管理

《古兰经》与圣训一方面为远航者提供精神支持，另一方面是远航者出国的法理依据，因为《古兰经》即伊斯兰教法的根本。在此基础之上，阿拉伯人结合社会实际，在历史实践中建立起了一套海事法体系。

就制度史而言，地中海地区在海事管理上有悠久的传统，阿拉伯

1　吴文良原著，吴幼雄增订《泉州宗教石刻》（增订本），第 331—351 页。

2　吴文良原著，吴幼雄增订《泉州宗教石刻》（增订本），第 349 页。

3　此为墓碑阿拉伯文第 5—6 行，高清图版见高旭红、陈鸿钧编著《广府金石录》，广东人民出版社，2021，第 1065 页。此墓碑的汉文翻译见姜永兴、杨棠《广州最早的伊斯兰教碑碣》，姜永兴编《广州海南回族研究》，广东人民出版社，1989，第 70—71 页，不过未译"愿安拉为其赐福、保其平安"一句。后来，杨棠的译文录进《广府金石录》时，将此圣训翻译为"死在奉公者，已成为殉教的烈士了"。见此书第 1066 页。

4　马娟：《元代泉州穆斯林移民探析》，刘迎胜主编《元史及民族与边疆研究集刊》第 33 辑，上海古籍出版社，2017，第 128 页。

帝国对拜占庭的海事管理制度有诸多借鉴，由此形成了阿拉伯的海事监管机构穆哈泰希卜（Muḥtasib）。本杰明·福斯特（Benjamin R. Foster）、哈桑·哈里莱对此有详细的研究，而哈桑·哈里莱对阿拉伯相关海事法律的研究尤其值得重视。[1] 早在征服地中海沿岸地区前，阿拉伯帝国就于 630 年颁布《海事法令》，声明保护合法的海洋贸易：

> 以普慈、至慈安拉之名：
>
> 这是安拉和安拉的信使、先知穆罕默德关于保护俞汉纳·伊本·鲁巴（Yūḥanna ibn Ruʼba）和艾拉（Aylah）民众的船舶和陆、海商队的保证。他们和所有和他们在一起的人，叙利亚和也门人、水手，都受到安拉和先知穆罕默德的保护。若有人通过增加某些新的要素来破坏条约，那么他的财富将不再受保护，这是对拿下它的人的公正的礼物。不允许阻止他们下去他们的水井，或者使用他们在陆上和海上的通道。此条约乃祖海姆·伊本·萨尔特（Juhaym ibn al-Ṣalt）和舒拉赫比·伊本·哈斯那（Shuraḥbīl ibn Ḥasnah）以安拉信使的权威撰写的，愿安拉保佑他。[2]

而后海事法律不断发展，在阿拔斯王朝初期，马利克（Mālikī）派法学家沙鲁（Saḥnūn ibn Saʿīd al-Tanūkhī）如此回答关于拜占庭及其他居民来伊斯兰地区贸易的问题："任何定期和穆斯林做生意的人都不应该被俘虏，除非他走向（我们）并在接近或者已经在锚地抛锚后寻求安全通行法保护。除非他已经抵达故土或者航行到非伊斯兰的领域，否则俘虏他将是严重违法的。但那些没有和穆斯林做生意的人，俘虏他们就是合法

---

1 见 Benjamin R. Foster, "Agoranomos and Muhtasib", *Journal of the Economic and Social History of the Orient*, Vol. 13, No. 2 (1970), pp. 128-144。Hassan S. Khalilieh, *Admiralty and Maritime Laws in the Mediterranean Sea (ca. 800-1050)*, Leiden: Brill, 2006, p. 35.

2 Muhammad ibn Ishāq ibn Yasār, *Al-Sīrh al-Nabawiyyah*, Beirut: Dār al-Kutub al-ʿIlmiyyah, 2004, p. 604. 此据哈桑·哈里莱英译，见 Hassan S. Khalilieh, *Islamic Law of the Sea*, pp. 45-46。

的。"[1] 即只要是与穆斯林通商的人士，均受到法律保护。

总体而言，在中古时期，伊斯兰的海事法律体系由《古兰经》及其经注，以及海洋贸易条约、"安全通行法"（أمان，amān，原意为"安全"）等构成。哈桑·哈里莱将其归纳为：

> 尽管《古兰经》标示了海洋航行的权利，实际上，海外生意和海洋贸易的繁荣和扩张离不开"伊斯兰领域"和"非伊斯兰领域"之间已签订的商业条约。在此种条约缺席的情况下，尤其是哈鲁比（译按：حربي，ḥarbyyī，原意为"战争"）属民只能依照安全通行法在伊斯兰领域中航行、旅行或者做生意。安全通行法（Amān）和双方或者多方国际条约和停战协定明确或者含蓄地定义了属民在外国旅行时的法律地位。按照定义，安全通行法提供了暂时性的安全通行证、安全通道或者在战时保证敌人的安全，或者保证想要进入、旅行或者在伊斯兰领域居住一段时间的独立的哈鲁比的安全。[2]

不过，哈里莱的研究基于法律史的视野，而关于港口社会实际的制度运行，可以通过文献和更直观的文书材料获知。

《马可·波罗寰宇记》如此叙述 13 世纪亚丁港口的管理：

> 我告诉你亚丁苏丹王 [LT] 向出入其国土的船只和商人征税，从关税中获取巨大税收和财富。另外我非常确定地告诉你，通过我已告知你的方法，苏丹向进入其领地的商人持续 [VA] 征税，他已是世界最富有的君主之一。因为亚丁是世界商品交换区域中最

1　Abū al-Walīd Muhammad ibn Ahmad ibn Rushd, *Al-Bayān wa'l-Taḥsil wa'l-Sharḥ wa'l-Taujiḥ wa'l-Ta'lil fī Masā'il al-Mustakhraja*, Vol. 3, Beirut: Dār al-Gharb al-Islāmī, 1984, pp. 60-61. 此据哈桑·哈里莱英译，见 Hassan S. Khalilieh, *Islamic Law of the Sea*, pp. 52-53。

2　Hassan S. Khalilieh, *Islamic Law of the Sea*, p. 56.

大的海港，所有商人乘船在那里汇集。[1]

13世纪，亚丁在也门拉苏里王朝统治之下，埃里克·瓦莱（Éric Vallet）详细研究了拉苏里王朝的商业政策：

> 〔拉苏里〕政权对市场的管理由三项基本的职能构成：对交易征税，保证市场及其周边交易的安全，从市场索取相当数量的财宝以满足君主及其亲信之"需"。这些角色在某些情况下可能是矛盾的，即最高当局既是仲裁者，同时又是商人交易的持股者。在市场内外，国家因自身消费需求而违背交易的基本准则。因此当见到文本（特别是行政类的）在尽力定义国家干预的领域及界限时，不必感到惊讶。在苏丹国鼎盛时期的7—13世纪，关于此主题最丰富的史料无疑是关于亚丁港的，其次是哈德拉马瓦（Hadramawt）的希尔（al-Sihr）港。他们的制度特别聚焦于关税，正如和这些港口相关的行政文书、规则、账单和海关税则总体展现的那样。[2]

在格尼扎和库塞尔文书中，也可以找到港口管理当局的税收登记表、法庭判决书以及商人和官员来往的记录，从中也可以见到瓦莱所归纳的三项基本职能。

首先是"对交易征税"。1152年前后，犹太商人亚伯拉罕·本·伊居记录下在艾哈布（'Aydhāb）支付关税的情况（格尼扎文书 TS 12.458），其中也有为中国货物所支付者：

1　*Marco Polo: The Description of the World*, Vol.1, p. 441. 此据于月初译，北京大学马可·波罗读书班会校稿。

2　Éric Vallet, *L'Arabie Marchande, État et Commerce sous les Sultans Rasūlides du Yémen (626-858 / 1229-1454)*, pp. 42-43.

　　以您的名义，哦，仁慈的安拉。为贾提尔（qātir）的关税，
3 又 1/6 又 1/2 的贾提尔（英译注：1 贾提尔等于 1 枚第纳尔的
1/24），一半是为了它；高良姜，1 又 1/3 又 1/4；乳香，5 又 1/2；
芦荟汁，7 又 2/3 又 1 个贾提尔，一半是为了它，我们仍然保留
1/3；5〔件来自〕中国，1 个第纳尔。运输芦荟汁的交通费用，和
路上支付的关税〔5（？）又 1/2 又 1〕/4 又 1/6；运输乳香和贾
提尔的费用，〔……又 1/4 又〕1/3 又 1/4；乳香在艾哈布的关税，
1/3；贾提尔，23 曼恩……[1]

库塞尔 RN 987b 号文书也登记了税收支付的情况：

1. 第一尼萨卜（nisāb）分期付款	第一
2. 以威巴斯（waybas）：已付	一千
3. ———————————	威巴斯：已付。
4. 第二千	———————————
5. 威巴斯：已付。	第二千
6.	威巴斯：已付。
	———————————
7. 第三千	第四
8. 威巴斯：已付。	千
9. ——————	威巴斯：已付。
10. 第〔四〕千	——————
11.〔威巴斯：已付。〕	总数：
12.〔第五〕千	九〔分期付款〕
13.〔威巴斯：已付。〕[2]	

1　*India Traders of the Middle Ages*, p. 722.

2　*Commerce, Culture, and Community in a Red Sea Port in the Thirteenth Century*, p.276.

其中威巴斯（waybas）是一种重量单位，尼萨卜（nisāb）是一种分期实物税。本税收表分为两栏，以登记每一期税收的完成情况。

其次是"保证市场及其周边交易的安全"。库塞尔 RN 1015c 号文书商业诉讼的信件写道：

> 〔……〕阿布·热达（Abū al-Riḍā ibn Ṭāhir ibn Sayydihim）〔……〕在法官（qāḍī），在市政法官宰恩·阿丁（Zayn al-Dīn）法官面前，〔……〕属于上述的港口，通过转达最尊贵的法官〔……〕乌拉玛（ulamā），市政法官〔……〕两间商店在有屋顶（？）的市场〔……〕和其他在上述港口之物。他发誓〔……〕兹法庭报告〔由〕法律证人〔签署……〕他的费用将全额〔支付〕，通过瓦拉克（waraq）银币〔……〕[1]

这份信件当是一份法庭诉讼的决议书，涉及某港口的商业纠纷，这是港口政权公权力的体现。

最后是"从市场索取相当数量的财宝以满足君主及其亲信之'需'"，亦可以理解为官、商之间的私人事务。库塞尔 RN 998 号文书是报告将到船货的信件，其中也提到和法官的事务：

> 如果商人首领俞舒夫（Yūsuf）来了，请将船货交给他。当他来时，〔也〕请移交给他关于法官和阿卜杜·拉辛姆（'Abd al-Rahīm）之间的任何事〔涉及未完成的事务〕。[2]

其中提到的"任何事"，也可能是诉讼方面的事务，因此也可能属于第二类职能。库塞尔 RN 1023 号文书是谢赫之房的账本，苏丹、市政法官、市长等名列其中，说明他们和商人之间有商务往来：

1　*Commerce, Culture, and Community in a Red Sea Port in the Thirteenth Century*, p. 288.

2　*Commerce, Culture, and Community in a Red Sea Port in the Thirteenth Century*, p.181.

〔……〕苏丹: 1/4〔迪拉姆。〕侯赛因·席扎吉(Ḥusayn al-Ḥijājī), 货币兑换商: 8 又 1/4, 又 1/6 迪拉姆。市政法官: 2 又 1/2 迪拉姆……市长的〔……〕欠 1/4 又 1/7〔迪拉姆〕。[1]

格尼扎文书 TS13J8, f.17 是 1146 年福斯塔特拉比法庭写给马德门·哈桑的信件, 叙及遇难海商伊本·祖麦希尔(Ibn Jumayhir)遗产问题:

他们(译注: 这些商人)说, 海中浮出了他的尸体。他葬在亚丁, 后来, 潜水者从海里捞出他的部分货物, 有些已经交到您手中, 我们的亲王, 因为您的权威, 在土地的统治者(译注: 苏丹)之前掌握了这些货物。[2]

这说明, 如果没有犹太人亲王哈桑及时出面, 亚丁的苏丹可能会扣下伊本·祖麦希尔的遗产。

又如上文已经提到的那位富有的远航商人犹太之子伊沙克,《印度奇观》也讲述了他悲惨的结局:

宦官和那些人在犹太那里骗了 2000 第纳尔, 并回去了。犹太赶紧收拾他的全部财产, 租了一艘船, 再次前往中国, 没有在阿曼留下一块第纳尔。在西里拉, 总督要他提供价值 2 万的财宝作为去往中国的过路费, 但犹太不想提供。那位大人(Sahib)派亲信将他秘密杀害, 之后夺了他的船和他的财宝。[3]

---

1 *Commerce, Culture, and Community in a Red Sea Port in the Thirteenth Century*, pp. 279-280.

2 *India Traders of the Middle Ages*, p. 527.

3 *Les Merveilles de L'Inde*, p. 95.

伊沙克在阿曼被官员欺骗，后来又在印度洋的西里拉（Sérira）被总督杀死。这则故事体现出阿拉伯远航中残酷、黑暗的一面。远航的风险不仅来自风暴等凶恶的自然因素，执政当局的贪婪、腐败等也会人为地阻碍海上丝绸之路的发展。

第四节　海洋贸易的经营

一　远航运输业的投资和经营方式

上文讲到 9 世纪呼罗珊的总督献给哈里发一批中国瓷器。实际上，这些瓷器可能是从海路到达尸拉夫后，经陆路到达雷伊城，而送给哈里发的瓷器，则可能由总督的代理人在尸拉夫验收后，运送到萨玛拉。这种情况可参考哈桑·哈里莱关于船主及其代理人的研究：

> 通常，船舶的独资经营者（single proprietor）会亲自和他的客户打交道。如果这艘船的所有者是总督、部落首领、指挥官、维齐尔（wazīr）、卡迪（qāḍī）或者朝臣，那么他的代理人（wakīl al-markab）或者船舶（可能有多艘）的监护人将被赋予和承租人签订租约的权力。在这两种情况下，船主或他的代理人要履行海事合同所规定的保证货物安全抵达目标港口的天然义务，并为水手的专业行为和乘客的安全负责。[1]

所以，呼罗珊的总督可能自身就是远洋船舶的所有者，船舶经由其港口代理人监督，平时经营船货接驳等事务。这在中世纪的阿拉伯世界是利润丰厚的行当，森本公诚对此有专门研究：

1　Hassan S. Khalilieh, *Islamic Maritime Law: An Introduction*, p. 78.

　　海路的旅商，如果是小规模的，就依据自己的资本购买商品，就便搭乘商船，付给船主去往目的地的船费。规模稍大些的，就会购买专用船，雇佣船长和水手，在船上积载商品，而后出航。如果船有余裕的话，便搭上几位商人作为船客，并收取船费。专门从事驳船业的船主，拥有数十艘船，年收入数不胜数。共同从事海上贸易的商人，一般是出资者和共同的股东。但是，拥有自己的船舶，既共同出资又独立贸易的富裕海上贸易商人并非不存在……从事合资和相互贷付形式商业投资的，不仅有大商人，也有王族、高级官僚、文人、地主、军人贵族和中产商人。这可以算得上一种风险巨大的投资了，有时也会有破产之虞。如果成功的话，就可以收获莫大的回报，在人们之间，这种冒险心得到了普及。[1]

当然，船主也可能按合同将船舶交由专业的航海者打理，或者自身就是经验丰富的远航者。《印度奇观》如此记载赴中国远航的船长：

　　现在讲述阿巴拉（Abhara）船长的故事。他是卡拉曼（Caraman）人。他最初是牧羊人，在这个地区的某个村子里养羊。后来他成了渔夫，后来又成为经常来往于印度海的水手。再后来他登上了一艘中国船。最后他成了船长，在那片海域上无往不利，并七次航行到中国。[2]

　　〔犹太之子伊沙克〕在30年间杳无音讯，直到〔回历〕300年回到阿曼。我听与我相识的几位航海者说，他乘着他自己的船到了中国，船上的货物都是他的。[3]

其中，阿巴拉船长原来是出身低微的牧羊人，后来依靠自己的努力成了

1　森本公誠「ムスリム商人の活躍」、103、105 頁。

2　*Les Merveilles de L'Inde*, pp. 74-75.

3　*Les Merveilles de L'Inde*, p. 92.

专业的船长。伊沙克即上文所述在西里拉遇难的那位船长，在被欺诈之前，他也拥有自己的船舶，并担任船长。

《宋会要》记载了乾道三年（1167）乌师点（اوستن，Ūstin）来航的经过，其中提及远航的投资、经营情况：

> 大食国乌师点等诉："本国得财主佛记、霞啰池各备宝贝、乳香、象牙等驾船赴大宋进奉。"[1]

乌师点可能与阿巴拉船长一样，是由船主雇佣的专业船长，佛记、霞啰池则为合资的船主。但也有可能乌师点本人身兼船主和船长，佛记、霞啰池雇佣航船运输，并委托乌师点经营。

此外，在地中海世界，也流行全体船员分红的模式。按照佩里格林·霍登、尼古拉斯·珀塞尔的研究，"赞助航海的'卡罗纳'（calonna）模式（全体船员参与分配利润）使得几乎所有人都有机会通过参与出海而积累财富，进而购置土地"。[2]而按照哈桑·哈里莱的研究，"从7世纪开始，地中海的船主和水手明显采用了利润航行体制（profit-sailing system），水手不领薪水，而是获得利润分红"。[3]

综上，远航运输业由两种基本投资和经营方式构成：第一种是独资经营，这分为船主亲自担任船长和委派专业人士担任两种；第二种是合资经营，其合伙人既可能委托专业航海家打理，也可能本身就是船上的熟练水手或者船长，还可能全体船员参与利润分配。

二　雇佣商船的情况

从事远航贸易的商人，并不一定都能拥有自己的商船，即既是运输

1　郭声波点校《宋会要辑稿·蕃夷道释》蕃夷七，四川大学出版社，2010，第590页。
2　佩里格林·霍登、尼古拉斯·珀塞尔：《堕落之海：地中海史研究》，第168页。
3　Hassan S. Khalilieh, *Admiralty and Maritime Laws in the Mediterranean Sea (ca. 800-1050)*, p. 61.

业主，又是经销商。因此，雇佣商船运输是常见的经营方式。

上述 1146 年哈拉夫·伊萨克在亚丁写给在印度达巴坦的亚伯拉罕·本·伊居的信件（格尼扎 TS24.64）说明，这种情况常见于印度洋贸易之中：

> 至于您的船货，我的主人，从范达莱纳（Fandarayna）出发，经谢赫·阿布·哈桑·加法尔（Abu 'l-Ḥasan b. Ja'far），乘着法坦·斯瓦米（Fatan Swamī，英译者注：印地语 pattaṇa-svāmi，"集市之主"，港口或集镇中商人行会的首领）的船舶。[1]

其中，本·伊居是在印度的达巴坦从事国际贸易的犹太商人，他将船货委托给谢赫·加法尔，并交由法坦·斯瓦米的船舶运输至亚丁，哈拉夫·伊萨克即船货的收货人。

远洋商人也会自己登船照看货物。上述福斯塔特拉比法庭写给马德门·哈桑的信件（格尼扎 TS13J8, f.17）中讲到，拉比法庭的人员本想和即将去也门的商人伊本·巴卡勒（Ibn Baqqāl）商议要事。

> 而当他们准备和他协商时，他已经把行李放上了船，一脚踏上了船，一脚在陆地上。无论是他还是他们都没有时间解决此事。他们还来不及眨眼，船已经抬起了锚，他开始旅行往一处安全的着陆地。[2]

伊本·巴卡勒如此着急地离开，其实是因为开航时间的限制。哈利瓦里派（Khārijite）法学家金迪（al-Kindī，1162 年去世）云：

---

1 *India Traders of the Middle Ages*, p. 599.

2 *India Traders of the Middle Ages*, p. 529.

如果一个商人没有必要的理由，而拒绝装载船货，他依然需要交船费。如果是船主导致的航行延误，在船只调头回航，以及海路关闭之后，商人将被豁免支付交通费，并准予卸下他的货物。[1]

因为伊本·巴卡勒乘其他人的船前往也门，故开航时间是固定的，不会因为他而延期，而他也必须为此支付船费，所以在协商过程中匆忙地上船。

三　关于船货的沟通

不管采取哪一种经营方式，远洋运输的第一要务是保证船货的安全和完整。格尼扎和库塞尔文书中有大量涉及船货的文字。

（一）发货方的船货清单

发货方会在给收货方的信件中详细列出船货的信息。1136 年，哈拉夫·伊萨克在亚丁给在埃及的某商人的信件（格尼扎文书 TS18J5, f.5）中写道：

> 我想告诉您，我已经做出了大胆的请求，需要您慷慨、美好的精神和品德，已经船运给您各种货品，即一袋重 303 磅的胡椒，一袋重 303 磅的印度油柑果（myrobalan），一袋重 300 磅的阿比西尼亚荜澄茄（Abyssinian Cubeb），一袋重 300 磅的虫胶（lac），一小袋重 90 磅的藏红花（zarnaba），一袋重（35）60 磅的卡舒尔（Amlaj）油柑果，一袋重 60 磅的决明子（cassia）。全部是准确〔数字〕。[2]

1　Kindī, *Al-Musannaf*, Vol. 21, pp. 154-155. 此据哈桑·哈里莱英译，见 Hassan S. Khalilieh, *Islamic Maritime Law: An Introduction*, p. 78。

2　*India Traders of the Middle Ages*, pp. 447-448.

在信件中，船货的种类、重量、外包装等被详细列出。库塞尔港是一个较小的港口，故其中涉及的船货都来自短途的海洋运输，并多为日常货物。如 RN 1001a 号文书云：

> 以普慈、至慈安拉之名。谢赫·阿布·穆法力兹（Abū Mufarrij）将收到来自穆罕默德·伊本·沙里夫（Muḥammad ibn Shrīf al-Iṣṭā[khrī]）的一批（load）鹰嘴豆和面粉，由阿里·西里（ʿAlī al-Siʿrī）看护。[1]

RN 968a 号文书云：

> 谢赫·纳吉布（Najīb ibn Mabādī al-Sayyidī）将收到两批面粉，那是给哈穆德·伊本·阿卜杜·拉卡勒（Ḥamd ibn ʿAbd al-ʿAqqāl）的。哦，安拉！哦，安拉！将它们放在安全的地方。到阿布·穆法力兹的仓库。愿您平安。安拉赐福〔于您〕。伊斯玛伊勒（Ismāʿīl）在这里，把他的关心送给您。[2]

在信件中，发货方也会详细说明船货的处理。如库塞尔 RN 998 号云：

> 我的主人，我寄来大笔船货请您照料。如果商人首领 Yūsuf 来了，请将船货交给他。〔也〕请移交给他，当他来时，法官和阿卜杜·拉希姆（ʿAbd al-Rahīm）之间的任何事〔涉及未完成的事务〕。我汇报给〔您，〕主人，关于此事。您应该〔也〕收到代表他的鹤嘴锄（mattocks）。任何〔，您，〕主人所需要的，请将它委托〔给我〕。这是已经向〔您，〕主人，所说明的。同时我期待您的光临，

1　*Commerce, Culture, and Community in a Red Sea Port in the Thirteenth Century*, p. 231.

2　*Commerce, Culture, and Community in a Red Sea Port in the Thirteenth Century*, p. 242.

如果您选择照料您的事务。上文是我给您的报告。致意！[1]

综上可知，无论是长途还是短途运输，船货清单都是海洋贸易经营不可缺少的文书。因为在通信手段十分有限的中世纪，如果不在发货时附上详细的船货清单，可能导致日后的贸易纠纷。

（二）收货方的确认函

当收到船货后，收货方需要寄给发货方确认函，说明收到船货的情况。上述 1146 年哈拉夫·伊萨克写给亚伯拉罕·本·伊居的信件（格尼扎 TS24.64）中，确认了收到货物的种类、数量以及处理情况：

> 一艘更小的船只到来了，我从它那里取出了 1 又 3/8 巴哈尔（bahār）的胡椒，正如我已经在给您的备忘录（戈伊坦注："阿拉伯语为 *nuskha*。"译按：نسخة，原意为"副本"）中所写的那样，呈给我的主人，最杰出的谢赫·马德门，还有一巴哈尔的阿姆拉斯（amlas）铁。[2]

其中，伊萨克提到的"备忘录"，应该就是收货方对于船货更为详细的说明。弗里德曼对此的解释是，"阿拉伯语 *nuskhat hisāb*（译按：نسخة حساب，原意为"账目副本"），该词组在资料中是常见的。一份账目被抄写成两份，每位合伙人一份。但这里的 *nuskha* 可能不是指'副本'，而是'登记表'"。[3]

（三）船货的订购、销售和洽商

销售双方在确认船货收到的同时，也会对出现的问题进行协商。库

1　*Commerce, Culture, and Community in a Red Sea Port in the Thirteenth Century*, pp. 281-282.

2　*India Traders of the Middle Ages*, p. 599.

3　*India Traders of the Middle Ages*, p. 362.

塞尔 RN 1003c+1004d 号寄给纳吉布兄弟的商业信件，既是对收到商品的确认函，但更明显是对商业所出现问题的协商：

> 哦，我的主人！我已经收到一小批面粉和〔其他粮食〕，那价值十迪纳姆。请寄给我您所收到的〔钱〕以及香料。如果您没有收到任何〔钱？〕，那么您应该将情况报告给法官。但不要责怪我。如果您还没有收到任何〔钱〕，寄给我一份通告，我将租用〔驮兽〕去驮载商品。如果您收到了一些〔钱〕，也请寄给我一份通告。所有您需要的，都〔从我这里〕指定它。我不要别的，只需要迪纳姆〔现金〕。问候阿卜杜·拉希姆兄弟和伊萨（ʿĪsā）兄弟。问候谢赫·阿布·穆法力兹。请告知马金（al-Makīn），如果他还什么都没付给您，我将写信给他，告知租用驮兽之事，这样他将收到〔商品？〕。他是那位应该寄给我钱的人。我只需要现金，因为我想用它来租用〔驮兽〕。和平降临于您。愿安拉帮助〔您〕关于他神圣的知识。不要寄给我金〔第纳尔〕，把它们换成银迪纳姆。在吉纳（Qinā）和库斯（Qūṣ）的兑换率为 37〔迪纳姆每第纳尔〕，〔如果它〕是"俞舒菲"（译注：Yūsufī 或者 Tawfīqī）〔迪纳姆〕，那么它是 19 又 1/4 迪纳姆〔每第纳尔〕。哦，安拉，哦，安拉！〔只〕寄给我银迪纳姆现金！它是用来租用〔驮兽〕的。和平降临于您。安拉的仁慈和保佑。[1]

在信件中，这位商人先是说已寄给收信人香料和钱，接着说如果没有收到钱的话，他会马上租用骆驼一类的驮兽将商品运过去。因为这是一桩三方交易，由甲方运货物到乙方处，再由乙方付给丙方钱，而丙方又是甲方的资金提供方，而且因是异地，故涉及金、银币汇率不同的问题。不过，此信件中提到驮兽，说明可能通过陆路运输。不过可以想见，此

1　*Commerce, Culture, and Community in a Red Sea Port in the Thirteenth Century*, pp. 165-166.

类问题在海洋贸易中也是常见的。

RN 998 号文书在正面列出船货发货清单和收货对象，又在背面谈及现金流出现的问题：

> 我还没有收到哈瓦拉（ḥawāla）汇兑，以及关于它将到来的消息。〔所以〕您可能出售了它们，像真主所供养和提供的那样。致意。请将我最好的问候致以 'A〔……〕，并告诉他，如果他可以在今天将它卖给我，他将收到更好的。独尊真主，我特此〔满意于〕这桩〔交易〕。[1]

上引格尼扎文书中，犹太商人哈拉夫·伊萨克给亚伯拉罕·本·伊居报告寄送丝绸之后，紧接着又提出：

> 我的主人，请为我，您的仆人，以尊贵的上帝所分配作为生计的任一价格售出它，并请为我，您的仆人，购买尊贵的上帝所分配之物，并通过任一船舶将它寄给我，无须为陆上和海上的任何危险承担任何责任。如果购买的商品包含槟榔或小豆蔻，请以任一合适的价格购买它，但是您，我的主人，无须任何指示，因为您是熟练的。我，您的仆人，确实每年都要麻烦您，但是您，我的主人，真的〔原谅〕您的仆人，这在过去和现在一直是您的爱好。[2]

这是对下一批出船货的订购。由于海上的文书交流有较高的时间成本，所以双方在信件中紧接着协商下一批船货的订购、销售情况，并就贸易中出现的问题进行沟通。

1　*Commerce, Culture, and Community in a Red Sea Port in the Thirteenth Century*, p.182.

2　*India Traders of the Middle Ages*, pp. 602-603.

四 船员与船上供应

按照哈桑·哈里莱的研究，阿拉伯远航船的船员群体，由船主代表（Wakīl al-Markab 或 al-Mushrif'alā al-Markab）、船长（Rubbān 或 Mu'allim）、首席领航员（大副）、记录员（Karrānī）、武装人员（al-'Asākir al-Baḥriyya 或者 'Asākir al-Marākib）、舵手（ṣāḥib al-sukān）、船首水手、瞭望员、船上木匠、厨师、公共奴隶或仆人等构成，同时也会搭载乘客。[1]

充足的船上物资供应，是远航成功的基础。格尼扎文书中也保存着从印度到阿拉伯半岛远航的船上物资供应清单。TS NS 324 号文书是1140 年或 1149 年亚伯拉罕·本·伊居从印度到西方航行的行李清单。

> 以主的名义。篮子、麻袋（sack）、瓶子、法提亚（fātiyas）和剩余的行李（dabash）数目的清单（ma'rifa）。这些包括：一大麻袋米和一小麻袋〔……〕同时为了保证旅行的供应，四小麻袋和两篮子米，两篮子小麦，一篮子可可果（nārjīn），一薄篮子和三法提亚〔……〕，一法提亚的地衣（dādhī），一法提亚铜和铁，一法提亚的渔夫齿轮（matā'）// 一束 // 是铁制的，以及阿杜巴舒（adbash）和一平篮子的面包棕榈叶，五马里纳（marīna）的醋，以及一竹制法提亚的锁，以及一篮子和以稻草独立包装的食物，一个用稻草独立包装的桌壶，一篮子加工的铜制物件，另一篮子也装着加工的铜制物件，大的，三个小篮子装着铁（？）和小的物件，一小篮子玻璃，两法提亚玻璃，两面用干草包装的石制油锅，两面石锅，一小篮子瓷器（china），四个罐子装着油和酸果汁，一瓶葡萄酒，一个捕鼠的陷阱，六瓶油，一法提亚

---

1 Hassan S. Khalilieh, *Islamic Maritime Law: An Introduction*, pp. 39-58.

木头，六个空瓶子，一瓶香皂（ṣābūn），两件陶器装着柠檬和姜，五皮水袋（skin, jaḥla）柠檬，五个空水囊，一小篮面包，一个大圆托盘，三个穆尔卜（mrb）和一个大穆尔卜。关于加萨（qaṣ'a-）碗：两个加萨碗，也有一个大的加萨碗、一个新的加萨碗、两个旧的加萨碗。关于法提亚：五法提亚衣服。两件陶器装着融化的黄油。四足作为床架。两个旧的加萨碗、四个新的加萨碗、三捆壶。一面未完工的船舱门。〔顶部〕带着纳呼达（nākhudā），阿布·舒（Abu 'l-Sh）〔……〕一个马哈巴勒（maḥbal），一个马瓦扎哈（mawjah）和四个加萨碗。〔颠倒的……供〕船舱〔所用的柚木〕木板，三件做床架用的木板，四根棒子和一件木板凳，以及一〔……〕是作为小件的。〔右页顶部〕关于铜（ṣufr）：一个桌壶，一个油锅，一个盆子和大口水壶（ewer），三个塔里姆（tālim）；二十件地毯；一盏铁灯，〔右边边缘〕两条皮革，〔……〕法拉希拉（farāsila）〔……〕，一件用于可可果的钢制梳子（？），七〔……〕，一米扎尔（mīzār）〔……〕六〔……〕和纳呼达·阿布·法拉兹（nākhudā Abu 'l-Faraj）。[1]

关于这份清单，莫迪凯·阿基瓦·弗里德曼推测，这些可能是他整趟旅程的全部行李，也可能属于他的家庭。[2] 在行李清单中，包含主食（米、小麦、面包）、瓜果（可可果、柠檬、姜）、饮料（酸果汁、葡萄酒）以及相关的厨具和容器，这些保证了他本人在旅途中的基本生活。

伊本·白图泰也记载了他从海岛东南亚到中国所需的船上供应：

> 她〔凯路克里城女王〕下令赠给我衣服以及足够两只大象驮的大米、两头小牛、十只公绵羊、四磅蔷薇水，还有四只马达班

1　*India Traders of the Middle Ages*, pp. 662-663.

2　*India Traders of the Middle Ages*, p. 661. 参见 Elizabeth A. Lambourn, *Abraham's Luggage: A Social Life of Things in the Medieval Indian Ocean World*, Cambridge: Cambridge University Press, 2018。

　　大瓶，瓶中分别装有供我在海上航行时用的咸辣椒、鲜姜、柠檬和芒果。[1]

伊本·白图泰比亚伯拉罕·本·伊居拥有更丰富的食物，包括牛、羊等肉类，但也包含了必需的大米、水果等。这些是远航的主要食物。

五　船难的处理

　　古代的远航因为技术限制，时刻面临着船难的威胁。《印度奇观》叙述阿巴拉船长以及阿拉伯人到中国远航时云：

　　　　在他之前，没有人能完成零事故航行。一个人能够不在途中遇难，那已经是奇迹了。但能够安全返航者，那真是闻所未闻。据我所知，除了他之外，没有人能够成功去那里两次，并且安然无恙地回来。[2]

在这样的背景下，船难的报告及处理必须有一套预案，因为会涉及财产纠纷、遗产分配等诸多问题。中国唐代的史料对阿拉伯船舶（波斯舶）的船难通报亦有记载，《唐国史补》云："舶发之后，海路必养白鸽为信。舶没，则鸽虽千里亦能归也。"[3] 蔡鸿生认为："养鸽作为航海通讯工具，是古代波斯的一大发明。"[4]

　　但以信鸽作为船难报告的通信工具，这带有唐朝人想象的成分。从格尼扎文书可知，中东地区的远航有一套成体系的处理程序。尽管这是

1　伊本·白图泰口述，伊本·朱甾笔录《异境奇观——伊本·白图泰游记》，阿卜杜勒·哈迪·塔奇审订，李光斌翻译，海洋出版社，2008，第535页。

2　*Les Merveilles de L'Inde*, p.75.

3　李肇：《唐国史补》卷下，李肇等：《唐国史补　因话录》，古典文学出版社，1957，第63页。

4　蔡鸿生：《广州海事录——从市舶时代到洋舶时代》，第57页。

犹太人的案例，但在中世纪的阿拉伯世界，犹太人和阿拉伯人是重要的商业伙伴，犹太人的相关做法，本身也是阿拉伯远航船难处置之道的一部分，故可以展开分析。

（一）打捞及其费用

关于货船沉没后的货物打捞及其费用，可从哈拉夫·伊萨克在印度达巴坦写给亚伯拉罕·本·伊居的信件（格尼扎 TS 24. 64，1138 年后某年）中得知，其文字如下：

> 当更大的船到达柏培拉（Berbera）附近，它的船长遇到了麻烦，直到它撞上曼德海峡（Bāb al-Mandab），并在那里沉没了。胡椒全都没有了。上帝没有捞出（jamaʻ）其中的一丁点。至于铁，水手从亚丁被带来了，他们保证要下潜去打捞它。他们打捞出一半的铁，当我写这封信时，他们将它带离福尔达（Furḍa），去往最杰出的谢赫，我的主人马德门·哈桑的仓库。为找回它（译注：那些铁）而潜水和运输的成本将被估算，剩余的将分摊，每人将拿到合适的分红。我对您的损失感到非常抱歉。但"神圣者，他是受保佑的"现在将补偿您和我。[1]

这艘船在柏培拉港口附近的海域沉没，于是水手们立即组织了打捞。打捞而得的货物，被继续运到原定的目的地。在扣除打捞和运输费用后，把货物分摊，以弥补沉船的损失。

（二）船难调查

在打捞货物的同时，对船难进行调查是一项重要工作。1156 年

1　*India Traders of the Middle Ages*, pp. 599-600. 李大伟介绍了这一文书，见李大伟《戈尼萨文书所记印度洋犹太人贸易》，余太山、李锦绣主编《丝瓷之路——古代中外关系史研究》第 6 辑，第 215 页。

一二月间，赛义德·马哈布（Saʿīd b. Marḥab）从亚丁写信给希勒·纳哈曼（Hillel b. Naḥman），以报告他的女婿谢赫·希巴·阿布·萨德（Hiba b. Abū Saʿd）及其合伙人科亨（Kohen）遭遇船难一事（格尼扎 PER H 161）。从他的信件可知，确认船难，需要吸收目击者叙述以及第二手的调查资料。他最后得到的溺亡经过资料为：

> 他们所乘的船舶是库拉密（Kūlamī）号，从亚丁出发，和其他船舶一道扬帆。这艘船和巴里巴塔尼（Barībatanī）号在同一个地方。它们两艘船从亚丁出发，一起旅行了四天。在第五天的前夕，巴里巴塔尼号的水手听到库拉密号水手在夜里的哭泣和尖叫，水淹没了他们。早上来临，巴里巴塔尼号的水手找不到库拉密号的一丝踪迹或存在证据，因为从离开亚丁时起，它们就保持并排前进。这两艘船从未分开，直到这场灾难降临于库拉密号。这是在他们进入马萨卜（Maṣabb）之前发生的。之后出现了一块船板和装备，那是新的，就在艾比安（Abyan）和施哈尔（Shiḥr）的海滩上。其中的一些被带到亚丁。在库拉密号沉没的当年，除了库拉密号之外，没有一艘船有新的绳索。这是我们一些与此相关的教友的报告，也有巴里巴塔尼号上的人关于库拉密号的报告，他们都是这封信的签署人。[1]

除此之外，还需要对周边海域的洋流等因素进行调查：

> 就我们国家而言，我们已经从更年长者至平辈的富有经验和知识的人的口中查证出，任何沉没在上述地点的物品和人都没有浮出水面，除了木材和家具可能出现这种情况。海浪只把他们冲到艾比安的海岸，那里离亚丁有一夜的路程，或者艾赫沃尔

1　*India Traders of the Middle Ages*, pp. 534-535.

（Aḥwar），那里离亚丁有约三天的路程，或者在施哈尔和盖迈尔（Qamar）城，那里离亚丁至多有八天的路程。从西夫（al-Sīf）到这些地方，从一处海滩到马萨卜，库拉密的沉没发生在马萨卜附近，那是它从亚丁启程后第四天或第五天的傍晚。在这种情况下，不能说"波浪淹没了他"，因为那片海域有湍流，鱼（译注：鲨鱼）的数量众多。那么是否"波浪淹没了他并将他带到别的地方"，在上述的地点艾比安、艾赫沃尔、施哈尔和盖迈尔城，"没有可以淹没他〔并带他〕到别的地方的波浪"，因为波浪是冲向它们的。但当船舶扬帆时，西南风（kaws wind）将船带离亚丁，从那些地点去往马萨卜和印度。沉没在马萨卜及其附近的物品和人无论在哪里"始终"都没有浮出水面，这是"某位非犹太人正在说的"，以及富有经验和知识的人对上述那些地点的海域的陈述。[1]

在对船难的经过及周边环境等进行详细叙述后，需要将其整理成具有法律效应的调查报告：

> 在经过公共调查后，我已经详细描述了细节，这样在福斯塔特的"我们的拉比们"，愿他们受到保佑，可以据此批准您，我的主人。至于在此地的我们，对于是否允许或者禁止它，我们将按照对我们来说是清晰明了的事情执行。这是给予您的知识。此份解释一共抄录两份副本，即本信和第二封信，"因为安全的旅行"。对我们从富有经验和知识的人那里查证所得之事，上文已经详细叙述，我们已附上我们的签名，以据此行事。[2]

1　*India Traders of the Middle Ages*, pp. 537-538.

2　*India Traders of the Middle Ages*, pp. 538-539.

调查报告需要由相关人士签名，并抄写成两份。福斯塔特的拉比法庭就将依据调查报告，进行相应的法律判决。

（三）遇难者遗产的处理

如果确认了遇难者身份，就要对他的遗产进行处理，这需要由法庭专门处理。如 1146 年福斯塔特拉比法庭致信亚丁的马德门·哈桑（格尼扎 TS 13J8）：

> 我们，法庭成员，在我们的主、我们的上帝、我们的纳吉德（Nagid）、萨姆尔（Samuel）君临下集结，愿他的名字永远流传！为了处理我们的主人和阁下哈尔丰·设玛尔雅·哈·列维（Ḥalfon b. Shemaryā ha-Levi）、人称伊本·祖玛希尔之事，他在也门海溺亡了，因此我们将决定采取什么样的行动，以任命一位委托人，他将看管这些货物，将它们带到埃及，因为他留下一位小儿子、两位孤女和一位寡妇。当他们成年时，他们需要资产，〔女孩需要〕嫁妆。在我们的纳吉德的准许下，我们已经同意在此向我们的亲王、大人、我们的主人和阁下，以色列的亲王和大人等马德门陈述我们的声明，他将为他们照亮道路，启迪未知。[1]

法庭接到信件必然有时间差，故需要由沉没地附近港口的犹太人领袖提前处理，并向法庭通报。如信件云：

> 接下来是我们在〔我们的亲王〕之前的声明：去年，我们从异教徒商人那里听到一则谣言，上述的商人在海中航行，他所乘坐的船舶在亚丁港失事并沉没，他辞世了，并把它留给我们和所有的以色列人。他们（译注：这些商人）说，海中浮出了他的尸

1　*India Traders of the Middle Ages*, p. 526.

体，他葬在亚丁，后来，潜水者从海里捞出他的部分货物，有些
已经交到您手中，我们的亲王，因为您的权威，在土地的统治者
（译注：苏丹）之前掌握了这些货物。在那一点上，在我们从异教
徒那里听到的这些文字的基础上，我们认为这是不妥当的，即由
我们处理和〔……〕并采取行动，任命委托人，给予他作为代理
人的权力，去旅行、执行和承担，去拥有这些货物，因为我们相
信，您，我们的亲王，不可能不通告我们这事……当我们还在讨
论这个案子，我们的亲王，您"饰以蓝宝石"的来信抵达了，您
报告了所发生的一切。[1]

当接到犹太人领袖的信件，法庭仍然需要证人做证，证明这位商人已经
溺亡：

我们依据您的报告，开始寻找一位委托人，去贯彻您信中的
话语。在我们完成此事之前，三位正直的犹太证人来到了，名字
如此、如此、如此，他们在我们面前做证，说道："我们确实非常
熟识我们的主人和阁下哈尔丰，当他在世时，我们和他最为亲近。
当他从海中浮起时，我们看到了他，认出了他的模样和长相。他
的模样没有改变，他的脸和鼻子完好无损，没有变化。我们出席
了他的葬礼。"我们接纳了他们口头的证言，它将在法庭记录中
验〔证与核实〕。他们的证言包括了您，我们的亲王所写的，苏丹
掌握了他所能掌握的那些，〔但有些货物〕保存在您那里，我们的
亲王。[2]

而后，法庭就展开寻找将溺亡商人遗产带回来的委托人。不过，法庭一

1　*India Traders of the Middle Ages*, p. 527.

2　*India Traders of the Middle Ages*, p. 528.

直都未能找到，所以最后委托犹太人领袖代为寻找：

> 如果您已经授权其他人，他将为我们接受，并获得我们授权，我们将他视为法庭所任命的委托人，去承担义务和收益，去强制实行初次和再次的誓言，去采用法庭的委托人的任何策略。如果您没有机会这么做，答应我们，如果您可以前去和他接洽的话，上面提到的此人，我们的主人和阁下亚伯拉罕，可胜任此事。我们将同意您，并将他视为孤儿的委托人，去看管他们在亚丁的事务。[1]

通过以上工作，以确保溺亡商人的遗产能被运到他的遗孤手中。

上述的船难调查、打捞、遇难者遗产继承一系列程序，体现了阿拉伯世界成熟的船难善后措施。这样的举措可以在一定程度上解决远航者的后顾之忧，是阿拉伯远航在中世纪得到延续的重要保证。

结　语

中世纪阿拉伯远航，受到本土浓厚的重商风尚和契约精神的重要影响。中国的丝绸、陶瓷和香料成为巴格达、福斯塔特等地的热销产品，刺激了阿拉伯商人的远航。《古兰经》及圣训为他们远航东方提供了法理依据和精神动力。此外，犹太商人也是海洋贸易的重要参与者，他们是阿拉伯人的商业伙伴。

从格尼扎、库塞尔文书可见到阿拉伯的海事管理，以及犹太、阿拉伯商人成熟的海洋贸易经营方式。首先，港口政权鼓励海洋贸易，其中的要人甚至可能投资其中。其次，犹太、阿拉伯商人通过寄送详细的

1　*India Traders of the Middle Ages*, p. 529.

船货清单、确认函等文书，保持贸易伙伴间信息的畅通，并及时处理财务上的纠纷。最后，当遇到船难等不幸事件时，遇难商人的亲友会报告给部落，由部落负责搜救、善后，在一定程度上解决了远航商人的后顾之忧。

　　这是阿拉伯商人得以到达中国的国内背景。那么，阿拉伯商人如何到中国来？这将是下一章的主题。

（原刊上海中国航海博物馆主办《国家航海》第 30 辑，
上海古籍出版社，2023，第 1—21 页，有增补）

第二章　中世纪阿拉伯商人的
　　　　　东方远航之路

第一节　阿拉伯地理学与远航水手
　　　　　见闻的关系

　　阿拉伯航海家远航东方，必然需要天文地理知识作为支撑。一般认为，阿拉伯地理学的繁荣，开始于9世纪中叶。830年，哈里发马蒙（al-Ma'mūm）在巴格达建立了智慧宫，鼓励学者翻译古希腊文、巴列维文、梵文著作，即"大翻译运动"，这推动了阿拉伯科学文明的繁荣。[1] 9—10世纪阿拉伯地理学取得了巨大的进步，其理论来源为托勒密地理学，比如经纬

1　Sayyid Maqbul Ahmad, *A History of Arab – Islamic Geography (9th – 16th Century A. D.)*, pp. 18-19.

度的定义，"七海"的划分等。[1] 而古希腊罗马对东方地理的认识，得益于商人们对东方的探索，如与印度的胡椒、象牙贸易，以及对黄金半岛等的经航。[2] 而后萨珊波斯亦延续了与印度之间的海上贸易。[3]

印度洋史学家希曼尼·雷伊（Himanshu P. Ray）因此认为，"870 年以前，波斯湾是重要的；到 10 世纪末，重心已经落在亚丁，这是在969 年开罗的法蒂玛王朝建立后。因此阿拉伯人的叙述明显没有建立在真正的航行路线上，而是建立在同时代对于印度次大陆的认知上，许多成见可追溯到古希腊和基督教"。[4] 这种观点尽管片面，但也有一定的合理性。从塔巴里《历史》中，也能看出印度人影响了阿拉伯人对东方的认识。塔巴里记述了伊斯兰教兴起前，也门希木叶尔国王提班·阿萨德（Tibān Asʿad）的故事：

> 印度国王的信使给他带来了礼物，它们是丝绸、麝香、芦荟和印度其他奇珍异宝。他看着这些东西，就好像他从没见过一样，并问道："我看到的这些，是否全部是在你们国家发现的？"信使回答道："愿您得福，您所见到的，有些在我们国家可以生产，绝大部分来自中国。"信使接着向国王描述了中国：它的广袤、肥沃以及四至。国王发誓要征服它。他从希木叶尔（Himyar）的首都

1　见 *The Works of Ibn Wādih al-Yaʿqūbī, an English Translation*, Vol. 2, trans. & eds. by Matthew S. Gordon et al., Leiden: Brill, 2018, pp. 484-486。参见张广达《宋岘译〈道里邦国志〉前言》，伊本·胡尔达兹比赫著，宋岘译注《道里邦国志》，前言，第 20 页。

2　见 E. H. Warmington, *The Commerce between the Roman Empire and India*, Cambridge: Cambridge University Press, 2014, pp. 6-17, 35-83。Kasper Grønlund Evers, *World Apart Trading Together: The Organisation of Long-Distance Trade between Rome and India in Antiquity*, Oxford: Archaeopress Archaeology, 2017. Fedrico De Romanis, *The Indo-Roman Pepper Trade and the Muziris Papyrus*, New York: Oxford University Press, 2020.

3　Ranabir Sankhdher, "Politics and Society in India", in K. Satchidananda Murty (ed.), *History of Science, Philosophy and Culture in Indian Civilization*, Vol. 2, Part 1, New Delhi: Centre for Studies in Civilizations, 2002, pp. 98-102.

4　Himanshu Prabha Ray, "Maritime Archaeology of the Indian Ocean Recent Trends", in Himanshu Prabha Ray and Jean-François Salles (eds.), *Tradition and Archaeology*, p. xxi.

出发，沿着海岸，直抵拉凯克（al-Rakā'ik）和戴着黑帽子的人。他派属下塔比特（Thābit）率大军前往中国。然而塔比特负伤了，于是国王〔亲自〕前往中国。他杀死了抵抗者，将那里洗劫一空。他们坚称他对中国的远征，他在那里的停留，以及花了七年返回，他在吐蕃（Tibet）留下来自希木叶尔的一万两千名骑兵。他们是吐蕃一族，现在坚称他们是阿拉伯人。他们在体格和肤色上是阿拉伯人。[1]

在中国的史料中，找不到与此相关的记载，可知这是阿拉伯半岛流传的故事，而后被塔巴里作为提班·阿萨德国王的事迹记录。这则故事已经有了"阿拉伯人"的认同，显示应当是在阿拉伯帝国形成后经过加工而成的。但印度国王信告诉阿萨德关于中国的细节，显示了印度人在阿拉伯人探索东方过程中的中介作用。

但是，8—10世纪本身也是波斯湾沿岸的航海家东游的时期，像著名的地理学家马苏第就有出海到印度的经历。当然，更重要的知识源头是民间航海家的口述报告，如《中国印度见闻录》就大量采用了商人苏莱曼的报告。因此，上引雷伊认为阿拉伯人的叙述没有建立在"真正的航行路线"上是不准确的。

如果从考古发现来看，黑石号等西亚货船航行的时间在智慧宫建立之前，当时托勒密地理学还未在阿拉伯知识界普及，很难说它为航海者们提供了知识上的保障。这时候的航海活动仍主要仰仗历代航海家所传承的经验。所以，与其说9世纪地理学的发展推动了航海事业的进步，不如说是航海事业的发展推动了地理学的发展。如《印度奇观》中水手的记闻，尽管充斥着在今天看来荒诞不经的传说，但补充了阿拉伯人关于印度洋世界的知识。如：

1　The History of al-Tabari, Vol. 4, translated and annotated by Moshe Perlmann, Albany, N.Y.: State University of New York Press, 1987, pp. 79-80.

阿布·扎哈拉（Abou'zahrā el-Barkhati）向我讲述印度的各种特有的蛇。有一位印度医生住在西冷迪布（Sérendib），告诉他在印度有 3120 种蛇。[1]

巴里查德之子穆罕默德（Mohammed fils de Bālichād）同样对我说道，在南亚里岛，栖息着无比高大的长颈鹿。有人因船难被迫前往南亚里附近的班卒儿（Fansour），也说因害怕长颈鹿而不敢夜出。[2]

有一位去过中国的人向我讲述道，他在中国见过一种能够吸住铅并使它紧贴瓶壁的石头。[3]

这类第一手的水手见闻，仍然是阿拉伯的地理学发展的源泉。而阿拉伯商人到东方的中转港之后，会进入印度教、佛教等不同信仰的社会。阿拉伯商人一般会尊重当地的风俗习惯，并与当地的国王、酋长等定好协议，受协议的保护。《印度奇观》就记载了这样的故事，一名阿拉伯水手在印度洋沿海城市希呼尔（Sihour）下船歇脚时，亵渎了当地的女神像，结果受到国王公开的审判，他承认他的所为。于是国王召集众人商议如何处置：

"你们有什么想法？"国王对他周边的人说道。"把他扔给大象，"有人说道，"他会被它们踩死。""把他剁成碎片。"另一个人说道。"不，"国王回答道，"我们不能这样做。这是一个阿拉伯人。阿拉伯人和我们之间，存在着协议。穆斯林长老马汉之子阿拔斯（Abbas fils de Mahan）就在你们中间，"并对他说道，"在你们那里，男人和女人在清真寺里行惊奇之事，要受何处罚？听听他的回答，再做出结论。""由一位维吉尔去执行国王的命令。"马汉之子阿拔斯为了让异教徒看到其宗教的伟大，回答道："在这种情况下，我

1　*Les Merveilles de L'Inde (Adjā ib al-Hind)*, p. 36.

2　*Les Merveilles de L'Inde (Adjā ib al-Hind)*, p. 107.

3　*Les Merveilles de L'Inde (Adjā ib al-Hind)*, p. 143.

们会将此人处死。"听到这一回答，人们杀死了那名水手。当阿拔斯得知这件事的细节时，担心国王会强行将他扣留在城中，秘密逃出了希呼尔。[1]

在此案例中，因为阿拉伯人与该国定有协议，故而需请侨居当地的阿拉伯长老阿拔斯介绍在阿拉伯本土的处置方式，并据此执行。

上面的案例是极端情况，通常情况是较为乐观的。《印度奇观》如此记载商人埃米尔之子阿布·哈桑（Abou'l-Haçan fils d'Amr）和一位印度王公："这里，国王告诉我：'近来你已经厌倦饮食，这是我们最好的鱼，味道最好，最易消化，最不易变质。'"[2]这说明他在印度受到当地统治者的优待和关心。维持和当地社会的良好关系，是阿拉伯商人海洋贸易事业发展的重要保证。

进而言之，在前近代印度洋的贸易史上，武装贸易并非传统。如阿基巴德·李维斯（Archibald R. Lewis）指出，在前近代，"印度洋水手和商人，应当是依据和当地、国际或者他还在的行会或达成的协议，来保护他的权益，而不依靠自身的威力。这种不诉诸海战的传统，解释了为什么习惯于武装贸易的欧洲人——当他们来到这片海域后——可以如此有效地使用武力，把印度洋带进新的时代"。[3]对于阿拉伯商人而言，在海上丝绸之路上建立和发展贸易移民社区，是拓展商业网络的主要手段。

关于阿拉伯人在印度的移民历史，安德烈·温克已有专著讨论。[4]据温克考证，阿拉伯商人 8 世纪后开始移居印度、斯里兰卡、东南亚沿海，并建立了聚居地。[5]

1　*Les Merveilles de L'Inde (Adjā ïb al-Hind)*, pp. 121-122.

2　*Les Merveilles de L'Inde (Adjā ïb al-Hind)*, p.33.

3　Archibald R. Lewis, "Les Marchands dans l'Océan Indien", *Revue d'Histoire Économique et Sociale*, Vol. 54, No. 4 (1976), p.475.

4　André Wink, *Al-Hind: The Making of the Indo-Islamic World*, Vol. 1.

5　André Wink, *Al-Hind: The Making of the Indo-Islamic World*, Vol. 1, pp. 70-86.

8—9 世纪阿拉伯商人在中国沿海的社区，分布在广州、扬州、明州等地。这些移民社区，对阿拉伯地理学的发展也有重要贡献。地理学家花剌子米（Al-Khwārazmi）给出了 545 个城市的经纬度，比鲁尼（al-Bīrūnī）给出了包括印度和中国在内超过 600 个城市的经纬度。[1] 在 13 世纪穆斯塔菲（Hamdollah Mostowfi Qazvini）所著的《心之喜悦》（Nuzhat al-Qulūb）中，将广州（Machīn）的经纬度确定为（125°E, 22°N）。[2] 现代广州的经纬度为（113°E, 23°N），由于本初子午线不同，所以经度测算值必然有较大的差异，但纬度几乎一致，必然是在广州当地测量的结果。而阿拉伯远航的水手，有负责观察天象水文者，可能正是他们在广州完成了测量，并将数据带回了本土。

故下文将研究中世纪阿拉伯人在南亚、东南亚建立的移民社区，这是他们得以到达中国的保障。

第二节　阿拉伯商人在南亚沿海及岛屿

一　文献记录

中世纪的阿拉伯世界与印度西海岸存在频繁的商贸往来，如上一章重点考察的格尼扎文书就是明证。阿拉伯商人与印度沿海诸王公保持商贸的联系。温克指出，"印度统治者从埃及和中国进口丝绸，从埃塞俄比亚（Ethiopia）进口奴隶，从阿拉伯和波斯进口马匹"。[3] 而阿拉伯商人就是这些商品重要的经销商。阿拉伯人曾代表注辇宫廷向宋朝朝贡。

1　Richard N. Frye (ed.), *Cambridge History of Iran*, Vol. 4, London: Cambridge University Press, 1975, pp. 392-393.

2　Hamdollāh Mostowfi Qazvini, *The Geographical Part of the Nuzhat al-qulūb*, translated by Guy Le Strange, Leiden: Brill, 1919, p. 250.

3　André Wink, *Al-Hind: The Making of the Indo-Islamic World*, Vol. 1, p. 63.

《宋会要》记载：

> 明道二年（1033）十月二十日，注辇国王尸离啰茶印陀罗注
> 罗遣使蒲押陀离等，以泥金表进真珠衫帽及真珠、象牙，陀离仍
> 请用夷礼，以申向慕之心，乃奉银盘于殿，跪散珠于御榻下而退。[1]

"尸离啰茶印陀罗注罗"即朱罗王朝的统治者释利·罗贞陀罗·朱罗一
世（Sri Rajendra Chola I），"蒲押陀离"即 أَبُو عَبْدُ الله（Abū 'abdu al-lāh），现
通译为"阿布·阿卜杜拉"，可知是在注辇的阿拉伯商人。《诸蕃志》
也提到，在印度西海岸的故临国（Quilon），"大食人多寓其中"。[2] 故临
国是宋商重要的商业据点，[3] 此记载当来自舶商的情报。同时也有学者认
为，印度数字被阿拉伯人引进后，"刺激了商业，后来还极大地缩短了
天文计算的时间"，[4] 这也是航海事业发展的红利。

二　考古发现

在南亚沿海和海岛地区发现的一定数量的中国瓷器以及来自阿拉伯
的钱币，可以证明阿拉伯商人的活动情况。不过 11 世纪以后发现的瓷
器，也可能是由宋商带来的。故本小节主要叙述关于 11 世纪前的考古
成果，和宋商相关的历史发现将在第七章叙述。

（一）印度海岸

据苏拔亚鲁（Y. Subbaryalu）统计，印度东部的科罗曼德尔
（Coromandel）海岸出土的"中国陶瓷中有许多青瓷（60%），一些白瓷

1　郭声波点校《宋会要辑稿·蕃夷道释》蕃夷七，第 551—552 页。
2　赵汝适撰，杨博文校释《诸蕃志校释》卷上《志国》，第 68 页。
3　详见第七章讨论。
4　Eric Temple Bell, *The Development of Mathematics*, New York and London: McGraw-Hill Book Company,
　1945. 汉译见 E. T. 贝尔《数学的历程》，李永学译，华东师大出版社，2020，第 45 页。

（15%）、青花瓷（10%）和酱釉瓷（10%）。青瓷是来自龙泉和福建诸窑的上品"。[1]西南的喀拉拉（Kerala）海岸与其类似。辛岛昇推测：13世纪以前的中国瓷器出土少，是因为印度教徒的习俗是不用任何硬制的碗盘，以免不洁，此后因为穆斯林社区增多，故中国瓷器也多了起来。[2]另在东海岸发现公元前2世纪至公元7世纪的双桅海船。[3]

（二）斯里兰卡

斯里兰卡的港口主要分布在岛屿的东南部和西南部，顺时针依次为汉巴图塔（Hambatota）、古达瓦雅（Godavaya）、玛塔拉（Matara）、威利噶玛（Weligama）、金图塔（Gintota）、本图塔（Bentota）、喀鲁塔拉（Kalutara）、瓦塔拉（Wattala）、尼甘布（Negombo）、奇劳（Chilaw），它们都位于河口。在西北有马纳尔（Mannar）港，它位于塔莱曼纳尔（Talaimannar）小岛和主岛之间，是避风良港。关于它的发掘史，可追溯到1887年，从这里经阿鲁威·阿利（Aruvi Ari）河可到达8世纪时的国都僧伽罗（Anuradhapura，又译"阿努拉达普拉"）。[4]奥斯蒙德·波比拉赫奇（Osmund Bopearachchi）指出："陶瓷，特别是钱币，证明穆斯林早在7世纪就来到这里。该岛所发现的金币和银币几乎涵括了所有在巴格达、亚历山大、北非和北印度的穆斯林王朝，从8世纪一直到15世纪都有。"[5]黄莹对斯里兰卡北部的曼泰（Mantai）遗址考古情况进行了介绍，在这里发现了广东青瓷大罐、长沙窑瓷器、越窑瓷器等物，近年

1　Y. Subbaryalu, "Chinese Ceramics of Tamilnadu and Kerala Coasts", in Himanshu Prabha Ray and Jean-François Salles (eds.), *Tradition and Archaeology*, p. 110.

2　Noboru Karashima, "Trade Relations between South India and China during the 13th and 14th Centuries", *Journal of East-West Maritime Relations*, Vol. 1 (1989), pp. 59-82.

3　Himanshu Prabha Ray, "Maritime Archaeology of Indian Ocean: Recent Trends", in Himanshu Prabha Ray and Jean-François Salles (eds.), *Tradition and Archaeology*, p. xxiv.

4　Osmund Bopearachchi, "Seafaring in the Indian Ocean: Archaeological Evidence from Sri Lanka", in Himanshu Prabha Ray and Jean-François Salles (eds.), *Tradition and Archaeology*, p. 61.

5　Osmund Bopearachchi, "Seafaring in the Indian Ocean", in Himanshu Prabha Ray and Jean-François Salles (eds.), *Tradition and Archaeology*, p.72.

中国的考古队也参与了考古工作，同时指出在僧伽罗及周边地区有"少量西亚和东亚的陶瓷制品"发现。[1]

（三）安达曼群岛

目前考古学家已经在该区域的北部发现超过 60 处贝丘，从中找到丰富的"动物遗存、陶器、石器、骨头和贝壳"。那里出现的沉船也成为当地居民的铁器来源。[2]

这对应《中国印度见闻录》所载，兰扎巴鲁斯（Lanjabālūs）的居民"是游泳专家，他们经常潜入并带走商人的铁，使他们无从交易它"。[3]《马可·波罗寰宇记》的 Z 本也记载了当地居民与过往商人的交易：

> 他们有各种颜色、非常漂亮的毛巾或者丝织手帕，其中毛巾约有三厄尔长。他们其实是从过往的商人那里买下它们并放在家里作为宝藏以及高贵〔的象征〕，就如同我们对钻石、宝石、金银器的收藏一样。他们不拿它们做任何事，只因它们的外观而收藏，谁拥有的量越多、越漂亮，谁就越高贵和伟大。[4]

安达曼群岛居民和舶商的交易，符合亚洲海洋船民与外界交流的共性，在海岛东南亚、中国东南沿海都可以看到类似的活动。而在离开安达曼群岛后，阿拉伯商人就会进入海岛东南亚地区。

1　黄莹：《大食与中国的海上交通与货物流通网络》，余太山、李锦绣主编《丝瓷之路——古代中外关系史研究》第 8 辑，第 248、266 页。

2　Zarine. Cooper, "Archaeological Evidence of Maritime Contacts", in Himanshu Prabha Ray and Jean-François Salles (eds.), *Tradition and Archaeolog: Early Maritime Contacts in the Indian Ocean*, pp. 239-245.

3　Abū Zayd al-Sīrāfī, *Accounts of China and India*, edited and translated by Tim Mackintosh-Smith, in Philip F. Kennedy and Shawkat M. Toorawa (eds.), *Two Arabic Travel Books*, New York: New York University Press, 2014, p. 33.

4　*Marco Polo: The Description of the World*, Vol.1, p. 378.

第三节 阿拉伯商人在海岛东南亚

一 8—10 世纪南海、爪哇海海域沉船

关于阿拉伯人在海岛东南亚的活动情况，最新资料来自沉船考古。南海和爪哇海海域发现沉船较多。但因为 10 世纪中叶后在此海域发现的沉船多与宋商的活动相关，故将在第六、第七章讨论。这里只统计 8—10 世纪中叶的沉船，共计有 10 艘。

表 2-1 8—10 世纪南海、爪哇海海域沉船

名称	出水／土地	船型	年代	打捞时间	发现遗物	资料来源
珠新（Chau Tan）	越南广义省平山（Binh Son）县珠新海滩附近海域	东南亚船	8 世纪（存疑）	2013 年	越窑、长沙窑、邢窑等瓷器，波斯陶，乾元重宝等铜币、铜制品，石砚	Noriko Nishino et al., "Nishimura Masanari's Study of the Earliest Known Shipwreck Found in Vietnam", *Asian Review of World Histories* 5 (2017), pp. 106-122
帕农·苏林（Phanom Surin）	泰国龙仔厝府潘泰（Phan Thai）的巴生空寺（Wat Klang Khlong）	缝合船	9 世纪前期	2013 年	广东陶罐、孟族陶器、波斯陶等	John Guy, "The Phanom Surin Shipwreck, a Pahlavi Inscription, and Their Significance for the History of Early Lower Central Thailand", *Journal of the Siam Society* 105 (2017), pp. 179-196
黑石（Batu Hitam）	印尼爪哇海勿里洞岛西北海域	缝合船	9 世纪前期	1998 年	中国瓷器（长沙、华北、越、广东）、金属器等	Michael Flecker, "A 9th-century Arab or Indian Shipwreck in Indonesian Waters", *The International Journal of Nautical Archaeology* Vol. 29, No.2 (2001), pp. 199-217

续表

名称	出水/土地	船型	年代	打捞时间	发现遗物	资料来源
灯楼角沉船	中国广东省湛江市徐闻县角尾乡许家寮灯楼角	船体未被发现	唐代	2001年	瓷碗、瓷盏近50件	广东省文物局编《广东文化遗产：海上丝绸之路史迹》，中山大学出版社，2016，第244页
沙角旋沉船	中国广东省吴川市吴阳镇沙角旋寮儿村附近	船体未被发现	唐代（存疑）	20世纪末（未打捞清理）	铜片、石块	
巴地（Ba Ria）	越南巴地头顿省巴地市近海	船体未被发现	9世纪中叶	21世纪初（未经正式考古发掘）	华北白釉瓷、越窑瓷、长沙窑瓷器（存疑）等	秦大树等：《越南发现的巴地市沉船初议》，李庆新主编《海洋史研究》第17辑，社会科学文献出版社，2021，第361—380页
印坦（Intan）	印尼爪哇海西北海域，印坦油田附近	东南亚船	10世纪中叶	1997年	金属器（含中国银碇、铅钱）、陶瓷、玻璃器、东南亚货品	Michael Flecker, *The Archaeological Excavation of the 10th Century Intan Shipwreck*, Oxford: BAR, 2002. 杜希德、思鉴：《沉船遗宝：一艘十世纪沉船上的中国银锭》，荣新江主编《唐研究》第10卷，北京大学出版社，2004，第383—431页
井里汶（Cirebon）	印尼爪哇岛北岸井里汶外海海域	东南亚船	10世纪中叶	2004年	船货521种（来自中国、东南亚、西亚）	M.M. Adi Agung Tirtamarta：《井里汶海底十世纪沉船打捞纪实》，辛光灿译，《故宫博物院院刊》2007年第6期，第151—154页

名称	出水/土地	船型	年代	打捞时间	发现遗物	资料来源
加拉璜 （Karawang）	印尼爪哇 海加拉璜 市附近	不详	10世 纪中叶	2007年	五代瓷器， 开元通宝、 乾元重宝 等铜钱	Horst H. Liebner, *The Siren of Cirebon:* *A Tenth-Century* *Trading Vessel Lost in* *the Java Sea*, Doctoral Dissertation of the University of Leeds, 2014
丹戎新邦 （Tanjung Simpang）	马来西亚 丹戎新邦 沙巴西 北部	中国 船	北宋 时期	2003年	青白瓷等 宋代瓷器 303件，碎 瓷片250 千克，铜 锣61件， 铜碇76件	Derek Heng, "Ships, Shipwrecks, and Archaeological Recoveries as Source of Southeast Asian History", *Oxford* *Research Encyclopedia* *of Asian History* (2018), pp. 1-29

其中，东南亚船指使用东南亚造船工艺造成的夹板船，缝合船是西亚地区常见的用植物纤维制成的绳索缝合船舶，中国船是具备水密隔舱、铁钉等中国工艺的船舶。[1] 10艘沉船中，4艘未发现船体，剩余6艘中，帕农·苏林号和黑石号可知为缝合船。珠新号、印坦号、井里汶号为东南亚夹板船。而所发现的中国船则属于北宋时期。珠新号的船板经碳14测年，认为时间应在"公元663—715年（可能性68%）和公元743—766年（可能性26.7%）"。[2] 不过珠新号上出水的乾元重宝，显示此船沉没时间必晚于唐乾元元年（758）。

不过，目前发现的船只样本数量仍然太少，正如8世纪中叶《唐大和上东征传》所载，在广州城外可以见到"婆罗门、波斯、昆仑等

---

1 关于中国船，详见第五章讨论。关于东南亚船舶，参见 Pierre-Yves Manguin, "Trading Ships of the South Chian Shipbuilding Techniques and Their Role in the History of the Development of Asian Trade Networks", *Journal of the Economic and Social History of Orient*, Vol. 36, No. 3 (1993), pp. 253-280。

2 Noriko Nishino et al., "Nishimura Masanari's Study of the Earliest Known Shipwreck Found in Vietnam", *Asian Review of World Histories* 5 (2017), p. 112.

舶"，[1]其中婆罗门舶、波斯舶均为缝合木船，昆仑舶则为东南亚船。而据马苏第《黄金草原》，黄巢围攻广州城后，阿拉伯波斯商人在东方的贸易中心转移至马来半岛的吉打一带。[2]印坦号、井里汶号上均出现西亚的器具，说明存在阿拉伯波斯商人乘坐东南亚船舶到中国进行交易的情况。

综上，可确定和阿拉伯人商贸活动相关的沉船为珠新号、帕农·苏林号、黑石号、巴地号、印坦号、井里汶号等 6 艘沉船。其中，黑石号是西亚缝合船，始发港当在波斯湾沿岸，最后在返回西亚途中沉没。对黑石号航线的分析，可以窥见中世纪早期阿拉伯人在海岛东南亚的活动情况。

二 黑石号是否经停巨港？

现在的研究者多推测，黑石号可能经停巨港，在去往爪哇岛或巽他海峡时沉没。[3]而要分析此问题，首先要弄清楚黑石号沉没地点的环境。

黑石号沉没的地点在勿里洞（Belitung）岛西北海域。这里偏离了室利佛逝的政治中心。从沉船地点来看，货船无论是从勿里洞附近海域进入巨港，还是从巨港进入勿里洞附近海域，都不是理想的路径。因为在这种情况下，帆船必须改变帆的方向，使船在航线上拐一个大弯。因此，考古学家迈克尔·弗里克（Michael Flecker）认为，"无法肯定黑石号沉船正在返回西印度洋途中，但它处在加斯帕（Gaspar）海峡的位置，暗示它可能要取道巽他海峡"。[4]

---

1 真人元开：《唐大和上东征传》，第 74 页。

2 见 *Les Prairies d'Or (Murūj al-Dhahab wa-Ma'ādin al-Jawhar fi al-Tārīkh)*, translated by Barbier de Meynard and Pavet de Courteille, Vol. 1, Paris: Imprimé par Autorisation de L'Emperur, 1861, p. 308。

3 Hsieh Ming-Liang, "The Navigational Route of the Belitung Shipwreck and the Late Tang Ceramic Trade", Regina Krahl et al. (eds.), *Shipwrecked: Tang Treasures and Monsoon Winds*, p. 143. 秦大树：《中国古代陶瓷外销的第一个高峰——9—10 世纪陶瓷外销的规模和特点》，《故宫博物院院刊》2013 年第 5 期，第 48 页。

4 Michael Flecker, "A Ninth-Century AD Arab or Indian Shipwreck in Indonesia: First Evidence for Direct Trade with China", *World Archaeology*, Vol. 32, No. 3 (2001), p. 353.

　　黑石号所经过的加斯帕海峡，两旁为邦加（Bangka）岛和勿里洞岛，尽管不见于《皇华四达记》的记载，但本身并非无人岛。宋元以后，邦加－勿里洞群岛成为华侨重要的迁入地，至今仍有大量华人聚居。[1] 勿里洞在《郑和航海图》《顺风相送》中作"麻里东"，[2] 在《东西洋考》中始作"勿里洞"，[3] 在《明史》中作"麻叶瓮"。《明史·麻叶瓮》记载：

> 自占城灵山放舟，顺风十昼夜至交栏山，其西南即麻叶瓮。山峻地平，田膏腴，收获倍他国。煮海为盐，酿蔗为酒。男女椎结，衣长衫，围之以布。俗尚节义。[4]

交栏山即《岛夷志略》之"勾栏山"，现一般认为即格兰岛（又译"交阑岛"，Gelam），[5] 中国人对它的探索要更早。《岛夷志略》记载：

> 〔元朝〕国初，军士征阇婆，遭风于山下，辄损舟，一舟幸免，唯存丁灰。见其山多木，故于其地造舟一十余只。若樯柁、若帆、若篙，靡不具备，飘然长往。有病卒百余人不能去者，遂留山中。今唐人与番人丛杂而居之。男女椎髻，穿短衫，系巫仑布。[6]

1　Mary Somers Heidhues, "Chinese Settlements in Rural Southeast Asia", in Anthony Reid (ed.), *Sojourners and Settlers: Histories of Southeast Asia and the Chinese*, Honolulu: University of Hawai'i Press, 1996, p. 176.

2　佚名：《顺风相送》，向达校注《西洋番国志　郑和航海图　两种海道针经》，中华书局，2000，第46页。

3　张燮：《东西洋考》卷九《舟师考》，谢方点校，中华书局，2000，第180页。

4　《明史》卷三二三《外国传》，中华书局，1974，第8378—8379页。

5　汪大渊著，苏继庼校释《岛夷志略校释》勾栏山条，第249页。《新编郑和航海图集》，第47页。梁文力认为勾栏山是格兰岛附近的塞鲁图岛，见梁文力《元明爪哇航路上的勾栏山新探》，《历史地理研究》2022年第4期，第68—79页。

6　汪大渊著，苏继庼校释《岛夷志略校释》勾栏山条，第248页。

邦加岛即《郑和航海图》之"彭加山"，[1]《顺风相送》《东西洋考》作"彭家山"。[2] 到 15 世纪早期，中国航海家已经十分熟悉爪哇海的航道，《郑和航海图》记载当时的航线为：从"满剌加开船用辰巽针五更，船平射箭山"，此航线可以经过巨港和邦加岛之间的邦加海峡，之后向东抵达东爪哇，也可以西行越过巽他海峡，[3] 也可从昆仑山（昆仑岛）出发，"昆仑山外过用癸丑针十五更，船取赤坎山，用丑艮及丹艮"，经过邦加岛和勿里洞岛之间的加斯帕海峡，经吉利闷（卡里摩爪哇岛）到达东爪哇。图中亦有从马六甲到加斯帕海峡的针路，但没有标注。[4] 在郑和的时代，尽管三佛齐（室利佛逝/巨港）已经被满者伯夷攻灭（1290年前后），但旧港（巨港）仍是重要的港口，明永乐四年（1406）在这里设"旧港宣慰司"，以羁縻当地侨领施进卿。[5]

不过，黑石号沉没的地点在加斯帕海峡北部，如果是从巨港起航的话，必须先往东北航行，然后在邦加岛北部海域转变航向，进入加斯帕海峡，这显然不是常规的航行方式，当然也可能是受到风暴等异常天气的影响。不过，依据 2000 年考古简报提供的信息，黑石号更可能触礁沉没，同时沉没地点距离所谓既定航线很远。[6]

黑石号是否不是从巨港起航，而是从马六半岛南部，或苏门答腊岛的占卑一带起航？如果从《郑和航海图》来看，这样的线路在地理上是可行的，而邦加-勿里洞群岛本身也有锚地及淡水补充。9 世纪的阿拉伯船虽然没有水密隔舱，也未配备指南针等设备，但已经可以横渡孟加拉湾，因此，走上述航线，在技术上是可以实现的。那么，

1　《新编郑和航海图集》，第 47 页。

2　《新编郑和航海图集》，第 47 页。

3　《郑和航海图》，第 47—50 页。《新编郑和航海图集》，第 56—57 页。

4　《新编郑和航海图集》，第 44、45、47 页。按向达先生及《新编郑和航海图集》编者在复原时，只标注了经过勿里洞岛和加里曼丹岛之间的卡里马塔海峡的主航线。但查原图，可知有经过加斯帕海峡的支线。

5　《明史》卷三二四《外国传》，第 8408 页。

6　Michael Flecker, "A 9th-Century Arab or Indian Shipwreck in Indonesian Waters", *The International Journal of Nautical Archaeology* Vol. 29, No.2 (2001), p. 199.

在人事上是否可行？这涉及海岛东南亚的政治，可以当地碑铭和中国文献来证明。

三 碑铭、中国文献所记录的海岛东南亚

尽管"室利佛逝"存在于中国的正史和佛教典籍之中，但它的位置长期不能确定，直到 1919 年，赛代斯确定它的首都在今天苏门答腊岛的巨港一带。[1] 1992—1993 年，考古学家皮埃尔－伊夫·芒更将其中心区域划定为"在今天的巨港市内的锡贡堂山（Bukit Seguntang）和萨波金金（Sabokingking）之间，沿着穆西（Musi）河延伸近 10 公里"。[2]

赛代斯对邦加岛科塔·卡布尔（Kota Kapur）发现的、纪年为释迦历 608 年（公元 686 年）的碑铭进行释文，确定了"室利佛逝"（Çrīvijaya）一词，该碑文提到了"保护室利佛逝王国"、"室利佛逝的贵族（dātu）"以及"本碑刻于室利佛逝的军队惩罚不忠于室利佛逝的爪哇国之时"。[3] 而最能彰显室利佛逝统治者权威的，为在马来半岛的比安萨（Vieng Sa）发现的纪年释迦历 697 年（公元 775 年）的碑铭，其文曰，"室利佛逝的君主，在寰宇之内是超越所有君主的唯一国王"；"室利佛逝之主和提婆（Devas）之君一样，在其他诸王之上"。[4] 这彰显了室利佛逝君主作为爪哇海西岸霸主的地位。

唐代文献也有关于室利佛逝的记载。《新唐书·地理志》引《皇华

1 George Cœdès, "Le Royaume de Çrīvijaya", *Bulletin de l'École française d'Extrême-Orient*, Vol. 18, No. 6 (1918), pp. 1-36.

2 见 Paul Michel Munoz, *Early Kingdoms of the Indonesian Archipelago and Malay Peninsula*, Singapore: Editions Didier Millet, 2006, p. 117. 另见弗朗索瓦·吉普鲁《亚洲的地中海：13—21 世纪中国、日本、东南亚商埠与贸易圈》，第 61 页。以及黄莹《大食与中国的海上交通与货物流通网络》，余太山、李锦绣主编《丝瓷之路——古代中外关系史研究》第 8 辑，第 249 页。

3 George Cœdès, "Le Royaume de Çr ī vijaya", *Bulletin de l'École française d'Extrême-Orient*, Vol. 18, No. 6 (1918), p. 1.

4 George Cœdès, "Le Royaume de Çrīvijaya", *Bulletin de l'École française d'Extrême-Orient*, Vol. 18, No. 6 (1918),p. 31.

四达记》载：

> 又五日行至海峡，蕃人谓之"质"，南北百里，北岸则罗越
> 国，南岸则佛逝国。佛逝国东水行四五日，至诃陵国，南中洲之
> 最大者。又西出峡，三日至葛葛僧祇国，在佛逝西北隅之别岛，
> 国人多钞暴，乘舶者畏悼之。[1]

《新唐书·室利佛逝传》载：

> 室利佛逝，一曰尸利佛誓。过军徒弄山二千里，地东西千里，
> 南北四千里而远。有城十四，以二国分总。西曰郎婆露斯。多金、
> 汞砂、龙脑。夏至立八尺表，影在表南二尺五寸。国多男子。有
> 橐它，豹文而犀角，以乘且耕，名曰它牛豹。又有兽类野豕，角
> 如山羊，名曰雩，肉味美，以馈膳。其王号"曷蜜多"。咸亨至
> 开元间，数遣使者朝，表为边吏侵掠，有诏广州慰抚。又献侏儒、
> 僧祇女各二及歌舞，官使者为折冲，以其王为左威卫大将军，赐
> 紫袍、金钿带。后遣子入献，诏宴于曲江，宰相会，册封宾义王，
> 授右金吾卫大将军，还之。[2]

结合《新唐书》的两段记载可知，至少在唐王朝看来，8 世纪中叶的
室利佛逝并非海岛东南亚地区唯一的霸主。当时诃陵国被认为是"南
中洲最大者"，也是海岛东南亚的大国。[3] 诃陵即中爪哇的夏连特拉
（Sailendra）王朝。芒更认为：

> 在不到一个世纪的频繁活动之后，初代室利佛逝政权看起来

1　《新唐书》卷四三《地理志》，中华书局，1975，第 1153 页。

2　《新唐书》卷二二二《室利佛逝传》，第 6305 页。

3　参见 W. J. Van Der Meulen, "In Search of 'Ho-Ling'", *Indonesia*, No. 23 (1977), pp. 86-111.

陷入中顿。最后一次遣使赴华是在 742 年。那时似乎也暂时没有和以巨港为中心的城市有明确联系的考古或文献数据。只有在马来半岛的猜耶（Chaiya）附近，有唯一的碑铭，纪年为 8 世纪后期，提到了室利佛逝统治者的名字，与他并列的还有爪哇岛的佛教徒夏连特拉王朝，在其他纪念碑中，他们是婆罗浮屠的建造者。9—10 世纪，经济活动在巨港和穆西河的上游复兴，这从出土的数量可观的中国陶瓷可以看出。[1]

黑石号航行的时间为 9 世纪前期，也就是芒更所云初代室利佛逝政权"陷入中顿"的时期。而这时候也正是中爪哇的夏连特拉王朝强盛之时。穆诺佐（P. M. Munoz）深入研究了夏连特拉王朝的统治情况：

> 统治者夏连特拉家族信仰佛教，像室利佛逝一样支配着国家。他们很可能得到马来贵族、武士、僧侣的协助，他们的最高统治者是摩诃罗阇·达摩色图（Maharaja Dharmasetu）。聚集在夏连特拉家族之下的当地领主，崇拜湿婆（Shiva），他们同意和夏连特拉家族合作，因此被允许保持他们的特权和领主地位。他们继续统治中爪哇的大部分土地和人口。居住在东爪哇的主张收复故土的贵族，被一个名叫提婆辛哈（Devasimha）的国王家族领导。这个集团很可能拒绝夏连特拉的支配，并且是虔诚的湿婆教徒。[2]

按此，夏连特拉王朝在中爪哇的统治方式，与室利佛逝一样，是一种

1　Pierre-Yves Manguin, "The Archaeology of the Early Maritime Polities of Southeast Asia", in I. Glover and P. Bellwood (eds.), *Southeast Asia: From Prehistory to History*, p. 308.

2　P. M. Munoz, *Early Kingdoms of the Indonesian Archipelago and Malay Peninsula*, p. 134. 此外亦可参见 Roy E. Jordaan, "Why the Śailendras Were not a Javanese Dynasty", *Indonesia and the Malay World*, Vol. 34, No. 98, pp. 3-22。

"曼陀罗"式的统治方式，[1] 奉最富权势的家族为摩诃罗阇，与分散各地的贵族形成松散的联盟关系。

　　而直到 12 世纪中叶，三佛齐和阇婆仍然为海岛东南亚的主要势力和海洋贸易的主要参与者。《岭外代答》云：

　　　　诸蕃国之富盛多宝货者，莫如大食国，其次阇婆国，其次三佛齐国，其次乃诸国耳。[2]

这说明在宋廷看来，阇婆（诃陵 / 中爪哇）的物产甚至比三佛齐更为丰富。在元朝的《大德南海志》中，三佛齐、阇婆均被认为是海洋世界的领主：

　　　　三佛齐国管小西洋：龙牙山、龙牙门、便塾、榄邦、棚加、不理东、监篦、哑鲁、亭停、不剌、无思忻、深没陀啰、南无里、不斯麻、细兰、没里琶都、宾撮。[3]
　　　　阇婆国管大东洋：孙条、陀杂、白花湾、淡墨、熙宁、啰心、重伽芦、不直干、陀达、蒲盘、布提、不者啰干、打工、琶离、故鸢、火山、地漫。[4]

而三佛齐、阇婆国来华的线路也有不同之处：

　　　　三佛齐之来也，正北行，舟历上下竺与交洋，乃至中国之境。

1　O. W. Wolters, "Studying Śrīvijaya", *Journal of the Malaysian Branch of the Royal Asiatic Society*, Vol. 52, No. 2 (1979), pp. 1-32. 吕振纲：《曼陀罗体系的兴衰：以 1293—1527 年的满者伯夷王国为中心的考察》，《史林》2017 年第 6 期，第 190—199 页。

2　周去非撰，杨武泉校注《岭外代答校注》卷三《外国门》，中华书局，1999，第 126 页。

3　广州市地方志编纂委员会办公室编《元大德南海志残本（附辑佚）》卷七《诸蕃国》，广东人民出版社，1991，第 46 页。

4　《元大德南海志残本（附辑佚）》卷七《诸蕃国》，第 47 页。

其欲至广者，入自屯门。欲至泉州者，入自甲子门。阇婆之来也，稍西北行，舟过十二子石而与三佛齐海道合于竺屿之下。[1]

其中"交洋"即"交趾洋"，也就是北部湾一带。"上下竺"，又名"东西竺"，苏继庼考证为马来半岛东岸附近的奥尔岛（Pulau Aur）。[2]"十二子石"，杨武泉指出是在爪哇海海域加里曼丹岛以西的卡里马塔（Karimata）群岛。[3]而两国来华的航线，在马来半岛附近会合。而黑石号沉没的地点，正位于卡里马塔群岛附近，所以上面提出的由马来半岛直达中爪哇的设想可以得到证实。

上述引文又讲道，在宋廷看来，大食国（阿拉伯、波斯诸国）的物产最为丰富。那么，阿拉伯人在海岛东南亚、马来半岛的活动情况如何？

四　阿拉伯文文献所见的"爪哇"

首先，需要查阅 9—10 世纪的阿拉伯文献《道里邦国志》、《中国印度见闻录》、《黄金草原》以及《印度奇观》中关于海岛东南亚的记载。这可为我们理解阿拉伯人在海岛东南亚、马来半岛的活动提供重要信息。《道里邦国志》的原文由宋岘先生译成中文，兹引如下：

> 谁想往中国去，就需从布林转弯，经塞兰迪布的左侧至艾兰凯巴鲁斯（Alankabālūs），其间有 10 至 15 日程。艾兰凯巴鲁斯的居民皆赤身裸体，他们的饭食是香蕉、鲜嫩的鱼和椰子。他们的钱资是铁。他们与客商同席相处。从艾兰凯巴鲁斯岛复前行 6 日，即抵凯莱赫（Kalah）岛，这里是印度人的加巴（Jābah）帝国。在凯

1　周去非撰，杨武泉校注《岭外代答校注》卷三《外国门》，第 126 页。
2　汪大渊著，苏继庼校释《岛夷志略校释》东西竺条，第 228—229 页。
3　周去非撰，杨武泉校注《岭外代答校注》卷三《外国门》，第 128 页。

莱赫岛有铅石矿及竹林。再向凯莱赫的左方前行 2 日即达巴陆斯（Bālūs）岛。这个岛上的土人吃人。岛上盛产优质樟脑及香蕉、椰子、甘蔗、稻米。从此岛至加巴岛、舍拉黑脱（Shalāhiṭ）、海尔赖赫（Harlaḥ）均为 2 法尔萨赫。它是一巨大的岛。其国王穿着有金饰的衣服，戴金帽，他信奉"布达"（Al-Buddah）。岛上产椰子、香蕉、甘蔗。舍拉黑脱岛产檀香（Ṣandal）、郁金香（Sunbul）、丁香（Qaranful）。加巴有座小山，峰顶着火。火焰高达 100 腕尺，火苗如矛尖，它白天是烟，夜晚是火。从此处再行 15 日，即抵香料园之国，此国将加巴和玛仪特（Māyṭ）隔开，距玛仪特稍近一些。[1]

《中国印度见闻录》卷二也有相关记录，并且最为详细。这段文字，黄倬汉依据藤本胜次日译本翻译成中文。[2] 现转译阿拉伯文原文如下：

接着我们讲述爪哇（Zābaj）城，因为它的位置和中国相对。航行两地耗时 1 个月，若得风助则耗时更少。那里的统治者被称为"摩诃罗阇"（al-Mihrāj），据说爪哇城方圆 900 法尔萨赫（farsakh），摩诃罗阇也是众多岛屿的统治者，统治范围有上千法尔萨赫。此国中有室利佛逝（Sarbuzah）岛，据说它方圆 400 法尔萨赫，以及南亚里（al-Rāmanī）岛，方圆 800 法尔萨赫。那里出产苏方木（al-Baqqum）、樟脑（al-Kāfūr）等物。在此国中亦有箇罗（Kalah）岛，它位于中国和阿拉伯土地之间的中点（al-Munṣṣif），据说它方圆 80 法尔萨赫。它是货物的集散地，货物有多种沉香木（'l-'awād）、樟脑、檀香木（al-Ṣandal）、象牙（al-'ajja）、经提炼的铅（al-Raṣāṣ al-Qala'iyy [3]）、乌木（al-qā'iyy）、苏方木等物，还有非常多其他货物，

---

1 伊本·胡尔达兹比赫：《道里邦国志》，第 68—69 页。其中用天数表现距离远近，是古代航海者的惯例。

2 穆根来等译《中国印度见闻录》，中华书局，1983，第 109 页。

3 按قلع（Qala'a）意为"提取"，故الرصاص القلعي（al-Raṣāṣ al-Qala'iyy）当指"受提炼的铅"（见 *Oxford Dictionaries*, https://premium.oxforddictionaries.com/translate/arabic-english/قلع#قلع_1-q=قلعي，2022/05/11）。

难以一一道来。现在来自阿曼的商旅¹抵达那里，又从那里回到阿曼。摩诃罗阇的权威涵盖了这些岛屿，他所在的岛屿非常肥沃，建筑井然有序。²

在《黄金草原》中可以找到与此相近的段落。³《印度奇观》中也讲道：

> 曾去过爪哇（Zabedj）的尸拉夫商人迈赫兰之子尤尼斯（Younis fils de Mehran）告诉我："在爪哇国王摩诃罗阇（Mahradj）所居住的城市，我看到无数的商业街。其中的交易者，我已经数到了八百位，除了那些在别的街道的人。"他又恰当地讲述该岛的其他事务，比如他们的建筑，城里和乡村里的大量人口。⁴

由此可见，9—10世纪，阿拉伯商人频繁到达爪哇岛和苏门答腊岛，并留下了丰富的记录。这些记录对马可·波罗也有影响。如《马可·波罗寰宇记》中将爪哇岛称为"大爪哇"，苏门答腊岛称为"小爪哇"，就是沿袭了阿拉伯波斯商人的认知。根据亨利·裕尔（Henry Yule）的研究：

> 小爪哇岛就是苏门答腊岛。这里在它的周长方面是没有夸张的，那就是2300哩。9世纪的古阿拉伯人说它的周长有800帕拉珊（parasangs），或者2800哩。巴博萨（Barbosa）报告称，穆斯林（Mahomedan）水手推测为2100哩。水手们知道苏门答腊的全

1　الجهاز（Al-Jihāz），意为"设施、设备、系统"（见 *Oxford Dictionaries*, https://premium. oxforddictionaries.com/translate/arabic-english/ الجهاز?q=الجهاز, 2021/11/26），费琅译为"远行"（les expéditions）。蒂姆·麦金托什－史密斯（Tim Mackintosh-Smith）译为"商业旅行"（trading voyages），见同书第89页。笔者译作"商旅"。

2　Abū Zayd al-Sīrāfī, *Accounts of China and India*, p. 88.

3　马苏第：《黄金草原》，第87页。

4　*Les Merveilles de L'Inde*, p.116.

部范围，却只知道爪哇本土（Java Proper）的北海岸，将两者进行比较，前者会更加精确，后者是粗糙的估计。[1]

在这样的语境下，室利佛逝其实就在爪哇的语义之内，如上引《中国印度见闻录》载"此国中有室利佛逝（Sarbuzah）岛"。但可以客观说明，在阿拉伯人的概念中，爪哇岛的文明比巨港要更早，不然，为什么会移植"爪哇"的概念到苏门答腊岛去？裕尔指出：

> 将现名"苏门答腊"的这座岛屿命名为"爪哇"的，绝非波罗一人。阿拉伯人用 Jawa 和 Jawi 的形式来指代这些岛屿和此群岛的通行产品，比如"爪哇乳香"（Lubán Jawí）可能是"安息香"（Bezoin）的误记，但对苏门答腊也是特别的。因此苏门答腊就是阿布尔菲达（Abulfeda）和伊本·白图泰笔下的 Jáwah，后者往返于中国的途中，都在这座岛屿上待过一段时间。卡特兰（Catalan）地图中的"爪哇"也是苏门答腊岛。"爪哇库"（Javaku）也是僧伽罗人（Singalese）编年史中对于马来人（Malays）的通称。那孤儿（Battak）和尼亚斯（Nias）人依然在用"爪亚"（Jáu）和"达瓦"（Dawa）来指代马来人，这很可能说明，在那些没有受爪哇文明波及的部落看来，这些也是爪哇人……一位学识丰富的荷兰东方学家认为，阿拉伯人开始使用"大爪哇"（Great Java）和"小爪哇"（Little Java）分别指代爪哇和苏门答腊，不是因为他们的面积大小关系，而是要提示前者是爪哇本土（Java Proper）。[2]

或许现代人类学家对海岛东南亚海洋船民（sea nomads）的研究可以提供新思路。大卫·索菲尔（David E. Sopher）最早关注并研究该区域的

1　*The Book of Ser Marco Polo: The Venetian, Concerning the Kingdoms and Marvels of the East,* Vol. 2, trans. & ed. by Henry Yule, London: J. Murray, 1903. p. 286. 此据陈烨轩初译，北京大学马可·波罗读书班初稿。

2　*The Book of Ser Marco Polo,* Vol. 2, p. 286.

海洋船民。其认为：

> 该区域大体可以分为三个部分：第一部分包括柔佛（Johore）的南岸、新加坡、廖内－林加（Riouw-Lingga）群岛和苏门答腊的邻近海岸；第二部分包括七岛（Pulau Tujuh）和马来亚的离岸岛屿、荷兰婆罗洲（Dutch Borneo）原领土的西海岸和砂拉越（Sarawak）海岸；第三部分包括邦加岛、勿里洞岛和毗邻它们的小岛，包括卡里马塔群岛。[1]

而海洋船民在海洋贸易中有作用和局限性：

> 关于马来西亚海洋船民的技巧的两大特征。（1）他们被赋予非凡的勇气、海上旅行的丰富经验以及精通海洋知识等特征，因之成为马来西亚海滨船民的翘楚。（2）他们只有一些从海洋获取食物的原始技巧。[2]

这样的记载让人联想起鉴真、圆珍等在华东海域遇到的"白水郎"，这印证了海洋船民在亚洲海洋世界中的重要地位。亦可以推测，因控制海洋贸易而兴起的室利佛逝政权，亦是精通海洋航行的族群所建，他们从爪哇岛移居巨港，并凭借印度传来的大乘佛教提升了内部凝聚力，建立了义净等中国佛教徒所记载的南海佛国。

《新唐书·诃陵传》中，也有一段关于大食和爪哇关系的传说：

> 至上元间（674—676年），国人推女子为王，号"悉莫"，威令整肃，道不举遗。大食君闻之，赍金一囊置其郊，行者辄避，

---

1 David E. Sopher, *The Sea Nomads: A Study of the Maritime Boat People of Southeast Asia*, Singapore: National Museum, 1965, reprinted in 1977, pp. 83-84.

2 David E. Sopher, *The Sea Nomads*, p. 48.

如是三年。太子过，以足蹴金，悉莫怒，将斩之，群臣固请，悉莫曰："而罪实本于足，可断趾。"群臣复为请，乃斩指以徇。大食闻而畏之，不敢加兵。[1]

伯希和研究了这则传说，并认为，"与 Abu Zeid 所述阇婆 Zabedj 王远征吉蔑 Comar 王之故事相类，亦谓其事为印度及中国之王所闻，此大王之声威遂长"。[2] 这是合理的推论。674—676 年为倭马亚王朝第一代哈里发穆阿维叶一世在位之时。考虑到爪哇岛和阿拉伯半岛的地理距离以及倭马亚王朝初年的国内外形势，穆阿维叶一世不可能在 674—676 年准备发兵征服爪哇。因此，这段记载当是海商间所流传的传说故事，辗转传到唐朝史官处，并被记录下来。而流传这样的故事本身，就是阿拉伯商人在爪哇岛活动的证据。

在这种情况下，黑石号从马来半岛东岸直航至爪哇岛，是完全可行的。元朝海军攻打爪哇时，也使用这样的航线，近年在爪哇岛的帕斯尔·卡帕勒（Pasir Kapal）发现如是碑刻："大元国史平章〔……〕舟五百只，至元三十年正月十八日泊此经旬，征收爪哇。王立石以志之。以胜铜柱之雄风。"[3] 显示此航线的历史持续性。

五　《马可·波罗寰宇记》的记录及考古发现

那么，阿拉伯波斯商人是否在海岛东南亚定居？尽管阿拉伯波斯商人在海岛东南亚有诸多活动，但关于他们居住的区域，文献上记录很少。按照伊拉·拉比杜斯（Ira M. Lapidus）的研究：

1　《新唐书》卷二二二《南蛮传》，第 6302 页。

2　汉译见伯希和《郑和下西洋考　交广印度两道考》，冯承钧译，中华书局，2003，第 261 页。

3　见 Hsiao-chun Hung et al., "Mongol Fleet on the Way to Java: First Archaeological Remains from the Karimata Strait in Indonesia", *Archaeological Research in Asia*, Vol. 29 (2022), pp. 1-10。碑文录文见第 5 页。

在 1282 年，位于苏门答腊的须文答剌（Samudra）的印度教马来统治者拥有穆斯林谋士。马可·波罗报告称，1292 年在苏门答腊北部的巴赛（Pasai）有一处穆斯林社区。纪年为 1297 年的马立克·沙里（Malik al-Salih）苏丹的坟墓，暗示一位当地统治者的皈依。1345—1346 年，伊本·白图泰在关于穆斯林社区的世界之旅中，在苏门答腊发现了沙斐仪（Shāfiʿī）派的学者。[1]

马可·波罗关于穆斯林的记载，显示了阿拉伯波斯商人与苏门答腊岛伊斯兰教的关系，这段记载见于《马可·波罗寰宇记》中关于"小爪哇"的记述：

> 我们既然已经告诉你这座岛屿及其诸王国，现在我们将回来告诉你**这座岛屿上** [LT] 人们的习俗，而首先要告诉你的是**此岛八王国中名曰** [Z] "八儿剌"（Ferlec）的王国。现在你可能知道，在八儿剌王国中，所有的民众都曾崇拜偶像，但因为许多撒拉森（Saracen）商人频繁乘坐他们的船舶到达那里，**这些商人都信守穆罕默德（Mahomet）的律法**，[V] 他们已经使其**全部** [Z] 改信穆罕默德的律条。这些都只是那些**靠近大海的** [VA] 城市，但是山里的那些都**没有信仰，反而** [P] 有如野兽〔所为〕。[2]

《马可·波罗寰宇记》的这段记载是关于伊斯兰教在苏门答腊岛早期传播和发展的珍贵记录。其中，"八儿剌"是马可·波罗所述的"小爪哇"岛八个王国之一。这八个王国在 13 世纪末全部为信奉印度教、佛教的君主统治，据《马可·波罗寰宇记》：

1　Ira M. Lapidus, *A History of Islamic Societies*, Cambridge: Cambridge University Press, 2002, p. 384.

2　*Marco Polo: The Description of the World*, Vol.1, p. 371.

在此岛上有八个王国，**我马可到过其中的六个，即八儿剌、巴思马（Basman）、须文答剌、淡洋（Dagroian）、南巫里（Lambri）和班卒儿（Fansur）等王国，但我没到过另外的两个，**[LT] **并且因这里有八个王国，所以有** [LT] **八位加冕的国王，因为每位国王都有属于自己的王冠。**[FB] **这座岛上的** [Z] 人们都是偶像崇拜者，说着他们内部通用的语言。[1]

亨利·裕尔指出，关于"八儿剌"一词，"波罗是从阿拉伯人那里得到这一名字的，因为他们没有 p 这个音，经常用字母 f 代替"。[2] 亨利·裕尔又指出：

苏门答腊最靠近印度和阿拉伯的地点是亚齐。亚齐的一份马来文年表将这个国家的首位穆斯林国王的登基时间定为公元 1205年，这是有记录的关于马来人改宗的最早时间。那么 1205 年真的有亚齐的诸王，还是说要等几个世纪后（南巫里确实被认为是亚齐），这确实值得怀疑，但伊斯兰教确实应该在那个时代传入。

巴思马正如瓦伦丁（Valentyn）所暗示的那样，似乎指马来人的巴赛（Pasei），阿拉伯人很可能称之为 Basam 之类的，葡萄牙人写作 Pscem。《马来纪年》提到，巴赛是由马立克·沙里（Malik-al-Sálih）建立的，他是须文答剌的首位穆斯林君主，巴赛是马可·波罗接下来要讲述的王国。他将王国分给了他两个儿子，马立克·扎伊尔（Malik al-Dháhir）和马利克·曼苏尔（Malik al-Mansúr），前者在须文答剌统治，当伊本·白图泰到达那里时（约1346—1347 年），似乎涵盖了整道海岸。《巴赛诸王的马来史传》

1　*Marco Polo: The Description of the World*, Vol.1, p.371.

2　*The Book of Ser Marco Polo*, Vol. 2, p. 288.

（*A Malay History of the Kings of Pasei*）也提供了参考。[1]

高第（Henri Cordier）补注道：

> 托马斯（J.T.Thomson）先生写道（*Proc. R. G. S.* XX. P.221），它
> 的实际位置无疑是现代地图上的波奢（Passier）。[2]

按照以上亨利·裕尔、高第的研究，13 世纪初，在苏门答腊半岛的亚
齐，就出现了信奉伊斯兰教的国王。而中文文献也记载了亚齐与阿拉伯
世界的密切联系，《文献通考》云：

> （大食）国在泉州西北，自泉州发船四十余日至蓝里博易，住
> 冬。次年再发，顺风六十余日方至其国。本国所产，多运载与三
> 佛齐贸易，商贾转贩，以至中国。[3]

"蓝里"即马可·波罗所云之南巫里，也就是亚齐。[4]从泉州到西印度洋，
先要在亚齐停留一个冬天，以等待季风。考古学家在亚齐南部的巴鲁斯
（Barus）进行考古发掘，发现可能为 13 世纪初（或 16 世纪后期）的穆
斯林墓葬，以及更早的泰米尔文碑刻，还有明清时期的中文碑刻，显示
出当地作为贸易中转港的重要地位。[5]

　　西方考古队对苏门答腊岛进行了长期的考古踏查工作，按约
翰·米锡克（John Miksic）在 1980 年的综述，他们发现的遗址包括巨

1　*The Book of Ser Marco Polo*, Vol. 2, pp. 288-289.

2　*The Book of Ser Marco Polo*, Vol. 2, p. 288. 按以上引用的《马来纪年》的记载，另可参见罗杰等译
　　著《〈马来纪年〉翻译与研究》，第 30—39 页。

3　马端临：《文献通考》卷三三九《四裔考》，上海师范大学古籍研究所、华东师范大学古籍研
　　究所点校，中华书局，2011，第 9397 页。

4　参见周去非撰、杨武泉校注《岭外代答校注》卷二《外国门》，第 91 页。

5　Lukman Nurhakim, "La Ville de Barus: Etude archéologique préliminaire", *Archipel*, Vol. 37 (1989),
　　pp. 43-52.

港、占卑（Muara Jambi）、穆阿拉·塔库斯（Muara Takus）、丹戎·绵兰（Tanjung Medan）、帕丹·拉瓦斯（Padang Lawas）、巴鲁斯、中国城（Kota Cina）、德利（Deli）腹地等地点，分布在该岛东西两岸，而苏门答腊岛的金、铜、铅、锌、铁等矿产资源集中于该岛的西岸地区。[1]

英国学者何史谛（Stephen G. Haw）认为"广州通海夷道"应当没经过马六甲海峡，而是经异他海峡、苏门答腊岛西岸去往印度洋，黑石号原定的航线也应经过异他海峡。[2]不过何史谛未讨论阿拉伯史料中关于马六甲海峡的问题，如果结合上文的中、阿史料，可根据其中记载路程推算，经苏门答腊岛东岸渡马六甲海峡，是更合理的。又贾耽关于海峡"北岸则罗越国，南岸则佛逝国"的记载，难以对应异他海峡，而马六甲海峡则十分契合。故何史谛的推测得不到证据支持。而据黄莹的介绍，在克拉地峡地区多处"出土有唐代外销瓷遗存"，[3]说明马来半岛作为贸易中转站的重要性。由此亦可说明，北邻马来半岛的马六甲海峡，必然也是重要的交通路线。

异他海峡当然是十分重要的海上通道，直到19世纪中叶，中国木帆船"耆英号"在环球航行时依然从异他海峡穿越。不过，戴伟思（Stephen Davies）指出，"如今，即使是在8月末和9月这样的最佳季节，驶出异他海峡后的航程仍旧是出了名的不好走，航行相对缓慢，除非船只向南行驶得足够远，完全进入信风带"。[4]按照地理学家杨晓梅等的研究，异他海峡"由于航道狭长，最窄处仅有3.3km，最深可达215m。而靠近苏门答腊一侧的航道水深最深达102m以上，但多分布有岛礁，流

1　John Miksic, "Classical Archaeology in Sumatra", *Indonesia*, No. 30 (1980), pp. 42-66.

2　Stephen G. Haw, "The Maritime Routes between China and the Indian Ocean during the Second to Ninth Century", *Journal of the Royal Asiatic Society*, Vol. 27, No. 1 (2017), pp. 53-58.

3　见黄莹《大食与中国的海上交通与货物流通网络》，余太山、李锦绣主编《丝瓷之路——古代中外关系史研究》第 8 辑，第 268—269 页。

4　Stephen Davies, *East Sails West: The Voyage of the Keying, 1846-1855*, Hong Kong: Hong Kong University Press, 2014, p. 88. 中译本见戴伟思《东帆西扬："耆英号"之航程（1846—1855）》，高丹译，浙江大学出版社，2021，第 118 页。

急，航行条件相对较差"，尽管如此，它仍然是"沟通爪哇海与印度洋
的水道，亦是当前美国海军所控制的全球16个海上咽喉要道之一"，[1]显
示出极为重要的交通价值。而在《郑和航海图》中，经巽他海峡去往苏
门答腊岛西岸的航线，与从马六甲海峡去往苏门答腊岛东岸的航线，都
得到标示。[2]因此更合理的解释是，马六甲海峡和巽他海峡，在中世纪
都是重要的海上通道，两者的航道价值都不应被否定。

六　三佛齐、阇婆、渤泥贡使的阿拉伯文名字

8世纪中叶以后，阿拉伯人在海岛东南亚持续从事商贸活动，建立
移民社区，甚至担任当地政权出使中国的朝贡使。《宋会要》关于他们
担任三佛齐、阇婆、渤泥（位于加里曼丹岛）贡使的情况有如下记载：

〔太平兴国二年（977）九月〕二十日，勃泥国王向打遣使施
弩、副使蒲亚利、判官哥心来贡龙脑、玳瑁、白檀、象牙。[3]

〔端拱二年（989）〕十二月二十九日，三佛齐国王遣使蒲押陀
黎以方物来贡。[4]

〔淳化三年（992）〕十二月，〔阇婆〕其使陀湛、副使蒲蘸里
（按《文献通考》作"蒲亚理"）、判官季陀那假澄等至阙下。[5]

〔大中祥符元年（1008）七月〕十九日，三佛齐国王思麻啰皮
遣使李眉地、使副蒲婆蓝、判官麻诃勿来贡。[6]

1　杨晓梅等：《东南亚海上通道——航天遥感、融合信息、战略定位》，海洋出版社，2016，第
　　58—59页。
2　《新编郑和航海图集》，第56—57页。
3　郭声波点校《宋会要辑稿·蕃夷道释》蕃夷七，第519页。
4　郭声波点校《宋会要辑稿·蕃夷道释》蕃夷七，第527页。
5　郭声波点校《宋会要辑稿·蕃夷道释》蕃夷四，第265页。马端临：《文献通考》卷三三二
　　《四裔考》，第9150页。
6　郭声波点校《宋会要辑稿·蕃夷道释》蕃夷七，第537页。

〔天圣六年（1028）〕十月七日，三佛齐国遣使蒲押陀罗歇来贡方物。[1]

〔绍兴二十六年（1156）〕十二月二十五日，三佛齐国进奉使司马杰厨卢图打根加越仲蒲晋、副使〔司〕马杰啰嗒华离蒲遐迩、判官司马杰旁胡凌蒲押陀罗到阙朝见。[2]

其中，蒲亚利、蒲蘸里（蒲亚理）是أبو علي（Abū 'Ali）的对音，蒲押陀黎、蒲押陀罗歇、蒲押陀罗是أبوعبد الله（Abū 'Abdullah）的对音，麻诃勿是محمّد（Muhammad）的对音。由于10—12世纪海岛东南亚地区的主流宗教信仰仍为印度教和佛教，所以这些阿拉伯语名字当属于在当地经商的阿拉伯人。阿拉伯商人在长达200年的时间里，代表海岛东南亚诸国国王进贡，显示了其与当地宫廷、上层社会的紧密联系，以及他们在连接海上丝绸之路上的重要作用。此外据黄莹介绍，在菲律宾的劳雷尔（Laurel）遗址"出土有埃及法尤姆多彩器"，在巴朗牙I号（Balangai I）遗址"出土有波斯蓝绿釉大罐碎片"。[3]这或可证明阿拉伯商人在中世纪已经在菲律宾群岛活动。

第四节　阿拉伯商人在中南半岛和海南岛

一　占城

离开海岛东南亚和马来半岛后，阿拉伯商人将到达中南半岛的占

1　郭声波点校《宋会要辑稿·蕃夷道释》蕃夷七，第549页。

2　郭声波点校《宋会要辑稿·蕃夷道释》蕃夷七，第587页。

3　见黄莹《大食与中国的海上交通与货物流通网络》，余太山、李锦绣主编《丝瓷之路——古代中外关系史研究》第8辑，第268页。关于汉译阿拉伯语名字的复原，亦可参见 David O. Morgan and Anthony Reid（ed.），*The New Cambridge History of Islam*, Vol. 3, Cambridge: Cambridge University Press, 2010, pp. 403-408。

城（Cham，Champa，又译"占婆"），这里也是他们重要的中转地，珠新号和巴地号就在占城的港口附近沉没。占城的经济农业和商业并重，其中海洋贸易是王室收入的重要来源。据肯尼斯·霍尔研究：

> 尽管从幸存的文献来看，占城国家体系在制度上是脆弱的，并且依赖仪式和私人盟友网络来整合他们在地理上分散的人口……然而，和马六甲海峡的大多数政体存在显著差别的是，占城沿海中心毗邻呈网状的农业生产社区，既可以自给自足，也可以满足占城统治精英和他们所服从的占城寺庙网络、皇家中心基本的需求……由于占城拥有辽阔的海岸线，占城王室收入的替代资源就是海洋。贸易收入有很大的潜能。在夏天，季风推动北往中国的交通，秋天到春天则吹着北风，这使占城的海岸成为商人南下去往群岛和更远处的天然着陆地。尽管中文文献总是将占城的港口当作国际贸易中次要的中心，但它们确实有中国和其他国家商人需要的重要产品，尤其是象牙，犀角，玳瑁，珍珠，孔雀和翠鸟羽毛，香料，香木，包括沉香木。[1]

法国、越南考古队发现的占城古遗址点包括顺化（Hue）、海云关（Hai Van Pass）、茶峤（Tra Kieu）、美山（My Son）、东洋（Dong Duong）、归仁（Quy Nhon）、古笪罗（Kauthara）、婆那加（Po Nagar）、宾童龙（Panduranga）、丁角（Cape Nay）等。[2]

目前考古学家在占城故地已发现两通阿拉伯语墓碑，其中之一是19世纪碑刻，另一块为在沿海地区发现的回历431年（公元1039—1040年）汉白玉墓碑。保罗·拉贝斯（Paul Ravaisse）在1922年进行释

1　Kenneth R. Hall, *A History of Early Southeast Asia: Maritime Trade and Societal Development, 100-1500*, pp. 82,83,86.

2　查尔斯·海厄姆：《东南亚大陆早期文化：从最初的人类到吴哥王朝》，第316页。

读，[1]阿布德扎瓦德·鲁特菲（Abdeljaouad Lotfi）重新修订。现转译鲁特菲法译文如下：

> 以至慈的安拉之名，〔向安拉祷告〕愿先知穆罕默德和他的家人平安！〔谨祝〕造物主安拉，祂使鲜活者消逝，使崭新者老去，将生者带入虚无，祂是唯一永恒持久的，将永远存在。祂记录行为，写下期限。祂是伟大的、至高的。这座坟墓属于 Ahmad b. Abī Ibrāhīm b. Abī ʿArrāda al-Rahdār（鲁特菲注：纺织品商人），著名的阿布·卡米尔（Abū Kāmil）。他于431年色法耳月中旬（鲁特菲注：公元1039年11月2—11日）礼拜三和礼拜四之间的晚上去世。安拉是唯一的真主，穆罕默德是安拉的使者，天堂、火狱、复活，〔时间证明……〕[2]

上引阿布德扎瓦德·鲁特菲考证，墓主阿布·卡米尔是纺织品商人。故这位墓主也是占城的阿拉伯商业移民社区中的一员。《宋会要》对占城的阿拉伯人社区如此描述：

> 〔占城〕亦有山牛，不任耕耩，但杀祭鬼。将杀，令巫祝之曰"阿罗和及拔"，译之云："早教他托生。"……其风俗、衣服与大食国相类。[3]

按马司帛洛将"阿罗和及拔"理解为阿拉伯语的"Allah Akbar"，[4] 即 الله اكبر（真主至大），这是宰牲仪式上的念诵语。《宋会要》的这段话是

---

1 P. Ravaisse, "Deux Inscriptions Coufiques du Campa", *Journal Asiatique*, Vol. 20 (1922), pp. 247-289.

2 Abdeljaouad Lotfi, "Nouvelles Considérations sur les Deux Inscriptions Arabes Dites du 'Champa'", *Archipel*, Vol. 83(2012), pp.58-59.

3 郭声波点校《宋会要辑稿·蕃夷道释》蕃夷四，第208页。

4 马司帛洛：《占婆史》，冯承钧译，中华书局，1956，第7页。

对占城风俗的描述。但占城人皈依伊斯兰教的时间晚至 15 世纪，[1] 在中世纪仍然以印度教为主流信仰，所以这里的"与大食国相类"只能对应阿拉伯商人群体。《宋会要》如此记载，当和阿拉伯商人代表占城入贡，给宋廷留下如此印象有关。据《宋会要》：

> 〔开宝〕五年（972）三月，其王波美税遣其臣蒲诃散来贡方物。[2]
>
> 〔至道三年（997）〕五月，其王杨甫恭毗施离遣使李补良押陀罗潘思来贡。[3]
>
> 神宗熙宁元年（1068）六月四日，遣使蒲麻勿等贡方物。[4]

陈达生指出，北宋时期占城遣使入华的使团中出现"蒲诃散"（Abu Hasan）名字的使臣，显然为穆斯林。[5] 此外，"押陀罗"是 عبد الله（'Abdullah）的对音，"蒲麻勿"是أبو محمّد（Abū Muḥammad）的对音，他们显然也是在占城的阿拉伯人。

事实上，上引入贡的阇婆使节蒲蘸里（蒲亚理）等，也被宋廷认为服饰与波斯相似。《宋会要》云：

> 先是，朝贡使泛海六十日至明州定海县，掌市舶张肃先驿奏其使服饰之状，与尝来入贡波斯相类。[6]

与此类似，宋廷认为占城服饰与大食相类，应当也是受代表占城的阿拉

1　见 Pierre-Yves Manguin and Robert Nicholl, "The Introduction of Islam into Campa", *Journal of the Malaysian Branch of the Royal Asiatic Society*, Vol. 58, No.1 (1985), pp. 1-28。

2　郭声波点校《宋会要辑稿·蕃夷道释》蕃夷四，第 211 页。

3　郭声波点校《宋会要辑稿·蕃夷道释》蕃夷四，第 215 页。

4　郭声波点校《宋会要辑稿·蕃夷道释》蕃夷四，第 222 页。

5　陈达生：《郑和与东南亚伊斯兰》，海洋出版社，2008，第 70 页。

6　郭声波点校《宋会要辑稿·蕃夷道释》蕃夷四，第 266 页。

伯商人的影响。这也体现了阿拉伯商人在海上丝绸之路沿线诸国的影响力。

二 海南岛

阿拉伯商人离开占城后，会继续经南海前进至中国。张秀民已依据中文史料，对占城与海南岛之间的交流情况进行叙述，不过张先生认为，中文史料所记录的从占城移居泉州的蒲姓外商，"确为占城人，而非阿拉伯人"。[1] 但考虑到占城人在 15 世纪前依然以印度教为主流信仰，同时存在占城阿拉伯文墓碑，加之蒲姓是阿拉伯商人入华后常用的姓氏，所以有更充足的证据认为这些蒲姓外商是侨居占城的阿拉伯商人。关于阿拉伯人从占城航行到海南岛的情况，可见《印度奇观》的记载：

> 这是来自沙理阿里（Chahriari）船长的报告，他是一位中国海的航海者："他说道，我从尸拉夫到中国去。抵达占城（Senf）和中国海岸之间的桑德尔·弗拉（Sandal-Foulat）附近，那是中国海的海角，大风肆虐，我们保持冷静。"[2]

这记录了阿拉伯人从尸拉夫出发，经占城中转到中国的情况。而考古和文献材料显示，海南岛是阿拉伯商人在中国的重要聚居地。1978—1983年，广东省博物馆等单位在海南岛陵水县发现 16 通穆斯林墓碑，又在崖县发现 1 通，共计 17 通。按照陈达生、克洛蒂那·苏尔梦（Claudine Salmon）的实地考察，这些墓碑所在墓葬结构风格与 12 世纪阿曼佐法尔的古墓类似，与在中国大陆发现的情况迥异，不过"大部分碑铭风化

1　张秀民：《占城人移入中国考》，《中越关系史论文集》，第 275—322 页。引文见第 289 页。

2　*Les Merveilles de L'Inde*, p. 75.

剥蚀难以辨认"，这与其珊瑚石材质有关。[1]据李居礼、王克荣考证，天宝年间鉴真在海南登岸的振州江口就在蕃坊港，"陵水县干教坡、番岭坡、土福湾穆斯林墓葬都正好在冯若芳统治范围之内，也是他的'村村相次'的波斯奴婢村所在的范围之内"。[2]文献和墓碑材料证明了中世纪阿拉伯商人在海南岛的活动情况。

在万安军（今万宁市）城内，也有舶商祭拜的庙宇，《诸蕃志》云："城东有舶主都纲庙，人敬信，祷卜立应，舶舟往来，祭而后行。"[3]据李庆新考证，此庙在明代后改称"昭应庙""番神庙"，其神主是"崇奉伊斯兰教的外国舶商首领（'舶主'）"。[4]这说明中世纪阿拉伯商人因在海南岛的长期活动，甚至被尊为当地的神祇，尽管这有悖于伊斯兰教义。

到达海南岛之后，舶商将继续经南海进入珠江，最后抵达广州。这就是中世纪阿拉伯人从阿拉伯本土到中国的旅程。而关于这段旅程的路线图，中国的史料均做了记录。下节将探讨其中的知识来源，以及与阿拉伯商人的关系。

第五节 《皇华四达记·广州通海夷道》
及其知识来源

一 《皇华四达记》成书背景

尽管阿拉伯波斯商人早于 8 世纪就来到中国，并且航海家和贸易移民社区为阿拉伯地理学发展提供了重要的资料，但现存最早的阿拉伯文

---

1 陈达生、克洛蒂娜·苏尔梦：《海南岛穆斯林墓地考》，《回族研究》1993 年第 2 期，第 50—57 页。

2 李居礼、王克荣：《从陵水三亚发现的穆斯林墓葬看古代穆斯林在海南岛的活动》，姜樾、董小俊主编《海南伊斯兰文化》，中山大学出版社，1992，第 91 页。

3 赵汝适撰，杨博文校释《诸蕃志校释》卷下《志物》，第 219 页。

4 李庆新：《海南兄弟公信仰及其在东南亚的传播》，李庆新主编《海洋史研究》第 10 辑，社会科学文献出版社，2017，第 464 页。

献记录迟至 9 世纪中叶才出现。现存最早的巴格达至广州的地理文献，为《新唐书·地理志》所引用的贾耽《皇华四达记》之"广州通海夷道"。其成为探索阿拉伯航海家东来的最早路线图。

据《新唐书·艺文志》，贾耽的著述为"《地图》十卷，又《皇华四达记》十卷，《古今郡国道四夷述》四十卷，《关中陇右山南九州别录》六卷，《贞元十道录》四卷，《吐蕃黄河录》四卷"。[1] 不过，《旧唐书》《新唐书》均未写明《皇华四达记》成书时间。按《旧唐书·贾耽传》，贞元九年（793）后，贾耽向德宗献上《关中陇右山南九州别录》六卷和《吐蕃黄河录》四卷。贞元十七年，又献上《海内华夷图》及《古今郡国道四夷述》四十卷，《皇华四达记》亦当是在贞元年间纂成。

贾耽在《皇华四达记》里列出七条 8 世纪后期中国通往外国的路线，其中两条为海路，即"登州海行入高丽、渤海道"和"广州通海夷道"，这些路线信息因《新唐书·地理志》的收录而保存至今。[2] 这两条航路的开辟早至秦汉时期，如传说中的徐福出海，以及《汉书·地理志》中对合浦港海外航线的记录。[3] 但就"广州通海夷道"而言，其西至不断地往波斯湾和非洲东海岸延伸，这可视为 8 世纪中国和阿拉伯世界交往的成果。关于"广州通海夷道"，伯希和进行了详细的考证，最新研究可见荣新江、秦大树等学者著述，目前此路线已基本能还原到地图上。[4]

二　知识来源

贾耽在《献〈海内华夷图〉及〈古今郡国道四夷述〉表》中说：

1　《新唐书》卷五八《艺文志》，第 1506 页。
2　《新唐书》卷四三《地理志》，第 1146 页。
3　《汉书》卷二八《地理志》，中华书局，1962，第 1671 页。
4　Paul Pelliot, "Deux Itinéraires de Chine en Inde à la Fin du VIIIe Siècle", *Bulletin de l'École française d'Extrême-Orient*, Vol. 4, No. 1/2 (1904), pp. 131-413. 荣新江：《唐朝与黑衣大食关系史新证——记贞元初年杨良瑶的聘使大食》，《文史》2012 年第 3 期，第 231—243 页。秦大树：《中国古代陶瓷外销的第一个高峰——9—10 世纪陶瓷外销的规模和特点》，《故宫博物院院刊》2013 年第 5 期，第 32—49 页。

臣弱冠之岁，好闻方言，筮仕之辰，注意地理，究观研考，
垂三十年。绝域之比邻，异蕃之习俗，梯山献琛之路，乘舶来朝
之人，咸究竟其源流，访求其居处。阛阓之行贾，戎貊之遗老，
莫不听其言而掇其要；间阎之琐语，风谣之小说，亦收其是而芟
其伪。[1]

《旧唐书·贾耽传》亦云：

耽好地理学，凡四夷之使及使四夷还者，必与之从容，讯其
山川土地之终始。是以九州之夷险，百蛮之土俗，区分指画，备
究源流。[2]

尽管贾耽献书表的编纂回顾是针对《海内华夷图》及《古今郡国道四夷
述》而言的，但《皇华四达记》作为贾耽地理编纂工程中的一部分，其
编纂过程亦可同理推知。结合上述两段文字，可知贾耽地理编纂工程的
知识来源有三种：（1）通过询问入唐使节，或者出访外国的使节，探知
其他国家的位置、风俗、来唐道路等情况；（2）询问民间的商人，或者
居住在长安的少数民族、外国人；（3）搜集各种稗官野史，去伪存真。

而目前可知，其中"广州通海夷道"的知识来源有以下几种。

（一）达奚弘通《海南诸蕃行记》

达奚弘通（一作"达奚通"）是唐朝初期重要的航海家，他撰写了
《海南诸蕃行记》一卷，[3] 这是关于南亚、东南亚诸国的重要记录，王应
麟《玉海》引《中兴馆阁书目》云：

---

1 《旧唐书》卷一三八《贾耽传》，中华书局，1975，第 3785 页。
2 《旧唐书》卷一三八《贾耽传》，第 3784 页。
3 《新唐书》卷五八《艺文志》，第 1508 页。

> 达奚通《海南诸蕃行记》一卷，《书目》云："《西南海诸蕃行
> 记》一卷，唐上元中（674—675年），唐州刺史达奚弘通撰。弘通
> 以大理司直使海外，自赤土至虔那，凡经三十六国，略载其事。"[1]

其中，"赤土"，多数学者主张在马来半岛。[2]关于"虔那"，苏继庼
认为"此名似可还原为 Kané 或 Kana，在今阿拉伯半岛南部之 Bandar
Hisn Ghorah，康泰《吴时外国传》（《太平御览》卷七七一引）之加那
调州亦为其地"。[3]张广达先生指出达奚弘通曾横渡印度洋，荣新江先生
引述了这一观点。[4]"虔那"一词仅见于《玉海》所引《中兴书目》，不
见其他更详细的信息，仅可确信在印度洋的某地。

由于《皇华四达记》成书的年代距上元年间已经超过百年，其间
海上丝绸之路沿线诸国政治出现重要变化，并且也有更为晚近的参考资
料，因此，我们需要考察在达奚弘通之后的旅行记录。

（二）杜环《经行记》

《皇华四达记》理应参考杜环《经行记》。因为《经行记》为杜佑
《通典》所引用，贾耽与杜佑同朝为官，不应遗漏如此重要的作品。《唐
会要》卷一〇〇关于大食的记录，经张广达先生考证，"系出自贾耽的
《古今郡国县道四夷述》，而这一记载被认为是与杜环有关大食的报道
同属中国有关阿拉伯世界的最早最确切的记录"。[5]

这两部书现已不存，因《通典》和《新唐书》抄录而留存部分文
字。从现存记载可知，《经行记》和《皇华四达记》具有相似之处。《经

1　王应麟：《玉海》卷一六，中文出版社，1977，第336—337页。

2　陈佳荣等：《古代南海地名汇释》，第408—409页。

3　汪大渊著，苏继庼校释《岛夷志略校释》，叙论，第6页。

4　张广达：《文本、图像与文化流传》，第144页。荣新江：《丝绸之路与东西文化交流》，第
　　81—82页。

5　张广达：《文本、图像与文化流传》，第145页。

行记》云，"大食一名'亚俱罗'，其大食王号'暮门'，都此处"。[1]夏
德（Friedrich Hirth）、柔克义（William W. Rockhill）认为"亚俱罗"是
阿拔斯王朝原都城库法（Kūfa）的叙利亚名字 Akula 的对音。[2]张星烺
认为"暮门"即"mumenin"，全名为"Emir-al Mummenin"，[3]按此即
أمير المؤمنين（'amīr al-mu'minīn），意为"穆民的领袖"，是哈里发所用的尊
称。《皇华四达记》载，"又西北陆行千里，至茂门王所都缚达城"。[4]其
时阿拔斯王朝已迁都缚达（今译"巴格达"），而"茂门"与"暮门"
都是"mumenin"的对音，贾耽以此尊号称呼哈里发，与《经行记》是
一致的。

《经行记》又载，末禄国"南有大河，流入其境，分渠数百，灌溉
一州"。[5]《皇华四达记》载，"小舟溯流，二日至末罗国，大食重镇也"。[6]
末禄国和末罗国，显然是同一个地方。有学者认为"末禄"指呼罗珊，
是不正确的。[7]这里末禄国和末罗国，显然如陈佳荣等所言，指幼发拉
底河河港巴士拉（Basra）。[8]

在具体的地名称谓上，《经行记》则与《皇华四达记》存在出入。
其中"茂"与"暮"、"禄"与"罗"，彼此相差甚大，不像传抄之误。
又曼苏尔迁都巴格达的时间为 762 年。[9]《经行记》将大食国首都称为
"亚俱罗"（库法），说明该书所叙述的时间范围当在 762 年之前，比贞
元年间（785—805 年）写成的《皇华四达记》时间稍早。而 8 世纪后
半叶正是阿拔斯王朝国家建设的重要时期，也是阿拉伯人大量东来的开
始。所以，贾耽可能参考了更新的资料。

---

1 杜环著，张一纯笺注《经行记笺注》，中华书局，2000，第 45—47 页。

2 *Chau Ju-kua,* trans. & eds. by Friedrich Hirth and William W. Rockhill, St. Petersburg: Printing Office of
   the Imperial Academy of Sciences, 1911, p. 110.

3 张星烺编注《中西交通史料汇编》第 2 册，第 705 页。

4 《新唐书》卷四三《地理志》，第 1154 页。

5 杜环著，张一纯笺注《经行记笺注》，第 59 页。

6 《新唐书》卷四三《地理志》，第 1153—1154 页。

7 杜环著，张一纯笺注《经行记笺注》，第 58 页。

8 陈佳荣等：《古代南海地名汇释》，第 237 页。

9 哈全安：《中东史（610—2000）》（上），第 169 页。

（三）杨良瑶使团的记录

张世民认为，贾耽对"广州通海夷道"的记录，可能参考了唐贞元初年出使阿拉伯阿拔斯王朝的使节杨良瑶的"海上日记"。[1] 荣新江先生进一步指出，贾耽的某些表述，和杨良瑶《神道碑》的文字颇为接近，因此资料来源可能是"杨良瑶使团的报告"，甚至可能是杨良瑶本人的口述。[2] 而杨良瑶作为"使四夷还者"，据荣新江先生考证，其与贾耽在贞元十五年（799）平淮西吴少诚之乱时，"应该有沟通，亦可推知他们之间有交往"。[3] 因此，贾耽参考杨良瑶使团的记录编成《皇华四达记》是应有之义。

（四）阿拉伯商人、南海使节

早在四大哈里发（632—661 年）和倭马亚王朝时期，阿拉伯帝国就和唐朝建立了外交往来。根据张星烺、朱杰勤的梳理，《册府元龟》《旧唐书》《资治通鉴》等记载，大食国曾于 651 年、655 年、681 年、682 年、696 年、703 年、711 年、716 年、719 年、724 年、725 年、728 年、729 年、733 年、741 年、742 年、744 年、745 年遣使朝贡，[4] 频率达到了约五年一次。

而阿拔斯王朝建立后，这种势头有增无减，据《册府元龟》《旧唐书》《资治通鉴》等记载，至贞元十四年为止，黑衣大食于 752 年、753 年（年内 4 次）、754 年、755 年、756 年（年内 2 次）、758 年、762 年（年内 2 次）、769 年、772 年、774 年、791 年、798 年遣使来朝，[5] 频率达到三年一次。

1　张世民：《杨良瑶：中国最早航海下西洋的外交使节》，《咸阳师范学院学报》2005 年第 3 期，第 7 页。

2　荣新江：《丝绸之路与东西文化交流》，第 95 页。

3　荣新江：《丝绸之路与东西文化交流》，第 97 页。

4　张星烺编注《中西交通史料汇编》第 2 册，第 706—709 页。

5　张星烺编注《中西交通史料汇编》第 2 册，第 710—712 页。

上引贾耽献书表云，"乘舶来朝之人，咸究竟其源流，访求其居处"。按《旧唐书·贾耽传》，耽于贞元九年（793）拜右仆射、同中书门下平章事，直到十四年，仍然在朝，[1]所以798年黑衣大食的来朝，应当就在他的寻访范围中。

与阿拉伯使节一样，南海诸国亦有多次遣使来朝的记录，费琅、周伟洲等学者已有专门的梳理和研究。[2]

《皇华四达记》应当是直接记录下南海使节提供的信息的。如据贾耽记载，帆船从占城（环王）属国宾童龙出发，经过昆仑岛后，用5天的时间就可以到达"海峡"。一般认为，这里的海峡即马六甲海峡，贾耽记载下的当地名称"质"也是马来语"Selat"（意为"海峡"）的音译，近代华侨音译为"石叻"。[3]

《皇华四达记》亦直接记载了印度河的阿拉伯语音译词"弥兰太河"（نهرمهران，Nahr Mihrān）。[4]这说明其受阿拉伯使节的影响。

三　朝贡使节提供信息的流程

要了解南海和阿拉伯使节对《皇华四达记》成书的影响，需要先弄清朝贡使节提供信息的流程。唐代关于朝贡使节的招待工作，由礼部主客郎中以及鸿胪寺典客署负责。其职责据《唐六典》如下：

> 〔礼部〕主客郎中、员外郎掌二王后及诸蕃朝聘之事……凡四
> 蕃之国经朝贡已后自相诛绝及有罪见灭者，盖三百余国。今所在
> 者，有七十余蕃。其朝贡之仪，享燕之数，高下之等，往来之命，

1　《旧唐书》卷一三八《贾耽传》，第3783—3784页。
2　见费琅《昆仑及南海古代航行考》，冯承钧译，中华书局，1957。周伟洲：《长安与南海诸国》，西安出版社，2003。
3　《世界地名词典》，上海辞书出版社，1981，第227页。
4　C.E.Bosworth，"Mihrān"，in P. Bearman et al. (eds.), *Encyclopaedia of Islam*, Second Edition, http://dx.doi.org/10.1163/1573-3912_islam_SIM_5185, 2022/2/28.

皆载于鸿胪之职焉。[1]

〔鸿胪寺〕凡四方夷狄君长朝见者，辨其等位，以宾待之。凡二王之后及夷狄君长之子袭官爵者，皆辨其嫡庶，详其可否，以上尚书。若诸蕃大酋渠有封建礼命，则受册而往其国。[2]

〔鸿胪寺〕典客令掌二王后介公、酅公之版籍，及东夷、西戎、南蛮、北狄归化在蕃者之名数；丞为之贰。凡朝贡、宴享、送迎预焉，皆辨其等位而供其职事。[3]

按此，鸿胪寺典客署具体处理朝贡使节入唐事宜，并向礼部汇报。《唐六典》成书于开元二十六年（738），系根据开元二十五年新修订律令格式等而成。[4] 书中保存开元年间的朝贡国情况，其中收录海上丝绸之路沿线诸国的国名包括"日本、新罗、大食、波斯、南天竺、狮子国、真腊国、尸利佛誓国、婆利国、林邑国"。[5] 为了"辨其等位而供其职事"，鸿胪寺就需要对朝贡国的情况进行详细的询问。这样的制度延续到宋朝，据《宋会要》记载，市舶司要详细调查新的朝贡国，"询问其国远近、大小、强弱，与已入贡何国为比奏"。[6] 这是对唐制的继承。

但是，对于朝贡使节提供的信息的准确性，学者亦提出质疑。桃木至朗指出，从宋乾德四年（966）占城朝贡的史料来看，国王、王后、王子、正使、副使都分别献上贡品，说明"朝贡权利并非国王专有，王族、使者等很多人拥有各自的权利。这明显表明一次朝贡不等于一个信息源"，而"即使是单一的信息源，信息经常未必准确。例如《新唐书·骠传》中将瞻婆（占城）、阇婆（相较仅指爪哇岛而言，其范围涵盖马来半岛、苏门答腊岛至爪哇岛应更为接近当时的使用情况）列为骠

1　《唐六典》卷四《尚书礼部》，中华书局，1960，第129—130页。

2　《唐六典》卷一八《鸿胪寺》，第505页。

3　《唐六典》卷一八《鸿胪寺》，第507页。

4　见钱大群、李玉生《〈唐六典〉性质论》，《中国社会科学》1989年第6期，第189—204页。

5　《唐六典》卷四《尚书礼部》，第130页。"尸利佛誓"即室利佛逝。

6　徐松辑《宋会要辑稿》职官四四，上海古籍出版社，2014，第4208页。

（缅甸的 Pyu）的属国"。[1]

不过，信息记录的差异，也存在唐廷基于自身政治立场做出选择的情况。如果比较《皇华四达记·广州通海夷道》和《道里邦国志》，会发现明显的区别，而这有特定的时代背景。

四 《皇华四达记》与《道里邦国志》中的交趾问题

"广州通海夷道"所载的从广州到占城的路线，没有标出交趾（交州、龙编），也就是 9 世纪阿拉伯商人所强调的"鲁金"（لوقين，Lūqīn）。这正对应了此时交州被剥夺了外贸港地位的情况。陆贽曾在奏议中对此加以批评。

《道里邦国志》云："从栓府至中国的第一个港口鲁金，陆路、海路皆为 100 法尔萨赫，在鲁金，有中国石头、中国丝绸、中国的优质陶瓷，那里出产稻米。"[2] 关于"鲁金"，桑原骘藏认为是龙编的对音，宋岘也持相同的意见。[3]

交趾成为阿拉伯人贸易的重要中转站的背景，见于陆贽《论岭南请于安南置市舶中使状》：

> 岭南节度、经略使奏："近日舶船多往安南市易，进奉事大，实惧阙供。臣今欲差判官就安南收市，望定一中使与臣使司同勾当，庶免隐欺。"希颜奉宣圣旨宜依者。
>
> 远国商贩，唯利是求，绥之斯来，扰之则去。广州地当要会，俗号殷繁，交易之徒，素所奔凑。今忽舍近而趋远，弃中而就偏，若非侵刻过深，则必招怀失所，曾无内讼之意，更兴出位之思。

1　桃木至朗：《3—13 世纪的南海海域世界——中国的南海贸易和南海信息》，冯军南译，刘迎胜主编《元史及民族与边疆研究集刊》第 32 辑，上海古籍出版社，2017，第 231 页。

2　伊本·胡尔达兹比赫：《道里邦国志》，第 71—72 页。

3　桑原骘藏『蒲寿庚の事蹟』平凡社、1989、47 頁。伊本·胡尔达兹比赫：《道里邦国志》，第 71 页。

玉毁椟中，是将谁咎；珠飞境外，安可复追。《书》曰："不贵远物。则远人格。"今既徇欲如此，宜其殊俗不归。况又将荡上心，请降中使，示贪风于天下，延贿道于朝廷。黩污清时，亏损圣化，法宜当责，事固难依。且岭南、安南，莫非王土；中使、外使，悉是王臣。若缘军国所须，皆有令式恒制，人思奉职，孰敢阙供！岂必信岭南而绝安南，重中使以轻外使！殊失推诚之体，又伤贱货之风。望押不出。[1]

由此可知，由于广州官府的腐败，阿拉伯商旅更多地选择到交趾交易，而不是从占城到海南岛再到广州的海路转水路路线。岭南节度使由于站在广州的立场上，所以请求德宗降旨，禁止安南都护府和海商交易，这得到德宗的批准。因此，陆贽上奏状，指出交州和广州都是唐朝的领土，都应该享有和外商交易的权利。不过，从德宗的处置可以看出，朝廷更重视广州作为和蕃商交易的口岸的地位，这与《皇华四达记》以广州作为通海夷道的始发站，是同样的出发点。又如《新唐书·黄巢传》云："巢又丐安南都护、广州节度使，书闻，右仆射于琮议：'南海市舶利不赀，贼得益富，而国用屈。'乃拜巢率府率。"[2] 朝廷以广州作为市舶之利的接收地，所以不肯将其授予正围攻广州的黄巢。

　　但实际上，正如《隋书·地理志》所云："南海、交趾，各一都会也，并所处近海，多犀象玳瑁珠玑，奇异珍玮，故商贾至者，多取富焉。"[3] 交趾同样是隋唐时期重要的港口，故能吸引阿拉伯商人来往，因此被记录到《道里邦国志》之中。[4] 这是《皇华四达记》和《道

---

1 《陆贽集》卷一八，王素点校，中华书局，2006，第574—576页。

2 《新唐书》卷二二五《黄巢传》，第6454页。

3 《隋书》卷三一《地理志》，中华书局，1973，第887—888页。

4 关于唐代交州的发展情况，参见张秀民《中越关系史论文集》，第1—44页。最新研究见陈烨轩《唐代安南都护府治下的族群问题研究——以都护和土豪的关系为中心》，刘玉才主编《国际汉学研究通讯》第17期，北京大学出版社，2019，第32—83页。

里邦国志》一处重大的不同。而从中可以看出，贾耽在叙述"广州通海夷道"时，受到了唐朝政治取向的影响，同时因其信息的重要提供者杨良瑶是从广州出海，所以使得广州的始发港地位更为突出。

结　语

印度洋被现代学者称为"阿拉伯的地中海""穆斯林的湖泊"等。[1]这体现了阿拉伯商人的远航对印度洋世界发展的影响。本章从伊斯兰黄金时代早期地理学入手，认为阿拉伯商人的远航为此提供了知识来源。阿拉伯商人远航东方，最重要的手段是通过建立和发展贸易移民社区，形成自己的贸易网络。利用 20 世纪 90 年代以来在东南亚海域发现的中世纪阿拉伯货船遗迹资料，结合中西文献和碑铭，我们可以获得对阿拉伯贸易移民社区在东南亚的发展的新认识。《皇华四达记》是现存最早记述从广州到巴格达海上线路的资料，通过分析其知识来源，会发现阿拉伯商人是重要的信息提供者，尽管其作者贾耽有更广泛的信息源。那么阿拉伯商人在华如何经营他们的业务？下文将以黑石号货物的运输为中心进行探讨。

1　André Wink, *Al-Hind: The Making of the Indo-Islamic World*, Vol.1, p.65; Vol.2, p.1. Hassan S. Khalilieh, *Islamic Law of the Sea*, p. 78.

第三章　黑石号货物与唐中后期海上贸易线路

第一节　黑石号始发地的争议

第二章已经讲到，20世纪、21世纪之交，西亚风格的帆船黑石号在爪哇海的勿里洞岛附近打捞出水，因其中出水"宝历二年"（826）等字样的长沙窑瓷器，故可判定为9世纪前期的货船。同时也更正了我们对黑石号在东南亚海域航行路线的推测。但黑石号始发地的问题，因各章所探讨的具体地域不同，需要留待本章解答。

黑石号出水的文物，除10吨重的铅锭外，大部分为中国的瓷器，且呈现为长沙窑＋越窑＋广东诸窑＋北方白瓷诸瓷器的"四组合"。一般认为，10世纪以前中国经南海输出的外销瓷，大致呈现为此"四组合"，这由马文宽在1993年提出，而后得到更多考古证据支持并逐渐完善。[1]因此，黑石号的货物具有鲜明的时代特色。关于黑石号货物运输线路的讨论，可以帮助我们更为全面地理解唐朝社会与海上丝绸之路的关系。

黑石号的始发地，或者更准确地说，诸如黑石号一类载着中国货物的9世纪西亚货船的东方始发地，学界出现了"室利佛逝说""广州说""扬州说"三种假说。

一　室利佛逝说

"室利佛逝说"系由秦大树先生提出，认为黑石号上各地窑口的瓷器，系在扬州、明州、广州等港口分别装船，运往室利佛逝的巨港，然后在巨港集中装载。[2]此说富有启发性，因为这其实是在海上丝绸之路转口贸易的框架下提出的假说，即使不是从巨港转港，也可能是占城、吉打等海上丝绸之路上的重要中转站。如上章所述，在越南会安附近海域发现的珠新号沉船，也出水了"四组合"瓷器，虽然这是东南亚风格的货船。珠新号的航线，当是从中国南方到占城的港口，抑或从占城的港口继续南下。

1　马文宽：《长沙窑瓷装饰艺术中的某些伊斯兰风格》，《文物》1993年第5期，第87—94页。另见秦大树、任林梅《早期海上贸易中的越窑青瓷及相关问题讨论》，《遗产与保护研究》2018年第2期，第106页。按马先生最早提出这一说法，但马文发表时，尚不知道"四组合"中的"橄榄色釉青瓷"即广东诸窑出产（第87页）。橄榄色釉当又作"青黄色釉""青绿釉"等，在新会官冲窑、梅县水车窑、高明窑等有出土，见广东省文物管理委员会、广东师范学院历史系《广东新会官冲古代窑址》，《考古》1963年第4期，第221—223、203页；广东省博物馆、高明县文物普查办公室《广东高明唐代窑址发掘简报》，《考古》1993年第9期，第809—814页；广东省博物馆《广东梅县古墓葬和古窑址调查、发掘简报》，《考古》1987年第3期，第207—215页；广东省文物考古研究所、新会市博物馆《广东新会官冲古窑址》，《文物》2000年第6期，第25—43页。潮州笔架山窑也是重要窑址，但兴盛于宋代，且烧制瓷器以青白瓷为主，见李辉柄《广东潮州古窑窑址调查》，《考古》1979年第5期，第440—444、411页；广东省博物馆编《潮州笔架山宋代窑址发掘报告》，文物出版社，1981；石俊会《广东潮州笔架山窑址出土青白釉花口瓶初探》，《东方收藏》2020年第9期，第88—94页。

2　秦大树：《中国古代陶瓷外销的第一个高峰——9—10世纪陶瓷外销的规模和特点》，《故宫博物院院刊》2013年第5期，第48页。

二　广州说

"广州说"则认为,"各地瓷器经内河或者沿海航线运到广州,然后一起装上'黑石号'"。[1] 关于此说的根据,首先,阿拉伯到中国的直接通航在中世纪客观存在。高荣盛认为,"唐帝国与阿拔斯王朝间的直接通航曾盛极一时",直到 9 世纪末因两国重要港口广州、尸拉夫都发生重大变故,此局面才被打破。[2] 从现有文献和考古材料来看,该观点可以成立。如《印度奇观》讲述阿巴拉船长的故事:

> 后来他成了船夫,后来又成为水手,经常来往于印度海。再后来他登上了一艘中国船。最后他成了船长,在那片海域上无往不利,并七次航行到中国。在他之前,没有人能完成零事故航行。如果一个人能够不在途中遇难,那已经是奇迹了。能够安全返航者,那真是闻所未闻。据我所知,除了他之外,没有人能够成功去过那里两次,并且安然无恙地回来。[3]

这说明阿拉伯本土到中国的直接通航,尽管危险,但航海者仍然可以做到,如阿巴拉船长一共航行了七次。此外,《黄金草原》也记载了从波斯湾沿岸直航广州的情况。[4]

既然直航的情况是存在的,那么黑石号自然可能从中国东南地区

1　陈克伦:《印尼"黑石号"沉船出水瓷器与唐代陶瓷贸易》,《宝历风物:"黑石号"沉船出水珍品》,第 21 页。

2　高荣盛:《巴邻旁/占碑和吉打国际集散中心的形成——以 1 至 11 世纪马六甲地区的交通变迁为线索》,刘迎胜主编《元史及民族与边疆研究集刊》第 26 辑,上海古籍出版社,2013,第 57—83 页。

3　*Les Merveilles de L'Inde, (Adjā ib al-Hind)*, pp. 74-75.

4　见 *Les Prairies d'Or (Murūj al-Dhahab wa-Ma'ādin al-Jawhar fi al-Tārīkh)*, trans. by Barbier de Meynard and Pavet de Courteille, Vol. 1, Paris: Imprimé par Autorisation de L'Emperur, 1861, p. 308。

直航西亚，而在中国、阿拉伯历史文献中，广州就是中—阿商贸的始发港。[1] 其次，黑石号上发现了广东诸窑的瓷器，而且长沙窑瓷器也安放在广东生产的大罐里面。[2]

不过，目前在广州发现的长沙窑瓷器、越窑瓷器仍然有限，这些瓷器如何运到广州，仍存疑问。当然，考古的发现具有偶然性，广州的相关考古成果也有待公布。所以这难以作为反驳的证据。

吴小平也指出，黑石号上出水的提梁壶和釜从形制、出水位置等分析，当是作为船员的岭南俚人所用，他们从广州出发的可能性很大。[3] 这是颇有新意的推测。

三　扬州说

"扬州说"由谢明良提出，他认为扬州是黑石号始发港，来自广东的瓷器可能是北上扬州装船，也可能是黑石号南下时曾停靠广州。[4]

不过，现存文献没有关于唐代扬州出现"波斯舶"一类的西亚帆船的记载。这与广州形成鲜明对比，《大唐西域求法高僧传》中多次出现僧人从广州搭乘波斯舶前往印度的记录。[5] 刘恂《岭表录异》也有关于"波斯舶"特征的详细记录。甚至在岭南，出现了当地制作的缝合船。[6] 这说明，在正常情况下，广州是阿拉伯帆船在中国的北界。

不过，古代的航海受气象的影响非常大，所以要考虑因强风等到达

1　详见本章第四节讨论。

2　Michael Flecker, "A Ninth-Century AD Arab or Indian Shipwreck in Indonesia: First Evidence for Direct Trade with China"，*World Archaeology*, Vol. 32, No. 3 (2001), p. 339. 陈克伦：《印尼"黑石号"沉船及其文物综合研究》，《文物保护与考古科学》2019 年第 4 期，第 16 页；后收入《宝历风物："黑石号"沉船出水珍品》，第 21 页。

3　吴小平：《印度尼西亚"黑石号"沉船上的俚人遗物分析》，《考古与文物》2022 年第 1 期，第 95—97 页。

4　谢明良：《记黑石号（Batu Hitam）沉船中的中国陶瓷器》，《美术史研究集刊》2002 年第 13 期，第 1—60 页；后收入同作者《贸易陶瓷与文化史》，第 81—142 页。

5　见义净著，王邦维校注《大唐西域求法高僧传校注》，中华书局，1988。

6　详见第五章讨论。

目的地以外的港口的情况。如《法显传》载：

> 法显于船上安居。东北行，趣广州……于时天多连阴，海师相望僻误，遂经七十余日。粮食、水浆欲尽，取海咸水作食。分好水，人可得二升，遂便欲尽。商人议言："常行时正可五十日便到广州，尔今已过期多日，将无僻耶？"即便西北行求岸，昼夜十二日，到长广郡界牢山南岸，便得好水、菜。[1]

法显从海岛东南亚的耶婆提国乘船出发，目的地是广州。但是因为海面能见度低，水手看不清路标，偏离了去往广州的航线，最后竟然从山东半岛的长广郡登陆。又如《宋会要》载："（阇婆国）朝贡使泛海舶六十日至明州定海县。"[2] 爪哇岛的朝贡使没有从广州登陆，而是北上从明州登陆。此外，天禧元年（1017），阿拉伯商人麻思利也是在明州市舶司抽解，[3]这说明他也是从明州登陆。

此外，关于黑石号出土广东大罐的问题，陆明华先生指出，只有一部分长沙瓷器是安放在广东大罐里面的，大部分的瓷器还是露置的。而广东生产的大罐，在扬州也有发现。[4]

由此可见，黑石号出现在扬州、明州等华东地区的港口，然后以此地作为回航的始发港也是可以成立的，尽管这种航行带有气象等环境因素造成的偶然性。

综上，三种假说都有一定的根据，都是可能发生的情况。这提示我们，应该转变观念，认识到：9世纪初期，阿拉伯人的贸易网络，已经涵盖到广州、明州、扬州等所在的中国东南沿海地区，因此，他们所运载的中国货物，从其中的某一个中转站集合，都是可以做到的。如《道

1　法显撰，章巽校注《法显传校注》，中华书局，2008，第145—146页。
2　郭声波点校《宋会要辑稿·蕃夷道释》蕃夷四，第266页。
3　徐松辑《宋会要辑稿》职官四四，第4204页。
4　陆明华：《"黑石号"沉船及出水陶瓷器的认识与思考》，《宝历风物："黑石号"沉船出水珍品》，第43页。

里邦国志》列出了鲁金（Lūqīn）、广府（Khānfū）、汉久（Khānjū）、刚突（Qāntū）等中国城市，对应龙编 / 交州、广州、杭州、江都 / 扬州，并列出了诸城的物产、路程等情况，[1]当是曾在此活动的阿拉伯商旅提供给地理学家的信息。

因此，在这样的背景下，研究黑石号上的瓷器等货物如何从它们的生产地出发，到达阿拉伯贸易移民社区所在的港口，可以帮助我们确定更富有商业便捷性的港口，同时也可以更加明了阿拉伯商人在中国东南沿海地区的经营之道。

第二节　黑石号上瓷器及内地瓷器的运输

一　瓷器的出水环境

要研究黑石号上瓷器的运输情况，首先要明确它们的出水环境，特别是堆放情况。参与挖掘的考古学者迈克尔·弗里克叙述如下：

其他绝大部分残存的货物是中国的瓷器，其中大部分来自长沙窑。碗占了大多数，其次是执壶、罐和其他不太常见的样式。碗横的、竖的整齐堆放在船体里，紧挨着顶层木板，显然原本是装在草制"圆筒"（cylinders）里。也有碗是装在大的绿釉储物罐里面的，是为"杜松"（Dusan）风格，这是由广东的窑口生产的。一定数量的高质量瓷器在船尾处被发现。这包括"三彩"陶瓷，一些非常稀见的未上釉的青花样本，来自浙江省越窑的器物和一些北方的白瓷。整齐堆放在顶层木板下面的，是来自广东的橄榄色釉（olive-glazed）产品。除了先前提到的"杜松"风格的罐子

1　伊本·胡尔达兹比赫：《道里邦国志》，第 71—72 页。

外，还有更大的罐子，它们的肩部附近有波浪纹，其中一只在底部附近有短的喷水孔，还有更小的绿釉罐，它们四个把手的两个中间有一个小的出水孔。还有一些大盆子，它们的边缘有六耳把手，并且和储物罐有着相同的釉，因此当来自相同的窑口……许多瓷器可能原来被装在编织的篮子或纺织的袋子中，但在失事过程中流走或硬化了。[1]

综上可知，长沙窑、越窑、邢窑、巩县窑、广东诸窑的瓷器摆放在船中不同的位置。用储物罐装瓷器，只是一种包装方式，有大量的长沙窑瓷器被整齐地叠成一排。后来井里汶号中瓷器的堆放方式与之一样。[2]弗里克推测可能黑石号中有草制"圆筒"存在。陆明华先生也从黑石号出水文物整理者处获悉，"'黑石号'出水瓷器中，只有一部分是安放于大罐之中，包括长沙窑、白釉绿彩器和其他物品，大量的出水瓷器是露置的"，陆先生因此推测有"按照产地的软包装存在"，后"包装腐烂消失"。[3]那么弗里克推测的草制"圆筒"，陆先生所猜测的"软包装"，到底是否存在？

二　宋代以后景德镇瓷器的运输方式

目前没有找到长沙窑等唐代瓷器如何装卸、运输的资料。现在所知的最早关于陶瓷的专文，是南宋蒋祈所写《陶记》。该文记载景德镇瓷器烧好后的销售和运输：

1　Michael Flecker, "A Ninth-Century AD Arab or Indian Shipwreck in Indonesia: First Evidence for Direct Trade with China", *World Archaeology*, Vol. 32, No. 3 (2001), pp. 339-340.

2　秦大树:《早期海上贸易中的越窑青瓷及相关问题讨论》,《遗产与保护研究》2018 年第 2 期,第 109 页。

3　陆明华:《"黑石号"沉船及出水陶瓷器的认识与思考》,《宝历风物:"黑石号"沉船出水珍品》,第 43 页。

> 一日二夜，窑火既歇，商争取售，而工者择焉，谓之"拣
> 窑"。交易之际，牙侩主之，同异差互，官则有考，谓之"店簿"。
> 运器入河，肩夫执券，次第件具，以凭商算，谓之"非子"。[1]

景德镇的瓷器烧好后，商人们就会争相购买，专门的工者将负责挑
选，对瓷器进行评级。在交易的时候，由牙行经纪人主持，商人们比
较了不同的瓷器，官府也有记录，因为宋代景德镇诸窑烧窑时需要
有官府发的凭证，并纳税。[2]交易完成后，瓷器会通过水路运输，在
运上船的过程中，挑担的肩夫会拿着专门的凭证，以区分不同商家的
货物。

　　瓷器运输的方式到了明代有更详细的规定，如官窑瓷器的运输会使
用到杂木箱、苗竹、苎、黄棕、黄藤等等。[3]但最详细的记录，出现在
清雍正、乾隆年间督陶官唐英所著《陶冶图编次》中，该书记载了"束
草装桶"的包装方式：

> 瓷器出窑，每分类拣选，以别上色、二色、三色、脚货之名，
> 定直高下。三色、脚货，即在本地出售。其上色圆器与上色、二
> 色琢器，用纸包装桶，有装桶匠专司其事。二色圆器，每十
> 件为一筒，用草包扎装桶，各省通行。粗器用茭草包扎，或
> 三四十件为一仔。或五六十件为一仔。一仔犹云一驮。茭草直
> 缚于内，竹篾横缠于外。水路搬运，便于运送。其匠众多，以
> 茭草为名目。[4]

1　蒋祈：《陶记》，马志伟校注，陈雨前主编《中国古陶瓷文献校注》上卷，岳麓书社，2015，
　　第2页。
2　蒋祈：《陶记》，马志伟校注，陈雨前主编《中国古陶瓷文献校注》上卷，第2页。
3　王宗沐编撰《陶书》，陆万垓增补，马志伟、王琦珍校注，陈雨前主编《中国古陶瓷文献校
　　注》上卷，第59—60页。
4　唐英：《陶冶图编次》，汪婷校注，陈雨前主编《中国古陶瓷文献校注》上卷，第153页。

即瓷器在出窑后，按照品相分成 4 等，上等、次等分别用纸、草包装起来，装入木桶，一般的产品就用茭草包扎，装入竹篾中。每捆瓷器都有编号，这和《陶记》记载相同，可知是南宋一直延续到清代的传统。在中古时期，竹圈、竹篮等已用于筑井、筑堤坝等，是日常生活中常见之物。[1] 弗里克推测的草制"圆筒"，陆先生所猜测的"软包装"，当为草绳、竹篾之类。

南宋的南海 I 号沉船也应当采取这样的包装形式，尽管其包装也已经消失。《南海 I 号沉船考古报告之二——2014—2015 年发掘》中提到："从整个船舱内的瓷器码放看，一般为成摞瓷碗侧身码放，形成与隔舱板垂直的纵向为主，由于木船体沉没颠簸撞击等因素而有所扭曲甚至散乱。"[2] 而这样的组装方式，在 9 世纪初就已经形成。

三　华北瓷器的销售与运输

南宋景德镇的瓷窑组织、销售形式在中唐是否也已经出现？我们知道，对瓷窑课税，最早出现在宋代的景德镇，这也变相带动了窑炉的革新。在 8—9 世纪，只有越窑和巩县窑的瓷器作为土贡上缴朝廷，成为"贡瓷"。[3] 陆明华认为，写有"盈"字款的瓷器，当是上贡长安大盈库者。[4] 大中九年（855）《赵希玩夫人刘氏墓志》中记有"进奉瓷窑院"的机构，可知此时进奉瓷器，有专门的管理制度。[5] 这种上贡、进奉的

1　见陈烨轩《钱王射潮传说与 10 世纪杭州的海塘建设》，赵世瑜主编《北大史学》第 22 辑，社会科学文献出版社，2021，第 67—91 页。已收入本书附录Ⅲ。

2　《南海 I 号沉船考古报告之二——2014—2015 年发掘》，第 130 页。

3　见王光尧《唐宋时期的贡瓷与窑业税》，《中国古代官窑制度》，第 28—39 页。

4　陆明华：《邢窑"盈"字及定窑"易定"考》，上海博物馆集刊编辑委员会编《上海博物馆集刊——建馆三十五周年特辑》第 4 期，上海古籍出版社，1987，第 257—260 页。

5　张志忠、王信忠：《"进奉瓷窑院"与唐朝邢窑的瓷器进奉制度》，中国古陶瓷学会编《越窑青瓷与邢窑白瓷研究》，故宫出版社，2013，第 189—198 页。长沙窑瓷器的私人收藏品中，也发现题记为"窑司垸子"的瓷片，张兴国认为是"官府监管窑务的机构"，因为宋代的邓窑也有类似"窑司"铭文的题记。见张兴国《粟特人在长沙——胡人参与长沙窑的若干线索》，《大唐宝船：黑石号沉船所见 9—10 世纪的航海、贸易与艺术》，第 263 页。

瓷器，必然是窑中的精品，如越窑的"秘色瓷"，同时也是不计成本的，如烧制"秘色瓷"所使用的瓷质匣钵，因成本高，作用有限，仅存在于十分有限的时间段中。[1] 它们一般也不进入销售环节。

在黑石号上确实发现一件"进奉"款白釉绿彩盘、一件"盈"字款绿釉碗。按照李宝平等对黑石号上8件白釉绿彩瓷的化学成分检测："黑石号瓷器在化学上有别于邢、耀州瓷，而与巩县窑者相近。显示出这些样本几乎可以肯定是在巩县制造的。"[2] 故"进奉"款白釉绿彩盘当为巩县窑制作。目前发现的20余件"盈"字款瓷器，除黑石号者外，其余均为邢窑白瓷。[3] 不过，据考古发现，邢窑也生产青釉、黄釉、黑釉、酱釉多种色釉瓷，这些瓷器在邢窑遗址均有出土，故作为贡瓷并不限于白瓷。[4]

但"盈"字款瓷器既出现在大明宫遗址，也出现在河北易县、邢钢的墓葬，及内蒙古准格尔旗的古城中，[5] 似乎它们有广泛的流通性。这当做何解释？项坤鹏依据徐夤《贡余秘色茶盏》的"贡余"，推测可能存在作为"贡奉之余"进入民间销售领域的情况。[6] 目前在埃及的福斯塔特遗址也发现有"官"字款白瓷残片，[7] 这可以佐证贡瓷确实可以进入流通领域，甚至成为外销瓷，亦即阿拉伯作家所谓"中国宫廷的瓷器"。[8]

1　见丁银忠等《上林湖后司岙窑址瓷质匣钵的工艺特征研究》，《故宫博物院院刊》2017年第6期，第143—150页。海金霞等：《后司岙窑址出土唐五代匣钵制作工艺初探》，《中国陶瓷工业》2020年第3期，第24—28页。

2　Li Baoping et al., "Chemical Fingerprinting: Tracing the Origins of the Green –Splashed White Ware", Regina Krahl et al. (eds.), *Shipwrecked: Tang Treasures and Monsoon Winds*, pp. 177-183.

3　彭善国：《试析"盈"字款瓷器》，《考古与文物》2007年第1期，第90—91页。

4　河北省文物研究所等：《邢窑遗址调查、试掘报告》，刘庆柱主编《考古学集刊》第14集，文物出版社，2004，第191—237页。

5　彭善国：《试析"盈"字款瓷器》，《考古与文物》2007年第1期，第90—94页。

6　项坤鹏：《"黑石号"沉船中"盈"、"进奉"款瓷器来源途径考——从唐代宫廷用瓷的几个问题谈起》，《考古与文物》2016年第6期，第51页。

7　王光尧：《福斯塔特遗址与黑石号沉船的瓷器——海外考古调查札记》（3），《南方文物》2020年第4期，第274—277页。

8　见秦大树《中国古代陶瓷外销的第一个高峰——9—10世纪陶瓷外销的规模和特点》，《故宫博物院院刊》2013年第5期，第39页。

　　但正如项氏所言，宋代以后，官窑产品严禁买卖，"宋官窑（如老虎洞官窑、郊坛下官窑）瓷器在贡御落选之后要被打碎集中掩埋"，尽管项氏推测唐代"各个窑场所生产的瓷器在贡奉之余均可自由流散"。[1]

　　那么，是否中唐时期真的就允许民间自由买卖贡瓷？唐开元《名例律》以"盗大祀神御之物、乘舆服御物"为"大不敬"罪，《唐律疏议》特别指出，"造成未供而盗，亦是"。[2] 尽管开元律在中唐时期经过修改，但其基本方针不会改变。[3] 将没有上缴的贡瓷私自使用，甚至售卖，必然属于盗用"乘舆服御物"无疑，也就是大不敬罪。在已经存在进奉瓷窑院作为专门监管机构的情况下，坐视此类事件频繁发生，显然是不合理的。

　　项氏亦提出这类贡瓷可能是通过和市、折纳的方式流通于民间的。[4] 笔者认为这是最为可能的情况。《新唐书·食货志》载：

> 度支以税物颁诸司，皆增本价为虚估给之，而缪以滥恶督州县剥价，谓之折纳。复有"进奉""宣索"之名，改科役曰"召雇"，率配曰"和市"，以巧避微文，比大历之数再倍。[5]

这是唐德宗推行两税法之后的情况，是时户部度支司及州县在收税时上下其手，采用实物税折纳铜钱，以及通过强买强卖的所谓"和市"来牟

1　项坤鹏：《"黑石号"沉船中"盈"、"进奉"款瓷器来源途径考——从唐代宫廷用瓷的几个问题谈起》，《考古与文物》2016 年第 6 期，第 51 页。南宋官窑瓷器图录可见邓禾颖主编《南宋官窑》，浙江摄影出版社，2009。不过，从图录亦可得知，郊坛下官窑瓷器包含不少完整的瓷器，这可能与其作为祭祀礼器的功能有关。

2　钱大群：《唐律疏义新注》卷一《名例》，南京师范大学出版社，2007，第 29 页。

3　见陈烨轩《新发现旅顺博物馆藏法制文书考释——兼论唐律在西州诉讼和断狱中的运用》，荣新江主编《唐研究》第 22 卷，北京大学出版社，2016，第 181—202 页。

4　项坤鹏：《"黑石号"沉船中"盈"、"进奉"款瓷器来源途径考——从唐代宫廷用瓷的几个问题谈起》，《考古与文物》2016 年第 6 期，第 52 页。

5　《新唐书》卷五二《食货志》，第 1353 页。

利。原作为贡瓷的"盈"字款一类瓷器，即被官府强行兑换成其他更丰厚的产品，或者铜钱，于是贡瓷又回到原生产商手中，并与其他瓷器一道，进入销售行列，因此黑石号货船的约 200 件白釉绿彩瓷中，才会混入两件贡瓷。河北诸窑的瓷器可能在洛阳汇合，转运到汴州后，经大运河南下扬州。

四　长沙窑瓷器的运输

　　长沙窑的瓷器如何运输到海港？1956 年，考古学家发现了长沙铜官窑遗址。[1] 从铜官窑出发，可以入湘江，走水路运输。按照陈伟明的考证，岭南北上通道为"郴州路、虔州大庾岭路、桂州路"三条，其中郴州路、桂州路均经过湖南。[2]

　　桂州路是唐朝初年岭南到洛阳的官道。吐鲁番出土 2020NMK1:1+72TAM230:46/2 (H')《唐仪凤三年（678）度支奏抄·仪凤四年金部旨符》载：

　　　　一、所配桂、广交都督府庸调等物，若管内诸州有路程远者，仍委府司量远近处□纳迄，具显色目，便申所□。应支配外有（乘）[剩] 物，请市轻细好物，递送纳东都，仍录色目，申度支金部。[3]

广府和桂府的庸调，先在桂州集合，然后经桂州路运往洛阳。《元和郡县图志》云：广州"西北至东都，取桂州路五千八十五里"。[4] 按照陈伟明的考证，"此线由广州经端州、康州、封州、梧州、富州、昭州、桂

1　冯先铭：《从两次调查长沙铜官窑所得到的几点收获》，《文物》1960 年第 3 期，第 71—74 页。

2　陈伟明：《唐五代岭南道交通路线述略》，《学术研究》1987 年第 1 期，第 53—58 页。

3　Kwon Youngwoo (ed.), *Ancient Central Asian Writings in the National Museum of Korea I, Turpan Artifacts with Chinese Characters*, Seoul: National Museum of Korea, 2020, p.72.

4　李吉甫：《元和郡县图志》卷三四《岭南道》，贺次君点校，中华书局，1983，第 886 页。

州、永州、衡州、潭州、岳州、江陵、襄州、邓州、汝州而至洛阳，全程 5335 里或 5435 里"。[1] 长沙窑所在的潭州就在这条道路上。因此，长沙窑瓷器从这条道路上运输，自然是可行的。

但瓷器是一种易碎品，最好的情况是全程水路运输。所以这里涉及连接湘江和珠江支流漓江的灵渠的作用问题，有学者认为，"桂州—灵渠路"是沟通岭南内外的大动脉。[2] 但事实上，灵渠在唐朝大部分时间是不通畅的，据《新唐书·地理志》：

> 灵渠，引漓水，故秦史禄所凿，后废。宝历初，观察使李渤立斗门十八以通漕，俄又废。咸通九年，刺史鱼孟威以石为铧堤，亘四十里，植大木为斗门，至十八重，乃通巨舟。[3]

由此可知，在宝历初年，灵渠曾短暂通航，但很快堙废，直到咸通九年（868）才得到修理，并重新通航。咸通九年的通航，当和南诏的战事有关。《旧唐书·懿宗纪》载：

> 〔咸通三年夏〕南蛮陷交阯，征诸道兵赴岭南。诏湖南水运，自湘江入澪渠，江西造切面粥以馈行营。湘、漓溯运，功役艰难，军屯广州乏食。[4]

因南诏攻陷安南都护府，唐廷征召各地兵马进入岭南，并从湖南走水路运粮食入岭南。但在湘江、漓江中逆流运输，路程艰难，导致广州军粮得不到及时供应。灵渠复修当与此背景有关。但咸通九年七月在桂林爆发庞勋起义，西南局势的变化也影响了对这条运河的使用。[5]

1　陈伟明：《唐五代岭南道交通路线述略》，《学术研究》1987 年第 1 期，第 54 页。

2　杨万秀、钟卓安主编《广州简史》（修订本），广东人民出版社，2015，第 63 页。

3　《新唐书》卷四三《地理志》，第 1105—1106 页。

4　《旧唐书》卷一九《懿宗纪》，第 652 页。

5　《旧唐书》卷一九《懿宗纪》，第 663 页。

黑石号航行时间当在宝历初年，恰好是灵渠短暂通航的时段。如果长沙窑的瓷器利用灵渠运输，那真体现了历史的特殊性。

不过如《唐国史补》云，"蜀之三峡、河之三门、南越之恶溪、南康之赣石，皆险绝之所，自有本处人为篙工"。[1] 漓江等岭南河流的通航条件，使得长沙到广州的水路交通十分艰难，并非运输瓷器这类易碎品的首选通道。南宋李增伯《奏乞调兵船戍钦仍行海运之策》也指出："广运之不易，非独见于今日，而前代已然。溯湘而上，既有所不足，此不得不兼用海运之策，古人亦讲之熟矣。"[2] 即通过桂州路逆流运输钱粮等物资，自古被认为困难重重，因此发展出海运的途径。

长沙窑瓷器的另一条运输途径是从湘江顺流而下，在荆州入长江，顺流到扬州一带集散。长江的民间航运在中唐已经相当发达，《唐国史补》云：

> 扬子、钱塘二江者，则乘两潮发棹，舟船之盛，尽于江西，编蒲为帆，大者或数十幅，自白沙溯流而上，常待东北风，谓之潮信。七月八月有上信，三月有鸟信，五月有麦信，暴风之候有抛车云，舟人必祭婆官而事僧伽。江湖语云："水不载万。"言大船不过八九千石。然则大历、贞元间，有俞大娘航船最大，居者养生送死嫁娶悉在其间，开巷为圃，操驾之工数百。南至江西，北至淮南，岁一往来，其利甚博，此则不啻载万也。[3]

关于这段引文蕴含的丰富的航运史信息，斯波义信等学者已有阐释。[4] 这段材料主要展现扬州到江西的航运情况。江西的江州（九江）与潭州（长沙）之间也有商贸往来的记载，如《太平广记》引《玄怪录》载：

1　李肇：《唐国史补》卷下，李肇等：《唐国史补　因话录》，第 62 页。

2　曾枣庄、刘琳主编《全宋文》卷七八三一，第 311—312 页。

3　李肇：《唐国史补》卷下，李肇等：《唐国史补　因话录》，第 62 页。

4　见斯波义信《宋代商业史研究》，第 55 页。

> 　　尼妙寂，姓叶氏，江州浔阳人也。初嫁任华，浔阳之贾也。
> 父昇与华往复长沙、广陵间。唐贞元十一年春，之潭州，不复。[1]

　　尼妙寂的故事，与李公佐《谢小娥传》内容略同，撰写年代当在中晚唐时期。[2] 这则故事提到江州商人往来于长沙、江州和扬州三地之间，这必然是通过长江、湘江等水路。而其所乘坐的帆船，当如俞大娘航船一类专门往来于长江中下游的帆船。

　　黑石号上的长沙窑瓷器，也应当是经此航道抵达扬州的。而中唐时期，粟特人等胡商正活跃在湖南地区。[3] 张兴国指出，目前可发现长沙窑的窑匠姓氏有 30 余个，其中"何、康"二姓可能为粟特人后裔，并认为："洛阳与长沙两地的粟特人在安史之乱前也保持着紧密联系，洛阳一带为数众多的粟特人中有一部分极可能在安史之乱期间为谋生存而与北方窑工一同南下聚集在了石渚湖两岸，并投入资本和人力兴办制瓷作坊。"[4] 不过，即使粟特人确实参与了长沙窑瓷器生产，也没有证据表明长沙窑瓷器从生产到运输至扬州的过程是掌握在胡商手中的，因为：（1）30 余姓的窑匠中，可能出自粟特系的仅两家，而张家等汉姓窑匠，也生产狮子葡萄纹贴花壶一类带有胡风的商品；（2）从长沙到扬州的水

1　李昉等编，张国风会校《太平广记会校（附索引）》卷一二八《报应·尼妙寂》引《玄怪录》，
　　北京燕山出版社，2011，第 1777 页。
2　见陈烨轩《裴度的毡帽——武元衡、裴度遇刺案中所见的商业与政治》，叶炜主编《唐研究》
　　第 24 卷，北京大学出版社，2019，第 514—515 页。已收入本书附录Ⅱ。
3　陈寅恪：《刘复愚遗文中年月及其不祀祖问题》，《陈寅恪集　金明馆丛稿初编》，第 343—366
　　页。荣新江：《魏晋南北朝隋唐时期流寓南方的粟特人》，韩昇主编《古代中国：社会转型与
　　多元文化》，上海人民出版社，2007，第 138—152 页；后收入荣新江《中古中国与粟特文
　　明》，三联书店，2014，第 42—63 页。葛承雍：《湖湘地域出土唐代胡俑的艺术特色》，《美术
　　研究》2018 年第 3 期，第 14—20 页。李梅田：《长沙窑的"胡风"与中古长江中游社会变迁》，
　　《故宫博物院院刊》2020 年第 5 期，第 4—14 页。张兴国：《粟特人在长沙——胡人参与长沙窑
　　的若干线索》，《大唐宝船：黑石号沉船所见 9—10 世纪的航海、贸易与艺术》，第 252—265 页。
4　张兴国：《粟特人在长沙——胡人参与长沙窑的若干线索》，《大唐宝船：黑石号沉船所见 9—
　　10 世纪的航海、贸易与艺术》，第 258—259 页。

路，有许多本土商人经营的记录；（3）粟特人和阿拉伯人无论是宗教、语言还是社会文化等，均不一致，他们之间不仅很难合作，恐怕还多呈竞争关系。

长沙窑窑匠多达 30 余家，且生产同质化的商品，可以想见同行竞争的激烈。上文所引的"窑火既歇，商争取售"的宋代景德镇瓷窑的情景，在长沙窑中应当已经出现。所以，长沙窑瓷器从出品到运抵扬州，当经过以下环节：（1）经销商从窑主处买下新出瓷器，（2）经销商雇人将瓷器搬运至水路，（3）经销商雇船将瓷器从长沙运至扬州。

至于越窑瓷器和广东诸窑瓷器，因为靠近海洋，与内地瓷器运输条件不同，将在下一节讨论。

第三节　沿海港口之间的交通

一　中转港扬州

黑石号上的部分瓷器在扬州中转，从历史地理和社会史的研究而言，是可以成立的。按照弗里克的考古简报，黑石号上有"可能作为礼品的物件包括碗状、汤勺状、瓶状的镀金银器以及中国镜子，大部分带有唐朝著名的狮子—葡萄纹设计"。[1] 其中一面铜镜铭文为："扬子江心百炼造成，唐乾元元年戊戌十一月廿九日于扬州。"齐东方先生认为，这就是唐代十分著名的"江心镜"。[2] 其中的金银器，齐先生亦认为"极有可能是在扬州一带制造的"，原因是 8 世纪中叶后，扬州一带是皇家金银器制造中心，如《旧唐书·李德裕传》中有关于南方进奉金、银原

---

[1]　Michael Flecker, "A Ninth-Century AD Arab or Indian Shipwreck in Indonesia: First Evidence for Direct Trade with China", *World Archaeology*, Vol. 32, No. 3 (2001), p. 340.

[2]　齐东方：《"黑石号"沉船出水器物杂考》，《故宫博物院院刊》2017 年第 3 期，第 8—10 页。

料后，"差人于淮南收买，旋到旋造"的记录。[1]

因此，扬州是黑石号上最主要和最贵重货物的集散地，是可以成立的。陆明华先生亦指出，广东生产的罐子，在扬州亦有出土，因此这些罐子可能是在广东购买，以储存货物并压舱，亦可能从扬州购买。[2]这亦是合理的推测。但据以上的证据，是否就可以断定黑石号从扬州始发？

扬州在唐代尽管已经不是长江的入海口，但仍然是长江下游最重要的河港。目前，在长江下游地区共发现两艘唐代木船：其一于1960年在扬州施桥出土，其二于1973年在如皋浦西（唐时属扬州管辖）出土。[3]其中，施桥古船"残长18.40米（原长24米），中宽2.4米，深1.3米，船板厚13厘米"，[4]出土地是唐代的扬子津，是大运河的中转港，加上"吃水浅""底平舱浅"等特点，席龙飞先生推断为《新唐书》所记载的、在大运河上航行的"歇艎支江船"。[5]这类船应该就是黑石号上的邢窑、巩县窑所出瓷器南下主要使用的货船船型。该船仅存若干陶器、铁器，或为废弃船。

如皋古船是现存最早的水密隔舱船体实物，在世界船舶史上具有重要地位。该船"现存船身实长17.32米，船面最狭处1.3米，最宽处2.58米，船底最狭处0.98米，最宽处1.48米，船舱深1.6米"，"共分九舱"，"在第二舱与第三舱之间的隔板中尚存一段桅杆，残长1米，径0.32米"。[6]1974年简报引如皋船社专家的观点，认为这是"一只载重

1　《旧唐书》卷一七四《李德裕传》，第4512页。齐东方：《"黑石号"沉船出水器物杂考》，《故宫博物院院刊》2017年第3期，第15—17页。

2　陆明华：《"黑石号"沉船及出水陶瓷器的认识与思考》，《宝历风物："黑石号"沉船出水珍品》，第43页。

3　江苏省文物工作队：《扬州施桥发现了古代木船》，《文物》1961年第6期，第52—54页。南京博物院：《如皋发现的唐代木船》，《文物》1974年第5期，第84—90页。按在施桥古船附近，亦出土一艘独木船。

4　江苏省文物工作队：《扬州施桥发现了古代木船》，《文物》1961年第6期，第53页。

5　席龙飞：《中国造船史》，第118—119页。

6　南京博物院：《如皋发现的唐代木船》，《文物》1974年第5期，第84页。

约二十吨的运输船"，"船身窄长，速度快，是一种较宜于在江河中行驶的船只"，但"它们行驶在江面上如遇风折桅，桅杆断后则不能控制，很容易覆舟"。[1]船中存有若干"青色釉"碗钵，"可能属越窑系瓷器"。[2]

经考古调查，越窑主窑场位于今慈溪市上林湖地区，目前已经有丰富的考古成果。[3]上林湖窑场的瓷器可经姚江进入鄮县（今鄞州区）出海，亦可以向西逆行走浙东运河，后进入大运河。如皋古船沉船出水位置在"如皋东南七十余里的马港"，唐代可能为"通江之河口"。[4]但出水位置偏离大运河的主干道，显示如皋古船上的货物并不是通过大运河、长江抵达。但如皋古船本身亦难以适应风浪湍急的海上环境，因而不太可能是从越州直接走海路前来。目前，考古学家在苏州发现了长江南岸的黄泗浦港口遗址，这是唐代重要海港。[5]越窑的瓷器可能经海舶运送此地后，换如皋古船一类的运输船横渡长江，亦可能在北岸的港口换船，而后经运盐河（通扬运河）进入扬州。

二　中转港明州

黑石号中发现越瓷约 250 件，但越窑的瓷器是否一定要从扬州中转？这显然是否定的。20 世纪 70 年代宁波在建设城市时，先后在和义路海运码头遗址、唐明州罗城遗址、唐渔浦城门遗址发现越窑、长沙窑瓷器，据林士民先生研究：这些长沙窑瓷器"占有一定的比例，其质量较精"，它们"都保存在晚唐时期的文化层堆积中。从镇海、鄞县、和义路水上交通要道处出土遗物，有点破损，但从釉面光泽看，均无使用

1　南京博物院：《如皋发现的唐代木船》，《文物》1974 年第 5 期，第 86、90 页。
2　南京博物院：《如皋发现的唐代木船》，《文物》1974 年第 5 期，第 87 页。
3　国家文物局主编《中国文物地图集：浙江分册》，文物出版社，2009，第 329 页。
4　南京博物院：《如皋发现的唐代木船》，《文物》1974 年第 5 期，第 87—88 页。
5　顾筼：《江苏张家港市黄泗浦遗址的发掘》，《东南文化》2010 年第 1 期，第 48 页。高伟：《江苏张家港黄泗浦遗址：唐宋时期长江入海口南岸一个重要港口集镇》，《中国文物报》2012 年 2 月 10 日，第 4 版。

痕迹，这表明，当是因运输受损而遗弃的"。[1]目前，在上海市青龙镇、张家港市黄泗浦等唐宋重要码头遗址出土的瓷器，都有破损，可以证明运输者在搬运货品过程中，会将不慎损坏的瓷器遗弃在河道中。在日本博多冷泉津对面的海边发现一处汇集中国白瓷的灰坑，据推测为船中破损的陶瓷投入海中而成。[2]这是港口考古的普遍发现。因此，明州本身就是长沙窑、越窑瓷器出口的重要海港。在扬州中转的越窑瓷器，主要还是满足华北的市场。而像如皋古船这种运载越瓷北上的船舶，也正是运载长沙窑瓷器南下者。

8 世纪文献中亦有关于扬州、明州间海路的记载，《唐大和上东征传》记载鉴真从扬州到明州的海上行程云：

> 天宝二载十二月，举帆东下，到〔狼〕沟浦，被恶风飘浪击，舟破，人总上岸。潮来，水至人腰；和上在乌蔖草上，余人并在水中。冬寒，风急，甚太辛苦。更修理舟，下至大〔板〕山泊，舟〔去〕不得，即至下屿山。住一月，待好风发，欲到桑石山。风急浪高，舟〔垂著石〕，无计可量；才离险岸，还落石上。舟破，人并上岸。水米俱尽，饥渴三日，风停浪静，〔有白水郎〕将水、米来相救。又经五日，有〔逻〕海官来问消息，申〔牒〕明州；〔明州太〕守处分，安置鄮县山阿育王寺，寺有阿育王塔。[3]

鉴真一行从扬州出发，乘船南下，但忽遇风暴，只得在下屿山停留一个月，重新下海又遇风暴，船只失事，鉴真等在岸上断粮，幸得白水郎相救。关于白水郎，《太平寰宇记·鄮县》云："东海上有野人，名曰庚定

1　林士民：《浙江宁波出土的长沙窑瓷器探索》，湖南省博物馆编《湖南考古辑刊》，岳麓书社，1982，第 162 页。

2　大庭康時『博多の考古学：中世の貿易都市を掘る』高志書院、2019、16 頁。

3　真人元开：《唐大和上东征传》，第 51—52 页。其中 "〔 〕"内文字均为汪向荣先生订正，以下引《唐大和上东征传》亦同。

子。旧说云昔从徐福入海，逃避海滨，亡匿姓名，自号庚定子，土人谓之白水郎。脂泽悉用鱼膏，衣服兼资绢布。"[1]这些白水郎就是在浙东活动的水上居民，亦即闽粤所云之"疍民"。

在浙东，还出现了"逻海官"[2]，此官名不见唐代政典，当是《唐六典》所记镇戍之官，有镇将、仓曹、兵曹、戍主、戍副等一系列官职。[3]"逻海官"的出现，当与天宝年间的海贼有关。《唐大和上东征传》云："天宝二载癸未，海贼大动繁多，台州、温州、明州海边，并被其害，海〔路埂〕塞，公私断行。"[4]这就是浙东吴令光之乱。《资治通鉴》亦云，天宝三载（744），"海贼吴令光等抄掠台、明，命河南尹裴敦复将兵讨之"，"夏四月，裴敦复破吴令光，擒之"。[5]海贼的出现，说明浙东沿海海上交通已成一定规模，使海上劫掠有利可图。

我们知道，明州于唐开元二十六年（738）建置，州治鄮县（909年改名"鄞县"），因其地处杭州湾南延以及甬江入海口，位置优越，在10世纪后成为重要海港，并设置两浙市舶司在此。[6]尽管如曹家齐所说，此地在8世纪"尚非对外交通重要口岸，所以，其对外交往也不见于史载"，[7]但经济的开发已经开始。在黑石号起航的宝历（825—827）前后，明州在对外贸易、基础设施、宗教事业等建设上，均有突出成就。如对鄮县农业发展有重大贡献的它山堰，修成于大和七年（833），同年还有《阿育王寺常住田碑》，大和年间，它山堰和阿育王寺都在鄮县境内，这显示了鄮县的农业开发与管理。[8]今天的保国寺仍保存着开成四年（839）、大中八年（854）的经幢，此寺重建于广明

1　乐史:《太平寰宇记》卷九八《江南东道·明州·鄮县》，王文楚等点校，中华书局，2007，第1960页。

2　此据汪向荣校正为"逻海官"。

3　《唐六典》卷六《尚书刑部》，第194—195页。

4　真人元开:《唐大和上东征传》，第43页。

5　《资治通鉴》卷二一五"玄宗天宝三载"，中华书局，1956，第6859—6860页。

6　《宋史》卷八八《地理志》，中华书局，1985，第2175页。

7　曹家齐:《唐宋时期南方地区交通研究》，华夏文化艺术出版社，2005，第137页。

8　参见林士民《唐宋明州水利遗迹考》，《再现昔日的文明——东方大港宁波考古研究》，第106—110页。

元年（880）。[1]官府主持的基础设施建设以及寺院的修缮都需要资金。在此背景下，海外贸易的利润当成为其部分资金的来源。

尽管历史时期，明州的海外交通一直被认为主要面向日本、新罗（高丽），但9世纪后，越窑瓷器在印度洋世界也有多处出土，显示出明州必然也是通往印度洋的重要港口。[2]所以黑石号上在扬州中转的货物，可能是经海路或者运河抵达明州，而后与装船的越瓷一道南下。而要印证这种可能性，就需要探讨江南、浙东与岭南的交通问题。

三　岭南与江南、浙东的交通

盛唐时期，扬州和广州已有直接的往来通道。分别为陆路转水路以及海路两种。

（一）陆路转水路

先天二年（713）张九龄《开凿大庾岭路序》写道："海外诸国，日以通商，齿革羽毛之殷，鱼盐蜃蛤之利，上足以备府库之用，下足以赡江淮之求。"[3]开元时期的敦煌文书P. 2507《水部式》亦云："桂、广二府铸钱及岭南诸州庸调并和市折租等物，递至扬州，迄令扬州差纲部领送都，应须运脚于所送物内取充。"[4]姜伯勤先生认为，以上材料"点明了广州—大庾岭—扬州—运河—长安的漕运之路以及'差纲部领'的官领运输船队，从广州出发满足上京府库的需求"，并依据《日本三代实录》中日本僧人到唐朝求取香药等记

1　此资料据实地调查而得。参见清华大学建筑学院·郭黛姮、宁波市保国寺古建筑博物馆编著《东来第一山——保国寺》，上海科学技术出版社，2018。

2　秦大树：《中国古代陶瓷外销的第一个高峰——9—10世纪陶瓷外销的规模和特点》，《故宫博物院院刊》2013年第5期，第96—111页。

3　熊飞校注《张九龄集校注》卷一七《开凿大庾岭路序》，中华书局，2008，第890—891页。

4　此据"国际敦煌项目"网站提供高清彩版录文，见 http://idp.nlc.cn/database/oo_scroll_h.a4d?uid=1535923686;recnum=59607;index=5（2021/03/02）。

载，指出"扬州是连结广州香药市场与日本采购者的一个重要转口口岸"。[1]

《唐仪凤三年（678）度支奏抄·仪凤四年金部旨符》也记录了岭南经扬州到洛阳的庸调运输：

> 一、桂、广二府受纳诸州课税者，量留二年应须用外，并递送纳东都。其二府管内有州在府北□庸调等物送（杨）[扬]府。道□者任留州贮，运次随送，不得却持南土致令劳扰。每年请委录事参军勾会出纳，如其欠（乘）[剩]，便申金部·度支。若有不同，随□□附。[2]

仪凤三年，大庾岭路尚未开凿。广、桂两府北部诸州的庸调物，可以先运到扬州储存，再集中运往东都。这也可以解释为什么在扬州会出现来自广东的储物罐。同时也显示，早在大庾岭路开凿前，大庾岭间的小路已经被用于南北运输，这也是官府最终大规模开发大庾岭路的重要背景。这条道路，陈伟明也考证为，从洛阳出发，"经汴州、宋州、泗州、楚州、扬州、润州、常州、苏州、杭州、衢州、信州、洪州、吉州、虔州、韶州，抵达广州，全长 7600 里"。[3] 这条路线自 8 世纪以后，成为沟通岭南和中原的主要路线。甚至晚至清朝，景德镇瓷器亦采取水路转陆路的形式进入广州。

（二）海路

但除了上述路线外，广州和扬州间也存在海路往来。《唐大和上东

1　姜伯勤：《张曲江大庾岭新路与香药之路》，王镝非主编《张九龄研究论文选集》，广东高等教育出版社，1990，第 220 页。

2　Kwon Youngwoo (ed.), *Ancient Central Asian Writings in the National Museum of Korea I, Turpan Artifacts with Chinese Characters*, p.72.

3　陈伟明：《唐五代岭南道交通路线述略》，《学术研究》1987 年第 1 期，第 53—54 页。

征传》云，鉴真"仍出正炉八十贯钱，买得岭南道采访使刘〔巨鳞〕之军舟一只，雇得舟人等十八口"。[1]这就是上引文中鉴真一行从扬州到明州所乘的海船。姜先生认为，"南海郡县在江西之虔州应拥有岭南购置的船队（鉴真在扬州买到的岭南军船即是一例）"。[2]这恐怕有待商榷。鉴真能在扬州买到岭南军船，当与上述吴令光之乱有关。《旧唐书·玄宗纪》云：天宝三载"夏四月，南海太守刘巨鳞击破海贼吴令光，永嘉郡平"。[3]但为什么南海太守要出兵参与平定浙东的海寇？这一方面说明吴令光之乱已经波及岭南沿海，另一方面则说明浙东和岭南之间有直接的海上往来。

8世纪前期诗人刘眘虚的《越中问海客》云："风雨沧洲暮，一帆今始归。自云发南海，万里速如飞。"[4]此诗依题可知是诗人在浙东与海中航行人员的交谈，"南海"即广州南海郡，这足以说明岭南和浙东的海上往来在唐玄宗时代已经存在。9世纪初期岭南与浙东、江南的往来，可见元稹《和乐天送客游岭南二十韵》，吴伟斌考证为元和十三年（818），[5]亦即黑石号出航的数年前。元稹为诗句"贡兼蛟女绢，俗重语儿巾"自注云："南方去京华绝远，冠冕不到，唯海路稍通吴中，商肆多榜云：'此有语儿巾子。'"[6]有研究者据《越绝书》考证"语儿"为"今浙江桐乡"，从而指出这是浙西的丝织品。[7]这是两浙和岭南海上商贸往来的重要证据。

1　真人元开：《唐大和上东征传》，第47页。其中刘巨鳞的名字是汪向荣先生订正的。

2　姜伯勤：《张曲江大庾岭新路与香药之路》，王镝非主编《张九龄研究论文集》，第220页。

3　《旧唐书》卷九《玄宗纪》，第218页。

4　殷璠编《河岳英灵集》卷上，傅璇琮等编《唐人选唐诗新编》（增订本），中华书局，2014，第190页。

5　吴伟斌辑佚编年笺注《新编元稹集》元和十三年戊戌（818），三秦出版社，2015，第4770—4771页。

6　吴伟斌辑佚编年笺注《新编元稹集》元和十三年戊戌（818），第4758页。标点依下引周运中文。

7　周运中：《唐代东南近海长程航线与海港新考》，《唐代航海史研究》，花木兰文化出版社，2020，第22—23页。

如上所述，明州与扬州的往来也是通畅的，因此鉴真等能够在扬州买到岭南军船。所以存在扬州—明州—广州的海上通道。而晚唐到宋代的海上运输实践证明，海运反而比河运更加便捷。如李曾伯《奏乞调兵船戍钦仍行海运之策》写道：

> 观其自福建运米至广州，又自广州运之以给安南、广西之师，路之遥远如此，犹且可办，而况取米广东，岂可惮难！往者言广东运之难者，盖但知溯江之阻，而未思泛海之便故尔。顷岁尝闻琼筦饥，仰广东客籴以给，又如闽、浙之间，盖亦尝取米于广，大抵皆海运。虽风涛时乎间作，然商舶涉者如常，既可以至闽、至浙、至琼，则亦可以至钦明矣。[1]

正如扬州到明州的航程中有多处中转站一样，明州到广州，也有台州、福州、潮州等多处中转的港口，鲁西奇等学者已有专文研究。[2]这是因为唐代的航行还是近岸的航行，需要多次停靠取得补给。

这时白水郎等海洋船民发挥了重要作用。如9世纪中叶圆仁《入唐求法巡礼行记》云，"第四舶判官不忍汤水，下船居白水郎宅"；"船头判官登陆，居白水郎舍"；"射手一人入潮，溺流，有白水郎拯之"。[3]上引《太平寰宇记》云白水郎"衣服兼资绢布"，这说明他们会与内地居民或者沿途的商贩交易，不然以海为生的他们不可能自己制作出丝织品。海洋船民在中国东南沿海有广泛的活动地域，如表3-1所示。

1　曾枣庄、刘琳主编《全宋文》卷七八三一，第311—312页。

2　鲁西奇：《隋唐五代沿海港口与近海航路》（下），武汉大学中国三至九世纪研究所编《魏晋南北朝隋唐史资料》第30辑，上海古籍出版社，2014，第80—136页。周运中：《唐代东南近海长程航线与海港新考》，赖永海主编《丝路文化研究》第2辑，商务印书馆，2017，第83—102页。后收入周运中《唐代航海史研究》，第11—40页。

3　圆仁著，白化文等校注《入唐求法巡礼行记校注》卷一"承和五年"，中华书局，2019，第20、30、36页。

表 3-1　史料记载的海洋船民名称及其活动区域

名称	史料记载的活动区域	资料来源
游艇子	南海	《北史》卷四一《杨素传》，中华书局，1974，第 1512 页
白水郎	今江苏、浙江省沿海地区	真人元开：《唐大和上东征传》，第 52 页；圆仁：《入唐求法巡礼行记》卷一，第 30、35 页
庚定子 / 卢亭子	东海	乐史：《太平寰宇记》卷九八，第 1960 页
卢亭户	广东江门市新会区海岛中	乐史：《太平寰宇记》卷一五七，第 3020 页
蜑户	广东江门市新会区	乐史：《太平寰宇记》卷一五七，第 3020 页
蜑户	合浦	蔡絛：《铁围山丛谈》卷五，冯惠民、沈锡麟点校，中华书局，1983，第 99 页
蜑户	钦州、廉州、雷州	《续资治通鉴长编》卷七一，中华书局，2004，1608 页；同书卷二七六，第 6744 页；同书卷二九一，第 7117 页。《宋史》卷一五《神宗纪》，第 291 页
岛人	浙东	成寻撰，王丽萍校点《新校参天台五台山记》，第 12 页

海洋船民与王朝国家的联系可以追溯到魏晋南北朝时期，如《北史·杨素传》记载：

泉州人王国庆，南安豪族也，杀刺史刘弘，据州为乱。自以海路艰阻，非北人所习，不设备伍。素泛海奄至，国庆遑遽，弃州走。素分遣诸将，水陆追捕。时南海先有五六百家，居水为亡命，号曰"游艇子"，智慧、国庆欲往依之。[1]

又如《三山志》也记载道：

白水郎，夷人，亦曰游艇子，或曰卢循余种，散居海上。武

1　《北史》卷四一《杨素传》，第 1512 页。

德中，王义童招其首领周造、麦细陵等，授骑都尉。以船为居，寓庐海旁。船首尾尖高，中平阔，冲浪无惧，名了乌。乾符中，有陈蓬者，从海来，家于后崎，号曰"白水仙"。有诗曰："竹篱疏见浦，茅屋漏通星。"又曰："石阶荦确高低踏，竹户彭亨左右开。"尝留谶曰："东去无边海，西来万顷田。松山西港沙径合，朱紫出其间。"蔡襄记："福唐水居船，举家止一舟。寒暑、饮食、疾病、婚姻未始去，所谓白水姨，其斯人之徒乎！"[1]

这类记载，说明从东晋南朝时期开始，海洋船民就和王朝国家保持了密切的关系，既可能成为反叛的力量，也可能被招安。但无论以何种模式相关联，他们的生活、劳作都是以船为单位。这一类人在海上丝绸之路的发展中也扮演了十分重要的角色。我们将在第六章详细叙述。下面回到明州到广州的海路交通上。

第四节　广州与阿拉伯商人的贸易网络

一　9世纪广州的蕃坊与互市

关于唐中后期广州的市舶机构，可据《进岭南王馆市舶使图表》："近得海阳旧馆，前临广江，大槛飞轩，高明式叙，崇其栋宇，辨其名物，陆海珍藏，狗公忘私。"《全唐文》将此文作者误记王虔休，黄楼考证为"开元中后期市舶使宦官韦光闰所撰"。[2]

又可见元稹《和乐天送客游岭南二十韵》："江馆连沙市，泷船泊水

1　马蓉等点校《永乐大典方志辑佚·三山志》，中华书局，2004，第1096—1097页。

2　黄楼：《〈进岭南王馆市舶使院图表〉撰者及制作年代考——兼论唐代市舶使职掌及其演变等相关问题》，《中山大学学报》2009年第2期，第99—107页，引文见第99页。

滨";"波心涌楼阁,规外布星辰"。[1] 元稹从未到过广州,因此他对于广州的了解只能通过各种传闻和文献,《岭南王馆市舶使院图》《进岭南王馆市舶使院图表》等资料,或许正是担任过右拾遗的元稹的信息源。[2] 这里的"沙市"当如吴伟斌所云:"沙滩边或沙洲的市集。"[3] 在元稹的诗歌中数次出现"沙市",如《酬乐天东南行诗一百韵》:"吠声沙市犬,争食墓林乌。"[4]《遣风二十韵》:"浸淫沙市儿童乱,汩没汀洲雁鹜哀。"[5] 而《和乐天送客游岭南二十韵》中的沙市,当指市舶使院附近的集市。《进岭南王馆市舶使院图表》载:

> 今年波斯、古逻本国二舶顺风而至,亦云诸蕃君长远慕望风,宝舶荐臻,倍于恒数。臣奉宣皇化,临而存之。除供进备物之外,并任蕃商,列肆而市,交通夷夏,富庶于人。[6]

其中,古逻本国,刘清涛先生认为即《新唐书》之"箇罗",《宋史》之"古逻",这是正确的。[7] 但唐宋史料中只有"古逻"或"古罗",并无"古逻本"这一国名,这里当是古逻国本国之意。开元、天宝之际,阿拉伯帝国正值倭马亚王朝末期,747 年爆发了促成王朝鼎革的呼罗珊起义。[8] 在此历史背景下,波斯湾沿岸的商人从阿拉伯帝国直航广州的可能性较低。这里的"波斯"当是劳费尔所云的在马来群岛上的"马来亚

1　吴伟斌辑佚编年笺注《新编元稹集》元和十三年戊戌（818）,第 4757 页。

2　《旧唐书》卷一六六《元稹传》,第 4327 页。

3　吴伟斌辑佚编年笺注《新编元稹集》元和十三年戊戌（818）,第 4760 页。

4　吴伟斌辑佚编年笺注《新编元稹集》元和十三年戊戌（818）,第 4444 页。

5　吴伟斌辑佚编年笺注《新编元稹集》大和五年辛亥（831）,第 8231 页。

6　董诰等编《全唐文》卷五一五,中华书局,1983,第 5235 页。

7　刘清涛:《唐宋时期海上丝绸之路上的古罗国——基于中文史料的探查》,《海交史研究》2018 年第 2 期,第 25—26 页。

8　*The History of al-Tabari*, Vol. 27, *The 'Abbasid Revolution*, translated and annotated by John Alden Williams, Albany: State University of New York Press, 1985.

波斯"。[1] 关于"马来亚波斯",学者众说纷纭,但都没有合理的证据作为支持。[2] 笔者认为,所谓"马来亚波斯",当是波斯商人在马来群岛上建立的移民社区,因为在萨珊波斯时期,波斯人已经建立了往来印度洋的航线。如第一章所述,阿拉伯时期,波斯人依旧经营着海洋贸易,商业传统没有中断。而萨珊亡国后,波斯贵族有不少流寓唐朝者,唐廷当不至于混淆波斯人和马来人。

此则材料的"波斯、古逻本国",当指波斯商人和古罗本地人,他们共乘两艘海船到达广州。古罗即吉打,是阿拉伯波斯商人在马来半岛的重要中转站,故留有诸多记载。[3] 如何与航海而来的蕃商交易,唐高宗《显庆六年(661)二月十六日敕》载:

> 南中有诸国舶,宜令所司,每年四月以前,预支应须市物,委本道长史。舶到十日内,依数交付价值市了,任百姓交易。其官市物,送少府监简择进内。[4]

刘子凡认为,"市舶大致与边州互市类似,也是以官方交易优先,官司要预先做好采购物品的计划,船到之后即按需购买。在满足官司的购买需求后,就可以任凭百姓交易"。[5]《唐国史补》云:南海舶"至则本道奏报,郡邑为之喧阗"。[6] 即蕃舶到来时,需要奏报朝廷。

日本平安时代也有这样的规定。据森克己研究,唐朝海商到达博多后,"大宰府向中央奏报唐商客到来的情况,中央派遣藏人所的官吏作为交易唐物使,检领唐商的货物,进行和市,使者带着检领的唐物归

1　劳费尔:《中国伊朗篇》,第317—340页。

2　山田憲太郎『東亞香料史研究』中央公論美術出版、1976、95—96頁。又见蔡鸿生《广州海事录——从市舶时代到洋舶时代》,第53页。

3　详见第三章讨论。

4　《唐会要》卷六六《少府监》,中华书局,1960,第1156页。

5　刘子凡:《何以商胡不入蕃?——从〈唐开元户部格残卷〉看唐代的商胡贸易法令》,《中国边疆史地研究》2021年第1期,第81页。

6　李肇:《唐国史补》卷下,李肇等:《唐国史补　因话录》,第63页。

京，改为派遣出纳，按卖到商品的价格支付给唐商，并将结果上奏太政官"。[1] 不过，长安到广州的距离，比日本京都到博多要遥远得多，实际上很难做到往返奏报。因此市舶使作为皇帝特使，当有接受奏报、便宜处置之权，如《进岭南王馆市舶使院图表》云"臣奉宣皇化，临而存之"，即是明证。《唐国史补》又云："有蕃长为主领，市舶使籍其名物，纳舶脚，禁珍异，蕃商有以欺诈入牢狱者。"[2] 这说明市舶使在互市中占据主导地位。而在南海交易中，市舶使的地位甚至要高于岭南节度使，如开成元年（836），卢钧在担任岭南节度使时，"为政廉洁，请监军领市舶使，己一不干预"。[3] 这体现出朝廷对于广州强有力的控制。

　　而当市舶使购买好货物后，就如《进岭南王馆市舶使院图表》所言，允许蕃商"列肆而市，交通夷夏"，即在蕃坊的市场中交易。

　　邓端本依《投荒杂录》《中国印度见闻录》等考证，"古时候珠江仍很辽阔、怀圣寺以南仍未成陆，还是一个码头区"，"蕃坊的地点在今光塔街一带"。[4] 马逢达依据蕃坊十街的古代名称，分析了它们的阿拉伯语意涵。[5] 曾昭璇进而认为，蕃坊范围是"北到中山路，南达惠福路和大德路，西抵人民路（西城之西墙），东达解放路"。[6] 但这是宋熙宁年间筑西城之后，将蕃坊涵括在内的情况。2001 年，广州文物考古所在西湖路光明广场发现南北走向的唐代城墙，使用年代在唐朝后期。[7] 在 9 世纪初，这里应当是一片位于广州子城以西、珠江北岸、以怀圣塔为中心

1　森克己『新訂日宋貿易の研究』勉誠出版、2008、59 頁。

2　李肇：《唐国史补》卷下，李肇等：《唐国史补　因话录》，第 63 页。

3　《旧唐书》卷一七七《卢钧传》，第 4591—4592 页。

4　邓端本：《广州蕃坊考》，《海交史研究》1984 年第 6 期，第 75 页。后收入邓端本《广州港史（古代部分）》，海洋出版社，1986，第 56 页。

5　马逢达：《广州蕃坊考》，广州市伊斯兰教协会文史资料研究组编《广州市回族、伊斯兰教文史资料选辑》第 3 辑，广州市伊斯兰教协会文史资料研究室，1986，第 191—192 页。转引自徐虹《广州海上丝绸之路遗迹——怀圣寺研究述评》，纪宗安、马建春主编《暨南史学》第 15 辑，广西师范大学出版社，2018，第 223 页。

6　曾昭璇：《广州历史地理》，第 235 页。

7　广州市文物考古研究所：《广州市西湖路光明广场唐代城墙遗址》，《羊城考古发现与研究》（一），第 171—178 页。

发展起来的蕃商聚居区。

另据王士林介绍，"在今广州文明路与北京路交汇处的丽都酒店的建筑工地，以及德政路担杆巷宿舍工地，分别发现了唐代的码头。而在今广州市一宫门前建人行天桥钻柱孔时又发现了护岸的大木桩和木板"。[1] 唐代珠江的水面远比今天宽，从海上来的番舶可以直接到达城外的码头，鉴真一行到达广州时的记录可为此证明。当时鉴真等从端州出发，由太守派人护送，从珠江顺流至广州城，南海郡太守卢奂亲自出城迎接。据《唐大和上东征传》：

> 江中有婆罗门、波斯、昆仑等舶，不知其数；并载香药、珍宝，积载如山。其舶深六、七丈。师子国、大石国、骨唐国、白蛮、赤蛮等往来居〔住〕，种类极多。[2]

鉴真一行下岸的码头，当在王士林所介绍的今文明路至德政路一带，怀圣寺离今天的丽都酒店也不到2公里路程。故鉴真等能看到蕃商的船舶。而且这些船都是"深六七丈"的海船，可知蕃商不必在南海神庙边的扶胥港换船。长庆三年（823），王建祝贺郑权赴任岭南节度使的诗歌亦云："戍头龙脑铺，关口象牙堆。"[3] 与元稹的"江馆连沙市，泷船泊水滨"可以互证，可知广州城外珠江边的互市情景，已为士大夫熟知，尽管这有想象的成分。

因此，可以推测，像黑石号这样一艘满载香料等异域货物的"波斯舶"或"大食舶"，也当是在广州城外的码头停泊，在官方优先交易之后，就在怀圣塔附近的市场进行民间交易。

按《白氏六帖事类集》引《关市令》，官方互市时，"其市四面穿堑及立篱院，遣人守门。市易之日卯后，各将货物、畜产俱赴市所，官司

1　王元林：《论唐代广州内外港与海上交通的关系》，《唐都学刊》2006年第6期，第26页。

2　真人元开：《唐大和上东征传》，第74页。

3　尹占华校注《王建诗集校注》卷五《送郑权尚书南海》，巴蜀书社，2006，第230页。

先与蕃人对定物价，然后交易也"。[1]官方互市是在一个封闭空间进行的，江馆或市舶使院即满足这样的条件。

关于交易的等价物，《唐六典》载："诸官私互市唯得用帛练、蕃彩，自外并不得交易。"[2]可以想见，黑石号的舶商在售出香药等物后，当得到官方提供的丝织品。这些丝织品可能随着黑石号一同沉没，并作为有机物，在千年的时间里分解殆尽；也可能在东南亚的港口就进行了交易，因为黑石号上也发现了象牙，[3]这当是返程时在东南亚地区购买的。

禁止出口的产品依开元二年（714）闰三月敕，包括"诸锦、绫、罗、縠、绣、织成绸绢丝、牦牛尾、真珠、金、铁"等。[4]不过据刘子凡研究，这则敕令是在西域局势紧张的背景下颁布的，具有"战时临时性"。[5]确实，在《天宝二年（743）交河郡市估案》中，发现了多种丝绸制品的价格，也有香药、中亚马匹等的价格，显示丝绸之路上丝绸的交易并未因开元二年的敕令而减少。[6]

当然，金、铁等金属品等作为禁榷品的规定，在宋代依然沿用。但在黑石号上也发现铅器、铁器等金属品，据弗里克云，"与船长度相当的顶层木板上整齐堆放约 10 吨重的铅锭，这很可能是'支付'压舱物"，"非陶瓷货物包括生铁坩埚，有的有三支柱，也有铜合金碗和磨刀石。一种白色的、易碎的岩石状物质在沉船中被发现，它们呈分散的块状，经检测为一种富含铝氧化物的矿物"。[7]这些金属品必然是走

1　《白氏六帖事类集》卷二四，汲古书院，2011，第 224 页。

2　李林甫等：《唐六典》卷三《尚书户部》，陈仲夫点校，中华书局，1992，第 82 页。

3　斯蒂芬·墨菲：《"黑石号"沉船与 9 世纪的亚洲海上贸易》，《宝历风物："黑石号"沉船出水珍品》，第 65 页。

4　《唐会要》卷八六《市》，第 1581 页。

5　刘子凡：《何以商胡不入蕃？——从〈唐开元户部格残卷〉看唐代的商胡贸易法令》，第 79—80 页。

6　池田温「中国古代物価の一考察 -- 天宝元年交河郡市估案断片を中心として」『史学雑誌』第 77 編第 1、2 号、1968 年。后收入池田温『唐史論攷』汲古書院、2014、655—727 頁。

7　Michael Flecker, "A Ninth-Century AD Arab or Indian Shipwreck in Indonesia: First Evidence for Direct Trade with China", *World Archaeology*, Vol. 32, No. 3 (2001), pp.339- 340.

私产品，这亦是海上丝绸之路上的常态。10 世纪的"印坦号"、南宋中后期的"南海I号"沉船都发现了大量作为货物的金属制品，而岭南地区正是铁矿出产的主要地域。[1]这在阿拉伯波斯史料中也可以找到记录。马卫集《动物之自然属性》云："向中国引进商品的进口商没有权利进入城市，绝大部分买卖都是秘密进行的。"[2]显示了走私交易大量存在。

实际上，黑石号上的广东诸窑瓷器，当出自水车窑。水车窑位于韩江支流梅江流域，这些瓷器当是经梅江、韩江入海，而后运到广州，抑或经东江进入广州。[3]潮州亦有关于舶货交易的记录。大中五年（851）《韦楚望墓志》记载："南海俗尚鬻子息取利，官贼估得没为臧，获土产丹砂、水银、珠玉杂货，官欺海民，理未期即成猗顿守业。府君抚精竭虑，清静洁白。海路歌谣，编户苏息。"[4]有研究者考证丹砂、水银等的出产地后认为它们主要来自广西。[5]但这些货物并没有来自南海诸国者，说明仍是国内的交易。而潮州能得到来自广西的货品，其售出的货品中可能就有来自水车窑等韩江上游窑场生产的瓷器。

二　阿拉伯商人的贸易网络与黑石号瓷器的南下

像长沙窑瓷器这样的大宗货物，如果仅仅是在广州蕃坊现场随机交易，而无事先的联系，亦不太可能。因为中古时代商人做生意，十分注

1　岭南地区在唐代已出产金、银、铜、铁、铅等金属矿产，宋代设立 60 处开采监管机构（"场监务"），见罗一星《帝国铁都——1127—1900 年的佛山》，上海古籍出版社，2021，第 20、29 页。

2　乌苏吉：《〈动物之自然属性〉对"中国"的记载——据新发现的抄本》，王诚译，《西域研究》2016 年第 1 期，第 105 页。

3　刘向明、郑三粮认为，目前水车窑瓷器没有在韩江下游出现，故而水车窑瓷器更可能从梅江溯流后，走一段陆路，经龙川入东江运输，可备一说。见刘向明、郑三粮《从考古发现看东江与海上丝绸之路的关系——以出土唐代梅县水车窑为中心的考察》，《惠州学院学报》2017年第 4 期，第 23—24 页。

4　白艳妮：《新见〈唐潮州刺史韦楚望墓志〉考释》，《文博》2016 年第 6 期，第 75 页。

5　周运中：《韦楚望墓志所见唐朝海外贸易》，《唐代航海史研究》，第 201—202 页。

重与商业伙伴的沟通。第一章所探讨的格尼扎、库塞尔文书中商业伙伴的信息交流，就是明证。又如斯坦因发现的粟特人古信札，就是丝绸之路上商业伙伴之间关于商务和时势的通信。[1]

因此，可以推测，黑石号瓷器应当也是经阿拉伯波斯商人贸易网络的运作，在广州蕃坊达成交易。马卫集《动物之自然属性》叙述了蕃坊居民的工作："这些穆斯林在中国人和来到中国的商队与贸易者之间做中间人。这些穆斯林到商人那里检查商品，并带给皇帝，交易完成后，他们获取报酬，常常发生这样的事：商人一个接一个地将自己的商品带进来，在那个堡垒逗留几日。"[2] 这显示了蕃坊作为阿拉伯波斯商人贸易中转站和联络地的作用。

荣新江先生指出，按照《旧唐书》、《新唐书》及《太平广记》等的记载，阿拉伯波斯商人在扬州、广州、洪州等南方大城市都有活动，这些商人的活动范围主要在蕃坊或邸店中。[3] 波斯商人在唐代以富有著称，并经营信贷业，固有专门的"波斯钱"之称。[4] 除扬州、广州之外，新兴的明州城也有阿拉伯波斯人活动。

1997 年，宁波公园路唐宋子城遗址中，出土 9 块绿釉陶片，经研究，"与伴出的越窑青瓷器物或其他窑口器物有显著区别，然同扬州三元路等地出土的波斯陶无论釉色、胎质及装饰基本相似"。[5] 这些波斯陶的存在，证实晚唐时期明州有阿拉伯波斯人活动。另外《开庆四明续志》记有地名"波斯团"，[6]《乾隆鄞县志》将其考证为县城"东南隅波

1　尼古拉斯・辛姆斯－威廉姆斯：《中国和印度的粟特商人》，毕波译，周伟洲主编《西北民族论丛》第 10 辑，中国社会科学出版社，2014，第 32—56 页。

2　乌苏吉：《〈动物之自然属性〉对"中国"的记载——据新发现的抄本》，王诚译，《西域研究》2016 年第 1 期，第 105 页。

3　荣新江：《丝绸之路与东西文化交流》，第 72—75 页。

4　日野開三郎『唐・五代の貨幣と金融』三一書房、1982、231–243 頁。

5　傅亦民：《唐代明州与西亚波斯地区的交往——从出土波斯陶谈起》，《海交史研究》2000 年第 2 期，第 66 页。

6　《开庆四明续志》卷七《楼店务地》，浙江省地方志编纂委员会编著《宋元浙江方志集成》第 8 册，杭州出版社，2009，第 3707 页。

斯巷"。[1] 这说明明州作为重要海港，晚唐之后，当有阿拉伯波斯人商业据点存在。另外，杜甫《解闷》第十二首写道："商胡离别下扬州，忆上西陵故驿楼。为问淮南米贵贱，老夫乘兴欲东流。"[2] 西陵位于杭州，为浙东运河重要港口。陈寅恪指出，"西陵为杭越运河之要点"，是"唐代商胡由海上经钱塘江出入内地的孔道"。[3] 上文也提到《道里邦国志》对刚久（杭州）的记载，这说明浙东运河的站点上也有外国商人的活动。在东南沿海已经形成阿拉伯波斯商人的贸易网络的情况下，事先通信达成交易的内容，是可行的。

值得注意的是，近年秦大树、王筱昕、李含笑等学者对越南发现的 9 世纪前半期巴地市沉船所出水的瓷器进行分析，认为"船货表现出绝大多数是北方产品的特点"，"巴地市沉船的出发港很可能是北方的登州港"。[4] 这是考古学家们的推断。而按照文献记载，北宋熙宁年间，从山东的登州确实可以通过海路抵达岭南的潮州。苏轼《北海十二石记》（1093）写道：

> 登州下临大海……熙宁己酉岁，李天章为登守，吴子野往从之游。时解贰卿致政，退居于登，使人入诸岛取石，得十二株，皆秀色粲然。适有舶在岸下，将转海至潮。子野请于解公，尽得十二石以归，置所居岁寒堂下。近世好事能致石者多矣，未有取北海而置南海者也。[5]

黄挺指出，这里的"潮"就是指潮州。[6] 这是正确的推断，因为文中明

---

1 《乾隆鄞县志》卷二《街巷》，浙江古籍出版社影印，2015，第 1 册，叶一六左。

2 仇兆鳌注《杜诗详注》卷一七《解闷·其二》，中华书局，1979，第 1512 页。

3 陈寅恪：《刘复愚文中年月及其不祀祖问题》，《陈寅恪集　金明馆丛稿初编》，第 363 页。

4 秦大树等：《越南发现的巴地市沉船初议》，李庆新主编《海洋史研究》第 17 辑，第 375—376 页。

5 茅维编《苏轼文集》卷一二《北海十二石记》，孔凡礼点校，中华书局，1986，第 406 页。

6 黄挺、马明达：《潮汕金石文征（宋元卷）》，广东人民出版社，1999，第 66 页。

确指出，"取北海而置南海"，无疑就是从山东海域到岭南海域之意。因为从登州港出发，乘季风南下，在舟山群岛附近转变帆向，而后抵达岭南，这是可以实现的。

20 世纪 70 年代以来，在山东淄博、济南等地的窖藏、寺院、居住地遗址以及板桥镇遗址、垦利海北遗址等港口遗址，发现了来自浙江龙泉窑和福建诸窑的瓷器，更印证了国内南北近海航线的存在。[1]

因此，至迟到北宋中叶，贯通华北和华南的近海航线也已经畅通，这是中世纪海上丝绸之路发展的结果。

结　语

本章研究黑石号货船上的长沙窑、华北诸窑、越窑、广东诸窑的瓷器如何从窑口运输到海港，再进入阿拉伯人的货船。首先，长沙窑瓷器可能从湘江溯流而上，经桂州路进入岭南，再通过珠江运送至广州；也可能从湘江顺流经长江运至扬州，在扬州或洪州经大庾岭路水陆联运送抵广州；也可能在扬州经大运河、浙东运河运至明州出海，或者直接从扬州经长江入海。华北诸窑的瓷器当从大运河运至扬州后，如长沙窑瓷器的运输路径。越窑从明州出海的可能性较大。广东诸窑的瓷器在 9 世纪不是华东和东北亚热销品，加上运输成本高，显然不应北上扬州出海，所以从广州出海可能性最大。而其他三类瓷器，都通过海陆、河陆联运的方式运至广州。《道里邦国志》也提示，9 世纪阿拉伯商人的贸易网络已经拓展至华南、华东沿海，这是他们能将不同地区的货物集中到一个海港装船的关键因素。

再结合中国和阿拉伯的史料可知，广州是阿拉伯商人在唐朝最重要

1　徐波、德留大辅「山东地域中国南方陶瓷器の流通に关する研究（その 2）——11 世纪－13世纪を中心」薮敏裕等编『贸易陶磁器と东アジアの物流：平泉・博多・中国』高志书院、2019、147－160 页。

的贸易活动地，黑石号等西亚货船最可能从广州回航。但扬州、明州等地也有阿拉伯人活动的记录，在风暴等异常天气的作用下，阿拉伯货船可能北上至华东地区，尽管这并非常态。那么阿拉伯商人的活动对于中国东南沿海社会意味什么？下一章将通过宋代阿拉伯人在广州的活动进行探讨。

第四章　宋代的阿拉伯商人与广州城

第一节　宋代的广州城

一　广州的户数增长

　　上一章以黑石号货物在中国的集散为切入点，讨论阿拉伯商人在中国东南部的活动情况。进入宋朝后，阿拉伯商人在中国的活动不仅没有减少，其反而更为活跃，并恢复了黄巢军队广州之围后受伤的元气。北宋时期，阿拉伯商人主要活动的城市，即广州；在泉州设立市舶司后，该城也成为阿拉伯商人重要的聚居地，如著名的蒲寿庚家族，对泉州的历史有重要影响。本章将以宋代广州城为地理空间，探讨阿拉伯商人在中国东南区域的发展情况，并从宏观的大地理背景，探讨宋代海上丝绸之路的新变化。那么，阿拉伯商人在广州过着什么样的生活？在回答此问题前，有必要回顾宋代广州城的发展。

据《元和郡县图志》，唐开元年间广州城有 64250 户；元和年间为 74099 户，增加 15.3%。[1] 据《太平寰宇记》，宋太平兴国年间（976—984），广州城主户有 16059 户，客户"未有数"。[2] 据《元丰九域志》，元丰年间，广州城主户有 64796 户，客户有 78465 户，合 143261 户，比唐元和户数增加 93.3%。[3] 据元代的《大德南海志》，淳熙年间，广州城主户有 82090 户，客户有 113623 户，合 195713 户，比元丰户数增加 36.6%。[4]

太平兴国年间离宋灭南汉不久，而南汉在灭亡之际，"尽焚其府库、宫殿"，导致宋朝在接收广州后，不能及时掌握全部的户数。[5] 但正如《大德南海志》所云，"至宋，承平日久，生聚愈盛"。[6] 广州的户数在 11世纪、12 世纪当呈持续增长之势，这可从以上数据推得。

二 广州三城的建设

庆历至熙宁年间，在户数增长的同时，宋代广州先后修子城、东城、西城，形成了宋代广州三城的格局，而后又数度重修，并增建防御用途的雁翅城。《大德南海志》载：

> 魏瓘修筑子城，周环五里。熙宁初，即州东古城遗址，筑东城

---

1 李吉甫：《元和郡县图志》卷三〇《岭南道》，第 885 页。

2 乐史：《太平寰宇记》卷一五七《岭南道》，第 3011 页。

3 王存：《元丰九域志》卷九《广南路》，王文楚、魏嵩山点校，中华书局，1984，第 408 页。

4 《元大德南海志残本（附辑佚）》卷六《户口》，第 2—3 页。按《大德南海志》将唐时户数计为 42235 户，是承袭了《太平寰宇记》所述开元户的数据；《大德南海志》述宋朝户数亦采用《元丰九域志》提供的数据，但将客户写作"78463"，减少 2 户，故正文不引用这些数据。

5 《新五代史》卷六五《南汉世家》，中华书局，1974，第 819 页。

6 《元大德南海志残本（附辑佚）》卷六《户口》，第 1 页。

焉，广袤四里。继于子城之西，增筑西城，周十里有三里一百八十步，高二丈四尺，是为三城。为门十有七。东南、西南隅筑两翅，临海以卫城南居民，名曰"雁翅城"。上有楼观，其东扁曰"番禺都会"，其西扁曰"南海胜观"。登楼一览，海山之胜，具在目前，亦一城壮观也。城之外，环之以濠，东自平海门侧，由海道入，环绕至城西金肃门外，通出海道。其外又有东西两澳，由城内达诸海，以通漕运，以泄渠脉。其东为清水濠，其西为南濠。[1]

其中，子城为广州衙署驻地；东城为南越古城遗址；西城最大，面积超过了子城和东城的总和，并且将唐后期开始形成的蕃坊涵括进去，是阿拉伯商人在广州主要活动的区域。直到明洪武十三年（1380），"永嘉侯朱亮祖、都指挥使许良、吕源以旧城低隘，请乃连三城为一，辟东北山麓以广之"，才结束了"三城"的格局。[2]

广州的护城河也连接珠江，直达海道。而护城河的开通，正是从宋朝开始的。《大德南海志》载：

三城南临海，旧无内濠，海飓风至，则害舟楫。大中祥符间，邵旷知广州，始凿内濠，以通舟楫，州人便之。庆历间，魏瓘再知广州，环城浚池。熙宁初，王靖成东城，复濠其外。[3]

而后南宋时期又经历数次疏浚，其中最大者为开庆元年（1259）由经略安抚使谢子强主持。[4] 而在护城河之外，又有东、西澳，又名清水濠、南濠，两条运河也与海道相接。2002 年，广州文物考古所在大塘街发现东澳（清水濠）的河堤，从出土的瓷器多产自本地西村窑的现象来看，

1　《元大德南海志残本（附辑佚）》卷八《城濠》，第 50 页。

2　《（万历）广东通志》卷一五，明万历三十年（1602）刻本，叶三左，此引自爱如生方志库，http://dh.ersjk.com/spring/front/read（2022/01/09）。

3　《元大德南海志残本（附辑佚）》卷八《城濠》，第 52—53 页。

4　《元大德南海志残本（附辑佚）》卷八《城濠》，第 53 页。

"宋代广州东南区域并不属于繁华的商业区域，只是普通民居所在"。[1]

与清水濠相反，南濠对海外贸易尤为重要。曾昭璇认为，"宋南濠是广州最繁荣地点之一"，从今天所保存的地名也"可见当日城西南地区是广州中心。城外即珠海，当时称为'小海'，因不利商船避台风。大浚南濠成为当时有利于发展对外贸易及商业的措施"。[2]《大德南海志》对南濠在宋元时期的疏浚情况叙述如下：

> 南濠：在越楼下，限以闸门，与潮上下，古西澳也。景德间（1004—1007），经略高绅所辟，纳城中诸渠水，以达于海。维舟于是者，无风涛恐，且以备火灾。淳熙二年（1175），经略周自强浚之，岁久复埋。嘉定二年（1209），陈经略岘重开，自外江通舟楫以达于市，旁翼以石栏。自越楼至闸门，长一百丈，阔十丈；自闸至海，长七十五丈。绍定三年（1230），经略方淙浚之。宝祐元年（1253），李经略迪复自擢甲巷开浚，至闸口又加深焉。德祐元年（1275），经略徐直谅又浚之。至元二十八年（1291），行枢密院副使、广东道宣慰使阿里又浚焉。[3]

按此，则南濠始浚于宋初，开通后的好处正如曾先生所指出的那样，使船舶"无风涛恐"，并可以防范火灾。从 1175 年到 1291 年共 117 年的时间里共 6 次疏浚，约 20 年疏浚一次。疏浚不仅仅是为了解决河道淤塞的问题，同时还加固、加深、拓宽河道，体现了方便货物运输的意图。而 6 次疏浚出现于南宋中期至元初，说明这段时间广州的海外贸易仍持续发展。

关于海洋贸易管理机构，根据《大德南海志》，元朝初年广州城市

---

1 广州文物考古研究所：《广州市大塘街宋代河堤遗址发掘简报》，《羊城考古发现与研究》（一），第 276 页。

2 曾昭璇：《广州历史地理》，第 186—187 页。

3 《元大德南海志残本（附辑佚）》卷八《城濠》，第 53 页。

舶机构的位置如下：

> 市舶库，在子城直街，内有来远驿。
>
> 市舶亭，在朝宗门外，至元十九年创建。[1]
>
> 市舶司：市舶亭在镇安门外。[2]
>
> 提举市舶司：胜己斋，在厅事东。（以下皆废）公明斋，在胜己斋后。戏彩堂，在厅事北。山斋，在戏彩堂西。九思堂，在厅事西。达观楼，在九思堂后。南风堂，在后园。鉴正，在南风堂左。丛秀，在鉴正东。[3]

其中，镇安门，"子城之南门也。旧名'镇安'。嘉熙元年（1237），经略彭铉新其门，改今名"。[4]朝宗门，"在西城之南"。[5]尽管这是元朝初年市舶机构的位置和布局，但司、亭、库在北宋初年已经存在，成为市舶管理的主要机关。

广州城城市建设的关键节点在宋神宗熙宁年间，即西城和南濠的建设时期。而这一系列城市建设与北宋中期有名的侬智高之乱，以及后续的中越局势有密切关系，而其中也可以见到阿拉伯商人的活动。

第二节　侬智高之乱与阿拉伯商人

一　侬智高围攻广州的动机

侬智高之乱始于仁宗皇祐元年（1049），终于皇祐五年，一共持续

1　《元大德南海志残本（附辑佚）》卷一〇《局务仓库》，第 91 页。
2　《元大德南海志残本（附辑佚）》卷一〇《旧志诸司仓库》，第 93 页。
3　《元大德南海志残本（附辑佚）》卷一〇《旧志诸司公廨》，第 102 页。
4　《元大德南海志残本（附辑佚）》卷八《城壕》，第 54 页。
5　《元大德南海志残本（附辑佚）》卷八《城壕》，第 55 页。

了5年。其始末见于《涑水记闻》《续资治通鉴长编》《宋史》《大越史记全书》等书。[1]如果阅读《涑水记闻》《续资治通鉴长编》等史料的话，会发现侬智高之乱与广州的海外贸易、11世纪中叶的东南亚形势等，有较深的联系。如王元林注意到，侬智高围攻广州，占领蕃巷，解围后蕃客积极参与修缮城池。[2]据《涑水记闻》，侬智高起兵的原因为：

> 侬智高世为广源州酋长，役属交趾，称广源州节度使。有金坑，交趾赋敛无厌，州人苦之。智高桀黠难制，交趾恶之，以兵掩获其父，留交趾以为质，智高不得已，岁输金货甚多。久之，父死，智高怨交趾，且恐终为所灭，乃叛交趾，过江，徙居安得州，遣使诣邕州求朝命补为刺史。朝廷以智高叛交趾而来，恐疆场生事，却而不受。智高由是怨，数入为盗。[3]

侬智高世代为宋越边境广源州的溪洞首领，并效忠于交趾。交趾的剥削和猜忌，导致他背弃交趾，转而投向宋朝，但是宋廷又考虑到侬智高来投的背景，故不予接纳，这导致侬智高叛乱。而侬智高围攻广州的契机和经过为：

> 智高大恨，且以朝廷及交趾皆不纳，穷无所归，遂谋作乱。有黄师宓者，广州人，以贩金常往来智高所，因为之画取广州之计，智高悦之，以为谋主。是时，武臣陈珙知邕州，智高阴结珙左右，珙不之知。皇祐四年四月，智高悉发所部之人及老弱尽空，

1 相关研究见黄现璠《侬智高》，广西人民出版社，1983。按此书带有十分浓厚的时代特征。又范宏贵主编《侬智高研究资料集》，广西人民出版社，2005。以及冈田宏二『中国華南民族社会史研究』汲古書院、1993。中译本见冈田宏二《中国华南民族社会史研究》，赵令志、李德龙译，民族出版社，2002，第246—275页。又贺喜《亦神亦祖：粤西南信仰构建的社会史》，三联书店，2011，第41—45页。
2 王元林：《国家祭祀与海上丝路遗迹——广州南海神庙研究》，中华书局，2006，第206页。
3 司马光：《涑水记闻》卷一三，邓广铭、张希清点校，中华书局，1989，第256—257页。

沿江而下，凡战兵七千余人。五月乙巳朔，奄至邕，珙闭城拒之，城中之人为内应，贼遂陷邕州，执珙等官吏，皆杀之。司户参军孔宗旦骂贼而死。智高自称仁惠皇帝，改元启历，沿江东下。横、贵、浔、龚、藤、梧、康、封、端诸州无城栅，皆望风奔溃，不二旬，至广州。[1]

由此可见，侬智高进攻广州，是受到广州当地商人黄师宓的怂恿和得其谋划。因广源州有金矿，故广州商人与当地有商务往来。所以侬智高起事，一开始的目标就是岭南的中心城市广州。因为珠江沿岸的州县没有城郭，又疏于防守，侬氏军队顺流而下，不到 20 天就到达广州城外。

而即使在侬智高的军队结束广州城 57 天之围撤退后，宋廷也担心侬军会经海道攻打海南岛和东南沿海地区。《续资治通鉴长编》载：

〔皇祐四年八月〕己卯，诏谕畋曰："智高乘飙锐窃发，二广之民日俟官军至，故委卿节制，以殄贼为期。临机趋变，安用中覆？今甲兵大集，不能度形势一举扑灭，乃奏请颁格令，置检法官，此岂应速计耶？贼或顺风下海，掠琼管及海堧诸州，厚戍则兵不足，无备则寇乘之。如能断海道，则不以日月淹速计也。"[2]

诏书中，宋仁宗谴责广南东西路体量安抚、经制盗贼使杨畋不能在韶州剿灭侬军，致使东南沿海有被再次袭击的危险。其事可见《宋史·杨畋传》：

畋至韶州，会张忠战死，智高自广州回军沙头，将济。畋令苏缄弃英州，蒋偕焚粮储，及召开赟、岑宗闵、王从政退保韶州。

---

1 司马光：《涑水记闻》卷一三，第 257—258 页。
2 《续资治通鉴长编》卷一七三"仁宗皇祐四年"，第 4166 页。

贼势愈炽，畋不能抗，遂杀蒋偕、王正伦，败陈曙，复据邕州。畋坐是落知谏院、知鄂州，再降为屯田员外郎、知光化军。[1]

不过，侬军在再次占据邕州后，并未再次袭击广州和其他沿海城市，这与侬军在广州之围中军力消耗过大有关系。那么，在侬军的广州之围中，阿拉伯商人的境况如何？

二　侬智高之乱中的阿拉伯人

从史料来看，侬智高之乱对阿拉伯商人的打击是巨大的。《涑水记闻》云：

> 知广州仲简性愚且狠，贼未至间，僚佐请为之备，皆不听。至遣兵出战，贼使勇士数十人，以青黛涂面，跳跃上岸，广州兵皆奔溃。先是，广州地皆蚬壳，不可筑城，前知州魏瓘以甓为之，其中甚隘小，仅可容府署、仓库而已。百姓惊走，辇金宝入城，简闭门拒之，曰："我城中无物，犹恐贼来，况聚金宝于中邪？"城外人皆号哭，金宝悉为贼所掠，简遂闭门拒守。[2]

《续资治通鉴长编》亦云：

> 〔皇祐四年五月〕丙寅，侬智高围广州。前二日，有告急者，知州仲简以为妄，囚之，下令曰："有言贼至者斩！"以故民不为备。及贼至，始令民入城，民争以金贝遗阍者，求先入，践死者甚众，余皆附贼，贼势益张。[3]

1　《宋史》卷三〇〇《杨畋传》，第 9964—9965 页。

2　司马光：《涑水记闻》卷一三，第 258 页。

3　《续资治通鉴长编》卷一七二"仁宗皇祐四年"，第 4146 页。

> 广初无城，魏瓘始筑子城。及侬智高反，知广无城，可以鼓
> 行剽掠，遂自邕州浮江而下，数日抵广州。知州仲简婴子城拒守，
> 城外蕃汉数万家悉为贼席卷而去。[1]

皇祐四年，广州西城尚未修筑，所以阿拉伯商人必然也在城外，其中或
许有"以金贝遗阍者求先入"者，但大部分当如《续资治通鉴长编》所
言，属于被侬军"席卷而去"的"城外蕃汉数万家"。

而侬军亦掠得阿拉伯人的海舶作为作战工具。《涑水记闻》载：

> 转运使王罕时巡按至梅州，闻之，亟还番禺。乡村亡赖少年，
> 乘贼势互相剽掠，州县不能制，民遮马自诉者甚众。罕乃下马，召
> 诸老人坐而问之，曰："汝曹尝经此变乎？"对曰："昔陈进之乱，
> 民间亦如是。时有县令，籍民间强壮者，悉令自卫乡里，无得他
> 适。于是乡村下不能侵暴，亦不能侵暴邻村，一境独安。"罕即遍
> 移牒州县，用其策，且斩为暴者数人，民间始安。罕既入城，钤辖
> 侍其渊等共修守备。贼掠得海船昆仑奴，使登楼车以瞰城中，又琢
> 石令圆以为炮，每发辄杀数人，昼夜攻城，五十余日，不克而去。[2]

此段讲述广南东路转运使王罕在梅州闻变，返回广州解侬军之围的经
过。按《宋史·王罕传》，王罕在途中镇压地方叛乱的地点为惠州，其
回穗路线为从梅州经惠州，"简卒三千，方舟建旗，伐鼓作乐"，顺着
东江而下。[3] 从此段记载可知，侬智高之乱亦造成广州周边局势的动荡。
而其中"贼掠得海船昆仑奴"的记载尤值得重视。按《萍洲可谈》：

> 广中富人，多畜鬼奴，绝有力，可负数百斤。言语嗜欲不通，

1　《续资治通鉴长编》卷二三七"神宗熙宁五年"，第 5767 页。
2　司马光：《涑水记闻》卷一三，第 258 页。
3　《宋史》卷三一二《王罕传》，第 10244 页。

性淳不逃徒，亦谓之野人。色黑如墨，唇红齿白，发鬈而黄，有
牝牡，生海外诸山中。食生物，采得时与火食饲之，累日洞泄，
谓之换肠。缘此或病死，若不死，即可蓄。久蓄能晓人言，而自
不能言。有一种近海野人，入水眼不眨，谓之昆仑奴。[1]

由此可知，昆仑奴通水性，受到广州富人的欢迎。蔡鸿生对昆仑奴进行
了专门研究，认为"宋代昆仑奴的社会角色并不是清一色的。这些在广
州被称为'鬼奴'的南海岛民，既可以是家奴，也可以是官奴，甚至因
被贡而成为皇室专用的象奴"。[2]"昆仑"又译作"骨论"，蔡先生指出，
唐宋时期有雇佣昆仑奴作为水手的海舶，是为"昆仑舶"，而其中的昆
仑奴被称为"舶上昆仑"。[3]其关键史料为《一切经音义》卷六一"破舶"
的注释：

破舶："下音白，司马彪注：庄子云，海中大船曰舶。广雅：
舶，海舟也。（人）〔入〕水六十尺，驱使运载千余人，除货物，
亦曰'昆仑舶'。运动此船，多骨论为水匠，用椰子皮为索连缚，
葛览糖灌塞，令水不入。不用钉鍱，恐铁热火生，累木枋而作之，
板薄恐破。长数里，前后三节，张帆使风，亦非人力能动也。"[4]

昆仑舶以椰子皮为索缝船，用葛览糖灌塞，不用铁钉，这是西印度
洋船舶的典型特征。结合蕃坊在广州城外的事实，可知侬军所掠得的海
船上的昆仑奴，其船主或纲首应当为阿拉伯商人。

而广州守军与侬军的战场之一，就是市舶亭。《续资治通鉴长编》
云："〔皇祐四年六月甲申〕是日，广、端都巡检高士尧击侬智高于市舶

1　朱彧：《萍洲可谈》卷二，李伟国点校，中华书局，2017，第135页。
2　蔡鸿生：《广州海事录——从市舶时代到洋舶时代》，第79页。
3　蔡鸿生：《广州海事录——从市舶时代到洋舶时代》，第74—77页。
4　惠琳：《一切经音义》卷六一，《大正藏》第54册，第2128号，此据中华电子佛典协会
（CBETA）依大正藏所编，CBETA 2021.Q2, T54, No. 2128, p. 712a18-20。

亭，为贼所败。"[1] 当侬军初围城时，市舶亭附近仍有防备的力量。《续资治通鉴长编》云：

> 初，侬智高自邕州顺流趋广州，仲简令〔王〕锴领兵扼端州。乃留市舶亭不行，欲还守城，简不许，锴自还。翌日，海上巡检、右侍禁王世宁请分兵以往，锴惧，不从。及贼抵城下，又促世宁入城。世宁至南门，引大义责锴稽留不进，锴怒，以世宁违军令斩之。朝廷下广州体量，而魏瓘言世宁为海上巡检，若令领兵城中，则舟船为贼有，锴令非也。世宁有胆略敢战，且能守职，其死甚冤，于是降锴，而令访世宁子以闻。[2]

广州城最终的解围，与海上力量的参与有很大关系。《续资治通鉴长编》载：

> 〔皇祐四年七月〕城被围日久，战数不胜。贼方舟数百，急攻南城，番禺县令萧注者，新喻人也，先自围中出，募得海上强壮二千余人，以海船集上流，未发，会飓风夜起，纵火焚贼船，烟焰属天，大破之，积尸甲如山。即日发县门，诸路援兵及民户牛酒刍粮相继入城，城中人乃有生意，每战必胜。而转运使王罕，亦自外募民兵，遂入城，益修守备。贼知不可拔，围五十七日，壬戌解去。[3]

《宋史·萧注传》的记载略同，其"海上强壮"作"海滨壮士"。[4] 按这里的 2000 余海滨的壮士，可能就有海洋船民。《太平寰宇记》叙述广州新会县的蜑户、卢亭户：

---

1 《续资治通鉴长编》卷一七二"仁宗皇祐四年"，第 4148 页。
2 《续资治通鉴长编》卷一七四"仁宗皇祐五年"，第 4193—4194 页。
3 《续资治通鉴长编》卷一七二"仁宗皇祐四年"，第 4148 页。
4 《宋史》卷三三四《萧注传》，第 10732—10733 页。

> 蜑户，县所管，生在江海，居于舟船，随潮往来，捕鱼为业。
> 若居平陆，死亡即多，似江东白水郎也。卢亭户，在海岛中，乘
> 舟捕海族蚝、蠘、蛤蜊为业。[1]

萧注从广州突围来到海滨，如果不是得到所谓"蜑户""卢亭户"这些海洋船民的协助，是无法在短时间内募得 2000 名熟识船务的壮士以及多艘海船的。所以这些"海上强壮"正是珠江口的海洋船民。这些海船得以经珠江逆流到广州城外，说明珠江水面宽阔。《萍洲可谈》载："广州市舶亭枕水有海山楼，正对五洲，其下谓之小海。"[2] 这是上文南濠所流入之处。

综上可知，在侬智高包围广州的 57 天中，珠江水面上也发生了昆仑奴和蜑户等海洋船民所参与的海战，而导致侬智高撤围的关键因素，正是侬军水战失利所带来的连锁反应。聚居于蕃坊的阿拉伯人，他们的生活深受侬智高之乱的打击，但侬智高之乱后，广州城和阿拉伯人都迎来了新的发展时期。

第三节　侬智高之乱后的广州城与阿拉伯商人

一　侬智高之乱与南海神庙

侬智高之乱甫一平定，宋朝就开始重新书写广州之围的历史，并将危机的解除归功于南海神庙的神力，从而敕封南海神为"南海洪圣广利昭顺王"。我们知道，南海神庙与海上丝绸之路关系密切。为什么南海

1　乐史：《太平寰宇记》卷一五七《岭南道》，第 3021 页。
2　朱彧：《萍洲可谈》卷二，第 133 页。

神成为历史书写的关键，以及这对海外贸易的发展有什么影响？这是值得探讨的问题。

神庙至今仍保存至和元年（1054）为此所刻的《皇祐五年中书门下牒碑》，分三层刻皇祐五年（1053）六月二十七日牒文、四月十九日广东路转运使元绛奏章、至和元年十二月二十一日元绛记文。[1] 其中，元绛的奏章写道：

> 臣询问得，去年獠贼五月二十二日离端州，是时江流湍急，船次三水，飓风大起，留滞三日，以此广州始得有守御之备。尔后暴风累旬，贼党梯冲不得前进，而城中暑渴，赖雨以济。六月中，贼以云梯四攻，几及城面，群凶谨噉，以谓破在顷刻。无何，疾风尽坏梯屋。又一日，火攻西门，烈焰垂及，又遇大风东回，贼既少退，故守卒得以灌灭。于是贼惧天怒，渐有西遁之意。始，州之官吏及民屡祷于神，翕忽变化，其应如响。盖陛下南顾焦虑，威灵震动，天意神贶，宜有潜佑。[2]

元绛认为，侬智高围城之解，南海神居功至伟：（1）侬智高进攻广州前，台风来袭，导致侬军留滞三天，让广州有所防备；（2）侬军来到广州后，暴风雨持续多天，侬军无法进攻，城中解决了缺水问题；（3）六月时，侬军架云梯正要攻入城内，突然大风袭来，云梯被毁；（4）侬军采用火攻，又遇逆风失败。元绛接着又指出，这是广州官员和民众向南海神祈祷的结果，更是仁宗皇帝精诚所至。仁宗认可了元绛的说法，故敕封之。

农历五六月，广州正值台风多雨季节，这自然可能干扰侬军的进攻。"留滞三日"也或为事实。查《续资治通鉴长编》，五月朔日为乙

1　见黄兆辉、张菽晖编撰《南海神庙碑刻集》，广东人民出版社，2014，第35—41页。

2　黄兆辉、张菽晖编撰《南海神庙碑刻集》，第38页。

巳，癸亥（十九日）依军离开端州，丙寅（二十二日）抵达广州，并且"前二日有告急"者，只是"知州仲简以为妄，囚之，下令曰：'有言贼至者斩！'以故民不为备"。[1] 所以，"广州始得有守御之备"显然是事后粉饰的结果。而这与广州围城之解事后的赏罚有关系。

如前文所述，广州围城之解，王罕有大功。但他因得罪提刑官和谏官而被诬奏，在解围不久就落职。《涑水记闻》根据王罕、王纮的口述记载：

> 提刑鲍轲率其孥欲过岭北，至雄州，萧勃留之，乃日递一奏。又召罕至雄州计事，罕不来，又奏之。谏官李兑奏罕只在广州端坐，及奏罕退走。围解，罕降一官，信州监税，轲受赏，罕不自言。黄固当围城时最输力，已而磨勘若有不足者，亦得罪，渊功亦不录。[2]

而原来指挥不力的知广州仲简却一度被认为守城有功，未被追责。《续资治通鉴长编》载：

> 〔皇祐四年六月〕甲申，徙知广州、兵部郎中、天章阁待制仲简知荆南。朝廷但以简能守城，故有是命，不知广人怨之深也。[3]

直到四个月后，在当年十月己卯，仲简才落职知筠州，十二月丙申又因为"言者不已"，又从兵部郎中责授刑部郎中。[4]

原有大过的知州未被及时追责，原有大功的转运使反而落职，新任转运使夸示南海神的神力以文过饰非。然而，通过夸示南海神神力来达

1　《续资治通鉴长编》卷一七二"仁宗皇祐四年"，第 4146 页。

2　司马光：《涑水记闻》卷一一，第 201 页。

3　《续资治通鉴长编》卷一七二"仁宗皇祐四年"，第 4148 页。

4　《续资治通鉴长编》卷一七二"仁宗皇祐四年"，第 4175、4185 页。

到本身的政治目的，客观上也可以看出南海神信仰的社会影响力，不然难以使众人信服。

二　南海神庙与阿拉伯商人

王元林深入研究南海神庙的历史发展，认为宋太祖将南海神"纳入国家统一的礼制中，并明确地方祀事之则，使南海神沿着国家祭祀的正常轨道进一步发展"，而后南海神庙经多次祭祀和修缮。其中最重要者为"熙宁四年至五年八月"间和西城修建同时进行的南海西庙修建，其位置"居广州城西南隅，在航海门西不远处"，区别于南宋中后期在"广州城西五里"建造的新南海西庙。[1]

熙宁南海西庙建造，也是受到侬智高之乱的影响。主持修筑西城和南海西庙者为知广州程师孟，其《洪圣王事迹记》记载：

> 昔智高之入于州也，日惟杀人以作威。其战斗椎瘗之处，则今所谓航海门之西数十步而止。逮予为城，屋其颠，以立神像而祠之，适在其地，无少差焉。经营之初，不入于虑，岂神之意有使之然。欲以是为居，以镇不祥之所，而殄其杀气之余，与斯民排菑捍患于无穷者邪。予窃以谓神之为德，其高明幽妙，盖隐于无而不可易知。[2]

据此可知，南海西庙所在的位置，就是侬智高当年和宋军作战的地方，所以程师孟在此修建西庙，以期厌胜不祥。西庙的重要性，正如王元林所指出的那样，南海西庙建立后，"因在广州西城东南门航海门西，地近蕃人集中的南濠以及市舶亭，且靠近'小海'，成为中外客商、广州

1　王元林：《国家祭祀与海上丝路遗迹》，第120、203—204页。
2　郭棐编撰，陈兰芝增辑，王元林点校《岭海名胜记增辑点校》卷五《南海庙记》，三秦出版社，2016，第397页。

官民就近参拜的祠庙"。[1] 南海神庙在二月有庙会，南宋刘克庄《即事（其一）》云："香火万家市，烟花二月时。居人空巷出，去赛海神祠。"[2] 表现了南宋广州城的繁华与庙会之盛。

在修建西庙之后，位于扶胥港（黄埔古港）的旧南海神庙被称为南海东庙，这里依旧是番舶必经之处，刘克庄《即事（其二）》云："东庙小儿队，南风大贾舟。不知今广市，何似古扬州？"[3] "南风大贾舟"，说明是春季经东南季风进入广州的海舶；"广市"则说明，在南海东庙附近，亦有交易集市。

按照斯波义信的研究，宋代全国已经普遍存在村市和庙市，庙市"伴随着村落共同体的土地神和佛教、道教等寺庙的祭礼而举办"。[4] 而舶货也成为庙市上的商品。如《嘉泰会稽志》描述绍兴府（越州）开元寺正月灯市云：

> 岁正月几望为灯市，旁十数郡及海外商估皆集玉帛、朱犀、名香、珍药、组绣、檠藤之器，山积云委，眩耀人目。[5]

在杭州同样如此。《马可·波罗寰宇记》记述"行在城"云：

> 在前述广场的后面，有一条与上述街道平行的非常宽阔的运河，在这条运河的近岸，有许多石砌的大房子，所有来自印度和其他地方的商人都在这里存放他们的货物和商品，他们靠近广场，可以便利地到达。在前述的每一个广场，每周有三天会举行集会，有 4 万人到 5 万人来到市场并带来你想吃的一切，因为那里总是

1　王元林：《国家祭祀与海上丝路遗迹》，第 209 页。
2　辛更儒笺校《刘克庄集笺校》卷一二《即事诗》，中华书局，2011，第 719 页。
3　辛更儒笺校《刘克庄集笺校》卷一二《即事诗》，第 720 页。
4　斯波义信：《宋代商业史研究》，第 377 页。
5　施宿等：《嘉泰会稽志》卷七《寺院》，《宋元浙江方志集成》第 4 册，第 1770 页。

有十分充足的食物供应。[1]

马可·波罗所说的广场，多在寺院前，也正因为寺院前存在广场，才为庙会提供空间。广州为舶货荟萃之地，阿拉伯商人的舶货在庙会中销售，是应有之义。在南海神庙中，甚至尊蒲姓提点使为六神侯之一。方渐《六侯之记》云：

> 巡海提点使，元祐五年五月十三日夜三更时，广帅蔡公卞忽梦人身长丈余，紫袍金带，容貌堂堂，趋走而前，似有赞见之礼。蔡公云："吾□天子命来守此土，公何人而辄至此？"神人曰："余姓蒲，本广州人也，家有三男。余昨辞人世，以平生所积阴功稍著，上帝命充广利王部下巡海提点，但未立祠位。"言讫而没。梦觉，但增归仰。次日，具述梦由于郡官之前，闻者莫不叹服。遂命工委官诣庙致祭，彩绘神像，并写立南海庙牌。其神今封顺应侯。[2]

王元林认为，此蒲姓巡海提点使，当是阿拉伯商人，此"蒲"为أب（Abu）的对音。[3] 按岳珂《桯史》记载：

> 番禺有海獠杂居，其最豪者蒲姓，号白番人，本占城之贵人也。既浮海而遇风涛，惮于复反，乃请于其主，愿留中国，以通往来之货。主许焉，舶事实赖给其家。岁益久，定居城中，屋室稍侈靡逾禁。使者方务招徕，以阜国计，且以其非吾国人，不之

---

1 *Marco Polo: The Description of the World*, Vol.1, p. 328. 此据高亚喆初译，北京大学马可·波罗读书班会校稿。

2 阮元主修《广东通志·金石略》卷一二，梁中文点校，广东人民出版社，2011，第283页。黄兆辉、张菽晖编撰《南海神庙碑刻集》，第146页。

3 王元林：《国家祭祀与海上丝路遗迹》，第171页。

问，故其宏丽奇伟，益张而大，富盛甲一时。[1]

岳珂指出，蒲姓是广州最有势力的蕃客，从占城迁来。蔡鸿生指出，"白番人"即"'白巾缠头'者"，"应为流寓当地的大食客商"。[2]第二章已经指出，占城（占婆）是中古时期阿拉伯商人重要的中转港，"本占城之贵人"，并不能代表他们原在占城聚居。Abū 为阿拉伯人常用的名字，并非姓氏，王元林认为广州的蒲姓是泉州蒲寿庚家族的祖先，[3]其实未必。但广州人将被认为最豪者的蒲姓人士尊为南海神庙中六神侯之一，可以想见阿拉伯商人在广州城中的显赫地位。

三　阿拉伯富商的日常生活

阿拉伯商人日常生活于广州西城的蕃坊，其情况可见《萍洲可谈》：

> 广州蕃坊，海外诸国人聚居，置蕃长一人，管勾蕃坊公事，专切招邀蕃商入贡，用蕃官为之，巾袍履笏如华人。蕃人有罪，诣广州鞫实，送蕃坊行遣。缚之木梯上，以藤杖挞之，自踵至顶，每藤杖三下折大杖一下。盖蕃人不衣裈裤，喜地坐，以杖臀为苦，反不畏杖脊。徒以上罪则广州决断。蕃人衣装与华异，饮食与华同。或云其先波巡尝事瞿昙氏，受戒勿食猪肉，至今蕃人但不食猪肉而已。又曰汝必欲食，当自杀自食，意谓使其割己肉自啖，至今蕃人非手刃六畜则不食，若鱼鳖则不问生死皆食。其人手指皆带宝石，嵌以金锡，视其贫富，谓之指环子，交阯人尤重之，一环直百金，最上者号猫儿眼睛，乃玉石也，光焰动灼，正如活者，究之无他异，不知佩袭之意如何。有摩娑石者，辟药虫毒，以为指环，

1　岳珂：《桯史》卷一一《番禺海獠》，吴企明点校，中华书局，1981，第125页。

2　蔡鸿生：《广州海事录——从市舶时代到洋舶时代》，第99页。

3　王元林：《国家祭祀与海上丝路遗迹》，第171页。

遇毒则吮之立愈，此固可以卫生。[1]

按此，则阿拉伯商人在蕃坊中，由蕃长主持日常事务，处理小罪，犯徒刑以上的罪者，则交由广州州司处置。而在蕃坊中，阿拉伯商人亦保持了在阿拉伯半岛时的饮食习惯。

岳珂也曾目睹蒲姓富商的日常生活，并记述曰：

> 绍熙壬子，先君帅广，余年甫十岁，尝游焉。今尚识其故处，层栖杰观，晃荡绵亘，不能悉举矣。然稍异而可纪者，亦不一，因录之以示传奇。獠性尚鬼而好洁，平居终日，相与膜拜祈福。有堂焉，以祀名，如中国之佛，而实无像设，称谓聱牙，亦莫能晓，竟不知何神也。堂中有碑，高袤数丈，上皆刻异书如篆籀，是为像主，拜者皆向之。旦辄会食，不置匕箸，用金银为巨槽，合鲑炙、梁米为一，洒以蔷露，散以冰脑。坐者皆置右手于褥下不用，曰此为触手，惟以溷而已，群以左手攫取，饱而涤之，复入于堂以谢。居无溲匽。[2]

蔡鸿生指出，"取食之手，则是误记。当据《通典》及《太平寰宇记》所述'右手为净，左手为秽'，方为实情"。[3] 不过，其他饮食习俗以及礼拜之事，则契合阿拉伯的风俗。而阿拉伯富商府第也是戒备森严。这可以从《桯史》所述蕃坊失窃案窃贼的供词得知：

> 〔光塔〕绝顶有金鸡甚巨，以代相轮，今亡其一足。闻诸广人，始前一政雷朝宗时，为盗所取，迹捕无有。会市有窦人鬻精金，执而讯之，良是，问其所以致，曰："獠家素严，人莫闯其藩。

1　朱彧:《萍洲可谈》卷二，第134—135页。
2　岳珂:《桯史》卷一一《番禺海獠》，第125—126页。
3　蔡鸿生:《广州海事录——从市舶时代到洋舶时代》，第99页。

予栖梁上，三宿而至塔，裹鈔粮，隐于颠，昼伏夜缘，以刚铁为错，断而怀之，重不可多致，故止得其一足。"[1]

由于阿拉伯富商府第戒备森严，盗贼即使经过精心策划，花了三个晚上才到达光塔，最后只能盗得金鸡一足。

在日常饮食、礼拜之外，处理好和广州官员的关系，也是阿拉伯商人的重要活动。《桯史》云：

他日，郡以岁事劳宴之，迎导甚设，家人帷观，余亦在，见其挥金如粪土，舆皂无遗，珠玑香贝，狼籍坐上，以示侈。帷人曰："此其常也。"后三日，以合荐酒馔烧羊以谢大僚，曰："如例。"龙麝扑鼻，奇味不知名，皆可食，迥无同槽故态。羊亦珍，皮色如黄金，酒醇而甘，几与崖蜜无辨。独好作河鱼疾，以脑多而性寒故也。[2]

《印度奇观》中也讲到阿拉伯商人和广州"国王"的交往：

有位旅行者告诉我，一位中国国王曾带他游览广府的花园。"他说道：'这座花园的面积为 20 扎里拨（djéribas）。我在这里种着水仙花、银莲花、玫瑰等千种花。'我惊讶于单单在这一座花园内，在同一时间里竟集齐了所有当季的花。'你觉得这里怎么样？'他问我。'我从未见过如此美丽、如此迷人之物。'我回答道。他接着说道：'你所看到的这一切树木花朵，都是丝绸做的。'我发现，这些玫瑰和这些花其实都是用中国的丝绸做的，并穷尽工艺来编、织、刺绣和完工，但如果仅仅是看的话，没有人会怀疑这

1　岳珂：《桯史》卷第一一《番禺海獠》，第 126 页。
2　岳珂：《桯史》卷第一一《番禺海獠》，第 126—127 页。

些不是树木花朵。"[1]

蔡鸿生指出,"蒲姓与广州地方大吏颇有交往,虽未见'乞官'情事,但居家侈靡'逾禁'也即违章建筑被置之'不问',说明官方因'方务招徕,以阜国计'而给予容忍和庇护。市舶之利对典章制度的侵蚀,于此可见一斑"。[2]

在市舶体制、利益等的作用下,蕃坊商人和广州的官宦阶层事实上形成了一定意义上的利益共同体,因此出现蕃坊商人及其后代和广州的贵族、官宦阶层联姻的情况。如《萍洲可谈》记载:

> 元祐间,广州蕃坊刘姓人娶宗女,官至左班殿直。刘死,宗女无子,其家争分财产,遣人挝登闻院鼓。朝廷方悟宗女嫁夷部,因禁止,三代须一代有官,乃得取宗女。[3]

《宋会要》记载:

> 市舶司全籍蕃商来往贸易,而大商蒲亚里者,既至广州,有右武大夫曾纳利其财,以妹嫁之,亚里因留不归。[4]

此条目所记系绍兴七年(1137)闰十月三日事。蔡鸿生将蒲亚里和曾纳之妹的婚姻定性为涉外婚例,认为这是"财力和权力勾结的独特形式"。[5] 土肥祐子据《挥麈后录》《建炎以来系年要录》考证,曾纳当为曾讷,曾任武功大夫、新肇庆府兵马铃辖,建炎四年(1130)罢免。[6]

---

1 *Les Merveilles de L'Inde, (Adjā ĩb al-Hind)*, pp. 112-113.

2 蔡鸿生:《广州海事录——从市舶时代到洋舶时代》,第 99 页。

3 朱彧:《萍洲可谈》卷二,第 138 页。

4 徐松辑《宋会要辑稿》职官四四,第 4214 页。

5 蔡鸿生:《广州海事录——从市舶时代到洋舶时代》,第 97 页。

6 土肥祐子『宋代南海貿易史の研究』、516−519 頁。

据《建炎以来系年要录》：

> 〔建炎四年七月戊午〕武功大夫、新肇庆府兵马钤辖曾讷罢。讷初以贡献得官，后忤梁师成，为广南转运使郑良所劾，以多藏宝货，服用拟乘舆，得旨，令良究实。良即以兵围其家，其弟谊坐拒捕诛死，讷亦配海岛。靖康末，复旧官。及是上怜其无辜，谕辅臣而有此授，讷犹上书乞郡不已。言者谓讷因请托得之。上曰："朕何尝有此？"遂罢其命。[1]

由此可见，曾纳（讷）当原为广州当地的士绅，因为和蕃坊关系密切，多得珍宝，故多进奉，得授武阶官武功大夫以及武官新肇庆府兵马钤辖。而其妹和蒲亚里的联姻，则是巩固双方关系的重要手段。《挥麈后录》则直接称曾讷为"一番舶曾讷者"，[2]即曾讷是从事海外贸易的商人，显示出他和蕃商的密切联系。

四　阿拉伯商人的公共事业

阿拉伯商人在广州也赞助了公共事业。重要者为助修城墙、兴办蕃学以及每年的祈风仪式等。

（一）助修城墙

阿拉伯商人赞助修筑广州城墙，是受到侬智高之乱的影响。如前文所述，阿拉伯商人在侬军围城时受到巨大打击，故解围后积极襄助修城。《续资治通鉴长编》云：

1　李心传：《建炎以来系年要录》卷三五"高宗建炎四年七月"，辛更儒点校，上海古籍出版社，2018，第698页。
2　王明清：《挥麈后录》卷八《陈述并治郑良俱死而旅攒并室》，燕永成整理，大象出版社，2019，第192页。

〔皇祐四年十月庚午〕诏知广州魏瓘、广东转运使元绛："凡守御之备，无得苟且为之。若民不暂劳，则不能以久安。其广州城池，当募蕃汉豪户及丁壮并力修完。若无捍敌之计，但习水战，寇至而斗，乃非完策。"时侬智高还据邕州，日采木造舟，扬言复趣广州也。[1]

〔熙宁五年六月乙巳〕大食勿巡国使辛押陀罗进助修广州城钱粮，仍乞统察蕃长司，诏勿受其状，令广州相度所乞以闻。[2]

王元林指出，"蕃家如此热衷于修城，就是为了保证其财产不被贼寇侵夺"；蕃商感念主持修筑广州西城的程师孟，"因为新修的西城将以怀圣寺为中心的蕃坊圈入西城内"。[3]这也说明了战乱之后蕃商和广州官府的良性互动。当然，考察蕃商积极襄助筑城的原因，也应考虑到当时东南的大势。

北宋中期东南沿海多处筑城，涉及潮州、福州乃至内地的邕州、桂州等，以吸取侬智高之乱的教训，并应对宋越形势的变化。如至和二年（1055）知潮州郑伸《筑城纪事》云：

皇祐壬辰岁夏五月，蛮贼侬智高破邕管，乘流而下，攻五羊。有诏岭外完壁垒以御寇。潮州筑城，土工不坚，未期悉圮。越明年癸巳九月，予到官，翼日庀役，至二月，以农作暂休。去年甲午十月，又兴工，今年正月毕。[4]

《三山志》云：

1　《续资治通鉴长编》卷一七三"仁宗皇祐四年"，第 4181 页。
2　《续资治通鉴长编》卷二三四"神宗熙宁五年"，第 5683 页。
3　王元林：《国家祭祀与海上丝路遗迹》，第 206 页。
4　黄挺、马明达：《潮汕金石文征（宋元卷）》，第 39 页。

熙宁元年，章大卿岷奏："窃见州城四十余里，自属天朝，官
吏因镒，岁岁毁圯。茅墙数尺，霖雨连澍，遄至倾颓。亦有居民
冒盖屋宇者。今来相度，欲只就旧基修筑子城。便顾委本路转运
使同共计度，若允所请，乞降度牒二三百道添助支费。"有旨："令
转运、提点刑狱各具相度以闻。"寻复奏："交趾蛮人，闻自廉、雷将
趋广州。本州边海，万一乘风奔冲，何以御捍，乞检寻前状，许
令修筑子城。"从之，仍给度牒一百五十道。每道许卖一百贯足。[1]

刘克庄《兴化军新城记》总结道："先朝惩侬寇之患，城广，城邕，城
桂，岭海之民始奠其居。"[2] 由此可见，北宋中期东南沿海的筑城运动，
当是朝廷和地方长官的共识。结合阿拉伯商人和官宦阶层的紧密联系，
前者可能意识到这种筑城的风向，故积极襄助之。

（二）兴办蕃学

兴办蕃学也是阿拉伯商人在广州的重要事业。蔡鸿生指出，"广州
办蕃学，也是程师孟任期内的事。辛押陀罗助修西城受阻，但置蕃学的
愿望却实现了"。[3] 按照程矩在熙宁七年（1074）四月写成的《学田记》，
蕃学的兴办和官学同时，都是在熙宁四年六月之后，其事迹为：

怀化将军辛押陀罗亦捐资以完斋宇，复售田以增多之，其数
亦埒富之人，且愿置别舍，以来蕃俗子弟，群处讲学，庶太平德
泽无远迩之限也。[4]

---

1 梁克家修纂《三山志》卷四《地理类》，福州市地方志编纂委员会整理，海风出版社，2000，
   第32页。
2 辛更儒笺校《刘克庄集笺校》卷八八《兴化军新城》，第3746页。
3 蔡鸿生：《广州海事录——从市舶时代到洋舶时代》，第112页。
4 马蓉等点校《永乐大典方志辑佚·南海志》，第2457页。

据蔡先生考证，蕃学在大观二年（1108）后进入正轨，并设置了蕃学教授。[1] 据《宋会要》：

> 〔大观二年三月〕三十日，前摄贺州州学教授曾鼎旦言："切见广州蕃学渐已就绪，欲乞朝廷择南州之纯秀、练习土俗者，付以训导之职，磨以岁月之久，将见诸蕃之遣子弟，仰承乐育者，相望于五服之南矣。"诏曾鼎旦充广州蕃学教授。其应合行事件，并依也。[2]

蕃学从兴修到步入正轨，经历了近40年时间，说明中间出现过波折。而从请州学教授出任蕃学教授可知，蕃学是在广州州学的管理下，教授蕃客子弟儒家经典，是一种汉文化的教育。蕃坊在元代甚至出了著名的士大夫，如《弘治溧阳县志》记载：

> 元知州蒲里翰，字文苑，其先西域人。宋末，祖鲁尼氏飘海而南寓广东。里翰擢泰定丁卯进士，至正四年（1344）由漕运副使授溧阳知州，下车不谒淫祠，识者之。逾年建尊经阁，积书劝学，政教大行，州无横科，门无私谒。尝有座右铭曰："敬以持身，廉以报国，俭以处贫，勤以补拙。"在任三年，台臣荐于朝，擢云南廉访司佥事。临行，民遮道攀辕，不能留，乃共立政迹碑于学宫，复立去思碑于城隍庙。[3]

蒲里翰的祖先为来自阿拉伯或中亚地区的鲁尼（رومي）家族，而后在广州定居，后又培养出蒲里翰这样的儒学名臣，这是兴设蕃学对阿拉伯人后裔融入中国社会的重要作用。

1　蔡鸿生：《广州海事录——从市舶时代到洋舶时代》，第112页。

2　徐松辑《宋会要辑稿》崇儒二，第2768页。

3　《弘治溧阳县志》卷四，明弘治十一年（1498）刻本，叶四左、右。此据爱如生"中国方志库"，http://dh.ersjk.com/spring/front/read，2022/01/09。

（三）岁舶祈风

阿拉伯商人在广州的主业为海上贸易，所以祈求船舶顺风而来，也是阿拉伯商人的重要活动。《桯史》记载：

> 〔蒲姓宅〕后有窣堵波，高入云表，式度不比它塔，环以瓦甓，为大址，累而增之，外圜而加灰饰，望之如银笔。下有一门，拾级以上，由其中而圜转焉如旋螺，外不复见其梯磴。每数十级启一窦，岁四五月，舶将来，群獠入于塔，出于窦，啁哳号呼，以祈南风，亦辄有验。[1]

每年阿拉伯船舶到来时，阿拉伯商人们聚集在怀圣寺光塔下虔诚祈祷，祈求东南风顺利地将船舶送来。

在港口城市，祈风是重要仪式，泉州九日山祈风石刻也记载了泉州市舶司祈求顺风的文字，这是海洋文明共通的现象。宋代的泉州也是阿拉伯商人重要的聚居地，此地的阿拉伯商人社群是否受到了广州蕃坊发展的影响，值得探讨。

五　和泉州阿拉伯商人社群的比较

关于宋元时期广州和泉州的比较，桑原骘藏、成田节南有专门的著述，桑原骘藏认为泉州在元朝取代广州成为中国第一大外贸港。[2] 成田节南也指出，元代广东因为遭受战乱等而衰落，国内形势的变化导致港口地位变迁。[3]

1　岳珂：《桯史》卷第一一《番禺海獠》，第 126 页。
2　桑原骘藏『蒲寿庚の事蹟』，35 页。
3　成田节男：《宋元时代泉州的发达与广东的衰微》，庄景辉译，泉州市泉州历史研究会等编《泉州文史》第 6、7 合辑，泉州市文物管理委员会，1982，第 135—146 页；第 8 辑，泉州市文物管理委员会，1983，第 135—149 页。

　　而在南宋时期，泉州在海外贸易中的地位已十分重要，吸引了更多阿拉伯商人前往，如著名的蒲寿庚家族就是其中的代表。泉州和阿拉伯商人的历史已有诸多研究，但主要集中于元代，关于宋代泉州阿拉伯商人研究，可见柯胡、苏基朗、马娟等学者的著作。[1] 广州的阿拉伯商人和泉州的阿拉伯商人有什么异同点，这值得研究。

　　目前在广州尚未发现宋代穆斯林墓碑，最早的穆斯林墓碑为回历751 年（1349）高丽穆斯林剌马丹的墓志。[2]

　　泉州则保存了数百方伊斯兰教石刻，吴文良在 1957 年已收集和发现"八九十方左右"，[3] 陈达生、陈恩明将这些伊斯兰石刻整理并翻译成中文、英文。[4] 后来陈达生与 Ludvik Kalus 合编的《在中国的阿拉伯和波斯碑铭汇编》第一集涵盖泉州、福州、厦门三地。[5] 到 2005 年，吴文良之子吴幼雄将伊斯兰教相关石刻等遗物收集整理数增加至 340 个编号，并与华维卿将其中的阿拉伯文字修订并转译为中文。[6] 泉州海外交通史博物馆在 2020 年刊印馆藏伊斯兰教石刻精品的图版、介绍，以及陈达生、李光斌的翻译。[7] 其中被认为可能属于南宋时期者仅有四方。

　　一是据说 1952 年在泉州仁风门（东门）城墙发现的哈拉提人侯赛因的墓碑。墓主卒年为回历 567 年（1171），相当于南宋乾道七年。[8] 陈达生等指出，"侯赛因的姓哈拉提（Khalat），是中亚古国亚美尼亚的首

1　Hugh R. Clark, *Community, Trade, and Networks: Southern Fujian Province from the Third to the Thirteenth Century*. 苏基朗：《刺桐梦华录——近世前期闽南的市场经济（946—1368）》。马娟：《元代泉州穆斯林移民探析》，刘迎胜主编《元史及民族与边疆研究集刊》第 33 辑，第 113—129 页。

2　高旭红、陈鸿钧编著《广府金石录》，第 1065—1066 页。

3　吴文良：《泉州宗教石刻》，科学出版社，1957，第 3 页。

4　福建省泉州海外交通史博物馆编《泉州伊斯兰教石刻》，宁夏人民出版社、福建人民出版社，1984。

5　Chen Da-sheng et Ludvik Kalus, *Corpus d'Inscriptions Arabes et Persanes en Chine 1. Province de Fu-Jian (Quan-zhou, Fu-zhou, Xia-men)*, Paris: Geuthner, 1991.

6　吴文良原著，吴幼雄增订《泉州宗教石刻》（增订本），第 311—364 页。

7　福建省泉州海外交通史博物馆编《泉州海外交通史博物馆藏宗教石刻精品》，海洋出版社，2020，第 119—208 页。

8　《泉州伊斯兰教石刻》，第 15、29 页。吴文良原著，吴幼雄增订《泉州宗教石刻》（增订本），第 97、98、344 页。《泉州海外交通史博物馆藏宗教石刻精品》，第 130 页。

府。根据伊斯兰教徒取姓名的习惯，可能他祖籍亚美尼亚，或者他曾长期居住于亚美尼亚"。[1] 吴幼雄亦认为，"墓主侯赛因，其籍贯'赫拉蒂'（Khalat，哈拉提），其地系亚美尼亚首府"。[2]

二是 1942 年在泉州东门外城垣中出土的格兹威尼（今亚美尼亚）人吐特卡墓碑。墓主卒年可能为回历 672 年，但亦可能为回历 772 年，如果是前者则相当于咸淳九年（1273），出现争议的原因是最后一词有污损，以致存在 ستمائة（六百）和 سبعمائة（七百）两种释读的可能。[3]

三是 1930 年在泉州仁风门处发现的曼苏尔墓碑。墓主卒于回历 676 年，相当于宋景炎二年、至元十四年（1277）。[4] 陈达生等认为，"曼苏尔姓贾杰鲁米，或即贾杰鲁姆（Jajarm）人。贾杰鲁姆是波斯（今伊朗）北部塞姆省（Semnan）的一个城市"。[5]

四是 1934 年在泉州东门城基发现的潘总领墓碑。此碑没有标年，而"总领"之职存在于宋元，南宋已有阿拉伯人出任蕃官的例子，所以吴幼雄认为此碑"可能是南宋遗物"。[6]

考古材料的发现具有一定的偶然性，从文献材料上也并不能证明南宋泉州的阿拉伯商人比在广州的更为活跃。因为广州的阿拉伯商人社区从唐代开始形成，同时建设了墓区，[7] 经过了黄巢起义、侬智高之乱等大动荡，在北宋中叶以后和当地社会较为融洽地共存。

阿拉伯商人在泉州活动时间虽然比广州晚，但也可以追溯到唐朝后期。古利芝（Goodrich）认为，在 9 世纪东禅寺附近的夏厝山区，存在夏立甫乌丁（Sharif Uddin）的墓地。[8] 陈达生认为，灵山圣墓"年代上

1　《泉州伊斯兰教石刻》，第 15 页。

2　吴文良原著，吴幼雄增订《泉州宗教石刻》（增订本），第 98 页。

3　吴文良原著，吴幼雄增订《泉州宗教石刻》（增订本），第 61、62、329 页。

4　《泉州伊斯兰教石刻》，第 15、29、30 页。

5　《泉州伊斯兰教石刻》，第 15 页。

6　吴文良原著，吴幼雄增订《泉州宗教石刻》（增订本），第 111—113、348 页。

7　《广东文化遗产：海上丝绸之路史迹》，第 106 页。

8　Luther Carrington Goodrich, "Recent Discoveries of Zayton", *Journal of the American Oriental Society*, Vol. 77, No. 3 (1957), p. 162. 庄为玑：《古刺桐港》，第 17 页。

限不早于 9 世纪初，理应在 11 至 12 世纪"。[1] 但聚居在泉州的阿拉伯商人群体，在北宋中后期才开始形成，在南宋依然处于发展阶段。[2] 如按苏基朗的研究，直到元朝其才真正居于支配性地位。[3] 南宋泉州的穆斯林聚居区被称为"蕃人巷"，据廖大珂考证，"当在泉州旧南门外濒江一带"。[4] 同时，与广州相仿，泉州也建设了清真寺、蕃学，设置蕃官、蕃长，这体现了较为完备的社区建设。[5]

南宋广州、泉州穆斯林聚居区的重大区别，在于是否入城。如前所述，熙宁以后，广州蕃坊被涵括进西城，而泉州的蕃人巷在宋代则一直位于城外。关于入城的问题，朱熹《朝奉大夫傅公（自得）行状》云：

> 〔公〕通判泉州事。公居泉久，及贰郡事，洗手奉公，无毫发私。且熟知民俗利病，部使者多委以事……有贾胡建层楼于郡庠之前，士子以为病，言之郡。贾资巨万，上下俱受赂，莫肯谁何。乃群诉于部使者，请以属公。使者为下其书，公曰："是化外人，法不当城居。"立戒兵官即日撤之，而后以当撤报。使者亦不说，然以公理直，不敢问也。受代造朝，民争遮道以送。[6]

据此行状可知，傅自得通判泉州，在高宗绍兴年间，此时秦桧仍当权。有阿拉伯富商在泉州州学前建楼，被士人诟病，并告到州司，但州司官吏受贿，默许建楼。于是士人又告到监司处，请有直名的傅自得处理。

1　陈达生：《泉州灵山圣墓初探》，泉州海交馆等编《泉州伊斯兰教研究论文选》，福建人民出版社，1983，第 174 页。

2　方豪：《中西交通史》（上），上海人民出版社，2008，第 303 页。马娟：《元代泉州穆斯林移民探析》，刘迎胜主编《元史及民族与边疆研究集刊》，第 119 页。

3　苏基朗：《刺桐梦华录——近世前期闽南的市场经济（946—1368）》，第 124—128 页。

4　廖大珂：《谈泉州"蕃坊"及其有关问题》，《海交史研究》1987 年第 2 期，第 79 页。

5　杨博文：《宋代市舶司研究》，厦门大学出版社，2013，第 60—61 页。马娟：《元代泉州穆斯林移民探析》，刘迎胜主编《元史及民族与边疆研究集刊》第 33 辑，第 120 页。

6　朱熹：《晦庵先生朱文公文集》卷九八，曾抗美等点校，朱杰人等主编《朱子全书》，上海古籍出版社、安徽教育出版社，2002，第 4542—4543 页。

傅自得认为，按法，"化外人"不可以在城内居住，因此命官兵将楼房拆除。但监司并不满意傅自得的处理方式，暗示监司态度当与州司官吏一致。

从这一案例可看出，泉州的阿拉伯商人和居广州者一样，仍致力于处理好与地方官吏的关系，因此一度也得到在城中建楼的特权。但是阿拉伯商人在泉州侨居的时间不长，和当地士大夫的关系似乎也不融洽，因此城中居住的特权一度被取消，尽管按照楼钥的记载，南宋中叶，"蕃商杂处民间"，似乎阿拉伯商人又可以和华人混住，但楼钥又借汪大猷之口说，"安有中国而用夷俗者"。[1] 显然阿拉伯商人在南宋泉州社会中并不居于优势地位。苏基朗也指出，"没有迹象表明这些外国商人（其中包括已经完全中国化的蒲氏家族）的影响力能够超过当地的中国商人"。[2] 不过，桑原骘藏也指出阿拉伯商人助修泉州城，捐资修战船的事迹，[3] 这些是阿拉伯商人的公共事业，显示出和在广州的阿拉伯商人相仿的发展策略。这也是他们能够持续在中国东南港口发挥重要影响力的原因所在。1972 年，傅吾康（W. Franke）在文莱发现宋景定五年（1264）泉州判院蒲公之墓，庄为玑对此进行了考证。这是证明泉州和东南亚港口网络的重要证据。[4]

阿拉伯商人在广州的发展，体现了贸易移民群体对于海上丝绸之路沿线社会的重要性。蕃坊作为阿拉伯商人的聚居地，在唐后期已经出现，侬智高之乱后广州城的重建，则成为它进一步发展的契机。当然，从宏观的历史地理背景而言，阿拉伯商人在广州的发展离不开宋廷所采取的更为开放的贸易政策。因此，下一节将讨论 10 世纪后亚洲海洋的局势变化，以及阿拉伯商人和宋廷的互动关系，从中也可以看出海上丝之路贸易发展的新阶段。

---

1 楼钥：《攻愧集》卷八八《敷文阁学士宣奉大夫致仕赠特进汪公行状》，中华书局，1985，第1200 页。

2 苏基朗：《刺桐梦华录——近世前期闽南的市场经济（946—1368）》，第 124 页。

3 桑原骘藏『蒲寿庚の事蹟』、106—107 页。

4 庄为玑：《文莱国泉州宋墓考释》，《海交史研究》1990 年第 2 期，第 80—84 页。

第四节 海上丝绸之路贸易史的新阶段

一 中古亚洲海洋史中所谓的"四强国"

要明了阿拉伯商人和宋廷的关系，首先需要理解宋廷的海洋贸易政策，以及宋朝在亚洲海洋史中的地位。正如萧婷所指出的那样："在唐朝（618—907）、五代（907—960）、宋朝（960—1279）的进程中，海洋贸易的稳步增长导致官方的政策和态度变得日益积极与开放。到了宋代后期，中国已是海洋强国以及亚洲世界中古时期的贸易集散地。"[1] 978年，随着吴越纳土，宋朝完全平定了中国的东南区域。这使东南区域结束了近百年在政治上实质独立或半独立的历史，原来与华北的陆路、水路通道变得更为畅通，并有了更为安定的社会环境。宋朝全面继承并发展了原东南三国的海洋政策，太宗相继在广州、杭州（后移至明州）设置市舶司，派文官管理海洋贸易，加强了对海疆的控制。

贾志扬（John W. Chaffee）认为，法蒂玛（Fatimid）、注辇、宋朝的崛起，重整了海洋贸易体系。法蒂玛在埃及的崛起改变了原来的贸易路线，亚丁和吉达出现在红海上，犹太卡里米（Karimi）商人也活跃在印度洋上。注辇的统治者将他们的农业基础和海洋贸易网络联系起来，并通过两次海上远征结束了室利佛逝在东印度洋的支配地位。宋朝因失去对陆上丝绸之路的控制，转而加强了与南海、日本、高丽的海上联系。此时贸易的商品也从原来的奢侈品发展为更多样化的大宗商品，中国的远洋船只也大量用于贸易运输上。[2]

也有印度学者认为，10世纪后期的亚洲海洋是四强（big four）并

---

[1] Angela Schottenhammer, "China's Emergence as a Maritime Power", J. Chaffee and D. Twitchett (eds.), *The Cambridge History of China*, Vol. 5, Part 2, p. 525.

[2] John W. Chaffee, *The Muslim Merchants of Premodern China,* Cambridge: Cambridge University Press, 2018, pp. 76-83.

立的时代：大宋、三佛齐、注辇、法蒂玛王朝把持了亚洲海洋从东端到
西端的海域，并实行了积极的海洋政策。[1]不过，这种说法具有片面性，
因为什叶派建立的法蒂玛王朝，并未控制波斯湾沿岸，而且在 11 世纪
中叶后开始衰落。注辇征服巨港的时间为 1025 年，而到了 11 世纪中叶，
注辇也开始衰落。[2]在海岛东南亚中，三佛齐并非唯一的霸主，阇婆、
渤泥等政权也是重要海洋"曼陀罗"霸主。宋朝也不能视为海洋国家，
一方面，据杨文新的研究，海贸所带来的税收占宋朝财政总收入的百分
之一不到；[3]另一方面，宋朝外事的重心仍然是和辽、金等北方政权的关
系。尽管如此，宋朝仍然是中国古代史上最重视海洋贸易的王朝，称为
同时代的"海上强国"是不过分的。而阿拉伯商人能在宋朝继续他们的
贸易事业，与宋朝的政策是分不开的。

二 "大食国"朝贡与阿拉伯商人来华

宋朝建立后不久，就展开了和阿拉伯世界的接触，这推动了阿拉
伯商人来华。宋朝的史书将阿拉伯、波斯等地均记录为"大食国"。据
《续资治通鉴长编》，宋朝与大食国的交往，以乾德四年（966）僧人行
勤出访西域为契机，由行勤转达太祖写给大食国王的国书，大食国遂于
开宝元年（968）十二月遣使来贡。《续资治通鉴长编》云：

> 〔乾德四年三月癸未〕僧行勤等一百五十人请游西域，诏许
> 之，仍赐钱三万遣行。[4]
> 先是，僧行勤游西域，上因赐大食国王书以招怀之。〔开宝元

1　Hermann Kulke et al. (eds.), *Nagapattinam to Suvarnadwipa, Reflections on the Chola Naval Expeditions to Southeast Asia*, Singapore: Institute of Southeast Asian Studies, 2009.

2　*South-Indian Inscriptions*, Vol. 2, *Tamil Inscriptions*, ed. and trans. by E. Hultzsch, Madras: Superintendent, Government Press, 1891, pp. 105-109.

3　杨文新：《宋代市舶司研究》，第 147—160 页。

4　《续资治通鉴长编》卷七"太祖乾德四年"，第 168 页。

年〕十二月，乙丑，遣使来贡方物。[1]

我们知道，968 年，阿拔斯王朝哈里发已大权旁落，帝国四分五裂，巴格达的实权掌握在来自波斯的布韦希人（Buwayhid）手中。波斯已经为萨曼（Sāmāniyān，سامانیان）王朝所统治；加兹尼（Ghaznavid）王朝也从中亚兴起；什叶派的法蒂玛王朝从北非崛起，并将势力延伸到地中海东岸地区，自立为哈里发，与黑衣大食分庭抗礼；北非、西班牙、西西里等地也为独立王朝统治。[2]那么，这里的大食，属于哪一个王朝？《宋太宗实录》等关于波斯外道来朝的记载可以解疑。

《宋太宗实录》云，太平兴国九年（984）五月"壬子，西州回鹘与波斯外道来朝贡"。其中波斯外道阿里𤞤介绍了本国的情况：

> 本国王号黑衣王子，姓张，名腽里没似。衣锦彩衣，好乘马游猎，每出二月，至三日即还。委大臣九人，同理国事。男子以白氎布为衣，妇人豪富者衣锦绮，贫下者止服绢布。种陆田，无稻秫，土产丝、蚕、羊、马、果实。无钱货，以杂物相贸易。东至婆罗门六月程，又东至大食国六月程，又东至夏州二月程。[3]

据范学辉考证，这里的"波斯"当指萨曼王朝，"萨曼王朝名义上尊奉大食帝国阿拔斯王朝（即黑衣大食）的哈里发，实际上独立自主，其王号称'异密'（Amir）"，所以称为"黑衣王子"；而"太宗时萨曼王朝在位的统治者为努哈·曼苏尔（976—997 在位）"。[4]按努哈·曼苏尔即 نوح بن منصور（Nuḥ bin Mansur），对应"腽里没似"，而"张"

1　《续资治通鉴长编》卷九"太祖开宝元年"，第 213 页。
2　参见彭树智主编《阿拉伯国家史》，高等教育出版社，2002，第 82—109 页。
3　钱若水修，范学辉校注《宋太宗皇帝实录校注》卷三〇"太平兴国九年"，中华书局，2012，第 164—165 页。
4　钱若水修，范学辉校注《宋太宗皇帝实录校注》卷三〇"太平兴国九年"，第 167 页。

（tǐaŋ）或为ساسان（Sānman）的对音。[1] 波斯外道来朝一事，也见于《宋会要》：

> 〔太平兴国〕九年五月，西州回鹘与婆罗门及波斯外道阿里烟朝贡，锡赍有差，馆于礼宾院。[2]
>
> 　婆罗门僧永世与波斯外道阿里烟同至京师……阿里烟自云："本国王号黑衣，姓张，名哩里没，用锦彩为衣，每游猎，三二日一还国。署大臣九人治国事。男子以白叠布为衣，妇人豪富者着大食国锦绮，贫下止服绢布。种陆田，而无稻糯。土宜丝蚕、羊马、果实。无钱货，以杂物货易。"永世、阿里烟太平兴国九年与西州回鹘同来。[3]

故《宋会要》又将来访之事记为雍熙年间事。《宋会要》将"阿里嫖"写作"阿里烟"，这应当是正确的。"阿里烟"当是عالم（'Ālim）的对音，有"学者"之意。[4] 王媛媛先生认为阿里烟"当时身处回鹘国，综合当时回鹘的宗教情况，他显非穆斯林"。[5] 范学辉也认为阿里嫖（烟）可能是摩尼教徒，[6] 但从"阿里烟"这一名字来看，似乎不能排除是旅居西域的波斯穆斯林。

不过，阿里烟所云"又东至大食国六月程"，"妇人豪富者着大食国锦绮"，似乎将波斯的萨曼王朝与"大食国"区分开来，则阿里烟所指的"大食国"应当为逊尼派穆斯林的领袖阿拔斯哈里发所在的巴格

1　李珍华、周长楫编撰《汉字古今音表》（修订本），中华书局，1999，第322页。

2　郭声波点校《宋会要辑稿·蕃夷道释》蕃夷四，第130页。

3　郭声波点校《宋会要辑稿·蕃夷道释》蕃夷四，第256—257页。又见马端临《文献通考》卷二三八《四裔考》，第9360页。

4　见牛津词典，https://premium.oxforddictionaries.com/translate/arabic-english/عالم?q=1عالم#عالم，（2022/03/02）。

5　王媛媛：《五代宋初西州回鹘"波斯外道"辨释》，《中国史研究》2014年第2期，第80页。

6　钱若水修，范学辉校注《宋太宗皇帝实录校注》卷三〇"太平兴国九年"，第167页。

达及周边地区。不过《玉海》也记载道，雍熙元年，大食国遣使入贡。[1]
按《宋太宗实录》，太平兴国九年十一月丁卯，"改太平兴国九年为雍熙
元年"。[2] 所以与阿里烟来访，似乎是同一件事。因为萨曼王朝的统治
者，在名义上仍是黑衣大食的埃米尔。又如《册府元龟》云，"大食国，
大波斯之别种也"，而后占领了波斯。[3]《宋会要》中也没有关于波斯国
朝贡的记载。可知在宋人的观念中，复兴的波斯诸王朝，仍然为大食
诸国。

　　再回到行勤出访的问题上，《宋会要》记载了行勤等的出行路线：

> 四年，僧行勤等一百五十七人诣阙上言，愿至西域求佛书，
> 许之。以其所历甘、沙、伊、肃等州，焉耆、龟兹、于阗、割禄
> 等国，又历布路沙、加湿弥罗等国，并诏谕其国令人引导之。[4]

其中，"布路沙"，当为《大唐西域记》所云之"布路沙布逻"，季羡
林先生等考证为今巴基斯坦白沙瓦之西北；[5] "加湿弥罗"即"迦湿弥
罗"，也就是罽宾，季羡林先生等考证其在喀布尔河流域。[6] 因此，行
勤一行，无疑也是经陆路进入萨曼王朝的。而考虑到 10 世纪中叶的国
际局势，萨曼王朝国都布哈拉，很可能就是行勤一行转达宋太祖写给
大食国王书信的地方，而不是继续前进到巴格达，更不是到遥远的法
蒂玛王朝。进而言之，开宝元年（968）的大食来朝，也应当是萨曼王
朝的一次陆路回访。

　　除第一次出访，大食大部分"朝贡"当是走海路而来，《宋会

1　王应麟：《玉海》卷一五四，第 2927 页。

2　钱若水修，范学辉校注《宋太宗皇帝实录校注》卷三一"太平兴国九年"，第 241 页。

3　王钦若等编纂《册府元龟》卷九五六《外臣部·种族》，周勋初等校订，凤凰出版社，2006，
　　第 11072 页。

4　郭声波点校《宋会要辑稿·蕃夷道释》蕃夷四，第 254 页。

5　玄奘、辩机撰，季羡林等校注《大唐西域记校注》卷二《健驮逻国》，中华书局，2000，
　　第 235 页。

6　玄奘、辩机撰，季羡林等校注《大唐西域记校注》卷三《迦湿弥罗国》，第 322 页。

要》云：

> 仁宗天圣元年（1023）十一月，入内内侍省副都知周文质言：
> "沙州、大食国遣使进奉至阙。缘大食国比来皆泛海由广州入朝，
> 今取沙州入京，经历夏州境内，方至渭州，伏虑自今大食止于此
> 路出入。望申旧制，不得于西蕃出入。"从之。乾兴初（1022），
> 赵德明请道其国中，不许，至是，恐为西人钞略，故令从海路至
> 京师。[1]

按此记载，则在 1022 年以前，入宋的大食朝贡使大多走海路到达广州，
而该年后，更明令不能走陆路入宋，原因是西边局势不稳，可能会使贡
物被劫。

宋代史料中，记载大食最早经海路来贡的时间为淳化四年（993）。
《宋史·外国传》云：

> 淳化四年，又遣其副首长李亚勿来贡。其国舶主蒲希密至南
> 海，以老病不能诣阙，乃以方物附亚勿来献。[2]

由于史料保存较好，我们所知道的宋代大食人在中国的活动情况，主要
集中在北宋和南宋早期，并以对朝贡使节的记录为主。这些资料集中保
存于《宋会要》之中，并为徐松所辑录。然而《宋会要辑稿》最后一条
关于大食国朝贡使的记载，仅到乾道四年（1168），这必然是史料遗失
所致，因为从南海 I 号、泉州湾宋船等沉船资料来看，南宋中后期中国
和西亚贸易的势头有增无减。关于宋时大食商人在中国的朝贡情况，白
寿彝先生进行了全面的梳理，共辑录出 48 条。[3] 在辑佚工作基础上，可

1　郭声波点校《宋会要辑稿·蕃夷道释》蕃夷四，第 259—260 页。
2　《宋史》卷四九〇《外国传》，第 14118 页。
3　白寿彝：《宋时大食商人在中国的活动》，龚书铎主编《白寿彝文集·伊斯兰史存稿》，河南大
　　学出版社，2008，第 87—93 页。

以对使节的名号、身份等信息进行提炼，这些材料出自《续资治通鉴长编》《玉海》《诸蕃志》《宋会要辑稿》等书，如表4-1所示。

表4-1　入宋大食朝贡使汇总

序号	使节名号	身份	记载时间	公元纪年	出处（缩略语）	备注
1	佚名	大食国遣使	开宝元年二月	968	会要，蕃夷7，512	
2	佚名	大食国遣使	开宝元年十二月	968	玉海，153	
3	李诃末	大食国遣使	开宝四年六月	971	长编，12，268. 玉海，154，2927	长编，12作"李诃末"，七月
4	佚名	大食国遣使	开宝六年三月	973	玉海，154，2927	
5	不啰海	大食国国王诃黎佛遣使	开宝七年十一月	974	玉海，154，2927. 宋史，490，14118	
6	佚名	大食国遣使	开宝八年三月	975	玉海，154，2927	
7	普希密	大食国国王珂黎拂遣使	开宝九年四月	976	会要，蕃夷7，516. 玉海，154，2927	玉海，154作"五月"
8	蒲思郝、摩诃末、蒲罗	大食国遣使、副使、判官	太平兴国二年四月	977	会要，蕃夷7，518. 玉海，154，2927	
9	阿里烟	波斯外道	太平兴国九年	984	会要，蕃夷4，130	
	佚名	大食国遣使	雍熙元年	984	玉海，154，2927	与蕃夷4所记当是同一事
10	李亚勿	大食国遣使	淳化四年	993	诸蕃志，1，91	
	佚名	大食国遣使	淳化五年四月	994	玉海，154，2927	
11	蒲希密	大食国舶主	雍熙五年三月	988	会要，蕃夷7，529	

序号	使节名号	身份	记载时间	公元纪年	出处（缩略语）	备注
	佚名	大食国遣使	端拱元年正月	988	玉海，154，2927	
12	蒲押陀黎	大食国舶主	至道元年二月	995	会要，蕃夷7，530. 玉海，154，2927	
13	陀离	遣使，三麻杰舶主	咸平元年八月	998	会要，蕃夷4，258—259	买钟
14	蒲押提黎	遣使	咸平二年闰三月	999	会要，蕃夷4，259	
15	文茂	遣使、判官	咸平二年六月	999	会要，蕃夷4，259. 会要，蕃夷7，531	
16	穆吉鼻	舶主陀婆离之遣使	咸平三年三月	1000	会要，蕃夷4，259	
17	婆罗欣、三摩泥等	国王阿弥遣使	咸平三年六月	1000	会要，蕃夷4，259	
18	佚名	大食国遣使	咸平四年	1001	玉海，154，2927	
19	佚名	大食国遣使	咸平六年九月	1003	会要，蕃夷4，533	
19	佚名	大食国遣使	景德三年	1006	玉海，154，2927	
20	李麻勿	大食国遣使、蕃客	大中祥符元年九月	1008	会要，蕃夷4，537. 玉海，154，2927	
21	聚兰、蒲加心、乌惶、麻勿和勒、陀婆离	三麻兰国、勿巡国、蒲婆众国、大食国舶主	大中祥符四年二月	1011	会要，蕃夷4，539. 玉海，154，2927	
22	无西忽卢华	大食番客	大中祥符四年	1011	诸蕃志，1，91	
23	截沙蒲黎	大食蕃客	大中祥符九年十一月	1016	会要，蕃夷4，259	

续表

序号	使节名号	身份	记载时间	公元纪年	出处（缩略语）	备注
24	麻思利	大食国蕃客	天禧元年六月	1017	会要，蕃夷4，259	
25	蒲麻勿陀婆离、蒲加心	正、副使	天禧三年五月	1019	会要，蕃夷4，259. 会要，蕃夷7，546	
26	翟来	沙州大食国遣使	天禧四年九月	1020	会要，蕃夷7，547	"沙州"和"大食国"中间当有顿号
27	佚名	大食国遣使	天圣元年十一月	1023	会要，蕃夷4，259—260	
28	蒲沙乙	首领	至和二年十月	1055	会要，蕃夷4，260. 会要，蕃夷7，558. 玉海，154，2927	蕃夷7作"大食国首领来贡方物"
29	蒲沙乙	首领	嘉祐元年四月	1056	会要，蕃夷4，260. 会要，蕃夷7，559. 玉海，154，2927	
30	蒲沙乙、霞佛	首领	嘉祐五年正月	1060	会要，蕃夷4，260. 会要，蕃夷7，558. 玉海，154，2927	
31	佚名	大食国遣使	熙宁三年十二月	1070	会要，蕃夷4，260. 会要，蕃夷7，563	
32	辛押陀罗	大食勿巡国遣使	熙宁五年四月	1072	会要，蕃夷4，260. 会要，蕃夷7，564	六月辞别归蕃
33	蒲麻勿	大食国陀婆离国遣使	熙宁六年七月日	1073	会要，蕃夷4，260. 会要，蕃夷7，565	蕃夷4作"大食陀婆离慈进奉都蕃首保顺郎将蒲陀婆离慈之子麻勿"，时间为十月
34	蒲啰诜	大食俞卢和地国遣使	熙宁六年十二月	1073	会要，蕃夷4，260	在广州回赐

续表

序号	使节名号	身份	记载时间	公元纪年	出处（缩略语）	备注
35	层伽尼	大食层檀国保顺郎将	元丰四年六月	1081	会要，蕃夷 4，261. 会要，蕃夷 7，569	
36	佚名	层檀国	元丰六年正月	1083	会要，蕃夷 7，570	
37	佚名	大食国	元丰七年四月	1084	会要，蕃夷 4，261. 会要，蕃夷 7，571	
38	佚名	大食麻啰拔国遣人	元祐三年十一月	1088	会要，蕃夷 4，261	
39	加立特	大食麻啰拔国贡使	元祐四年四月	1089	会要，蕃夷 4，261. 会要，蕃夷 7，574	蕃夷 4 给出名字
40	佚名	大食麻啰拔国	元祐四年十一月	1089	会要，蕃夷 4，261. 会要，蕃夷 7，576	蕃夷 4 作"大食"
41	佚名	大食国	元祐七年五月	1092	会要，蕃夷 7，577. 玉海，154，2927	广州贡
42	佚名	大食国遣使	元符二年二月	1099	会要，蕃夷 7，580	
43	佚名	大食	建炎三年三月	1129	会要，蕃夷 4，262. 玉海，154，2927	高宗拒绝接受
44	蒲亚里	大食人使	绍兴元年十一月	1131	会要，蕃夷 4，262	
45	蒲啰辛	大食蕃国	绍兴六年八月	1136	会要，蕃夷 4，263. 会要，蕃夷 7，584	泉州市舶
46	乌师点	大食国	乾道三年	1167	会要，蕃夷 4，263. 会要，蕃夷 7，590	
47	佚名	大食	乾道四年	1168	会要，蕃夷 4，263. 玉海，154，2927	泉州市舶
48	施那帏	番商	不详		诸蕃志，1，91	由林之奇记载

缩略语：长编，12，268.=《续资治通鉴长编》卷一二，第 268 页。会要，蕃夷 7，512. = 郭声波点校《宋会要辑稿·蕃夷道释》蕃夷七，第 512 页。玉海，154，2927.= 王应麟：《玉海》卷一五四，第 2927 页。诸蕃志，1，91. = 赵汝适撰，杨博文校释《诸蕃志校释》卷上，第 91 页。宋史，490，14118. =《宋史》卷四九〇，第 144118 页。

其中，大食国舶主、蕃客来朝，即阿拉伯商人、商团的朝贡行为，并不代表阿拉伯诸国的统治者。即使记载为奉大食国王之命，亦没有确凿的证据可以证明这是国事访问。如史料（序号 5、7、17）中记载大食国王为"诃黎佛""珂黎拂""阿弥"，这是 خليفة（Khalīfah，通译"哈里发"）、أمير（'amīr，通译"埃米尔"）的对音，并非阿拉伯诸国统治者的具体名号。假如是国事访问的话，必然有国书，同时有统治者的署名。《宋会要》记载正式的国使入贡，虽然不会每次都将国主名字列入，但至少不会一次都没有列入，如"交州节度使黎桓遣使朝贡""占城国王杨陀排遣使"之类，当是根据国书记录。[1]

不过有考古证据表明，宋朝和阿拉伯法蒂玛王朝之间可能确实存在直接的交往。王光尧先生依据在福斯塔特遗址出土的"官"字款定窑白瓷残片指出，"在没有绝对的否定性证据时，都不能排除出土于福斯塔特的这件'官'字款白瓷器是中国与阿拉伯帝国之间官方交流的物证"。[2]

但以上并非确凿的证据，而考察宋朝的朝贡制度，即使番商不是朝贡国使，只要是"慕化贡奉"，都会视为朝贡。如《宋会要》云，淳化五年（994）"三月十日，大食国舶主蒲希密以方物来贡"。[3] 蒲希密居于广州，在淳化四年已托贡使李亚勿进贡，至道元年又托其子舶主蒲押陀黎进奉，是典型的"慕化贡奉"。他在淳化四年上太宗的表文收录在《宋史·外国传》中：

> 大食舶主臣蒲希密上言，众星垂象，回拱于北辰；百谷疏源，委输于东海。属有道之柔远，罄无外以宅心。伏惟皇帝陛下德合二仪，明齐七政，仁宥万国，光被四夷。赓歌洽击壤之民，重译走奉珍之贡。臣顾惟殊俗，景慕中区，早倾向日之心，颇郁朝天

1　郭声波点校《宋会要辑稿·蕃夷道释》蕃夷七，第 526、528 页。

2　王光尧：《福斯塔特遗址与黑石号沉船的瓷器——海外考古调查札记》（3），《南方文物》2020 年第 4 期，第 275 页。

3　郭声波点校《宋会要辑稿·蕃夷道释》蕃夷七，第 529 页。

之愿。昨在本国，曾得广州蕃长寄书招谕，令入京贡奉，盛称皇帝圣德，布宽大之泽，诏下广南，宠绥蕃商，阜通远物。臣遂乘海舶，爰率土毛，涉历龙王之宫，瞻望天帝之境，庶遵玄化，以慰宿心。今则虽届五羊之城，犹赊双凤之阙。自念衰老，病不能兴，遐想金门，心目俱断。今遇李亚勿来贡，谨备蕃锦药物附以上献。臣希密凡进象牙五十株，乳香千八百斤，宾铁七百斤，红丝吉贝一段，五色杂花蕃锦四段，白越诺二段，都爹一琉璃瓶，无名异一块，蔷薇水百瓶。[1]

《诸蕃志》记录大食贡使在宋廷的活动：

> 景德元年（1004），其使与三佛齐、蒲甘使同在京师，留上元观灯，皆赐钱纵饮。四年，偕占城来贡，优加馆饩，许览寺观苑囿。大中祥符车驾东封，其主陁婆离上言，愿执方物赴泰山，从之。四年祀汾阴，又来。诏令陪位。旧传广州言大食国人无西忽卢华，百三十岁，耳有重轮，貌甚伟异，自言远慕皇化，附古逻国舶船而来，诏赐锦袍银带，加束帛。[2]

对于宋帝而言，大食使节不仅仅可以提供方物，更重要的是能彰显自身天朝上国的身份，这在北有强邻的国际局势下，显得更为重要。故大食使节受到宋廷的优待，并参加上元节灯会、封禅山岳等重要活动。而如前文所述，这些大食使节其实多为寓居广州的阿拉伯商人。

三　宋廷对"大食国"的认识

在长期交往中，宋廷和市舶司对阿拉伯世界的认识也逐渐加深。如

1　《宋史》卷四九〇《外国传》，第 14119 页。
2　赵汝适撰，杨博文校释《诸蕃志校释》卷上《志国》，第 91 页。

在《岭外代答》《诸蕃志》等史籍中保存了 32 个阿拉伯、波斯地区的地名，涉及首都、宗教名城、港口城市等（见表 4-2）。

表 4-2 宋代史籍中的大食地名

序号	地名	原名	今译名	今英译名	位置	地名出处（缩略语）	参考文献（缩略语）
1	三麻杰	صومال	索马里	Somalia	非洲东部	宋会要辑稿，蕃夷 4, 358	汇释，133
2	陀婆离慈	تبریز	大不里士	Tabriz	伊朗西北	宋会要辑稿，蕃夷 4, 360	汇释，465
3	麻离拔	مرباط	穆尔巴特	Mirbat	阿曼西南	岭外代答，3, 99	岭外代答，3,101
4	麻嘉	مكة	麦加	Mecca	红海东岸	岭外代答，3, 99. 诸蕃志，1, 90	岭外代答，3, 103
5	白达	بغداد	巴格达	Baghdad	今伊拉克首都	岭外代答 3, 100. 诸蕃志，1, 90. 诸蕃志，1, 109—110	岭外代答，3, 104. 诸蕃志，1, 110
6	吉慈尼国	غزنى	加兹尼	Ghazni	今阿富汗东部	岭外代答，3, 100. 诸蕃志，1, 90. 诸蕃志，1, 112	岭外代答，3, 104—105. 诸蕃志，1, 112—113
7	眉路骨惇国	بلخ	巴尔赫	Balkh	今阿富汗北部	岭外代答，3, 101	岭外代答，3, 105—106
8	芦眉	روم	罗姆	Rum	安卡托纳利半岛	诸蕃志，1, 116—117	诸蕃志，1, 116—117
9	勿斯（厮）离国	موصل	摩苏尔	Mosul	今伊拉克北部	岭外代答，3, 101. 诸蕃志，1, 90. 诸蕃志，1,114	岭外代答，3, 106. 诸蕃志，1, 114—115
10	麻啰抹	مرباط	穆尔巴特	Mirbat	与"麻离拔"同地	诸蕃志，1, 90	诸蕃志，1, 93
11	施曷	شحر	席赫尔	Shihr	也门东部	诸蕃志，1, 90	诸蕃志，1, 94

续表

序号	地名	原名	今译名	今英译名	位置	地名出处（缩略语）	参考文献（缩略语）
12	奴发	ظفار	佐法尔	Dhofar	阿曼东南	诸蕃志, 1, 90	诸蕃志, 1, 94
13	哑四包闲	اصفهان	伊斯法罕	Isfahan	伊朗中部	诸蕃志, 1, 90	诸蕃志, 1, 94
14	啰施美	خوارزم	花剌子模	Khwarazm	中亚阿姆河流域	诸蕃志, 1, 90	诸蕃志, 1, 94
15	木俱兰	مكران	莫克兰	Makran	巴基斯坦西南	诸蕃志, 1, 90	诸蕃志, 1, 95
16	伽力吉	قلهات	盖勒哈特	Qalhat	阿曼东南	诸蕃志, 1, 90	诸蕃志, 1, 95
17	毗喏耶	مغرب	马格里布	Maghrib	非洲西北	诸蕃志, 1, 90	诸蕃志, 1, 95
18	伊禄	عِراق	伊拉克	Iraq	两河流域	诸蕃志, 1, 90	诸蕃志, 1, 95
19	思莲	سيراف	锡拉夫	Siraf	伊朗西部	诸蕃志, 1, 90	诸蕃志, 1, 95
20	白莲	بحرين	巴林	Bahrain	波斯湾西岸	诸蕃志, 1, 90	诸蕃志, 1, 95—96
21	积吉	تيس	迪济	Tis	伊朗南部	诸蕃志, 1, 90	诸蕃志, 1, 96
22	甘眉	قمر	科摩罗	Comoros	非洲东南群岛	诸蕃志, 1, 90	诸蕃志, 1, 96
23	蒲花罗	بخارا	布哈拉	Bukhara	乌兹别克斯坦西南	诸蕃志, 1, 90	诸蕃志, 1, 96
24	层拔	زنج	僧祇	Zanj	非洲东部	诸蕃志, 1, 90. 诸蕃志, 1, 100	诸蕃志, 1, 100—101
25	弼琶啰	بربرة	柏培拉	Berbera	索马里海岸	诸蕃志, 1, 90. 诸蕃志, 1, 102	诸蕃志, 1, 102—103
26	勿拔	مرباط	穆尔巴特	Mirbat	与"麻啰抹（拨）"同地	诸蕃志, 1, 90. 诸蕃志, 1, 14	诸蕃志, 1, 104

续表

序号	地名	原名	今译名	今英译名	位置	地名出处（缩略语）	参考文献（缩略语）
27	瓮篱（蛮）	عمان	阿曼	Oman	阿拉伯半岛东南	诸蕃志，1，90.诸蕃志，1，107—108	诸蕃志，1，108
28	记施	كيش	基什	Kish	波斯湾东岸离岛	诸蕃志，1，90.诸蕃志，1，108—109	诸蕃志，1，109
29	弼斯罗（啰）	بصرة	巴士拉	Basra	两河流域	诸蕃志，1，90.诸蕃志，1，111	诸蕃志，1，111—112
30	中理	مجرتين	马吉尔廷	Majeerteen	索马里东部	诸蕃志，1，104	诸蕃志，1，105—106
31	勿斯里	مصر	埃及	Egypt	非洲东部	诸蕃志，1，120—121	诸蕃志，1，121
32	遏根陀	إسكندرية	亚历山大港	Alexandria	埃及北部	诸蕃志，1，123	诸蕃志，1，123—124

　　说明：宋会要辑稿，蕃夷 4，358.= 郭声波点校《宋会要辑稿·蕃夷道释》蕃夷四，第 358 页。汇释，133.= 陈佳荣等：《古代南海地名汇释》，第 133 页。岭外代答，3，101.= 周去非撰，杨武泉校注《岭外代答校注》卷三，第 101 页。诸蕃志，1，120—121.= 赵汝适撰，杨博文校释《诸蕃志校释》卷上，第 120—121 页。

　　以上地名分布在中亚、西亚、东非、北非等地。其中既有国名，也有首都或者港口城市的名字，反映了宋廷对阿拉伯、波斯认识的深入。更重要的是，熙宁年间，宋廷已经认识到阿拉伯世界诸国并起的事实。《宋史·外国传》记载，"其国部属各异名，故有勿巡，有陁婆离，有俞卢和地，有麻啰跋等国，然皆冠以大食"。[1] 正因为海上丝绸之路上东来西往的频繁，宋廷对阿拉伯的认识更为深刻。在海上丝绸之路沿线诸国崛起的背景下，阿拉伯商人依然保持在亚洲海洋贸易中的优势地位。除了阿拉伯商人在海上丝绸之路沿线的长期耕耘并形成庞大的贸易网络等原因之外，宋廷和阿拉伯商人群体之间的良好关系也是不可忽视的因素。

1　《宋史》卷四九〇《外国传》，第 14121 页。

四　阿拉伯商人的海上竞争者

我们需要认识到，在大国崛起的同时，这些国家的沿海商人也发展成海上丝绸之路上重要的贸易群体，比如宋商和南印度商人。宋商的航线一直抵达印度洋西海岸，是中世纪后期最重要的海商群体之一，对海上丝绸之路的发展具有重要意义。

10世纪以后，来自南印度的商人成为重要的海商群体。简·威斯曼·克里斯蒂（Jan Wisseman Christie）依据在泰国塔库巴（Takuapa）、印尼苏门答腊岛的洛博图瓦（Lobo Tuwa）、巴帕哈石（Batu Bapahat）、珀拉克·都鲁科（Porlak Dolok）、泰国洛坤（Nahom Si Thamarat）、缅甸蒲甘（Pagan）、中国泉州所发现的中世纪泰米尔文碑铭，证明了南印度商人在亚洲海洋史中的重要影响力。[1] 刘迎胜先生也指出，"在泉州活动的湿婆教徒主要应是从南印度的马八儿泛海而来的商旅"，"据赵汝适记载，宋末有南毗国人时罗巴、智力干父子居于泉州城南。泉州城南正是大批湿婆教石刻和上述泰米尔文碑文的出土地点。可以设想，时罗巴、智力干父子是当时居于泉州的湿婆教徒社团中的成员"。[2] 钱江也指出了中世纪印度商人在东南亚海上贸易中的重要作用。[3]

按赵汝适的记载见《诸蕃志》南毗国条："其国最远，番舶罕到。时罗巴、智力干父子，其种类也，今居泉之城南。"[4] 现存于台州仙居的南宋提举泉州市舶郭晞宗墓志铭中，也记载了郭晞宗在提举泉州市舶任上去世时，时罗巴、智力干父子的活动，薛彦乔依据原墓志拓片重新

1　Jan Wisseman Christie, "The Medieval Tamil-Language Inscriptions in Southeast Asia and China", *Journal of Southeast Asian Studies*, Vol. 29, No. 2 (1998), pp. 239-268.

2　刘迎胜：《宋元时代的马八儿、西洋、南毗与印度》，《从西太平洋到北印度洋——古代中国与亚非海域》，南京大学出版社，2017，第27页。

3　钱江：《金州、金地与耶婆提：古代印度与东南亚的海上贸易》，余太山、李锦绣主编《丝瓷之路——古代中外关系史研究》第1辑，第306—354页。

4　赵汝适撰，杨博文校释《诸蕃志校释》卷上《志国·南毗国》，第67—68页。

录文:

> 泉商蛮舶闻讣掩泣,蕃酋时罗巴、智力干等数十人号顿庭下,昼夜然异香,缦巾以拜,夷音飔呗,麾之不去。[1]

由此可见,南印度商人在南宋的泉州,已经是重要的贸易群体。与南印度商人一样,宋商也成长为海上丝绸之路上重要的商人群体。《萍洲可谈》云:

> 〔三佛齐〕正在海南,西至大食尚远。华人诣大食,至三佛齐修船,转易货物,远贾幅凑,故号最盛。[2]

这说明宋商已经能航行到阿拉伯地区,并在海岛东南亚形成了贸易移民社区。由此可见,10世纪以后,尽管阿拉伯商人依旧是海上丝绸之路贸易中最重要的商人群体,但南印度商人、宋商已经崛起,这标志着海上丝绸之路的国际贸易发展到新的阶段。其中,宋商的活动尤其值得注意,因为宋商的活动范围,东至日本的博多港,西至阿拉伯海沿岸港口,贯穿了海上丝绸之路。宋商如何崛起为海上丝绸之路上最重要的海商群体? 这是值得探讨的问题。

结 语

本章探讨阿拉伯商人在宋朝的活动情况,以及他们对广州历史发展的贡献。尽管在海上丝绸之路上出现泰米尔商人这样的竞争者,但

---

1 薛彦乔:《〈诸蕃志〉"南毗国"条补释》,《中国地方志》2020年第4期,第115页。
2 朱彧:《萍洲可谈》卷二,第135页。

阿拉伯商人依然是最有力量的贸易群体之一，他们参与到侬智高之乱后广州城的建设，他们居住的蕃坊及其周边成为广州商业最繁华的地域。他们重视教育，并善于处理和官府的关系。南宋时期，泉州的阿拉伯社区也发展壮大，这体现了阿拉伯商人在中国东南沿海社会的进一步发展。不过阿拉伯商人的远航，缺少来自政权力量的支持，这使得他们难以进一步扩大自身的移民地域。与此同时，宋朝东南沿海的海商逐渐壮大。如在侬智高之乱时，海洋船民就已成为广州解围的重要参与者。他们将成为海上丝绸之路中阿拉伯商人强有力的对手和合作者。从下一章开始，将探讨中国商人的西航，以及他们对海上丝绸之路的影响。

第五章　天方神舟：中世纪出现在阿拉伯海的"中国船"

第一节　关于9世纪波斯湾的"中国船"的争议

中国的海商最早于何时抵达阿拉伯海沿岸？这个问题长期不得其解。9世纪后期成书的《中国印度见闻录》以及10世纪的《黄金草原》记载，在波斯湾东岸的港口城市尸拉夫有所谓的"中国船"。这是关于"中国船"出现在波斯湾的最早记载。桑原骘藏据此认为："马苏第所记之事约在公元880年黄巢之乱后，他的写作年代约在950年。换言之，不得不承认，唐末五代期间，前往中国的阿拉伯商人皆搭乘中国船。"[1]

1　此据桑原骘藏『蒲寿庚の事蹟』、130頁。汉译亦可见桑原骘藏《蒲寿庚考》，陈裕菁译，中华书局，1954，第92页。

与桑原氏同时代或稍晚的阿拉伯研究者，如索瓦杰（Jean Sauvaget）
亦直接将这个词组理解为"中国的船舶"（le navire chinois）。[1] 阿拉伯裔
美国学者乔治·胡剌尼（George F. Hourani）反对这种说法，并认为：

> 在这个时代，中国的船舶（Chinese ships）不太可能造访西方
> 的港口。如果他们真的这样做了，他们可能会得到阿拉伯作家的
> 某些描述。地理学家和旅行家确实说到了 marākib al-Sīn，"中国的船
> 舶"，sufun Sīnīyah，"中国的船舶"，但在某些例子中，至少在语境上
> 显示它们指的是西方的船舶。因此，这些表述可能指的是"参与
> 中国贸易的船舶"（ships in the China trade），在其他语言中也有许
> 多相似的表达，如"中国快速帆船"（China clipper）、"东印度人"
> （East Indiamen）、"他施的船舶"（ships of Tarshish）等等。[2]

不过胡剌尼也承认，"马苏第所写的一个段落，似乎在说中国的船舶曾
经航行到西方"。但他接着又说："这段话可能要留待读者去判断了。即
使它真的是说中国艅（Chinese junk）曾经航行到波斯湾，但至少在 12
世纪前，没有其他明确证据的支持。马苏第在 947 年写 878 年以前的事
情，有可能弄错了。"[3]

《中国印度见闻录》新英译本的译者麦金陶什·史密斯（Tim
Mavkintosh-Smith）同意胡剌尼的观点，并将 السفن الصينية 翻译成 the China
Ships。[4] 党宝海先生也注意到"中国船"性质存在争议。[5] 邱轶皓亦探讨
了 13—15 世纪文献中所见的"Jūng"（艅），认为这是 13 世纪以后西

1　*Relation de la Chine et de l'Inde*, trans. & ed. by Jean Sauvaget, Paris: Société d'Édition, 1948, p. 7.

2　George F. Hourani, *Arab Seafaring in the Indian Ocean in Ancient and Early Medieval Times*, Princeton: Princeton University Press, 1995, p.75.

3　George F. Hourani, *Arab Seafaring in the Indian Ocean in Ancient and Early Medieval Times*, pp.75-76.

4　*Accounts of China and India*, trans. & ed. by Tim Mackintosh-Smith, in Philip F. Kennedy and Shawkat M. Toorawa (eds.), *Two Arabic Travel Books*, New York: New York University Press, 2014, p. 31.

5　党宝海：《八至十五世纪的中国与也门》，《北京大学学报》2021 年第 1 期，第 38 页。

方文献对于中国帆船的专称。[1]

　　那么，早期的"中国船"是否如胡剌尼所言，是"参与中国贸易的船舶"？抑或如桑原骘藏等学者所认为的，从字面意义上理解，即"中国制造的船舶"？目前，穆根来先生译《中国印度见闻录》、耿昇先生译《黄金草原》是最为权威的中译本。[2]这两种译本都是根据法译、日译本转译而来，如果要更为精准理解原作者所指的意涵，在参考以上译本的基础上，需要找到相关的阿拉伯文原文本，进而分析其语境。

第二节　描述"中国船"的文本及其语境

一　《黄金草原》

　　桑原氏、胡剌尼提到的马苏第所述"中国船"（مراكب الصين，Marākib al-Sīn）的段落，如下文所述：

　　　　现在这里是来自尸拉夫和阿曼的穆斯林船舶的终点站，在此会遇到中国船。但以前的情况就不同了。中国船到达了阿曼、尸拉夫诸地，法尔斯、巴林的海岸，以及乌布剌（Ubulla）、巴士拉。同样，来自所提到的这些地方的不同船舶，也会去往那里。因为人们不再相信那里的公正以及中国的统治秩序，那里的形势也正如我们所述。[3]

1　邱轶皓：《艎（Jūng）船考：13 至 15 世纪西方文献中所见之"Jūng"》，刘玉才主编《国际汉学研究通讯》第 5 期，北京大学出版社，2012，第 329—338 页。后收入邱轶皓《蒙古帝国视野下的元史与东西文化交流》，上海古籍出版社，2019，第 331—341 页。

2　穆根来等译《中国印度见闻录》，中华书局，1983。马苏第：《黄金草原》。

3　*Les Prairies d'Or (Murūj al-Dhahab wa-Maʿādin al-Jawhar fī al-Tārīkh)*, trans. & eds. by Barbier de Meynard and Pavet de Courteille, Vol. 1, Paris: Imprimé par Autorisation de L'Emperur, 1861, p. 308.

二 《中国印度见闻录》

胡剌尼所讲的 *Sufun Sīnīyah*（سفن الصينية）的例子，主要见于《中国印度见闻录》，有以下文本：

> 关于他们通常停靠和上岸的地方，他们说大多数中国船会从尸拉夫启程。货物从巴士拉、阿曼和其他地方运到尸拉夫，装进在尸拉夫的中国船。因为那片海域的浪太大，周围水又太少。[1]
>
> 阿曼山就在那片海域上，那里有个地方叫作杜尔杜尔（al-durdūr），它夹在两山之间，那里小船可以经过，但是中国船不行。[2]
>
> 船舶由此去往印度，目的地为库兰马里（Kūlam Malī）。如果顺风的话，从马斯喀特（Muscat）到库兰马里的距离是一个月。在库兰马里，该国的防务机构会向中国船征税，从井里可以打出新鲜的水。从中国得到的是 1000 迪亚姆（dirham），对其他各船的征税从 10 第纳尔（dinar）到 1 第纳尔不等。马斯喀特到库兰马里到哈坎德（Harkand）的方向，为一个月。他们在库兰马里得到了新鲜的水。[3]

上引胡剌尼认为，"但在某些例子中，至少在语境上显示它们指的是西方的船舶"。胡剌尼显然认为这些船舶是从波斯湾驶向印度和中国的，所以必然是西方的船舶。

而在福斯塔特格尼扎文书中，其中有一封 1156 年由在亚丁的犹太商人首领赛义德·马哈布写给希勒·纳哈曼的信件，其中提及两艘船，名字分别是巴里巴塔尼（Barībatanī）号和库拉密（Kūlamī）号，它们都以抵达的地点命名。[4] 义净曾提到，印度人称呼广州为"支那"，亦即中

1　*Accounts of China and India*, p. 30.

2　*Accounts of China and India*, p. 30.

3　*Accounts of China and India*, pp.30-32.

4　*India Traders of the Middle Ages*, pp. 530-541.

国，[1]后来这个名字传到波斯和阿拉伯，成为"Ṣin-Kālān"。[2]因之，"中国船"（Sufun Ṣīnīyah, Marākib al-Sīn）也可能是以航行的终点站命名，而这里的 al-Sīn 可能是指代表中国的港口城市——广州。从这个意义上讲，胡剌尼所持"中国船"是"参与中国贸易的船舶"的观点，是有一定道理的，至少《中国印度见闻录》中的 3 个例子，应当都是这种意涵。所以，我们有必要回顾该时期广州和岭南的造船技术史，这见于中文史料的记载。

三　岭南的缝合船

广州是 8—9 世纪阿拉伯船东来的终点站以及回航的始发港，这是第三章叙述的重点。当阿拉伯船抵达广州后，除了卸货、装货之外，必然要对船进行修补，但阿拉伯人不可能在船上携带大量的棕榈纤维等作为修补材料，所以必定要在当地寻找原料。刘恂《岭表录异》：

> 桄榔树生广南山谷，枝叶并蕃茂，与枣、槟榔等树小异。然叶下有须，如粗马尾。广人采之，以织巾子。其须尤宜咸水浸渍，即粗胀而韧，故人以此缚舶，不用钉线。木性如竹，紫黑色，有文理而坚，工人解之，以制博奕局。其木刚，作锻锄，利如铁，中石更利，惟中蕉方致败耳。此树皮中有屑如面，可为饼食之。[3]
>
> 橄榄，树身耸枝，皆高数尺，其子深秋方熟。闽中尤重此味，云咀之香口，胜含鸡舌香。生吃及煮饮悉解酒毒。有野生者，子繁树峻，不可梯缘，则但刻其根下方寸许，内盐于其中，一夕，子皆自落。树枝节上生脂膏如桃胶，南人采之，和其皮叶煎之，

1　义净著，王邦维校注《大唐西域求法高僧传校注》卷上，第 71 页。

2　见 L.Hambis, "Khānfū", in *Encyclopaedia of Islam*, Second Edition, http://dx.doi.org/10.1163/1573-3912_islam_SIM_4189, (2022/03/11)。

3　刘恂撰，鲁迅校勘《岭表录异》卷中，广东人民出版社，1983，第 17 页。

> 调如黑饧，谓之橄榄糖。用泥船损，干后牢于胶漆，著水益坚耳。[1]

这当是阿拉伯人的缝合船技术在广州当地的实践，和中国的钉制船是不同的。其中，桄榔树的纤维作为缚船的材料，橄榄树胶经处理作为捻料，这是阿拉伯人在广州当地取材，修复因远航而出现破损的缝合船。能够找到缚船和填充的替代材料，是长期实践的成果，同时也可以看到阿拉伯人社区在广州的成长。因为如果没有安定的聚居地，以及和当地人的良好关系，要进行帆船修补技术的实践，显然是困难的。而阿拉伯人和岭南当地人的技术交流，也导致岭南出现了本土生产的缝合船。南宋时期，周去非《岭外代答》记载道：

> 深广沿海州军，难得铁钉桐油，造船皆空板穿藤约束而成。于藤缝中，以海上所生茜草，干而窒之，遇水则涨，舟为之不漏矣。是为"藤舟"。[2]

有研究者曾引用这则材料，并认为"这类船舶的坚固性，当然不如福建以铁钉铆合，并以油灰填缝的船舶"，由此佐证"宋代的海船制造中心只能在福建"的观点。[3] 但其实周去非紧接着又说道："其舟甚大，越大海商贩皆用之。而或谓要过磁石山而然，未之详尔。"[4] 说明这种船舶在岭南还是广受远洋商人欢迎的。磁石山在今天的肇庆市，因出产磁石而出名。[5] 有人说藤舟必须在磁石山吸磁，才能变得坚固，这自然只是传说。这种缝合船到 17 世纪依然存在，被称为"藤埠船"。屈大均《广东新语》载：

1　刘恂撰，鲁迅校勘《岭表录异》卷中，第 19 页。
2　周去非撰，杨武泉校注《岭外代答校注》卷六《器用门·藤舟》，第 218 页。
3　徐晓望：《中国福建海上丝绸之路发展史》，九州出版社，2017，第 141 页。
4　周去非撰，杨武泉校注《岭外代答校注》卷六《器用门·藤舟》，第 218 页。
5　顾祖禹：《读史方舆纪要》卷一〇一，中华书局，2005，第 4646 页。

> 藤埠船，琼船之小者，不油灰，不钉锴。概以藤扎板缝，周身
> 如之。海水自罅漏而入，渍渍有声，以大斗日夜戽之，斯无沉溺之
> 患。其船头尖尾大，形如鸭母，遇飓风随浪浮沉。以船有巨木为脊，
> 底圆而坚，故能出没波涛也。苏轼云："番人舟不用铁钉，止以桄榔
> 须缚之，以橄榄糖泥之，泥干甚坚，入水如漆。"盖自古而然矣。[1]

其中所引的苏轼语，实出自上引的《岭表录异》。宋代以后岭南的藤舟、藤埠船，与秦汉时期广州出土造船模型，以及南越王墓铜鼓中所绘的海船图案也有较大的差异。[2]读《太平御览·舟部》所辑录的宋以前的造船史资料，无论是中国南方，还是东南亚地区，都没有以藤系缚船只的传统。[3]这种传统更接近阿拉伯人的缝合船技术，可能是在长期的中阿交流中，中国人从阿拉伯人处习得。而晚唐的刘恂已经较为详细地记载缝合船在广州如何就地取材地进行修理，说明这时的广州人对这种造船技术已经有了一定了解。存在于岭南的缝合船的传统，是大量阿拉伯船东来的明证。

四　《中国印度见闻录》卷二编者对阿拉伯船的认识

上引桑原骘藏所云，"唐末五代期间，前往中国的阿拉伯商人皆搭乘中国船"，这显然是不正确的。比如黑石号的出水就可证明唐末阿拉伯商人东航，依然存在乘坐阿拉伯缝合船的情况；唐宋岭南史料中关于缝合船的记载，更确切地证明阿拉伯船曾多次抵达广州。如此看来，"中国船"意为"参与中国贸易的船舶"，而这些船舶多为阿拉伯船，是比较合理的推测。

1　屈大均:《广东新语》卷一八《舟语》，中华书局，1985，第483页。

2　见麦英豪《2000年前岭南人的衣食住行》，香港城市大学中国文化中心编《岭南历史与社会》，香港城市大学出版社，2003，第36—39页。

3　李昉等编《太平御览》卷七六八至卷七七一《舟部》，中华书局，1960，第3406—3420页。

但如果翻看《中国印度见闻录》卷二的话，会发现该书的编者是很理解阿拉伯船和周边海域船只的区别的：

> 那时那里发生的情况，不为我们的祖先所知，是之前未知的事实，即中国海和印度海连接着黎凡特海（Bahr al-Shām）。这是直到我们这个时代才知道的，在罗马海（Bahr al-Rūm，译按：即地中海），发现了阿拉伯缝合船的木板。这些船已经毁坏，他们的船员已经失踪。海浪将它们的船板撕成碎片，接着被风浪驱赶到可萨海（Bahr al-Kahzar），接着出现在罗马海湾，接着被冲到罗马海和黎凡特（al-Shām）。这说明，海洋从中国和新罗开始，从背后进入突厥（al-Turk）和可萨人的地盘，接着流入那一海湾，最后抵达黎凡特的土地。因为缝合船板不存在其他的船舶，尤其常见于尸拉夫，而黎凡特和罗马的船舶是钉制的，而不是缝合的。[1]

上述引文中，编者明确地指出阿拉伯船（مراكب العرب，Markab al-ʿArab）和地中海船的区别，前者是缝合的，后者是钉制的。而且，编者在这里明确地以制造地来为船舶命名。那为什么在篇幅不大的同一本书中，前面的"中国船"以目的地命名，而这里却以制造地命名？

我们知道，《中国印度见闻录》分上下两卷（كتاب，Kitāb），这段记载出自《中国印度见闻录》卷二，当晚于卷一的成书时间。此卷是阿布·扎伊德（Abū Zayd）综合9世纪后期到10世纪初期地理学和印度洋等区域的旅行家见闻等整理而成的，故而与卷一的体例存在区别。卷二的开头如下：

> 阿布·扎伊德·哈桑·尸拉夫（Abū Zayd al-Hasan al-Sīrāf）说

---

1 *Accounts of China and India*, p.86.

道：我已经阅读了这本书，也就是第一本书，我被要求去思考和
验证海洋、它的国王和他们的情况，并找出相关其他资料。我发
现这本书写于 237 年，那时有许多来自伊拉克的商人，海事是通
畅的。[1]

回历 237 年即公元 851—852 年，这是《中国印度见闻录》卷一成
书的时间。卷二成书的时间要晚得多，里面记载了黄巢起义的失败
（884），加之作者阿布·扎伊德和马苏第是同一时代的人，两人曾两
度在巴士拉见面，其中第一次当在 916 年后不久。[2] 麦金陶什·史密
斯研究《中国印度见闻录》《黄金草原》后认为，"如果我们诚挚地阅
读马苏第的作品，如果我们接受故事的细节，它们是如此奇特而又真
实，不像是其他见证人讲给阿布·扎伊德的故事，那么看起来马苏
第也是《中国印度见闻录》中那些没有名字的信息提供人之一"，"马
苏第和阿布·扎伊德的会面无论何时发生，都不能为《中国印度见
闻录》提供一个确切的时间段。该书的最后版本可能是在回历 332 年
（公元 943—944 年）的某个时间段内完成，这一年马苏第正在写他的
《黄金草原》"。[3]《中国印度见闻录》卷二是阿布·扎伊德综合 9 世纪后
期到 10 世纪初期地理学和印度洋等区域的旅行家见闻等整理而成的，
马苏第的记录应该就是他的资料来源之一。

　　事实上，上引《中国印度见闻录》卷二关于"黎凡特船"和"罗马
船"的这段记载，与马苏第的一段记述基本相同，[4] 这说明，马苏第对船
的命名，有自身的体例。不过，在分析其体例之前，需要明辨阿拉伯语
中关于船的主要称呼。

1　*Accounts of China and India*, p.66.

2　见 Sayyid Maqbul Ahmad, *A History of Arab-Islamic Geography (9th – 16th Century, A.D.)*, p. 42。

3　Mavkintosh-Smith, "Introduction", in Abū Zayd al-Sīrāfī, *Accounts of China and India*, p.12.

4　*Les Prairies d'Or*, Vol. 1, pp. 365-366.

五　阿拉伯语中的"船"

在现代英语中，指代"阿拉伯船"的单词为 dhow。狄奥尼修斯·阿吉乌斯（Dionisius A. Agius）指出，dhow 主要指"航行在西印度洋的具有特定工艺的传统木船"，但"在阿曼海湾、红海和东非，有约 50 个名字和子名字（sub-name）指代各种类型的阿拉伯船。'dhow'之名为英语人士所通用，但不为使用驾驶船舶的海洋社群所采用"。[1]

阿吉乌斯关于阿拉伯船名称的统计数字并非虚言，他在塔巴里（Al-Tabarī）《先知和诸王的历史》（*Tarikh al-Rusul wa al-Muluk*）中找到 21 种关于船的称呼，在穆卡迪西《诸国知识的最好分类》（*Aḥsan al-taqāsīm fī ma'rifat al-aqālīm*）中找到 36 种关于船的称呼，在伊本·希达（Ibn Sīda）《应许之书》（*Kītāb al-Mukhaṣṣaṣ*）中找到 24 种关于船的称呼，在伊本·白图泰（Ibn Battuta）《世界奇观周游记》（*Tuhfat an-Nuẓẓār fī Gharā'ib al-Amṣār wa 'Ajā'ib al-Asfār*）中找到 23 种关于船的称呼，在马格里兹（Al-Maqrīzī）的《埃及历史地理志》（*Al-Mawā'iz wa-al-I'tibār bi-Dhikr al-Khiṭaṭ wa-al-āthār*）和《埃及诸王史》（*Kitāb al-Sulūk li-Ma'rifat Duwal al-Mulūk*）中找到 28 种关于船的称呼，涵盖了战船、海船、河船、货船、接驳船等船型。[2]

马吉德（Aḥmad ibn Mājid）是 15 世纪下半叶著名的印度洋航海家，其《航海指南》（*Kitab al-Fawa'id fi Usul 'Ilm al-Bahr wa 'l-Qawa'id*）一书，对航海所需的天文地理等知识进行了百科全书式的叙述。杰拉德·蒂贝茨（Gerald R. Tibbetts）在《航海指南》一书中，找到 Jilāb, Khashb, Ṭarārīd, Qaṭā'i', Mismarīyāt, Sūr, 'Aikar 等 7 种船舶的称呼。根据蒂贝茨的考证，这些船名的意涵为：

1　Dionisius A. Agius, "Dhow", in Kate Fleet et al. (eds.), *Encyclopaedia of Islam*, Third Edition, http://dx.doi.org/10.1163/1573-3912_ei3_COM_27724, (2022/03/04).

2　Dinoisius A. Agius, *Classic Ships of Islam*, Leiden: Brill, 2008, pp. 385-391.

jilāb 可能是红海当地的船舶，khashb 主要是在亚丁湾和红海航行的船舶，但有些也可能航行到霍尔木兹或者印度（但大概只到达古吉拉特和康坎），ṭarārīd（单数为 ṭarrād）被发现于奥里萨（Orissa）海岸。它们可能是当地船舶，但如果它们是阿拉伯的，就必定是长距离远洋船，尽管明显是更小型的。qaṭā'i' 和 mismarīyāt 只与葡萄牙人（Ifranj）一道提及。萨金特（Serjeant）说 qaṭā'i' 可能和"印度的科提亚"（Indian Kotia, 阿拉伯语作 qatīya）一样，是一种有着方艉（transom stern）的阿拉伯船（dhow），在伊本·马吉德的时代只可能是地中海或者欧洲的工艺。Mismarīyāt 是一种钉制船，有别于传统印度洋上采用棕榈纤维缝合厚木板的工艺。（中略）ṣūr 这个词并不能难住我在波斯湾碰见的造船师。他们指出 ṣūr 是一种在阿曼的 Ṣūr 建造的船型，那里是最重要的阿拉伯船建造中心之一。（中略）'aikar 必然是一种为印度洋水手所使用的船舶，因为它从亚丁或者席赫尔（Shihr）航行到霍尔木兹，或者从阿曼到古吉拉特。它大概是一种更轻的船，能在多变的风向中更安全地航行。[1]

马吉德作为经验丰富的航海家，对船的称呼应该更符合 15 世纪后期西印度洋的实际情况。而在众多的阿拉伯船的称呼中，哈桑·哈里莱指出，在 9—16 世纪的阿拉伯文历史文献中，主要使用三个词来称呼船：قارب（qārib），مركب（markab），سفينة（safina）。[2] 他认为，这些船名的意涵如下：

> qārib 是一种轻型运输船，船员使用它将货物从超大型船搬运到码头，也可作为救生艇使用，或者作为渔船。偶尔地，如我

1　G.R.Tibbetts, *Arab Navigation in the Indian Ocean before the Coming of the Portuguese*, pp. 47-48.

2　按مركب和سفينة分别为مراكب和سفن的单数形式。

们在格尼扎一封写于 1048 年 8 月的信件中读到的那样，qārib
作为一种近海船使用，用于在当地的港口之间运输小型船货。
markab 是一种较小的船型，由桨或者帆来推进，在深海、沿海
或者内陆的水域中航行。safīna 或者 fulk 是最大型的海船，只
能用帆来推进。[1]

不过，哈里莱也承认，"有些变化是在语法上而不是真实发生的，尽管
伊斯兰经典时期的专业水手可以辨别关于船型的实际航行术语"。[2]上引
《黄金草原》、《中国印度见闻录》卷二也使用مراكب（markab）来称呼阿
拉伯船（مراكب العرب），而这种船显然是远洋船。当然，在现代标准阿拉
伯语中，مراكب和سفينة（safīna）的意涵更趋于一致，都是船（ship，boat，
vessel）的意思，这是语言历史演进的结果。[3]

六 《黄金草原》中以地点命名的"船"

《黄金草原》也使用مركب（markab）、سفينة（safīna）称呼大型船舶。
其中，带有地点的船舶，除上述两段关于"中国船""黎凡特船""罗马
船"的记载外，还有关于"穆斯林船""阿比西尼亚船""印度船"的记
载。其文字如下：

现在来说埃及的尼罗河，博学之士已经讲到，它长达 900 帕
勒桑（parasang），或 1000 帕勒桑。那里既有定居之处，也有不毛
之地，直到上埃及的阿斯旺。停泊在那里的船舶来自埃及的福斯
塔特。据阿斯旺附近数里处，有山脉和岩石阻隔了阿斯旺的航道。

1　Hassan S. Khalilieh, *Islamic Maritime Law: An Introduction*, pp. 23-24.

2　Hassan S. Khalilieh, *Islamic Maritime Law: An Introduction*, p. 24.

3　见在线版牛津词典（Oxford Dictionaries），https://premium.oxforddictionaries.com/translate/
arabic-english/ مركب#مراكب_1=q? 以及 https://premium.oxforddictionaries.com/translate/arabic-
english/ سفينة#سفينة_q=? 。（2021 年 11 月 3 日）

这些山脉隔开了经常造访的阿比西尼亚船舶（Safīna al-Ḥabash）和
穆斯林船舶（Safīna al-Musāmīn）。[1]

　　它流入了阿比西尼亚海（al-Baḥr al-Ḥabashiyy, 译按：指幼发
拉底河的支流），此海在当时会抵达今天叫作纳扎夫（al-Nadjaf）
的地方。中国和印度的船舶会在那里歇脚，他们的目的地是希腊
（al-Ḥīrat）。[2]

以上例子中，"穆斯林船"、"阿比西尼亚船"、"印度船"以及和"印度
船"并称的"中国船"，都明显是以出发地命名的。因此可以肯定，《黄
金草原》所记载的"中国船"，就是从中国出发的船舶。不过，在穆斯
林商人群体已经在广州聚居，以及广州当地存在西印度洋船型的情况
下，这些"中国船"，是中国本土制造的传统木船，抑或仅是指由中国
返航的阿拉伯船，《黄金草原》并没有更详细的记载，因此需要进一步
查找材料。

　　目前已知，明确记载中国商人经海路到阿拉伯世界的史料，出自
12 世纪的《萍洲可谈》：

　　　〔三佛齐〕正在海南，西至大食尚远，华人诣大食，至三佛齐
　　修船，转易货物，远贾辐凑，故号最盛。[3]

菲利普·梅纳尔（Philippe Ménard）对中国、阿拉伯、印度的船舶也进
行了比较，并记述了元朝的中国船到达波斯湾的情况。[4] 不过，21 世纪
初新发现的碑铭，可以将中国船到达阿拉伯海的记载提前至 8 世纪后半
叶，这就是唐德宗使节杨良瑶的帆船，而它将证明在马苏第的时代之

1　*Les Prairies d'Or*, Vol. 1, pp. 208-209.

2　*Les Prairies d'Or*, Vol. 1, pp. 215-216.

3　朱彧：《萍洲可谈》卷二，第 135 页。

4　Philippe Ménard, "Marco Polo et la Mer: les Navires vus en Orient", in *Les Passions d'Un Historien: Mélanges en l'Honneur de Jean-Pierre Poussou*, Paris: Pups, 2010, pp. 415-424.

前，中国传统木船已经可以到达波斯湾沿岸。下一节将论证为何杨良瑶的帆船是一艘中国船。

第三节　杨良瑶的帆船

一　《杨良瑶神道碑》的记载

目前已知中国最早出使阿拔斯王朝的使节，为唐德宗贞元时期的杨良瑶使团，这出自《杨良瑶神道碑》的记载。[1] 据荣新江先生推测，"杨良瑶作为唐朝官方正式的使臣，恐怕还是要选择唐朝自己的船舶"。[2] 那么，杨良瑶的帆船是什么样的船型？《杨良瑶神道碑》对杨良瑶的海上航行情况，仅有如是表述："挂帆凌汗漫之空，举棹乘颢淼之气。黑夜则神灯表路，白昼乃仙兽前驱。"[3] 就是如此四句话，对杨良瑶的帆船进行了最为基本的描述。

荣先生指出，"神灯表路"与《新唐书·地理志》引贾耽《皇华四达记》中所云的提罗卢和／罗和异（今伊朗乌布剌）"国人于海中立华表，夜则置炬其上，使舶人夜行不迷"的记载"如出一辙，都是来自杨良瑶的亲身体验"。[4] 所以这里的"神灯"可能指在波斯湾看到的灯塔，这是合理的推测。中国东南沿海的佛塔，也有这样的效果，如南宋释了心《重建南高峰塔记》云，杭州西湖边的南高峰塔"每巡檐张灯，或冥冥雨夜，海商山客，以此为司南者也"。[5] 说明在海上丝绸之路的东段和西段均存在灯塔。在《杨良瑶神道碑》的语境中，"黑夜则神灯表路，

1　张世民：《杨良瑶：中国最早航海下西洋的外交使节》，《咸阳师范学院学报》2005 年第 3 期，第 4—8 页。

2　荣新江：《丝绸之路与东西文化交流》，第 88 页。

3　荣新江：《丝绸之路与东西文化交流》，第 84 页。

4　荣新江：《丝绸之路与东西文化交流》，第 97 页。

5　潜说友纂《咸淳临安志》卷八二，浙江古籍出版社，2012，第 3003 页。

白昼乃仙兽前驱"，应当形容杨良瑶船队夜晚在灯塔的指引下航行，白天得到神力保佑的情景。这是比较合理的解释。

当然，在中国船舶史的文献中，"神灯""仙兽"都是船舶的基本要素。张衡《西京赋》中云，"浮鹢首，翳兰芝"，李善注曰："船头象鹢鸟，厌水神。故天子乘之。"清代学者高步瀛疏云："鹢，大鸟也。画其象箸船首，故曰鹢首。"[1]《宣和奉使高丽图经》描述北宋末年出使高丽的神舟道："巍如山岳，浮动波上，锦帆鹢首，屈服蛟螭。"[2]宋摹顾恺之《洛神赋图》中的双体画舫，也在船头绘制了仙兽图案。清康熙五十八年（1719）徐葆光《中山传信录》中附的封舟图，也绘出了仙兽图案，以作为"免朝牌"。[3]可知这是中国帆船历史悠久的图案。仙兽图案绘制在船头，契合《神道碑》所谓"仙兽前驱"的叙述。

神灯则出现在中国传统木帆船的船尾。宋摹顾恺之《洛神赋图》中出现了灯台。明宣德六年（1431）郑和等所立《娄东刘家港天妃宫石刻通番事迹记》碑云："直有险阻，一称神号，感应如响，即有神灯烛于帆樯。"[4]《中山传信录》附封舟图绘出了"神灯"的位置，正位于船尾神堂的楼顶将台之上。封舟即携带清帝册封诏书的大使所乘坐的船舶，其中有专门负责神事的人员，按《中山传信录》卷一："香公一人，主天妃诸水神座前油灯，早、晚洋中献纸，及大帆尾缭。"[5]杨良瑶的时代尚没有妈祖信仰，杨良瑶曾祭拜南海神，故可能请神庙的神灯。

王冠倬《中国古船图谱》影印了上述的双体画舫、封舟两图，是较为清晰的图版。[6]兹标示如下。

1　高步瀛著，曹道衡等点校《文选李注义疏》卷二，中华书局，1985，第436页。
2　徐兢：《宣和奉使高丽图经》卷三四《海道》，林庆辉标注，吉林文史出版社，1986，第70页。
3　王冠倬：《中国古船图谱》（修订版），三联书店，2011，图版第4页图6，图版第17页图29。
4　向达校注《西洋番国志　郑和航海图　两种海道针经》附录，第51页。
5　徐葆光：《中山传信录》卷一《封舟》，康熙六十年（1721）刻本，叶八右。此据爱如生中国基本古籍库，http://dh.ersjk.com/spring/front/read#，（2022/02/01）。
6　王冠倬：《中国古船图谱》（修订版），图版第17页图29。

图5-1　宋摹《洛神赋图》所见鹢首与灯台

资料来源：王冠倬《中国古船图谱》（修订版），图版第4页，图6。

图5-2　《中山传信录》所见神灯与仙兽

资料来源：王冠倬《中国古船图谱》（修订版），图版第17页，图29。

　　因此"神灯表路""仙兽前驱"皆可以对应中国传统船舶的元素，不过由于这是只言片语，故存在实指和虚指两种可能性。而从神道碑的语境来看，神灯、仙兽是虚指的可能性更大，尽管并不能排除实指的可能。所以要想厘清杨良瑶帆船的情况，还需要考察隋唐的海上遣使情况。

二 隋唐时期遣使朝鲜半岛和海上诸国的情况

隋唐时期有多次遣使朝鲜半岛和海上诸国的情况。拜根兴对其中唐朝遣使新罗进行了专门研究。[1] 遣使诸国的情况如表 5-1 所示。

表 5-1 隋唐遣使朝鲜半岛和海上诸国情况

序号	大使	身份	目的国	时间（年号）	公元纪年	资料来源
1	常骏	屯田主事	赤土国	大业三年	607	隋书, 82, 1834—1835
2	裴清	文林郎	倭国	大业四年	608	隋书, 82, 1827—1828
3	庾文素	通直散骑侍郎	新罗	武德四年	621	旧唐书, 199, 5334
4	李袆	通直散骑侍郎	新罗	武德五年	622	《李袆墓志》*
5	佚名	不知	新罗	武德七年	624	旧唐书, 199, 5335
6	高表仁	新州刺史	倭国	贞观五年	631	旧唐书, 199, 5340
7	佚名	不知	新罗	贞观九年	635	旧唐书, 199, 5335
8	张文收	太常丞	新罗	永徽五年	654	新唐书, 220, 6204
9	佚名	不知	新罗	天授三年	692	旧唐书, 199, 5337
10	佚名	不知	新罗	长安二年	702	旧唐书, 199, 5337
11	邢璹	左赞善大夫摄鸿胪少卿	新罗	开元二十五年	737	旧唐书, 199, 5337
12	魏曜	赞善大夫	新罗	天宝二年	743	旧唐书, 199, 5337
13	达奚弘通	大理司直	海南三十六国	肃宗上元后	760—761？	玉海, 16, 336—337
14	归崇敬	仓部郎中兼御史中丞	新罗	大历三年	768	旧唐书, 199, 5337

---

1 拜根兴：《唐朝与新罗关系史论》，中国社会科学出版社，2009。

序号	大使	身份	目的国	时间（年号）	公元纪年	资料来源
15	赵宝英	中使	日本	大历十三年	778	续日本纪, 35, 444
16	杨良瑶	内侍省内给事	黑衣大食	贞元元年	785	《杨良瑶碑》**
17	韦丹	司封郎中兼御史中丞	新罗	贞元十六年	800	旧唐书, 199, 5338
18	董承悦	中使	新罗	贞元年间?	785—805	补遗, 5, 335—336
19	元季方	兵部郎中	新罗	永贞元年	805	旧唐书, 199, 5338
20	崔廷	职方员外郎摄御史中丞	新罗	元和七年	812	旧唐书, 199, 5338 汇编, 2301—2302
21	马卢符	主客员外郎	新罗	元和十三年前	818	全唐文, 639, 6452***
22	武自和	中使	新罗	长庆年间	821—824	补遗, 2, 53
23	源寂	太子左谕德兼御史中丞	新罗	大和五年	831	旧唐书, 199, 5339
24	朱朝政	宫闱局令充阁门使	新罗	大和年间?	827—835	汇编, 2308—2309
25	王文干	中使	新罗	开成五年	840	汇编, 2236
26	佚名	不知	新罗	会昌元年	841	旧唐书, 199, 5339
27	杨遵诲	宣德郎行内侍省内仆令	新罗	乾符元年	874	补遗, 8, 223—224

* 见拜根兴《唐都长安与新罗庆州》，杜文玉主编《唐史论丛》第21辑，三秦出版社，2015，第17页。

** 见荣新江《丝绸之路与东西文化交流》，第84页。

*** 此据拜根兴推测。

说明：隋书, 82, 1834—1835.=《隋书》卷八二，第1834—1835页。旧唐书, 199, 5334. =《旧唐书》卷一九九，第5334页。新唐书, 220, 6204.=《新唐书》卷二二〇，第6204页。全唐文, 639, 6452. = 董诰等编《全唐文》卷六三九，第6452页。汇编, 2236. = 周绍良主编《唐代墓志汇编》，上海古籍出版社，1992，第2236页。补遗, 5, 335-336. =《全唐文补遗》第5辑，第335—336页。续日本纪, 35, 444.=『續日本紀』卷三五、光仁天皇宝龟九年、吉川弘文馆、1966、444頁。玉海, 16, 336-337.= 王应麟：《玉海》卷一六，第336—337页。

其中，唐朝通往新罗，既有陆路，也有海路。但从 8 世纪的情况看，当以海路为主。如大历三年归崇敬出使新罗，即走海路。《旧唐书·归崇敬传》云：

> 大历初，以新罗王卒，授崇敬仓部郎中兼御史中丞，赐紫金鱼袋，充吊祭、册立新罗使。至海中流，波涛迅急，舟船坏漏，众咸惊骇。舟人请以小艇载崇敬避祸，崇敬曰："舟中凡数十百人，我何独济？"遂巡，波涛稍息，竟免为害。[1]

又《新唐书·东夷传》：

> 大历初，宪英死，子乾运立，甫卋，遣金隐居入朝待命。诏仓部郎中归崇敬往吊，监察御史陆珽、顾愔为副册授之，并母金为太妃。[2]

此次出使完成后，顾愔撰写了《新罗国记》一卷，[3] 贾耽《皇华四达记》所述的"登州通新罗、渤海道"，当参考此书。[4]

之所以走海路，与山东沿海的海运较为成熟有关。敦煌 P.2507 开元《水部式》记载了具体的运行情况：

> 沧、瀛、贝、莫、登、莱、海、泗、魏、德等十州，共差水手五千四百人，三千四百人海运，二千人平河，宜二年与替，不烦更给勋赐，仍折免将役年及正役年课役，兼准屯丁例，每夫一年各帖

1　《旧唐书》卷一四九《归崇敬传》，第 4016 页。
2　《新唐书》卷二二〇《新罗传》，第 6206 页。
3　《新唐书》卷五八《艺文志》，第 1508 页。
4　《新唐书》卷四三《地理志》，第 1147 页。

一丁，其丁取免杂徭人，家道稍殷有者，人出二千五百文资助。[1]

而唐朝的海上遣使，一般会先打造海船，只有因某些特殊原因才会乘坐异国船舶。《续日本纪》记载 778 年（唐大历十三年，日宝龟九年）回国的日本遣唐使小野滋野的奏言云：

四月十九日，监使扬光耀宣口敕云："今遣中使赵宝英等，将答信物，往日本国。其驾船者，仰扬州造。卿等知之。"廿四日，事毕拜辞。奏云："本国行路遥远，风漂无准。今中使云往，冒涉波涛，万一颠踬，恐乖王命。"敕答："朕有少许答信物，今差宝英等押送。道义所在，不以为劳。"即赐银铙酒，以惜别也。六月廿四日，到扬州。中使同欲进途，船难卒成。所由奏闻，便寄乘臣等 船 发遣。[2]

按此，唐代宗本欲让中使赵宝英在扬州乘坐中国制造的官船前去日本，但大船难以在两个月内造好，考虑到季风等因素，所以最后只能乘坐遣唐使的船舶。宋朝的海上遣使，也继承了这一制度。如上引《宣和奉使高丽图经》：

臣侧闻，神宗皇帝遣使高丽，尝诏有司造巨舰二。一曰"凌虚致远安济神舟"，二曰"灵飞顺济神舟"，规模甚雄。皇帝嗣服，羹墙孝思，其所以加惠丽人，实推广熙丰之绩。爰自崇宁以迄于今，荐使绥抚，恩隆礼厚，仍诏有司更造二舟。大其制而增其名，一曰"鼎新利涉怀远康济神舟"，二曰"循流安逸通济神舟"。[3]

1　此据图版录文，图版来自国际敦煌项目网站，IDP，http://idp.nlc.cn，（2021/12/11）。

2　『續日本紀』卷三五光仁天皇宝龟九年、444 頁。

3　徐兢：《宣和奉使高丽图经》卷三四《海道》，第 70 页。

北宋的造船基地在明州和温州，黄纯艳先生详细叙述了它们的兴废情况。[1] 那么，杨良瑶乘坐的是什么样的中国船？我们需要研究唐代中叶海船的情况。

三　《太白阴经》《通典》所载的"海鹘"船

8 世纪中后期，中国确实出现了若干种新船。王冠倬引《广东通志》指出，"唐代常用的战船是楼船、蒙冲、斗舰、走舸、海鹘和游艇。岭南节度使杜佑曾在广州督造这六种船舶"，"后两种则是唐代战船的新船型"。[2] 按明嘉靖《广州通志》（黄佐本）确载："唐岭南节度使杜佑造水战船。"[3] 其史源当为杜佑《通典》，但杜佑在书中并未明言本人在任岭南节度使时造此六船。[4]《通典》成书时间在唐贞元十年（794）年或十七年之前，这六种战船是杜佑博引群书，对贞元（785—805 年）及之前中国造水战船技术的总结。[5] 作为新战船的"海鹘"和"游艇"，则首见于李筌《太白阴经》。

其中，蒙冲、游艇都是进攻用的小船。楼船"忽遇暴风，人力不能制"；斗舰"置棹夫多"，"往返如飞鸥，乘人之不及"，是以人力划桨为动力、近战用的战船，显然都不是能远航南海、印度洋的远航船舶。[6] 斗舰，"船上设女墙，可高三尺，墙下开掣棹孔；船内五尺，又建棚，与女墙齐；棚上又建女墙，重列战敌，上无覆背"，是装备精良且以人力划桨为动力的战船。[7] 斗舰出现于三国时期。1987 年，席龙飞等

1　黄纯艳：《造船业视域下的宋代社会》，第 5—6 页。

2　王冠倬：《中国古船图谱》（修订版），第 95 页。

3　黄佐等：《广东通志》（上），广东省地方志办公室誊印，1997，第 772 页。

4　杜佑：《通典》卷一六〇《兵》，王文锦等点校，中华书局，1988，第 4122—4124 页。

5　见杜佑《进通典表》，杜佑：《通典》，第 1 页。

6　杜佑：《通典》卷一六〇《兵·水平及水战具》，第 4123 页。

7　杜佑：《通典》卷一六〇《兵·水平及水战具》，第 4123 页。

对赤壁之战中的斗舰进行复原。[1] 这种船型一直沿用至清代后期，清道光二十二年（1842）奕山在《制造出洋战船疏》中评价这种古老的船型："百二十步以木为城，但质体笨重，昔人已虑其陡起暴风，人力难制。"[2] 它也存在与楼船一样的问题，不能抵御暴风，所以也不适宜作为远洋船舶。

那么，作为新船型的海鹘是否适合？《太白阴经》载：

> 海鹘：头低尾高，前大后小，如鹘之状。舷下左右置浮板，形如鹘翅，其船虽风浪涨天，无有倾侧。背上左右张生牛皮为城，牙旗、金鼓如战船之制。[3]

《通典》内容与《太白阴经》基本相同，仅略多文字（多出文字用下划线表示）：

> 海鹘：头低尾高，前大后小，如鹘之状。舷下左右置浮版，形如鹘翅翼，以助其船，虽风涛涨天，免有倾侧。覆背上，左右张生牛皮为城，牙旗、金鼓如常法，此江、海之中战船也。[4]

按此，海鹘船的特点为船头低小，船尾高大，就像海鹘鸟的形状；船两侧放置有浮板（版），就像海鹘鸟的翅膀一样；在装饰、武器设置上，带有战船的共性。海鹘船的特点是，加入浮板后，横摇自然周期变长，提高了在波浪中的稳定性，可以抵抗暴风大浪。[5] 因此，杜佑评价这种船是适合在长江以及大海中航行的战船。

1　席龙飞：《中国造船史》，第 99—100 页。

2　魏源：《海国图志》卷八四《仿造战船议疏》，岳麓书社，2004，第 1994 页。

3　李筌：《神机制敌太白阴经》卷四《战攻具篇》，商务印书馆，1937，第 96 页。

4　杜佑：《通典》卷一六〇《兵·水平及水战具》，第 4123 页。

5　关于船舶在波浪中性能的问题，参见 Apostolos D. Papanikolaou《船舶设计——初步设计方法》，刘树魁等译，哈尔滨工程大学出版社，2018，第 130—132 页。

海鹘船问世后，得到长期使用。如宋《营缮令》载："诸私家不得有战舰、海鹘、蒙冲、黄龙、双利、平乘、八棹、舴艋、艓子等。"[1] 陆游《老学庵笔记》云："四橹海鹘船长四丈五尺，为钱三百二十九贯。"[2] 吴儆《上明州沈丞相启》云："楼船海鹘，观金城控制之雄。"[3]《宋会要》载："（建炎三年）四月十二日，尚书省言：'平江府造船场计料四百料八橹战船，每只通长八丈，用钱一千一百五十九贯；四橹海鹘船，每只通长四丈五尺，用钱三百二十九贯。'诏拟定速行打造，差官管押，赴江宁交割。"[4] 敦贺、席龙飞对"海鹘船"的主要尺度复原如下：

> 总长 30.70 米，水线长 24.0 米，型宽 9.0 米，水线宽 8.82 米，型深 4.3 米，吃水 3.0 米，首舷弧 0.80 米，尾舷弧 0.60 米，深拱 0.20 米。船体横剖线形状中部为 U 形，首部 V 形并略有外飘，浮心位置位于船舯偏前一些，尖底、尾舷弧较大，使船整体呈前大后小、头低尾高特征。[5]

这种"海鹘船"，系根据宋嘉泰三年（1203）秦世辅在池州打造的长十丈的"一千料海鹘船"复原，宋建炎三年（1129）平江府船场曾建造长五丈的海鹘船，两者长度相差一倍，海鹘船是杨良瑶出使前不久诞生的新船型，其重要的实践地就在广州，而此地是杨良瑶出使的始发港。杨良瑶有可能乘坐这种新船出海。

不过从关于南宋"海鹘船"的记载可知，这种船型在保留最基

1　天一阁博物馆、中国社会科学院历史研究所天圣令整理课题组校证《天一阁藏明钞本天圣令校证　附唐令复原研究》清本《营缮令》卷二八，中华书局，2006，第 422 页。

2　陆游：《老学庵笔记》卷一，李剑雄、刘德权点校，中华书局，1979，第 5 页。

3　《竹洲集》卷四，此据曾枣庄、刘琳主编《全宋文》卷四九六六，第 82 页。

4　徐松辑《宋会要辑稿》食货五〇，第 7126 页。

5　顿贺、席龙飞：《唐代"海鹘"战船复原研究》，《华东船舶工业学院学报》2004 年第 4 期，第 18 页。

本特征的同时，在具体的尺度上并无明确的制作法式。而顿贺、席龙飞所复原的"海鹘船"，当更接近南宋中期的造船工艺。换而言之，这未必能代表杜佑所载的最早的"海鹘"船的情况。因此，要理解唐宋海船的发展情况，需要对唐、宋时期中国古船的出土情况进行梳理。

第四节　考古发现的宋代中国远洋船

一　考古发现的隋至南宋中国古船

关于考古发现的中国古船，中国航海博物馆的学者进行了详细的搜集和研究。[1] 刘未、孟原召等学者也进行了梳理。[2] 目前已发现的数十艘唐宋时期的中国古木船，在排除独木舟这种船型之后，如表5-2所示。

表5-2　考古发现的隋至南宋中国古船（非独木舟）

序号	船名称*	地点	时代	出水时间	资料来源
1	川扬河沉船	上海浦东新川沙川扬河	隋、初唐	1979 年	古船录，498
2	柳孜唐船	安徽淮北濉溪县百善镇柳孜运河遗址	唐代	1999 年	古船录，499—501
3	如皋唐船	江苏如皋市蒲西公社马港	唐代	1973 年	古船录，501
4	施桥唐船	江苏扬州施桥镇	唐代	1960 年	古船录，501—502

1　《中国古船录》。
2　刘未：《中国东南沿海及东南亚沉船所见宋元贸易陶瓷》，《考古与文物》2016 年第 6 期，第 65—75 页。孟原召：《华光礁一号沉船与宋代南海贸易》，《博物院》2018 年第 2 期，第 11—26 页。

续表

序号	船名称	地点	时代	出水时间	资料来源
5	和义路唐船	浙江宁波和义路遗址	唐代	1973—1975 年	古船录，503
6	许家寮唐船（？）	广东徐闻角尾乡许家寮村灯楼角	唐代	2001 年	古船录，503
7	澄海宋船	广东汕头澄海	宋代	1930 年后	海滨"邹鲁"，84
8	侯岭唐船	河南永城侯岭隋唐大运河故道	唐代早期	1996 年	古船录，504
9	门峡仔唐船	福建莆田东吴村门峡仔	晚唐五代	2008 年	古船录，506
10	黄路宋船	上海南汇黄路公社	宋代	1978 年	古船录，507—508
11	四团宋船	上海奉贤四团公社	宋代	1977 年	古船录，508
12	平潭宋船	福建平潭县大练岛北部西南屿	宋代	2009 年	古船录，508
13	北日岩一号	福建莆田兴化湾	宋代	2008 年	古船录，509
14	新邦沙巴宋船	马来西亚丹戎新邦沙巴西北部	宋代	2003 年	古船录，509
15	龙海半洋礁一号	福建龙海半洋礁北	南宋中、晚期	2010 年	古船录，509—510
16	静海宋船	天津静海区东滩头公社元蒙口村	北宋	1978 年	古船录，510
17	寺庄宋船	河南滑县寺庄村东北	北宋	2011 年	古船录，510—511
18	东门口宋船	浙江宁波东门口码头	北宋	1978、1979 年	古船录，511—512
19	沁阳一号	河南沁阳河道东岸码头	北宋晚期	2012 年	古船录，512
20	东光宋船	河北沧州东光县码头桥	北宋末年	1998 年	古船录，512—513

续表

序号	船名称	地点	时代	出水时间	资料来源
21	杨湾宋船	上海嘉定封浜公社杨湾村	南宋	1978 年	古船录，513
22	和义路宋船	浙江宁波和义路	南宋	2003 年	古船录，513—514
23	法石宋船	福建泉州东海公社法石大队	南宋	1976 年	古船录，514
22	华光礁I号	海南西沙群岛华光礁环礁内侧	南宋	1996 年	古船录，515
23	北土龟礁一号	福建莆田兴化湾南日岛北土龟礁	南宋早、中期	2008 年	古船录，516
24	泉州湾宋船	福建泉州湾	南宋末年	1973 年	古船录，516—518
25	南澳II号	广东省南澳岛云澳镇三点金海域	宋末元初	2015 年	广东文化遗产，243
26	万丰村沉船	江苏太仓城厢镇半泾河万丰村段	宋、元代	2014 年	古船录，518—519
27	白礁一号	福建连江定海村东北黄岐湾水域白礁	宋、元代	1990 年	古船录，519
28	平潭沉船II	福建平潭小练岛	宋、元代	2008 年	古船录，519—520
30	南海I号	广东台山县上、下川岛海域	南宋中后期	1987 年	古船录，520—521
31	银洲湖沉船	广东新会银洲湖	宋、元代	1991 年	古船录，521—522

＊ 名称依据参考文献所示，部分简略处理。

说明：古船录，498.=《中国古船录》，第 498 页。广东文化遗产，243=《广东文化遗产：海上丝绸之路史迹》，第 243 页。海滨"邹鲁"，84= 陈占山：《海滨"邹鲁"的崛起：宋元潮州研究》，中国社会科学出版社，2015，第 84 页。

表 5-2 中广东湛江徐闻县角尾乡许家寮村灯楼角遗址可能有唐船的遗存，但目前没有进行正式考古发掘，因而不知道具体情况。宁波和义路唐船曾被认为是海船，但林士民已经证明其为赛会所用龙舟。[1] 因

1　林士民：《再现昔日的文明——东方大港宁波考古研究》，第 131—132 页。

此，目前所见的中国式远洋船的最早实物出现在宋朝。船舶学家已复原宋代海船的尺度、载重等数据，下文将叙述这些进展。

二　宋代海船的尺度、载重

唐、宋人在叙述船只尺度和载重时，会用到"长""深""面阔""力胜"等词。关于"力胜"，斯波义信、陈希育、黄纯艳等学者进行研究，以黄纯艳之研究最为得当。黄先生认为，力胜是"船舶的有效载货容积，即净吨位，表示船舶力胜的'料'是容积单位"。[1]而面阔（即船全宽）为官府登记船舶时，最常使用的数值。现代船舶设计时的参数为：长度 L、方形系数 C_B、船宽 B、吃水 T、船型深 D 等。[2]

利用出土古船，结合古文献记载来复原中国古代船只尺度和载重，是船舶史研究者的重点工作，席龙飞在此有突出成就。如上述海鹘船，以及宁波和义路宋船、泉州湾宋船等，席先生及其团队均进行了科学复原。[3]韩振华在复原郑和下西洋船的尺度时，也尝试复原了宋元时代古船的尺度；[4]袁晓春研究了华光礁I号和《马可·波罗寰宇记》所见的中国船尺度。[5]包春磊对华光礁 I 号尺度的复原也有贡献。[6]表 5-3 是这三艘宋代海船的复原数值。

1　黄纯艳：《宋代船舶的力胜与形制》，《厦门大学学报》2015 年第 6 期，第 45 页。
2　Apostolos D. Papanikolaou：《船舶设计——初步设计方法》，第 61 页。
3　席龙飞：《中国造船史》。蔡薇等：《基于测绘综合信息的华光礁 I 号沉船船长及线型的推断》，《中国文化遗产》2019 年第 4 期，第 34—39 页。
4　韩振华：《论郑和下西洋船的尺度》，厦门大学南洋研究所编《南洋研究论文集》，厦门大学出版社，1992，第 1—23 页。
5　袁晓春：《"南海 I 号"宋朝沉船与马可·波罗》，《史林》2016 年第 6 期，第 51—56 页。袁晓春：《南海"华光礁 I 号"沉船造船技术研究》，《南海学刊》2018 年第 2 期，第 61—69 页。
6　包春磊：《"华光礁 I 号"海船的复原设计及三维模型建立》，《博物院》2021 年第 2 期，第 130—136 页。

表 5-3 宋代出水海船复原情况

单位: 米, 吨

船名称	水线长	总长	水线宽	甲板宽	吃水	型深	排水量	方形系数	出处
宁波和义路宋船	13	15.5	4.8	5	1.75	2.4	53	0.485	席龙飞, 170—171
泉州湾宋船	27	30	10.2	10.5	3.75	5	454	0.44	席龙飞, 159
华光礁Ⅰ号	22	24.6	9	/	3	3.9	约240	0.4	蔡薇, 39

缩略语: 席龙飞, 170—171. = 席龙飞:《中国造船史》, 第 170—171 页。蔡薇, 39. = 蔡薇等:《基于测绘综合信息的华光礁Ⅰ号沉船船长及线型的推断》,《中国文化遗产》2019 年第 4 期, 第 39 页。

目前, 船舶学家们还没有提出南海Ⅰ号的复原方案, 按照南海Ⅰ号考古报告, 此船"船体约 23.80 米、宽约 9.60 米、船艏宽 3.80 米, 型深约 3.00 米"。[1] 因此此船当是比华光礁Ⅰ号稍小的同类型船舶。

席龙飞等学者认为宁波和义路宋船和近代宁波海域的"绿眉毛"船型、尺度相似。[2] 泉州湾宋船、华光礁Ⅰ号、南海Ⅰ号则近似船舶史上的"福船", 这是福建沿海地区所制造的海船。2011 年, 在日本鹰岛海底遗址发现元军战船的船体残骸, 其中龙骨残长超过 12 米, 推测船长超过 20 米, 是与泉州湾宋船相仿、在泉州生产的大型船。[3]

初刊于明崇祯十年(1637)的宋应星《天工开物》云:

> 粮舣初制, 底长五丈二尺, 其板厚二寸……底阔九尺五寸……后运军造者, 私增身长二丈, 首尾阔二尺许, 其量可受三千石……凡海舟, 元朝与国初运米者曰遮洋浅船, 次者曰钻风船……凡遮洋运舣制, 视槽舣长一丈六尺, 阔二尺五寸, 器具皆

1　《南海Ⅰ号沉船考古报告之一———1989—2004 年调查》, 第 624 页。

2　席龙飞:《中国造船史》, 第 171 页。

3　中岛楽章「元朝の日本遠征艦隊と旧南宋水軍」中岛楽章・伊藤幸司編『寧波と博多』汲古書院、2013、112—114 頁。

同……凡外国海舶制度大同小异。[1]

这是海船在元朝和明朝初年的发展情况。初刊于明嘉靖四十一年（1562）的郑若曾《筹海图编》载：

> 福船高大如楼，可容百人。其底尖，其上阔，其首昂而口张，其尾高耸。设柁楼三重于上，其傍皆护板，裼以茅竹，坚立如垣。其帆桅二道，中为四层。最下一层不可居，惟实土石，以防轻飘之患。第二层乃兵士寝息之所，地板隐之，须从上蹑梯而下。第三层左右各护六门，中置水柜，乃扬帆炊爨之处也。其前后各设水椗，系以棕缆。下椗起椗，皆于此层用力。最上一层如露台，须从第三层穴梯而上。两傍板翼如栏，人倚之以攻敌。矢石火炮，皆俯瞰而发。敌舟小者，相遇即犁沉之。而敌又难于仰攻，诚海战之利器也。但能行于顺风顺潮，回翔不便，亦不能逼岸而泊，须假哨船接渡而后可。[2]

这是 16 世纪中叶戚继光抗倭时，将民用的福船改造成战船的情况。这种将民船改造成官方用船的情况，在宋代也已存在。

12 世纪初徐兢《宣和奉使高丽图经》详细记载了宣和六年（1124）出使高丽船队中的"客舟"：

> 旧例，每因朝廷遣使，先期委福建、两浙监司，顾募客舟，复令明州装饰，略如神舟。具体而微，其长十余丈，深三丈，阔二丈五尺，可载二千斛粟。其制皆以全木巨舫挽叠而成，上平如

1　宋应星撰，杨维增编著《天工开物新注研究》卷九《舟车》，江西科学技术出版社，1987，第 192、193、201 页。
2　郑若曾：《筹海图编》卷一三《经略·兵船》，李致忠点校，中华书局，2007，第 862 页。

衡，下侧如刃，贵其可以破浪而行也。[1]

客舟在福建、浙东生产，原是民间行用的商船，在被官府招募后，改装成使者乘坐的船舶，这是比已复原的南宋中叶海鹘船约早 80 年的海船。

传统中国海船的实际尺度，依据大庭修对《唐船图》的考证，"南京船"全长约 33.54 米，"宁波船"全长约 29.32 米，"福州造南京发船"全长约 29.22 米，"广东船"全长约 29.45 米，[2] 与席龙飞等复原的"海鹘船"和泉州湾宋船长度相似。而依据唐涅利（I. A. Donnelly）对民国时期中国木帆船的研究，杭州湾"商船长度可达 100 英尺（30 米），三桅，载重可至 3000 担（150 吨）"；福建泉州商船"船长 75 英尺（22.5 米），宽 15 英尺（4.5 米）"。[3] 这与宋代出土海船的尺度是相近的。

《宣和奉使高丽图经》所载的客舟，"长十余丈，深三丈，阔二丈五尺，可载二千斛粟"。席龙飞依据"二千斛粟"，"以每斛粟为 120 斤核算，则共计可载 130 吨，按前述长、阔、深的尺度计，其排水量约为250 吨"。[4] 不过"二千斛粟"似乎应理解为客舟的"力胜"，也就是有效载货量，并不是吃水的净吨位，吃水量当大于此数。故与"二千斛粟"相比，徐兢对于客船尺度的记载比较有参考意义。

宋朝的度量衡继承自唐代。唐代的尺度有"大尺"和"小尺"之分，大尺在日常生活中使用，小尺仅在专业特殊用途上使用。[5] 关于唐、宋代的尺度，学界有一定的争议，胡戟认为一唐代大尺约29.5厘米；[6] 郭

---

1 徐兢:《宣和奉使高丽图经》。

2 大庭修:《〈唐船图〉考证》，朱家骏译，泉州海交馆编《〈唐船图〉考证·中国船·中国木帆船》，海洋出版社，2013，第 30 页。

3 I. A. 唐涅利:《中国木帆船》，陈经华译，《〈唐船图〉考证·中国船·中国木帆船》，第 167、186 页。

4 席龙飞:《中国造船史》，第 139 页。

5 胡戟:《唐代度量衡与亩里制度》，《西北大学学报》1980 年第 4 期，第 34 页。

6 胡戟:《唐代度量衡与亩里制度》，《西北大学学报》1980 年第 4 期，第 36 页。

正忠认为宋代用于量地的"营造官尺"长30.9厘米；[1]刘敦桢认为一唐尺合28—31.3厘米，一宋尺合30.9—32.9厘米；[2]罗红安、张少清认为一唐尺合30.3—33.33厘米。[3]

胡戟的结论建立在对唐尺实物和文献的研究之上，当更为可信，不过唐、宋时尺度仍有变化。本书按照一尺约等于0.3米，一丈十尺的尺度换算，则客舟的尺度可复原为：船总长30—40米，型深9米，甲板宽11.5米。其中，长/宽的比例在2.6—3.47，是比较接近复原宋船的比例的，但型深9米的话，宽/深比约为0.83，明显过低，可能船深的数值存在问题。而就总长、甲板宽来看，客舟尺度接近泉州湾宋船，这当与客舟为福建、浙东一带生产有关系。

又上引席龙飞等复原海鹘船的尺度——总长30.70米，水线长24.0米，型宽9.0米，水线宽8.82米，型深4.3米，吃水3.0米等，与泉州湾宋船的尺度颇为接近，似印证了南宋海鹘船和福船之间的联系。因此，中国前近代的远洋帆船，至迟在12世纪已经成型。《萍洲可谈》所云华商前往大食国的帆船，应当也是这样的船舶。那么这种海船如何管理？我们可以借助文献和考古资料解答。

第五节　中国海船的设施、人员和物资供应

《宣和奉使高丽图经》记载了客舟（以下简称"宣和客舟"）的隔舱、绳索、测量工具、舵、棹帆以及船上的技术人员。南海I号沉船是一艘福建生产的民间行用的商船，即南宋中期的客舟，其形制当由宣和客舟发展而来，故可与宣和客舟比较。

1　郭正忠：《三至十四世纪中国的权衡度量》，中国社会科学出版社，1993，第214页。
2　刘敦桢主编《中国古代建筑史》（第2版），中国建筑工业出版社，1984，第421页。
3　罗红安、张少清：《唐、宋尺度单位和材份及建筑尺度探究》，《居舍》2020年第34期，第169页。

一 隔舱

《宣和奉使高丽图经》云：

> 其中分为三处，前一仓不安艎板，唯于底安灶，与水柜正当
> 两樯之间也。其下即兵甲宿棚。其次一仓装作四室。又其后一仓
> 谓之庵屋，高及丈余，四壁施窗户，如房屋之制。上施栏楯，朱
> 绘华焕，而用帘幕增饰。使者官属各以阶序分居之，上有竹篷，
> 平时积叠，遇雨则铺盖周密。然舟人极畏庵高，以其拒风不若仍
> 旧为便也。[1]

南海 I 号的隔舱，据《南海 I 号沉船考古报告之二——2014—2015 年
发掘》：

> 依现存沉船整体暴露状况，以现状为主将残存木船初步确认
> 为共有 14 道横向隔舱壁板，可将沉船的舱数划分为 15 个船舱，自
> 船艏到船艉分别编号为 C1—C15，简称 C1 船舱至 C15 船舱。[2]

宣和客舟仅分为三个隔舱，这与南海 I 号 15 个船舱的数量区别较大，
当是封舟和商船不同的功能所致。南海 I 号在 15 个船舱基础上，又可
细分成 41 个隔舱，据《南海 I 号沉船考古报告之二——2014—2015 年
发掘》：

> 自船艏至船艉中心线左右对称，发现纵向有两列薄隔板，虽然可

---

1 黄纯艳:《造船业视域下的宋代社会》，第 48 页。
2 《南海 I 号沉船考古报告之二——2014—2015 年发掘》，第 114 页。

移动且不属于船体结构，应是支撑隔舱板稳固和装货方便所为，但将除艄舱和前端数舱之外的船体中后部几个船舱自左至右横向分割成三个部分，形成左、中、右三个隔舱室。[1]

南海I号如此多的隔舱，是要适应船货种类、来源、去向多样化的特点。根据《南海I号沉船考古报告之二——2014—2015年发掘》，从各舱甲板上、下发现的遗物大致情况如表5-4所示。

表5-4　南海I号各船舱甲板上、下发现遗物

序号	左隔舱	中隔舱	右隔舱
1	此为艄尖舱，下部情况不明		
2	德化窑、磁灶窑瓷器	龙泉窑瓷器、铁钉	铁钉，铁锅磁灶窑、景德镇窑、德化窑瓷器
3	青瓷、白瓷、铁钉、铁锅	铁钉、铁锅、龙泉窑瓷器	景德镇窑、德化窑瓷器
4	闽清义窑、磁灶窑瓷器	铁钉、铁锅	龙泉窑、德化窑、磁灶窑瓷器、铁钉、铁锅
5	景德镇窑、龙泉窑、德化窑瓷器，铁钉	铁钉、德化窑瓷器	磁灶窑、德化窑、景德镇窑瓷器，铁钉
6	铁锅、铁钉、青白瓷等瓷器	酱釉瓷器	铁钉，景德镇窑、德化窑等青白瓷
7	铁钉	龙泉窑、德化窑瓷器	铁钉、青瓷、建窑系黑釉瓷器
8	铁钉、铁锅、酱釉、青瓷瓷器	铁锅、磁灶窑瓷器	磁灶窑、德化窑、景德镇窑、龙泉窑瓷器
9	闽清义窑、龙泉窑、磁灶窑瓷器	铁钉、青瓷	青白瓷、磁灶窑瓷器，编织物包裹
10	瓷器、金银器、磁灶窑瓷器	银铤、锡盒、锡珠、磁灶窑瓷器	银铤，金器，朱砂，龙泉窑、德化窑、闽清义窑、磁灶窑瓷器，黏性物质遗存

---

[1] 《南海I号沉船考古报告之二——2014—2015年发掘》，第114页。

序号	左隔舱	中隔舱	右隔舱
11	朱砂、铜钱、铜环、金牌饰等金器、德化窑等瓷器	铁钉、银锭、金链子、朱砂、铜钱、青瓷器	铁锅，闽清义窑、磁灶窑、德化窑瓷器，银锭，铜环，铜钱，朱砂等
12	德化窑、闽清义窑瓷器，铁锅	铁锅、铁钉、银锭	铁锅，闽清义窑、磁灶窑瓷器
13	闽清义窑、德化窑瓷器，铜钱、朱砂、金器等	闽清义窑、德化窑瓷器	闽清义窑、德化窑瓷器
14	分左、右舱。扰乱较严重，左舱散落德化窑等多窑口瓷器，右舱码放龙泉窑瓷器		
15	分左、右舱。左舱码放德化窑瓷器，右舱码放龙泉窑瓷器		

资料来源:《南海Ⅰ号沉船考古报告之二——2014—2015 年发掘》，第 135—141、153—154 页。

在各舱甲板上、下发现的遗物中，银锭、金制品等当为船员个人之物，并非船货。铁钉、铁锅为走私品，广泛分布在各船舱的上层。瓷器并未按窑口集中码放，而是以具体的隔舱为单位，码放数个窑口的瓷器，这体现了订单经济的存在，即船上的瓷器，属于不同商人的船货，买家也应当不同，它们在装船前已经被订购。

要区分归属情况复杂的船货，就需要专门的标识。2014—2015 年，南海Ⅰ号中共发现 910 余件墨书陶瓷器，"大致可分为 8 类：姓名类、'直'字类、器物用途类、'纲'字系列、地名类、花押、符号类、其他类"。"陶瓷器墨书应主要为标记货主或者商号、器物用途等作用。"[1]

同时亦发现 5 件墨书的货物木牌签，文字有"张直槽姜""可""水㽎陆上""茶□水□"等文字，另有一件不可辨识，据推测"这些木牌应属货签，是附挂在可移动的船载货物上的标识"。[2]货物木牌签尽管仅出土 5 件，但在船事运转上，具有关键作用。如"可"字木牌，应当就

1　《南海Ⅰ号沉船考古报告之二——2014—2015 年发掘》，第 403 页。

2　《南海Ⅰ号沉船考古报告之二——2014—2015 年发掘》，第 539—540 页。

是调运货物等的信物。第三章所引南宋《陶记》中说，"运器入河，肩夫执券，次第件具，以凭商算，谓之'非子'"。[1] 这些木牌签和"非子"一样，都是货物归属、调度的凭证。与此相似，在泉州湾宋船中也发现了96件木牌木签，其中包括"朱库国记"等货牌。[2]

货物木牌签是证明南海I号由宋商运营的重要证据。在船中也发现了木秤杆和铜砝码、秤盘等，"推测船载珠子、朱砂、货币甚至铁钉等部分货物要经过计量出售交易"。[3] 这是另外的重要证据。

二　船员

关于宋代海船的船员群体，经黄纯艳先生考证，"由纲首、梢工、招头、作头、碇手、杂事、贴客、水手、火儿等构成"，"船上操作人员形成了一个高低次序的等级机构"，"梢工、水手等船员数量的配置随船只大小而增减"，从16人、18人、21人、24人、29人、33人、40人、60人到180人不等。[4]《宣和奉使高丽图经》如此记录客舟的船员情况：

> 每舟篙师水手可六十人，惟恃首领熟识海道，善料天时人事，而得众情。故一有仓卒之虞，首尾相应如一人，则能济矣。若夫神舟之长阔高大，什物器用人数，皆三倍于客舟也。[5]

在所有的船员中，船长位高权重，需要熟悉海事，通晓天文星象，并有一定的群众基础。《萍洲可谈》载：

1　蒋祈：《陶记》，马志伟校注，陈雨前主编《中国古陶瓷文献校注》上卷，第2页。

2　福建省泉州海外交通史博物馆编《泉州湾宋代海船发掘与研究》，海洋出版社，1987，第27—31页。

3　《南海I号沉船考古报告之二——2014—2015年发掘》，第533页。

4　黄纯艳：《造船业视域下的宋代社会》，第141—145页。

5　徐兢：《宣和奉使高丽图经》卷三四《海道》，第71页。

> 甲令：海舶大者数百人，小者百余人，以巨商为纲首、副纲
> 首、杂事，市舶司给朱记，许用笞治其徒，有死亡者籍其财。[1]

斯波义信指出，船长既可以由船主直接担任，也可以由船主雇佣，"船
长的任务是担负自己的职责，或受船主雇佣从海商伙伴中选任，负责采
货、修船、装货和雇请梢水（梢工和水手），在航海中被委于有关乘员、
船舶和货物买卖处理的一切权限，负担所有责任"。[2]

日本史籍《朝野群载》中抄录有一件宋徽宗崇宁四年（1105）提举
两浙市舶司出具的公凭，系发给泉州海商李充，其中也包含船员名单：

> 纲首：李充。梢工：林养。杂事：庄权。部领兵弟：第一
> 甲，梁富、蔡依、唐佑、陈富、林和、郡胜、阮佑、炀元、陈从、
> 注珠、顾再、王进、郭宜、阮昌、林旺、黄生、强寄、关从、吴
> 满、陈佑、潘祚、毛京、阮聪；第二甲，尤直、吴恭、陈贵、李
> 成、翁生、陈珠、陈德、陈新、蔡原、陈志、顾章、张太、吴太、
> 何来、朱有、陈先、林弟、李添、杨小、彭事、陈钦、张五、小
> 陈珠、陈海、小林弟；第三甲，唐才、林太、阳光、陈养、陈荣、
> 林足、林进、张泰、萨有、张式、林泰、小陈贵、王有、林念、
> 生荣、王德、唐兴、王春。[3]

以上是现存唯一一份宋代海船船员名单，从纲首、梢工、杂事到部领兵
弟共计69人。在南海Ⅰ号中出土若干人骨，"在可判断性别年龄的骨骼中，
皆为青壮年男性，较为符合船员的身份"。[4]同时也出土三方印章，文字
为"口记""王直""王记"，[5]这些可能是高级船员的信物。关于船员的生

1　朱彧：《萍洲可谈》卷二，第133页。
2　斯波义信：《宋代商业史研究》，第87页。
3　三善为康编『朝野群载』卷二〇「異国」吉川弘文館、1964、452—453頁。
4　《南海Ⅰ号沉船考古报告之二——2014—2015年发掘》，第598—599页。
5　《南海Ⅰ号沉船考古报告之二——2014—2015年发掘》，第540页。

活区，考古学家分析船体结构后认为，"货仓应该在甲板下的主船体，船员的生活区域则集中在船尾，包括甲板上的船楼和甲板下的船体部分"。[1]

三　乘客

除了船员外，船上也有单纯的乘客，如入唐、入宋的僧侣就是海船乘客，另外也有赶荒或寻找发展机会的人员。如韩国出土的1152年（宋绍兴二十二年，高丽毅宗六年）《林光墓志铭》载：

> 公讳光，字彦实，初名完，西宋漳州人，宣和壬辰（1112）随商舶到京求仕，中甲午年（1114）春场别赐乙科□第，直授监门卫录事。[2]

按王霞考证，林光赴高丽的时间当为政和二年，他"移民高丽时的政治环境还是比较融洽的，在这种时代背景下，林光搭乘商船进入高丽十分正常"。[3]

不过最常见的乘客还是商旅。14世纪的《异境奇观——伊本·白图泰游记》如此叙述乘客在中国海船上的生活：

> 每艘船上有四个舱面甲板，设有客房、套间、商号。套间包括客房和盥洗室。套间的房门钥匙由旅客自己掌管。如果旅客带有妻妾、女婢等眷属可住在这里，完全和其他乘客隔绝。有时一个人关在套间中一路走下来，竟然不知同船者是谁，直至抵达某地相见时才恍然大悟。[4]

1　《南海 I 号沉船考古报告之二——2014—2015 年发掘》，第 617 页。
2　金龙善编著《高丽墓志铭集成》，翰林大学出版部，1993，第 131 页。
3　王霞：《宋朝与高丽往来人员研究》，中国社会科学出版社，2018，第 273—274 页。
4　伊本·白图泰口述，伊本·朱笛笔录《异境奇观——伊本·白图泰游记》，第 487 页。

在南海I号中，"在船体左舷前部、船体外侧出土的漆盒内集中放置了一批金器"，包括金箔货币、项链、戒指、腰带配件、耳环等，"造型风格迥异于南宋金器"，"器物上的线索则较明确地把本船部分金器指向阿拉伯风格"。[1]这些金器可能为船上的西亚旅客的私人物品。《异境奇观——伊本·白图泰游记》载，"要到中国海旅行只有乘中国船才行"。[2]南海I号上出现的金器就是实物证明。

四　船上的食物供应

就海船而言，船上的食物供应是重中之重。蔡鸿生对海船中的海粮储备、淡水供应、疾病防治等做出了富有启发性的研究。他认为，像鉴真的海粮清单，"不具有典型性，因为僧俗和荤素之分是不能忽视的事实"，不过仍有共同之处，"除米、面外，干饼类的食品也占很大比重，当与节约饮用水和燃料有关"；"甘蔗是经久耐放的农作物，蔗汁含维生素，在蔬菜、水果欠缺的海舶上，嚼生蔗，可以减少患坏血病的风险"；蔡先生也指出周去非所谓海舶中"豢豕酿酒其中"，"酿酒"是不符合事实的，因为"不知要耗费多少饮用水"。[3]上引《宣和奉使高丽图经》也提到了水柜的存在。《异境奇观——伊本·白图泰游记》也记载道，"水手们常常让随同自己航行的孩子们住在套间。他们在船上用木盆、木罐种植蔬菜、瓜果、鲜姜等"。[4]保证蔬菜、瓜果的充足供应，是安全完成远航的基础。

南海I号中，发现家鹅、家鸡、中小型鸟类动物、牛、家绵羊、家山羊、家猪的畜禽遗骨，其中47件动物遗骨上有切割痕迹，"9件动物遗存有烧烤痕迹"，以及核果、坚果、浆果、荔枝、瓜、谷物、香料等

1　《南海I号沉船考古报告之二——2014—2015年发掘》，第465、511页。

2　伊本·白图泰口述，伊本·朱甾笔录《异境奇观——伊本·白图泰游记》，第487页。

3　蔡鸿生：《广州海事录——从市舶时代到洋舶时代》，第24—25页。

4　伊本·白图泰口述，伊本·朱甾笔录《异境奇观——伊本·白图泰游记》，第487—488页。

3105 粒种子或果实，"发现的核果种类以适于腌制的果品为主"，说明"出土的植物种类都是为了远洋航海特意选备的"；在沉船上也发现木桶、木盆、木盘、木盒、木杯等生活用具。[1]

在泉州湾宋船上也发现猪、羊、狗等动物遗骨，以及椰子壳、桃、李、杨梅、杏、橄榄、荔枝等果核。[2]林更生指出，这些水果"应是海船返航后停靠于泉州湾后渚港后，由岸上购买或亲朋戚友赠送给船上人员的果品"，果品主要在船尾部分的船舱出土，"证明了这些果品是后来带上船去吃的，以及船员的生活舱是建于船的尾部"。[3]南海Ⅰ号和泉州湾宋船发现的动物、植物遗存的种类具有高度的相似性，说明它们是南宋时期远航船舶上主要的食物。

综上可知，南宋时期，远航的中国海商已建立较为成熟的人事管理、货物管理制度，并保证了多样化的物资供应。海船也配套有水密隔舱等先进技术。这些是中国海商得以到达阿拉伯半岛的基本条件。其中，人事、货物管理、物资供应制度当吸收了中国本土和近海的贸易管理经验，并依据远航的实践发展而来。不过，贸易行业自身发展的需求，并不是造船业技术革新的唯一动力。跨区域的技术交流，以及海战的压力，均可能是造船技术革新的推动因素。

第六节　新造船技术产生的原因

一　新罗和唐朝造船技术的比较

从 8 世纪中叶开始，以海洋贸易为主业的新罗商人社群广泛分布在

1　《南海Ⅰ号沉船考古报告之二——2014—2015 年发掘》，第 522—533、600—620 页。

2　《泉州湾宋代海船发掘与研究》，第 50—52 页。

3　林更生：《泉州湾出土宋船中果品种子的研究》，《海交史研究》1984 年第 8 期，第 113 页。

今天山东省、江苏省、安徽省一带，成为东北亚国际贸易的重要势力。[1]
日本留学僧圆仁记录的张宝高（保皋）就是 9 世纪中叶新罗海商的领
袖。[2] 那么，新兴的新罗海商是否会成为刺激造船技术革新的力量？

从现有记载可知，飞鸟（592—710 年）、奈良（710—794 年）、平
安（794—1192 年）时代，日本从朝鲜半岛引进造船技术，因此《续
日本纪》《续日本后纪》等史书中有关于朝廷命建造"百济舶"（650）、
"新罗舶"（839）的记载。[3]

目前已有多艘高丽时代的船舶出水。按照范佳楠的研究，截至
2018 年"在韩国近海发现的大小沉船共计 14 艘"，其中 7 艘可知装载
方式，即 11 世纪的"莞岛沉船""群山十二东坡岛船"，12 世纪上半叶
的"泰安大岛沉船"，12 世纪后半叶至 13 世纪的"安山大阜岛 2 号船"，
1208 年的"泰安马岛 1 号船"，13 世纪初的"泰安马岛 2 号船"。[4]2005
年在山东蓬莱水城出水的蓬莱 3 号、4 号古船，也被认为是高丽时代的
韩式船。[5]

因目前还没有发现新罗时代的韩式船，所以只能通过文献资料以
及后世的船舶逆推，主要成果为韩国学者对张保皋船的复原。但张保
皋船"被复原成具有龙骨和水密隔舱的尖圆底型船"，受到许多质疑。[6]
崔云峰、金成俊认为，"9 世纪的日本遣唐使船就是新罗船"，而"目
前为止在日本的和船中并没有发现中国式的隔舱板或者使用其他中国
式工艺的实例"，"这时期百济舶或新罗式的韩船造船技术也是处于起

1　陈烨轩：《裴度的毡帽——武元衡、裴度遇刺案中所见的商业与政治》，叶炜主编《唐研究》
　　第 24 卷，第 506—507 页。

2　圆仁著，白化文等校注《入唐求法巡礼行记校注》卷一，开成四年，第 131 页。

3　金成俊、崔云峰：《对圆仁〈入唐求法巡礼行记〉中所记载的船舶部件橹栅（橹枻）的批判性
　　考察》，《海交史研究》2019 年第 3 期，第 111—112 页。

4　范佳楠：《新安沉船与东亚海上贸易》，第 155—156 页。

5　山东省文物考古研究所等编《蓬莱古船》，文物出版社，2006，第 104 页。袁晓春：《蓬莱高
　　丽（朝鲜）古船造船与保护技术》，上海中国航海博物馆主办《国家航海》第 2 辑，上海古
　　籍出版社，2012，第 123—134 页。

6　崔云峰、金成俊：《论张保皋时期的船与航海》，《海交史研究》2014 年第 1 期，第 66—67 页。

步阶段"。[1]

由此可见，在 8—9 世纪，尽管新罗的侨商群体活跃于东亚海域，但就造船技术而言，中式船依旧最为先进。这是传统上的优势。山东自秦汉以后，一直是中国造船业的中心区域。[2] 如隋末唐初进攻高句丽的战争，造船基地就在莱州。[3] 直到宋代，因为经济重心的南移、木材的减少等因素，山东的造船业才走向衰落。[4] 所以唐朝所出现的新式船舶，当由中国本土的船舶发展而来。

二　唐宋造船技术进步的动力

从史料来看，唐宋时期造船技术进步的动力，来自海战的压力。据《资治通鉴》，唐太宗征高丽时，曾命在洪、饶、江、越、蜀、潭等州郡建造多艘战船：

> 上将征高丽，秋，七月，辛卯，敕将作大监阎立德等诣洪、饶、江三州，造船四百艘以载军粮。[5]
>
> 丁丑，敕越州都督府及婺、洪等州造海船及双舫千一百艘……强伟等发民造船，役及山獠，雅、邛、眉三州獠反。壬寅，遣茂州都督张士贵、右卫将军梁建方发陇右、峡中兵二万余人以击之。蜀人苦造船之役，或乞输直雇潭州人造船；上许之。[6]

1　金成俊、崔云峰：《对圆仁〈入唐求法巡礼行记〉中所记载的船舶部件搦栿（搦栿）的批判性考察》，《海交史研究》2019 年第 3 期，第 112、119 页。

2　见王子今《秦汉海洋文化研究》，北京师范大学出版社，2021。

3　见吴家洲《唐代山东地区手工业发展与森林变迁》，《山东农业大学学报》2017 年第 4 期，第 19—20 页。

4　参见黄纯艳《造船业视域下的宋代社会》，第 20 页。

5　《资治通鉴》卷一九七"唐太宗贞观十八年"，第 6209 页。

6　《资治通鉴》卷一九九"唐太宗贞观二十二年"，第 6261 页。

唐太宗征高丽的战船由南方诸州建造，并通过长江的支流和干流运到海上，说明这些船是平底船，如果是尖底船的话，在内河行驶容易搁浅。但中唐时期的海战船已经出现尖底的海鹘船，这样的技术进步，是在不断的实践摸索中取得的。

海鹘船由李筌最早记录，对李筌的研究有助于理解唐代造船技术进步的动力。唐长孺先生认为，《太白阴经》中《进书表》的"署衔与当时官制符合"，从所题的"乾元二年四月"，及书中所述"知横塞军"建制等内容推断，"大致在代宗时（762—779）《太白阴经》成书"，但李筌不可能在乾元二年（759）于幽州赴任，因为此时该地为安史叛军占据，李筌在玄宗时代曾在翰林院任职。[1]

因之，李筌所撰的《太白阴经》，当是依据其在长安等地收集到的资料，对8世纪中叶及以前中国军事谋略、战争艺术、作战武器等的总结。那么李筌所载的"海鹘船"，究竟是何人于何时何地创造？由于李筌在《太白阴经》成书前，并无节制一方、参与水战的经历，因此关于海鹘船的记载，可能是抄自当时所见的档案，抑或听到的传闻。《太白阴经》与《通典》成书时间相近，且文字并不完全相同，亦有参考相同的史源，而做不同修改的可能。

杜佑本人则有造船并指挥水战的经历，《资治通鉴》载：

> 〔贞元十六年（800）〕州乱兵为张愔表求旌节，朝廷不许；加淮南节度使杜佑同平章事，兼徐、濠、泗节度使，使讨之。佑大具舟舰，遣牙将孟准为前锋；济淮而败，佑不敢进。[2]

《新唐书·杜佑传》亦载：

1　唐长孺：《跋唐天宝七载封北岳恒山安天王铭》，《山居存稿》，中华书局，2011，第283—294页。

2　《资治通鉴》卷二三五"唐德宗贞元十六年"，第7590页。

佑具舠舰，遣属将孟准度淮击徐，不克，引还。佑于出师应变非所长，因固境不敢进。[1]

尽管这是一次失败的军事行动，而且发生在《通典》成书之后，但可以看出杜佑在造船方面的实践。

《新唐书》评价杜佑不擅长"出师应变"，即缺少实际作战的经验和能力，但杜佑早在兴元元年（784）至贞元初年任岭南节度使时，"朱厓黎民三世保险不宾，佑讨平之"，即平定了海南岛黎族的叛乱。[2]可见此评价亦不够公允。平黎民之乱，权德舆《杜公淮南遗爱碑铭》记载更为详细：

朱崖黎氏，保险三代，种落盘互，数犯吏禁。公麾偏师，一举而平。犷俗率化，原人得职。[3]

按海南岛黎民之乱，当有百年历史。据《旧唐书·地理志》：

贞元五年十月，岭南节度使李复奏曰："琼州本隶广府管内，乾封年（666—668年），山洞草贼反叛，遂兹沦陷，至今一百余年。臣令判官姜京、崖州刺史张少逸，并力讨除，今已收复旧城，且令降人权立城相保，以琼州控压贼洞，请升为下都督府，加琼、崖、振、儋、万安等五州招讨游弈使。其崖州都督请停。"[4]

据这段记载，从666—668年开始，直到789年，琼州一直处在叛乱的黎民控制之中，直到李复才时被平定。《新唐书·杜佑传》的记载与

1　《新唐书》卷一六六《杜佑传》，第5088页。
2　《新唐书》卷一六六《杜佑传》，第5087页。
3　权德舆：《杜公淮南遗爱碑铭》，董诰等编《全唐文》卷四九六，第5056页。
4　《旧唐书》卷四一《地理志》，第1763页。

《旧唐书》似乎有矛盾，可能是杜佑的军事行动之后，黎民再次叛乱，李复才又平定之。事实上，李复才也没有彻底解决黎民叛乱的问题。因为《旧唐书·宪宗纪》又云，元和二年（807）"岭南节度使赵昌进《琼管儋、振、万安六州六十二洞归降图》"。[1] 可见，元和初年又有军事行动。

　　尽管黎民生活在海南岛的山区，理应没有海战的问题，但军队的调度、粮草补给、政令的传达等，不可能仅靠海南岛的实际控制区解决，而来自内地的人员、物资要运抵海南岛（琼州海峡最窄处宽约19.5公里），必然需要依赖战船。在此背景下，杜佑确实需要造渡海的战船。因此《通典》所述六种船型，应当蕴含杜佑的实际经验，如述海鹘船的"此江海之中战船也"一句，为《太白阴经》所无，或为杜佑本人所记。

　　南宋时期海船的技术进步也与海战有关。《宋会要》载：

　　　　〔绍兴〕三十一年六月二十七日，中书门下省奏："温州进士王宪上言：'伏睹给降空名告身下福建、浙东安抚司打造海船，缘两路船样不同，乞下福建安抚司依温州平阳县莒门寨新造巡船，面阔二丈八尺，上面转板平坦如路，勘通战斗。'乞令人户依此打造。其温州二丈五尺面海船力胜，却乞行下依宪自己海船样为式，庶几将来海道两路舟船，不至揿先拖后，得成一舻，容易号令。所有造到海舡之人，所补官资，乞作随军补授出身。"诏王宪陈献海船利害，委有可采，补承节郎，差充温州总辖海船；进义校尉朱清与转一资，差充温州海船指挥使。[2]

据此资料，为建造更优质的战船，宋高宗接纳王宪的建议，命令福建安抚司接受并打造由温州平阳县莒门寨研发的新式战船。这显示出海战压

1　《旧唐书》卷一一四《宪宗纪》，第 421 页。
2　徐松辑《宋会要辑稿》食货五〇，第 7131 页。

力和新式海船研发的重要联系。

此外，皮埃尔－伊夫·芒更强调从亚洲海洋整体性出发探讨中国南方和东南亚造船技术的发展。[1]刘义杰认为，明代福船可能源自东晋卢循的八艚船，而后演变为白水郎的了鸟船，而后转变成福船，理由是这两种船都是首尾尖高的尖底船型。[2]尽管这种猜想缺少明确的证据支持，但在沿海社会长期的发展中，不同源流的船只设计技术杂糅在一起，启发古代无名的船舶设计师设计出新的船型，具有一定的合理性。白水郎即福建沿海的海洋船民，他们对海上丝绸之路的发展起到了十分重要的作用。唐宋时期沿海社会不同阶层、身份、职业的居民之间存在合作与冲突，并与官府存在错综复杂的关系，这构成了宋商远航的社会背景，也是下一章的主题。

综上可知，唐宋时期的海战压力，推动造船新技术的研发，由此发明了海鹘船等新船型，并将水密隔舱引进到海船的内部设计上。上文也讲到，鉴真东渡前，曾在扬州买到退役的海战船，[3]这说明军、民船舶并非泾渭分明。海战船的技术革新，可能吸收来自民间的技术，并可以转化为民用。新的海船适应了远洋航行，在明清时期发展并分化成福船、广船等大帆船，具有深远的历史影响。

结　语

本章对杨良瑶碑及唐朝海外遣使制度的考察证明，早至 8 世纪末，中国船已经可以远航至阿拉伯海。9 世纪之后阿拉伯史料也记载中国船

1　Pierre-Yves Manguin, "Trading Ships of the South Chian. Shipbuilding Techniques and Their Role in the History of the Development of Asian Trade Networks", *Journal of the Economic and Social History of Orient*, Vol. 36, No. 3 (1993), pp. 253-280.

2　刘义杰：《福船源流考》，《海交史研究》2016 年第 2 期，第 1—12 页。

3　真人元开：《唐大和上东征传》，第 47 页。

曾抵达阿拉伯半岛。中国海船在 8 世纪中叶出现重大技术飞跃，这和海战实践有密切关系。南宋中后期的南海 I 号货船，是一艘来自中国东南沿海的福船，从中可以见到中国货船的结构、人员组成、船货以及食物供应,．这可以和《宣和奉使高丽图经》《异境奇观——伊本·白图泰游记》等传世文献互证。南海 I 号出现了西亚金制品，这是中国和阿拉伯海商在海上丝绸之路上合作的见证。

　　中国远航船船员可达上百人，管理体系分明，构成了移动的小型社会。那么，远航的资金、人员来自哪里？是哪些社会力量在支撑宋商的远航？这是理解宋商为何能成为海上丝绸之路上重要商人群体的关键。下一章将探讨这些问题。

第六章　宋代远航的沿海社会背景

第一节　再思考宋朝舶商利润
和资金问题

一　斯波义信对宋朝舶商利润和资金的研究

关于宋朝舶商的利润和资金问题，斯波义信在20世纪60年代已经做了富有启发性的概述：

> 海上商业与陆上商业相比，伴随着航海的自然的、社会的危险要多得多，而且是一种以与远地交易为主的临时投机的贸易。但由于其利润高，所以海上航线成了大批冒险商人的活动场所……海上贸易商获得了以香料、丝绸、陶瓷之类世界性商品的中转为主的远洋贸易和以沿岸

地区之间的特产品交易为媒介的沿岸贸易的转让利润，并使出口港湾城市及其后方农村的产业蓬勃兴起。而且，由于农村产业的发展终究会被城市吸收，因此农村的富农、商人和贫困农民为了分得一份集中于城市的商业利润而流入港湾城市从事运输业和商业。海上贸易商从原来的土地所有者和商人之中大批地涌现出来，他们雇佣贫困农民为水手，从事航海活动。其经营形式，起初是单独投资，即以自己的船只运送的原始形态，这对于初期的海上企业来说，固有特殊性（航海危险性和装卸费用之大）便显得越来越突出。为了分散这种危险和费用，则出现了贸易商人、船长和陆上出资者以一定比例约定每次出海回航后的利润分配的惯行、分股出资（合股）的惯行，以及船舶共有组合的企业形态，形成了商人资本的初期集中。[1]

斯波的结论，建立在对福建商人的研究基础之上，有扎实的史料作为支撑。不过，斯波将舶商的资本限定为来自土地所有者和商人，将水手的来源限定为贫困农民，在今天看来，仍有可拓展之处。首先，宋朝贵族、官僚对远洋贸易的投资可以得到史料的证明，故舶商的资金不仅仅来自民间自筹。其次，水手的来源并不仅限于贫困或破产农民，海洋船民也可能被吸收进入水手群体之中。所以，贵族、官僚对海洋贸易的投资，以及海洋船民在海洋贸易中的地位和作用等问题，仍有值得探讨之处。

二　皇家的投资

（一）皇家的出使

宋太宗统一南方后，就在雍熙四年（987），派宦官出使南海诸国，

1　斯波義信『宋代商業史研究』。此据斯波义信《宋代商业史研究》，第33—34页。

一方面宣扬宋朝的国威，另一方面购买南海奢侈品。《宋会要》载：

> 雍熙四年五月，遣内侍八人，赍敕书、金帛，分四纲，各往海南诸国勾招进奉，博买香药、犀牙、真珠、龙脑。每纲赍空名诏书三道，于所至处赐之。[1]

雍熙四年的出访，和唐高宗年间达奚弘通奉使南海，以及 400 余年后著名的郑和下西洋（1405—1433 年）一样，都是宣扬国威、招徕朝贡国的体现。不过雍熙四年的出访，有明确的购买南海产品的意图，故也可以视为在皇家投资下的海洋贸易活动。

当然，在唐朝，使节在出访外国的同时展开国际贸易，已经是较为普遍的现象。如《新唐书·归崇敬传》云：

> 大历初，授仓部郎中，充吊祭册立新罗使。海道风涛，舟几坏，众惊，谋以单舸载而免，答曰："今共舟数十百人，我何忍独济哉？"少选，风息。先是，使外国多赍金帛，贸举所无，崇敬囊橐惟衾衣，东夷传其清德。[2]

归崇敬因为出使新罗时不像其他使节一样，私下展开贸易，被新罗人认为清廉。可以想见，内侍代表皇帝出使时购买的舶货，可能像经市舶渠道进入宫廷的珍宝一样，为皇室或自身所消费，也可能经赏赐、"宫市"或私下贸易等形式流入社会，从而获得海外贸易的利润。

（二）南外宗正司

与此同时，皇室宗亲也会投资海外贸易。位于泉州的南外宗正司就是典型，其主要的证据来自泉州湾宋船出土的木牌。据傅宗文考证，

1　徐松辑《宋会要辑稿》职官四四，第 4204 页。
2　《新唐书》卷一六四《归崇敬传》，第 5036 页。

其中"南家"牌签共19件,当代表南外宗正司;"安郡""河郡""兆郡""昶郡"代表郡王、郡公;"朱库国记""稠司"代表南外宗正司的官吏;此外也有宗人家干的牌签。傅先生由此推论"该海船系以南外宗正司为船主,联合所属宗支房派集团经商的回舶"。[1]

苏基朗针对古船中"干""干记"(共20件)标签的主人,认为"这些是专门从他人那里集资来从事海外贸易的经理人,但主要还是做自己的生意,这种专业经理人只有在高度繁荣的商业背景下才能出现"。[2]换而言之,泉州湾宋船是皇室宗亲投资下,民间"职业经理人"具体负责的远洋商船。

《宋史·食货志》也记载道:

> 嘉定元年(1208),三省言:"自来有市舶处,不许私发番船。绍兴末,臣僚言:泉、广二舶司及西、南二泉司,遣舟回易,悉载金钱。四司既自犯法,郡县巡尉其能谁何?至于淮、楚屯兵,月费五十万,见缗居其半,南北贸易缗钱之入敌境者,不知其几。于是沿边皆用铁钱矣。"[3]

三省的奏议,谴责了铜钱外泄的问题。其中明确提到绍兴末年时,市舶司、南外宗正司等派船到海外做生意,这在文献上证明了皇室投资海外贸易的行为。

2019年,中国社会科学院考古研究所等在泉州南外宗正司遗址进行考古挖掘,收集瓷器标本6844件,"主要是日常生活器",它们来自"国内南北方20余处窑口";其中泉州磁灶窑等福建窑口所出瓷器占绝大多数,但也包含来自景德镇窑(519件)、龙泉窑(224件)、越

1　傅宗文:《后渚古船:宋季南外宗室海外经商的物证——古船牌签研究并以此纪念古船出土15周年》,《海交史研究》1989年第2期,第77—83页。

2　苏基朗:《刺桐梦华录——近世前期闽南的市场经济(946—1368)》,第238页。

3　《宋史》卷一八〇《食货志》,第4396—4397页。

窑（33件）、吉州窑（20件）、耀州窑（5件）等其他地区窑口的瓷器。[1]
这些瓷器可能和外销瓷是同时运来的，但因破损等而被埋在遗址的灰坑
之中。

不过，据土肥祐子考证，南宋南外宗正司欺压舶商、走私铜钱等不
良记录众多，同时他们对泉州财政的严重依赖，也是造成泉州在南宋中
后期一度衰退的重要原因。[2]这显示了南外宗正司对于海洋贸易发展的
两面性。

三　官僚的投资

（一）辛道宗的青龙海船

与皇室一样，早在北宋初年，官僚群体就已经出现派亲信去海外贸
易的情况。据《宋会要》：

> 至道元年（995）三月，诏广州市舶司曰："朝廷绥抚远俗，禁
> 止末游，比来食禄之家，不许与民争利。如官吏罔顾宪章，苟徇
> 货财，巇通交易。阑出徼外，私市掌握之珍；公行道中，靡虞薏
> 苡之谤。永言贪冒，深蠹彝伦。自今宜令诸路转运司指挥部内州
> 县，专切纠察，内外文武官僚敢遣亲信于化外贩鬻者，所在以姓
> 名闻。"[3]

宋太宗下诏广州市舶司，要求纠察官僚群体私下参与海外贸易的情况，
说明这种问题已经存在，而且可能具有一定的典型性，才需要由皇帝专
门下旨整顿。但这道诏书显然是没能得到长期贯彻，成为祖宗之法。因

1　中国社会科学院考古研究所等：《泉州南外宗正司遗址2019年度考古发掘报告》，科学出版社，
2020，第29页。

2　土肥祐子『宋代南海貿易史の研究』、281—298頁。

3　徐松辑《宋会要辑稿》职官四四，第4204页。

为从南宋初年的史料来看，官僚参与海外贸易是一种可以公开的行为。

关于官僚家族参与海外贸易的情况，辛道宗是一个重要的案例。《建炎以来系年要录》云：

> 初，御营平寇左将军韩世忠既走盐城县，收散卒，得数千人，闻上渡江，以海舟还赴难。至是，次常熟。张俊闻之，驰见礼部侍郎张浚，喜跃不自持曰："世忠之来此，事必办。"浚与俊更相庆慰，即遣使召之。辛道宗见浚，扣以发兵之期，且曰："陆路措置固善，万一贼邀车驾，由钱塘转海道，将何以为计？"浚惊愕未定，道宗言："家有青龙海船甚众，若载兵由海道趋钱塘，出贼不意，破之必矣，且无后虞。"浚异其言，遂以道宗为节制司参议官，专一措置海船，仍具奏言："近收间报，有海舟数十自通、泰来，切虑贼情狡狯，径犯钱塘，臣已委辛道宗措置海船捍御，庶二贼不疑。"[1]

辛道宗为宋徽宗时期陕西的统制官辛叔献之子，[2]建炎三年为武功大夫忠州防御使，因遇苗傅、刘正彦兵变，所以向张浚建议，他家里有许多青龙海船，可以帮助勤王军队运兵。这里的"青龙海船"，当为秀州华亭县青龙镇的海船。

青龙镇在唐宋时期是江南重要的海港，北宋末年一度被称为"通惠镇"（1107—1127 年），并置市舶务；建炎元年复此名，并在绍兴元年（1131）复置市舶务。[3]辛道宗是陕西人，其兄忠州防御使辛兴宗在宣和三年（1121）参与镇压方腊起义。[4]这些海船可能是在宣和年间购置，因为青龙镇正是在宣和年间河道开发后，重新成为重要海港。《宋

1　李心传：《建炎以来系年要录》卷二一 "建炎三年三月癸巳"，第 449—450 页。

2　杨倩描主编《宋代人物辞典》（下），河北大学出版社，2015，第 929 页。

3　王辉：《青龙镇：上海最早的贸易港》，上海人民出版社，2015，第 23 页。

4　《宋史》卷二二《徽宗纪》，第 408 页。

会要》载：

> 宣和元年八月四日，又奏："政和三年七月二十四日圣旨，于秀州华亭县兴置市舶务，抽解博买，专置监官一员。后来因青龙江浦埋塞，少有蕃商舶船前来，续承朝旨罢去正官，令本县官兼监。今因开修青龙江浦通快，蕃商舶船辐凑住泊，虽是知县兼监，其华亭县系繁难去处，欲乞依旧置监官一员管干，乞从本司奏辟。"从之。[1]

而在靖康之变期间，华亭也幸运地没有被战争波及。孙觌《宋故右中奉大夫直秘阁致仕朱公墓志铭》云：

> 华亭据江瞰海，富室大家、蛮商舶贾交错于水陆之道，为东南一大县。胡马南渡，所过燔灭一空，而华亭独亡恙。[2]

青龙镇亦驻扎水军，直到淳熙十一年（1184）被昆山县顾迳港替代。[3]关于青龙镇的历史发展，邹逸麟先生已经进行了详细的考证。[4] 2012年，上海博物馆对青龙镇遗址进行考古发掘，"出土大量唐宋元时期瓷器、铜、铁、木器等文物，初步统计有近2000件，其中不乏精品。以瓷器数量最大，占90%以上。瓷器以越窑、长沙窑、龙泉窑、景德镇窑、建窑、吉州窑等南方窑口为主"。[5] 王建文指出，"目前在青龙镇以北的

1　徐松辑《宋会要辑稿》职官四四，第4208页。

2　《鸿庆居士集》卷三四，此据曾枣庄、刘琳主编《全宋文》卷三四八七，第480页。

3　徐松辑《宋会要辑稿》食货五〇，第7137页。

4　见邹逸麟《上海地区最早的对外贸易港——青龙镇》，《中华文史论丛》1980年第1期，第119—129页。王文楚、邹逸麟：《关于上海历史地理的几个问题》，《文物》1982年第2期，第73—75页。邹逸麟：《青龙镇兴衰考辨》，中国地理学会历史地理专业委员会《历史地理》编辑委员会编《历史地理》第22辑，上海人民出版社，2007，第331—334页。

5　青龙镇考古队：《上海市青浦区青龙镇遗址2012年发掘简报》，《东南文化》2014年第4期，第60页。

沿海及内陆的广大区域，除了少量福建产黑釉外，很少有发现福建产其他种类的瓷器。因此，福建瓷器到了青龙镇以后，基本都是转口销往海外的。根据当时的航路推测，主要是销往东北亚的高丽与日本"。[1] 因此可以推论，辛道宗的青龙海船，应当是从事东北亚海洋贸易的商船，因镇压苗傅、刘正彦兵变之需，改造成兵船。

（二）张俊家的老卒

像辛道宗这样拥有海船的官僚，在两宋之交当非少数。如《鹤林玉露》记载了南宋名将张俊让老兵到海外经商的故事：

　　王尝春日游后圃，见一老卒卧日中，王蹴之曰："何慵眠如是！"卒起声喏，对曰："无事可做，只得慵眠。"王曰："汝会做甚事？"对曰："诸事薄晓，如回易之类，亦粗能之。"王曰："汝能回易，吾以万缗付汝，何如？"对曰："不足为也。"王曰："付汝五万。"对曰："亦不足为也。"王曰："汝需几何？"对曰："不能百万，亦五十万乃可耳。"王壮之，予五十万，恣其所为。其人乃造巨舰，极其华丽。市美女能歌舞音乐者百余人，广收绫锦奇玩、珍羞佳果及黄白之器；募紫衣吏轩昂闲雅若书司、客将者十数辈，卒徒百人。乐饮逾月，忽飘然浮海去，逾岁而归。珠犀香药之外，且得骏马，获利几十倍。时诸将皆缺马，惟循王得此马，军容独壮。大喜，问其何以致此，曰："到海外诸国，称大宋回易使，谒戎王，馈以绫锦奇玩。为具招其贵近，珍羞毕陈，女乐迭奏。其君臣大悦，以名马易美女，且为治舟载马，以珠犀香药易绫锦等物，馈遗甚厚，是以获利如此。"王咨嗟褒赏，赐予优渥。问能再往乎，对曰："此戏幻也，再往则败矣，愿仍为退卒

1　王建文：《从出土瓷器看青龙镇对外贸易》，《文汇报》2017 年 1 月 13 日，第 A16 版。

老园中。"[1]

在此则故事中，张俊偶然在园中见到一位自称通晓海外贸易的老兵，当即交给他五十万缗钱去经营海外贸易，于是老兵打造大帆船，搜罗奇珍异宝，到海外诸国商贸。其中"珠犀香药"之类，是典型的南海之物。但南海不出名马，马匹当来自高丽等东北亚地区，加之张俊的活动范围在两浙，所以老兵是从明州或其他江南的港口出海，到达高丽等东北亚地区。而他自称"大宋回易使"以及"谒戎王"的举动，和宋日贸易的形态颇为相似。关于平安时代后期宋日贸易，可见大津透的简述：

> 贵族社会对"唐物"的需求量很高，事实上贸易不断扩大，因此阵定[2]会寻求政治判断。也有因皇宫烧毁而认为唐物不足的例子。甚至也有来非所期的情况，"此次，时代新迁（天皇更替），初来参着"以及"因当今（现天皇）德化感召的原因，前来参上"等理由，阵定都会格外给予承认。在律令国家，归化与美慕王化者不得不被接纳，宋商"德化感召"的理由十分巧妙，满足了贵族们的自负心。当然商人的到来不是为了朝贡，这是杜撰出来的，实为走私贸易，国家就是如此统制贸易的。[3]

因此，老卒回易虽然是一则笔记故事，但反映了南宋初期海外贸易的现实。

与海船相类似，北宋末年东京的寺观、官僚及富庶之家多有往来运河等家舟，以用来运输船货，使家资倍增。如《宋会要》云：

1　罗大经：《鹤林玉露》卷二《丙编·老卒回易》，王瑞来点校，中华书局，1983，第269—270页。

2　译按：公卿会议。

3　大津透『道長と宮廷社会』講談社、2001、333－334頁。

〔宣和七年七月〕二十五日，诏："应宫观寺并臣僚之家舟收税，并依旧法。其专降免税指挥，并更不施行。"[1]

《三朝北盟会编》卷二九《靖康中帙》靖康元年正月八日引郑望之《靖康城下奉使录》云：

> 若谓民间富庶，缘京师四方客旅买卖多，遂号富庶。人家有钱，本多是停塌解质舟船往来兴贩，岂肯闲着钱买金在家顿放。[2]

这些是北宋末年东京河运发达的记载。宋徽宗时期，东南地区的海货、海产品，经运河运到开封，以满足徽宗奢侈的生活，据《文献通考》：

> 徽宗政和七年，置提举御前人船所。时东南监司、郡守、二广市舶率有应奉，又有不待旨，但送物至都计会，宦者以献。大率灵璧、太湖、慈口溪、武康诸石，二浙奇竹、异花、海错，福建荔枝、橄榄、龙眼，南海椰实，登、莱文石，湖湘文竹，四川佳果木，皆越海渡江，毁桥梁、凿城郭而至，植之皆生，而异味珍苞则以健步捷走，虽甚远，数日即达，色香未变也。乃作提举淮浙人船所，命内侍邓文浩领之。蔡京以襄备东封船二千艘及广济兵士四营，又增制作牵驾人，乞诏人船所比直达纲法，自后所用，即从御前降下，使系应奉人船所数贡入，余皆不许妄进。[3]

从两浙往东京运花石纲的行为，加剧了社会矛盾，成为方腊起义爆发的导火索之一。[4]但往东京进奉的行为，在短期内必定刺激去往东京的船

1　徐松辑《宋会要辑稿》食货五〇，第7125页。

2　徐梦莘：《三朝北盟会编》卷二九"靖康元年正月八日条"，上海古籍出版社，1987，第213—214页。

3　马端临：《文献通考》卷二二《土贡考》，第670—671页。

4　陈邦瞻编《宋史纪事本末》卷五〇《花石纲之役》，中华书局，2015，第505页。

运业，使之成为上层社会热衷投资的行业。

通过以上讨论可以得知，皇家乃至官僚阶层，在海洋贸易中均有资金投入的记录。当然，如在泉州的赵氏宗族，和在两浙的张俊、辛道宗等官僚，他们得以参与海洋贸易，还是要得益于身处沿海社会的环境。他们本身就是沿海社会的当权派，是地方的大族，故需要对地方大族在沿海社会的生活及他们和海洋贸易的关系进行探讨。

第二节 沿海社会的地方大族

一 定居型大族

要理解沿海社会的地方大族，首先要理解"沿海社会"。陈寅恪在 20 世纪 30 年代已经注意到沿海社会（滨海地域）对于中国中古历史的重要影响，并认为"滨海之地应早有海上交通，受外来之影响"。[1]鲁西奇则认为，陈寅恪的"滨海地域"概念，"是相对于非沿海州郡而言的宏观概念，只能视作一种文化区域或较抽象的研究范畴，很难将之作为独立的政治或经济地理区域加以界定"；据他理解，"滨海地域首先是一种立基于自然地理区域的经济区域，是以与海洋有关的生计方式和经济形态为主要依据界定的区域"；"应当是靠海为生的人群生活、活动的区域"。[2]

不过，鲁先生将滨海地域限定为以海洋经济活动为主的地域，似乎弱化了该区域的农业经济，以及定居人群在"滨海地域"的重要地位。而事实上，滨海地域同样是农渔交错的过渡区域，可能会因新生土地等问题引发地主与渔民的冲突。

---

1 陈寅恪：《天师道与滨海地域之关系》，《陈寅恪集 金明馆丛稿初编》，第 1 页。
2 鲁西奇：《中古时代滨海地域的"水上人群"》，《历史研究》2015 年第 3 期，第 63 页。

　　浙东地区是典型的区域。蒋宏达指出，宋代以后，"通过儒学教育和科举功名，杭州湾南岸的地方大族积累了巨大的权势，成为乡村社会联系官府和朝廷的纽带，他们之间通过婚姻、师承等方式结成广泛的关系网络，共同成为支配濒海乡村的社会势力"。[1]蒋先生是从明清时期的发展回溯宋元时期的情况，希冀从长时段的视角看待明清时期杭州湾南岸的盐场社会与地权格局，因为滨海大族正是主要的支配势力。而他从"子母传沙"（新滩涂产生）这一自然地理现象入手，探讨明清滨海社会的利益纠纷问题，很有启发性。这一类因科举、农业生产而发家的地方大族，可称为"定居型"大族，以区别下文讲到的"航海世家"。

　　因为海洋成陆，沿海社会需要为此修筑新的海塘，同时也会产生新生沙田产权归属的纠纷，并可能造成对渔民的刻剥，这种情况在南宋已经出现。比如《宝庆四明志》载：

> 照应淳祐六年（1246）三日准尚书省札子，备朝议大夫右文殿修撰知庆元军事府兼沿海制置副使颜颐仲状：窃谓古者，关市不征，泽梁无禁。托砂岸而苛禁，伤圣朝爱养之本，夺小民衣食之源。讵可视之而不问耶？照得本府滨海细民，素无资产，以渔为生。所谓砂岸者，即其众共渔业之地也。数十年来，垄断之夫，假抱佃以为名，唆有司以征利，挟趁办官课之说，为渔取细民之谋。始焉照给文凭，久则视同己业，或立状投献府第，或立契典卖于豪家，倚势作威，恣行刻剥。有所谓艚头钱，有所谓下箐钱，有所谓晒地钱，以至竹木薪炭，莫不有征，豆麦果蔬，亦皆不免。名为抽解，实则攫拿……弱者迫于侵渔，沦而为盗。……颐仲尝推求其故，亦缘州县利及岁入之额，致使豪强借为渔夺之媒。[2]

1　蒋宏达：《子母传沙：明清时期杭州湾南岸的盐场社会与地权格局》，上海社会科学院出版社，2021，第41页。

2　罗濬：《宝庆四明志》卷二《叙郡》，《宋元浙江方志集成》第7册，杭州出版社，2009，第3135—3136页。

在奏状中，知庆元府颜颐仲指出，昌国县（今舟山市）石弄山的砂岸原来是当地渔民从事渔业的地方，但是庆元的地方大族以州县收税之额为借口，将砂岸占为己有，并巧立名目，对渔民进行刻剥，这导致渔民沦为盗贼，酿成严重的社会问题。颜颐仲的解决方案是：

> 今挨究本府有岁收砂岸钱二万三贯二百文，制置司有岁收砂岸钱二千四百贯文，府学有岁收砂岸钱三万七百七十九贯四百文，通计五万三千一百八十二贯六百文十七界。欲截自淳祐六年正月为始，悉行蠲放，却将别项窠名拨助府学养士，及县官俸料支遣。州郡既率先捐以子民，则形势之家亦何忍肆虐以专利。应是砂岸属之府第，豪家者皆日下，听令民户从便渔业，不得妄作名色，复行占据。其有占据年深，腕给不照，或请到承佃榜据，因而立契典卖者，并不许行用。欲乞公朝特为敷奏，颁降指挥，著为定令。或有违戾，许民越诉，不以荫赎，悉坐违制之罪。[1]

即官府做好榜样，不再征收砂岸的税钱，并将砂岸收归官府所有，听任渔民从事渔业；禁止地方大族在砂岸违规收租，违者受罚。颜颐仲的方案最终被朝廷采纳。

大族抢夺沙田等田产，除了与渔民争利外，还会严重影响经济秩序，阻碍贸易发展。知泉州真德秀在绍定五年（1232）《申尚书省乞拨降度牒添助宗子请给》中称：

> 淳熙以后至于今日，朝廷、运司应赡之数少而本州出备者多也。然庆元之前未以为难者，是时本州田赋登足，舶货充美，称为富州，通融应副，未觉其乏。自三、二十年来，寺院田产与官田公田多为大家巨室之所隐占，而民间交易率减落产钱而后售，

1　罗濬：《宝庆四明志》卷二《叙郡》，《宋元浙江方志集成》第 7 册，第 3136 页。

> 日朘月削，至于今七县产钱元计三万四千七百余贯文，今则失陷
> 一千六百余贯。经界未行，版籍难考，不坍落者指为坍落，非逃
> 亡者申为逃亡，常赋所入大不如昔矣。富商大贾积困诛求之惨，
> 破荡者多而发船者少，漏泄于恩、广、潮、惠间者多而回州者少。
> 嘉定间，某在任日，舶税收钱犹十余万贯，及绍定四年，才收
> 四万余贯，五年止收五万余贯，是课利所入又大不如昔也。[1]

据此可知，泉州的地方大族抢夺田产，囤积财富，严重破坏沿海社会的
经济秩序，导致中产之家破产，铜钱外流，舶商不敢前来，对外贸易利
润大幅减少，南宋中后期泉州当地的经济衰退。

此外，在朝任职的地方大族代表，他们的举动也会对沿海社会的
发展造成重要影响。可以明州的楼氏家族为例，这是当地最重要的大家
族之一，包伟民先生已经进行了详细的研究。[2]而如果从海洋史的视角，
也可以看出楼氏家族推进海洋贸易的活动，尽管这是富有争议性的。据
《宋史·楼异传》：

> 政和末，知随州，入辞，请于明州置高丽一司，创百舟，应
> 使者之须，以遵元丰旧制。州有广德湖，垦而为田，收其租可以
> 给用。徽宗纳其说。改知明州，赐金紫。出内帑缗钱六万为造舟
> 费，治湖田七百二十顷，岁得谷三万六千。加直龙图阁、秘阁修
> 撰，至徽猷阁待制。郡资湖水灌溉，为利甚广，往者为民包侵，
> 异令尽泄之垦田。自是苦旱，乡人怨之。[3]

楼异在赴任知随州前的奏对中，向徽宗建议在明州设置高丽馆，并造出

1　真德秀：《西山先生真文忠公文集》卷一五，商务印书馆，1937，叶一三右、左。写作时间见
　　苏基朗《刺桐梦华录——近世前期闽南的市场经济（946—1368）》，第94—95页。

2　包伟民：《传统国家与社会：960—1279年》，商务印书馆，2009，第262—281页。

3　《宋史》卷三五四《楼异传》，第1163—1164页。

使高丽的船舶，也就是第五章所述的宣和神舟。为了筹足建设经费，楼异建议围垦广德湖，将收得的田租作为建设费用。此建议既可以保证工程的顺利完成，又不扰民，完工后可以宣扬国威，又可以促进海洋贸易，似乎是一项德政。高丽使馆位于今宁波月湖历史文化景区，从考古发掘的情况看，到南宋依然沿用。[1]但围垦广德湖后，附近区域农业用水大为减少，导致农业产量下降。因此在南宋时期有恢复广德湖的思潮，但是因地方大族的阻挠，以及经费的不足，最终不了了之。因为大族在围垦广德湖后获得大量田产，成为既得利益者。[2]

由于宋代仍然为农业经济占主导地位的时代，故地方大族将权力的触角伸进具有稳定收益的田产，而从长时段而言，他们往往会成为阻碍沿海地区进一步发展的保守势力，如据《明史·朱纨传》，明朝嘉靖年间浙江巡抚朱纨在平定倭乱时，因为触动地方大族的利益，最后受到诬陷而自杀。[3]但定居型大族也可能会投入海洋贸易之中，如上节讲到的在泉州的赵氏宗族，本身就是在泉州定居的皇亲，他们可以通过"干人"一类的代理人参与到海洋贸易中。

二 "航海世家"

不过，与明州楼氏家族这一类依靠农业、科举等囤积财富、积累名望的定居型地方大族不同，到了元代，也出现因从事航海活动而跻身地方大族者，如杨枢、朱清、张瑄的家族等。田汝康较早讨论元代的海盗和海运的关系。[4]陈高华先生将这些家族称为"航海世家""航海家族"，他们的发家途径为"由商而官""由官而商""由盗而官、商兼举"等，

---

1 林士民：《宋丽江南交往的历史遗迹——明州（宁波）高丽使馆遗址发掘剖析》，《再现昔日的文明——东方大港宁波考古研究》，第498—504页。

2 陆敏珍：《唐宋时期明州区域社会经济研究》，上海古籍出版社，2007，第161—164页。

3 《明史》卷二○五《朱纨传》，中华书局，1974，第5404—5405页。

4 田汝康：《元朝的海盗与海运》，《中国帆船贸易和对外关系史论集》，浙江人民出版社，1987，第100—110页。

但最重要的手段还是依靠家族中的政、商结合，"亦商亦官"。[1] 陈波进一步研究了这类家族，认为他们"往往集大地主、官僚、士绅、海商诸角色于一身，他们对于元朝的江南统治而言，充当了地域社会秩序维持者的角色"；又以方国珍为例，认为他的生业"比较接近于元代船户的营生方式，当然他本人应该并非船户"，"其姻亲戴氏即是船户出身"。[2]

其中，船户即编户的海洋船民。陈波的后一观点颇有见地，进而言之，如杨枢的祖先，"宋之盛时，有自闽而越、而吴、居澉浦者，累世以材武取贵仕"，[3] 可知是因海洋贸易而从福建迁来的商人，又获得武官的职衔。因海洋贸易出身而得武官者，在宋代并非个案。如第四章所提到的曾讷，就是一位从事海洋贸易，而后成为武官的商人。杨枢的祖先亦当与此类似。又据《元史纪事本末》：

> 初宋季有海盗朱清者，尝为富家佣，杀人亡命入海岛，与其徒张瑄乘舟抄掠海上，备知海道曲折，寻就招为防海义民。伯颜平宋时，遣清等载宋库藏等物从海道入京师，授金符千户。二人遂言海运可通。乃命总管罗璧暨瑄等造平底船六十艘，运粮四万六千余石，由海道入京。[4]

朱清、张瑄原为长江三角洲沿海的海盗，后受王世强招安，并向元廷献海运之策，因之发家。航海世家在元朝发迹的历史契机是南北统一，以及直通大都的海运的兴起。其实漕粮海运在南宋初年已经被发展起来，如绍兴三年（1133）廖刚《漳州到任条具民间利病五事奏状》载：

---

1 陈高华：《元代的航海世家澉浦杨氏——兼说元代其他航海家族》，《海交史研究》1995 年第 1 期，第 4—18 页。

2 陈波：《元代海运与滨海豪族》，李治安、宋涛主编《马可·波罗游历过的城市——Quinsay 元代杭州研究文集》，杭州出版社，2012，第 174—197 页。

3 《黄溍集》卷二三《松江嘉定等处海运千户杨君墓志铭》，王颋点校，浙江古籍出版社，2013，第 858 页。

4 陈邦瞻：《元史纪事本末》卷一二，中华书局，2015，第 89 页。

> 臣伏见闽中差雇海船一事，尤须措置。盖比年纲运皆由海道，
> 又有防托等差使，且如本州今年来已差过一百二十余只，以所诣
> 州军通融概计，每只不下赔费二百缗。是以一岁之间，科率百余船
> 户，凡二万缗余，彼亦何所从出？[1]

文中指出，南宋初年到行在的粮食等纲运，全部依赖海上通道，并分摊
到沿海的船户身上，这给他们造成了严重的负担，所以解决方案包括：
"差雇必优其直，仍以船力所胜，官载六分，四分听其贩卖。赔费既少，
优获利息，则足以得其心力矣。"即雇佣他们的船舶时要给予优厚的待
遇，并允许他们在海运时携带自己的船货做生意。同时"应上供纲运，
并候夏季风信顺便，尽数起发，仍前一年差雇船，使之预备交纳。官司
申严约束，毋得邀阻，使免守候滞留之费"，即纲运的时间要选在适宜
的信风期，并要给予他们订金，还要严明纪律。[2]

　　廖刚的奏状，对应的是南宋初年严峻的军事形势，战事和缓后内河
的漕运逐渐恢复，[3]但岭南到明州的海道，依然是运输粮食的重要途径。
如朱熹《奏明州乞给降官会及本司乞再给官会度牒状》写道：

> 今来事势不可少缓，本州遂于七月十八日具奏，乞支降官会
> 一百万贯下本州，循环充本，雇备人船出海，往潮、广丰熟州军
> 收籴米斛，准备赈粜赈济。[4]

这显示了海道运输对于东南沿海社会的重要性。元代初期，朱清、张瑄
对伯颜的海运建议，也是继承了南宋以后东南的海运传统，并将它扩展

1　《高峰先生文集》卷五，此据曾枣庄、刘琳主编《全宋文》卷二九九四，第44页。
2　曾枣庄、刘琳主编《全宋文》卷二九九四，第45页。
3　见《宋史》卷一七五《食货志》，第4259—4261页。
4　朱熹：《晦庵先生朱文公文集》卷一七，朱杰人等主编《朱子全书》，第805页。

至华北。2016 年，在江苏省太仓市樊村泾发现元代的仓库遗址，出土瓷器来自龙泉窑、景德镇窑、福建诸窑等，这些瓷器在这里集散，以销往华北和东北亚，显示了南北海运对海洋贸易的推动。[1]

杨枢的祖先以及朱清、张瑄，实际都是成功上岸的海洋船民代表，他们在商业中取得厚利，并在南宋到元朝取得功名，成长为航海世家，变成地方的豪绅，尽管他们的发家之道仍然和海事相关。从现存文献看，这些航海世家的主要事业是海洋运输业。不过如果从整个海洋船民的历史来看，他们的生计也与海洋贸易相关。这将在下一节叙述。

第三节　海洋船民

一　自由的海洋船民

黄纯艳将近海贸易的人员群体分成三类：职业商人、临时参与的沿海居民以及沿海船户。其中除临时参与者外，其他两类也是远洋贸易的主要参与者，而据黄先生估计，"南宋福建、浙东两路民间海船较多时应超过四万艘。加上浙西、广东、广西、淮南等沿海诸路，民间海船远超过四万艘。若再计海战船，其数更大，可能超过十万艘。这意味着有数十万的船上人员，是一个庞大的社会群体"。[2] 因此，海洋船民在东南沿海社会中的作用不容小觑。

廖刚在《漳州到任条具民间利病五事奏状》中记载了船户的生活情况：

1　《大元·仓：太仓樊村泾元代遗址出土瓷器精粹》。

2　黄纯艳：《造船业视域下的宋代社会》，第 146、184—187 页。

况今所谓船户，初非前日为盗之人。彼方重困于差使，则当有以赈恤之。是谓急务，臣请备言之。大抵海船之家，少上中户，轻生射利，仅活妻孥者皆是。今以其船尽载官物，但量与之雇直，一有风水疏失，勒令赔备，监锢禁系，动经岁时，往往破家竭产，终不能偿其一二，此一不便也。平时海舟欲有所向，必先计物货，选择水手，修葺器具，经时阅月，略无不备，然后敢动。[1]

在奏状中，船户被认为是为了追逐利益可以不顾生命的人，但与此同时，他们普遍生活困苦，家无余财，难以独立承担高风险的海道运输。廖刚是南剑州顺昌（今福建省顺昌县）人，那里是福建西北内陆的山区，[2]这段文字体现了耕读成长起来的士大夫，对于以海为生的人群的观感。因为船户世代以海为生，船本就是船户的产业，当船户受到官府的打压时，即可能转换为海盗，平时则可能为渔民，当遇到机遇时，也可能成为从事海洋贸易的海商或者水手。海盗、渔民、海商、水手，这些不同的职业其实都是外界赋予不同阶段的海洋船民的标签。

鲁西奇认为，"入海、浮海、上岸，可能是中古时代滨海地域水上人群活动的三种主要形态"，但鲁先生将赋役是否繁重、官府是否欺压他们，作为判定他们生活形态转变的标准，[3]这是站在官府的大陆视角看待海洋船民，似乎海洋船民只能依据官府的行为被动行事。但其实，海洋船民也有主动选择支持或反叛官府的可能，因为他们本身就可能结成强大的军事力量。如王潮、王审知兄弟势力的崛起，当得到福建沿海海洋船民的帮助。《资治通鉴》云：

范晖骄侈失众心。王潮以从弟彦复为都统，弟审知为都监，将兵攻福州。民自请输米饷军，平湖洞及滨海蛮夷皆以兵船助

1　《高峰先生文集》卷五，此据曾枣庄、刘琳主编《全宋文》卷二九九四，第44页。
2　《宋史》卷三七四《廖刚传》，第11590页。
3　鲁西奇：《中古时代滨海地域的"水上人群"》，《历史研究》2015年第3期，第77页。

之。（胡三省注："平湖洞在泉州莆田县界外。《九域志》曰：'今
兴化军大飞山，地本平湖数顷，一夕风雨暴至，旦见此山耸峙，
一名大飞。'"）[1]

刘迎胜先生认为，这里的"平湖洞"，可能和宋代的史料中的"平湖"
一样，是澎湖列岛。[2] 不过，按胡三省注引《元丰九域志》，平湖洞就在
兴化军（今福建省莆田市）大飞山一带。[3] "大飞山"的地名，直到清朝
都存在，《清史稿·地理志》云，兴化府"仙游，难。府西七十里，治
大飞山南麓"。[4] 今天称之为"大蜚山"，如 1995 年的《仙游县志》云，
仙游"县城位于大蜚山南面的木兰溪畔"。[5] 所以，平湖洞及滨海蛮夷当
是闽南沿海的海洋船民，他们选择帮助得人心的王潮、王审知兄弟，成
为拿下福州的重要力量。

又如第四章所述，北宋皇祐四年（1052），依智高的军队围攻广州
城，珠江口的海洋船民支持官军，成为解广州之围的重要力量。而到
南宋时期，部分海洋船民也被吸收为海防的力量，《三山志》云："岁遇
防秋，率帅司前期檄州籍船，县按数以发，或令或并，听朝廷临时指
挥。"[6] 其实，直到明代中后期，海战船上依然活跃着海洋船民的身影。
如抗倭名将俞大猷《又与刘凝斋书》云："海上战船，在山东不得知。
在南直隶则有沙船。驾船之兵则江北等处盐徒也。"[7] 屈大均《广东新语》

1　《资治通鉴》卷二五九"唐昭宗景福元年"，第 8427 页。

2　刘迎胜：《宋元时代浙江、福建沿海的巡检司——兼论元澎湖巡检司》，《从西太平洋到北印度
　　洋——古代中国与亚非海域》，第 62 页。

3　王存：《元丰九域志》附录《新定九域志》卷九《兴化军》，王文楚、魏嵩山点校，中华书局，
　　1984，第 693 页。

4　《清史稿》卷七〇《地理志》，中华书局，1977，第 2258 页。

5　仙游县地方志编纂委员会编《仙游县志》，方志出版社，1995，第 90 页。

6　梁克家修纂《三山志》卷一四《版籍类》，福州市地方志编纂委员会整理，海风出版社，
　　2000，第 162 页。

7　俞大猷：《正气堂续集》卷一《又与刘凝斋书》，此据范中义、敦贺《明代海船图说》，山东科
　　学技术出版社，2020，第 66 页。

叙述战船时云，"或同蛋人没水凿船，而乘间腾跃上船杀敌"，[1]显示了海洋船民参与海战的悠久传统。

二 受规诫的海洋船民

（一）船民编户的开始

基于海洋船民的力量，以及他们对王朝海疆安全的潜在威胁，宋哲宗时期对海洋船民进行了大规模的编户，《宋会要》云：

> 〔元祐〕六年（1091）七月十一日，诏："广、惠、南恩、端、潮等州县濒海船户，每二十户为甲，选有家业行止、众所推服者二人充大、小甲头，县置籍，录姓名、年甲并船橹棹数。其不入籍并橹棹过数，及将勘以害人之物并载外人在船，同甲人及甲头知而不纠，与同罪；如犯强盗，视犯人所坐轻重断罪有差。及立告赏没官法。"从刑部请也。[2]

元祐六年，尚是旧党掌权的时期，而继续实行神宗时代保甲的方针，可知在某些事务上，新党和旧党并非完全对立。参照熙宁三年《畿县保甲条制》，"凡十家为一保，选主户有材干、心力者一人为保长"，"五十家为一大保"，"十大保为一都保"，在保内实行连坐制度，并修习武艺，防御盗贼。[3]上文所述海洋船民的编户制度，正与京畿诸县的保甲条例类似，可视为保甲法在沿海的延伸。

南宋初年延续了对海洋船民的编户。廖刚《漳州到任条具民间利病五事奏状》云：

1　屈大均：《广东新语》卷一八《舟语》，第479页。

2　徐松辑《宋会要辑稿》食货五〇，第7123页。

3　《续资治通鉴长编》卷二一八"神宗熙宁三年"，第5297—5298页。

> 臣自到官，尽籍管内所有船只，立赏以绝欺隐之弊。非徒讥察盗贼，亦欲差使之均，觊稍息之也。续承准本路安抚司备坐枢密院指挥，海船并结为保伍，毋得擅出，必关州县。今则一一遵依施行，所以防其为盗详矣。[1]

到南宋中期依然如此。《三山志》记载：

> 淳熙元年（1174），遣使臣黄飞英括九县三番海船，及新收籍船四百九十二只。六年，州令九县具旧籍及新收船数，赴州参考，登于都籍，后遇有损坏，须县验实报州，乃与销落，继有新造，即籍之。[2]

船民的编户，以船只为单位，并分成甲、乙、丙番等进行分组。而后，元、明、清继承了宋朝的船民编户制度，且到清康熙四十二年实现了渔船和商船的分离。[3]从长时段的历史来看，北宋中叶开始的海洋船民编户制度，在中国海洋管理史上，乃至海上丝绸之路发展史上，均有里程碑式的意义，因为它显示了国家政权对于海洋居民的直接管辖。

　　海洋船民编户和内湖船民编户的时间点相仿，都是在北宋中后期。魏天安指出，从宋徽宗政和元年开始，"豪富兼并之家包占公有水面合法化"，与此同时对渔业收重税，并实行保甲制。[4]不过，魏先生将保甲制视为渔民起义的导火索，但从文献来看，渔民起义的频发，又促成了保甲制的进一步推行。

1　《高峰先生文集》卷五，曾枣庄、刘琳主编《全宋文》卷二九九四，第44页。

2　梁克家修纂《三山志》卷一四《版籍类》，第162页。

3　杨培娜：《从"籍民入所"到"以舟系人"：明清华南沿海渔民管理机制的演变》，《历史研究》2019年第3期，第23—40页；后收入贺喜、科大卫主编《浮生：水上人的历史人类学研究》，中西书局，2021，第37—71页。

4　魏天安：《宋代渔业概观》，《中州学刊》1988年第6期，第108—109页。

宋徽宗年间，梁山泊一带渔民起义频发，如著名的宣和元年
（1119）宋江起义。为了对付梁山泊的渔民，宋廷开始在这里为渔户编
名籍。《宋史·任谅传》云："提点京东刑狱。梁山泺渔者习为盗，荡
无名籍，谅伍其家，刻其舟，非是不得辄入。"[1] 政和六年（1116）汪藻
《户部尚书许公墓志铭》，也记载了知郓州许几在梁山籍渔民之事："盗
倚梁山为薮，害所被甚众。公籍渔者十人为保，晨肆其出，夕责其归，
否则同保以闻，自是穷治无脱者。"[2] 对渔民的编户，"伍其家"，"十人为
保"，上午准许他们去湖泊中劳作，晚上必须回来报到，同保内互相监
督。这样的制度规定，亦可视为王安石变法中的保甲法在江湖水域的
延续。

不过，海洋船民面对的是一望无际的海洋，他们的可选项比江湖渔
民要多。从《三山志》所载淳熙年间福州海船户的数字可知，侯官县在
编 7 只、宁德县在编 11 只、怀安县在编 4 只，[3] 尽管这里"只"不能按
物理形态的船舶数量理解，而是一个编户的单位，但比起真实海洋船民
的人数，在编的海船户必然要少很多。据《大越史记全书》，12 世纪、
13 世纪在越南的红河三角洲，出现从福建沿海迁移过去的渔民，而后
上岸，并成为统治陈朝的家族。[4] 海洋船民能从福建沿海迁移到红河三
角洲，说明了他们强大的海上移动能力，而这也与福建商人在海洋丝绸
之路上的移动路线重合。

因此，当海洋船民拒绝被编户时，尽管他们可能会被视为海盗，并
在与定居人群进行物资交换，以获得碳水化合物等补充时遇到一定的困
难，但他们依然可以像草原的游牧民一样，迁移到其他地方。那么，选
择接受编户的海洋船民，他们的理由和动机是什么呢？

1　《宋史》卷三五六《任谅传》，第 11220 页。

2　汪藻：《浮溪集　附拾遗》卷二六，中华书局，1985，第 306 页。此事又见《宋史》卷三五三
　　《许几传》，第 11149 页。

3　梁克家修纂《三山志》卷一四《版籍类》，第 160 页。

4　孙晓主编《大越史记全书》卷五《陈纪·太宗》，西南师范大学出版社、人民出版社，2015，
　　第 253 页。

（二）海洋船民为什么选择被编户？

从史料来看，海洋船民被编户后，可以获得一定的经济利益。如《宋会要》云：

> 〔绍兴〕二年二月一日，诏："官司舟船须管支给雇钱，不得以和雇为名，擅行夺占。如违，许船户越诉。"以臣僚言："军兴以来，所在官司往往以和雇为名，直房百姓船只，以便一时急用。行通行者，惟官员与茶盐客而已，不特失国家阜民通货之大体，而暗损税额，所害不轻。缘此民间更不下州县，严行止绝。"故有是命。[1]
>
> 〔绍兴三十二年〕八月二十三日，诏："海船人户，其间有出力自办，为国扞御之人，或许更戍而顾长役者，所属保明申奏，当议推恩。"[2]

这是南宋初年出台的保护为官府服务的船户的诏令，即官府要按时按额支付船户纲运所需的费用，并且不能随意剥削、差使船户。如果违背，要处罚当差的官吏，严重者要徒刑一年；并允许船户越级上诉。《三山志》则具体记载了和雇海船具体支付的费用：

> 建炎二年，御营使司始请募沿海州军海船，防托海道。船主比效用法借铺名目。其入船等第给起发钱，第一等五十千，次四十千，次三十千。梢工一名十千，碇手二名，各七千，备战敢勇人五千，日米二升半、钱百，家各给米一石、钱千。[3]

1　徐松辑《宋会要辑稿》食货五〇，第 7127 页。
2　徐松辑《宋会要辑稿》食货五〇，第 7131 页。
3　梁克家修纂《三山志》卷一四《版籍类》，第 160 页。

其中"一千"就是一贯铜钱，对承担海运任务的船主，支付额分别为50贯、40贯、30贯三等，其他水手也相应给予钱币，同时每天还要为水手及其家庭供应钱粮，显示了一定的优待政策。尽管这是南宋初年的战时政策，不过到淳熙年间，对承担海运任务的船主依然推行相似的发放标准，甚至有所提高：

> 船主有官人给本等券钱，白身人给钱二百五十、米二升五合。梢工日给钱一百五十、米二升五合。招头、碇手、水手日给钱一百、米二升五合。起发日犒设及船主修船等钱，各随县措置。梢工人一十五千，招头、碇手人一十千，水手半之。[1]

其中，给予梢工、招头、碇手的酬劳提高了3—5贯钱。这说明南宋中期依然延续了优待船户的政策。

这里还要注意一重要信息，即海船户的船主有资格被授予官衔，成为官人。如上文提到杨枢的祖先"累世以材武取贵仕"，就是此类。当然，凡事都有两面性，从这里也可以推知，在海洋船民内部，也存在阶层差异。其上层人士，如海船主，会因编户服役而积累财富、地位、声望，乃至成长为航海世家。

但底层的海洋船民，如"蜑户"，依然处于被严重剥削的境况之中。如朱熹《转运判官黄公（洴）墓碣铭》："濒海蜑户数万，生理至微，亦有役于州县，公悉免之。按行所部，虽烟瘴荒远无所惮。访问疾苦，伸理冤抑不可胜计。"[2]真德秀《刘文简公神道碑》云："蜑户舟船有禁，为亟除之，且罢两邑科敷之不正者。"[3]又《通判广州吴君墓志铭》云："君之来古冈也，县无正官久，弊端如毛，民狃于讼，吏黩于货贿，且濒海盗多，弗可制。君自力不辟寒暑，事亡细巨必亲，凡罢行视理当否。往时

1　梁克家修纂《三山志》卷一四《版籍类》，第162页。
2　朱熹：《晦庵先生朱文公文集》卷九三，朱杰人等主编《朱子全书》，第4281页。
3　真德秀：《西山先生真文忠公文集》卷四一，叶三左。

新令至，蜑户有给由钱，受诉牒有醋息钱，君一切罢去。"[1]

这些文字，在表彰主人公清正廉明、刚正不阿的同时，透露出南宋时期，东南沿海底层的海洋船民受到官府和豪族双重压迫的史实。从这一点而言，选择被编户，能真正获得利益的，依然是上层的海洋船民。这些人也会发展成压迫下层海洋船民的地方大族。

（三）船民与海盗

对于官府而言，选择优待船民，不仅仅是因为船民能运输粮食，更重要的是他们与南宋的海防息息相关。南宋初期的海防和宋金战争形势相关。王青松认为，南宋建立新式水军，形成"一环两线"格局，"一环"指"以首都临安为核心，在江浙沿海一带形成的环状兵力分布格局"，由定海、许浦、澉浦、金山等地驻军构成；"两线"指"江浙海域以外的淮东和福建、两广地区"，"各水军都于险要之处建立水寨"，负责侦察、巡逻等事，由此"建立了一套以烽燧为主、配以其他手段的海防警报系统"。[2]

在南宋初期，海洋船民已成为海防的重要力量。《建炎以来系年要录》云：

> 东海军使葛玙以舟师至淮岸，为海州漕船所邀。吕颐浩言："贼船虽不能多载骑兵，然乘秋初北风，南来钱塘江上，震惊行朝。"乃诏温、台州募海船土豪，杭、越、苏、秀州措置斥堠。[3]

所谓"海船土豪"，当是海洋船民中的上层人物，这是南宋官府和他们合作的开始。又《宋会要》载：

1　真德秀：《西山先生真文忠公文集》卷四五，叶一二右。
2　王青松：《南宋海防初探》，《中国边疆史地研究》2004 年第 3 期，第 102—104 页。
3　李心传：《建炎以来系年要录》卷五四"绍兴二年五月辛未"，第 983 页。

〔绍兴二十八年〕九月二十二日，殿前都指挥使杨存中言："本司见打造海战船，合用谙会船水人驾放。乞从本司水军招收少壮谙晓船水百姓一千人，并刺充虎翼水军，应副教习使唤，请给乞依绍兴十年所招虎翼水军已得指挥则例支破。"从之。[1]

海洋的环境与内河有显著不同，海船的船型和内河船型也不一样。故"少壮谙晓船水百姓"者，当和上引廖刚奏状所述的纲运船户一样，都是被编户的海洋船民，而他们已经被称为"百姓"，说明是被承认的编户齐民。但这些人员的工作是充当水手，说明当是海洋船民中的中下层人员。

到南宋中期，尽管宋金对峙形势和缓，但海疆上依然面临严重的海盗问题。这些海盗，有来自深海的海洋船民，如楼钥《敷文阁学士宣奉大夫致仕赠特进汪公行状》写道：

还乡四月，起知泉州。到郡遇事风生，不劳而办。郡实濒海，中有沙洲数万亩，号平湖，忽为岛夷号毗舍邪者奄至，尽刈所种。他日又登海岸杀略。禽四百余人，歼其渠魁，余分配诸郡。初则每遇南风，遣戍为备，更迭劳扰。公即其地造屋二百间，遣将分屯，军民皆以为便，不敢犯境。[2]

不过，这种来自深海海洋船民的劫掠，还不是最典型的海盗行为。更强大的海盗来自内地及近海的岛屿。梁庚尧对南宋史料中的"温艚"海盗船进行详细研究，推论出这些从浙东南下劫掠闽、粤的海盗船，"同时也是商船，贩运浙东沿海所产的私盐到闽、粤销售，并与当地人结合，

1　徐松辑《宋会要辑稿》食货五〇，第 7130 页。
2　楼钥：《攻愧集》卷八八《敷文阁学士宣奉大夫致仕赠特进汪公行状》，第 1199 页。

从事走私活动，演变而为海盗"。[1] 这些"温艚"就是反抗官府和当地社会的海洋船民。

所以，南宋官府所推行的船民编户制度，其重要的原因也是为了防范海盗。《宋会要》云：

〔绍兴二年七月〕十七日，广东、福建帅司言："得旨相度措置海盗事宜，欲责令逐处本地分巡尉与海上缉捕使臣，于本地分括责应有大小桨船之家，并籍记姓名，每三家或五家结为一保。遇有下海兴贩买卖，如保内人辄敢劫掠作过，许同保人收捉。如同保人盖庇，许别保人告捉。又不觉察，致被官司捉获，其保人一例坐罪。逐路巡尉遇有大桨船作过，即时捉获，并与依条推赏。若势力不加，即时关报邻近巡尉会合掩捕。如致大小桨船走漏，限满收捕不获，即行收禁，根勘闻奏。"诏札付福建路提刑司，依相度到事理。初，臣僚乞于广东、福建、两浙路濒海州军及近里江面自来有大桿停藏及往来去处，各置水军，专管捕大桿盗贼。诏下两路帅司相度，故有是请。[2]

其中，"作过"为打劫之意，"桨船"即可以靠人力划桨快速移动的舢板等船舶。从南宋初年开始，为了防范海盗，官府除了编海船户外，拥有舢板等可快速移动船的人家也要被编户并实行保甲制，相互监督，并实行当地官司负责制。

《三山志》也记载道："建炎间，建寇窃发，城居编户，自结忠义社。于是，州置左右南北厢，以有产业人充当社首副。其后贼平，仍令专掌火器，备缓急，以一年替。"海船户也是如此，"以所籍船，尽团

1　梁庚尧：《南宋温艚考——海盗活动、私盐运贩与沿海航运的发展》，《台大历史学报》第 47 期，2011 年，第 1 页。

2　徐松辑《宋会要辑稿》兵一三，第 8856—8857 页。

结，立忠义社，使自推择首领"。[1] 在这种情况下，海船户的首领可以掌管武器的分配、使用等，具有较大的权力。

除了实行保甲制外，官府对捕获海盗的人员也要给予名号、钱财等赏赐，《宋会要》云：

> 〔绍兴二十六年〕七月二十五日，三省、枢密院言："捕获海洋劫盗，除所属保奏推恩外，即未有海船每只赏钱则例。今参酌，捕获海船贼徒，每只十人以上，欲支钱三百贯；二十人以上，欲支钱四百贯；三十人以上，欲支钱五百贯。"从之。[2]

这也是海船船主成为官人的一个途径。不过，尽管有严格的保甲制以及优厚的赏赐制度，但海盗问题在南宋时期并没有得到有效的遏制。《宋会要》云：

> 〔隆兴元年〕十一月十二日，臣僚言："窃见二广及泉、福州，多有海贼啸聚，其始皆由居民停藏资给，日月既久，党众渐炽，遂为海道之害。如福州山门、潮州沙尾、惠州漈落、广州大奚山、高州硇州，皆是停贼之所。官兵未至，村民为贼耳目者，往往前期告报，遂至出没不常，无从擒捕。[3]
>
> 〔嘉泰〕四年正月十八日，臣僚言："词诉之间，备见海寇行劫者非一。盖缘濒海豪户利在窝藏，巡尉、水军与表里，泊其败获，狱吏又阴与为市，多方全护者，海道何由肃清？"[4]

海洋船民成为海盗，其实也有来自定居人群的内应。他们和定居社会的

1　梁克家修纂《三山志》卷一四《版籍类》，第 161 页。
2　徐松辑《宋会要辑稿》兵一三，第 8861—8862 页。
3　徐松辑《宋会要辑稿》兵一三，第 8862—8863 页。
4　徐松辑《宋会要辑稿》兵一三，第 8873 页。

人员，甚至是官军人员，也有秘密往来，这是造成沿海动荡，海盗问题屡禁不止的重要原因。

在这种背景下，官府只能退而求其次，对海盗头目进行招安，并实行大赦，《宋会要》云：

> 〔绍兴五年〕八月二十四日，福建海贼朱聪等补保义郎，其次补官有差……〔绍兴〕六年八月九日，诏海贼郑广、郑庆各补保义郎，以次第推恩。[1]
>
> 〔乾道七年二月〕十四日，册皇太子赦："访闻多有逃亡军人并沿海州县犯罪小民，畏避刑宪，因而啸聚，在海作过。虽已降指挥，委帅宪司督责捕盗官会合收捕，务要日近静尽。可自赦到日，立限一月，许经所在官司陈首，以前罪犯，并与原免。或徒中能相擒捕，更与推赏。内军人赴本军收管，百姓给据自便。限满不首，即依已降指挥施行。"[2]

南宋朝廷对主动"投降"的海盗赐官，使他们成为官人。而这些成为官人的前海盗，他们的势力并没有被削减，同时还得到上岸去往定居社会的资格。加上他们本来就以海洋运输等作为自己的生财之道，所以他们也会推动海洋贸易的发展。如元朝时的朱清、张瑄就是如此。

而在海洋船民与官府的合作中，海洋船民的文化也因此传播到定居社会，其中最重要的就是妈祖信仰。在长期的历史发展中，妈祖演变成中国最重要的海神。而透过妈祖信仰的早期传播，我们可以更好地认识航海家族与官府的合作问题。

1　徐松辑《宋会要辑稿》兵一三，第 8860 页。

2　徐松辑《宋会要辑稿》兵一三，第 8865 页。

三　海洋船民与官府协商下的妈祖信仰

　　妈祖是宋代以后中国东南地区最重要的海神，关于妈祖的起源，学界已有较多的研究。[1]蒋楠的最新研究认为，"妈祖信仰实际上是水上居民的信仰"，宋朝官方认定的海神是山神出身的通远王，但"最终还是水上居民的海神信仰取得胜利"。[2]从历史背景来看，蒋楠的观点最符合历史事实。

　　不过，蒋楠并没有证明为什么水上居民的信仰能取得胜利。如果以官府和海洋船民的关系为线索思考，就会发现，妈祖信仰的传播，也是双方协商的结果。海洋船民为海道运输提供人员、技术和船只的支持，接受官府的编户，参与海防工作。官府则给予海洋船民一定的酬报，这种酬报包括：（1）给予其上层人物上岸乃至成为"航海世家"的机会；（2）支付每次海运的费用；（3）尊重海洋船民的信仰，甚至推动这种信仰的传播。由于闽南地区的海洋船民在宋代的海洋运输、贸易事业中表现最为突出，作为闽南海洋船民信奉的妈祖神祇，也因之逐渐发展成东南地区最重要的海神。这可以从妈祖庙宇的早期碑铭看出来。

　　绍定年间丁伯桂《顺济圣妃庙记》记载道："莆宁海有堆，元祐丙寅（1086）夜现光气，环堆之人一夕同梦，曰：'我湄洲神女也，宜馆我。'于是有祠曰'圣堆'。"[3]暗示妈祖信仰是由海洋船民在北宋中后期带到陆地上的。宝祐年间（1253—1258），刘克庄《风亭新建妃庙记》

1　Jame L. Watson, "Standardizing the Gods: The Promotion of T'ien Hou（'Empress of Heaven'）along the South China Coast, 960-1960", David G. Johnson ed., *Popular Culture in Late Imperial China*, Berkeley: University of California Press, 1985, pp. 292-324. 张大任：《宋代妈祖信仰起源探究》，朱天顺主编《妈祖研究论文集》，鹭江出版社，1989，第36—50页。朱金明：《谈妈祖信仰的初期传播》，朱天顺主编《妈祖研究论文集》，第51—55页。徐晓望：《妈祖信仰史研究》，海风出版社，2007。

2　蒋楠：《流动的社区：宋元以来泉州湾的地域社会与海外拓展》，厦门大学出版社，2020，第68页。

3　曾枣庄、刘琳主编《全宋文》卷六九四五，第185页。

的记载更为详细：

> 妃庙遍于莆，凡大墟市小聚落皆有之。风亭去□□十里，有溪达海口。元符（1098—1100）初，水漂一炉，溯沿而至，夜有人感梦曰："湄州之神也。"迎致锦屏山下，草创数楹祀焉。既而问灾祥者，祷水旱者，远近辐辏。旧宇庳甚，观瞻不肃。绍兴间，里士林君文可始割田以广神居，嘉定（1208—1224）蔡君定甫始为官厅，绍定（1228—1233）为鼓楼，然皆未成而圮。于是林君谦父捐金葺废，黄君南叔叶力鸠工。新庙百堵，以某年某月某日落成，向之庳者闳丽，圮者坚完矣。语有之："生封侯，死庙食。"大丈夫事也。妃以一女子，与建隆真人同时奋兴，去而为神，香火布天下，与国家祚运相为无穷，吁，盛矣哉……文可、南□□有之，之大父定甫，忠惠公之诸孙，南叔，广州文□□里之诸父。为妃父母求□□封爵者，谦父亦善士，求□□父老林丰。[1]

风亭位于仙游县，在湄洲岛附近。其建庙传说为，哲宗元符年间从海上传来一个香炉，被认为是妈祖感梦，因此在百余年间由乡贤进行了五次建设，终于在宝祐年间完工，而由士大夫刘克庄撰写庙记，并将妈祖和"国家祚运"联系起来，体现了闽南士大夫对妈祖信仰的认同。而元符这一时间段也颇有意味，因为此时正是东南地区海洋船民编户开始的时间。因此，更有可能的事实是，海洋船民在接受官府编户的同时，也将妈祖的信仰从海岛带到了陆上，促成了妈祖信仰在近海地区的早期传播。

刘克庄将绍定年间捐田扩庙的林文可称为"里士"（没有功名的乡贤），蔡定甫、林谦父、黄南叔等也仅称为"君"，他们的身份应当与

1　辛更儒笺校《刘克庄集笺校》卷九一，第3886—3887页。

林文可相同。刘克庄又指出南叔是广州某某人的亲族长辈，联系闽南人在广州商贩的史实，可以推测，这些修庙的乡贤与海洋贸易有密切的关系，甚至可能本身就是海商。

刘克庄写道："非但莆人敬事，余北游边，南使粤，见承楚番禺之人，祀妃尤谨，而都人亦然。"[1]显示妈祖信仰在东南沿海已广泛分布，而这也是官府和海商双方作用的结果。丁伯桂《顺济圣妃庙记》所记，宣和四年（1122）路允迪等出使高丽时，因为船户多来自闽南，因此供奉新兴的妈祖神祇。路允迪等将航行时的转危为安归功于妈祖，这使得妈祖首次受朝廷赐封。其后，在海战中，宋军又将胜利归因于妈祖的保佑。但其实，宋海军多募福建海洋船民，因此，是海洋船民的协力获得了海战的胜利，而这种胜利又被归因于他们的保护神妈祖。正因为海洋船民在南宋海事中扮演重要角色，妈祖才逐渐受到官府的重视，不断升格。在官府和船民的共同推动下，"神之祠不独盛于莆，闽、广、江、浙、淮甸皆祠也"。[2]如顺济圣妃庙就是位于杭州的妈祖庙。

以上事例显示了宗教力量在宋代远航中的重要性。要全面理解支持宋代远航的社会力量，需要聚焦宋代最重要的宗教——佛教在海洋贸易中的作用。

第四节　海商与寺院

一　佛寺在沿海社会的凝聚作用

（一）《广化寺东塔题刻》中的社会阶层及其捐钱情况

不仅船民在海洋运输、贸易、防御等海事中扮演重要角色，而且闽

1　辛更儒笺校《刘克庄集笺校》卷九一，第 3887 页。
2　曾枣庄、刘琳主编《全宋文》卷六九四五，第 185 页。

南船民信仰的妈祖发展成整个东南地区通行的海神。海洋船民中的佼佼者甚至上岸，并发展成有功名的"航海世家"。

但也不能因此认为，海洋船民就是宋代远洋贸易的绝对主力，因为农民、僧侣、士兵乃至士子都有成为海商的可能。斯波义信依照宋代福建的史料证明，"农民成为僧侣、道士、士人、戏艺人等奔波于外。当时的道士以贩卖香药为副业，僧侣往往也经营商业，包括技艺人，他们都成了商业人口，更不消说专业商人辈出"，斯波将此归因于"承认财富、把追求财富视为自然欲望的社会风气"，以及"劳动人口过剩、耕地寡少的社会经济条件"。[1] 不过，在 20 世纪 60 年代的研究环境下，斯波的论据来自当时所能见到的文集和地方志，对于更直观的碑刻资料，则因条件所限而鲜见使用。

20 世纪中叶，竺沙雅章对唐宋时期佛教在福建的发展进行了详细的研究，从中可以知道佛寺在福建社会的重要性。[2] 而佛教和福建海洋贸易的关系十分密切。在宋代史料中，既有海商转化为僧侣，如秦观所记录的林昭庆；[3] 又有僧侣转化为海商，如洪迈所记的王元懋。[4] 土肥祐子对此已有叙述。[5] 游彪在叙述宋代寺院经济时，即通过宋代史料证明杭州的慧因寺、嘉兴的福严寺参与海外贸易。[6]

郑振满和丁荷生（Kenneth Dean）从 20 世纪 80 年代起，致力于福建宗教碑铭的搜集和整理。[7] 从这些宗教碑铭中，我们可以看到丰富的社会风貌。其中莆田城南凤凰山广化寺东塔两通南宋中期的题刻，记录下官僚、僧侣、平民等社会阶层对广化寺的捐献，从中可以见到佛教在闽南社会的重要性，以及莆田的社会结构等问题。

1　斯波义信：《宋代商业史研究》，第 438—440 页。

2　竺沙雅章「宋代福建の社会と寺院」氏著『中国仏教社会史研究』同朋舍、1982、145—198 頁。

3　秦观：《庆禅师塔铭》，曾枣庄、刘琳主编《全宋文》卷二五八九，第 174—176 页。

4　洪迈撰，李昌宪整理《夷坚志》三志己卷六《王元懋巨恶》，大象出版社，2019，第 150 页。

5　土肥祐子『宋代南海貿易史の研究』、549—553 頁。

6　游彪：《宋代寺院经济史稿》，河北大学出版社，2003，第 195—196 页。

7　郑振满、丁荷生编纂《福建宗教碑铭汇编·兴华府分册》，福建人民出版社，1995。

《福建宗教碑铭汇编》指出，广化寺塔的"题刻散见于各层外壁及通道两侧，多数题刻未具年代"，[1]未具年代者均附于《广化寺东塔题刻（一）》，其中共记录70笔捐助，第一笔捐助的时间记为乾道元年（1165）清明，不过如署名为汤享、翁邦本者，均捐助两次，这是题刻时间不一所致。《广化寺东塔题刻（二）》记录兴化军通判赵师造捐钱一笔（100贯），时间为淳熙十二年（1185），位置在"底层外壁"。[2]《广化寺东塔题刻（三）》则晚至万历三十五年（1607），位置在"第四层内壁"。[3]因此，广化寺东塔题刻，从南宋到晚明约450年的时间里，共有72笔捐助题刻，其中三例钱数情况已缺。不过，万历三十五年的题刻记录为"舍财重修诸佛"，且不像题刻（一）（二）那样散见于外壁或通道两侧，其显示题刻时间与题刻（一）（二）有明显差别。题刻（一）中出现"权知兴化军兼管内劝农事""邕州提举""下班祇应"等官衔，对应南宋时期，而且题刻（一）的捐钱，大部分为50贯及其倍数，只有三笔小于50贯，书写体例也基本一致，显示其书写年代当不至于距万历题刻有450年的跨度，更可能对应12世纪后半叶的时段。

题刻（一）（二）71笔捐助中，官职最高者为知兴化军赵彦励，捐钱100贯。含赵彦励在内，官人阶层的捐助共6笔，僧侣捐助共13笔，军弁（下班、下班祇应）捐助共2笔，平民阶层参与捐助52笔（其中一笔与官人阶层合捐，一笔与僧侣合捐，其余50笔为平民阶层独立捐助）。最大一笔捐助来自惟新里信士许任夫妻，共2000贯。最小的一笔来自仁德里某某，为10贯文。而捐款为50贯的有33笔，约占一半，显示这可能是普遍接受的最低捐款额。在将两笔不知金额的捐助人信息（一笔来自僧侣，一笔来自平民阶层）排除后，捐助人身份及捐款情况如表6-1所示。

1　郑振满、丁荷生编纂《福建宗教碑铭汇编·兴华府分册》，第25页。

2　郑振满、丁荷生编纂《福建宗教碑铭汇编·兴华府分册》，第26页。

3　郑振满、丁荷生编纂《福建宗教碑铭汇编·兴华府分册》，第195页。

表6-1 广化寺东塔题刻（一）（二）捐助人身份及捐款情况

身份	总批数（笔）	人数（人）	总金额（贯）	每笔平均数（贯）	人均捐款额（贯）	中位值（贯，按人计）
官	5.5	9	685.01	124.55	76.11	58.33
僧	11.5	33	2875	250	87.12	75
民	50	144	13665	273.3	94.90	75
军	2	2	63	31.5	31.5	31.5

资料来源：数据计算据郑振满、丁荷生编纂《福建宗教碑铭汇编·兴华府分册》，第20—26页。

其中，有一笔捐款是民间人士和僧侣共同捐助，有一笔捐款是官、民合捐，所以都各算0.5笔。由于每笔捐款均只列总数，所以取人均捐款额后按身份加总。从表6-1可见，广化寺东塔题刻捐助人中，含官人在内的捐助情况，在四类人群中并不突出，若按总金额、每笔捐款的平均数、人均捐款额、中位值计算，都只能排在第三位。平民和僧侣是捐款的主要力量。

而值得注意的是平民和僧侣组成的人数众多的单笔捐款：

> 延兴里陈泗、黄舍陈十七娘、黄十八娘，孝义里黄舍陈十三娘荐亡夫，在城仇禄，朱舍陈十七娘、林仲，翁观寺慧淑、义询、以修、义宏、祖明、觉际、梁□，朱舍茅大娘、蔡森、黄祐、朱傅芳，尾郢□陈成、僧祖□、祖性、侠虞、□□、唐□、僧了然、徐外陈□、林孝广、翁护、吴幼、阮忠，陈舍林九娘、陈宗、陈天禧、黄熙、杨森、郑链，以上四十人共舍钱壹仟贯文。[1]

其中，捐款人来自六个不同地点，包括里、寺院等。能够吸引不同地点、不同阶层的人捐款，说明广化寺强大的社会影响力，以及对民间闲

---

1 郑振满、丁荷生编纂《福建宗教碑铭汇编·兴华府分册》，第22页。

散资金较强的吸收能力。

与此类似，我们也可以从浙西安吉州（今浙江省湖州市）的嘉熙元年（1237）《宋南林报国寺碑》看到有产者对佛寺的长期捐助："本寺伏承大檀越华李七，府干，名文胜，自创业以来，凡遇山门大小缘事，无不施财，发扬成就。"先后共计捐款 21 次，每次施财从 80 贯到 1000 贯不等，一共 6220 贯，中位值 200 贯，平均值 296.19 贯。[1] 华李七（文胜）的身份是"府干"，可知当是官府的干人，即为官府做事的经理人。在泉州湾宋船中也曾出土"曾干水记""张干水记"等木牌，傅宗文考证为"干办公事官员"或"私人家宅的干人"，显示这类干人在南宋社会的广泛存在。[2]

（二）沿海寺院和海商的合作

按竺沙雅章考证，宋代福建寺院的社会事业有架设和管理桥梁、建设堤坝、经营平籴仓等。[3] 祁琛云亦指出宋僧在南方桥梁建设中的重要作用。[4] 而如果从中外关系史的视域而言，印刷佛经，并经由海商传送，也是东南地区寺院的重要工作。如北宋后期，杭州慧因院、入宋高丽僧义天、福建海商徐戬就是这样合作的。苏轼《论高丽进奉状》写道：

> 福建狡商，专擅交通高丽，引惹牟利，如徐戬者甚众。访闻徐戬，先受高丽钱物，于杭州雕造夹注《华严经》，费用浩汗，印板既成，公然于海舶载去交纳，却受本国厚赏，官私无一人知觉者。[5]

1　阮元等：《两浙金石志》卷一一，浙江古籍出版社，2012，第 272 页。
2　傅宗文：《后渚古船：宋季南外宗室海外经商的物证——古船牌签研究并以此纪念古船出土 15 周年》，《海交史研究》1989 年第 2 期，第 79—80 页。
3　竺沙雅章『中国仏教社会史研究』，169-180 页。
4　祁琛云：《劝募与捐献：宋代南方桥梁建设中民间资金筹措方式述论》，《史学月刊》2022 年第 7 期，第 53—63 页。
5　茅维编《苏轼文集》卷三〇，第 848 页。

又义天回国后在《上大宋净源法师书》中云：

> 去年承知刊勒《花严科钞略》，贡去银二百两，为当当来世，
> 舍身受身，常亲近师，同于毗卢花藏，听闻无量妙法，是所愿也。[1]

由此可知，夹注《华严经》，是在义天的请求下，由徐戬请净源组织雕印，而净源所在的慧因院因此接受二百两白银的捐助。[2]

而在海上丝绸之路的历史上，汉传佛教的对外传播是僧侣和海商合作完成的。这在日本汉传佛教的发展中表现十分突出，值得探讨。

二　日本中古佛教

要了解僧侣和海商如何合作推动汉传佛教在日本的传播，首先要对日本平安、镰仓时代的佛教史有基本的认识。

斯坦利·韦恩斯坦因（Stanley Weinstein）指出，日本的佛教，从6世纪中叶传入之初起，就是贵族佛教，"佛教在皇室和大氏族的赞助下稳步成长，他们出资建造宏伟的寺庙、僧院，并慷慨地赠予土地作为礼物，为维持这些机构的运作提供了经济基础"。[3] 奈良、平安时代的这种贵族佛教，亦可称为"国家佛教体制"。佐佐木惠介指出，"国家佛教体制，指国家保护和干预佛教界（寺院、僧尼），佛教界为镇护国家而祈愿的制度"。[4] 在皇室、贵族等的赞助下，平安时代诞生了最澄、空海、

1　义天等：《高丽大觉国师文集》卷一，黄纯艳点校，甘肃人民出版社，2007，第40页。

2　关于义天入宋，见鲍志成《高丽寺与高丽王子》，杭州大学出版社，1998。包伟民：《大觉国师入宋求法史事杂考》，金健人主编《韩国研究》第4辑，学苑出版社，2000，第143—155页；后收入同作者《传统国家与社会：960—1279年》，第360—372页。

3　Stanley Weinstein, "Aristocratic Buddhism", in Donald H. Shively and William H. McCullough (eds.), *The Cambridge History of Japan*, Vol. 2, Cambridge: Cambridge University Press, 1999, p.449.

4　佐々木惠介『平安京の時代』吉川弘文館、2014、168頁。

圆珍、成寻等多位天台宗和真言宗的入唐僧、入宋僧，他们回国后成为佛教宗派的开山祖师或者重要的学问僧。而佛僧亦负有为国家诵读护国经典的任务。

如《日本三代实录》记载：

> 〔清和天皇贞观七年（865）二月〕十三日乙丑，园韩神祭如常。出云国言："衰弊年久，黎元凋残。疫疠数发，稼穑不登。护国安民般若之力，攘灾招福经王之助。望请每年春秋仲月，讲演《仁王般若经》，其布施供养，充国储料，太政官处分，依请。"[1]

而在诵经结束后，朝廷要馈赠僧人绢帛。如藤原道长《御堂关白记》云：

> 〔宽弘二年（1005）五月〕四日，辛亥，金执，御物忌，共养《仁王经》千部，请僧卅口，此中有七僧，施绢四匹为上，二匹为下，八米八石为上，二石为下。共养料有此外，入礼馈在堂北舍西厢，事了就之，依内御读经初，参入诸卿又还来后，初卅讲，自依物忌不参，读初玄义。[2]

在这样的背景下，佛经写本很早就从中国带回日本佛寺供养，如入唐僧圆珍在大中十二年（858）回国前夕，将自己在中国求法期间所得的经典、道具、法物等编成目录，并带回国内。其序言云：

> 两京、两浙、岭南、福建道等巡游，传得大小二乘经、律、论、传记，并大总持教、曼荼罗（桢）〔帧〕、天台圆顿教文，及

1　『日本三代実録』卷一〇、清和天皇貞観七年、吉川弘文館、1974、149 頁。
2　藤原道長『御堂関白記』岩波書店、1953、144 頁。

诸家章疏、抄记、杂碎经论、梵夹、目录等，前后总计肆佰肆拾
壹本，壹仟卷。道具、法物等，都计壹拾陆事。[1]

入宋僧成寻回国时，也携带新译成的佛经以及佛像等物。如《参天台五
台山记》云：

> 〔熙宁六年六月〕十二日甲申，天晴。卯时，陈咏来，相定新
> 译经、佛像等，买船可预送，并赐预太宗皇帝志送日本御笔文书，
> 至于物实者，入孙吉船了。五人相共今日乘孙吉船渡了。[2]

到了11世纪，禅宗在日本兴起，入宋僧带来新的佛教思想。入宋
僧荣西《兴禅护国论》云：

> 第二镇护国家门者，《仁王经》云："佛以般若付嘱现在未来
> 世诸小国王等，以为护国秘宝文。"其般若者禅宗也。谓境内若有
> 持戒人，则诸天守护其国云云。〔中略〕禅院恒修，此是白伞盖法
> 也。镇护国家之仪明矣。智证大师表云："慈觉大师在唐之日，发
> 愿曰：'吾遥涉沧波，远求白法。倘得归本朝，必建立禅院。'其意
> 专为护国家利群生之故云云。"愚亦欲弘者，盖是从其圣行也。仍
> 立镇护国家门矣。[3]

慈觉大师即圆仁，智证大师即圆珍，他们都是天台宗的大师，荣西以他
们的言行为禅宗辩护，并阐述了禅宗在镇护国家中的意义。据榎本涉的
研究，镰仓时代，入宋僧侣的人数激增，这是因为此前日本实际统治家

1　圆珍撰，白化文、李鼎霞校注《行历抄校注》附《入唐求法总目录》，花山文艺出版社，
　　2004，第66—67页。
2　成寻撰，王丽萍校点《新校参天台五台山记》卷八，第727页。
3　明菴荣西『興禅護国論』卷上、市川白弦等校注『興禅護国論·狂雲集（他二篇）』岩波書店、
　　1991、100—101頁。

族平氏控制下的大宰府反对僧侣入宋，平氏政权的覆灭改变了这种局面。[1] 而入宋僧的回国，推动了净土宗等"镰仓新佛教"的发展。山本幸司认为，"新佛教"的信徒"更多地来自社会底层"，"在地方更有优势"，"更偏向对个人的救赎"，注重现世，"修行方法得到简化"，"大多数的新佛教不依赖于政治权贵"。[2] 当然，以镰仓为政治中心的武家政权，对新佛教也有扶持，如据张家成的研究，幕府第五代执权北条时赖，厚待东渡传法的中国禅师兰溪道隆，帮助创建了建长寺，以之为"日本临济禅的最高禅院"，"日本禅宗的中心"。[3] 这说明直到镰仓时代中后期，中国东南沿海寺院与日本武家政权仍然保持着良性的互动关系。

三　海商和宋日僧侣

无论是贵族佛教还是新佛教，其发展都离不开中国的海商。因为中国僧人、入唐 / 宋僧往返于中国、日本，除了能够搭乘遣唐使官船的少数情况外，大多数情况下需要搭乘商船，这也使外来僧侣建立起了和中国商人的联系。《参天台五台山记》引杨亿《谈苑》云：

> 又治部卿源从英书，略云："所诺《唐历》以后史籍，及他内外经书，未来本国者，因寄便风为望。商人重利，唯载轻货而来。上国之风绝而无闻，学者之恨在此一事。"末云："分手之后，相见无期，生为异乡之身，死会一佛之土。"书中报寂照俗家及坟墓事甚详悉。后题宽弘五年（1008）九月。[4]

1　榎本渉『僧侣と海商たちの東シナ海』講談社、2010、136—137 頁。

2　山本幸司：《源赖朝与幕府初创：镰仓时代》，杨朝桂译，文汇出版社，2021，第 341—342 页。

3　张家成：《宋元时期的中日佛教文化交流：以浙江佛教为中心的考察》，中国社会科学出版社，2020，第 120 页。

4　成寻撰，王丽萍校点《参天台五台山记》卷五，第 460 页。

源从英为日本公卿，他在给寂照的书信中提到，中国的典籍都需要通过商舶带到日本，但商人重利，只运载绢帛之类的轻货，导致日本的学者对中国的风尚不再熟悉。当然，源从英的这种悲观言论，或许言过其实。14 世纪初期《徒然草》第 120 段云：

> 唐物，除了药物之外，都非亟缺之物。书物之类，在本国中有很多，也可以抄写。唐船航行于危险的路线，而装载这些无用之物，在狭小的空间中载着它们来航，真是太愚蠢了。古书上是这样说的，"远来之物非宝也"，"所得之货何足贵"。[1]

《徒然草》是日本镰仓时代末到南北朝时期的官人吉田兼好所创作的随笔集。这一段随笔在思想上是不可取的，体现出其对海洋贸易的排斥。但其中提到唐船在危险的路途中依然携带着书籍，显示了海商对于中日文化交流的重要性。

唐宋商人在日本的聚居地位于博多港，这里是日本平安时代对外贸易的港口。考古学家曾对博多湾沿岸的鸿胪馆、博多遗址群、箱崎遗址、香椎 B 遗迹、今津古墓等进行考古调查和挖掘。博多湾以外，在九州沿岸还发现了本村、木松、白井川、楼阶田、持躰松、一乘院等中日贸易的重要遗址，主要出土物为陶瓷。[2]

按照龟井明德的研究，中国商人自承和九年（842）来航后，一直到 1100 年，皆以大宰府（太宰府）鸿胪馆为贸易根据地，从事与日本官方的贸易活动，但不被允许离开鸿胪馆区，即所谓"海边贸易"（原文"波打际贸易"）。"博多津唐房"一词始见于 12 世纪前半叶，是在鸿胪馆因失火等废弃后，宋商在博多的聚居地，即所谓"住蕃贸易"。[3] 依据大庭康时的研究，12 世纪后半叶墨书陶瓷器等的灰坑分布在博多浜

1　臼井吉見編『方丈記・徒然草・一言芳談集』筑摩書房、1970、173 頁。

2　大庭康時『博多の考古学：中世の貿易都市を掘る』高志書院、2019、28-54 頁。

3　亀井明德『日本貿易陶磁史の研究』同朋舎、1986、28-33 頁。

的全域，超过了唐房的范围，可以证明他们也与日本人混住。宋商在博多广置货物仓库；墨书陶瓷中多呈"姓 / 名 + '纲'字"的样式，也有"纲首"、花押等样式；同时也发现用日本木桶装中国铜钱的情况。并且，从出土遗物看，在宋朝灭亡后，中国商人的活动并未减少。[1] 破魔仁美对两宋时期宋商在日本的贸易形态和日常生活也进行了叙述，并以介绍日本学者的研究为主。[2]

13 世纪初，从明州回国的荣西在通事李德昭、张国安的帮助下创建了圣福寺，而后来自临安府的宋商纲首谢国明也捐钱建设了承天寺。[3] 谢国明作为纲首，在中国和日本佛教交流中占有一席之地。东京国立博物馆藏杭州径山寺住持园照（无准师范）及其弟子德敷写给承天寺住持圆尔的信件原版，即《板渡墨迹》《德敷墨迹》，便是感谢谢国明和圆尔在 1242 年（宋淳祐二年，日仁治三年）组织人员跨海为杭州径山寺运送火灾后重建所需的木材。径山寺在宋代禅宗寺院中地位十分重要，为"五山十刹"之首，对比彭滢燕有最新研究。[4] 而《异国日记》卷下亦抄录了圆尔写给园照的信件。在前人基础上，西尾贤隆对这些材料进行整理、录文和考证，是目下较为全面的研究。[5] 相关内容如下所示。

圆尔在 1243 年（宋淳祐三年，日宽元元年）写给园照的书信摘选：

> 又承甲寺罹火厄，三复（踈）〔竦〕然，切思难支梧。施主有缘，谢国明已为结缘，椤木大板一百片，胜载其□中。使头依本分，反得乱做情愿，欲补径山大佛殿，写圆尔谢国明□。老和尚

1　大庭康時『博多の考古学』、22 頁。

2　破魔仁美：《两宋时期在日宋商的贸易形态与日常生活》，赵世瑜主编《北大史学》第 22 辑，社会科学文献出版社，2021，第 92—109 页。

3　破魔仁美：《两宋时期在日宋商的贸易形态与日常生活》，赵世瑜主编《北大史学》第 22 辑，第 107 页。

4　彭滢燕：《唐宋时期杭州径山寺的法脉传承与寺制变革》，《史林》2022 年第 2 期，第 21—29 页。

5　西尾賢隆『中世禅僧の墨蹟と日中交流』吉川弘文館、2011、12—55 頁。

道德利物，遥备察。谨此布。去岁八月始起，今年一覆。伏冀老和尚道德所钟。慈亮不备。龙天打供，了弁一大〔……〕径山堂头大禅师。[1]

园照写给圆尔的感谢信（《板渡墨迹》）：

师范和南手白，

日本承天堂头长老，维时隆暑，缅惟道体安稳。去秋初能上人来收书，且知主持有况，老怀慰喜。又荷远念，山门兴复重大，特化千板为助，良感道义。不谓巨舟之来，为风涛所鼓，其同宗者多有所失。此舟幸得泊华亭。又以朝廷以为内地不许抽解，维持一年，方得遂意。今到华亭，已领五百三十片。其三百三十片，尚在庆元，未得入手。余二[2]百四十片，别舡未到。且留能上人，在此少住。后见数目分晓，却津发其归，方得作书致[3]谢！纲使谢丈大檀越也。尝闻日本教律甚盛，而禅宗未振。今长老既能坚立此宗，当一一依从上佛祖所行，无有不殊胜矣。便中略此布复，未及详具，余宜为大法多多珍爱。是祝！师范和南手白。[4]

园照弟子德敷回复圆尔书信（《德敷墨迹》）摘选：

更望鼎言于谢纲使及诸公之前，力主其事廉。半岁无爽此约，免使德敷为负逋之人，是所真祷。蒙使之板，已先领五百三十片，归寺迄。外三百三十片，尚在庆元府，继用经划请归。余四十片未至，亦欲知之。兹来恃在眷求，辄有冒恳。正续接待建已数载，

1　西尾賢隆『中世禅僧の墨蹟と日中交流』、28—30頁。
2　"二"，西尾贤隆录为"乙"，查图版后改正。
3　"致"，西尾贤隆录为"到"，查图版后改正。
4　西尾賢隆『中世禅僧の墨蹟と日中交流』、21—23頁。图版见同书，第22—23页。

惟大佛宝殿及藏殿未备。欲得和尚运悲，智力阐广，大门成此大
缘，故非小补。谢纲使书中，亦露一机。疏颂一轴，并老和尚书
信，并此申呈。[1]

圆尔在中国求法期间，于宋端平三年（1236）在径山寺拜园照为师，并
随侍左右，直到淳祐元年（1241）回国，次年在谢国明创建的承天寺讲
经，与园照保持书信往来。[2] 此次为圆尔听闻径山寺遭遇火灾后，联络
谢国明捐献。

这些木材在华亭受阻，是因为华亭的市舶机构已经被拆撤。按照杨
文新的研究，华亭的市舶务在宁宗即位后（1194）就被废除，[3] 此见《宝
庆四明志》记载："宁宗皇帝更化之后，禁贾舶泊江阴及温、秀州。"[4] 这
些木材本应都在庆元府（明州）登陆，因遇暴风，只能在华亭登陆，所
以耽搁一年后才到径山寺，但是在庆元登陆的木材，也被扣留，还有
240 根（德敷书信作"四十"）在别船不知去向。这体现了海洋贸易和
运输的巨大不确定性，以及南宋后期两浙市舶管理机构的低效。

事实上，与两浙相仿，泉州的市舶管理也出现了严重的问题，苏基
朗指出："自 13 世纪初以来泉州的财政状况一直在恶化，这个问题直到
南宋结束都没有被解决。"[5] 这体现了东南区域巨大的社会危机。正如谢
和耐所说："13 世纪中国南方之安定繁荣的印象只不过是幻象。在此幻
象背后的，却是国库之连年悲剧性的空虚，农村之贫困和不满，以及统
治阶层内部的党争。"[6] 园照、德敷与圆尔的书信中提到的木材运输，正
是 13 世纪中叶南宋吏治问题的体现。

不过，仅就海商和僧侣的关系而言，《板渡墨迹》等文书正体现了

---

1 西尾賢隆『中世禅僧の墨蹟と日中交流』、40—42 頁。图版见同书，第 40—41 页。
2 张家成：《宋元时期的中日佛教文化交流》，第 54—63 页。
3 杨文新：《宋代市舶司研究》，第 18 页。
4 罗濬：《宝庆四明志》卷六，《宋元浙江方志集成》第 7 册，第 3198 页。
5 苏基朗：《刺桐梦华录——近世前期闽南的市场经济（946—1368）》，第 95 页。
6 谢和耐：《蒙元入侵前夜的中国日常生活》，刘东译，江苏人民出版社，1995，第 4 页。

以海商、海舶为纽带的中日佛教的交流，这有更深远的文化意义。

而在史料中，也可以发现海商带回日本所制佛经的情况。如程俱《衢州开化县云门院法华阁记》云：

> 衢州开化县之北原寿圣云门院有比丘曰宝声，早受具戒，从义学师指授，演说修多罗教；晚归山中，于海商所得倭国金书《妙法莲华经》，为七宝函，庄严承事。[1]

衢州开化县云门院，收藏着海商所得的日本金书《妙法莲华经》，体现了海商对中日佛教文化交流的贡献，并说明海上丝绸之路的文化交流是双向性的。

而福建海商不仅在本乡和海外贸易据点，也会参与官方市舶司所在地的佛事活动，在宁波可以找到他们舍钱做功德的实例。宁波天一阁，保存了 3 通宋乾道三年（1167）旅居日本大宰府的华人在明州舍钱修路的刻石：

> 日本国太宰府博多津居住弟子丁渊，舍钱十贯，砌路一丈。功德奉献三界诸天、十方智圣、本□上代、本命星官、见生□□四□法界众生同生佛果者。乾道三年四月日。
>
> 日本国太宰府居住弟子张宁，舍钱砌路一丈。功德奉献三界诸天、宅神香火、上代先亡、本命元辰、一切神祇等。乾道三年四月。
>
> 建州普城县寄日本国孝男张公衮，舍钱十贯，明州礼拜路一丈。功德荐亡考张六郎、姚黄氏三娘，超升佛界者。[2]

1　曾枣庄、刘琳主编《全宋文》卷三三三九，第 321 页。

2　依据天一阁博物馆刘晓峰博士提供拓片高清照片重新录文。原始录文、图版见顾文碧、林士民《宁波现存日本国太宰府博多津华侨刻石之研究》，《文物》1985 年第 7 期，第 26—27 页；章国庆编著《天一阁明州碑林集录》，上海古籍出版社，2008，第 18—19 页。

顾文碧、林士民考证，"普城县"当是"浦城县"，张公袁籍贯当为福建路建州浦城县，并认为他们来明州"不是归乡，而是营生"，他们应当乘坐"在日本注籍的商船——'倭舶'"，"他们各舍钱十贯，砌路一丈，经济地位相同，而财力都很低"。[1]而伊原弘研究这三通碑刻的寄进额后，则认为不能凭借 10 贯钱断定贡献者为下级船员。[2]1982 年在宁波江夏街发掘出一处天后宫遗址，即福建会馆旧址，其考古年代可追溯到元朝初期。[3]这是福建海商在宋元宁波社会活动的实证。由此亦可推测宋商沿着海上丝绸之路，在国内外的港口建立贸易据点，从而形成贸易网络的情况。

结　语

本章在斯波义信关于宋代海商资本、人员研究的基础上，认为在讨论宋代远航时，还应该注意到地方大族以及海洋船民的作用。元代诞生了一批海上丝绸之路上重要的航海世家，他们发家的源头，可以追溯到南宋初期，而其中有相当一部分就是由海洋船民转化而来。部分海洋船民因海运、海贸等积累财富、声望乃至官衔，上岸后逐渐发展为重要的航海家族。官府也借助他们的力量，实现了海道的粮食运输，巩固了海防。由于闽南海洋船民和官府的合作最为深入，在官府和海洋船民的合作下，后者所信奉的妈祖，逐渐成为中国最重要的海神。

1　顾文碧、林士民:《宁波现存日本国太宰府博多津华侨刻石之研究》,《文物》1985 年第 7 期,第 29 页。

2　伊原弘「宋代の道路建設と寄進額——寧波発見の博多在住宋人の磚文に関して」『日本歴史』第 626 号、2000 年、52-55 頁。以及 Ihara Hiroshi, "Numerical Indices That can Reveal the Life of Song Commoners", Angela Schottenhammer (ed.), *Trading Networks in Early Modern East Asia*, Wiesbaden: Harrassowitz, 2010, pp. 16-17.

3　林士民:《浙江宁波天后宫遗址发掘》,《再现昔日的文明——东方大港宁波考古研究》,第 307—323 页。

　　海商想要集中力量拓展贸易事业，需要一个具有社会性的平台。在他们本身不受朝廷保护的情况下，宗族、宗教所提供的平台便脱颖而出。妈祖信仰在南宋仍然处于早期发展阶段，宗族势力的凝聚也缺少如明嘉靖"大礼议"那样的契机。因此，具有传统社会重大影响力的佛教寺庙，便成为海商所需要倚借的力量。在佛教的纽带作用下，宋商在东亚海域沟通有无，积累了丰富的海洋航行经验。以上因素，是宋商得以远航阿拉伯海的支撑力量。

第七章　宋商的西方远航之路

第一节　关于大陆与岛屿航线

前文讲到，8世纪末，在波斯湾出现了中国船。而至迟到12世纪，中国商人已经到达印度西海岸，乃至阿拉伯半岛。中国商人能够航行到西印度洋，必然是经过长时间的艰难探索，建立起较为固定的航行路线以及商业据点，否则必定无法完成如此困难重重的旅行。故本章将还原中国商人的航路、海外贸易据点。

刘迎胜先生依据《诸蕃志》《大德南海志》《岛夷志略》等文献，结合实地考察指出，宋代以后中国商人前往东南亚和北印度洋，存在"大陆航线"和"岛屿航线"。[1] 其中，"大陆航线"为：

> 从福建、广东大体沿着东亚大陆海岸线南下，以大陆沿海的
> 地形为标志物导航，过印支半岛，进入暹罗湾，继续向西，所经
> 海外诸地皆称为"西洋"。[2]

"岛屿航线"为：

> 从大陆出发向东航行，先横渡今台湾海峡（对福建海舶而
> 言）至流求（即琉球，今台湾），或先横渡南海北部（对广东
> 海舶而言），至吕宋诸岛；然后再沿今菲律宾列岛南下，以西
> 太平洋岛弧南部诸岛为导航的标志物，所经诸地皆称为"东
> 洋"。[3]

刘先生的结论，建立在对海交史文献扎实研究的基础上，总体上是正
确的，虽然在两条航线的前半部分，似乎仍可争鸣，下文详述。随着
水下考古的深入，以及港口历史研究的进展，我们可以更为清晰地了
解宋商在东南亚和北印度洋的商贸活动。而刘先生对这两条航线的叙
述，为我们提供了重要的线索。以下先从宋商下东、西洋的始发港
讲起。

1　刘迎胜：《"东洋"与"西洋"由来》，南京郑和研究会编《走向海洋的中国人——郑和下西洋
　　590 周年国际学术研讨会论文集》，海潮出版社，1996，第 120—135 页。后收入刘迎胜《从
　　西太平洋到北印度洋——古代中国与亚非海域》，第 405—419 页。
2　刘迎胜：《从西太平洋到北印度洋——古代中国与亚非海域》，第 418 页。
3　刘迎胜：《从西太平洋到北印度洋——古代中国与亚非海域》，第 418—419 页。

第二节 宋商的始发港

一 泉州港

（一）泉州开港

福建商人在中国海洋贸易史上表现最为突出，可见本书引言部分的学术史回顾。第四章也探讨了阿拉伯商人在泉州的活动情况。事实上，泉州也是中国商人出国的重要港口之一。泉州士大夫谢履（1017—1094）《泉南诗》写道："泉州人稠山谷瘠，虽欲就耕无地辟。州南有海浩无穷，每岁造舟通异域。"[1] 描述了北宋中叶，泉州当地商人每年造舟去往海外贸易的现象。

不过，泉州作为宋商西行的始发港，在宋神宗时代曾遇到波折，在知泉州陈偁和当地人士的争取下，促成元祐二年（1087）泉州市舶司的成立。土肥祐子对泉州市舶司成立前后的历史进行了考证，并认为新、旧势力的斗争是影响泉州市舶司成立的重要因素。[2] 按，关于泉州市舶司成立始末的史料，见《永乐大典》"陈偁"条引陈璀《陈了斋集·先君行述》：

> 泉人贾海外，春去夏返，皆乘风便。熙宁中始变市舶法，往复必使东诣广，不者没其货。至是命转运判官王子京拘拦市舶，子京为尽利之说，以请拘其货，止其舟，以俟报。公以货不可失时，而舟行当乘风便，方听其贸易，而籍名数以待。子京欲止，不可，于是纵迹连蔓起数狱，移牒谯公沮国法，取民誉，朝廷所疾，且将并案。会公得旨再任，诏辞温渥，子京意沮，而搜捕益

1　王象之编著《舆地纪胜》卷一三〇《福建路·泉州》，赵一生点校，浙江古籍出版社，2013，第 2960 页。

2　土肥祐子『宋代南海貿易史の研究』、251－280 頁。

急。民骇惧，虽药物，燔弃不敢留。公乃疏其事，请曰："自泉
之海外，率一岁一往。复令迂诣广，必两驻冬，阅三年而后还。
又道有焦石浅沙之险，费重力薄，舟之南日少，而广之课岁亏，
重以拘拦之弊，民益不堪，置市舶于泉，可以息弊止烦。"未报，
而子京倚法籍没以巨万计。上即位，子京始惧，而遽以所籍者
还民。[1]

陈瓛是陈偁之子，这是陈瓛为其父所写的行述。根据这篇行述可
知，在王安石变法之前，泉州商人本来可以根据季风，一年内往返
泉州和东南亚诸国。但熙宁之后，要求到海外的泉州商人必须往广
州取得公凭，这使得往返周期增至三年，并增加了海船触礁、搁浅
的危险。而转运判官王子京也借此没收所有违法海船的货物，对泉
州的海外贸易造成恶劣影响。直到元祐更化后，"哲宗元祐二年十月
六日，诏泉州增置市舶"。[2] 泉州设置市舶司后，泉州的海外贸易进
入正常发展轨道。《云麓漫钞》记载了南宋中叶泉州与海外诸国贸
易的情况：

> 福建市舶司常到诸国舶船。大食、嘉令、麻辣、新条、甘杘、
> 三佛齐国则有真珠、象牙、犀角、脑子、乳香、沉香、煎香、珊
> 瑚、琉璃、玛瑙、玳瑁、龟筒、栀子、香蔷薇、水龙涎等。真腊
> （亦名真里富）、三泊、缘洋、登流眉、西棚、罗斛、蒲甘国则有
> 金颜香等。渤泥国则有脑版。阇婆国多药物。占城、目丽、木力
> 千、宾达侬、胡麻、巴洞、新洲国则有夹煎。佛啰安、朋丰、达
> 啰啼、达磨国则有木香。波斯兰、麻逸、三屿、蒲里唤、白蒲迻
> 国则有吉贝布、贝纱。高丽国则有人参、银、铜、水银、绫布等。

---

1 《永乐大典》卷三一四一，中华书局，1986，第 1836 页。
2 徐松辑《宋会要辑稿》职官四四，第 4207 页。

大抵诸国产香略同。以上舶船候南风则回，惟高丽北风方回。凡
乳香有拣香、瓶香，分三等。袋香，分三等。榻香、黑榻、水湿
黑榻、缠末。如上诸国多不见史传，惟市舶司有之。[1]

以上引文记录了海外诸国来船的情况，但事实上，海外诸国的来船中，就有宋商自己的船舶，如《文献通考》云："主舶大商毛旭者，建溪人，数往来本国，因假其向导来朝贡。"这是福建商人毛旭引导阇婆使节于宋淳化三年（992）来朝贡的情况。[2]亦可以说明早在宋代初年，福建商人已经在东南亚建立了贸易移民社区。

《梦粱录》云："若欲船泛外国买卖，则是泉州便可出洋。"[3]说明了泉州港作为宋商出国始发港的地位。泉州港由"三湾十二港"组成，庄为玑进行了长期的文献考证和实地踏查，整理其情况如表 7-1 所示。

表 7-1　泉州"三湾十二港"

湾	支港	简介
泉州湾	洛阳港	《岛夷志略》："昔泉之吴宅，发舶稍众，百有余人到彼贸易。"
	后渚港	北港，庄为玑多次调查，1973 年发现宋船
	法石港	《真西山文集》："法石寨去城一十五里，水面广阔。"至今仍多有阿拉伯人后裔
	蚶江港	宋时称"十二都"，1111 年修石湖塔
深沪湾	祥芝港	兴起于北宋，明代海防
	永宁港	永宁寨。绍兴，僧介殊建塔（姑嫂塔）
	深沪港	明朝兴起
	福全港	明朝兴起

1　赵彦卫：《云麓漫钞》卷五，傅根清点校，中华书局，1996，第 88—89 页。

2　马端临：《文献通考》卷三三二《四裔考》，第 9150 页。陈高华、吴泰：《宋元时期的海外贸易》，第 33 页。

3　吴自牧：《梦粱录》卷一二《江海船舰》，黄纯艳整理，大象出版社，2017，第 330 页。

续表

湾	支港	简介
围头湾	安海港	南港，宋建安平桥。南宋建土城
	金井港	宋绍兴间重修石窟寺
	围头港	《真西山文集》："围头去州一百二十余里，正瞰大海，南北船往来必舶之地。旁有支港，可达石井，其势甚要。"《闽书》："宋嘉定十一年，置宝盖寨。"
	石井港	明朝兴起

资料来源：庄为玑《古刺桐港》，第1—3页。

（二）沉船的发现

泉州港作为舶商始发港的重要性，也体现在水下考古中。

1973 年，在后渚港发现宋末沉船，即前文所述的"泉州湾宋船"。除了泉州港附近海域外，20 世纪 80 年代末，连江定海湾发现宋元时期沉船"白礁一号"和"白礁二号"，其中"白礁一号"出水黑釉盏和青白瓷碗等"陶瓷器 2678 件（片）"，"白礁二号"也采集到青花碗"等标本 31 件（片）"，它们当来自福建北部和中部的窑口，销往日本。[1]

2008 年，考古工作者在莆田南日岛海域发现北土龟礁一号宋代沉船遗址，发现"青釉碗、盘和铜钱"等，判断年代为"南宋早期"。[2]

2009 年，中国国家博物馆水下考古中心等单位的考古工作者在平潭分流尾屿发现五代时期沉船，"出水器物应为浙江越窑产品"，目的地当为爪哇。[3]同年，考古工作者在平潭大练岛北部西南屿再次发现宋代沉船遗址，采集的遗物"均为龙泉窑系青釉瓷器"，并在平潭小练岛东礁村发现宋至清朝的水下文物点。[4]

2010 年，在龙海和漳浦交界海域发现半洋礁宋代沉船遗址，遗物

---

1 赵嘉斌、刘淼：《福建连江定海湾沉船陶瓷》，吴春明主编《海洋遗产与考古》，科学出版社，2012，第 89—99 页。
2 福建沿海水下考古调查队：《福建沿海水下考古调查》，《文物》2014 年第 2 期，第 38—40 页。
3 羊泽林：《福建平潭分流尾屿五代沉船的港口、航线与性质》，吴春明主编《海洋遗产与考古》，第 112—119 页。
4 福建沿海水下考古调查队：《福建沿海水下考古调查》，《文物》2014 年第 2 期，第 29—32 页。

由占主体的黑釉碗和少量的青白瓷等瓷器组成，亦有木器和金属器。[1]
这些沉船遗址显示出福建沿海在宋代频繁的海外贸易活动。

二　广州港

（一）福建商人与广州港

尽管对于福建商人而言，从广州出海存在时间成本高、航行风险高等缺点，但广州依旧是华商到东南亚的另一个重要的港口。元代熊冀古《广州舶船》载："广州舶船出虎头门，始入大洋。东洋差近，周岁即回。西洋差远，两岁一回。"[2] 明代严从简《殊域周咨录》亦回顾道："自广州舶船往诸番，出虎头门，如入大洋，分东西三路。东洋差近，周岁可回；西洋差远，两岁一回；宋于中路置巡海水师营垒。"[3] 北宋中叶，富裕的舶商在广州有较高的社会地位。《东都事略》云：

> 苏缄字宜父，泉州晋江人也。举进士，为南海簿、广州领市舶司。每海商至，选官阅实资货，其商首皆州里右姓，至则陵轹官府，以客礼见主者。缄以选往，有大商樊氏入见，遽升阶就榻，缄捕系杖之。樊氏诉于州，州将召缄，责以专决罚。缄曰："主簿虽卑，邑官也。舶商虽富，部民也。部民有罪而邑官杖之，安得为专？"州将慰而遣之。[4]

桑原骘藏指出，这里的樊氏应当为中国商人，此事发生于宋仁宗时期。[5] 蔡鸿生认为，"部民无条件地从属于邑官，表现出宋代封建专制的

1　福建沿海水下考古调查队：《福建沿海水下考古调查》，《文物》2014年第2期，第36—38页。
2　熊冀古：《冀越集记》卷二，清乾隆四十七年（1782）吴翌凤抄本，叶三一。爱如生基本古籍库，http://dh.ersjk.com/spring/front/read。
3　严从简：《殊域周咨录》卷八《南蛮》，余思黎点校，中华书局，1993，第305页。
4　王称：《东都事略》卷一〇一《忠义传》，孙言诚、崔国光点校，齐鲁书社，2000，第952页。
5　桑原骘藏『蒲寿庚の事蹟』、95頁。

强势，决定此时此地不可能形成独立的海商集团"。[1]《东都事略》秉持儒家的价值观，将苏缄写入《忠义传》，此事是体现苏缄刚正人格的事例之一。引文中州将本欲责罚苏缄，暗示舶商已经在广州构建起"保护伞"，这是他们能欺负低级官员的原因，所以以舶商群体被刻画成反面形象，但其实也从侧面反映出舶商群体在北宋中期的广州已享有较高的社会地位，尽管依旧依附于官僚阶层。

广州也是福建商人重要的迁入地。刘克庄《城南》诗云："濒江多海物，比屋尽闽人。四野方多垒，三间欲卜邻。"[2]据程章灿《刘克庄年谱》，刘克庄于嘉熙三年（1239）十月除广东提举，冬天到任，次年八月升广东转运使，直到淳祐元年（1241）八月离粤，在广东约居官两年，《城南》诗当作于嘉熙四年。[3]苏基朗结合绍定五年（1232）真德秀所云，"富商大贾积困诛求之惨，破荡者多而发船者少，漏泄于恩、广、潮、惠州者多而回州者少"，[4]认为13世纪在广州聚居了许多来自泉州的商人，而这与泉州海外贸易的衰退有关。[5]

（二）广东的福建移民

不过，广东沿海在宋代一直是闽南人的迁移地，与泉州海外贸易的衰退并无反比例关系。宋人郑厚《凤水驿记》写道："潮居广府之极东，与闽岭比壤，凡游官于广者，闽士居十八九。"[6]这些迁入潮汕地区的移民，依据谢重光的研究，绝大多数应当为普通百姓，他们和世居居民相互交流、融合，形成所谓的"潮汕福佬民系"。[7]语言学调查和研究表明，粤东、雷州半岛和海南岛的方言可视为闽南话的分支，这是海路移民的

1　蔡鸿生：《广州海事录——从市舶时代到洋舶时代》，第90页。

2　辛更儒笺校《刘克庄集笺校》卷一二《诗·城南》，第727页。

3　程章灿：《刘克庄年谱》，贵州人民出版社，1993，第171—188页。

4　真德秀：《西山先生真文忠公文集》卷一五《申尚书省乞拨降度牒添助宗子请给》，叶一三左。

5　苏基朗：《刺桐梦华录——近世前期闽南的市场经济（946—1368）》，第97页。

6　马蓉等点校《永乐大典方志辑佚·三阳志》，第2730页。

7　谢重光：《宋代潮汕地区的福佬化》，《地方文化研究》2015年第1期，第50—51页。

结果。[1]广东省茂名市电白区树仔镇登楼村天后宫为宋宣和四年（1122）修建，可证闽商在粤西的活动。[2]

从历史文献看，闽南人南迁的重要原因为粮食不足。宋代，闽南地区本地的粮食供应仰仗广南的粮船"南船"，如绍定六年（1233），刘克庄表彰知兴化军曾用虎创立平粜仓之功时，记录了当地人的赞美之词：

> 异时富家南船，迭操谷价低昂之柄，以制吾侪之命。今公为民积谷五千斛，富家之仁者劝，鄙者愧，南船亦不得而擅龙断之利矣，非可贺也？[3]

13 世纪中叶，莆田的粮食市场，为富家所持有的广南粮船所垄断，他们可以操纵当地粮食市场的价格，直到曾用虎创立了可以调节粮价的平粜仓。这一方面显示出莆田当地较为发达的商品经济，另一方面则透露出当地粮食供应不足。这里的"富家"，即操纵莆田粮食市场的大商人，他们能持续地从广南运来粮食，必然已经建立起商业据点以及稳定的生产、交易和运输链。所以，这些富家集团中派往广南的手下，应当是闽南人南迁的重要力量。

泉州也是如此。尽管据苏基朗研究，"从 10 世纪中叶至 11 世纪 70 年代，闽南的农产品产量逐渐增长"，这可归因于占城稻的引入和"耕作方法的改进"，[4]但从唐代至清代，泉州一直被认为是缺粮地区。费梅儿、林仁川将泉州粮食匮乏的原因归结为："历年的自然灾害"，"战争的动乱"，"省内粮食运销不畅"。[5]

1　中国社会科学院语言研究所等编《中国语言地图集（汉语方言卷）》，商务印书馆，2012，图 B1-15、16。

2　《广东文化遗产：海上丝绸之路史迹》，第 191 页。

3　辛更儒笺校《刘克庄集笺校》卷八八，第 3759 页。

4　苏基朗：《刺桐梦华录——近世前期闽南的市场经济（946—1368）》，第 24—26 页。

5　费梅儿、林仁川：《泉州农业经济史》，厦门大学出版社，1998，第 111—114 页。

同时，从长时段的历史来看，这种为引进粮食而产生的移民及其贸易网络，将闽南和广东沿海更为紧密地联系在一起，也推进了闽商海外贸易的发展。

（三）广东沿海的宋船

广东沿海发现的宋船，最著名者为第五章所述，在台山上、下川岛海域发现的"南海I号"。而在今汕头市及其附近海域，也发现了宋代沉船。据陈占山介绍，"20世纪30年代以来，澄海县境内韩江东、西两溪之间、南峙山、冠山前后的凤岭古港遗址多处出土宋代海船桅杆、大锚、船板、船缆，同时有大量宋代瓷器和成批的唐宋铜钱出土"。[1] 2015年，考古工作者在南澳岛云澳镇三点金海域发现"南澳二号"沉船遗址，"采集到宋元时期瓷器30多件，其中完整器3件"，沉船当在"南宋末年至元代初年"。[2]

"南海I号"和"南澳二号"，应当都是从闽南海域出发的沉船，这从其瓷器多为福建窑口生产可以看出。

综上可知，以福建商人为代表的宋商，在福建、岭南沿海形成自身的贸易网络和移民社区，并以泉州和广州作为远洋航行的主要始发港。这得到文献、语言学调查和沉船、陶瓷考古等多种证据的支持。

第三节　西洋路（大陆航线）

一　中国南海

无论是从广州港还是泉州港出发，舶商都会经过海南岛及其周边的

1　陈占山：《海滨"邹鲁"的崛起：宋元潮州研究》，第84页。
2　《广东文化遗产：海上丝绸之路史迹》，第243页。

岛屿。其海域被称为"七洲洋"。《梦粱录》载：

> 若欲船泛外国买卖，则是泉州便可出洋。迤逦过七洲洋，舟
> 中测水约有七十余丈。若经昆仑、沙漠、蛇龙、乌猪等洋，神物
> 多于此中行雨，上略起朵云，便见龙现全身，目光如电，爪角宛
> 然，独不见尾耳。顷刻大雨如注，风浪掀天，可畏尤甚。但海洋
> 近山礁，则水浅撞礁，必坏船，全凭南针，或有少差，即葬鱼腹。
> 自古舟人云："去怕七洲，回怕昆仑。"亦深五十余丈。[1]

谭其骧先生结合元明文献考证后指出，此七洲洋"是今海南岛文昌县东七洲列岛附近的海面"。[2]韩振华先生指出，此七洲洋为"广州七洲洋"，此外还有"广东外七洲洋，后来又称'琼州七洲洋'，因它属于海南岛琼州管有，故名。琼州七洲洋有千里石塘（今南沙群岛）、万里长沙（今西沙、中沙群岛），并以万里长沙的东北部作为与中国北洋交接的界限，以千里石塘的南部作为与中国南洋所止的界限"。[3]"广东外七洲洋"当是在元代后扩大了的地理概念。

（一）海南岛

宋商从泉州、广州出发，进入七洲洋后，首个重要的中转站为海南岛。按《诸蕃志》的记载，宋时海南岛隶属广南西路，包括琼州、昌化军、吉阳军、万安军四州／军十一县，这四州／军均出现海洋贸易的记录。[4]普塔克（Roderich Ptak）指出，宋元时期的海南无疑是中国与东南亚贸易中重要的一站，但朝廷在一段时间里"将海南排除在国际商品流通之外"，同时海南靠近越南的海岸，受到朝廷对交趾、占城政策变化

1　吴自牧：《梦粱录》卷一二《江海船舰》，第330—331页。
2　谭其骧：《七洲洋考》，韩振华编《南海诸岛史地考证论集》，中华书局，1981，第2页。
3　韩振华：《七洲洋考》，韩振华编《南海诸岛史地考证论集》，第55页。
4　赵汝适撰，杨博文校释《诸蕃志校释》卷下《志物》，第216—222页。

的影响，因地处中国边境，"它必须服务于大陆，而没有反过来"，"它的内部问题频繁，特别是当地的黎民"，这使得海南岛没能成为主要的贸易中心，尽管它也从海洋贸易中收益颇丰。[1]

不过在北宋中叶，朝廷显然已经认识到海南岛在海洋贸易中的价值。《续资治通鉴长编》记载，琼管安抚使朱初平等在元丰三年十二月上奏疏，希望能规范海南的海洋贸易，发展米粮运输，设置香药和买场，对舶商实行按照货物数量收税的制度。[2]神宗为此下诏：

> 琼州、万安、昌化、朱崖军令依威、茂、黎、雅州罢免役法，依旧差役。其琼管州军，皆有常平，若推行如法，自无人户倍称出息之弊。据初平等所奏，措置海南事不少，并不及常平等事，令具析以闻，余皆从之。[3]

可见朱初平等的建议被神宗采纳。《诸蕃志》记载了泉州舶商和当地居民的贸易情况：

> 省民以盐、铁、鱼、米转博，与商贾贸易。泉舶以酒、米、面粉、纱绢、漆器、瓷器等为货，岁杪或正月发舟，五六月间回舶。若载鲜槟榔搀先，则四月至。[4]
>
> 物货，海南土产，诸番皆有之，顾有优劣耳。笺、沉等香，味清且长，琼出诸番之右，虽占城、真腊亦居其次。黄蜡则迥不及三佛齐，较之三屿，抑又劣焉。其余物货多与诸番同，惟槟榔、

---

1 Roderich Ptak, "Hainan and Its International Trade: Ports, Merchants, Commodities (Song to mid-Ming)", in Geoff Wade and James K. Chin (eds.), *China and Southeast Asia: Historical Interactions*, London: Routledge, 2019, p. 35.

2 《续资治通鉴长编》卷三一〇"神宗元丰三年"，第 7520—7522 页。

3 《续资治通鉴长编》卷三一〇"神宗元丰三年"，第 7522 页。

4 赵汝适撰，杨博文校释《诸蕃志校释》卷下《志物》，第 217 页。

吉贝独盛，泉商兴贩，大率仰此。[1]

海南岛生产的笺、沉等香药，宋朝社会认为比中南半岛生产的要更好，而槟榔和吉贝布（棉布），则大受泉州商人的青睐。这显示了泉州与海南岛密切的商贸往来。

（二）西沙群岛

离开海南岛后，舶商可能会因天气变化等经过西沙群岛附近海域。1974年3月至5月，广东省博物馆等"在西沙群岛所属永乐群岛的珊瑚岛、甘泉岛、金银岛、晋卿岛、琛航岛、广金岛、全富岛，宣德群岛的永兴岛、赵述岛、北岛、和五岛（东岛）等地进行了广泛的调查，并在甘泉岛和金银岛二地作了考古试掘"，"在甘泉岛发现了一处唐宋遗址"，"出土了一批唐宋瓷器以及铁锅残片"。其中瓷器共37件，有11件青釉瓷，据推测"时代应在唐至五代期间"；26件宋代青白釉瓷器，据推测有些应当是"广州西村黄帝岗窑场的产品"。根据瓷器的品相和出土环境，考古队认为该遗址是"一处唐宋时代的居住遗址"。[2]

20世纪90年代至今，国家文物局在西沙群岛进行多次考古发掘，并发现数艘宋代沉船。[3] 孟原召认为，"根据20世纪70年代的考古调查资料，发现有少量南齐至唐代陶瓷遗物，但其数量甚少，多属唐代晚期，再结合2009—2014年西沙群岛水下考古调查最新成果，可知目前确认的数量较为丰富的水下文化遗存当为五代时期。这应与晚唐至五代、宋元时期的海上贸易航线变化有关"。[4] 换而言之，这条航线是在10世纪后形成的。孟原召依据出土瓷器，对西沙群岛已发现的宋代沉船遗

1　赵汝适撰，杨博文校释《诸蕃志校释》卷下《志物》，第221页。

2　广东省博物馆编《西沙文物：中国南海诸岛之一西沙群岛文物调查》，文物出版社，1975，第1—5页。

3　《西沙水下考古（1998—1999）》。赵嘉诚：《2009—2010年西沙群岛水下考古调查主要收获》，吴春明主编《海洋遗产与考古》，第171—184页。

4　孟原召：《华光礁一号沉船与宋代南海贸易》，《博物院》2018年第2期，第11—26页。

迹进行了更为细致的断代，其中北宋中晚期者为北礁五号、北礁四号、银屿八号；南宋早期为华光礁 I 号、银屿七号，南宋沉船遗留的瓷器产自福建地区，可知是从福建沿海出发的货船。[1]北礁五号出水的瓷器，"与潮州窑、南安窑等产品较为接近"，[2]这艘沉船也可能是从潮州出海。赵嘉诚指出，赵述岛二号也是两宋之际的沉船，遗物有青白瓷碗等。[3]

（三）海商带回来的情报

宋代海商通过在南海的航行带回丰富的地理信息，大大拓展了士大夫对今南海海域的认识。如《岭外代答》载：

> 海南四郡之西南，其大海曰交趾洋。中有三合流，波头喷涌而分流为三：其一南流，通道于诸蕃国之海也。其一北流，广东、福建、江浙之海也。其一东流，入于无际，所谓东大洋海也。南舶往来，必冲三流之中，得风一息，可济。苟入险无风，舟不可出，必瓦解于三流之中。传闻东大洋海，有长砂石塘数万里，尾闾所泄，沦入九幽。昔尝有舶舟，为大西风所引，至于东大海，尾闾之声，震汹无地。俄得大东风以免。[4]

《诸蕃志》载：

> 徐闻有递角场，与琼对峙，相去约三百六十余里，顺风半日可济，中流号三合溜，涉此无风涛，则舟人举手相贺。至吉阳，乃海之极，亡复陆涂。外有洲曰乌里、曰苏密、曰吉浪，南对占

1　孟原召：《华光礁一号沉船与宋代南海贸易》，《博物院》2018 年第 2 期，第 22 页。

2　赵嘉诚：《2009—2010 年西沙群岛水下考古调查主要收获》，吴春明主编《海洋遗产与考古》，第 173 页。

3　赵嘉诚：《2009—2010 年西沙群岛水下考古调查主要收获》，吴春明主编《海洋遗产与考古》，第 174 页。

4　周去非撰，杨武泉校注《岭外代答校注》卷一《地理门》，第 36 页。

城，西望真腊，东则千里长沙、万里石床，渺茫无际，天水一色，舟舶来往，惟以指南针为则，昼夜守视唯谨，毫厘之差，生死系焉。[1]

刘迎胜先生因此指出，"有关'东洋'与'西洋'的概念，起初必与中国海舶下番时所选择的航线有关。凡沿上述南海东缘航线所经诸岛诸国，均为东洋；而沿其西缘者则为西洋"。[2]结合《岭外代答》所云交趾洋"南流""东流"记述，以及《诸蕃志》所云南海航行的危险程度，刘先生所云"东洋"与"西洋"概念的产生原因，是成立的。

宋商带回的情报，也经过马可·波罗的叙述，传到了中世纪的欧洲。《马可·波罗寰宇记》云：

现在你可能知道，自刺桐城启程，向西方和西南方航行1500 哩时，就会穿过一片名曰"海南"（Cheynam）的大海湾。此海湾的长度足够两个月的旅程，航行时沿着其北境。它和蛮子地区的东南部相接，而另一边则与阿木（Amu）、秃落蛮（Toloman）[Z] 以及 [R] 其他业已陈述的许多地区相连。此海湾内的岛屿不胜其数，并且几乎都有人在此 [Z] 安然地 [R] 居住。那些地方发现有大量的砂金，这是在入海处 [Z] 的河口 [R] 淘得的，也有大量的铜或者黄铜以及其他的物品出产。他们拿着各岛的特产进行内部交易。他们也和大陆的那些地区交易，他们出售金、黄铜以及其他物产，从对方那里买来他们需要的物品。此海湾如此广大，在此居住的民众又如此众多，仿佛它自己就是 [Z]

1　赵汝适撰，杨博文校释《诸蕃志校释》卷下《志物》，第 216 页。
2　刘迎胜：《中国古代图籍中的亚洲海域》，刘迎胜主编《元史及民族与边疆研究集刊》第 39 辑，上海古籍出版社，2020，第 25 页。

另一个 [R] 世界 [Z]。¹

马可·波罗提到在"海南"湾当地居民与内地商人进行交易的情况，与《诸蕃志》的记载可以互证。其中提到了砂金，今天地质工作者也在海南岛发现了丰富的金矿资源。²

二　中南半岛

（一）占城（占婆）

舶商离开海南岛后，将到达中南半岛、今越南南部的占城（占婆）。关于占城的历史，第二章已有叙述。这里是曼陀罗式的政权，信仰印度教，因重要的地理位置，成为舶南商航的必经之地。《安南志略》载："占城国，立国于海滨。中国商舟泛海往来外藩者，皆聚于此，以积新水，为南方第一码头。"³《马可·波罗寰宇记》也记载道："从刺桐出发，航行穿过此海湾的直径，也就是航行一千五百哩，[Z] 将抵达一个名曰占婆（Ciamba）的国家，这是一片非常富裕、幅员 [Z] 辽阔的土地。"⁴ 显示出占城在海上丝绸之路上的重要性。

其实，早在北宋中叶，泉州商人已经频繁往返于两地。《涑水记闻》载：

> 庆历三年（1043）正月，广南东路转运司奏："前此温台州巡检军士鄂邻杀巡检使，寇掠数十州境，亡入占城。泉州商人邵保以私财募人之占城，取邻等七人而归，泉首广州市。乞旌赏。"诏

1　*Marco Polo: The Description of the World*, Vol.1, p. 328. 此据陈烨轩初译，北京大学马可·波罗读书班会校稿。

2　见王春宏等《海南省金矿成矿规律及找矿方向》，《黄金地质》2002 年第 1 期，第 11—16 页。

3　《安南志略》卷一《边境服役》，中华书局，2000，第 43 页。

4　*Marco Polo: The Description of the World*, Vol.1, p. 366. 此据陈烨轩初译，北京大学马可·波罗读书班会校稿。

补殿侍，监南剑州酒税。初，内臣温台巡检张怀信性苛虐，号张列挈。康定元年（1040），邻等不胜怨忿，杀之。至是始获焉。[1]

此事也见于《续资治通鉴长编》，可补充细节：

> 〔庆历二年七月〕己巳，以泉州民邵保为下班殿侍、三班差使、监南剑州昌顺县酒税。保本海商，尝至占城国，见军贼鄂邻，归而言之。及朝廷命使臣赍诏赴占城，保与俱往，获邻等还，故录之。[2]

综上，则康定元年浙东的军士鄂邻杀害长官张怀信，成为一方强盗，最后逃到占城。泉州海人邵保在占城见过他，回来后报告官府，并用自己的财产招募人手，和官差到占城将鄂邻及其同伙捕归。

而到南宋初年，占城已经出现了"土生唐人"，即在占城出生长大的华裔。这见于乾道三年（1167）阿拉伯商人乌师点（أوستن，Ūstin）诉讼占城抢夺其财物的案子。《宋会要》云：

> 〔乾道三年〕十一月二十八日，市舶司言："纲首陈应祥等船回，分载正、副使杨卜萨达麻等并随行人，计一十二人，赍到蕃首邹亚娜表章蕃字一本、唐字一本，及唐字货物数一本，差人译写，委官临对无增减外。又据大食国乌师点等诉：'本国得财主佛记、霞啰池各备宝贝、乳香、象牙等驾船赴大宋进奉，至占城国外洋暂驻候风，其占城蕃首差土生唐人及蕃人招引佛记、霞啰池等船入国，及拘管乌师点等船众，尽夺乳香、象牙等作己物进贡。'"[3]

1　司马光：《涑水记闻》卷一二，第 241 页。
2　《续资治通鉴长编》卷一三七"仁宗庆历二年"，第 3287 页。
3　郭声波点校《宋会要辑稿·蕃夷道释》蕃夷七，第 590 页。

土肥祐子对乌师点诉讼案进行考证，并对乌师点为何也能到达中国产生疑问。[1] 乌师点之所以能入华，是因为阿拉伯商人已经在占城建立起贸易移民社区。而这起案件，也反映出华商和阿拉伯商人在占城存在竞争关系。

华商能够在占城立足发展，也与他们和统治者保持了良好关系有关。《岭外代答》云：

> 乾道癸巳（1173），闽人有以西班到选，得官吉阳军都监者，泛海之官，飘至占城，见其国与真腊乘象以战，无大胜负，乃说王以骑战之利，教之弓弩骑射。占城王大悦，具舟送至吉阳，厚赍。随以买马，得数十匹，以战则克。次年复来，人徒甚盛。吉阳军因却以无马，乃转之琼管，琼管不受，遂怒而归，后不复至也。[2]

《宋会要》的记载略同，但系年为乾道七年，并不记"次年复来"之事。[3] 从此事可以看出，华商已经参与到中南半岛的国际政治之中，并促进了海南岛与中南半岛之间的马匹交易，虽然未能持续下去。

《夷坚志》也记载，泉州人王元懋因为精通汉语和东南亚多国语言，在占城得到国王（摩诃罗阇）重用，并主管了占城的国际贸易。[4] 这虽然出自小说家言，但结合以上邵保、土生唐人、闽客等的例子来看，正因为泉州人广泛到占城贸易，以及国际贸易所需要的多语言环境，才诞生了王元懋这样的故事形象。

舶商离开占城后，会经昆仑山，到达马来半岛和印度尼西亚群岛。

1　土肥祐子『宋代南海貿易史の研究』、453—481 頁。
2　周去非撰，杨武泉校注《岭外代答校注》卷二《外国门》，第 77 页。
3　郭声波点校《宋会要辑稿·蕃夷道释》蕃夷四，第 242 页。
4　洪迈：《夷坚志》三志己卷六《王元懋巨恶》，第 150 页。参见斯波义信《宋代商业史研究》，第 442—443 页。

这与阿拉伯商人的航线相似。但文献记载显示，中国的舶商在交趾、真腊也有大量的活动，形成贸易社群。

（二）交趾

交趾位于今天越南北部，即唐安南都护府故地，国号为"大越"，所以在英文学界经常被写为"Dai Viet"，而在宋代的史料中也写作"安南"，本书采用"交趾"古称。交趾腹地红河三角洲并不在宋商西航的主干道上，但其本身在南海贸易中具有重要地位。关于宋与交趾之间的外交史，邓昌友撰写了专题博士论文。[1]近年，李塔娜等学者提倡从海洋史的角度看待中世的越南史，这对理解宋越关系有诸多启发。[2]桃木至朗指出了红河三角洲平原在南海贸易中的重要性：

> 失去了北属期"中华帝国南海贸易终点"的地位，李朝时期的大越（安南）出产金、象等当地产品，承担起连接华南、云南与南方诸国、南海与老挝、湄公河中流流域的中转职能，在一定程度上维持了"交趾洋"贸易圈的地位，这对王权的存立也应有重要意义。[3]

交趾王畿所在的红河三角洲，是福建人迁入的主要地区。张秀民依据中越史料考证，认为交趾"前黎、李、陈、胡、莫、旧阮六朝及执政郑氏均为华人血统"。[4]邓昌友指出，宋人移民越南，主要有商业、政治两类。前者多以前往占城居多，但也有往交趾者；后者包含了逃避罪责、战乱以及被掳掠等原因，此外也有文化移民的例子。[5]

1　邓昌友：《宋朝与越南关系研究》，博士学位论文，暨南大学，2004。

2　见 Tana Li, "A View from the Sea: Perspectives on the Northern and Central Vietnamese Coast", *Journal of Southeast Asian Studies*, Vol. 37, No. 1 (2006), pp. 83-102。

3　桃木至朗『中世大越国家の成立と変容』、366 頁。

4　张秀民：《安南王朝多华裔创建考》，《中越关系史论文集》，第 20 页。

5　邓昌友：《宋朝与越南关系研究》，第 126—130 页。

关于李朝创始人李公蕴为福建人后代的记载，见《涑水记闻》：神宗熙宁年间，岭南落第书生徐百祥写告密信给交趾皇帝李乾德，说中国将进兵灭交趾，同时说道："大王先世本闽人，闻今交趾公卿贵人多闽人也。"即李朝皇帝的祖先是福建人，现在交趾的公卿贵人也多是福建人的后代。[1] 司马光从郭逵处得知此事，郭逵是1075年宋越战争的宋军指挥官，可知是其亲身经历。[2]

陈朝创始人陈日煚也是福建人的后代，在中国则为野史所记。《齐东野语》云：

> 安南国王陈日煚者，本福州长乐邑人，姓名为谢升卿。少有大志，不屑为举子业。间为歌诗，有云："池鱼便作鹍鹏化，燕雀安知鸿鹄心。"类多不羁语。好与博徒豪侠游，屡窃其家所有，以资妄用，遂失爱于父。其叔乃特异之，每加回护。会兄家有姻集，罗列器皿颇盛，至夜，悉席卷而去，往依族人之仕于湘者。至半途，呼渡，舟子所须未满，殴之，中其要害。舟遽离岸，谢立津头以俟。闻人言，舟子殂，因变姓名逃去。至衡，为人所捕。适主者亦闽人，遂阴纵之。至永州，久而无聊，授受生徒自给。永守林坚，亦同里，颇善里人。居无何，有邕州永平寨巡检过永，一见奇之，遂挟以南。寨居邕、宜间，与交趾邻近。境有弃地数百里，每博易，则其国贵人皆出为市。国相乃王之婿，有女亦从而来，见谢美少年，悦之，因请以归。令试举人，谢居首选，因纳为婿。其王无子，以国事授相。相又昏老，遂以属婿，以此得国焉。自后，屡遣人至闽访其家，家以为事不可料，不与之通，竟以岁久难以访问返命焉。其事得之陈合惟善金枢云。[3]

1　司马光：《涑水记闻》卷一三，第248页。
2　《宋史》卷二九〇《郭逵传》，第9725页。
3　周密：《齐东野语》卷一九，张茂鹏点校，中华书局，1983，第353页。

陈日煚在《大越史记全书》中作"陈煚"。[1] 据上述史料，陈日煚原名谢升卿，起先是想到湖南投奔出仕的族人，因犯命案，逃奔广西永州，在衡州被抓获，主事是福建人，所以私自放走他。于是他逃到永州，因为知永州林㟁也是福建人，所以善待他。后来永平寨巡检过永以他为奇才，所以带着他一道投奔交趾，而后陈日煚发迹，乃至成为交趾的君主。周密是从陈合那里听得此事。陈合也是福州长邑人，淳祐四年（1244）进士，[2] 此事当是长邑乡间的传说。

张秀民据陈孚《交州稿》指出，陈日煚"为闽人陈京之曾孙，而非谢升卿"，并认为陈孚的记载"与越史记载相近，较为可信"。[3] 这是准确的。陈日煚在 1225 年成为陈朝皇帝时，只有 9 岁。李陈禅让，是由其叔陈守度操作而成的。[4]

但张先生还没有解决陈氏家族背景及其身份的问题，而这涉及福建沿海居民的南迁及其发展，即早期华人华侨史的问题，因此有探讨的必要。《大越史记全书》叙述陈煚先祖世系云：

> 帝之先世闽人（原注：或曰桂林人。）有名京者，来居天长即墨乡。生翁，翁生李，李生承，世以渔为业。帝乃承之次子也，母黎氏。以李建嘉八年（1217）戊寅六月十六日诞生，隆准龙颜，似汉高祖。时大八岁，为李朝祗应局祗候正，有从叔陈守度为殿前指挥使，帝因得入侍宫中，昭皇见而悦之。乙酉（1225）冬十二月十二日戊寅受昭皇禅，即皇帝位，改元建中。[5]

由此可见，陈日煚一族当是从福建沿海辗转迁到红河三角洲沿岸的移

---

1 孙晓主编《大越史记全书》卷五《陈纪·太宗》，第 253 页。
2 杨倩描主编《宋代人物辞典》（上），第 61 页。
3 张秀民：《安南王朝多华裔创建考》，《中越关系史论文集》，第 14—15 页。
4 据《大越史记全书》，乙酉年（1225）陈煚入宫成为李朝末代女君李昭皇的夫君，只有 8 岁，次年昭皇禅位于他。见孙晓主编《大越史记全书》卷四《李纪·昭皇》，第 249—251 页。
5 孙晓主编《大越史记全书》卷五《陈纪·太宗》，第 253 页。

民，居住在天长府即墨乡，也就是今南定省美禄县。日煚的先祖从事渔业致富，其祖父陈李得到众人支持，成为地方上的武装豪强。《大越史记全书》还记载道，1209 年范秉彝部将郭卜叛乱，李高宗和太子李旵（即李惠宗）等出逃。李旵逃到海边，娶了陈李的女儿，由此得到陈氏一族的支持，高宗得以反正。虽然陈李战死，但他的家族借此契机在随后的惠宗朝发展成最重要的外戚家族，并最终取代李朝。[1]

陈氏一族，以渔业致富。事实上，鱼、米、布交易，正是南宋时期宋越互市的重要内容。《岭外代答》云：

> 凡交趾生生之具，悉仰于钦，舟楫往来不绝也。博易场在城外江东驿。其以鱼蚌来易斗米尺布者，谓之交趾蜑。[2]

周去非称呼这样的水产品贸易者为"交趾蜑"，意即"交趾的蜑民"，说明这些人当是中国东南沿海乃至东南亚广泛分布的"海洋船民"。《宋会要》亦云：

> 〔大中祥符〕二年五月二十七日，广南转运使上言："钦州蛮人劫海口蜑户禾米，如洪寨主殿直李文著以轻兵泛小舟袭逐，中流矢死。"诏安南捕贼。明年，执狄獠十三人以献。[3]

陈氏一族，当是"海洋船民"的有力者，从中国东南沿海迁移到红河三角洲后逐渐成长为当地的豪强。这一类人，与丁部领、十二使君等促成越南自立的溪洞豪族，在地理分布、历史渊源、组织形式上均有很大不同，可视为因海洋贸易而兴起的新贵族。从《大越史记全书》后面的记载亦可知，高宗在 1210 年去世，而后经陈嗣庆、守度兄弟的经营，陈

1　孙晓主编《大越史记全书》卷四《李纪·高宗、惠宗》，第 243—251 页。
2　周去非撰，杨武泉校注《岭外代答校注》卷五《财计门》，第 196 页。
3　郭声波点校《宋会要辑稿·蕃夷道释》蕃夷四，第 164 页。

氏一族也成为最重要的外戚，惠宗"政事不决，委任陈庆嗣天下，大权渐移焉"。[1] 日煚被守度选中，成为末代女皇昭皇之夫君，并于 1226 年成为陈朝开国之君，是为陈太宗。

由此可见，《齐东野语》的记载是福州长乐区的传闻，而非信史，然其诞生，正源于福建与红河三角洲之间有长期的海上往来。如《宋会要》云：

> 〔淳熙〕六年五月九日，承信郎、监贺州太平（严）〔岩〕银锡场葛极言："经略司差委前去钦州，移文安南国差官前来界首，说谕取还风飘舶客吴汝弼等一百二十三人，今已半年以上。"[2]

《桂海虞衡志》云：

> 又有秀才、僧道、伎术及配隶，亡命逃奔之者甚多。不能鼓铸泉货，纯用中国小铜钱，皆商旅泄而出者。[3]

这些是宋、越边境大量人员流动的见证。正是在这样的背景下，来自中国的海洋船民做大做强，其中的佼佼者甚至跻身贵族的行列。

（三）真腊

真腊即今天的柬埔寨，又被称为"吴哥"（Ankor）。10—12 世纪的真腊，是强盛的印度教、佛教王朝，并建设了世界文化遗产吴哥窟。按照《真腊风土记》，中国舶商抵达真腊前，需先在占城转港，"自占城顺风可半月到真蒲，乃其境也。又自真蒲行坤申针，过昆仑洋，入港。港

1　孙晓主编《大越史记全书》卷四《李纪·惠宗》，第 247 页。
2　郭声波点校《宋会要辑稿·蕃夷道释》蕃夷四，第 198 页。
3　范成大：《桂海虞衡志》佚文《志蛮》，方健整理，大象出版社，2019，第 127 页。

凡数十，惟第四港可入，其余悉以沙浅故不通巨舟"。[1]真蒲的具体位置尚有争议，大致在今越南巴地头顿省（Tỉnh Bà Rịa- Vũng Tàu）湄公河的河口。然后由湄公河转船北上抵达首都吴哥通。

比周达观的时代稍早，华商在吴哥通受到当地人礼遇，"往年土人最朴，见唐人颇加敬畏，呼之为佛，见则伏地顶礼"。[2]华商与当地人通婚的情况也很普遍，"国人交易皆妇人能之，所以唐人到彼，必先纳一妇人者，兼亦利其能买卖故也"。[3]在巴戎寺浮雕中，就刻画了中国居民在家中的生活场景，其中可见伞、盛酒器等物。[4]交易的唐货也有品级之分：

> 其地想不出金银，以唐人金银为第一，五色轻缣帛次之；其次如真州之锡镴、温州之漆盘、泉处之青瓷器，及水银、银朱、纸札、硫黄、焰硝、檀香、草笭、白芷、麝香、麻布、黄草布、雨伞、铁锅、铜盘、水珠、桐油、篦箕、木梳、针。其粗重则如明州之席。甚欲得者则菽麦也，然不可将去耳。[5]

金制品与彩绢在真腊的贵族和高级僧侣阶层中很受欢迎。在柬埔寨碑铭中可以看到这方面的记载，本书依据赛代斯的法译本翻译。松浦史明也辑录了赛代斯译本中和中国相关的记载。[6]柬埔寨马德望（Battamban）地区出土的纪年为 1008 年的 K. 989 号 Pràsàt Ben 石碑第 27—28 偈云：

1　周达观撰，夏鼐校注《真腊风土记校注》，中华书局，2000，第 15 页。
2　周达观撰，夏鼐校注《真腊风土记校注》，第 147 页。
3　周达观撰，夏鼐校注《真腊风土记校注》，第 146 页。
4　查尔斯·海厄姆：《东南亚大陆早期文化：从最初的人类到吴哥王朝》，第 381 页。
5　周达观撰，夏鼐校注《真腊风土记校注》，第 148 页。
6　松浦史明「真臘とアンコールのあいだ—古代カンボジアと中国の相互認識に関する一考察—」『上智アジア』第 28 号、2020 年、130－132 頁。

（27）sadāpadānapratinandyamānān narendravaryyād anivāryyavīryyāt avāpa yo dharmmayçovatansām aiçvaryyajātām vividhām vibhūtim //

（28）vicitracīnānçukahemadolān nāgānanām srotohimūrttim kalaçañ ca haimam pratigrahañ cānyad api praçastam //[1]

（第27—28偈）无比英勇的众王之王，总是感谢他的勇武之举，为他带来了各种佳物，包括达摩（Dharma）及其权威的荣耀花环、一顶用中国彩绢（装饰）的那伽（nāga）头金轿、一盏金杯、一个蛇口黄金水壶，还有一只豪华的痰盂。[2]

12 世纪的 K. 485 号石碑第 81、90 偈也记载道：

LXXXI（5）sā dundabhim hemakṛtan dhvajañ ca suvarṇarūpyai racitāgryadaṇḍam

（6）cīnāmçukaih kalpitacitravastram prādād varam pūrvatathāgatāya[3]

第81偈：在东方的 Tath ā gata[4]，她赠送了一面金鼓，一面带有美丽的金银手柄的旗帜，其中色彩鲜艳的织物是用中国丝绸制成的。[5]

XC（23）dideça madhyādrisure sabhūṣān tatsamçrutān sā vijayaprayāṇe

（23）bhartur nivṛttau mahadudbhavāya dhvajān çatañ cīnapaṭair vicitrān[6]

第90偈：为了她的丈夫在去世后能有一个好的诞生，和她的饰物一起，她向 Madhyādri 神献上 100 面用中国丝绸织成的色彩鲜

1　*Inscriptions du Cambodge*, Vol. 7, p. 174.

2　*Inscriptions du Cambodge*, Vol. 7, p. 181.

3　*Inscriptions du Cambodge*, Vol. 2, p. 171.

4　赛代斯注：根据 Práh Khân 碑和其他同时代碑铭，这里可能位于斑黛喀蒂寺。

5　*Inscriptions du Cambodge*, Vol. 2, p. 178.

6　*Inscriptions du Cambodge*, Vol. 2, p. 171.

艳的旗帜，以兑现她在佛逝（Vijaya）远征时的承诺。[1]

其中提到的黄金轿子、旗帜及其金银手柄，属于贵族出行的仪仗，周达观称之为"金轿杠""金伞柄"：

> 其出入仪从各有等级。用金轿杠、四金伞柄者为上；金轿杠、二金伞柄者次之；金轿杠、一金伞柄者又次之；止用一金伞柄者，又其次之也。其下者止用一银伞柄者而已，亦有用银轿杠者。金伞柄以上官，皆呼为巴丁，或呼暗丁。银伞柄者，呼为厮辣的。伞皆用中国红绢为之，其裙直拖地。油伞皆以绿绢为之，裙却短。[2]

可见中国的贵重货物已经成为真腊宫廷、上流社会不可或缺的礼仪用具。关于出土陶瓷，按照黄慧怡的梳理和统计，截至 2010 年，"吴哥地区出土福建宋元陶瓷的遗址包括吴哥城的皇宫、皇家浴池、巴戎寺、十二审判塔、班蒂喀黛寺、吴哥窟、西都寺、周萨神庙、圣剑寺、Trapeang Thlok-Prasat Trapeang Ropou、Tumnup Barang 和水道，共 12 处，所有地点都位于 9—13 世纪吴哥城或吴哥窟遗迹中"。[3]这说明相对日常的中国陶瓷，也为真腊上层社会使用，并多为福建窑口所产，印证了以福建商人为代表的宋商在真腊社会的重要性。

舶商对中南半岛土特产的需求，也影响了当地的政治地理。肯尼斯·霍尔指出，"比如大象和它们的长牙有高度需求，从 414 年到1050 年，它们共计 14 次被当作朝贡品献给中国的朝廷。这些大象来自阿摩罗波胝（Amaravati，会安）、古笪（Kauthara，芽庄）和宾童龙

1　*Inscriptions du Cambodge*, Vol. 2, p. 180.

2　周达观撰，夏鼐校注《真腊风土记校注》，第 92 页。

3　黄慧怡：《简介柬埔寨吴哥地区出土的福建宋元陶瓷》，苏文菁、栗建安主编《考古学视野中的闽商》，中华书局，2010，第 130—131 页。

（Panduranga，藩朗）等上游高地"；高地口承文本也证明了"占城尝试通过协商，而不是武力，派占城军队为他们提供保护，给予他们成为占城贸易伙伴的特权，来将高地居民整合进他们的政治经济之中"。[1]这说明海洋贸易的发展，不仅能影响海上丝绸之路沿岸地区，甚至与沿海社会存在经济联系的内陆高地也会被卷入由此构成的跨区域国际贸易之中。从长时段的历史而言，这是全球化网络形成的滥觞。

而从中南半岛南下，宋商将到达三佛齐支配下的马来半岛南部、苏门答腊岛东部，这里将与东洋路汇合。所以，我们先探讨东洋路的情况。

第四节　东洋路（岛屿航线）

一　前半段路线的争议

刘迎胜先生认为，东洋路前半段为"从大陆出发向东航行，先横渡今台湾海峡（对福建海舶而言）至流求（即琉球，今台湾），或先横渡南海北部（对广东海舶而言），至吕宋诸岛"。[2]不过从史料来看，这段路线仍值得商榷。

（一）广东海舶与东洋路

广东海舶横渡南海北部到吕宋诸岛，在宋代似乎是非常规情况，如前引《岭外代答》云："传闻东大洋海，有长砂石塘数万里，尾闾所泄，沦入九幽。昔尝有舶舟，为大西风所引，至于东大海，尾闾之声，震汹

1　Kenneth R. Hall, *A History of Early Southeast Asia: Maritime Trade and Societal Development, 100-1500*, pp. 86-87.

2　刘迎胜：《从西太平洋到北印度洋——古代中国与亚非海域》，第418页。

无地。俄得大东风以免。"[1] 广东海舶南下，当以西洋路为主，故东洋路主要为福建海舶南下之路。

（二）是否登陆台湾岛？

宋商从福建沿海走东洋路，是否会登陆台湾岛，这也值得思考。澎湖列岛是泉州商人的中转港，泉州人在这里建立聚居地。《诸蕃志》云："泉有海岛曰彭湖，隶晋江县。"[2]《岛夷志略》也记载道："自泉州顺风二昼夜可至。有草无木，土瘠不宜禾稻。泉人结茅为屋居之……地隶泉州晋江县。至元间立巡检司。"[3]

至于流求，在南宋时期，福建商人还未与之建立稳定的商贸联系。《诸蕃志》云："流求国当泉州之东，舟行约五六日程……无他奇货，尤好剽掠，故商贾不通。土人间以所产黄蜡、土金、鳌尾、豹脯，往售于三屿。"[4] 关于这里的"流求"，有学者认为位于今天台湾岛北部，亦可能在冲绳群岛。[5] 到了元代，才有关于舶商和当地居民之间贸易的记载。《岛夷志略》云：

> 其峙山极高峻，自彭湖望之甚近……地产沙金、黄豆、黍子、硫黄、黄蜡、鹿、豹、麂皮。贸易之货，用土珠、玛瑙、金珠、粗碗、处州磁器之属。海外诸国盖由此始。[6]

根据"彭湖望之甚近"，可知此"流求"当为台湾岛。尽管如此，流求仍见于宋代的行记，如日本入宋僧成寻《参天台五台山记》云：熙宁五年七月"六日癸未，天晴"，"丑时，坐绳床睡间，梦谒日本左府，被仰

1　周去非撰，杨武泉校注《岭外代答校注》卷一《地理门》，第 36 页。

2　赵汝适撰，杨博文校释《诸蕃志校释》卷上《志国》，第 149 页。

3　汪大渊著，苏继庼校释《岛夷志略校释》彭湖条，第 13 页。

4　赵汝适撰，杨博文校释《诸蕃志校释》卷上《志国》，第 147 页。

5　赵汝适撰，杨博文校释《诸蕃志校释》卷上《志国》，第 147—148 页。

6　汪大渊著，苏继庼校释《岛夷志略校释》琉球条，第 16—17 页。

云'行琉球国由闻之，而今在大唐为悦'云云"。[1] 不过，因为中古的史料中，"流求"（流球）的指向范围实际上是在冲绳群岛和台湾岛之间，所以这里的"琉球国"并不能确认为台湾岛北部，而冲绳群岛在宋代已经是通向日本的"南岛路"的一站，[2] 故不是《诸蕃志》《岛夷志略》所指的台湾岛，这体现了中日地理认知的差异。

而在台湾岛南部，则有使舶商恐惧的毗舍耶族群。据《诸蕃志》："毗舍耶语言不通，商贩不及，袒裸盱睢，殆畜类也。泉有海岛曰彭湖，隶晋江县，与其国密迩，烟火相望，时至寇掠，其来不测，多罹生啖之害，居民苦之。"[3]《文献通考》：琉球"旁有毗舍耶国"。[4]《岛夷志略》云："毗舍耶僻居海东之一隅，山平旷，田地少，不多种植。气候倍热。俗尚虏掠。"[5] 毗舍耶虽然不通商贩，但南宋有关于该国海盗骚扰泉州沿海，以至于当局专门修筑防御工事的记录。上一章已经引述了楼钥的记录。[6] 真德秀《申枢密院措置沿海事宜状》也记载道：

> 永宁寨地名水湾。去法石七十里，初乾道间毗舍耶国入寇，杀害居民，遂置寨于北。其地阔临大海，直望东洋，一日一夜可至彭湖。彭湖之人遇夜不敢举烟，以为流求国望见必来作过。[7]

《诸蕃志》则将劫掠的时间定为乾道七年之后的淳熙年间（1174—1189），并指出毗舍耶人十分喜欢铁器，甚至不惜为此赴死，并多次劫掠：

1　成寻撰，王丽萍校点《新校参天台五台山记》卷二，第 133 页。
2　中岛楽章·伊藤幸司編『寧波と博多』、序論 6—7 頁。
3　赵汝适撰，杨博文校释《诸蕃志校释》卷上《志国·毗舍耶》，第 149 页。
4　马端临：《文献通考》卷三二七《四裔考》，第 9003 页。
5　汪大渊著，苏继庼校释《岛夷志略校释》毗舍耶条，第 193 页。
6　楼钥《攻愧集》卷八八《敷文阁学士宣奉大夫致仕赠特进汪公行状》，第 1199 页。
7　真德秀：《西山先生真文忠公文集》卷八，叶一七。

淳熙间，国之酋豪常率数百辈猝至泉之水澳、围头等村，恣行凶暴，戕人无数，淫其妇女，已而杀之。喜铁器及匙箸。人闭户则免，但刓其门圈而去。掷以匙箸则俯拾之，可缓数步。官军擒捕，见铁骑则竞刓其甲，骈首就戮，而不知悔，临敌用标枪，系绳十余丈为操纵，盖爱其铁不忍弃也。不驾舟楫，惟以竹筏从事，可折叠如屏风，急则群异之泅水而遁。[1]

到 14 世纪，毗舍耶依然是令舶商畏惧的存在，并有绑架渔民的传统。《岛夷志略》云："时常裹干粮，棹小舟，过外番。伏荒山穷谷无人之境，遇捕鱼采薪者，辄生擒以归，鬻于他国。每人易金二两重。盖彼国之人递相仿效，习以为业。故东洋闻毗舍耶之名，皆畏避之也。"[2]

综上可知，毗舍耶就在澎湖列岛附近。按照杨英《从征实录》的记载，郑成功的船队为收复台湾，于南明永历十五年（1661）二月二十三日中午，从金门附近的料罗澳，顺风到澎湖列岛，翌日全部抵达。三十日三更从澎湖列岛出发，翌日黎明就到"台湾外沙线"，晚上即全部抵达禾寮港（今台南市内）。[3]除去其中在澎湖候风的时间，实际用时不到两天。真德秀云毗舍耶"一日一夜可至彭湖"，也与郑成功从澎湖登陆台南的时间相近。

夏德、柔克义认为毗舍耶人是"菲律宾群岛的米沙鄢族人（Visaya）"，洛弗尔认为是移居台湾西南海岸的米沙鄢族人，杨博文则认为"目前尚无定论"，米沙鄢族"分布在今米沙鄢岛中部及棉兰老岛等地，则与晋江县不能'密迩'"。[4]其实，清中叶赵翼已依据上引《文

1　赵汝适撰，杨博文校释《诸蕃志校释》卷上《志国》，第 149 页。

2　汪大渊著，苏继庼校释《岛夷志略校释》毗舍耶条，第 193 页。

3　福建师大历史系郑成功史料编辑组编《郑成功史料选编》，福建教育出版社，1982，第 242—243 页。

4　参见赵汝适撰，杨博文校释《诸蕃志校释》卷上《志国》，第 149—150 页。

献通考》的记载指出，毗舍耶位于台湾。[1]毗舍耶当在今天台湾南部。尽管杨先生反对将米沙鄢族等同于毗舍耶，但"毗舍耶"当为 Visaya 对音，而杨先生也指出，"此民族常往来海上，从事劫掠，到处飘泊，行踪不定"，[2]既然迁徙不定，自然有移居台湾岛南部的可能，这正是海洋船民的基本特征。《诸蕃志》又云，"淳熙间，国之酋豪常率数百辈猝至泉之水澳、围头等村"。[3]这也与米沙鄢族"从事劫掠"的特征相符。

由此可见，在宋代，台湾岛南部的世居族群仍然是舶商所畏惧的，到明代这里才真正成为闽南人的迁居地。所以东洋路应该是从泉州到澎湖后，进入中国南沙群岛附近海域和菲律宾群岛。

二 中国南沙群岛、菲律宾群岛

在菲律宾群岛，存在麻里鲁（今马尼拉）、苏禄（今棉兰老岛）、麻逸（今民都洛岛）、三屿（一作"三岛"）等政权，[4]这些国名在宋代后才为史书所记录。这应当是岛屿航线开辟后，华商与他们存在商贸关系，并将相关信息带回国内的结果。《岛夷志略》云：

〔麻里鲁〕地产玳瑁、黄蜡、降香、竹布、木绵花。贸易之货，用牙锭、青布、磁器盘、处州磁、水坛、大瓮、铁鼎之属。

〔苏禄〕贸易之货，用赤金、花银、八都剌布、青珠、处器、铁条之属。

〔麻逸〕地产木绵、黄蜡、玳瑁、槟榔、花布。贸易之货用鼎、铁块、五采红布、红绢、牙锭之属。蛮贾议价领去博易土货，

1　参见魏源编《皇朝经世文编》卷八四《兵政》，岳麓书社，2004，第 570 页。又见昭梿《啸亭杂录》卷六《台湾之役》，何英芳点校，中华书局，1980，第 153 页。

2　赵汝适撰，杨博文校释《诸蕃志校释》卷上《志国》，第 150 页。

3　赵汝适撰，杨博文校释《诸蕃志校释》卷上《志国》，第 149 页。

4　地理位置依据苏继庼等考证，见汪大渊著，苏继庼校释《岛夷志略校释》。

然后准价舶商。守信事终如始，不负约也。

〔三岛〕地产黄腊、木绵、花布。贸易之货用铜珠、青白花碗、小花印布、铁块之属。[1]

肯尼斯·霍尔指出，在 11 世纪、12 世纪，中国人已经在今天菲律宾的拉古纳（Laguna）、民都洛（Mindoro）和宿务（Cebu）等地建立了防御性的贸易据点。[2] 中国南沙群岛与菲律宾群岛的考古发现，也证明了华商在当地的活动。

菲律宾的考古工作开始于 19 世纪末。1881 年，法国考古学家阿尔弗雷德·马歇（Alfred Marche）就在菲律宾群岛的考古踏查中发现了中国陶瓷，德国化学家亚历山大·沙登堡（Alexander Schadenberg）也于 1881—1882 年在萨马尔（Samal）岛的墓穴中发现了中国陶瓷。[3] 20 世纪 30 年代开始了对中国陶瓷的定年工作。[4] 1993 年，菲律宾国家博物馆的考古队在卡米金（Camiguin）岛上发现 12 世纪的中国贸易陶瓷；[5] 1994 年，此考古队又在巴丹（Batan）岛的萨比杜·伊藏（Savidug Ijang）遗址发现 12 世纪宋代的青瓷以及玻璃珠。[6] 这符合《岛夷志略》所述舶商用"处州瓷器""处器"与当地居民交易的记载，并可以证明，在 12 世纪，中国商人的贸易网络已经涵盖了这些区域。巴丹岛毗邻中国的台湾岛，而台湾岛南部的毗舍耶族群以海盗行为著称，故舶商从澎湖列岛出

1   汪大渊著，苏继庼校释《岛夷志略校释》麻里鲁条，第 89 页；苏禄条，第 178 页；麻逸条，第 33—34 页；三岛条，第 23 页。

2   Kenneth R. Hall, *A History of Early Southeast Asia: Maritime Trade and Societal Development, 100-1500*, p. 319.

3   Karl L. Hutterer, "Philippine Archaeology: Status and Prospects", *Journal of Southeast Asian Studies*, Vol. 18, No. 2 (1987), p. 236.

4   J. M. Addis, "The Dating of Chinese Porcelain Found in the Philippines: A Historical Retrospect", *Philippine Studies*, Vol. 16, No. 2 (1968), pp. 371-380.

5   Lee Anthony M. Neri et al., "Archaeological Survey of the Island of Camiguin, Northern Mindanao", *Philippine Quarterly of Culture and Society*, Vol. 38, No. 3 (2010), p. 236.

6   Eusebio Z. Dizon and Rey A. Santiago, "Archaeological Explorations in Batanes Province", *Philippine Studies*, Vol. 44, No. 4 (1996), p. 491.

发时，可能会绕开台湾岛南部，而直接经巴士海峡进入两岛所在的巴丹群岛。在这种情况下，水罗盘、更路簿等航海工具十分重要，因为稍有不慎，就可能进入危险重重的暗礁海域。关于9—13世纪菲律宾陶瓷考古情况，朱克宇有最新的综述，亦可资参考。[1]

　　菲律宾国家博物馆于1967年开始开展沉船考古；[2]根据尤西比奥·迪桑（Eusebio Z. Dizon）的综述，到2003年，在"菲律宾西边的海域"共发现18艘沉船，包括在中国南沙群岛进行非法打捞时，在榆亚暗沙发现的一艘时间为11—12世纪的沉船，命名为"调查礁"号（Investigator Shoal）。据报告，此船已经进行了"考古调查和部分发掘"，其中发现"东南亚和中国瓷器、玻璃珠、黄铜戒指、铁凝结物、木制残件和花岗岩锚"。[3]铁凝结物当是中国东南港口常见的铁制走私品。此船可能是在澎湖列岛出发后，因遭遇风暴等误入暗礁丛生的海域，最后触礁沉没。吴春明也收集和整理了截至2003年菲律宾发现沉船的情况，其中，吕宋岛在博利瑙（Bolinao）港二号沉船遗址发现宋元沉船的锚碇石，在吕宋岛西南的圣安东尼奥（San Antonio）港附近海面发现一艘宋元沉船，遗物主要为"福建仿龙泉窑青瓷器"。[4]这些是宋商在中国南沙群岛、菲律宾群岛及其附近海域活动的重要证据。

三　加里曼丹岛

　　离开中国南沙群岛和菲律宾群岛的麻里鲁、苏禄、麻逸等国后，中

1　朱克宇：《早期文化演进中的外来因素——以考古发现为中心》，上海中国航海博物馆主办《国家航海》第28辑，上海古籍出版社，2022，第148—160页。

2　Mary Jane Calderon, "Underwater Archaeology in the Philippines", *Philippine Quarterly of Culture and Society*, Vol. 17, No. 4 (1989), p. 322.

3　18艘沉船的信息见 Eusebio Z. Dizon, "Underwater and Maritime Archaeology in the Philippines", *Philippine Quarterly of Culture and Society*, Vol. 31, No. 1/2 (2003), pp. 6-8, 引文见第6页。报告使用了榆亚暗沙的旧称"调查礁"（Investigator Shoal）。

4　吴春明：《环中国海沉船——古代帆船、船技与船货》，第29—30页。

国舶商将进入加里曼丹岛西部沿海。这里由宋代被称为"渤泥"的国家统治，即隋唐时期的"婆利"。[1]渤泥与宋朝存在"朝贡"关系。[2]《诸蕃志》记载了他们与海商的贸易品：

> 番商兴贩，用货金、货银、假锦、建阳锦、五色绢、五色茸、琉璃珠、琉璃瓶子、白锡、乌铅、网坠、牙臂环、胭脂、漆椀楪、青瓷器等博易……既泊舟登岸，皆未及博易之事，商贾日以中国饮食献其王，故舟往佛泥，必挟善庖者一二辈与俱。[3]

郑永常认为宋元时期"大多数蕃商主要是外裔中国籍海商"，并认为《诸蕃志》所述的"番商"和"唐人"是不同的。[4]但如果结合下文提及"中国饮食"，可知这些"番商"实际应是从福建过去的华商，因为阿拉伯波斯商人在广州、泉州必然保留了他们的信仰和生活习惯。实际上，《诸蕃志》多次使用"番商兴贩"一句，如叙述真腊的贸易："番商兴贩，用金银、瓷器、假锦、凉伞、皮鼓、酒、糖、醯醢之属博易。"[5]如果看《真腊风土记》的话，就会发现这里的"番商"其实就是华商。近代福建、广东移居东南亚的华侨，也会被称为"番客"，和这里的"番商"当是同义。

按照《诸蕃志》，华商在渤泥受到了国王和贵族们的礼遇，"番舶抵岸三日，其王与眷属率大人王之左右，号曰大人。到船问劳，船人用锦借跳板迎肃，款以酒醴，用金银器皿褥席凉伞等分献有差"。[6]安东

1　《隋书》卷八二《婆利传》，第1838页。《旧唐书》卷一九七《婆利传》，第5270—5271页。

2　《宋史》卷一一九《礼志》，第2813页。

3　赵汝适撰，杨博文校释《诸蕃志校释》卷上《渤泥国》，第136页。

4　郑永常：《从蕃客到唐人：中国远洋外商（618—1433）身分之转化》，汤熙勇主编《中国海洋发展史论文集》第10辑，第143—204页。引文见第146、163页。

5　赵汝适撰，杨博文校释《诸蕃志校释》卷上《真腊国》，第19页。据郑永常统计《诸蕃志》出现"番商"共16处，见郑永常《从蕃客到唐人：中国远洋外商（618—1433）身分之转化》，汤熙勇主编《中国海洋发展史论文集》第10辑，第163页。

6　赵汝适撰，杨博文校释《诸蕃志校释》卷上《渤泥国》，第136页。

尼·瑞德（Anthony Reid）将 1450—1680 年界定为东南亚的贸易时代，认为"海上交往一直把东南亚各民族紧密地联系在一起"，而这一时期"东南亚海上城市之间的联系比此前或此后的任何时期都重要"。[1] 而从渤泥王族款待来往商贩的举动看，对商业的珍视，以及由此带来的海洋贸易发展，是更长期发展的结果。

但渤泥附近也多海洋船民剽掠，构成了对舶商的严重威胁。如《诸蕃志》云：

> 沙华公国，其人多出大海劫夺，得人缚而卖之阇婆。又东南有野岛，蛮贼居之，号麻啰奴。商船飘至其国，群起擒人，以巨竹夹烧而食之。其贼首钻齿，皆以黄金装饰。取人脑盖为饮食器。其岛愈深，其贼愈甚。[2]

这说明了海洋船民对于海洋贸易发展的两面性：一方面，他们会参与或者协助海路运输，成为货物安全抵达港口的关键；另一方面，频繁的海盗行为（尽管有传闻的因素），也成为海洋贸易发展的障碍。

离开渤泥后，舶商将进入爪哇岛，或者苏门答腊的巨港，东南航线和西南航线在爪哇、巨港等地汇合到一起。《诸蕃志》云："渤泥在泉之东南，去阇婆四十五日程，去三佛齐四十日程，去占城与麻逸各三十日程。"渤泥到这些地区的路程都能得到清楚的统计，这是舶商实际航行的记录。

四　苏门答腊、爪哇岛

苏门答腊、爪哇岛的三佛齐和阇婆，也是华商重要的贸易活动地，

1　安东尼·瑞德：《东南亚的贸易时代：1450—1680 年》第 1 卷，第 11—12 页。
2　赵汝适撰，杨博文校释《诸蕃志校释》卷上《海上杂国》，第 128—129 页。

如前文提到的福建商人毛旭，曾导引阇婆入贡。[1]三佛齐即唐朝所记的"室利佛逝"，阇婆即"诃陵"。这两国都是海岛东南亚最强大的国家，第二章已经探讨。《萍洲可谈》云，华商到大食前，需要先在三佛齐修船。[2]《马可·波罗寰宇记》也记载道：

> 这座岛屿聚满 [FB] 极多的财富。他们**在这座岛上** [Z] 有胡椒、肉豆蔻、甘松、高莎草、澄茄、丁香，还有**简言之** [L] 所有**其他种** [FB] 可以在世上找到的**上佳的**、[L] 昂贵的香料。有**极为** [FB] 大量的船舶和商人**来到** [FB] 这座岛屿，**他们到那里做生意，并且** [FB] 在那里购买许多商品，得到了**非常** [FB] 可观的利润和**非常** [FB] 可观的收获。这座岛屿上宝藏多得令世人无法**相信，也** [Z] 无法描述。我再告诉你，由于航行的路途漫长且凶险，大可汗从未让它**从属于他的统治** [Z]。刺桐和蛮子的商人以前从这座岛屿带走了极为大量的宝藏，现在依然如此。[3]

这说明了三佛齐和阇婆作为海上丝绸之路十字路口的重要地位。阿拉伯和中国商人均在这里建立了贸易社群。20世纪70年代，考古学家也在苏门答腊岛东北沿海的中国城（Kota Cina）发现了中国陶瓷和铜钱，年代为12—14世纪。约翰·米锡克（John Miksic）认为，"在东南亚其他的定居点从未发现如此众多的优质陶瓷"，[4]这里就是中国商人在海岛东南亚较早建立的贸易活动地。近年来，考古学家再次在这里发现华南陶罐、龙泉窑以及福建诸窑口的瓷器等，赵冰对这些考古资料进行了系统研究。[5]

1　马端临：《文献通考》卷三三二《四裔考》，第9150页。

2　朱彧：《萍洲可谈》卷二，第135页。

3　*Marco Polo: The Description of the World*, Vol.1, p. 368. 陈烨轩初译，北京大学马可·波罗读书班会校稿。

4　John Miksic, "Classical Archaeology in Sumatra", *Indonesia*, No. 30 (1980), p. 63.

5　Bing Zhao, "Étude préliminaire des tessons de céramique de style chinois trouvés à Kota Cina", *Archipel*, Vol. 91 (2016), pp. 27-54.

第五节　在印度洋的情况

从苏门答腊岛转港后，宋商将进入印度洋。从现存文献看，故临国是宋商重要的贸易中转站。故临即奎隆（Quilon），位于印度西海岸，《岭外代答》云：

> 故临国与大食国相迩，广舶四十日到蓝里住冬，次年再发舶，约一月始达……中国舶商欲往大食，必自故临易小舟而往，虽以一月南风至之，然往返经二年矣。[1]

杰弗里·甘恩指出，到 13 世纪，中国人已经旅居到印度的科罗曼德尔（Coromandel）沿海。[2] 而按照林梅村先生所述，2003 年在印度西海岸发现了一艘 11 世纪沉船，即"泰加勒沉船"（Thaikkal Shipwreck），此船为"平底船，带有密封防水舱，并大量使用铁钉"。[3] 因此这很可能是一艘来自中国的货船，是北宋时期中国商人已经到达印度西海岸的重要证据。

《马可·波罗寰宇记》中，也讲到了中国商人在印度西海岸的马里八儿王国的活动：

> 你可能知道，**东方 [FB] 和蛮子来的** [R] 商人会在船上带来许多铜，**并且** [Z] 他们用这些铜来压舱。他们也带来织金**锦**、[Z] 绸缎、森德尔绸（sendal）、黄金、**和** [Z] 银、丁香、甘松以及与此类似的其他**马里八儿所** [R] 没有的香料；他们拿着这些东西和这个国家的**这些** [Z] 商品做交换。你可能知道，来到**这里** [Z] 的船舶是从

1　周去非撰，杨武泉校注《岭外代答校注》卷二《外国门》，第 90—91 页。

2　Geoffrey C. Gunn, *History without Borders: The Making of an Asian World Region, 1000-1800*, Hong Kong: Hong Kong University Press, 2011, p. 112.

3　林梅村：《观沧海——大航海时代诸文明的冲突与交流》，第 5 页。

许多地区启程的，也就是来自蛮子大区，商人们把它们带往许多方向。那些去往西方 [FA] 的，被商人装上他们的船带 [FA] 往亚丁（Aden），再带往亚历山大（Alexandre）；**这不及去往东方商船的1/10，那是一项壮举，正如我已经告诉你的 [FB]。**[1]

马里八儿即印度西部的马拉巴尔（Malabar）海岸。这里记述了宋商带来的商品，第一章已经叙述。而其中亦谈到，中国帆船也可以从这片海域出发前往阿拉伯半岛以及东非地区，说明《岭外代答》"必自故临易小舟"的记载过于绝对。

比南海 I 号年代稍晚的泉州湾宋船，很可能是一艘从北印度洋返航的船舶。杨斌研究泉州湾宋船的海贝、香料等遗物后认为，"泉州湾宋代海船发掘出的货贝和环纹货贝，产自马尔代夫群岛，来自印度洋；龙涎香和乳香只产于印度洋；降香根据科学分析非常可能就是印度原产；胡椒既盛产于爪哇，也盛产于印度西海岸；船体附着物的绝大多数栖息于印度洋一带。因此，这艘海船从印度洋返航的可能性非常高"。[2] 这可以佐证马可·波罗关于中国船出现在马拉巴尔海岸的记载。

《岛夷志略》也记载道：

> 居八丹之平原，木石围绕，有土砖瓷塔，高数丈。汉字书云："咸淳三年（1267）八月毕工。"传闻中国之人其年戍彼，为书于石以刻之，至今不磨灭焉。土瘠田少，气候半热，秋冬微冷。俗好善。民间多事桑香圣佛，以金银器皿事之。[3]

1　*Marco Polo: The Description of the World*, Vol.1, pp. 418-419. 此据陈烨轩初译，北京大学马可·波罗读书班会校稿。

2　杨斌：《当自印度洋返航——泉州湾宋代海船航线新考》，《海交史研究》2021 年第 1 期，第 30 页。

3　汪大渊著，苏继顾校释《岛夷志略校释》，第 285 页。

关于"居八丹"，藤田丰八认为是印度半岛东海岸的讷加帕塔姆（Negapatam）附近，并以 19 世纪中叶的实地调查报告为证，因而这是准确的。[1] 这说明宋商在印度东、西沿海地域均有活动。林梅村先生注意到此塔，并找到了 19 世纪所制的图版，这座塔在 1867 年被毁。[2] 杨斌对此塔有新研究，并认为此塔是"各国商人和八丹本地居民一起合作建成"，[3] 显示出在居八丹活动的各国商人间较为和谐的关系。

19 世纪末，裕尔在研究《马可·波罗寰宇记》中关于马里八儿王国的记载时，讲到达·伽马（Vasco da Gama）远航印度西海岸时，曾寓目中国商人在古里（明代对于奎隆的称呼）的活动：

> 卡斯帕·科雷亚（Caspar Correa）关于达·伽马航行的叙述中，也有一段奇异的记录，是关于四个世纪以前"来自马六甲、中国以及琉球（Lequeos）等地"的庞大商人船队到达马拉巴尔的传统；许多船上团队的人在此国定居，并留有后代。一百年后，已经找不到这些遗存了，但他们豪华的偶像庙宇依然可以寓目。[4]

事实上，里斯本的吉罗拉莫·塞尔尼吉（Girolamo Sernigi，1453 年生）曾写信给佛罗伦萨（Florence）的一位绅士，在报告达·伽马的第一次印度洋远航时，也提到了中国人在印度西海岸古里的活动。这批信件保存在佛罗伦萨的里卡迪亚那图书馆（Biblioteca Riccardiana），厄恩斯特·莱温斯坦（Ernst Ravenstein）在 1898 年将其翻译成英文，现转译

1　汪大渊撰，藤田丰八校注《岛夷志略校注》，上虞罗氏排印《雪堂丛刻》本，1915，叶八一AB、叶八五 B，此据《丛书集成续编》第 244 册，新文丰出版公司，1989，第 517、519 页。

2　林梅村：《观沧海——大航海时代诸文明的冲突与交流》，第 8、10 页。

3　杨斌：《当自印度洋返航——泉州湾宋代海船航线新考》，《海交史研究》2021 年第 1 期，第 29 页。

4　*The Book of Ser Marco Polo: The Venetian, Concerning the Kingdoms and Marvels of the East*, Vol. 2, trans. & ed. by Henry Yule, p. 391.

如下：

> 　　现在离白基督徒（White Christians）的船舶抵达古里
> （Chalicut）城，已经过去约 80 年了，他们的头发长得跟日耳曼人
> 一样，只在嘴巴周围留着胡须；在君士坦丁堡，绅士和朝臣就是
> 这样梳理的。他们登陆时身穿铠甲，戴着头盔、面具，佩上矛类
> 的某种武器〔剑〕。他们的船舶装载着火炮，比我们所使用的那些
> 要更短。每两年，他们带着 20 艘或 25 艘船回来。他们不能说出
> 他们属于哪一民族，以及他们给这座城市带来了什么货物，这里
> 保存着极好的亚麻衣物和黄铜器皿。他们装载了香料。他们的船
> 舶有四根桅杆，就像西班牙船一样。如果他们是日耳曼人，我想
> 我们应该已经注意到他们，他们可能是俄罗斯人，如果他们在那
> 里有港口的话。当船长回来时，我们或可获知他们属于哪一民族。
> 因为他从摩尔国王处得到了那位讲意大利语的水手，[1] 并径直带回，
> 或许可以跟他好好谈谈。[2]

莱温斯坦指出，"这些'陌生人'无疑是中国人。马可·波罗已经提
到他们的四桅帆船。在他的时代，中国船已经造访印度的西海岸"；
"1401 年，62 艘中国船远征锡兰，1417 年一位使节前往'木骨都束'
（Magadoxo）"，"1431 年中国艨或现于吉达（Jedda）"。[3] 这是正确的。塞
尔尼吉信中提到的"约 80 年"前（15 世纪 20 年代）"白基督徒"的到
访，应当指郑和一行。据《瀛涯胜览》古里国条：永乐五年（1407），
也就是郑和第一次下西洋期间，"朝廷命正使太监郑和等赍诏敕赐其国

1　莱温斯坦注："这里的'水手'指加斯帕尔·达·伽马（Gaspar da Gama）。"

2　*A Journal of the First Voyage of Vasco Da Gama, 1497-1499,* trans. and ed. by Ernst G. Ravenstein, Cambridge University Press, 1898, reprinted in 2010, p.131.

3　*A Journal of the First Voyage of Vasco Da Gama, 1497-1499,* pp.131-132.

王诰命银印"。[1] 而后其每次下西洋，均到达古里。[2] 这契合每两年回来一次的记载。

综上可知，郑和船队到达古里，正是中国商人远航印度西海岸传统的延续。而这一传统的终结，当是在明代中叶。如果再结合 12 世纪初期《萍洲可谈》所云中国商人前往大食国的记录的话，从 12 世纪一直到 15 世纪中期，中国商人延续了 300 多年远航印度洋的传统，应当是没有疑问的。

而在《诸蕃志》中，也留下了中国商人在印度洋航行的记载：

〔晏陀蛮国（安达曼群岛）〕旧传曾有商舶坏船，人扶竹木，随流漂至此山。知有圣水，潜以竹筒盛满，乘木筏随浪漂漾至南毗国。以水献南毗国王，试之果验。南毗王遂兴兵谋奄有其山。船未至间，遭恶风漂回。船人漂至山，尽为山蛮所食。盖此山有金床异人，密有神护，不令人近也。[3]

〔昆仑层期国（疑为东非或马达加斯加[4]）〕西有海岛，多野人。身如黑漆，虬发，诱以食而擒之，转卖与大食国为奴，获价甚厚，托以管钥，谓其无亲属之恋也。[5]

以上记录，和第二章所引《印度奇观》的记载有异曲同工之妙。但这里未说明是"蕃舶"，而直接说是"商舶""舶舟"，说明这些信息也可能是本土商人带回来的。而以上关于中国商人在印度洋活动的记录，则是此猜测的一证。

1　马欢著，万明校注《瀛涯胜览校注》"古里国"条，第 63 页。
2　参见翁乾麟《郑和、古里与古里马氏浅探》，杨怀中主编《郑和与文明对话》，宁夏人民出版社，2006，第 62—63 页。
3　赵汝适撰，杨博文校释《诸蕃志校释》卷上，第 125 页。
4　陈佳荣等：《古代南海地名汇释》，第 510 页。
5　赵汝适撰，杨博文校释《诸蕃志校释》卷上，第 127 页。

结　语

　　本章结合沉船等考古资料，研究中国海商经大陆和岛屿航线，航行到阿拉伯海的历史。本章纠正了关于宋代大陆航线途经菲律宾群岛、岛屿航线登陆台湾岛等观点，将宋代大陆航线认定为：广州 / 泉州—海南岛—占城—三佛齐—安达曼群岛—印度马拉巴尔海岸—阿拉伯半岛。宋代岛屿航线：泉州—澎湖列岛—菲律宾群岛—加里曼丹群岛—爪哇岛 / 苏门答腊岛—安达曼群岛—印度马拉巴尔海岸—阿拉伯半岛。

　　宋商也像阿拉伯商人一样，以建立贸易社群作为拓宽贸易网络的重要手段，这使得他们和当地社会建立起紧密联系，其中的佼佼者甚至发展为当地的上层人物。同时也会发现他们和阿拉伯商人相互竞争的记录。而宋商的西航，尽管在传统史籍中不显，但对海上丝绸之路的发展产生了重要影响，甚至葡萄牙航海家达·伽马远航印度时，也曾见到中国海商的活动，显示出宋商远航在世界历史中的重要性。

［本章收入孙英刚主编《亚洲文明史研究》2023 年第 1 辑（总第 1 辑），社会科学文献出版社，2023］

结　论

　　阿拉伯和中国的商人都是中世纪海上丝绸之路上最重要的海商群体，他们的活动是海上丝路历史发展的重要组成部分，这是学界早已认识到的，本书引言部分也叙述了相关的研究。就学术史脉络而言，更迫切需要解决的问题，是如何理解8—13世纪初期阿拉伯、中国商人在海上丝绸之路上的往来，以及由此带来的历史意义，这是本书的出发点。为此，笔者在引言中提出了六个具体问题，并在正文的七个章节中对此进行了解答。现在有必要集中地回答本书提出的基本问题。

　　阿拉伯海商群体的东来，要早于中国商人的西往，两大海商群体的活跃有一定的时间差。阿拉伯海商东来时间早至8世纪后期，这也是本书讨论的年代上限。中国海商西往的时间则集中在11世纪、12世纪及以后。出现这种情况的原因，需要从两大海商群体远航的社会、历史背景中寻找。

阿拉伯海商群体的远航，是对萨珊王朝时期波斯商人远航的继承。在经历了倭马亚王朝后期的动荡后，新兴的阿拔斯王朝将阿拉伯帝国的首都从大马士革迁移到库法，而后又建设了新都巴格达。原萨珊故地的波斯湾两岸，在政治地理中更为重要，具有波斯血统的麦瓦利也在帝国的高层政治、日常治理中扮演重要角色，比如上至哈里发的宰相，下至普通的书记官，都可以见到波斯人的身影。在此背景下，8世纪后期的阿拉伯东方远航，当是在波斯族群的带动下展开的，在唐代史料中也出现"波斯舶""大食舶"等称呼。波斯湾东岸的尸罗夫港，成为东方贸易中最重要的海港。

在被阿拉伯帝国征服后，波斯人依旧保留着自身的民族语言、文化。不过，就阿拔斯王朝早期而言，作为萨珊故地的法尔斯、呼罗珊等地区，是帝国的重要行省，而波斯商人群体也是阿拉伯海商群体的重要组成部分。这里的阿拉伯海商群体，并不是就民族学意义上的阿拉伯人而言，而是阿拉伯帝国治理下从事海洋贸易、运输业的职业商人、航海家。

9世纪中后期，波斯湾沿岸出现了僧祇之乱等一系列叛乱事件，阿拔斯王朝开始走向崩溃，各地方的割据政权抬头，并逐渐发展成独立或半独立的王朝。在这样的背景下，"帝国粮仓"、富庶的下埃及地区，成为阿拉伯世界新的经济重心。因此，也门的亚丁逐渐取代尸罗夫港，成为东方贸易重要的海港。20世纪所发现的格尼扎、库塞尔文书，记录了亚丁港的繁荣，以及海洋贸易的经营、投资等情况。

从这些文书中也可以知道，阿拉伯的远航，是在阿拉伯、波斯、犹太等多族群商人的参与下完成的。通过贸易移民社区之间的联络，舶商维系着货运、销售的顺畅。在进入中国前，阿拉伯商人已经在南亚、东南亚的港口城市建立起贸易据点，并由此推进，进入中国的广州、泉州等港口城市。以往认为晚唐东南局势的变化导致阿拉伯商人的贸易据点从广州转移到马来半岛。事实上，这应该视为阿拉伯商人贸易版图的一次回缩，直到南汉国时期恢复前往广州的贸易。这也说明古代世界贸易网络发展的曲折性。

海洋贸易的持续发展，需要稳定的市场环境。阿拉伯商人海洋贸易的发展，与阿拉伯帝国的兴盛有密切关系。虽然而后阿拉伯帝国在政治上走向分裂，但是凭借长期形成的商业版图和商业管理模式，阿拉伯商人在中世纪后期依然是海上丝绸之路上重要的商人群体。不过从 10 世纪中后期开始，南印度的泰米尔商人以及中国东南的宋商，也逐渐成为海上丝绸之路重要的商人群体。11 世纪以后，宋商在印度洋西部的活动更加频繁，中国船也成为海上丝绸之路上最重要的远航船型之一。宋商的西航，已经具有了和阿拉伯商人东往相称的重要性。其实如果看到欧亚世界西部的话，就会发现亚平宁半岛上的威尼斯商人也成长为世界性的商人群体，他们成了阿拉伯商人在欧洲的强有力竞争者。

因此就世界贸易史的维度而言，8—13 世纪初期海上丝绸之路的发展史需要分成两个阶段：一是阿拉伯商人居于优势地位的时期；二是部分海上丝路沿岸的海商崛起，成为重要的国际性商人群体的时期。

出现这两个阶段，要从诸国的国内形势以及整体上的国际形势的层面把握。阿拉伯帝国分裂，宋朝、注辇等王朝兴起，海上丝路沿岸的政治局面出现逆转。和平的国内形势可以解决海商远航的后顾之忧，并营造稳定的市场环境。而海商的远航，也带动了海外移民，在中国的华人华侨史上，宋朝的远航是华侨在东南亚地区活动的重要推动力。

不过在第二阶段，尽管阿拉伯商人原来优势性的海商地位受到挑战，但其依然是海上丝路上最重要的商人群体，这要归功于阿拉伯商人建立贸易移民社区的策略。这一时期的阿拉伯商人，可以称为"不受帝国保护的商人"。在没有强大的本土政治力量保护的情况下，阿拉伯商人通过贸易据点间商人的合作，并与当地统治集团维持良好互动的关系，保持了自身在海上丝路沿线的良性发展态势。

事实上，宋商的发展与阿拉伯商人也有相似性。尽管宋是东亚的大国，但宋朝的官府并未对宋商的远航提供保护。宋商也是通过贸易据点间商人的合作，以及和当地统治集团的良性互动，维持着海洋贸易活动。这显示出近代以前，海上丝绸之路商贸发展的某些共性。古代海洋贸易路线的开辟、海洋贸易网络的形成，并不是靠帝国的坚船利炮打下来的，而是依靠自治的商人群体开拓出来的，是一种相对和平、稳定的方式。13世纪中叶，蒙古统治下，出现了欧亚历史上的"蒙古和平"，波斯湾的海洋贸易复兴，海上丝路的发展进入新的历史时期。而从整体上看，海上丝路的贸易活动，依然是和平、稳定的。

直到大航海时代，这种和平的海洋贸易局面被葡萄牙商人打破，武力和殖民地建设成为开拓海洋贸易版图的新手段。为什么会出现这样的变化？如果仅仅归因为"文明冲突"，是具有片面性的。因为古代海上丝路上，亦共存着迥异的文明实体。像如此宏大的问题，需要在研究大航海时代的国际形势、西欧的政治和社会史后寻找答案。但总体而言，在缺少合适交易商品以及良好商业互信的情况下，作为后来者的葡萄牙商人，以武力的方式打破原来的秩序，从而实现快速占领贸易市场的企图，这宣告了古代海上丝绸之路发展史的大转折。

所以在世界史的意义上，8—13世纪初期海上丝绸之路发展史给我们的最大启示就是，国际贸易的发展并不是零和游戏，如阿拉伯和中国商人在海上丝路沿线尽管偶有冲突，但总体上仍然是和平共存的。如南海I号沉船就展示了西亚和中国海商合作的史实。

那么从中国史的意义上，8—13世纪初期海上丝绸之路发展史又带给我们什么样的启示？

首先，积极的海洋贸易政策对海洋贸易具有显著的推动作用。积极的海洋贸易政策不仅仅体现在允许海商出国，也体现在尊重海商的宗教信仰，对海商的重要人物授予官衔等方面。南宋朝廷对海商抱着较为宽容的态度，这是宋金对峙的时势、"背海立国"的政治地理使然。

当然从长远上看，如果本土的政治力量不为本国海商提供保护，则具有严重的弊端。到了大航海时代，东南亚地区的华侨不受明朝官府保护，难以抵抗欧洲殖民者的坚船利炮，后来酿成了 1603 年马尼拉屠杀事件。[1] 华侨在海外的安全难以得到保障，最终将阻碍海洋贸易事业的进步。

如此则存在一个基本问题，既然中国商人已经可以远航到阿拉伯半岛，并成为海上丝路上重要的商人群体，宋代的朝廷也认识到海洋贸易的重要价值，为什么没有产生保护海外华侨，进而拓展国际贸易的思想？

这个问题需要从中国传统的儒家思维中理解。在传统的儒家思维中，海洋贸易受到了严重怀疑。如元祐四年，苏轼《论高丽进奉状》云："惟福建一路多以海商为业，其间凶险之人，犹敢交通引惹，以希厚利。"[2] 将希望推动高丽朝贡的福建海商称为一心想要谋求暴利的奸商，是心怀不轨之人。南宋时期，章楶《广州府移学记》也认为："四方之人杂居于市井，轻身射利出没波涛之间，冒不测之险，死且无悔，彼既殖货浩博，而其效且速，好义之心不能胜于欲利，岂其势之使然欤！"[3] 章楶认为，广州的居民喜欢逐利，导致道德意识淡薄，社会风气败坏，儒家的伦理纲常受到巨大的破坏，这让身为士大夫的他深感痛心。

儒家士大夫对于海商、海洋贸易的怀疑态度，和重农抑商、维持社会稳定的思想是一脉相通的。频繁的海外贸易，容易引发朝廷对于国防安全的担忧，如苏轼《乞禁商旅过外国状》中叙述引义天弟子来杭州的徐戬的罪状时称："高丽臣属契丹，情伪难测，其徐戬公然交通，略无畏忌，乞法外重行，以警闽、浙之民，杜绝奸细。"[4] 即徐戬到高丽做生意，带回来高丽僧人，可能会泄露宋朝的虚实情况，需要严惩。南

1　卜正民：《维梅尔的帽子——从一幅画看全球化贸易的兴起》，刘彬译，文汇出版社，2010，第 155—162 页。

2　茅维编《苏轼文集》卷三〇，第 847 页。

3　马蓉等点校《永乐大典方志辑佚·南海志》，第 2452—2453 页。

4　茅维编《苏轼文集》卷三一，第 888 页。

宋中叶，基于国防安全的考虑，宋廷关闭了两浙的华亭、澉浦等市舶机构。

在受到朝廷和士大夫怀疑的情况下，海商群体尽管在海上丝绸之路上扮演重要角色，但是在朝廷中没有能够为本群体代言的官员，因而无法参与到朝廷的海洋政策的商议之中，朝廷也因此无法真正理解海洋贸易对于宋朝社会的重大意义。

与此同时，宋朝中叶开始推行保甲法，以强化对社会基层的控制，沿海地区的船民也被编为海船户。这种对社会基层的控制，尽管便于官府掌握海上力量，对维护沿海的稳定有一定的正面作用，但长期来看，当朝廷收紧海洋贸易政策时，被编户的海商面临着成为非法的海盗或者放弃海洋贸易两种命运，会滋生新的社会问题。而出现这种问题的原因，在于官府对于船民的编户，并非基于保护船民的目的，而是以控制和利用他们为目标，因此不能使船民的价值得到真正的发挥。

而在社会层面，尽管中国的东南沿海社会已经出现了繁荣的海洋贸易，但是整体上的中国传统社会，依然没有形成发展海洋贸易的共识。相反，对海洋贸易加以限制，这样的思想更具有普遍性。在宋代海洋贸易大发展的同时，限制海洋贸易发展的因素也同时存在，并在明朝初期促成了海禁政策的实施。

所以，从长时段的历史来看，中国商人一度在海上丝绸之路上居于优势性的地位，但在缺少本土政治、社会等多种力量支持的情况下，最终难以更进一步，将中国发展为海洋强国，这是历史上的一大遗憾。

参考文献

一 史料

（一）中文

白化文、李鼎霞校点《参天台五台山记》，花山文艺出版社，2008。

白居易：《白氏六帖事类集》，汲古书院，2011。

《北史》，中华书局，1974。

蔡絛：《铁围山丛谈》，冯惠民、沈锡麟点校，中华书局，1983。

岑仲勉：《佛游天竺记考释》，商务印书馆，1934。

常棠：《澉水志》，中华书局，1985。

陈邦瞻：《元史纪事本末》，中华书局，2015。

陈佳荣、朱鉴秋编著《渡海方程辑注》，中西书局，2013。

陈雨前主编《中国古陶瓷文献校注》上卷，岳麓书社，2015。

陈长安主编《隋唐五代墓志汇编·洛阳卷》，天津古籍出版社，1991。

陈振孙：《直斋书录解题》，徐小蛮、顾美华点校，上海古籍出版社，
　　2015。

成寻撰，王丽萍校点《新校参天台五台山记》，上海古籍出版社，2009。

《淳祐临安志》，阮元辑《宛委别藏》第45册，江苏古籍出版社，1988。

崔致远撰，党银平校注《桂苑笔耕集校注》，中华书局，2007。

董诰等编《全唐文》，中华书局，1983。

董仲舒撰，苏舆注《春秋繁露义证》，中华书局，1992。

杜环著，张一纯笺注《经行记笺注》，中华书局，2000。

杜佑：《通典》，王文锦等点校，中华书局，1988。

段公路：《北户录》，商务印书馆，1936。

范成大撰，胡起望、覃光广校注《桂海虞衡志辑佚校注》，四川民族出
　　版社，1986。

方观承纂《两浙海塘通志》，浙江古籍出版社，2012。

冯承钧校注《星槎胜览校注》，商务印书馆，1938。

福建省泉州海外交通史博物馆编《泉州伊斯兰教石刻》，宁夏人民出版
　　社、福建人民出版社，1984。

福建师大历史系郑成功史料编辑组编《郑成功史料选编》，福建教育出
　　版社，1982。

傅璇琮等编《唐人选唐诗新编》（增订本），中华书局，2014。

傅璇琮主编《全宋诗》，北京大学出版社，1991—1995。

高步瀛著，曹道衡等点校《文选李注义疏》，中华书局，1985。

高旭红、陈鸿钧编著《广府金石录》，广东人民出版社，2021。

耿慧玲、黄文楼主编《越南汉喃铭文汇编》第2集，新文丰出版公司，
　　2002。

顾炎武撰，黄汝成集释《日知录集释》，秦克诚点校，岳麓书社，1994。

顾祖禹：《读史方舆纪要》，贺次君、施和金点校，中华书局，2005。

郭棐编撰，陈兰芝增辑，王元林点校《岭海名胜记增辑点校》，三秦出版社，2016。

《汉书》，中华书局，1962。

何高济译《鄂多立克东游录》，中华书局，2002。

何宁：《淮南子集释》，中华书局，1998。

洪迈：《夷坚志》，李昌宪整理，大象出版社，2019。

《黄滔集》，王颋点校，浙江古籍出版社，2013。

黄省曾：《西洋朝贡典录》，谢方点校，中华书局，1986。

黄挺、马明达：《潮汕金石文征（宋元卷）》，广东人民出版社，1999。

黄召辉、张菽晖编撰《南海神庙碑刻集》，广东人民出版社，2014。

黄佐等：《广东通志》（上），广东省地方志办公室誉印，1997。

解缙等纂修《哈佛燕京图书馆藏〈永乐大典〉》，国家图书馆出版社，2013。

金龙善编著《高丽墓志铭集成》，翰林大学出版部，1993。

《旧唐书》，中华书局，1975。

《旧五代史》，中华书局，2015。

《开庆四明续志》，浙江省地方志编纂委员会编著《宋元浙江方志集成》第8册，杭州出版社，2009。

拉施特主编《史集》，余大钧、周建奇译，商务印书馆，1983—1986。

黎崱：《安南志略》，武尚清点校，中华书局，1995。

黎志添、李静编著《广州府道教庙宇碑刻集释》，中华书局，2013。

李昉等编，张国风会校《太平广记会校（附索引）》，北京燕山出版社，2011。

李匡文：《资暇集》，中华书局，2012。

李林甫等纂《唐六典》，中华书局，2014。

李筌：《神机制敌太白阴经》，商务印书馆，1937。

李焘：《续资治通鉴长编》，中华书局，2004。

李心传：《建炎以来系年要录》，辛更儒点校，上海古籍出版社，2018。

李肇等:《唐国史补　因话录》,古典文学出版社,1957。

《历代制度详说》,黄灵庚、吴战垒主编《吕祖谦全集》第9册,浙江古籍出版社,2008。

梁克家修纂《三山志》,福州市地方志编纂委员会整理,海风出版社,2000。

《两种海道针经》,向达校注,中华书局,1961。

林尔嘉:《闽中金石略》,陈怀晔点校,商务印书馆,2019。

凌濛初编著《初刻拍案惊奇》,华夏出版社,2013。

刘恂:《岭表录异》,鲁迅校勘,广东人民出版社,1983。

刘一清撰,王瑞来校笺考原《钱塘遗事校笺考原》,中华书局,2016。

楼钥:《攻愧集》,中华书局,1985。

《楼钥集》,顾大朋点校,浙江古籍出版社,2010。

陆游:《老学庵笔记》,李剑雄、刘德权点校,中华书局,1979。

《陆贽集》,王素点校,中华书局,2006。

罗大经:《鹤林玉露》,王瑞来点校,中华书局,1983。

罗杰等译著《〈马来纪年〉翻译与研究》,北京大学出版社,2013。

罗濬:《宝庆四明志》,浙江省地方志编纂委员会编著《宋元浙江方志集成》第7册,杭州出版社,2009。

马端临:《文献通考》,中华书局,2011。

《马哥孛罗游记》,张星烺译,商务印书馆,1936。

马欢著,万明校注《明本〈瀛涯胜览〉校注》,海洋出版社,2005。

《马可·波罗行纪》,冯承钧译,党宝海新注,河北人民出版社,1999。

马蓉等点校《永乐大典方志辑佚》,中华书局,2004。

马苏第:《黄金草原》,耿昇译,中国藏学出版社,2013。

茅维编《苏轼文集》,孔凡礼点校,中华书局,1986。

孟元老撰,邓之诚注《东京梦华录注》,中华书局,1982。

《明史》,中华书局,1974。

莫尔顿(Alexander H. Morton)英译,周思成中译,乌苏吉、王一丹校

《杭州凤凰寺藏阿拉伯文、波斯文碑铭释读译注》，中华书局，2015。

《欧阳修全集》，李逸安点校，中华书局，2001。

潘文阁、苏尔梦主编《越南汉喃铭文汇编》第 1 集，远东学院、汉喃研究院，1998。

普腊班扎:《爪哇史颂》，徐明月、刘志强编译，商务印书馆，2016。

《钱惟演集》，胡耀飞点校，浙江古籍出版社，2014。

钱文翰等辑《捍海塘志》，王国平主编《杭州文献集成》第 5 辑《武林掌故丛编》（五），杭州出版社，2014。

《乾隆鄞县志》，浙江古籍出版社影印，2015。

潜说友纂《咸淳临安志》，浙江古籍出版社，2012。

《清史稿》，中华书局，1977。

《庆元条法事类》，戴建国点校，杨一凡、田涛主编《中国珍稀法律典籍续编》第 1 册，黑龙江人民出版社，2002。

瞿均廉:《海塘录》，台湾商务印书馆，1969。

《权德舆诗文集》，郭广伟点校，上海古籍出版社，2008。

阮元主编《两浙金石志》，浙江古籍出版社，2012。

阮元主修《广东通志·金石略》，梁中文点校，广东人民出版社，2011。

沈括:《梦溪笔谈》，金良年点校，中华书局，2015。

施宿等:《嘉泰会稽志》，浙江省地方志编纂委员会编著《宋元浙江方志集成》第 4 册，杭州出版社，2009。

释道世著，周叔迦、苏晋仁校注《法苑珠林校注》，中华书局，2003。

释义净撰，王邦维校注《南海寄归内法传校注》，中华书局，1995。

释圆仁著，小野胜年校注，白化文等修订校注《入唐求法巡礼行记校注》，花山文艺出版社，1992。

司马光:《涑水记闻》，邓广铭、张希清点校，中华书局，1989。

《四库全书简明目录》，傅卜棠标点，华东师范大学出版社，2012。

《宋史》，中华书局，1985。

《隋书》，中华书局，1973。

孙觌:《鸿庆居士集》,台湾商务印书馆,1969。

孙兰风、胡海帆主编《隋唐五代墓志汇编·北京大学卷》,天津古籍出版社,1992。

孙晓等校勘《高丽史》,西南师范大学出版社、人民出版社,2014。

孙晓主编《大越史记全书》,西南师范大学出版社、人民出版社,2015。

孙诒让:《周礼正义》,中华书局,2013。

唐圭璋主编《全宋词》,中华书局,1965。

陶宗仪:《南村辍耕录》,中华书局,1959。

天一阁博物馆、中国社会科学院历史研究所天圣令整理课题组校证《天一阁藏明钞本天圣令校证　附唐令复原研究》,中华书局,2006。

汪大渊:《岛夷志略》,汪前进译注,辽宁教育出版社,1996。

汪大渊著,苏继庼校注《岛夷志略校释》,中华书局,1981。

汪藻:《浮溪集　附拾遗》,中华书局,1985。

王称撰,孙言诚、崔国光点校《东都事略》,齐鲁书社,2000。

王存:《元丰九域志》,王文楚、魏嵩山点校,中华书局,1984。

王建撰,尹占华校注《王建诗集校注》,巴蜀书社,2006。

王明清:《挥麈后录》,燕永成整理,大象出版社,2019。

王溥:《唐会要》,上海古籍出版社,2006。

王钦若等编纂《册府元龟》,周勋初等校订,凤凰出版社,2006。

王思礼、印志华等编《隋唐五代墓志汇编·江苏山东卷》,天津古籍出版社,1991。

王象之编著《舆地纪胜》,赵一生点校,浙江古籍出版社,2013。

王应麟:《玉海》(合璧本),中文出版社,1977。

魏源:《海国图志》,岳麓书社,2004。

魏源编:《皇朝经世文编》,岳麓书社,2004。

翁方纲著,欧广勇、伍庆录补注《粤东金石略补注》,广东人民出版社,2012。

吴钢主编《全唐文补遗》,三秦出版社,1996。

吴敬梓著，李汉秋辑校《儒林外史汇校汇评》，上海古籍出版社，2022。

吴在庆校注《杜牧集系年校注》，中华书局，2008。

吴在庆校注《韩偓集系年校注》，中华书局，2015。

吴自牧：《梦粱录》，黄纯艳整理，大象出版社，2017。

仙游县地方志编纂委员会编《仙游县志》，方志出版社，1995。

冼剑民编《广州碑刻集》，广东高等教育出版社，2006。

向达校注《蛮书校注》，中华书局，1962。

向达校注《西洋番国志　郑和航海图　两种海道针经》，中华书局，
　　2000。

谢思炜校注《白居易文集校注》，中华书局，2011。

辛更儒笺校《刘克庄集笺校》，中华书局，2011。

《新编元稹集》，吴伟斌辑佚编年笺注，三秦出版社，2015。

《新唐书》，中华书局，1975。

《新五代史》，中华书局，1974。

熊飞校注《张九龄集校注》，中华书局，2008。

徐兢：《宣和奉使高丽图经》，朴庆辉标注，吉林文史出版社，1986。

徐梦莘：《三朝北盟会编》，上海古籍出版社，1987。

徐松辑《宋会要辑稿》，刘琳等点校，上海古籍出版社，2014。

徐松辑，郭声波点校《宋会要辑稿·蕃夷道释》，四川大学出版社，
　　2010。

玄奘、辩机撰，季美林等校注《大唐西域记校注》，中华书局，2000。

严从简：《殊域周咨录》，余思黎点校，中华书局，1993。

姚宽：《西溪丛语》，孔凡礼点校，中华书局，1993。

《伊本·白图泰游记》，马金鹏译，宁夏人民出版社，1985。

伊本·胡尔达兹比赫：《道里邦国志》，宋岘译注，中华书局，1991。

伊本·凯西尔注《古兰经注》，孔德军译，中国社会科学出版社，2010。

义天等：《高丽大觉国师文集》，黄纯艳点校，甘肃人民出版社，2007。

佚名：《世界境域志》，王治来译注，上海古籍出版社，2010。

《永乐大典》，中华书局，1986。

俞思谦纂《海潮辑说》，中华书局，1985。

《元典章》，陈高华等点校，中华书局、天津古籍出版社，2011。

《元史》，中华书局，1976。

《元稹集》，冀勤点校，中华书局，2010。

袁褧撰，袁颐续《枫窗小牍》，中华书局，1985。

圆珍撰，白化文、李鼎霞校注《行历抄校注》，花山文艺出版社，2004。

岳珂：《桯史》，吴企明点校，中华书局，1981。

曾敏行：《独醒杂志》，朱杰人整理，大象出版社，2019。

曾枣庄、刘琳主编《全宋文》，上海辞书出版社、安徽教育出版社，
　　2006。

张宁、傅洋等编《隋唐五代墓志汇编·北京卷》，天津古籍出版社，
　　1991。

张燮：《东西洋考》，谢方点校，中华书局，2000。

张星烺编注《中西交通史料汇编》，朱杰勤校订，中华书局，2003。

章国庆编《宁波历代碑碣墓志汇编（唐·五代·宋·元卷）》，上海古
　　籍出版社，2012。

章国庆编《天一阁明州碑林集录》，上海古籍出版社，2008。

章巽校注《法显传校注》，上海古籍出版社，1985。

长孙无忌等撰，刘俊文笺解《唐律疏议笺解》，中华书局，1996。

昭梿：《啸亭杂录》，何英芳点校，中华书局，1980。

赵汝适：《诸蕃志》，商务印书馆，1937。

赵汝适撰，冯承钧校注《诸蕃志校注》，商务印书馆，1940。

赵汝适撰，韩振华补注《诸蕃志注补》，香港大学亚洲研究中心，2000。

赵汝适撰，杨博文校释《诸蕃志校释》，中华书局，2000。

赵彦卫：《云麓漫钞》，傅根清点校，中华书局，1996。

真德秀：《西山先生真文忠公文集》，商务印书馆，1937。

真人元开：《唐大和上东征传》，汪向荣校注，中华书局，2000。

《郑和航海图》，向达整理，中华书局，1961。

郑樵：《通志》，中华书局，1995。

郑若曾：《筹海图编》，李致忠点校，中华书局，2007。

郑振满、丁荷生编纂《福建宗教碑铭汇编》，福建人民出版社，1995—
　　2018。

志磐撰，释道法校注《佛祖统纪校注》，上海古籍出版社，2012。

《中国印度见闻录》，穆根来等译，中华书局，1983。

周阿根：《五代墓志汇考》，黄山书社，2012。

《周必大全集》，王蓉、白井顺点校，四川大学出版社，2017。

周达观著，夏鼐校注《真腊风土记校注》，中华书局，1981。

周密：《齐东野语》，张茂鹏点校，中华书局，1983。

周去非撰，杨武泉校注《岭外代答校注》，中华书局，1999。

周绍良、赵超主编《唐代墓志汇编续集》，上海古籍出版社，2001。

周绍良主编《唐代墓志汇编》，上海古籍出版社，1992。

朱杰人等编《朱子全书》，上海古籍出版社、安徽教育出版社，2002；
　　2010 年再版。

朱易安主编《全宋笔记》第 1—10 编，大象出版社，2003—2018。

朱彧：《萍洲可谈》，李伟国点校，中华书局，2007。

《资治通鉴》，中华书局，1956。

（二）外文

陳荊和編校『大越史記全書 校合本』東京大学東洋文化研究所附属東
　　洋学文献中心、1984－1986。

高田英樹校訳『世界の記―「東方見聞録」対校訳』名古屋大学出版会、
　　2013。

高田英樹校訳『原典 中世ヨーロッパ東方記』名古屋大学出版会、2019。

臼井吉見編『方丈記・徒然草・一言芳談集』筑摩書房、1970。

『日本三代実録』吉川弘文館、1974。

『日本書紀』吉川弘文館、1974。

三善為康編『朝野群載』吉川弘文館、1964。

市川白弦等校注『興禅護国論・狂雲集（他二篇）』岩波書店、1991。

藤原道長『御堂関白記』岩波書店、1953。

『續日本紀』吉川弘文館、1966。

竹内理三・川添昭二編『大宰府・太宰府天滿宮史料—太宰府天滿宮史料』卷1-卷17太宰府天滿宮、1964-2003。

A Journal of the First Voyage of Vasco Da Gama, 1497-1499, trans. & ed. by Ernst G. Ravenstein, Cambridge: Cambridge University Press, 1898, reprinted in 2010.

A Traveller in Thirteenth-Century Arabia: Ibn al-Mujāwir's Tārīkh al-Mustabsir, trans. & ed. by Gerald Smith, Aldershot: Ashgate, 2008.

Accounts of China and India, trans. & ed. by Tim Mackintosh-Smith, in Philip F. Kennedy and Shawkat M. Toorawa (eds.), *Two Arabic Travel Books,* New York: New York University Press, 2014.

Al-Baladhuri The Origins of the Islamic State (al-Baladhuri, Kitāb Futûh al-Buldān), Abu-l Abbas Ahmad Ibn Jabir al-Baladhuri, trans. & ed. by Philip Khuri Hitti, Piscataway, N.J.: Gorgias, 2002.

Arab Navigation in the Indian Ocean before the Coming of the Portuguese, trans. & ed. by Gerald R. Tibbetts, London: The Royal Asiatic Society, 1981.

Chau Ju-kua: His Work on the Chinese and Arab Trade in the Twelfth and Thirteenth Centuries Entitled Chu-fan-chï, trans. & eds. by Friedrich Hirth and William W. Rockhill, St. Petersburg: Printing Office of the Imperial Academy of Sciences, 1911.

Commerce, Culture, and Community in a Red Sea Port in the Thirteenth Century: The Arabic Documents from Quseir, trans. & ed. by Li Guo,

Leiden: Brill, 2004.

Early Tenth Century Java from the Inscriptions, trans. & ed. by Antoinette M. Barrett Jones, Leiden: Foris Publications, 1984.

India Traders of the Middle Ages: Documents from the Cairo Geniza, trans. & eds. by Shelomo D. Goitein and Mordechai A. Friedman, Leiden: Brill, 2008.

Inscriptions du Cambodge, Vol. 1-8, trans. & ed. by G. Coedès, Hanoi: École Française d'Extrême-Orient, 1926-1966.

Inscriptions of Campā, trans. & ed. by Kal-Heinz Golzio, Aachen: Shaker Verlag, 2004.

Les Merveilles de l'Inde (Adjā Īb al-Hind), trans. & ed. by L. Marcel Devic, Paris: Alphonse Lemerre, 1878.

Les Prairies d'Or (Murūj al-Dhahab wa-Maʿādin al-Jawhar fī al-Tārīkh), trans. and ed. by Barbier de Meynard and Pavet de Courteille, Paris: Imprimé par Autorisation de L'Emperur, 1861.

Les Prairies d'Or, trans. and ed. by Charles Pellat, Paris: Société asiatique, 1962.

M. J. de Goeje (ed.), *Bibliotheca Geographorum Arabicorum,* Vol. 1-8, Leiden: Brill, 1870-1894; reprint in 2013-2014.

Marco Polo: The Description of the World, trans. & eds. by Arthur Moule and Paul Pelliot, London: George Routledge & Sons Ltd., 1938.

Relation de la Chine et de l'Inde, trans. & ed. by Jean Sauvaget, Paris: Société d'Édition, 1948.

South-Indian Inscriptions, Vol. 1-3, trans. & eds. by E. Hultzsch and K. Sastri, Madras: Superintendent, Government Press, 1890-1929.

The Book of Ser Marco Polo: The Venetian, Concerning the Kingdoms and Marvels of the East, trans. & ed. by Henry Yule, London: J. Murray, 1903.

The Geographical Part of the Nuzhat-al-Qulub, Ḥamd Allāh Mustawfī

Qazvīnī, trans. & ed. by Guy Le Strange, Leiden: Brill; London: Luzac & Co., 1915-1919.

The History of al-Tabari (Ta'rikh al-Rusul wa-al-Muluk), trans. & ed. by R. Stephen Humphreys, Albany: State University of New York Press, 1988-2007.

The Works of Ibn Wādih al-Ya'qūbī, an English Translation, trans. & eds. by Matthew S. Gordon et al., Leiden: Brill, 2018.

二　著作与论文

（一）中文

安家瑶：《玻璃考古三则》，《文物》2000 年第 1 期。

安东尼·瑞德：《东南亚的贸易时代：1450—1680 年》，吴小安、孙来臣译，商务印书馆，2010。

拜根兴：《唐朝与新罗关系史论》，中国社会科学出版社，2009。

———《唐都长安与新罗庆州》，杜文玉主编《唐史论丛》第 21 辑，三秦出版社，2015。

《参天台五台山记》，白化文、李鼎霞点校，花山文艺出版社，2008。

白艳妮：《新见〈唐潮州刺史韦楚望墓志〉考释》，《文博》2016 年第 6 期。

包春磊：《"华光礁Ⅰ号"海船的复原设计及三维模型建立》，《博物院》2021 年第 2 期。

包伟民：《传统国家与社会：960—1279 年》，商务印书馆，2009。

———《宋代明州楼氏家族研究》，《大陆杂志》第 94 卷第 5 期，1997 年。

北京大学考古系编《纪念北京大学考古专业三十周年论文集 1952—1982》，文物出版社，1990。

E. T. 贝尔：《数学的历程》，李永学译，华东师大出版社，2020。

卞孝萱：《唐代扬州手工业与出土文物》，《文物》1977 年第 9 期。

———《再谈〈续玄怪录〉》,《山西大学学报》1983 年第 4 期。

———《唐故乡贡进士颍川陈君墓志的史料价值》,《文物》1986 年第 2 期。

破魔仁美:《两宋时期在日宋商的贸易形态与日常生活》,赵世瑜主编《北大史学》第 22 辑,社会科学文献出版社,2021。

伯希和:《交广印度两道考》,冯承钧译,商务印书馆,1933。

———《郑和下西洋考》,冯承钧译,商务印书馆,1935。

———《郑和下西洋考 交广印度两道考》,冯承钧译,中华书局,2003。

蔡鸿生:《中外交流史事考述》,大象出版社,2007。

———《广州海事录——从市舶时代到洋舶时代》,商务印书馆,2018。

蔡薇等:《基于测绘综合信息的华光礁Ⅰ号沉船船长及线型的推断》,《中国文化遗产》2019 年第 4 期。

蔡振念:《来唐新罗诗人崔致远生平著作交游考》,《文与哲》2013 年第 23 期。

曹家齐:《唐宋时期南方地区交通研究》,华夏文化艺术出版社,2005。

曾昭璇:《广州历史地理》,广东人民出版社,1991。

苫岚:《7—14世纪中日文化交流的考古学研究》,中国社会科学出版社,2001。

长沙窑编辑委员会编《长沙窑(综述卷)》,湖南美术出版社,2004。

陈博翼:《"亚洲的地中海":前近代华人东南亚贸易组织研究评述》,《南洋问题研究》2016 年第 2 期。

———《限隔山海:16—17 世纪南海东北隅海陆秩序》,江西高校出版社,2019。

陈春晓:《伊利汗国的中国文明——以移民、使者和物质交流为中心》,博士学位论文,北京大学,2016。

陈达:《南洋华侨与闽粤社会》,商务印书馆,1938。

陈达生、克洛蒂那·苏尔梦:《海南岛穆斯林墓地考》,《回族研究》1993
　　年第 2 期。

陈达生:《泉州灵山圣墓初探》,福建省泉州海外交通史博物馆、泉州市
　　泉州历史研究会编《泉州伊斯兰教研究论文选》,福建人民出版社,
　　1983。

———《郑和与东南亚伊斯兰》,海洋出版社,2008。

陈奉林:《日本的海上丝绸之路研究:成就、趋势及其启示》,《上海师
　　范大学学报》2020 年第 6 期。

陈高华、吴泰:《宋元时期的海外贸易》,天津人民出版社,1981。

陈高华:《元代的航海世家澉浦杨氏——兼说元代其他航海家族》,《海交
　　史研究》1995 年第 1 期。

陈高华、陈尚胜:《中国海外交通史》,中国社会科学出版社,2017。

陈吉余等:《钱塘江河口沙坎的形成及其历史演变》,《地理学报》1964
　　年第 2 期。

陈佳荣等:《古代南海地名汇释》,中华书局,1986。

陈佳荣:《隋前南海交通史料研究》,香港大学亚洲研究中心,2003。

陈金林、齐德生:《大德南海志考》,《上海师范大学学报》1985 年第 4 期。

陈钧等主编《湖北农业开发史》,中国文史出版社,1992。

陈丽萍:《敦煌本〈大唐天下郡姓氏族谱〉的缀合与研究——以 S.5861
　　为中心》,《敦煌研究》2014 年第 1 期。

陈林飞:《〈澉水志〉四种简介》,《浙江档案》2015 年第 5 期。

陈明:《殊方异药:出土文书与西域医学》,北京大学出版社,2005。

陈明光:《论唐代方镇"进奉"》,《中国社会经济史研究》1985 年第 1 期。

———《唐代财政史新编》,中国财政经济出版社,1991。

———《寸薪集:陈明光中国古代史论集》,厦门大学出版社,2017。

陈弱水:《唐代文士与中国思想的转型》,广西师范大学出版社,2009。

———《柳宗元与唐代思想的变迁》,郭英剑、徐承向译,江苏教育出
　　版社,2010。

陈尚胜:《唐代的新罗侨民社区》,《历史研究》1996 年第 1 期。

———《中韩交流三千年》,中华书局,1997。

———《中国传统对外关系研究》,中华书局,2015。

陈尚胜主编《登州港与中韩交流国际学术讨论会论文集》,山东大学出版社,2005。

陈韬霞等:《钱塘江河口沙坎演变的数值模拟研究》,《浙江水利科技》2013 年第 5 期。

陈万里:《越器图录》,中华书局,1937。

———《瓷器与浙江》,中华书局,1946。

———《中国青瓷史略》,上海人民出版社,1956。

陈伟等:《钱塘江海塘建设的历史沿革》,《浙江建筑》2018 年第 9 期。

陈伟明:《唐五代岭南道交通路线述略》,《学术研究》1987 年第 1 期。

陈欣:《南汉国史》,广东人民出版社,2010。

《陈序经东南亚古史研究合集》,海天出版社,1992。

《陈寅恪集 金明馆丛稿初编》,三联书店,2015。

陈烨轩:《新发现旅顺博物馆藏法制文书考释——兼论唐律在西州诉讼和断狱中的运用》,荣新江主编《唐研究》第 22 卷,北京大学出版社,2016。

———《唐代安南都护府治下的族群问题研究——以都护和土豪的关系为中心》,刘玉才主编《国际汉学研究通讯》第 17 期,北京大学出版社,2019。

———《土肥祐子〈宋代南海贸易史研究〉述评》,李庆新主编《海洋史研究》第 16 辑,社会科学文献出版社,2020。

陈勇:《唐代长江下游经济发展研究》,上海人民出版社,2006。

陈占山:《海滨"邹鲁"的崛起:宋元潮州研究》,中国社会科学出版社,2015。

陈志坚:《〈桂苑笔耕集〉的史料价值试析》,沈善洪主编《韩国学研究》第 3 辑,杭州出版社,1996。

成田节男:《宋元时代泉州的发达与广东的衰微》,庄景辉译,泉州市泉州历史研究会等编《泉州文史》第6、7合辑,泉州市文物管理委员会,1982;第8辑,泉州市文物管理委员会,1983。

程诗婷:《对mawāli词源、释义和翻译问题的探讨》,蔡伟良、周放主编《阿拉伯学研究》第6辑,世界知识出版社,2021。

程章灿:《刘克庄年谱》,贵州人民出版社,1993。

程毅中:《〈玄怪录〉、〈续玄怪录〉的版本和作者》,《社会科学》1983年第2期。

池田温:《唐研究论文选集》,孙小林等译,中国社会科学院出版社,1999。

池泽滋子:《吴越钱氏文人群体研究》,上海人民出版社,2006。

崔瑞德(杜希德)、史乐民编《剑桥中国宋代史(907—1279年)》上卷,宋燕鹏等译,中国社会科学出版社,2020。

崔勇等:《海上敦煌——南海Ⅰ号及其他海上文物》,广东经济出版社,2015。

崔云峰、金成俊:《论张保皋时期的船与航海》,《海交史研究》2014年第1期。

戴仁柱:《丞相世家:南宋四明史氏家族研究》,刘广丰、惠冬译,中华书局,2014。

戴伟思:《东帆西扬:"耆英号"之航程(1846—1855)》,高丹译,浙江大学出版社,2021。

党宝海:《元朝与伊利汗国的海路联系》,荣新江、党宝海主编《马可·波罗与10—14世纪的丝绸之路》,北京大学出版社,2019。

———《八至十五世纪的中国与也门》,《北京大学学报》2021年第2期。

邓昌友:《宋朝与越南关系研究》,博士学位论文,暨南大学,2004。

邓端本:《广州港史(古代部分)》,海洋出版社,1986。

邓广铭:《北宋政治改革家王安石》,人民出版社,1997。

邓禾颖主编《南宋官窑》,浙江摄影出版社,2009。

丁银忠等：《上林湖后司岙窑址瓷质匣钵的工艺特征研究》，《故宫博物院院刊》2017 年第 6 期。

杜文玉：《吴越国杭州佛寺考——以〈咸淳临安志〉为中心》，杜文玉主编《唐史论丛》第 26 辑，三秦出版社，2018。

杜希德、思鉴：《沉船遗宝：一艘十世纪沉船上的中国银锭》，朱隽琪译，荣新江主编《唐研究》第 10 卷，北京大学出版社，2004。

杜正贤：《南宋都城临安研究——以考古为中心》，上海古籍出版社，2016。

顿贺、席龙飞：《唐代"海鹘"战船复原研究》，《华东船舶工业学院学报》2004 年第 4 期。

范宏贵主编《侬智高研究资料集》，广西人民出版社，2005。

范佳楠：《新安沉船与东亚海上贸易》，博士学位论文，北京大学，2018。

范中义、敦贺：《明代海船图说》，山东科学技术出版社，2020。

方豪：《中西交通史》（上），上海人民出版社，2008。

方积六：《黄巢起义考》，中国社会科学出版社，1983。

方如金：《宋代两浙经济文化史论——兼及浙江古代经济文化研究》，河北大学出版社，2019。

费尔南·布罗代尔：《地中海与菲利普二世时代的地中海世界》，唐家龙等译，商务印书馆，2013。

费琅辑注《阿拉伯波斯突厥人东方文献辑注》，耿昇、穆根来译，中华书局，1989。

费琅：《苏门答剌古国考》，冯承钧译，商务印书馆，1931。

——《昆仑及南海古代航行考》，中华书局，1957。

费梅儿、林仁川：《泉州农业经济史》，厦门大学出版社，1998。

冯承钧：《中国南洋交通史》，商务印书馆，1937。

冯承钧译《西域南海史地考证译丛三编》，商务印书馆，1962。

冯先铭：《从两次调查长沙铜官窑所得到的几点收获》，《文物》1960 年第 3 期。

———《冯先铭中国古陶瓷论文集》，紫禁城出版社、两木出版社，1987。

冯先铭主编《中国陶瓷史》，文物出版社，1982。

———《中国古陶瓷图典》，文物出版社，1998。

———《中国陶瓷》，上海古籍出版社，1994。

福建泉州海外交通史博物馆编《〈唐船图〉考证·中国船·中国木帆船》，海洋出版社，2013。

福建省福州市文物管理委员会编《福州历史与文物》，福建省福州市文物管理委员会，1981。

———《泉州湾宋代海船发掘与研究》，海洋出版社，1987。

———《泉州湾宋代海船发掘与研究》（修订版），海洋出版社，2017。

———《泉州海外交通史博物馆藏宗教石刻精品》，海洋出版社，2020。

福建沿海水下考古调查队：《福建沿海水下考古调查》，《文物》2014 年第 2 期。

傅亦民：《唐代明州与西亚波斯地区的交往——从出土波斯陶谈起》，《海交史研究》2000 年第 2 期。

傅宗文：《后渚古船：宋季南外宗室海外经商的物证——古船牌签研究并以此纪念古船出土 15 周年》，《海交史研究》1989 年第 2 期。

冈田宏二：《中国华南民族社会史研究》，赵令志、李德龙译，民族出版社，2002。

高荣盛：《巴邻旁/占碑和吉打国际集散中心的形成——以 1 至 11 世纪马六甲地区的交通变迁为线索》，刘迎胜主编《元史及民族与边疆研究集刊》第 26 辑，上海古籍出版社，2013。

高伟等：《江苏张家港黄泗浦遗址：唐宋时期长江入海口南岸一个重要港口集镇》，《中国文物报》2012 年 2 月 10 日，第 4 版。

葛承雍：《湖湘地域出土唐代胡俑的艺术特色》，《美术研究》2018 年第

3 期。

耿元骊:《五代十国时期南方沿海五城的海上丝绸之路贸易》,《陕西师范大学学报》2018 年第 4 期。

弓场纪知:《福斯塔特遗址出土的中国陶瓷——1998—2001 年研究成果介绍》,黄珊译,《故宫博物院院刊》2016 年第 1 期。

龚昌奇等:《宁波和义路出土古船复原研究》,宁波市文物考古研究所、文物保护管理所编《宁波文物考古研究文集》,科学出版社,2008。

顾风:《略论扬州出土的波斯陶及其发现的意义》,中国古陶瓷研究会、中国古外销陶瓷研究会编《中国古代陶瓷的外销:中国古陶瓷研究会、中国古外销陶瓷研究会一九八七年晋江年会论文集》,紫禁城出版社,1988。

顾文碧、林士民:《宁波现存日本国太宰府博多津华侨刻石之研究》,《文物》1985 年第 7 期。

顾篔:《江苏张家港市黄泗浦遗址的发掘》,《东南文化》2010 年第 1 期。

广东省博物馆编《西沙文物:中国南海诸岛之一西沙群岛文物调查》,文物出版社,1975。

———《潮州笔架山宋代窑址发掘报告》,文物出版社,1981。

———《广东梅县古墓葬和古窑址调查、发掘简报》,《考古》1987 年第 3 期。

广东省博物馆、高明县文物普查办公室:《广东高明唐代窑址发掘简报》,《考古》1993 年第 9 期。

广东省文物管理委员会、广东师范学院历史系:《广东新会官冲古代窑址》,《考古》1963 年第 4 期。

广东省文物局编《广东文化遗产:海上丝绸之路史迹》,中山大学出版社,2016。

广东省文物考古研究所、新会市博物馆:《广东新会官冲古窑址》,《文物》2000 年第 6 期。

广州市地方志编纂委员会办公室编《元大德南海志残本（附辑佚）》,

广东人民出版社，1991。

广州市文物考古研究所编《羊城考古发现与研究》（一），文物出版社，2005。

郭桂坤:《再论唐代市舶使置废问题》,《中国社会经济史研究》2022 年第 1 期。

郭正忠:《三至十四世纪中国的权衡度量》，中国社会科学出版社，1993。

国家文物局水下文化遗产保护中心等编著《南海 I 号沉船考古报告之一——1989—2004 年调查》，文物出版社，2017。

———《南海 1 号沉船考古报告之二——2014—2015 年发掘》，文物出版社，2018。

国家文物局主编《中国文物地图集·浙江分册》，文物出版社，2009。

哈全安:《中东史 610—2000》（上），天津人民出版社，2010。

查尔斯·海厄姆:《东南亚大陆早期文化：从最初的人类到吴哥王朝》，云南省文物考古研究所译，文物出版社，2017。

海金霞等:《后司岙窑址窑址出土唐五代匣钵制作工艺初探》,《中国陶瓷工业》2020 年第 3 期。

海军海洋测绘研究所、大连海运学院航海史研究室编制《新编郑和航海图集》，人民交通出版社，1988。

韩昇:《海东集——古代东亚史实考论》，上海人民出版社，2009。

韩振华:《论郑和下西洋船的尺度》，厦门大学南洋研究所编《南洋研究论文集》，厦门大学出版社，1992。

———《七洲洋考》，韩振华编《南海诸岛史地考证论集》，中华书局，1981。

———《中国与东南亚关系史研究》，广西人民出版社，1992。

———《华侨史及古民族宗教研究》，香港大学亚洲研究中心，2003。

韩振华编《南海诸岛史地考证论集》，中华书局，1981。

杭州市文物考古研究所:《杭州发现国内最早海塘遗址——五代吴越捍

海塘》,《中国文物报》2015 年 12 月 13 日，第 8 版。

何沛东:《试析中国古代的航海计程单位"潮"》,《自然科学史研究》
　　2018 年第 4 期。

何勇强:《钱氏吴越国论稿》,浙江大学出版社,2002。

河北省文物研究所等:《邢窑遗址调查、试掘报告》,刘庆柱主编《考古
　　学集刊》第 14 集,文物出版社,2004。

贺喜、科大卫主编《浮生:水上人的历史人类学研究》,中西书局,
　　2021。

贺喜:《亦神亦祖:粤西南信仰构建的社会史》,三联书店,2011。

洪焕椿:《浙江方志考》,浙江人民出版社,1984。

胡戟:《唐代度量衡与亩里制度》,《西北大学学报》1980 年第 4 期。

黄纯艳:《宋代海外贸易》,社会科学文献出版社,2003。

———《高丽史史籍概要》,甘肃人民出版社,2007。

———《宋代船舶的力胜与形制》,《厦门大学学报》2015 年第 6 期。

———《造船业视域下的宋代社会》,上海人民出版社,2017。

黄慧怡:《简介柬埔寨吴哥地区出土的福建宋元陶瓷》,苏文菁、粟建安
　　主编《考古学视野中的闽商》,中华书局,2010。

黄宽重:《宋代四明士族人际网络与社会文化活动——以楼氏家族为中
　　心的观察》,《中央研究院历史语言研究所集刊》第 70 本,1999 年。

黄楼:《〈进岭南王馆市舶使院图表〉撰者及制作年代考——兼论唐代市
　　舶使职掌及其演变等相关问题》,《中山大学学报》2009 年第 2 期。

黄启臣主编《广东海上丝绸之路史》,广东经济出版社,2003。

黄时鉴:《东西交流论稿》,上海古籍出版社,1998。

黄现璠:《侬智高》,广西人民出版社,1983。

黄莹:《唐代海上丝绸之路上的广东青瓷:2014 年广东新会官冲窑址和
　　馆藏实物调查记》,余太山、李锦绣主编《丝瓷之路——古代中外关
　　系史研究》第 5 辑,商务印书馆,2016。

———《唐至北宋供养舍利器具的传播:从唐招提寺藏舍利瓶谈起》,

余太山、李锦绣主编《丝瓷之路——古代中外关系史研究》第 7 辑，商务印书馆，2019。

———《大食与中国的文化交流：公元 7—11 世纪海上丝绸之路考古学研究》，博士学位论文，北京大学，2020。

———《大食与中国的海上交通与货物流通网络》，余太山、李锦绣主编《丝瓷之路——古代中外关系史研究》第 8 辑，商务印书馆，2021。

黄佐等：《广东通志》（上），广东省地方志办公室誊印，1997。

佩里格林·霍登、尼古拉斯·珀塞尔：《堕落之海：地中海史研究》，吕厚量译，中信出版社，2018。

D. G. E. 霍尔：《东南亚史》，中山大学东南亚历史研究所译，商务印书馆，1982。

弗朗索瓦·吉普鲁：《亚洲的地中海：13—21 世纪中国、日本、东南亚商埠与贸易圈》，龚华燕、龙雪飞译，新世纪出版社，2014。

贾志扬：《宋代与东亚的多国体系及贸易世界》，胡永光译，《北京大学学报》2009 年第 2 期。

江苏省文物工作队：《扬州施桥发现了古代木船》，《文物》1961 年第 6 期。

江滢河：《广州口岸与南海航路》，广东人民出版社，2002。

姜伯勤：《张曲江大庾岭新路与香药之路》，王镝非主编《张九龄研究论文选集》，广东高等教育出版社，1990。

姜永兴编《广州海南回族研究》，广东人民出版社，1989。

蒋宏达：《子母传沙：明清时期杭州湾南岸的盐场社会与地权格局》，上海社会科学院出版社，2021。

蒋楠：《流动的社区：宋元以来泉州湾的地域社会与海外拓展》，厦门大学出版社，2020。

安雅·金：《吐蕃麝香和中世纪阿拉伯的制香》，王嘉瑞等译，刘迎胜主编《元史及民族与边疆研究集刊》第 29 辑，上海古籍出版社，2015。

金成俊、崔云峰：《对圆仁〈入唐求法巡礼行记〉中所记载的船舶部件摙栿（摙柍）的批判性考察》,《海交史研究》2019 年第 3 期。

菲利普·D. 柯丁:《世界历史上跨文化贸易》,鲍晨译,山东画报出版社,2009。

劳费尔:《中国伊朗篇》,林筠因译,商务印书馆,1964,2015 年再版。

G. 勒·斯特兰奇:《大食东部历史地理研究》,韩中义译注,社会科学文献出版社,2018。

李碧妍:《危机与重构:唐帝国及其地方诸侯》,北京师范大学出版社,2015。

李大伟:《宋元泉州港在印度洋贸易体系中的作用》,《泉州师范学院学报》2012 年第 1 期。

————《公元 11—13 世纪印度洋贸易体系初探》,《历史教学》2013 年第 2 期。

————《戈尼萨文书所记印度洋犹太人贸易》,余太山、李锦绣主编《丝瓷之路——古代中外关系史研究》第 6 辑,商务印书馆,2017。

————《阿拉伯史地学家所记 Khānfū 地望考》,马建春主编《暨南史学》第 20 辑,暨南大学出版社,2020。

李大伟、尹廉杰:《福斯塔特戈尼萨文献与地中海研究述评》,刘新成主编《全球史评论》第 9 辑,中国社会科学出版社,2016。

李埏:《略论唐代的“钱帛兼行”》,《历史研究》1964 年第 1 期。

李迪:《秦九韶传略》,吴文俊主编《秦九韶与〈数书九章〉》,北京师范大学出版社,1987。

李华瑞:《王安石变法研究史》,人民出版社,2004。

李辉柄:《广东潮州古瓷窑址调查》,《考古》1979 年第 5 期。

李居礼、王克荣:《从陵水三亚发现的穆斯林墓葬看古代穆斯林在海南岛的活动》,姜樾、董小俊主编《海南伊斯兰文化》,中山大学出版社,1992。

李梅田:《长沙窑的“胡风”与中古长江中游社会变迁》,《故宫博物院院刊》2020 年第 5 期。

李乃胜等编著《"南海Ⅰ号"沉船发掘现场保护研究（2014—2016）》，科学出版社，2017。

李庆新:《濒海之地——南海贸易与中外关系史研究》，中华书局，2010。

———《海南兄弟公信仰及其在东南亚的传播》，李庆新主编《海洋史研究》第 10 辑，社会科学文献出版社，2017。

李庆新主编《学海扬帆一甲子——广东省社会科学院历史与孙中山研究所（海洋史研究中心）成立六十周年纪念文集》，科学出版社，2019。

李铁匠:《波斯庄历史调查》，叶奕良编《伊朗学在中国论文集》第 3 集，北京大学出版社，2003。

李岩:《解读南海Ⅰ号（打捞篇）》，科学出版社，2019。

李约瑟:《中国科学技术史》第 4 卷《物理学及相关技术》第 3 分册《土木工程与航海技术》，汪受淇等译，科学出版社，2008。

李廷先:《唐代扬州史考》，江苏古籍出版社，2002。

李昀:《晚唐贡赐的构造——以甘州回鹘和沙州归义军的贡赐比价为中心》，荣新江主编《唐研究》第 22 卷，北京大学出版社，2016。

李珍华、周长楫编撰《汉字古今音表》（修订本），中华书局，1999。

李镇汉:《高丽时代宋商往来研究》，李廷青、戴琳剑译，江苏人民出版社，2020。

李治安、宋涛主编《马可·波罗游历过的城市——Quinsay 元代杭州研究文集》，杭州出版社，2012。

李最欣:《钱氏吴越国文献和文学考论》，中国社会科学出版社，2007。

梁庚尧:《南宋温鳙考——海盗活动、私盐运贩与沿海航运的发展》，《台大历史学报》第 47 期，2011 年。

梁太济、包伟民:《宋史食货志补正》，中华书局，2008。

梁文力:《元明爪哇航路上的勾栏山新探》，《历史地理研究》2022 年第 4 期。

梁志明等主编《东南亚古代史（上古至 16 世纪初）》，北京大学出版社，2013。

廖大珂：《谈泉州"蕃坊"及其有关问题》，《海交史研究》1987 年第 2 期。

———《福建海外交通史》，福建人民出版社，2002。

廖大珂、辉明：《闽商发展史（海外卷）》，厦门大学出版社，2016。

林更生：《泉州湾出土宋船中果品种子的研究》，《海交史研究》1984 年第 8 期。

林梅村：《马可·波罗时代的印度洋贸易》，荣新江、党宝海主编《马可·波罗与 10—14 世纪的丝绸之路》，北京大学出版社，2019。

———《观沧海——大航海时代诸文明的冲突与交流》，上海古籍出版社，2018。

林士民：《浙江宁波出土的长沙窑瓷器探索》，湖南省博物馆编《湖南考古辑刊》，岳麓书社，1982。

———《再现昔日的文明——东方大港宁波考古研究》，上海三联书店，2005。

林天蔚、黄乐瑟主编《古代中韩日关系研究》，香港大学亚洲研究中心，1987。

林悟殊主编《脱俗求真：蔡鸿生教授九十诞辰纪念文集》，广东人民出版社，2022。

刘春银主编《越南汉喃文献目录提要》，中研院中国文哲研究所，2002。

———《越南汉喃文献提要补遗》，中研院中国文哲研究所，2004。

刘敦桢主编《中国古代建筑史》（第 2 版），中国建筑工业出版社，1984。

刘佩等编《二十四史中的海洋资料》，海洋出版社，1995。

刘志强：《占婆与马来世界的文化交流》，社会科学文献出版社，2013。

刘志强编《中越文化交流史论》，商务印书馆，2013。

刘清涛：《唐宋时期海上丝绸之路上的古罗国——基于中文史料的探查》，《海交史研究》2018 年第 2 期。

刘未：《中国东南沿海及东南亚沉船所见宋元贸易陶瓷》，《考古与文物》
　　2016 年第 6 期。

刘向明、郑三粮：《从考古发现看东江与海上丝绸之路的关系——以出
　　土唐代梅县水车窑为中心的考察》，《惠州学院学报》2017 年第 4 期。

刘义杰：《福船源流考》，《海交史研究》2016 年第 2 期。

———《中国古代海上丝绸之路》，海天出版社，2019。

刘迎胜：《丝路文化·海上卷》，浙江人民出版社，1995。

———《"东洋"与"西洋"由来》，南京郑和研究会编《走向海洋的
　　中国人——郑和下西洋 590 周年国际学术研讨会论文集》，海潮出版
　　社，1996。

———《海路与陆路——中古时代的东西交流研究》，北京大学出版社，
　　2011。

———《从西太平洋到北印度洋——古代中国与亚非海域》，南京大学
　　出版社，2017。

———《中国古代图籍中的亚洲海域》，刘迎胜主编《元史及民族与边
　　疆研究集刊》第 39 辑，上海古籍出版社，2020。

刘子凡：《何以商胡不入蕃？——从〈唐开元户部格残卷〉看唐代的商
　　胡贸易法令》，《中国边疆史地研究》2021 年第 1 期。

刘子健：《两宋史研究汇编》，联经出版事业公司，1987。

柳立言：《士人家族与地方主义：以明州为例》，《历史研究》2009 年第
　　6 期。

———《科举、人际关系网络与家族兴衰：以宋代明州为例》，常建华
　　主编《中国社会历史评论》第 11 卷，天津古籍出版社，2010。

———《宋代明州士人家族的形态》，《中央研究院历史语言研究所集
　　刊》第 81 本第 2 分，2010 年。

鲁西奇：《隋唐五代沿海港口与近海航路》（下），武汉大学中国三至九
　　世纪研究所编《魏晋南北朝隋唐史资料》第 30 辑，上海古籍出版社，
　　2014。

———《汉唐时期滨海地域的社会与文化》,《历史研究》2019 年第 3 期。

陆敏珍:《唐宋时期明州区域社会经济研究》,上海古籍出版社,2007。

陆明华:《"黑石号"沉船及出水陶瓷器的认识与思考》,上海博物馆编《宝历风物:"黑石号"沉船出水珍品》,上海书画出版社,2020。

陆明华:《邢窑"盈"字及定窑"易定"考》,上海博物馆集刊编辑委员会编《上海博物馆集刊——建馆三十五周年特辑》第 4 期,上海古籍出版社,1987。

陆扬:《从西川和浙西事件论元和政治格局的形成》,荣新江主编《唐研究》第 8 卷,北京大学出版社,2002。

——《清流文化与唐帝国》,北京大学出版社,2016。

路易吉·布雷桑:《西方人眼里的杭州》,姚建根译,学林出版社,2010。

罗德里希·普塔克:《海上丝绸之路》,史敏岳译,中国友谊出版公司,2019。

罗红安、张少清:《唐、宋尺度单位和材份及建筑尺度探究》,《居舍》2020 年第 34 期。

罗荣邦:《被遗忘的海上中国史》,李春、彭宁译,海南出版社,2021。

罗森福:《奈良大佛与重源肖像——日本中古时期佛教艺术的蜕变》,颜娟英译,石头出版社,2018。

罗一星:《帝国铁都——1127—1900 年的佛山》,上海古籍出版社,2021。

吕振纲:《曼陀罗体系的兴衰:以 1293—1527 年的满者伯夷王国为中心的考察》,《史林》2017 年第 6 期。

伭晓笛、盛丰等译《马伯乐汉学论著选译》,中华书局,2014。

马建春、童萌:《宋代大食进奉使辛押陀罗其人其事——兼谈广州蕃坊方位等问题》,马明达、纪宗安主编《暨南史学》第 9 辑,广西师范大学出版社,2014。

马建春:《杭州伊斯兰教史》,中国社会科学出版社,2013。

马建春主编《"海上丝绸之路"：中东商旅群体研究论文集》，广东经济
　　出版社，2021。

马金龙：《中东、南亚、东南亚和中国：早期地区间海上贸易的一个注
　　记》，项坤鹏译，《故宫博物院院刊》2007 年第 6 期。

马娟：《元代泉州穆斯林移民探析》，刘迎胜主编《元史及民族与边疆研
　　究集刊》第 33 辑，上海古籍出版社，2017。

———《7—15 世纪伊朗与中国的海上交往：穆罕默德·巴格尔·乌苏
　　吉〈波斯湾航海家在中国港口的遗迹：广州、泉州、杭州〉评介》，
　　刘进宝主编《丝路文明》第 7 辑，上海古籍出版社，2022。

马司帛洛：《占婆史》，冯承钧译，商务印书馆，1956。

马文宽：《长沙窑瓷装饰艺术中的某些伊斯兰风格》，《文物》1993 年第
　　5 期。

麦英豪：《2000 年前岭南人的衣食住行》，香港城市大学中国文化中心编
　　《岭南历史与社会》，香港城市大学出版社，2003。

妹尾达彦：《唐代长安城与关中平原的生态环境变迁》，史念海主编《汉
　　唐长安与黄土高原》，陕西师范大学历史地理研究所，1998。

———《关中平原灌溉设施的变迁与唐代长安的面食》，史念海主编
　　《汉唐长安与关中平原》，陕西师范大学历史地理研究所，1999。

孟彦弘：《论唐代军队的地方化》，《中国社会科学院历史研究所学刊》
　　第 1 辑，社会科学文献出版社，2001。

孟原召：《闽南地区宋至清代制瓷手工业遗存研究》，文物出版社，
　　2017。

———《华光礁 I 号沉船与宋代南海贸易》，《博物院》2018 年第 2 期。

———《古代沉船遗迹的考古发现——以中国及东南亚海域为中心》，
　　上海博物馆编《宝历风物："黑石号"沉船出水珍品》，上海书画出版
　　社，2020。

纳春英：《圆仁视野中晚唐长安平民男子的服饰——以〈入唐求法巡礼
　　行记〉为中心的考察》，杜文玉主编《唐史论丛》第 17 辑，三秦出

版社，2014。

南京博物院：《如皋发现的唐代木船》，《文物》1974 年第 5 期。

南京郑和研究会编《走向海洋的中国人——郑和下西洋 590 周年国际学术研讨会论文集》，海潮出版社，1996。

南越王宫博物馆编《南越王宫署遗址：岭南两千年中心地》，广东人民出版社，2010。

———《南越国—南汉国宫署遗址与海上丝绸之路》，文物出版社，2020。

尼古拉斯·辛姆斯－威廉姆斯：《中国和印度的粟特商人》，毕波译，周伟洲主编《西北民族论丛》第 10 辑，中国社会科学出版社，2014。

宁波市考古研究所：《永丰库——元代仓储遗址发掘报告》，科学出版社，2013。

宁波市文物考古研究所、文物保护管理所编《宁波文物考古研究文集》，科学出版社，2008。

宁可主编《中国经济通史·隋唐五代经济卷》，经济日报出版社，2000。

牛军凯：《试论风水文化在越南的传播与风水术的越南化》，《东南亚南亚研究》2011 年第 1 期。

———《"海为无波"：越南海神南海四位圣娘的传说与信仰》，《海交史研究》2011 年第 1 期。

———《武景碑与东南亚古史研究》，《世界历史》2014 年第 6 期。

———《法藏占婆手抄文献目录》，李庆新主编《海洋史研究》第 13 辑，社会科学文献出版社，2019。

———《异域封神：越南"神敕"文献中的宋朝杨太后信仰》，《海交史研究》2020 年第 2 期。

潘华美：《密宗佛教金刚乘仪式中的青铜器》，项坤鹏译，《故宫博物院院刊》2007 年第 6 期。

Apostolos D. Papanikolaou：《船舶设计——初步设计方法》，刘树魁等译，哈尔滨工程大学出版社，2018。

彭滢燕:《唐宋时期杭州径山寺的法脉传承与寺制变革》,《史林》2022
　　年第 2 期。

彭善国:《试析"盈"字款瓷器》,《考古与文物》2007 年第 1 期。

彭树智主编《阿拉伯国家史》,高等教育出版社,2002。

朴龙云:《高丽与宋朝交聘问题探讨》,北京大学韩国学研究中心编《韩
　　国学论文集》第 4 辑,社会科学文献出版社,1995。

普腊班扎:《爪哇史颂》,徐明月、刘志强编译,商务印书馆,2016。

祁琛云:《劝募与捐献:宋代南方桥梁建设中民间资金筹措方式述论》,
　　《史学月刊》2022 年第 7 期。

齐东方:《"黑石号"沉船出水器物杂考》,《故宫博物院院刊》2017 年第
　　3 期。

钱大群、李玉生:《〈唐六典〉性质论》,《中国社会科学》1989 年第 6 期。

钱江:《金州、金地与耶婆提:古代印度与东南亚的海上贸易》,余太
　　山、李锦绣主编《丝瓷之路——古代中外关系史研究》第 1 辑,商
　　务印书馆,2011。

——《波斯人、阿拉伯商贾、室利佛逝帝国与印尼 Belitung 海底沉船:
　　对唐代海外贸易的观察和讨论》,上海中国航海博物馆主办《国家航
　　海》第 1 辑,上海古籍出版社,2012。

钱江:《古代亚洲的海洋贸易与闽南商人》,亚平、路熙佳译,《海交史
　　研究》2011 年第 2 期。

钱宁等:《钱塘江河口沙坎的近代过程》,《地理学报》1964 年第 2 期。

秦大树:《埃及福斯塔特遗址中发现的中国陶瓷》,《海交史研究》1995
　　年第 1 期。

——《拾遗南海 补阙中土——谈井里汶沉船的出水瓷器》,《故宫博
　　物院院刊》2007 年第 6 期。

——《肯尼亚出土中国瓷器的初步观察》,秦大树、袁旔主编《2011:
　　古丝绸之路——亚洲跨文化交流与文化遗产国际学术研讨会论文
　　集》,世界科技出版公司,2013。

———《中国古代陶瓷外销的第一个高峰——9—10 世纪陶瓷外销的规模和特点》,《故宫博物院院刊》2013 年第 5 期。

———《青瓷天下走——云帆万里波 翠色映沧海 越窑的外销及相关问题略谈》,《世界遗产》2017 年第 5 期。

秦大树、任林梅:《早期海上贸易中的越窑青瓷及相关问题讨论》,《遗产与保护研究》2018 年第 2 期。

秦大树等:《越南发现的巴地市沉船初议》,李庆新主编《海洋史研究》第 17 辑,社会科学文献出版社,2021。

青龙镇考古队:《上海市青浦区青龙镇遗址 2012 年发掘简报》,《东南文化》2014 年第 4 期。

清华大学建筑学院·郭黛姮、宁波市保国寺古建筑博物馆编著《东来第一山——保国寺》,上海科学技术出版社,2018。

邱轶皓:《艅(Jūng)船考:13 至 15 世纪西方文献中所见之"Jūng"》,刘玉才主编《国际汉学研究通讯》第 5 期,北京大学出版社,2012。

———《蒙古帝国视野下的元史与东西文化交流》,上海古籍出版社,2019。

邱志荣、陈鹏儿:《浙东运河史》上卷,中国文史出版社,2014。

仇鹿鸣:《"攀附先世"与"伪冒士籍"——以渤海高氏为中心的研究》,《历史研究》2008 年第 2 期。

仇鹿鸣:《制作郡望:中古南阳张氏的形成》,《历史研究》2016 年第 3 期。

全汉昇:《宋代广州的国内外贸易》,《中央研究院历史语言研究所集刊》第 8 本第 3 分,1939 年。

———《中国经济史研究》,中华书局,2011。

———《中国经济史论丛》,中华书局,2012。

饶宗颐:《论古代香药之路——郁与古薰香器》,北京图书馆敦煌吐鲁番学资料中心等编《敦煌吐鲁番学研究论集》,书目文献出版社,1996。

荣新江:《波斯与中国:两种文化在唐朝的交融》,《丝绸之路与东西文化交流》,北京大学出版社,2015。

———《魏晋南北朝隋唐时期流寓南方的粟特人》,韩昇主编《古代中国:社会转型与多元文化》,上海人民出版社,2007。

———《唐朝与黑衣大食关系史新证——记贞元初年杨良瑶的聘使大食》,《文史》2012年第3期。

———《中古中国与粟特文明》,三联书店,2014。

———《丝绸之路与东西文化交流》,北京大学出版社,2015。

———《唐朝海上丝绸之路的壮举:再论杨良瑶的聘使大食》,马丽蓉主编《新丝路学刊》第9期,社会科学文献出版社,2020。

———《北京大学与海上丝绸之路研究》,赵世瑜主编《北大史学》第22辑,社会科学文献出版社,2021。

———《一个入居唐朝扬州的波斯家族》,林悟殊主编《脱俗求真:蔡鸿生教授九十诞辰纪念文集》,广东人民出版社,2023。

———《从张骞到马可·波罗:丝绸之路十八讲》,江西人民出版社,2022。

荣新江、党宝海主编《马可·波罗与10—14世纪的丝绸之路》,北京大学出版社,2019。

荣新江、朱玉麒主编《丝绸之路新探索:考古、文献与学术史》,凤凰出版社,2019。

桑原骘藏:《蒲寿庚考》,陈裕菁译,中华书局,1929。

赛代斯:《东南亚的印度化国家》,蔡华、杨保筠译,商务印书馆,2018。

沙畹编著《中国之旅行家》,冯承钧译,商务印书馆,1926。

厦门大学南洋研究所编《南洋研究论文集》,厦门大学出版社,1992。

三上次男:《陶瓷之路——东西文明接触点的探索》,胡德芬译,天津人民出版社,1983。

山本达郎:《安南史研究I:元明两朝的安南征略》,毕世鸿等译,商务印书馆，2020。

山本幸司：《源赖朝与幕府初创：镰仓时代》，杨朝桂译，文汇出版社，
　　2021。

山东省文物考古研究所等编《蓬莱古船》，文物出版社，2006。

陕西省考古研究院等编著《法门寺考古发掘报告》，文物出版社，2007。

上海博物馆编《宝历风物："黑石号"沉船出水珍品》，上海书画出版
　　社，2020。

———《大唐宝船：黑石号沉船所见9—10世纪的航海、贸易与艺术》，
　　上海书画出版社，2020。

尚永琪：《汉唐时代的动物传播与文明交流》，《社会科学战线》2020年
　　第2期。

———《国马资源谱系演进与汉唐气象的生成》，《中国社会科学》2020
　　年第8期。

沈琛：《麝香之路：7—10世纪吐蕃与中亚的商贸往来》，《中国藏学》
　　2020年第1期。

沈岳明：《越窑的发展及井里汶沉船的越窑瓷器》，《故宫博物院院刊》
　　2007年第6期。

石俊会：《广东潮州笔架山窑址出土青白釉花口瓶初探》，《东方收藏》
　　2020年第9期。

石泽良昭：《东南亚：多文明世界的发现》，瞿亮译，北京日报出版社，
　　2019。

史念海：《论唐代扬州和长江下游的经济地区》，《扬州师院学报》1982
　　年第2期。

史睿：《岛田翰〈汉籍善本考〉书后——兼谈日本古钞本与中国中古史
　　研究》，《文献》2004年第2期。

——《圆仁求法目录所记五台山石刻考》，《文献》2005年第4期。

——《〈西域记〉泛海东瀛考——以最澄〈显戒论〉为例》，荣新江、
　　朱玉麒主编《丝绸之路新探索：考古、文献与学术史》。

《世界地名词典》，上海辞书出版社，1981。

斯波义信：《宋代江南经济史研究》，刘东译，江苏人民出版社，2001。

————《宋代商业史研究》，庄景辉译，浙江大学出版社，2021。

————《中国都市史》，布和译，北京大学出版社，2013。

思鉴：《公元九到十世纪唐与黑衣大食间的印度洋贸易：需求、距离与
　　收益》，刘歆益、庄奕杰译，上海中国航海博物馆主办《国家航海》
　　第8辑，上海古籍出版社，2014。

宋正海等：《中国古代海洋学史》，海洋出版社，1989。

苏保华、王椰林：《从〈太平广记〉看唐代扬州的胡商活动》，《武汉大
　　学学报》2012年第4期。

苏基朗：《刺桐梦华录——近世前期闽南的市场经济（946—1368）》，李
　　润强译，浙江大学出版社，2012。

苏文菁、粟建安主编《考古学视野中的闽商》，中华书局，2010。

苏州市考古研究所、太仓博物馆编《大元·仓：太仓樊村泾元代遗址出
　　土瓷器精粹》，上海古籍出版社，2018。

宿白：《隋唐城址类型初探（提纲）》，北京大学考古系编《纪念北京大
　　学考古专业三十周年论文集1952—1982》，文物出版社，1990。

孙永如：《高骈史事考辨》，史念海主编《唐史论丛》第5辑，三秦出版
　　社，1990。

孙英刚：《神文时代——谶纬、术数与中古政治研究》，上海古籍出版
　　社，2015。

孙正军：《中古良吏书写的两种模式》，《历史研究》2014年第3期。

尼古拉斯·塔林主编《剑桥东南亚史》，王士录等译，云南大学出版社，
　　2003。

谭凯（Nicolas Tackett）：《中古中国门阀大族的消亡》，胡耀飞、谢雨荣
　　译，社会科学文献出版社，2017。

谭其骧：《七洲洋考》，韩振华编《南海诸岛史地考证论集》，中华书局，
　　1981。

———《杭州都市发展之经过》，包伟民选编《史学文存：1936—2000——浙江大学中国古代史论文集》，上海古籍出版社，2001。

唐长孺：《山居存稿》，中华书局，2011。

桃木至朗：《3—13世纪的南海海域世界——中国的南海贸易和南海信息》，冯军南译，刘迎胜主编《元史及民族与边疆研究集刊》第32辑，上海古籍出版社，2017。

藤田丰八：《宋代之市舶司与市舶条例》，魏重庆译，商务印书馆，1936。

藤田丰八：《中国南海古代交通丛考》，何健民译，商务印书馆，1936。

田汝康：《古代中国与东南亚——驳法国汉学家戈岱司在这个问题上的看法》，《郑州大学学报》1978年第3期。

———《郑和海外航行与胡椒运销》，《上海大学学报》1985年第2期。

———《中国帆船贸易和对外关系史论集》，浙江人民出版社，1987。

田汝英：《香料与中世纪西欧人的东方想象》，刘新成主编《全球史评论》第13辑，中国社会科学出版社，2017。

M. Adi Agung Tirtamarta：《井里汶海底十世纪沉船打捞纪实》，辛光灿译，《故宫博物院院刊》2007年第6期。

土肥祐子：《南宋数学书所记南海贸易品——以〈数书九章〉之〈均货推本〉为中心》，《国际社会科学杂志》2020年第3期。

吐鲁番学研究院、吐鲁番博物馆编《古代钱币与丝绸高峰论坛暨第四届吐鲁番学国际学术研讨会论文集》，上海古籍出版社，2015。

解登峰、齐晓晨主编《中国涉海图书目录提要·古文献卷》，中国社会科学出版社，2020。

熊海堂：《东亚窑业技术发展与交流史研究》，南京大学出版社，1995。

汪勃：《扬州城遗址考古发掘与研究（1999—2015）》，中国考古学会等编《扬州城考古学术研讨会论文集》，文物出版社，2016。

王承文：《唐代环南海开发与地域社会变迁研究》，中华书局，2018。

王春宏等：《海南省金矿成矿规律及找矿方向》，《黄金地质》2002年第 1 期。

王镐非主编《张九龄研究论文选集》，广东高等教育出版社，1990。

王赓武：《没有帝国的商人：侨居海外的闽南人》，李原、钱江译，《海
　　交史研究》1993 年第 1 期。

王冠倬：《中国古船图谱》（修订版），三联书店，2011。

王光尧：《中国古代官窑制度》，紫禁城出版社，2004。

———《福斯塔特遗址与黑石号沉船的瓷器——海外考古调查札记》
　　（3），《南方文物》2020 年第 4 期。

王辉：《青龙镇：上海最早的贸易港》，上海人民出版社，2015。

王建文：《从出土瓷器看青龙镇对外贸易》，《文汇报》2017 年 1 月 13 日，
　　第 A16 版。

王铭铭：《刺桐城：滨海中国的地方与世界》，三联书店，2018。

王青松：《南宋海防初探》，《中国边疆史地研究》2004 年第 3 期。

王颋：《西域南海史地考论》，上海人民出版社，2008。

王文楚、邹逸麟：《关于上海历史地理的几个问题》，《文物》1982 年第
　　2 期。

王霞：《宋朝与高丽往来人员研究》，中国社会科学出版社，2018。

王小甫：《香丝之路：阿曼与中国的早期交流——兼答对"丝绸之路"
　　的质疑》，《清华大学学报》2020 年第 4 期。

王一丹：《波斯拉施特〈史集·中国史〉研究与文本翻译》，昆仑出版
　　社，2006。

王元林：《国家祭祀与海上丝路遗迹——广州南海神庙研究》，中华书
　　局，2006。

———《论唐代广州内外港与海上交通的关系》，《唐都学刊》2006 年
　　第 6 期。

王媛媛：《五代宋初西州回鹘"波斯外道"辨释》，《中国史研究》2014
　　年第 2 期。

王勇、郭万平：《南宋临安对外交流》，杭州出版社，2008。

王子今：《说索劢楼兰屯田射水事》，《甘肃社会科学》2013 年第 6 期。

———《秦汉海洋文化研究》，北京师范大学出版社，2021。

王仲荦：《金泥玉屑丛考》，中华书局，1998。

魏天安：《宋代渔业概观》，《中州学刊》1988 年第 6 期。

温翠芳：《汉唐时代印度香药入华史研究》，刘新成主编《全球史评论》
　　第 3 辑，中国社会科学出版社，2010。

———《唐代外来香药研究》，重庆出版社，2007。

温雄飞：《南洋华侨通史》，东方印书馆，1929。

翁乾麟：《郑和、古里与古里马氏浅探》，杨怀中主编《郑和与文明对
　　话》，宁夏人民出版社，2006。

乌苏吉：《〈动物之自然属性〉对"中国"的记载——据新发现的抄本》，
　　王诚译，《西域研究》2016 年第 1 期。

———《波斯湾航海家在中国港口的遗迹：广州、泉州、杭州》，穆宏
　　燕译，四川人民出版社，2020。

吴春明：《环中国海沉船——古代帆船、船技与船货》，江西高校出版
　　社，2003。

———《从沉船考古看海洋全球化在环中国海的兴起》，《故宫博物院
　　院刊》2020 年第 5 期。

吴春明主编《海洋遗产与考古》，科学出版社，2012。

吴家洲：《唐代山东地区手工业发展与森林变迁》，《山东农业大学学报》
　　2017 年第 4 期。

吴丽娱：《试析刘晏理财的宫廷背景——兼论唐后期财政使职与宦官关
　　系》，《中国史研究》2000 年第 1 期。

吴仁敬、辛安潮：《中国陶瓷史》，商务印书馆，1937。

吴炜、田桂棠：《江苏扬州唐五代墓志简介》，自印本，2012。

吴文俊主编《秦九韶与〈数书九章〉》，北京师范大学出版社，1987。

吴小平：《印度尼西亚"黑石号"沉船上的俚人遗物分析》，《考古与文
　　物》2022 年第 1 期。

吴振华:《杭州古港史》,人民交通出版社,1989。

席龙飞:《中国造船史》,湖北教育出版社,2000。

———《席龙飞船史研究文选》,武汉理工大学出版社,2015。

香港城市大学中国文化中心编《岭南历史与社会》,香港城市大学出版
社,2003。

向达:《中外交通小史》,商务印书馆,1933。

项坤鹏:《“黑石号”沉船中“盈”、“进奉”款瓷器来源途径考——从唐
代宫廷用瓷的几个问题谈起》,《考古与文物》2016年第6期。

谢重光:《宋代潮汕地区的福佬化》,《地方文化研究》2015年第1期。

谢和耐:《蒙元入侵前夜的中国日常生活》,刘东译,北京大学出版社,
2008。

谢明良:《日本出土唐宋时代陶瓷及其有关问题》,《故宫学术季刊》1996
年第4期。

———《记黑石号(Batu Hitam)沉船中的中国陶瓷器》,《美术史研究
集刊》编辑部编《美术史研究集刊》第13期,台湾大学艺术史研究
所印,2002。

———《贸易陶瓷与文化史》,允晨文化,2005。

———《六朝陶瓷论集》,台湾大学出版中心,2006。

———《中国陶瓷史论集》,允晨文化,2007。

———《陶瓷手记:陶瓷史思索和操作的轨迹》,石头出版社,2008。

———《陶瓷手记:亚洲视野下的中国陶瓷文化史》,石头出版社,
2012。

———《陶瓷手记:陶瓷史的地平与想象》,石头出版社,2015。

徐畅:《唐代多元货币体制的运营——基于中央的视角》,吐鲁番学研究
院、吐鲁番博物馆编《古代钱币与丝绸高峰论坛暨第四届吐鲁番学
国际学术研讨会论文集》,上海古籍出版社,2015。

徐虹:《广州海上丝绸之路遗迹——怀圣寺研究述评》,纪宗安、马建春
主编《暨南史学》第15辑,广西师范大学出版社,2018。

徐晓望:《妈祖信仰史研究》,海风出版社,2007。

——《中国福建海上丝绸之路发展史》,九州出版社,2017。

徐志平:《〈续玄怪录〉研究》,花木兰文化出版社,2007。

许全胜:《沈曾植史地著作辑考》,中华书局,2019。

薛爱华:《朱雀:唐代的南方意象》,程章灿、叶蕾蕾译,三联书店,2014。

薛爱华:《闽国》,程章灿、侯承相译,上海文化出版社,2019。

薛爱华:《撒马尔罕的金桃——唐代舶来品研究》,吴玉贵译,社会科学文献出版社,2016。

薛彦乔:《〈诸蕃志〉"南毗国"条补释》,《中国地方志》2020年第4期。

——《南宋台州仙居人郭晞宗墓志铭考释》,《台州学院学报》2020年第4期。

扬之水:《对沉船中几类器物的初步考订》,《故宫博物院院刊》2007年第6期。

——《香识》,广西师范大学出版社,2011。

杨斌:《当自印度洋返航——泉州湾宋代海船航线新考》,《海交史研究》2021年第1期。

——《海贝与贝币:鲜为人知的全球史》,社会科学文献出版社,2021。

——《人海之间:海洋亚洲中的中国与世界》,广西师范大学出版社,2023。

杨博文:《宋代市舶司研究》,厦门大学出版社,2013。

杨国桢:《闽在海中:追寻福建海洋发展史》,江西高校出版社,1998。

杨怀中主编《郑和与文明对话》,宁夏人民出版社,2006。

杨培娜:《从"籍民入所"到"以舟系人":明清华南沿海渔民管理机制的演变》,《历史研究》2019年第3期。

——《生计与制度:明清闽粤滨海社会秩序》,社会科学文献出版社,2022。

杨倩描主编《宋代人物辞典》，河北大学出版社，2015。

杨万秀、钟卓安主编《广州简史》（修订本），广东人民出版社，2015。

杨渭生：《〈高丽史〉中的中韩关系研究》，北京大学韩国学研究中心编《韩国学论文集》第 4 辑，社会科学文献出版社，1995。

———《宋丽关系史研究》，杭州大学出版社，1997。

杨文新：《宋代市舶司研究》，厦门大学出版社，2013。

杨晓梅等：《东南亚海上通道——航天遥感、融合信息、战略定位》，海洋出版社，2016。

杨志刚主编《千年古港——上海青龙镇遗址考古精粹》，上海书画出版社，2017。

叶炜：《元和七年议与唐德宗至武宗时期的货币政策——从韩愈、元稹两篇文章的系年问题谈起》，《中华文史论丛》2016 年第 3 期。

叶喆民：《中国古陶瓷科学浅说》，轻工业出版社，1982。

———《中国陶瓷史纲要》，轻工业出版社，1989。

———《隋唐宋元陶瓷通论》，紫禁城出版社，2003。

———《中国陶瓷史》，三联书店，2006。

伊本·白图泰口述，伊本·朱甾笔录《异境奇观——伊本·白图泰游记》，阿卜杜勒·哈迪·塔奇审订，李光斌译，海洋出版社，2008。

游彪：《宋代寺院经济史稿》，河北大学出版社，2003。

余蔚：《士大夫的理想时代：宋》，上海人民出版社，2018。

余欣：《敦煌的博物学世界》，甘肃教育出版社，2013。

余英时：《朱熹的历史世界——宋代士大夫政治文化的研究》，三联书店，2004。

郁贤皓：《唐刺史考全编》，安徽大学出版社，2000。

袁晓春：《蓬莱高丽（朝鲜）古船造船与保护技术》，上海中国航海博物馆主办《国家航海》第 2 辑，上海古籍出版社，2012。

———《"南海Ⅰ号"宋朝沉船与马可·波罗》，《史林》2016 年第 6 期。

张大任：《宋代妈祖信仰起源探究》，朱天顺主编《妈祖研究论文集》，鹭江出版社，1989。

————《南海"华光礁 I 号"沉船造船技术研究》，《南海学刊》2018
年第 2 期。

张广达：《文本、图像与文化流传》，广西师范大学出版社，2008。

张家成：《宋元时期的中日佛教文化交流：以浙江佛教为中心的考察》，
中国社会科学出版社，2020。

张如安：《北宋宁波文化史》，海洋出版社，2009。

张铁生：《中非交通史初探》，三联书店，1965。

张文彩：《中国海塘工程史》，科学出版社，1990。

张兴国：《粟特人在长沙——胡人参与长沙窑的若干线索》，上海博物馆
编《大唐宝船：黑石号沉船所见 9—10 世纪的航海、贸易与艺术》
上海书画出版社，2020。

张秀民：《中越关系史论文集》，文史哲出版社，1992。

张志忠、王信忠：《"进奉瓷窑院"与唐朝邢窑的瓷器进奉制度》，中国
古陶瓷学会编《越窑青瓷与邢窑白瓷研究》，故宫出版社，2013。

赵超：《〈香谱〉与古代焚香之风》，《中国典籍与文化》1996 年第 4 期。

赵嘉斌、刘淼：《福建连江定海湾沉船陶瓷》，吴春明主编《海洋遗产与
考古》，科学出版社，2012。

赵嘉诚：《2009—2010 年西沙群岛水下考古调查主要收获》，吴春明主
编《海洋遗产与考古》，科学出版社，2012。

赵和平：《中晚唐钱重物轻问题和估法》，《北京师院学报》1984 年第
4 期。

赵莹波：《宋日贸易研究》，花木兰文化出版社，2016。

————《唐宋元东亚关系研究》，上海社会科学院出版社，2016。

浙江宁波市文物考古研究所：《浙江宁波南宋渔浦码头遗址发掘简报》，
《南方文物》2013 年第 3 期。

浙江省文物考古研究所：《五代钱氏捍海塘发掘简报》，《文物》1985 年
第 4 期。

郑亮主编《福州历史》，福建人民出版社，2006。

郑学檬：《点涛斋史论集：以唐五代经济史为中心》，厦门大学出版社，
　　2016。

郑永常：《来自海洋的挑战——明代海贸政策演变研究》，稻乡出版社，
　　2008。

———《从蕃客到唐人：中国远洋外商（618—1433）身分之转化》，
　　汤熙勇主编《中国海洋发展史论文集》第 10 辑，中研院人文社会科
　　学研究中心，2008。

———《海禁的转折：明初东亚沿海国际形势与郑和下西洋》，稻乡出
　　版社，2011。

郑永常主编《海港·海难·海盗：海洋文化论集》，里仁书局，2012。

中国古潮汐史料整理研究组编《中国古代潮汐论著选译》，科学出版社，
　　1980。

中国古陶瓷学会编《越窑青瓷与邢窑白瓷研究》，故宫出版社，2013。

中国国家博物馆水下考古研究中心、海南省文物保护管理办公室编著
　　《西沙水下考古 1998—1999》，科学出版社，2006。

中国海湾志编纂委员会编《中国海湾志》第 5 分册《上海市和浙江省北
　　部海湾》，海洋出版社，1992。

中国航海博物馆等编著《中国古船录》，上海交通大学出版社，2020。

中国考古学会等编《扬州城考古学术研讨会论文集》，文物出版社，
　　2016。

中国科学院自然科学史研究所等：《泉州法石古船试掘简报和初步探
　　讨》，《自然科学史研究》1983 年第 2 期。

中国社会科学院考古研究所等编著《扬州城：1987—1998 年考古发掘
　　报告》，文物出版社，2010。

———《扬州城遗址考古发掘报告：1999—2013 年》，文物出版社，
　　2015。

———《泉州南外宗正司遗址 2019 年度考古发掘报告》，科学出版社，

2020。

中国社会科学院语言研究所等编《中国语言地图集（汉语方言卷）》，商务印书馆，2012。

中国文化遗产研究院等编著《柬埔寨吴哥古迹茶胶寺考古报告》，文物出版社，2015。

周峰主编《隋唐名郡古杭州》，浙江人民出版社，1997。

周峰主编《吴越首府杭州》，浙江人民出版社，1997。

周伟洲：《长安与南海诸国》，西安出版社，2003。

周祝伟：《7—10世纪杭州的崛起与钱塘江地区结构变迁》，社会科学文献出版社，2006。

朱鉴秋等编著《中外交通古地图集》，中西书局，2017。

朱杰勤：《东南亚华侨史》，高等教育出版社，1990。

朱克宇：《早期文化演进中的外来因素——以考古发现为中心》，上海中国航海博物馆主办《国家航海》第28辑，上海古籍出版社，2022。

朱天顺主编《妈祖研究论文集》，鹭江出版社，1989。

诸葛计、银玉珍编著《吴越史事编年》，浙江古籍出版社，1989。

庄为玑：《古刺桐港》，厦门大学出版社，1989。

———《文莱国泉州宋墓考释》，《海交史研究》1990年第2期。

庄为玑、郑山玉主编《泉州谱牒华侨史料与研究》，中国华侨出版社，1998。

邹逸麟：《上海地区最早的对外贸易港——青龙镇》，《中华文史论丛》1980年第1期。

———《青龙镇兴衰考辨》，中国地理学会历史地理专业委员会《历史地理》编辑委员会编《历史地理》第22辑，上海人民出版社，2007。

（二）外文

阿部肇一「呉越忠懿王の仏教政策に関する一考察」『駒沢史学』第2号、1953。

愛宕松男『中国陶瓷産業史』三一書房、1987。

岸本美緒『清代中国の物価と經濟變動』研文出版、1997。

濱下武志『近代中国の国際的契機 朝貢貿易システムと近代アジア』東京大学出版会、1990。

―――『朝貢システムと近代アジア』岩波書店、1997。

池田温『中國古代籍帳研究』東京大学出版会、1979。

―――『唐史論攷』汲古書院、2014。

大津透『道長と宮廷社会』講談社、2001。

大庭康時『博多の考古学：中世の貿易都市を掘る』高志書院、2019。

大澤正昭「唐末から宋初の基層社会と在地有力者：郷土防衛・復興とその後」『上智史学』第 58 号、2013。

嶋田襄平編『イスラム帝国の遺産』平凡社、1970。

渡邊誠『平安時代貿易管理制度史の研究』思文閣、2012。

渡邊素舟『支那陶磁器史』成光館、1934。

岡崎敬『（増補）東西交渉の考古学』平凡社、1980。

岡田宏二『中国華南民族社会史研究』汲古書院、1993。

高津孝編『くらしがつなぐ寧波と日本』東京大学出版会、2013。

高田英樹『物語「世界の記」を読む』近代文藝社、2016。

関周一『中世の唐物と傳來技術』吉川弘文館、2015。

亀井明徳『日本貿易陶磁史の研究』同朋舎、1986。

―――『中国陶瓷史の研究』六一書房、2014。

―――「1970 年から 2010 年の中国陶瓷史研究」『人文科学年報』第 40 期、2010 年。

和田久徳「東南アジアにおける初期華僑社会 (960―1279)」『東洋学報』第 42 巻第 1 号、1960 年。

黒田明伸「乾隆の錢貴」『東洋史研究』第 45 巻第 4 号、1987 年。

―――『貨幣システムの世界史：「非対称性」をよむ』岩波書店、2003。

家島彦一「南アラビアの東方貿易港について -- 賈耽の道里記にみるイン

ド洋の西岸航路」『東方学』第 31 巻、1965 年。

———『イスラム世界の成立と国際商業：国際商業ネットワークの変動を中心に』岩波書店、1991。

———『イブン・バットゥータと境域への旅—「大旅行記」をめぐる新研究—』名古屋大学出版会、2017。

榎本渉『東アジア海域と日中交流』吉川弘文館、2007。

———『僧侶と海商たちの東シナ海』講談社、2010。

———『南宋・元代日中渡航僧伝記集成』勉誠出版、2013。

鈴木静夫、早瀬晋三編『フィリピンの事典』同朋舎、1992。

氣賀澤保規編『新編唐代墓誌所在総合目録』汲古書院、2017。

奈良国立博物館編『聖地寧波：日本仏教 1300 年の源流 〜すべてはここからやって来た〜』奈良国立博物館、2009。

清木場東『帝賜の構造—唐代財政史研究：支出編』（福岡）中国書店、1997。

日野開三郎『唐代藩鎮の支配体制』三一書房、1980。

———『唐・五代の貨幣と金融』三一書房、1982。

———『北東アジア国際交流史の研究』三一書房、1984。

三杉隆敏『海のシルクロード—中国磁器の海上運輸と染付編年の研究』恒文社、1976。

三上次男『陶磁の道—東西文明の接点をたずねて』岩波書店、1969。

———「陶磁器貿易の研究とその意義」『貿易陶磁研究』第 1 期、1981 年。

桑原騭藏『桑原騭藏全集』岩波書店、1988。

———『蒲寿庚の事蹟』平凡社、1989。

森安孝夫『東西ウイグルと中央ユーラシア』名古屋大学出版会、2015。

森達也『中国青瓷の研究：編年と流通』汲古書院、2015。

森克己『新訂日宋貿易の研究』勉誠出版、2008。

———『続日宋貿易の研究』勉誠出版、2009。

―――『続続日宋貿易の研究』勉誠出版、2009。

―――『増補日宋文化交流の諸問題』勉誠出版、2011。

山本達郎『安南史研究』山川出版社、1950。

山内晋次『奈良平安期の日本とアジア』吉川弘文館、2003。

山崎覚士「港湾都市，杭州：9・10世紀中国沿海の都市変貌と東アジ
　　ア海域」『都市文化研究』第2号、2003年。

山田憲太郎『東西香薬史』福村書店、1956。

―――『東亞香料史研究』、中央公論美術出版、1976。

杉原薫『アジア間貿易の形成と構造』ミネルヴァ書房、1996。

上田恭輔『支那陶磁の時代的研究』大阪屋號書店、1940。

石井米雄責任編集『東南アジア近世の成立』岩波書店、2001。

石澤良昭『東南アジア：多文明世界の発見』講談社、2009。

斯波義信『宋代商業史研究』風間書房、1979。

―――『宋代江南経済史の研究』汲古書院、1988。

―――『中国都市史』東京大学出版会、2002。

四日市康博編『モノから見た海域アジア史：モンゴル―宋元時代のアジア
　　と日本の交流』九州大学出版会、2008。

松浦史明「真臘とアンコールのあいだ―古代カンボジアと中国の相互認
　　識に関する一考察―」『上智アジア』第28号、2020年。

松浦章『近世東アジア海域の文化交渉』思文閣、2010。

薮敏裕等編『貿易陶磁器と東アジアの物流：平泉・博多・中国』高志
　　書院、2019。

桃木至朗『中世大越国家の成立と変容』大阪大学出版会、2011。

桃木至朗編『海域アジア史研究入門』岩波書店、2008。

藤田豊八「宋代の市舶司及び市舶条例」『東洋学報』第7巻第2号、
　　1917年。

畑中凈園「呉越の佛教――特に天台德韶とその嗣永明延寿について」
　　『大谷大学研究年報』第7号、1954年。

土肥祐子『宋代南海貿易史の研究』汲古書院、2017。

土屋健治、加藤剛、深見純生編『インドネシアの事典』同朋舎、1991。

西尾賢隆『中世禅僧の墨蹟と日中交流』吉川弘文館、2011。

徐波、德留大輔「山東地域中国南方陶瓷器の流通に関する研究（その　　　2）──11 世紀─13 世紀を中心」薮敏裕等編『貿易陶磁器と東アジ　　　アの物流：平泉・博多・中国』高志書院、2019。

伊原弘「宋代の道路建設と寄進額─寧波発見の博多在住宋人の磚文に　　　関して」『日本歴史』第 626 号、2000 年。

伊原弘、梅村坦『宋と中央ユーラシア』中央公論社、1997。

早坂俊広編『文化都市宁波』東京大学出版会、2013。

中島楽章・伊藤幸司編『寧波と博多』汲古書院、2013。

中島楽章「元朝の日本遠征艦隊と旧南宋水軍」中島楽章・伊藤幸司編　　　『寧波と博多』汲古書院、2013。

中砂明徳「後期唐朝の江淮支配 -- 元和時代の一側面」『東洋史研究』　　　第 47 巻第 1 号、1988 年。

周藤吉之「唐末淮南高駢の藩鎮体制と黄巣徒党との関係について：新　　　羅末の崔致遠の著『桂苑筆耕集』を中心として」『東洋学報』第 68　　　巻第 3·4 号、1987 年。

───『宋・高麗制度史研究』汲古書院、1992。

竺沙雅章『中国仏教社会史研究』同朋舎、1982。

佐久間重男『中国史・陶磁史論集』燎原、1983。

佐々木恵介『平安京の時代』吉川弘文館，2014。

佐竹靖彦「杭州八都から呉越王朝へ」『人文学報』第 127 号、1978。

───『唐宋変革の地域的研究』同朋舎、1990。

Addis, John, "The Dating of Chinese Porcelain Found in the Philippines: A　　　Historical Retrospect", *Philippine Studies*, Vol. 16, No. 2 (1968).

Agius, Dinoisius, *Classic Ships of Islam: From Mesopotamia to the Indian　　　Ocean*, Leiden: Brill, 2008.

------ "Dhow", in Kate Fleet et al. (eds.), *Encyclopaedia of Islam*, Third Edition, http://dx.doi.org/10.1163/1573-3912_ei3_COM_27724.

Ahmad, Sayyid, *A History of Arab – Islamic Geography (9th – 16th Century A. D.)*, Amman: The National Press, 1995.

Akasoy, Anna (ed.), *Islam and Tibet: Interactions along the Musk Routes*, Farnham and Burlington: Ashgate, 2011.

Allen, Roger, *The Arabic Literary Heritage: The Development of Its Genres and Criticism*, Cambridge: Cambridge University Press, 2005.

Anderson, James, "Commissioner Li and Prefect Huang: Sino-Vietnamese Frontier Trade Networks and Political Alliances in the Southern Song", *Asia Major*, Vol. 27, No. 2 (2014).

Antony, Robert and Schottenhammer, Angela (eds.), *Beyond the Silk Roads: New Discourses on China's Role in East Asian Maritime History*, Wiesbaden: Harrassowitz Verlag, 2017.

Bandaranyake, Senake et al. (eds.), *Sri Lanka and the Silk Road of the Sea*, Colombo: Sri Lanka National Commission for Unesco and the Central Cultural Fund, 1990.

Bell, Eric, *The Development of Mathematics*, New York and London: McGraw-Hill Book Company, 1945.

Billé, Franck et al. (eds.), *The Maritime Silk Road, Global Connectivities, Regional Nodes, Localities*, Amsterdam: Amsterdam University Press, 2022.

Bosworth, Clifford E. et al. (eds.), *The Encyclopaedia of Islam*, Vol. 1, Leiden: Brill, 1965.

Boyajian, James, *Portuguese Trade in Asia Under the Habsburgs, 1580-1640*, Baltimore: The Johns Hopkins University Press, 2008.

Braudel, Fernand, *La Méditerranée et le Monde Méditerranéen à l'Epoque de Philippe II* , Paris: Librairie Armand Colin, 1966.

Buchet, Christian (ed.), *The Sea in History*, Woodbridge: The Boydell Press, 2017.

Calderon, Mary, "Underwater Archaeology in the Philippines", *Philippine Quarterly of Culture and Society*, Vol. 17, No. 4 (1989).

Chaffee, John, *The Muslim Merchants of Premodern China: The History of a Maritime Asian Trade Diaspora, 750–1400*, Cambridge: Cambridge University Press, 2018.

Chaffee, John and Twitchett, Denis (eds.), *The Cambridge History of China*, Vol. 5, Part 2, Cambridge: Cambridge University Press, 2015.

Chaudhuri, Kirti, *Trade and Civilisation in the Indian Ocean: An Economic History from the Rise of Islam to 1750*, Cambridge: Cambridge University Press, 1985.

Chavannes, Edouard, "Le Royaume de Wou et de Yue 吴越", *T'oung Pao*, Vol. 17, No. 2 (1916).

Chong, Alan and Murphy, Stephen (eds.), *The Tang Shipwreck: Art and Exchange in the Ninth Century*, Singapore: Asian Civilisations Museum, 2017.

Christie, Jan, "The Medieval Tamil-Language Inscriptions in Southeast Asia and China", *Journal of Southeast Asian Studies*, Vol. 29, No. 2 (1998).

Cipolla, Carlo, *Money, Price, and Civilization in the Mediterranean World: Fifth to Seventeenth Century*, New York: Gordian Press, 1967.

Clark, Hugh, *Community, Trade, and Networks: Southern Fujian Province from the Third to the Thirteenth Century*, Cambridge: Cambridge University Press, 1991.

Cœdès, George, "Le Royaume de Çrīvijaya", *Bulletin de l'École Française d'Extrême-Orient*, Vol. 18, No. 6 (1918).

------ *Les États Hindouisés d'Indochine et d'Indonésie*, Paris: E. de Boccard, 1948.

------ *The Indianized States of Southeast Asia,* trans. by Susan Brown Cowing, Kuala Lumper: University of Malaya Press, 1968.

Cohen, Abner, *Custom and Politics in Urban Africa: A Study of Hausa Migrants in Yoruba Towns*, Berkeley: University of California Press, 1969.

------ "Cultural Strategies in the Organization of Trading Diasporas", in Claude Meillassoux (ed.), *The Development of Indigenous Trade and Markets in West Africa*, London: Routledge, 1971.

Curtin, Philip, *Cross-Cultural Trade in World History*, Cambridge: Cambridge University Press, 1984.

Davies, Stephen, *East Sails West: The Voyage of the Keying, 1846-1855*, Hong Kong: Hong Kong University Press, 2014.

Davis, Richard, *Court and Family in Sung China, 960-1279: Bureaucratic Success and Kinship Fortunes for the Shih of Ming-Chou*, Durham: Duke University, 1986.

De Romanis, Fedrico, *The Indo-Roman Pepper Trade and the Muziris Papyrus*, New York: Oxford University Press, 2020.

Dizon, Eusebio and Santiago, Rey, "Archaeological Explorations in Batanes Province", *Philippine Studies*, Vol. 44, No. 4 (1996).

Dizon, Eusebio, "Underwater and Maritime Archaeology in the Philippines", *Philippine Quarterly of Culture and Society*, Vol. 31, No. 1/2 (2003).

Donkin, Robin, *Dragon's Brain Perfume: An Historical Geography of Camphor*, Leiden: Brill, 1999.

Evers, Kasper, *World Apart Trading Together: The Organisation of Long-Distance Trade between Rome and India in Antiquity*, Oxford: Archaeopress Archaeology, 2017.

Flecker, Michael, "A 9th-Century Arab or Indian Shipwreck in Indonesian Waters", *The International Journal of Nautical Archaeology,* Vol. 29. No. 2 (2001).

------ " A Ninth-Century AD Arab or Indian Shipwreck in Indonesia: First Evidence for Direct Trade with China", *World Archaeology*, Vol. 32, No. 3 (2001).

------ *The Archaeological Excavation of the 10th Century Intan Shipwreck*, Oxford: BAR, 2002.

Foster, Benjamin, "Agoranomos and Muhtasib", *Journal of the Economic and Social History of the Orient*, Vol. 13, No. 2 (1970).

Frye, Richard (ed.), *Cambridge History of Iran*, Vol. 4, London: Cambridge University Press, 1975.

Anawati, Georges et al. (eds.), *Histoire des Sciences Arabes*, Vol. 3, Paris: Éditions du Seuil, 1997.

Gernet, Jacques, *La Vie Quotidienne en Chine: Á la Veille de l'Invasion Mongole 1250-1276*, Paris: Hachette, 1959.

Gil, Moshe, *Jews in Islamic Countries in the Middle Ages*, translated from the Hebrew by David Strassler, Leiden: Brill, 2004.

Gipouloux, Francois, *La Mediterranee Asiatique: Villes Portuaires et Reseaux Marchands en Chine, au Japon et en Asie du Sud-est, XVIe-XXIe Siècle*, Paris: CNRS Editions, 2009.

Glover, Ian and Bellwood, Peter (eds.) *Southeast Asia: From Prehistory to History*, London and New York: Routledge Curzon, 2004.

Goitein, Shelomo, "Commercial and Family Partnerships in the Countries of Medieval Islam", *Islamic Studies*, Vol.3, No.3 (1964).

------ "The Rise of the Near-Eastern Bourgeoisie in Early Islamic Times", *Journal of World History*, Vol.3, No. 1(1956).

------ *Studies in Islamic History and Institutions*, Leiden: Brill, 2010.

Gunn, Groffrey, *First Globalization: The Eurasian Exchange, 1500–1800*, Lanham: Rowman and Littlefi, 2003.

------ *History without Borders: The Making of an Asian World Region, 1000–*

1800, Hong Kong: Hong Kong University Press, 2011.

Guo, Li, "Arabic Documents from the Red Sea Port of Quseir in the Seventh/ Thirteenth Century, Part 1: Business Letters", *Journal of Near Eastern Studies*, Vol. 58, No. 3 (1999).

Guy, John, "The Phanom Surin Shipwreck, a Pahlavi Inscription, and Their Significance for the History of Early Lower Central Thailand", *Journal of the Siam Society* 105 (2017).

Hall, Daniel, *A History of Southeast Asia,* London: St. Martin's Press, 1955.

Hall, Kenneth, *Maritime Trade and State Development in Early Southeast Asia*, Honolulu: University of Hawaii Press, 1985.

------ *A History of Early Southeast Asia: Maritime Trade and Societal Development, 100-1500*, Lanham: Rowman & Littlefield, 2011.

Haw, Stephen, "The Maritime Routes between China and the Indian Ocean during the Second to Nineth Century", *Journal of the Royal Asiatic Society* , Vol. 27, No. 1 (2017).

Heidhues, Mary, "Chinese Settlements in Rural Southeast Asia", in Anthony Reid (ed.), *Sojourners and Settlers: Histories of Southeast Asia and the Chinese*, Honolulu: University of Hawai'i Press, 1996.

Hellwig, Tineke, *The Indonesia Reader: History, Culture, Politics*, Durham: Duke University Press, 2009.

Heng, Derek, *Sino-Malay Trade and Diplomacy from the Tenth through the Fourteenth Century*, Athens: Ohio University Press, 2009.

------ "Ships, Shipwrecks, and Archaeological Recoveries as Source of Southeast Asian History", *Oxford Research Encyclopedia of Asian History* (2018).

Higham, Charle, *Early Mainland Southeast Asia: From First Humans to Angkor*, Tatien: River Books, 2002.

Hiroshi, Ihara, "Numerical Indices That can Reveal the Life of Song

Commoners", Angela Schottenhammer (ed.), *Trading Networks in Early Modern East Asia*, Wiesbaden: Harrassowitz, 2010.

Horden, Peregrine and Purcell, Nicholas, *The Corrupting Sea: A Study of Mediterranean History*, Oxford: Blackwell, 2000.

Hourani, George, *Arab Seafaring in the Indian Ocean in Ancient and Early Medieval Times*, Princeton: Princeton University Press, 1995.

Hung, Hsiao-chun et al., "Mongol Fleet on the Way to Java: First Archaeological Remains from the Karimata Strait in Indonesia", *Archaeological Research in Asia*, Vol. 29 (2022).

Hutterer, Karl, "Philippine Archaeology: Status and Prospects", *Journal of Southeast Asian Studies*, Vol. 18, No. 2 (1987).

Hymes, Robert and Schirokauer, Conrad (eds.), *Ordering the World: Approaches to State and Society in Sung Dynasty China*, Berkeley: University of California Press, 1993.

Joe, Wanne, *Traditional Korea: A Cultural History*, revised and edited by Hongkyu A. Chou, New Jersy: Hollym International Corp, 1997.

Johnson, David (ed.), *Popular Culture in Late Imperial China,* Berkeley: University of California Press, 1985.

Jones, Antoinette, *Early Tenth Century Java from the Inscriptions, a Study of Economic, Social and Administrative Conditions in the First Quarter of the Century*, Dordrecht: Foris Publications,1984.

Jordaan, Roy, "Why the Śailendras Were Not a Javanese Dynasty", *Indonesia and the Malay World,* Vol. 34, No. 98 (2006).

Kahle, Paul, "Chinese Porcelains in the Land of Islam", *Journal of the Pakistan Historical Society*, Vol. 1 (1953).

Karashima, Noboru, "Trade Relations between South India and China during the 13th and 14th Centuries", *Journal of East-West Maritime Relations*, I (1989).

Kauz, Ralph (ed.), *Aspects of the Maritime Silk Road: From the Persian Gulf to the East China Sea*, Wiesbaden: Harrassowitz Verlag, 2010.

Khalilieh, Hassan, *Admiralty and Maritime Laws in the Mediterranean Sea (ca. 800-1050)*, Leiden: Brill, 2006.

------ *Islamic Law of the Sea: Freedom of Navigation and Passage Rights in Islamic Thought*, Cambridge: Cambridge University Press, 2019.

------ *Islamic Maritime Law: An Introduction*, Leiden: Brill, 1998.

Kimura, Jun et al., "Naval Battlefield Archaeology of the Lost Kublai Khan Fleets", *International Journal of Nautical Archaeology,* Vol. 43, No. 1 (2013).

King, Anya, *Scent from the Garden of Paradise: Musk and the Medieval Islamic World*, Leiden: Brill, 2017.

Krahl, Regina et al. (eds.), *Shipwrecked: Tang Treasures and Monsoon Winds*, Washington,D.C.: Arthur M. Sackler Gallery, Smithsonian Institution, 2010.

Kulke, Hermann et al. (eds.) *Nagapattinam to Suvarnadwipa, Reflections on the Chola Naval Expeditions to Southeast Asia*, Singapore: Institute of Southeast Asian Studies, 2009.

Kwon, Youngwoo (ed.), *Ancient Central Asian Writings in the National Museum of Korea I, Turpan Artifacts with Chinese Characters*, Seoul: National Museum of Korea, 2020.

Lambourn, Elizabeth, "The Formation of the *Batu Aceh* Tradition in Fifteenth-Century Samudera-Pasai", *Indonesia and the Malay World*, Vol. 32, No. 93 (2004).

------ "India in the 'India Book': 12th Century Northern Malabar through Geniza Documents", in Claire Hardy-Guilbert et al. (eds.), *Sur les Chemins d'Onagre: Histoire et Archéologie orientale*s, Oxford: Archaeopress, 2018.

------ *Abraham's Luggage: A Social Life of Things in the Medieval Indian Ocean World*, Cambridge: Cambridge University Press, 2018.

Lane, Arthur and Serjeant, Robert, "Pottery and Glass Fragments from Littoral, with Historical Notes", *The Journal of The Royal Asiatic Society*, Vol. 80, No. 3-4 (1948).

Lapidus, Ira, *A History of Islamic Societies*, Cambridge: Cambridge University Press, 1988, 2002.

Laufer, Berthold, *Sino-Iranica: Chinese Contributions to the History of Civilization in Ancient Iran, with Special Reference to the History of Cultivated Plants and Products*, Chicago: Field Museum of Natural History, 1919.

Le Strange, Guy, *Collected Works of Guy Le Strange: The Medieval Islamic World*, London: I.B. Tauris, 2014.

Levey, Martin, "Ibn Māsawaih and His Treatise on Simple Aromatic Substances", *Journal of the History of Medicine and Allied Sciences*, Vol. 16, No. 4 (1961).

Li, Baoping et al., "Chemical Fingerprinting: Tracing the Origins of the Green-Splashed White Ware", in *Shipwrecked: Tang Treasures and Monsoon Winds*.

Li, Tana, "A View from the Sea: Perspectives on the Northern and Central Vietnamese Coast", *Journal of Southeast Asian Studies*, Vol. 37, No. 1(2006).

Lieberman, Victor, *Strange Parallels: Southeast Asia in Global Context, c. 800-1830*, New York: Cambridge University Press, 2003-2009.

Liebner, Horst, *The Siren of Cirebon: A Tenth-Century Trading Vessel Lost in the Java Sea*, Doctoral Dissertation of The University of Leeds, 2014.

Lo, Jung-pang, *China as a Sea Power, 1127-1368: A Preliminary Survey of the Maritime Expansion and Naval Exploits of the Chinese People during the Southern Song and Yuan Period*, Singapore: NUS Press; Hong Kong: Hong Kong University Press, 2012.

Lotfi, Abdeljaouad, "Nouvelles Considérations sur les deux Inscriptions Arabes dites du 'Champa' ", in *Archipel*, Vol. 83 (2012).

Mair, Victor and Kelley, Liam C. (eds.), *Imperial China and Its Southern Neighbours*, Singapore: Institute of Southeast Asian Studies, 2015.

Manguin, Pierre-Yves, "Trading Ships of the South Chian. Shipbuilding Techniques and Their Role in the History of the Development of Asian Trade Networks", *Journal of the Economic and Social History of Orient*, Vol. 36, No. 3 (1993).

------ "The Archaeology of the Early Maritime Polities of Southeast Asia", in *Southeast Asia: From Prehistory to History*, London and New York: Routledge Curzon, 2004.

Manguin, Pierre-Yves and Nicholl, Robert, "The Introduction of Islam into Campa", *Journal of the Malaysian Branch of the Royal Asiatic Society*, Vol. 58, No.1 (1985).

Marsh, Sean, "Simple Natives and Cunning Merchants: Song Representations of Frontier Trade in Guangxi", *Asia Major*, Vol. 27, No. 2 (2014) .

Medley, Margaret, *The Chinese Potter: A Practical History of Chinese Ceramics*, New York: Scribner, 1976.

Meillassoux, Claude (ed.), *The Development of Indigenous Trade and Markets in West Africa*, London: Routledge, 1971.

Ménard, Philippe, "Marco Polo et la Mer: les Navires vus en Orient", in *Les Passions d'Un Historien: Mélanges en l'Honneur de Jean-Pierre Poussou*, Paris: Pups, 2010.

Miksic, John, "Classical Archaeology in Sumatra", *Indonesia*, No. 30 (1980).

Morgan, David and Reid, Anthony (eds.), *The New Cambridge History of Islam*, Vol. 3, Cambridge: Cambridge University Press, 2010.

Moule, Arthur, *Quinsai, with Other Notes on Marco Polo*, Cambridge: Cambridge University Press, 2013.

Munoz, Paul, *Early Kingdoms of the Indonesian Archipelago and Malay Peninsula*, Singapore: Editions Didier Millet, 2006.

Murty, Kotha (ed.), *History of Science, Philosophy and Culture in Indian Civilization*, Vol. 2, Part 1, New Delhi: Centre for Studies in Civilizations, 2002.

Needham, Joseph, *Science and Civilisation in China*, Vol. 4, Part 3, Cambridge: Cambridge University Press, 1971.

Neri, Lee et al., "Archaeological Survey of the Island of Camiguin, Northern Mindanao", *Philippine Quarterly of Culture and Society*, Vol. 38, No. 3 (2010).

Nishino, Noriko et al., "Nishimura Masanari's Study of the Earliest Known Shipwreck Found in Vietnam", *Asian Review of World Histories*, Vol. 5 (2017).

Northedge, Alastair et al., "Survey and Excavations at Sāmarrā' 1989", *Iraq*, Vol. 52 (1990).

Nurhakim, Lukman, "La Ville de Barus: Etude archéologique préliminaire", *Archipel*, Vol. 37 (1989).

Ravaisse, Paul, " Deux Inscriptions Coufiques du Campa", *Journal Asiatique*, Vol. 20 (1922).

Peacock, David and Blue, Lucy (eds.), *Myos Hormos ~ Quseir al-Qadim: Roman and Islamic Ports on the Red Sea*, Oxford: Oxbow Books, 2006.

Pelliot, Paul, "Deux itinéraires de Chine en Inde à la Fin du VIIIe Siècle", *Bulletin de l'École Française d'Extrême-Orient*, Vol. 4, No. 1/2 (1904).

Pigeaud, Theodore, *Java in the 14th Century: A Study in Cultural History*, Dordrecht: Springer/Science Business Media, 1960-1963.

Ptak, Roderich, "Hainan and Its International Trade: Ports, Merchants,

Commodities (Song to Mid-Ming)", in Geoff Wade and James K. Chin (eds.), *China and Southeast Asia: Historical Interactions*, London: Routledge, 2019.

Qin, Dashu et al.,"Early Results of an Investigation into Ancient Kiln Sites Producing Ceramic Storage Jars and Some Related Issues", *Bulletin de l'École Française d'Extrême-Orient* , Vol. 103 (2017).

Lewis, Archibald, "Les Marchands dans l'Océan Indien", *Revue d'Histoire Économique et Sociale* , Vol. 54, No. 4 (1976).

Ray, Himanshu Prabha and Salles, Jean-François (eds.), *Tradition and Archaeology: Early Maritime Contacts in the Indian Ocean*, Singapore: Institute of Asian Studies, 2012.

Reid, Anthony, *Southeast Asia in the Age of Commerce, 1450-1680*, New Haven: Yale University Press, 1988-1993.

Rosenfield, John, *Portraits of Chōgen: The Transformation of Buddhist Art in Early Medieval Japan*, Leiden: Brill, 2011.

Sankhdher, Ranabir, "Politics and Society in India", in K. Satchidananda Murty (ed.), *History of Science, Philosophy and Culture in Indian Civilization*, Vol. 2, Part 1, New Delhi: Centre for Studies in Civilizations, 2022.

Sastri, Kallidaikurichi, *A History of South India: From Prehistoric Times to the Fall of Vijayanagar*, London: Oxford University Press, 1958.

Schafer, Edward, *The Empire of Min*, Cambridge: Harvard-Yenching Institute,1954.

------- *The Golden Peaches of Samarkand: A Study of T'ang Exotics*, Berkeley: University of California Press, 1963.

------- *The Vermilion Bird: T'ang Images of the South*, Berkeley, University of California Press, 1967.

Schottenhammer, Angela, "Transfer of Xiangyao 香药 from Iran and Arabia to China", in Ralph Kauz (ed.), *Aspects of the Maritime Silk Road: From the Persian Gulf to the East China Sea*, Wiesbaden: Harrassowitz Verlag, 2010 .

Schottenhammer, Angela (ed.), *The Emporium of the World: Maritime Quanzhou, 1000-1400*, Leiden: Brill, 2001.

------- *Trade and Transfer across the East Asian "Mediterranean"*, Wiesbaden: Harrassowitz, 2005.

------- *Trading Networks in Early Modern East Asia*, Wiesbaden: Harrassowitz, 2010.

------- *The East Asian "Mediterranean": Maritime Crossroads of Culture, Commerce and Human Migration*, Wiesbaden: Harrassowitz Verlag, 2008.

------- *Early Global Interconnectivity across the Indian Ocean World*, London: Palgrave Macmillan, 2019.

Serjeant, Robert and Smith, Gerald, *Society and Trade in South Arabia*, Hampshire: Variorum, 1996.

Seth, Michael, *A History of Korea: From Antiquity to the Present*, Lanham: Rowman and Littlefield, 2011.

Shively, Donald and McCullough, William (eds.), *The Cambridge History of Japan*, Vol. 2, Cambridge: Cambridge University Press, 1999.

Smith, Gerald, *Studies in the Medieval History of the Yemen and South Arabia*, Hampshire: Variorum, 1997.

So, Billy, *Prosperity, Region, and Institutions in Maritime China,* Cambridge: Harvard University Asia Center, 2001.

Sopher, David, *The Sea Nomads: A Study of the Maritime Boat People of Southeast Asia*, Singapore: National Museum, 1965, reprinted in 1977.

Tackett, Nicolas, *The Destruction of the Medieval Chinese Aristocracy*, Cambridge: Harvard University Asia Center, 2014.

Tagliacozzo, Eric, *In Asian Waters: Oceanic Worlds from Yemen to*

Yokohama, Princeton: Princeton University Press, 2022.

Tampoe, Moira, *Maritime Trade between China and the West: An Archaeological Study of the Ceramics from Siraf (Persian Gulf), 8th to 15th Centuries A.D.*, Oxford: B. A. R., 1989.

Tarling, Nicholas (ed.), *The Cambridge History of Southeast Asia*, Cambridge: Cambridge University Press, 1992.

T'ien, Ju-kang, "Chêng Ho's Voyages and the Distribution of Pepper in China", *Journal of the Royal Asiatic Society*, Vol. 113, No. 2 (1981).

Tibbetts, Gerald, "Early Muslim Traders in South-East Asia", *Journal of the Malayan Branch of the Royal Asiatic Society*, Vol. 30, No.1 (1957).

------ "Arab Navigation in the Red Sea", *The Geographical Journal*, Vol. 127, No. 3 (1961).

------ "Comparisons between Arab and Chinese Navigational Techniques", *Bulletin of the School of Oriental and African Studies*, Vol. 36, No. 1 (1973).

------ "Early Muslim Traders in South-East Asia", *Journal of the Malayan Branch of the Royal Asiatic Society*, Vol. 30, No.1 (1957).

Tuma, Elias, "Early Arab Economic Policies (1st/ 7th – 4th/ 10th Centuries)", *Islamic Studies*, Vol.4, No.1 (1965).

Twitchett, Denis and Smith, Paul (eds.), *The Cambridge History of China,* Vol. 5, Part 1, Cambridge: Cambridge University Press, 2009.

Udovitch, Abraham, *Partership and Profit in Medieval Islam*, Princeton: Princeton University, 1970.

Vallet, Éric, *L'Arabie Marchande: État et Commerce sous Les Sultans Rasūlides Du Yémen (626-858/ 1229-1459)*, Paris: Publications de la Sorbonne, 2010.

Van Der Meulen, W. J. ,"In Search of 'Ho-Ling'", *Indonesia*, No. 23 (1977).

Wade, Geoff, "An Early Age of Commerce in Southeast Asia, 900-1300 CE",

Journal of Southeast Asian Studies, Vol. 40, No. 2 (2009).

Wade, Geoff and Chin, James K. (eds.), *China and Southeast Asia: Historical Interactions*, London: Routledge, 2019.

Waines, David, "The Third Century Internal Crisis of the Abbasids", *Journal of the Economic and Social History of the Orient*, Vol. 20, No. 3 (1977).

Wang, Gungwu, *China and the Chinese Overseas*, Singapore: Marshall Cavendish Academic, 1991.

Warmington, Eric, *The Commerce between the Roman Empire and India*, Cambridge: Cambridge University Press, 2014.

Watson, James, "Standardizing the Gods: The Promotion of T'ien Hou ('Empress of Heaven') along the South China Coast, 960-1960", in David G. Johnson ed., *Popular Culture in Late Imperial China,* Berkeley: University of California Press, 1985.

Weinstein, Stanley, "Aristocratic Buddhism", in Donald H. Shively and William H. McCullough (eds.), *The Cambridge History of Japan*, Vol. 2, Cambridge: Cambridge University Press, 1999.

Wheatley, Paul, *The Golden Khersonese: Studies in the Historical Geography of the Malay Peninsula before A.D.1500*, Kuala Lumpur: University of Malaya Press, 1961.

Wink, André, *Al-Hind: The Making of the Indo-Islamic World*, Vol. 1, Leiden: Brill, 2002.

Wolters, Oliver, *Early Indonesian Commerce: A Study of the Origins of Srivijaya*, Ithaca: Cornell University Press, 1967.

------ *The Fall of Śrīvijaya in Malay history*, Ithaca: Cornell University Press, 1970.

------ "Studying Srīvijaya", *Journal of the Malaysian Branch of the Royal Asiatic Society*, Vol. 52, No. 2 (1979).

Zhao, Bing, " Étude Préliminaire des Tessons de Céramique de Style Chinois

Trouvés à Kota Cina", *Archipel*, No. 91 (2016).

三 专业数据库

爱如生"中国方志库", http://dh.ersjk.com。

爱如生基本古籍库, http://dh.ersjk.com。

国际敦煌项目, http://idp.nlc.cn。

牛津词典, https://premium.oxforddictionaries.com/translate/arabic-english。

中华电子佛典协会（CBETA）, CBETA 2021。

Encyclopaedia of Islam, Second Edition, eds. by P. Bearman et al., http://dx.doi.org.

Encyclopaedia of Islam, Third Edition, eds. by Kate Fleet et al., http://dx.doi.org.

索　引

附录 I　黑石号上的"宫廷瓷器"
——中古沉船背后的政治经济史

---

　　8 世纪中叶到 12 世纪，中国在政治、经济、社会等方面出现了重大变革，这在地理上体现为中国经济重心的南移。近 40 年来，随着对扬州唐城等地考古发掘的全面展开，[1]以及水下考古的发展，史学界对唐代南方的城市布局、社会经济及其与海外贸易的联系等有了更深入的研究。

　　1998—1999 年，在印度尼西亚的勿里洞岛（Belitung Island）附近海底，一艘 9 世纪的沉船被发现并打捞出水，是为"黑石号"（Batu Hitam）。[2]黑石号上载有长沙窑瓷器、铜镜、金银器等货物，学

1　中国社会科学院考古研究所等编著《扬州城：1987—1998 年考古发掘报告》，文物出版社，2010。中国社会科学院考古研究所等编著《扬州城遗址考古发掘报告：1999—2013 年》，文物出版社，2015。

2　见 Regina Krahl et al. (eds.), *Shipwrecked: Tang Treasures and Monsoon Winds*, Washington. D.C.: Arthur M. Sackler Gallery, Smithsonian Institution, 2010。

界已有深入的讨论。秦大树推测："黑石号这条来自阿曼的帆船，是在室利佛逝的巨港（Palembang）装货，然后在运往爪哇的途中沉没。这些从巨港装上的货物是由不同的船只从扬州、明州和广州分别运到室利佛逝的。"[1]齐东方认为，扬州作为民间用镜和金银器的制作中心、集散地，黑石号出水的铜镜和金银器有可能在扬州生产和销售，青花瓷在黑石号和扬州都有发现，这说明扬州已经有人使用、销售这类瓷器，并且已用于出口。[2]

　　上述讨论说明了扬州和南海贸易的密切联系。事实上，扬州、广州、明州等港口城市，在中晚唐时已经具有强烈的商业气息，并且与印度洋、阿拉伯世界有广泛的联系；扬州在唐后期（756—907）更崛起为仅次于长安和洛阳的大都会。是什么样的环境造成扬州等南方城市在中晚唐的崛起？

　　在黑石号上出水的文物中，有两件瓷器被认为与宫廷有千丝万缕的联系，这包含了唐廷、扬州、海上丝绸之路三者之间的关系，可以为解决上述问题提供关键的线索。

一　黑石号上的"宫廷瓷器"和中唐的宫廷贸易

（一）"盈"字款、"进奉"款瓷器

　　在黑石号沉船中，打捞出了"盈"字款绿釉碗、"进奉"款白釉绿彩盘各一件。其中，"盈"字被怀疑是大盈库藏品的标志，"进奉"可判定为朝廷或方镇州郡的高级官僚进奉宫廷器物的标志。[3]项坤鹏认为，

1　秦大树：《中国古代陶瓷外销的第一个高峰——9—10世纪陶瓷外销的规模和特点》，《故宫博物院院刊》2013年第5期，第48页。

2　齐东方：《"黑石号"沉船出水器物杂考》，《故宫博物院院刊》2017年第3期，第6—19页。

3　图版见 Regina Krahl et al. (eds.), *Shipwrecked: Tang Treasures and Monsoon Winds*, pp. 254-255. 关于"盈"字款瓷器，见项坤鹏《"黑石号"沉船中"盈"、"进奉"款器来源途径考——从唐代宫廷用瓷的几个问题谈起》，《考古与文物》2016年第6期，第54页注23。关于"进奉"，见卢兆荫《从考古发现看唐代的金银"进奉"之风》，《考古》1983年第2期，第173—179页。

这两件瓷器应当是由官方瓷场或官方组织民间窑场生产来进奉宫廷的。它们之所以会出现在扬州,并辗转出现在黑石号沉船上,可能是"被进奉入宫廷之后,因宫廷赏赐、贸易,甚至内库被劫掠等诸多原因散落至坊间,再流落至扬州",也可能是"作为贡奉的剩余品被售卖、集散于扬州"。[1]

项氏可成一家之言,然而是否能仅凭"盈""进奉"两款就确定这是进奉宫廷的瓷器? 这其实还要打上问号。齐东方指出:"如果按以往的结论,带有'盈'字款的器物是要进入皇室的大盈库,供皇室享用的瓷器,那么为什么会出现在'黑石号'沉船上?'黑石号'沉船上的物品是商品,应该是在扬州一带购买的,也就是说扬州也可以买到'盈'字款的器物。"由于"盈"字款瓷器在唐代有多处出土,并非限于大明宫,所以齐先生认为:"把'盈'字直接与大盈库对号入座的看法还应仔细斟酌。也许带有'盈'字款的器物在唐代供皇室宫廷使用,却并非是专用,在民间和市场上也有使用和出售。"[2]

但即使"盈""进奉"这两款瓷器不是来自宫廷,也足以证明宫廷和民间的密切联系。因为正是有大量宫廷进奉、赏赐、贸易行为的存在,民间才能有机会了解到宫廷器物的各种款式,并进行仿造。而在外销瓷中加入这样的标志,或许可以抬高瓷器在实际售卖中的身价。

(二)中唐时期的宫廷贸易

唐代的宫廷交易,在《旧唐书·宪宗纪》《册府元龟·邦计部》中均有记载:

〔元和十二年(817)〕九月丁亥朔。戊子,出内库罗绮、犀

1　项坤鹏:《"黑石号"沉船中"盈"、"进奉"款瓷器来源途径考——从唐代宫廷用瓷的几个问题谈起》,《考古与文物》2016年第6期,第47—55页,引文见第47页。

2　齐东方:《"黑石号"沉船出水器物杂考》,《故宫博物院院刊》2017年第3期,第14页。

玉、金带之具，送度支估计供军。[1]

〔元和〕十三年二月壬午，内出玳瑁琉四百只、犀带具五百
副，令度支出卖进直。六月，内库出绢三十万匹、钱三十万贯，
付度支给军用。十四年二月乙卯，出内府钱帛，贯、匹共一万，
付度支给军用。[2]

这两则材料明确指出，为了支付军事开支，唐宪宗将内库的宝物拿出来
交付度支进行售卖，以筹措军饷。宪宗此举与平定淮西吴元济的战争相
关。宪宗为平定吴氏，消耗了唐廷大量财力，甚至朝廷中屡屡有停战的
声音。[3]因此宪宗此举措，既是为筹军饷，同时也表达了征讨吴氏的决
心。不过，瓷器并未列入上引的宫廷交易清单，这应该与瓷器在中晚唐
的实际价格有关。

　　唐后期"宫市"相当盛行。但宫市多为宫廷向民间进行货物采
购，[4]由宫廷出货物进行售卖，这事实上并不见常。日野开三郎统计
有14次宫廷交易，时间从宪宗元和十年到穆宗长庆二年（815—
822），交易品为丝织品、玉器、妇人首饰等，同时也有用钱进行交
易的记录，交易的收益全部用于供军。这些宫廷交易的钱、物出自
内藏库，因此日野氏将内藏库视为国家财政的预备金库。当国库出
现空虚时，朝廷通过内藏库进行资金周转，以度过财政危机。[5]

1　《旧唐书》卷一五《宪宗纪》，第 460 页。

2　王钦若等编著《册府元龟》卷四八四《邦计部·经费》，中华书局，1960，第 5789 页。

3　关于唐宪宗元和政局的讨论，见陆扬《从西川和浙西事件论元和政治格局的形成》，荣新江
　　主编《唐研究》第 8 卷，北京大学出版社，2002，第 225—256 页；后修订为《西川和浙西事
　　件与元和政局的形成》，收入陆扬《清流文化与唐帝国》，北京大学出版社，2016，第 19—58
　　页。又陆扬《从新出墓志再论 9 世纪初剑南西川刘辟事件》，《清流文化与唐帝国》，第 59—
　　86 页。关于宪宗平定淮西吴元济的过程及讨论，见李碧妍《危机与重构：唐帝国及其地方诸
　　侯》，北京师范大学出版社，2015，第 98—111 页。

4　张泽咸：《唐代工商业》，中国社会科学出版社，1995，第 377—379 页。

5　日野開三郎『唐代藩鎮の支配体制』三一書房、1980、127—128 頁。关于内藏库的制度和
　　机能，另参见清木場東『帝賜の構造—唐代財政史研究：支出編』（福岡）中国書店、1997、
　　411—426 頁。

内藏库的财源来自藩镇和其他大官僚的贡献，像黑石号上写有"进奉"字样的瓷器有可能就是这类的贡献。陈明光认为，从肃宗、代宗两朝开始，唐廷的进奉已经有和藩镇争夺赋税的意味，德宗发展了这一意旨的进奉，而宪宗就明确"利用进奉去争夺方镇的财力以作为打击方镇的物质力量的补充"。[1]

中唐的财政史，体现了军事用途主导的取向，同时也包含了唐廷和藩镇之间的斗争。作为唐后期经济重镇的扬州，一度成为两者斗争的舞台。《册府元龟·帝王部》云：

> 〔德宗大历十四年（779）〕七月己卯，令："王公百官及天下长吏无得与人争利。先于（杨）〔扬〕置邸肆货易者，罢之。"先是，诸道节度、观察使以广陵当南北之冲，百货所集，多以军储货贩，别置邸肆，名托军用，实私其利焉。至是乃绝。[2]

德宗即位之初，锐意削藩，重建唐廷的权威，于是禁止王朝境内所有的官员在扬州开设邸店。尽管德宗的理由是百官不能"与人争利"，但《册府元龟》记载的背景介绍，导出了德宗的真正动机——削藩。这段介绍也指出军储在当时流通货品中占据了绝对的比重。当然，"至是乃绝"可能言过其实，但说明唐廷在此问题上进行了相当大的努力，而且也说明唐廷对扬州的控制是强而有力的。

与吐蕃、回纥问题一道，应对藩镇问题在安史之乱后成为唐廷的头等大事，唐廷因此面临着巨大的军事压力，需要大量的物资供应。同时藩镇要养兵，也需要经费。于是在供军的名号下，唐代经济生活出现了很大的变化。

---

1 陈明光：《论唐代方镇"进奉"》，《中国社会经济史研究》1985 年第 1 期，第 8、29—33 页；此据同作者《唐代财政史新编》，中国财政经济出版社，1991，第 340 页。

2 王钦若等编著《册府元龟》卷一六〇《帝王部·革弊》，第 1928 页。另见卷五〇四《邦计部·关市》，第 6050 页。

二　"钱重货轻"背后的政治博弈

（一）"钱重货轻"现象

中唐时期商业与军事关系密切，其本身也出现许多新现象。与两税法等财政改革同时，唐代的商品经济也跌宕起伏。经历肃宗、代宗朝物价的飞涨后，自德宗贞元年间起，唐代社会出现了新的问题——"钱重货轻"，即物价低落。全汉昇指出：此现象"约由德宗贞元年间起，至宣宗大中年间止，一共经历七十年左右的时间"。[1]赵和平从铜钱供应、流通、使用、囤积、销毁等角度分析了此现象的成因。[2]叶炜先生剖析了元和七年（812）唐廷为解决此问题而召开的集议，以及它对于宪宗后继者决策的影响。[3]

按照中唐时人的描述，这里的"货"，主要是就米、绢而言。如权德舆云："粟帛寖轻，而缗钱益重。"[4]白居易云："今田畴不加辟，而菽粟之价日贱；桑麻不加植，而布帛之估日轻。"[5]由于原始材料的流失，我们不能明确唐代每时每地物价的变动情况。幸运的是，学者们从传世史书以及敦煌吐鲁番文书中，辑录和整理出某地区在某年的物价信息，起到了管中窥豹的效果。[6]

然而，如果从整体上看米价、绢价的数值变化，就会发现新的疑点。现各以开元十三年（725）十二月洛阳的米价、开元十三年两京的

1　全汉昇：《唐代物价的变动》，《中国经济史研究》，中华书局，2011，第 144 页。

2　赵和平：《中晚唐钱重物轻问题和估法》，《北京师院学报》1984 年第 4 期，第 83—108 页。

3　叶炜：《元和七年议与唐德宗至武宗时期的货币政策——从韩愈、元稹两篇文章的系年问题谈起》，《中华文史论丛》2016 年第 3 期，第 113—142 页。

4　《权德舆诗文集》卷四〇《策进士问》，郭广伟点校，上海古籍出版社，2008，第 597 页。

5　谢思炜校注《白居易文集校注》卷一〇《进士策问》，中华书局，2011，第 450—451 页。

6　全汉昇：《唐代物价的变动》，《中国经济史研究》，第 115—168 页。王仲荦：《唐五代物价考》，《金泥玉屑丛考》，中华书局，1998，第 113—189 页。王仲荦：《唐西陲物价考》，《金泥玉屑丛考》，第 190—222 页。宁可主编《中国经济通史·隋唐五代经济卷》，经济日报出版社，2000，第 498—544 页。郑学檬：《唐代物价散论》，《点涛斋史论集：以唐五代经济史为中心》，厦门大学出版社，2016，第 412—419 页。

绢价为指数值 1，将学者们收集到的米价、绢价信息（时段为 725—838 年）转化为以下的指数散点图（见图 Ⅰ-1、Ⅰ-2）。其中，米价的数据 34 个，全部来自两京地区，并以长安为主。绢价的数据 10 个，系来自全汉昇的研究。

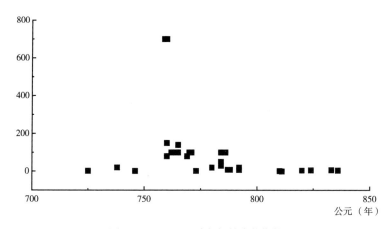

图 Ⅰ-1　开元至开成年间的米价指数

资料来源：王仲荦《唐五代物价考》，《金泥玉屑丛考》，第 113—189 页；宁可主编《中国经济通史·隋唐五代经济卷》，第 498—544 页；郑学檬《唐代物价散论》，《点涛斋史论集：以唐五代经济史为中心》，第 412—419 页。

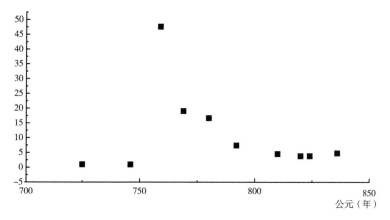

图 Ⅰ-2　开元至开成年间的绢价指数

资料来源：全汉昇《唐代物价的变动》，《中国经济史研究》，第 115—168 页。

由图 I–1、I–2 可知，从开元到开成年间，米价随时间推移波动变化，其中，在 760 年前后到达峰值，其后逐渐下滑。800 年后，米价逐渐平稳，恢复到比 750 年以前稍高的位置。绢价的变动虽没有米价变动剧烈，但变化趋势与米价类似。说明贞元以后，唐代社会已经逐步从肃宗、代宗统治期藩镇叛乱的动荡中恢复过来。米价、绢价的回落，固然有社会上铜钱流通不足的原因，但客观而言，也是社会经济恢复的结果。[1]

（二）"钱重货轻"问题背后的政治诉求

《史记·平准书》描述汉代文景之治时称："京师之钱累巨万，贯朽而不可校。太仓之粟陈陈相因，充溢露积于外，至腐败不可食。"[2] 这成为太平盛世的理想图景。休养生息所引起的物价回落是治世理念，那么为什么当时的唐廷和士大夫群体仍然要费大量的精力和时间来讨论？[3]

首先来看士大夫群体的诉求。在贞元到元和年间，陆贽、权德舆等士大夫都为此写过给皇帝的奏状，或者作为应试范文的策问。现将他们的观点列表如下（见表 I–1）。

1　关于 8 世纪末到 9 世纪初，唐代经济恢复与发展的情况，见妹尾达彦《唐代长安城与关中平原的生态环境变迁》，史念海主编《汉唐长安与黄土高原》（中日历史地理合作研究论文集第 1 辑），陕西师范大学历史地理研究所，1998，第 202—222 页。妹尾达彦《关中平原灌溉设施的变迁与唐代长安的面食》，史念海主编《汉唐长安与关中平原》（中日历史地理合作研究论文集第 2 辑），陕西师范大学历史地理研究所，1999，第 42—64 页。陈勇：《唐代长江下游经济发展研究》，上海人民出版社，2006。李碧妍：《危机与重构：唐帝国及其地方诸侯》，第 464 页。

2　《史记》卷三〇《平准书》，中华书局，2013，第 1706 页。

3　关于这时期士大夫群体的研究，见陈弱水《唐代文士与中国思想的转型》，广西师范大学出版社，2009。陈弱水：《柳宗元与唐代思想的变迁》，郭英剑、徐承向译，江苏教育出版社，2010。陆扬：《唐代的清流文化——一个现象的概述》，《清流文化与唐帝国》，第 213—263 页。

表Ⅰ-1 士大夫关于"钱重货轻"问题的评论

姓名	观点	出处（缩略语）
陆贽	物之贵贱，系于钱之多少；钱之多少，在于官之盈缩。官失其守，反求于人，人不得铸钱，而限令供税，是使贫者破产，而假资于富有之室。富者蓄货而窃行于轻重之权，下困齐人，上亏利柄	《均节赋税恤百姓六条》，《全》465，4753
权德舆	粟帛寖轻而缗钱益重，或去衣食之本以趣末作，自非翔贵之急，则有甚贱之伤。欲使操奇赢者无所牟利，务农桑者沛然自足，以均货力，以制盈虚，多才洽闻，当究其术	《进士策问》，《全》483，4935
韩愈	人之仰而生者谷帛。谷帛既丰，无饥寒之患，然后可以行之于仁义之途，措之于安平之地，此愚智所同识也	《进士策问》，《全》547，5547
韩愈	夫五谷布帛，农人之所能出也，工人之所能为也。人不能铸钱，而使之卖布帛谷米以输钱于官，是以物愈贱而钱愈贵也	《钱重物轻状》，《全》549，5561
白居易	当今将欲开美利利天下，以厚生生蒸人，返贞观之升平，复开元之富寿，莫善乎实仓廪，均丰凶，则耿寿昌之常平，得其要矣……苟粟麦足用，泉货流通，则布帛之价，轻重平矣	《礼部试策》，《全》669，6809
白居易	是以商贾大族，乘时射利者，日以富豪；田垄疲人，终岁勤力者，日以贫困……故王者平均其贵贱，调节其重轻，使百货通流，四人交利。然后上无乏用，而下亦阜安	《策林·息游堕》，《全》670，6823
李翱	钱直日高，粟帛日卑……百姓日蹙而散为商以游……有何术可使国用富而百姓不虚，游人尽归于农而皆乐，有力所并者税之如户，而士兵不怨	《进士策问》，《全》634，6399
沈亚之	百姓之贡输赋，患不在重，而在于劳逸不均也。今自谋叛以来，农劳而兵逸……故农夫蚕妇，蓬徙尘走于天下，而道死者多矣。由是商益豪而农益败，钱益贵而粟益轻也。今返之法，必在刺史长吏而择其良者	《对省试策》，《全》734，7576

缩略语：《全》465，4753.＝董诰等编《全唐文》卷四六五，第4753页。

上述士大夫对于此问题的着眼点，不脱传统儒家思维：（1）出现"钱重货轻"是因为有不法奸商操纵米价、绢价，导致农民利益受损；（2）地方官与奸商勾结，导致此问题恶化；（3）必须改善吏治，打击不法奸商；（4）通过官府的统购行为，调节物价。而这一切的最终目标，就是要"国用富而百姓不虚,游人尽归于农而皆乐,有力所并者税之如户,而士兵不怨",最终实现盛世。

但这和唐廷的诉求很不相同。对于唐廷而言,"钱重货轻"造成的真正影响是岁入不足。从肃宗、代宗朝到德宗执政初期,唐廷面临严峻的军事形势;贞元之后,唐廷转入休养生息,德宗锐意聚财;宪宗元和之后,和藩镇的历次战争也需要大量的钱财应付财政开支。[1]

按照日野开三郎的研究,当时唐廷的军费开支来自三方面:藩镇军队的食出界粮、外寇防御费、禁军维持费。[2]在中唐时期,"凡诸道之军出境,仰给于度支,谓之食出界粮",[3]这是唐廷在战时最大的军费开支。该制度始见于建中二年(781),并贯穿于整个唐后期。孟彦弘认为,食出界粮是在两税三分前提下,唐廷和藩镇博弈的产物,最终推动藩镇军队走向地方化。[4]陈明光指出,食出界粮制"在实施中虽然有鼓励地方军队服从中央调动,为维护中央集权而战的作用,但也会让一部分具有割据倾向的藩镇势力贪财玩寇,多次直接导致唐中央打击地方割据势力的战争归于失败"。[5]

综上所述,唐后期朝廷度支的重心在军费,军费的重心在食出界粮,而该制最可体现唐廷与诸藩之间的博弈。这启示我们要注意唐廷和诸藩之间关于经济权力的博弈。

(三)"钱重货轻"问题背后的政治博弈

1."钱重"的成因

事实上,"钱重"即钱币短缺,是古代社会常要面临的问题。卡

1　关于中唐时的军费,见贾志刚《唐代军费问题研究》,中国社会科学出版社,2006。
2　日野開三郎『唐代藩鎮の支配体制』、119−122 頁。
3　《旧唐书》卷一二《德宗纪》,第 336 页。
4　孟彦弘:《论唐代军队的地方化》,中国社会科学院历史研究所学刊编委会编《中国社会科学院历史研究所学刊》第 1 辑,社会科学文献出版社,2001,第 273 页。
5　陈明光:《两把双刃剑——唐朝后期地方日常军费的定额包干制与"食出界粮制"》,《寸薪集:陈明光中国古代史论集》,厦门大学出版社,2017,第 261 页。

洛·奇波拉（Carlo M. Cipolla）研究西欧中世纪的案例后发现，钱币供应短缺固然可归咎于囤积，然而还需要考虑以下两个因素：（1）"如果交流困难、大市场不能有效平稳地运转，在特定时间中局部状况会大相径庭，即在某村庄、城堡或城镇有大量的钱币，但在另一处村庄、城堡或城镇就出现钱币短缺。"（2）"极不平衡的收入分配会严重阻碍货币体系的平稳运行。"[1] 黑田明伸研究清乾隆朝的"钱贵"问题后认为，清朝铜银货币平行的体制缺乏固定比率，这造成铜钱在供应端和回收端的断裂，并容易引起铜钱的短缺。[2]

回到唐代，此时的货币制度为钱帛兼行，然而钱帛两者并无固定比率。[3] 到了肃宗、代宗朝后，铜钱作为赋税的主要支付物，在制度层面刺激了社会上对于铜钱的需求。由于战争等因素的影响，农民的生活更加艰辛，而上层社会却依然占有大量的财富，贫富上的悬殊使得铜钱分配不均衡，导致大量铜钱被囤积起来。

由此出发，宪宗令民间禁用铜器，并加铸铜钱，禁止恶钱的流通，还命令私人蓄钱不能超过限额。在元和七年议之后，又于元和八年四月，"以钱重货轻，出库钱五十万贯，令两常平仓收市布帛，每段匹于旧估加十之一"；[4] 在元和十二年正月又"出见钱五十万贯"。[5] 这些可以说是在货币供应端的努力。

但宪宗的这些举措被认为缺乏执行力。宪宗朝的官员元稹指出："铜器备列于公私，钱帛不兼于卖鬻，积钱不出于墙垣，欺滥遍行于市井，亦未闻鞭一夫，黜一吏，赏一告讦，坏一蓄藏，岂法不便于时耶？

1　Carlo M. Cipolla, *Money, Price, and Civilization in the Mediterranean World: Fifth to Seventeenth Century*, New York: Gordian Press, 1967, p. 9.

2　黑田明伸「乾隆の錢貴」『東洋史研究』第 45 卷第 4 号、1987 年、58－89 頁。

3　关于钱帛二元体制的研究，参见李埏《略论唐代的"钱帛兼行"》,《历史研究》1964 年第 1 期，第 169－190 页。徐畅：《唐代多元货币体制的运营——基于中央的视角》,吐鲁番学研究院、吐鲁番博物馆编《古代钱币与丝绸高峰论坛暨第四届吐鲁番学国际学术研讨会论文集》,上海古籍出版社，2015，第 73－86 页。

4　《旧唐书》卷一五《宪宗纪》,第 445 页。

5　《旧唐书》卷四八《食货志》,第 2103 页。

盖行之不至也。"[1] 这可能代表了当时很多士大夫的看法。但需要注意和"行之不至"相对的客观原因。

按照前引奇波拉的观点，大市场流通不畅时，也会出现货币短缺的问题。这启示我们要注意"钱重货轻"问题在空间上的反映。

至少在德宗贞元年间，"钱重货轻"发生的地域主要是长安。如《旧唐书·韩滉传》载：

> 〔元〕琇以京师钱重货轻，切疾之，乃于江东监院收获见钱四十余万贯，令转送入关。[2]

按照日野开三郎的研究，东南地区在唐后期成为中国产业的枢纽；两京地区则是中国北方最大的消费地；关中朔方地区是兵力最集中的地方，亟须大量物资。这造成货物从江淮运往两京，钱币从中国北方流向江淮。铜钱携带不便，飞钱应运而生。在宪宗整顿之前，飞钱的庄主有各方镇的进奏院、神策军高层、财政官员以及大富商。扬州是大运河的枢纽，所以聚集着各方镇的邸店，供商人们换取现钱。[3]

飞钱可以部分解决铜钱供应紧缺的问题。但如此一来，诸藩获得了非传统的经济权力，并对唐廷构成威胁，甚至地方上还有禁止现钱出境的命令。比如前引文中，韩滉最终不许元琇运现钱到长安。因此，唐宪宗在元和三年（808）、十二年下"蓄钱之禁"，在元和六年禁止飞钱便换，这体现了对各方镇经济权力的打击。然而飞钱便换本是时势使然，所以元和七年五月，唐宪宗听从财政官王绍等人的建议："许令商人于户部、度支、盐铁三司任便换见钱，一切依旧禁约。"不久又明确了换钱的手续费。[4] 这明显体现了宪宗和诸藩在经济权力上的斗争。

1　冀勤点校《元稹集》卷三四《表状·钱货议状》，中华书局，2010，第457页。

2　《旧唐书》卷一二九《韩滉传》，第3601—3602页。

3　日野開三郎『唐·五代の貨幣と金融』，35—76页。

4　王钦若等编著《册府元龟》卷五〇一《邦计部·钱币》，第6002页。

2. 唐宪宗时代的政治语境

"钱重货轻"议题是在元和时代的政治语境中产生意义的。中唐时为缓解供军压力，解决财政危机，唐廷进行了数次改革。这些改革以增加财政收入为目的，因被认为有违儒家"君子不尽利以遗民"[1]理念而饱受指责。比如两税法就因此饱受争议，陆贽曾向德宗进言：

> 天宝季岁，羯胡乱华，海内波摇，兆庶云扰，版图赜于避地，赋法坏于奉军……至如赋役旧法，乃是圣祖典章，行之百年，人以为便。兵兴之后，供亿不恒。乘急诛求，渐隳经制，此所谓时之弊，非法弊也。时有弊而未理，法无弊而已更，扫庸调之成规，创两税之新制。立意且爽，弥纶又疏。竭耗编氓，日日滋甚。[2]

到南宋时期，郑樵的指责更为严苛：

> 不幸建中天子用杨炎为相，遂作两税之法。自两税之法行，则赋与田不相系也，况又取大历中一年科率多者为两税定法，此总无名之暴赋，立为常规也。且言利之臣，无代无之，有恨少，无恨多；有言加，无言减。[3]

在中唐时期，财政官往往受到清议的攻击，即使谨慎如刘晏也未能幸免。据《新唐书·刘晏传》：

> 〔刘晏〕馈谢四方有名士无不至，其有口舌者，率以利啖之，

1　董仲舒撰，苏舆注《春秋繁露义证》卷八《度制》，中华书局，1992，第229页。
2　《陆贽集》卷二二《中书奏议·均节赋税恤百姓六条》，第719—721页。
3　郑樵：《通志》卷一《食货略·赋税》，中华书局，1995，第1389页。

　　使不得有所訾短。故议者颇言晏任数固恩。[1]

　　基于人格和政治理念的不同，以及政治权力分配上的矛盾，唐廷中经常出现财政官和其他大臣尖锐对立的情形，比如德宗朝裴延龄与陆贽，宪宗朝皇甫镈与裴度的斗争，等等。除了贪婪的本性外，唐帝要维护自身统治，要进行战争，就需要增加收入；在此背景下，就需要增加财政官的权力，这必然打破原来的政治均衡，从而激化唐廷内部的矛盾。和留有敛财之名的德宗相比，宪宗的处置方法高明得多。他在"尊王攘夷"的旗帜下团结唐廷和士大夫群体，[2]利用适当的时机进行财政上的调整，以避免留下"与人争利"的口实。"钱重货轻"问题在这一背景下就成为唐廷扩大财源的一个突破口。"使商旅知禁，农桑获安。义切救时，情非欲利"，[3]成为宪宗重要的宣传口号。

　　因此，中唐的"钱重货轻"问题，背后仍然是唐廷和诸藩在经济权力上的斗争，扬州所在的江淮地区正是双方斗争的舞台。唐中后期扬州的崛起，固然和经济重心的南移、得天独厚的地理优势有关，但不能忽视政治因素的影响。

三　唐廷的扬州经略

（一）"裴度故事"

　　唐廷确立起对扬州和江淮的有效统治，时间当是在元和年间。而这与唐廷重建起对于诸藩的权威，在时间上是同步的。日野开三郎将唐廷

1　《新唐书》卷一四九《刘晏传》，第4796页。关于刘晏的政治生涯，参见吴丽娱《试析刘晏理财的宫廷背景——兼论唐后期财政使职与宦官关系》，《中国史研究》2000年第1期，第68—81页。

2　"尊王攘夷"是中唐时期重要的政治宣传，比如古文运动与"尊王攘夷"就有密切关系，参见陈寅恪《论韩愈》，《陈寅恪集　金明馆丛稿初编》，第319—332页。王永兴：《述陈寅恪先生〈论韩愈〉之作的重大意义》，《上海师范大学学报》2003年第3期，第89—94页。

3　王钦若等编著《册府元龟》卷五〇一《邦计部·钱币》，第6001页。

的削藩举措归纳为六项：一是削弱兵权，对藩镇的藩军体制进行改革，增强支州刺史的权力；二是削减藩镇的财政权，州税留州的比例升高；三是布置监军；四是任用士大夫出任藩帅；五是使各藩的势力均衡化；六是强化神策军等官军的军备。[1]

这在扬州具体有三种表现：一是采用"裴度故事"，以朝廷要员出任方镇长官；二是财权和治权的分离，任用节度使负责民政管理，任用盐铁使负责财政管理；三是派监军对节度使进行监视。

"裴度故事"的提法，最早见于宣宗朝宰相白敏中的奏议。据《资治通鉴》：

〔宣宗大中五年（851）三月〕敏中请用裴度故事，择廷臣为将佐，许之。[2]

裴度于元和十二年由宰相出任淮西节度使，成功平定淮西叛乱，因此成为唐后期用文臣出任节度使的先例。事实上，李吉甫在元和三年以宰相出任淮南节度使，比裴度要更早。[3]李吉甫的就任，和他在唐廷受到孤立的背景有关，但他的到来，同样为淮南和扬州带来了重要的改变。

元和三年，江淮地区正遭受自永贞元年（805）以来的严重饥荒，唐廷和淮南镇对此次饥荒的处理，是唐廷和藩镇关系转变的一个契机。中砂明德对此有深入的研究。据中砂氏的研究，在此期间，唐廷采纳裴垍关于州税三分制的改革提案，吸收李吉甫关于使职停废、州县废省的提案，对江淮的行政更加重视；而江淮的官府则采取了水利开发、都

1　日野開三郎『唐代藩鎮の支配体制』、135－146 頁。

2　《资治通鉴》卷二四〇"唐宣宗大中五年"，第 8045 页。谭凯（Nicolas Tackett）对此有最新研究。见 Nicolas Tackett, *The Destruction of the Medieval Chinese Aristocracy*, Cambridge: Harvard University Asia Center, 2014. 中译本见谭凯《中古中国门阀大族的消亡》，胡耀飞、谢雨荣译，社会科学文献出版社，2017，第 174—199 页。

3　《旧唐书》卷一四《宪宗纪》，第 426 页。

市治理的措施。这些成为检验唐后期朝廷对江淮治理情况的重要参考。[1]
谭凯在考察了唐代地方大员的出身背景后认为："京城精英在全国范围
内出任藩镇、州和县的高级职务，体现出国家和地方社会之间的特殊关
系"，"政治中心与帝国其他地方之间存在一种类似殖民的关系。居住于
京城的官僚被派往帝国所有角落，垄断一切高层文职，并在三四年任满
后返回京城"。[2] 从唐后期淮南节度使的出身背景来看，谭凯的说法是可
以成立的。

关于唐后期扬州行政长官——淮南节度使兼扬州长史，以及监军的
政治地位，杜牧有过很好的总结：

> 淮南军西蔽蔡，壁寿春，有团练使；北蔽齐，壁山阳，有团
> 练使。节度使为军三万五千人，居中统制二处，一千里，三十八
> 城，护天下饷道，为诸道府军事最重。然倚海堑江、淮，深津横
> 冈，备守坚险，自艰难已来，未尝受兵。故命节度使，皆以道德
> 儒学，来罢宰相，去登宰相。命监军使，皆以贤良勤劳，内外有
> 功，来自禁军中尉、枢密使，去为禁军中尉、枢密使。自贞元、
> 元和已来，大抵多如此。[3]

郁贤皓把目前可见的每一位扬州长史都进行了辑录，[4] 李廷先对扬州
长史、淮南节度使的史迹进行了编年。[5] 根据郁先生的研究，从高适
（756—757 年在任）至高骈（879—887 年在任），唐廷任命并派出淮南

---

1 中砂明德「後期唐朝の江淮支配 — 元和時代の一側面」『東洋史研究』第 47 卷第 1 号、1988
  年、30—53 頁。
2 谭凯：《中古中国门阀大族的消亡》，第 195 页。
3 吴在庆校注《杜牧集系年校注》第 3 册《樊川文集》卷一○《淮南监军使院厅壁记》，中华
  书局，2008，第 809 页。
4 郁贤皓：《唐刺史考全编》，安徽大学出版社，2000，第 1655—1687 页。
5 李廷先：《唐代扬州大都督及大都督府长史编年》《唐代淮南节度使编年》，《唐代扬州史考》，
  江苏古籍出版社，2002，第 25—359 页。

节度使共计有 33 人次，其中由宰相转任的共计 9 人次，转任宰相的共计 10 人次。又，卒于官者，一共 10 人次，去职后情况不详的为 3 人次，合计 13 人次。除去这 13 人次，剩余 20 人次，则转任宰相者占 50%。这印证了杜牧"来罢宰相，去登宰相"的说法。第一位转任宰相的节度使为杜佑，而第一位由宰相转任者为李吉甫。此后，任者如段文昌、牛僧孺、李德裕、李绅等都是当时士大夫群体的领袖人物，这印证了"以道德儒学"之说。

而淮南节度使地位上升，关键节点出现在杜佑和李吉甫之间。杜佑在贞元五年至十九年（789—803）入朝拜相，李吉甫在元和三年（808）由宰相转任。在此之前，陈少游（773—784 年在任）被认为有拥兵自重之嫌，可见唐廷此时还未能牢牢把控淮南。最后一位由唐廷任命的节度使是被写入《新唐书·叛臣传》的高骈，他也是导致扬州在唐季衰微的关键人物。其他的节度使基本上是唐廷利益在淮南的执行者。杜牧所言的"来罢宰相，去登宰相"在贞元到元和年间形成，这说明该时期唐廷对扬州重视程度的提高，以及控制力的加强。

（二）理财权和治民权的分离

唐廷管控扬州的另一个方略，在于理财权和治民权的分离。唐后期，诸道盐铁是负责东南财赋北运的肥缺，这样的职位例由朝廷的高级官员兼任。

按照《唐会要·盐铁使》的记载，从第五琦（758 年出任）到柳璨（904 年出任），唐后期共计有 47 任诸道盐铁使。[1] 其中，杜佑、李墉、王播、杜悰、高骈曾出任淮南节度使和诸道盐铁使，但是只有王播和高骈曾同时兼任。高骈的例子出现在黄巢起义时期，这是特殊情况；王播之所以兼任，是在穆宗长庆年间贿赂宦官高层的结果：[2] 这两者都不具有

---

1 《唐会要》卷八八《盐铁使》，上海古籍出版社，2006，第 1908—1909 页。
2 《旧唐书》卷一六四《王播传》，第 4277 页。

普遍性。事实上，高骈同时担任节度使和盐铁使，是造成他野心膨胀的重要条件。[1] 值得注意的是，当李埘在元和五年接任淮南节度使时，他的盐铁使的职务就由卢坦接任，这可以体现唐廷将理财权和治民权分开的方略。这就体现出唐廷从诸藩镇手中夺回经济权力的努力。如长期在刘晏手下、在扬子院任职的韩洄，在德宗建中元年担任户部侍郎判度支时，曾向德宗提出一系列从诸藩手中夺回经济权力的措施，其关键的举措就是将盐铁之经营收回朝廷。[2]

唐后期，盐铁使设在扬州扬子院的幕僚集团是非常庞大的，甚至可以和节度使的幕府相提并论。《太平广记》引《逸史》记载，王播年轻时不得志，在端午节混进了当时淮南节度使杜亚的宴会，在喝醉酒后梦见自己坐在杜亚的位子上，底下的宾客要比杜亚多一半，而这些宾客都是幕府的判官。后来，王播做到了淮南节度使兼诸道盐铁使的位置，终于悟到多的一半就是诸道盐铁使的属官。于是他对下属说道："某淮南盐铁，此必定矣。当时梦中判官，数多一半，此即并盐铁从事也。"[3] 王播的这则故事当然是小说家言，但由此可知，节度使幕府和扬子院的权势在和平年代应该是对等的。而这就是唐廷前述方略所带来的结果。

（三）扬州与润州政治地位的比较

由于政治、地理、交通、人口等因素，在一个大的空间区域中，总会形成政治中心区、经济中心区等。但是，如果两个次级区域都具有成为中心区的条件，那么很容易出现资源分配上的挤兑。扬州与润州（以及从润州分化出来的昇州）之间就是这样的一种关系。

在唐后期，扬州在政治和经济地位上都高于润州，史念海曾经从

1　《旧唐书》卷一八二《高骈传》，第4704页。参见陈烨轩《高骈的野心——晚唐的朝廷、淮南节度使和扬州社会》，《中华文史论丛》2020年第4期，第241—268页。

2　《旧唐书》卷一二九《韩洄传》，第3606页。

3　李昉等编，张国风会校《太平广记会校（附索引）》卷二七八《梦·王播》引《逸史》，第4584—4585页。

地理位置差异的角度解释这一问题。史先生认为：当时长江"江面远较现在宽阔，深度当然不能和现在一样，因而海舶的停泊就受到一定的限制。江船既多趋扬州，海舶也不靠近南岸停泊，这就使润州失去了有利的地位"。[1] 史先生的看法相当有见地。然而不能忽视润州的某些地利，比如宋代的吕祖谦就认为：

> 　　唐时漕运，大率三节，江淮是一节，河南是一节，陕西到长安是一节。所以当时漕运之臣所谓无如此三节，最重者京口。初，京口济江淮之粟，所会于京口。京口是诸郡咽喉处。初时润州江淮之粟至于京口，到得中间，河南、陕西互相转输。然而三处惟是江淮最切。何故？皆自江淮发足。所以韩滉由漕运致位宰相，李锜因漕运飞扬跋扈，以至作乱。以此三节，惟是京口最重。[2]

细究可知，吕祖谦的说法很有道理。唐后期朝廷的财政仰给东南，两浙的粮食要运往长安，需要在京口（润州）聚集。而且在肃、代宗朝以及德宗初期，中原局势不稳，运河时而断绝，有时需要通过长江转汉水运送，这也会抬高润州的地位。因此不能过分抬高扬州在地理上对润州的优势。

而且按照李碧妍的研究，韩滉任镇海军节度使期间，润州的实力其实要强于扬州。然而正是润州过于险要的地理条件，以及江南不设节度使的传统，使得润州的军事力量在李锜之乱后就受到极大的削弱。[3]

此外不能否认谶纬在其中的作用。对中古时期的中原王朝而言，金陵王气始终是一个值得担忧的问题。[4] 其实徐敬业在起兵反对武后

1　史念海：《论唐代扬州和长江下游的经济地区》，《扬州师院学报》1982 年第 2 期，第 24 页。

2　黄灵庚、吴战垒主编《吕祖谦全集》第 9 册《历代制度详说》卷四，浙江古籍出版社，2008，第 62—63 页。

3　李碧妍：《危机与重构：唐帝国及其地方诸侯》，第 457—513 页。

4　参见孙英刚《神文时代——谶纬、术数与中古政治研究》，上海古籍出版社，2015，第 63—100 页。

时，就曾受到"金陵王气"说的重要影响。而且这时"金陵王气"的发生地，已经从金陵扩展到了润州、常州一带。据《旧唐书·李敬业传》：

> 初，敬业兵集，图其所向，薛璋曰："金陵王气犹在，大江设险，可以自固。且取常、润等州，以为霸基，然后治兵北渡。"……十月，〔敬业〕率众渡江，攻拔润州，杀刺史李思文。[1]

"金陵王气"说在唐代始终存在，到五代依然是证明南方政权合法性的重要依据。据说，南唐先主李昇（徐知诰）的谋臣钱亮在早年说过："金陵王气复兴，当有申生子应运于此。"钱亮的这句预言在李昇称帝后被认为是灵验的，因而得到封赏。[2] 所以地处长安的唐廷，对于素有"王气"之说的金陵故地，始终忌惮。直到杨吴时期，金陵才重新得到发展。而与金陵毗邻并长期管辖此地的润州，也必然处于受防范的行列。

基于制度上的江南不设节度使的传统，地理上的易守难攻，以及谶纬上的"金陵王气"，润州在唐后期的政治地位（除韩滉在任期外）始终要低于扬州。扬州在初唐便被定为大都督府，在东南各州中地位最高；安史之乱平息后，又成为唐廷重点建设的地区。这是润州所不能企及的。这奠定了扬州作为唐后期东南最大都会的地位。

结　语

往来于印度洋的黑石号上，载有据说来自唐朝宫廷里的瓷器，这具有深刻的政治和经济背景。商业和军事的关系，在中唐时期表现得尤为

1　《旧唐书》卷六七《李敬业传》，第 2491—2492 页。

2　吴任臣：《十国春秋》卷一二《钱亮传》，徐敏霞、周莹点校，中华书局，2010，第 158 页。

突出。安史之乱后，供军的压力催生出诸项财政改革，也因此激化了唐廷内部的矛盾，而其政治根源就在于藩镇问题。供军的压力也促使唐宪宗出售宫廷的器物，这成为宫廷交易的新内容，这可以解释市场上出现所谓"宫廷瓷器"的原因。"钱重货轻"是中晚唐的经济难题，经济重心的南移导致铜钱大量流出两京，这削弱了唐廷对于经济生活的掌控，也不利于增加岁入，成为不能回避的问题。大量的铜钱流入扬州所在的东南地区，扬州成为唐后期最重要的商业都会和最大的港口之一，扬州的崛起是在中国经济重心南移的大背景下实现的，也是唐廷经营的结果。而扬州崛起的背后，其实可以看到唐廷和诸藩镇关于经济权力的争夺，比如邸店的开设、飞钱便换的经营等。因此从黑石号上的两件"宫廷瓷器"，可以看出长安、扬州、海上丝绸之路的联系。长安离南海、印度洋虽然遥远，但政治的影响力依然强劲。这也是研究海上丝绸之路所不能忽略的问题。

（原刊《北京大学学报》2020 年第 1 期，第 119—129 页）

附录Ⅱ　裴度的毡帽
——武元衡、裴度遇刺案中所见的商业与政治

　　唐宪宗元和十年（815）武元衡、裴度遇刺一案，学界研究甚多。这起遇刺案件，是河北强藩策划，并由埋伏在长安的刺客实施的。[1] 行刺的目的在于阻挠宪宗对吴元济用兵。宰相武元衡以及时任御史中丞的裴度，都是对强藩用兵的主战派，因此成了强藩的眼中钉。这样的一件大案，因为性质恶劣，在当时长安社会反响剧烈，以至于我们今天从正史、文集、小说笔记中都能找到相关的记录。以往学界多借助《资治通鉴》《旧唐书》《新唐书》的记录，从元和时代唐廷与藩镇的关系出发研究该案，以及其中所涉及的长安城

1　关于武元衡遇刺事件的真凶，《旧唐书·宪宗纪》认定为镇州节度使王承宗，见《旧唐书》卷一五《宪宗纪》，第453页。但《资治通鉴》则认定为平卢节度使李师道，见《资治通鉴》卷二三九"唐宪宗元和十年"，第7717页。

市布局等信息。[1] 事实上，如果通读武元衡、裴度遇刺案的材料，不仅能够从中读出政治史、城市史的信息，也能从中看出社会风尚、商业往来等社会史的景象，以及历史书写、社会心态等的端倪。

一 裴度遇刺案中的扬州毡帽

（一）武元衡、裴度遇刺案的历史书写

在武元衡、裴度案的历史书写中，《旧唐书·宪宗纪》出自《宪宗实录》，[2] 而且比《新唐书·宪宗纪》更为翔实。[3] 今录如下：

> 〔元和十年〕六月辛丑朔。癸卯，镇州节度使王承宗遣盗夜伏于靖安坊，刺宰相武元衡，死之；又遣盗于通化坊刺御史中丞裴度，伤首而免。是日，京城大骇，自京师至诸门加卫兵；宰相导从加金吾骑士，出入则彀弦露刃，每过里门，诃索甚喧；公卿持事柄者，以家僮兵仗自随。[4]

比起《旧唐书·宪宗纪》，《资治通鉴》增加了许多细节。这些细节描写在《旧唐书》《新唐书》武元衡传、裴度传中都能找到，很可能来自同源史料。《资治通鉴》载：

1　参见吕思勉《隋唐五代史》，上海古籍出版社，1959，第341—360页。Denis Twitchett (ed.), *The Cambridge History of China*, Vol.3, Part 1, pp. 522-537. 中译本见崔瑞德编《剑桥中国隋唐史589—906年》，中国社会科学院、西方汉学研究课题组译，中国社会科学出版社，1990，第475—489页。王仲荦：《隋唐五代史》，上海人民出版社，2003，第176—183页。张国刚：《唐代藩镇研究》，湖南教育出版社，1987，第178页。妹尾达彦：《韩愈与长安——9世纪的转型》，杜文玉主编《唐史论丛》第9辑，三秦出版社，2007，第1—28页。

2　此据杜希德（Denis C. Twitchett）的考证。参见 Denis Twitchett, *The Writing of Official History under the T'ang*, New York: Cambridge University Press, 2002, pp.151-154,198-205, 471. 中译本见杜希德《唐代官修史籍考》，黄宝华译，上海古籍出版社，2010，第134—136、175—182、221页。

3　《新唐书》卷七《宪宗纪》，第214页。

4　《旧唐书》卷一五《宪宗纪》，第453页。

> 六月，癸卯，天未明，元衡入朝，出所居靖安坊东门；有贼
> 自暗中突出射之，从者皆散走，贼执元衡马行十余步而杀之，取
> 其颅骨而去。又入通化坊击裴度，伤其首，坠沟中，度毡帽厚，
> 得不死；傔人王义自后抱贼大呼，贼断义臂而去。京城大骇，于
> 是诏宰相出入，加金吾骑士张弦露刃以卫之，所过坊门呵索甚严。
> 朝士未晓不敢出门。上或御殿久之，班犹未齐。[1]

上引文不仅交代了武元衡遇刺身亡的过程，而且对裴度"伤首而免"的
原因进行了陈述，即"度毡帽厚，得不死"。《旧唐书·裴度传》对此
记录更为详细：

> 度出通化里，盗三以剑击度，初断靴带，次中背，才绝单衣，
> 后微伤其首，度堕马。会度带毡帽，故创不至深。[2]

由此可见，裴度得以幸存，一方面是因为其首是被"微伤"，另一方面
则由于毡帽的保护。所以毡帽成了裴度死里逃生的关键。

（二）关于裴度所戴毡帽的分析

　　事实上，裴度头戴毡帽而得免，这在当时也被视为传奇。曾在元和
十五年（820）任左拾遗的温畬，在文宗、武宗的时代，撰有《续定命
录》。[3]《续定命录》中有一篇，记叙了李师道暗杀武元衡、裴度的经过，
后收入《太平广记·定数》。其中对裴度"伤首而免"交代为：

> 是时京师始重扬州毡帽。前一日，广陵帅献公新样者一枚，公

1　《资治通鉴》卷二三九"唐宪宗元和十年"，第 7713 页。

2　《旧唐书》卷一七○《裴度传》，第 4414 页。

3　此据石昌渝主编《中国古代小说总目·文言卷》，山西教育出版社，2004，第 545 页。

玩而服之。将朝，烛下既栉，乃取其盖张焉。导马出坊之东门，贼奄至，唱杀甚厉。贼遂挥刀中帽，坠马。贼为公已丧元矣，掠地求其坠颇急，骖乘王义遽回鞚，以身蔽公。贼知公全，再以刀击义，断臂且死。度赖帽子顶厚，经刀处，微伤如线数寸，旬余如平常。[1]

按照《续定命录》的说法，裴度在遇刺的前一天，"广陵帅"献给他一顶扬州的毡帽，他十分喜爱，隔天上朝还戴着。"广陵帅"自然是指淮南节度使，学者推定为李墉。[2]

《续玄怪录》多记载有因果报应、轮回转世的故事。这则故事在《太平广记》中被列入"定数"类，"定数"即一个人固有的命运。这则故事将裴度的一生遭遇视为不可转移的运命，所以即使裴度马上要遭暗杀了，仍然有淮南节度使献来毡帽，使裴度幸免于难。其实，在中晚唐的笔记小说中，不时能看到裴度和道士、术士的传奇故事。比如《太平广记》引《摭言》云：

> 唐中书令晋国公裴度，质状眇小，相不入贵，既屡屈名场，颇亦自惑。会有相工在洛中，大为搢绅所神。公特造之，问命。[3]

又比如《太平广记》引《剧谈录》云：

> 唐中书令晋公裴度微时羁寓洛中。常乘蹇驴入皇城。方上天津桥，时淮西不庭已数年矣，有二老人倚桥柱而立，语云："蔡州用兵日久，征发甚困于人，未知何时平定？"忽睹度，惊愕而退。

1　李昉等编，张国风会校《太平广记会校（附索引）》卷一五三《定数·裴度》引《续定命录》，第 2173 页。

2　参见李廷先《唐代扬州史考》，第 386 页。李时人编校《全唐五代小说》外编卷九《温畬（外一）·裴度》，中华书局，2014，第 3818 页注 1。

3　李昉等编，张国风会校《太平广记会校（附索引）》卷一一七《报应·裴度》引《摭言》，第 1608 页。

有仆者携书囊后行，相去稍远，闻老人云："适忧蔡州未平，须待此人为将。"既归。仆者具述其事。[1]

裴度的一生功绩卓著，平定淮西更是他一生中最重要的事功。因此关于裴度，民间出现了很多故事传说。这符合中国古代民间故事的创作习惯。晚唐李匡文撰写的《资暇集》中，同样可以见到对裴度毡帽的记载：

> 永贞之前，组藤为盖，曰"席帽"，取其轻也。后或以太薄，冬则不御霜寒，夏则不障暑气，乃细色罽代藤，曰"毡帽"，贵其厚也。非崇贵莫戴，而人亦未尚。元和十年六月，裴晋公之为台丞，自通化里第早朝，时青、镇一帅拒命，[2] 朝廷方参议兵计，而晋公预焉。二帅俾捷步张晏等傅刃伺便谋害，至里东门，导炬之下，霜刃歘飞。时晋公繫帽是赖，刃不即及，而帽折其檐。既脱祸，朝贵乃尚之。近者布素之士，亦皆戴焉。（折檐帽尚在裴氏私帑中。）太和末，又染缯而复代罽，曰"叠绡帽"，虽示其妙，与毡帽之庇悬矣。会昌已来，吴人衒巧，抑有结丝帽若网，其巧之淫者，织花鸟相厕焉。（近又染藤为紫，复以轻相尚。）[3]

李匡文的这则记载，因为涉及唐代的服饰，所以研究唐代服饰史的学者，如孙机、黄正建、纳春英等有引用并进行解读。[4]

---

1 李昉等编，张国风会校《太平广记会校（附索引）》卷一三八《征应·裴度》引《剧谈录》，第 1941—1942 页。

2 原文如此。

3 李匡文：《资暇集》卷下《席帽》，吴企明点校，中华书局，2012，第 206 页。按"李匡文"又作"李匡乂"。

4 参见黄正建《唐代食衣住行》，中华书局，2013，第 13 页。纳春英：《圆仁视野中晚唐长安平民男子的服饰——以〈入唐求法巡礼行记〉为中心的考察》，杜文玉主编《唐史论丛》第 17辑，三秦出版社，2014，第 124—127 页。孙机：《华夏衣冠——中国古代服饰文化》，上海古籍出版社，2016，第 122—128 页。

纳春英将这则记载中裴度的毡帽和《入唐求法巡礼行记》所载圆仁"一头勾当行李，来去与买毡帽等"，以及李元佐所送的"毡帽两顶"进行比较，认为"毡帽行状来源于席帽，有帽盔、帽檐，类似于后世的斗笠，整形比斗笠小，作用却比席帽大，夏可以避暑，冬可以御寒。裴度之所以脱祸是因为帽檐遮挡利刃的功劳，圆仁的毡帽和裴度的毡帽之间形状相同，材质不同"。纳春英同时认为，"类似于席帽样的毡帽并非胡俗，而且'毡帽'应该是此类有帽盔、帽檐帽子的总称。潮流涌起于长安，产地却主要在以扬州为中心的吴越之地。除形状统一之外，毡帽的材质和装饰庞杂，并不局限于毡质，所以也就不限于寒天"。[1]

《资暇集》云，"折檐帽尚在裴氏私帑中"，即裴度及其后人，将当时使裴度幸免的毡帽保存到该书的写作时代。《资暇集》的记载是否真实？不妨考察《资暇集》的产生年代。关于《资暇集》的撰著年代，以及作者李匡文的身份，学界颇有争议。[2] 据张固也考证，李匡文"为宰相李遗简子，约生于元和初，开成末任洛阳主簿兼图谱官，大中、咸通年间任房州刺史，僖宗、昭宗时先后任太子宾客、贺州刺史、宗正少卿、宗正卿。寻卒，年约八九十岁，著述凡十二种"。[3] 按李夷简元和初年拜山南东道节度使，八年拜剑南西川节度使，十三年入京拜相，同年又拜淮南节度使。[4] 若李匡文真为李夷简之子，并且生于元和初年，则其童年当主要在山南、西川、淮南度过。李氏父子既然未能在京城亲见武元衡、裴度遇刺案，则他们的信息当来自长安的进奏院，以及官员之间的信件往来，但李氏父子绝对有条件了解到该案的细节。因此，如果

1　纳春英：《圆仁视野中晚唐长安平民男子的服饰——以〈入唐求法巡礼行记〉为中心的考察》，杜文玉主编《唐史论丛》第 17 辑，第 125—126 页。

2　此据张固也综述，见张固也《〈资暇集〉作者李匡文的仕履与著述》，《文献》2000 年第 4 期，第 101—105 页。

3　张固也：《〈资暇集〉作者李匡文的仕履与著述》，《文献》2000 年第 4 期，第 105 页。

4　见《旧唐书》卷一五《宪宗纪》，第 445 页。《新唐书》卷一三一《宗室·李夷简传》，第 4510 页。

张文考证无误，《资暇集》的记载应当属实。与此同时，裴度之子裴识、裴谂都是晚唐名臣。裴谂在长安政坛活跃的时间一直持续到黄巢军进入长安。[1] 李匡文作为中唐名相李夷简之子，本身也属于上流阶层。因此李匡文可能有机会亲眼看到"尚在裴氏私帑中"的裴度毡帽。所以李匡文对裴度毡帽的记载是可信的。

裴度在上朝途中佩戴了一顶属于新风尚的毡帽，因此避免被杀的厄运。这在长安社会中被传得神乎其神，以至于裴度所佩戴的款式迅速在长安城流行开来，在晚唐更是"布素之士，亦皆戴焉"。而裴度佩戴毡帽的缘由，更被演绎成一则命数的故事。此处武元衡、裴度遇刺案的细节，就体现了政治事件对社会风尚的影响。

然而如果探究席帽的起源会发现，初唐有认为席帽起源于毡帽的说法。如郝懿行《证俗文》引刘孝孙《二仪实录》云：

> 羌人首服，以羊毛为之，谓之毡帽，即今毡笠。秦汉竞服之，后以席为骨而鞔之，谓之席帽。[2]

又据《类说》卷二五引《玉泉子》：

> 席帽本羌服，以羊毛为之，秦汉鞔以故席。女人亦戴之，四缘垂网子，饰以珠翠，谓之席帽。炀帝幸江都，御紫云楼观市，欲见女人姿容，诏令去网子。[3]

《二仪实录》《玉泉子》的产生时间远早于《资暇集》。刘孝孙为隋唐

1　《新唐书》卷一七三《裴识、裴谂传》，第5219—5220页。
2　郝懿行著，安作璋主编《证俗文》卷二《衣服·毡笠》，齐鲁书社，2010，第2197页。
3　夏婧点校《新辑玉泉子·类说引玉泉子佚文辨证》，夏婧点校《奉天录（外三种）》，中华书局，2014，第148页。

之际的文人，曾任行台郎中、著作佐郎等职。[1]他对于秦汉史事的把握显然要优于晚唐的李匡文。[2]《资暇集》没有弄清楚毡帽和席帽两者之间的关系。毡帽在初唐仍然流行。比如长孙无忌"以乌羊毛为浑脱毡帽，人多效之，谓之'赵公浑脱'"。[3]毡帽同时也是唐代府兵的服饰。[4]但这样的毡帽无疑是内亚族群传来的服饰。[5]在敦煌莫高窟第103窟《各国王子服饰图》中，还可以看到外国王子头戴毡帽的场景。[6]

席帽在唐代演变的过程中变成了"组藤为盖"，不再以毡为原料。但源于毡帽的席帽，在基本样式上，理应与前者相近。上引纳文云"类似于席帽样的毡帽并非胡俗"，可能是受到了《资暇集》的影响。

《资暇集》该文中出现了"会昌已来"的字句，说明创作年代必在武宗之后。该文既是回忆性的文章，而且作者永贞时尚未出生。裴度因毡帽而脱险，在中晚唐已经流传甚广，因此作者很容易将毡帽的流行和裴度画上等号。

那么，裴度是否真的如《续定命录》所言，佩戴了扬州毡帽？从目前掌握的信息来看，存在极大的可能性。《资暇集》未明言裴度的毡帽产地来自何处，但是已经声明这是用"细色罽"（即上佳的毛织品）制成的。因为只有这样，才能满足避暑的要求。而从当时的手工业状况来看，扬州能够满足此种条件。

1　《新唐书》卷一〇二《刘孝孙传》，第3977页。

2　关于中国古代（尤其是秦汉时期）对"毡""皮"的定义，孙诒让《周礼正义》中有详细的梳理。参见孙诒让《周礼正义》卷一《天官冢宰·掌皮》，中华书局，2013，第510—512页；同卷《天官冢宰·掌次》，第432—444页。

3　《新唐书》卷三四《五行志》，第878页。

4　《新唐书》卷五〇《兵志》，第1325页。

5　薛爱华曾专门叙述中亚和中国的毡制作。见 Edward Schafer, *The Golden Peaches of Samarkand: A Study of T'ang Exotics*, Berkeley: University of California Press, 1965。中译本见薛爱华《撒马尔罕的金桃——唐代舶来品研究》，吴玉贵译，社会科学文献出版社，2016，第493—494页。

6　谭蝉雪主编《敦煌石窟全集·服饰画卷》，商务印书馆，2005，第95页。又如《旧唐书》卷一九八《西戎·康国传》载："其王冠毡帽，饰以金宝。"（第5310页）

二　扬州的手工业与毡帽的制作

（一）扬州毡帽的毛料来源

根据现存的史料，扬州毡帽肯定是唐后期十分流行而且价格不菲的帽子。《太平广记》引《河东记》记载了一则灵应小说：学子李敏求屡试进士科不中，寄居长安旅舍，夜中偶然见到阴间的太山府判官柳十八郎，两人交谈甚欢。临别之际，柳十八郎提出，"此间甚难得扬州毡帽子，他日请致一枚"。[1] 又比如李廓云，"划戴扬州帽，重熏异国香"。[2] 这些都反映了扬州毡帽在长安的流行程度。

扬州并不产毛料，毡帽的制作原料主要来自森林和草原地带。唐代扬州作为帝国首屈一指的港口城市，不仅是海上丝绸之路的起点，同时也是大运河、长江航线上最重要的港口之一。因此扬州有十分充足的条件接纳来自森林、草原地带的毛料，进行毡帽的制作。

按照日野开三郎的研究，中国东北地区历来是优质毛皮的产地，而新罗与中国存在广泛的贸易联系，所以在新罗对中国的输出品中，毛皮可能是重要的一项。[3] 比如《三国史记》记载，景文王九年（869）秋七月，"遣王子苏判金胤等入唐谢恩，兼进奉马二匹……系鹰绯缬皮一百双，系鹞子绯缬皮一百双"。[4] 这虽然是朝贡品，但也可以为民间贸易的研究提供参考。

扬州所在的淮南道，是新罗人重要的侨居区，这在圆仁的《入唐求法巡礼行记》中有所记述。日野开三郎即据此认定从登州一直到扬

1　李昉等编，张国风会校《太平广记会校（附索引）》卷一五七《定数·李敏求》引《河东记》，第 2216—2218 页，引文见第 2217 页。

2　彭定求等编《全唐诗》卷二四《杂曲歌辞·长安少年行》，中华书局，1960，第 327 页。

3　日野開三郎『北東アジア国際交流史の研究』三一書房、1984、94 頁。

4　金富轼：《三国史记》卷一一《新罗本纪·景文王》，杨军校勘，吉林大学出版社，2015，第 155—156 页。

州，存在大量的新罗人侨居区。[1] 赖世和（Edwin O. Reischauer）则研究了当时新罗和中国的航路。[2] 按照金文经的考证，"唐朝在现今的山东省沿海到淮河、运河、长江口的地区，散布着许多新罗人的村落。其中以赤山村和楚州、涟水为其中心地"，"淮河流域或运河沿边的村落，大部分是由从事海外贸易业者、商人以及职业船员所构成的，可以积极参与当时国际贸易的航海技术。他们的海洋活动的范围，不仅限于唐、日本、新罗，也和以扬州、苏州、明州等地为活动中心的阿拉伯、波斯商人进行交易，可以说在世界贸易方面担任重要的角色。赤山村一带新罗人的活动，大部分是以沿海地区为活动中心，另一方面，楚州、涟水、扬州一带的新罗人，则是从事海外贸易"。[3] 按照陈尚胜的考证，上述地区"存在有新罗村、新罗院、新罗坊、新罗馆、勾当新罗押衙等组织或机构"，"扬州城内也应有新罗坊存在，因为圆仁于开成四年（839）正月在扬州居留之时，即有'新罗人王请来相看'。在圆仁回国前的会昌六年（846）四月二十七日，又有扬州新罗人王宗到楚州为圆仁送来迎他回日本的性海法师的书信"。[4] 荣新江先生以李邕《海州大云寺禅院碑》为中心，论述了新罗僧侣在新罗侨居区的作用。[5]

　　按照上述学者的研究成果，扬州是新罗人的重要侨居区，而新罗

1　日野開三郎『北東アジア国際交流史の研究』、30－37 頁。

2　Edwin O. Reischauer, "Notes on T'ang Dynasty Sea Routes", *Harvard Journal of Asiatic Studies*, Vol. 5, No. 2 (1940), pp. 142-164.

3　金文经：《唐代新罗侨民的活动》，林天蔚、黄乐瑟主编《古代中韩日关系研究》，香港大学亚洲研究中心，1987，第 38 页。

4　陈尚胜：《唐代的新罗侨民小区》，《历史研究》1996 年第 1 期，第 161－162 页。但是扬州是否存在新罗坊，仍存在争议，参见赵红梅《在唐新罗人的聚居区及其相关问题探微》，陈尚胜主编《登州港与中韩交流国际学术讨论会论文集》，山东大学出版社，2005，第 83－85 页。

5　荣新江：《唐与新罗文化交往史证——以〈海州大云寺禅院碑〉为中心》，沈善洪主编《韩国研究》第 3 辑，杭州出版社，1996，第 14－34 页；后收入荣新江《丝绸之路与东西文化交流》，北京大学，2015，第 117－131 页。

人在此地多从事海上贸易，因此完全可能将来自东北亚的毛料贩卖到扬州，成为扬州毡帽的毛料来源。

此外据《新唐书·地理志》，宣州贡丝头红毯、兔褐，常州贡兔褐。[1] 这两个地区都在扬州附近，可能也为扬州的毡帽制作提供了原料。益州等西南地区，也与扬州有密切的商业往来，也存在为扬州提供原料的可能。

（二）扬州毡帽的设计

按照前文的分析，无论是席帽还是毡帽，就设计而言，均属于胡帽的范畴。唐人喜欢胡服，这是众所周知的。胡帽在长安广为流行，其时间应该在玄宗时代。如《旧唐书》云："开元初，从驾宫人骑马者，皆着胡帽，靓妆露面，无复障蔽。士庶之家，又相仿效，帷帽之制，绝不行用。"[2]《新唐书》云："天宝初，贵族及士民好为胡服胡帽。"[3] 陈霞、樊雨通过考证长安出土画塑的胡帽，认为"唐代外来元服造型语言大体归纳为两端，其一为尖顶有檐，且帽檐挺括，或覆纱垂四周；其二，是高顶，顶尖而圆，中宽，顶虚内空，通常有耳，且耳檐上翻"，并认为胡帽"毋宁说是外夷首服的历史真貌，不如定义为华化胡帽的最终结论"。[4]

扬州毡帽类似斗笠，属于上述外来元服的第一种类型。此类毡帽能够在长安流行，离不开胡帽在长安风靡的背景。扬州毡帽在长安能够迅速流行开来，裴度刺杀案的宣传效应固然有所助力，但更重要的还是其自身的设计。

扬州毡帽在设计上的成功，和扬州发达的手工业制作传统有很大的

1　《新唐书》卷四一《地理志》，第 1058、1066 页。

2　《旧唐书》卷四五《舆服志》，第 1957 页。

3　《新唐书》卷三四《五行志》，第 879 页。

4　陈霞、樊雨：《唐代胡帽的改良性流播——以长安出土画塑为例》，《南京艺术学院学报》2015年第 1 期，第 43 页。

关系。[1] 按照卞孝萱的总结，唐代扬州的手工业可以归纳为五类："食有制盐、制糖、酿酒、制茶、制药等业。衣有丝织、麻织、成衣、制帽等业。住有土木建筑业。行有造船等业。用：经济方面有铸钱等业，军事方面有军器等业，文化方面有造纸、雕版印刷、乐器、石刻等业，日用方面有铜器、铜镜、铁器、金银器、漆器、木器、骨器、玉器等业。"[2]而考古学的发现证明，"唐代扬州手工业作坊相距甚近，排列整齐，手工业有分工，可能和唐代长安、洛阳一样，在城市布局中手工业已有专门的坊市存在"。[3]唐代扬州的手工业以做功精细著称。比如《唐国史补》云："扬州旧贡江心镜，五月五日，扬子江中所铸也。或言无百炼者，六七十炼则止，易破难成，往往有自鸣者。"[4]

　　由于胡帽在唐代早已风靡长安，扬州自身又有发达的手工业作为支撑，所以为适应长安市场的需求，设计出用细色𦋐做成的、质感柔软的毡帽，是完全合理的。然而毡帽本是内亚民族的传统帽饰，扬州毡帽能够在中晚唐异军突起，成为长安上流社会的流行帽饰，这不能不说和当时西北的局势也有关系。

（三）安史之乱后长安与西北的贸易

　　扬州毡帽在长安流行的时间是在元和之后，这时唐朝早已退出了西域乃至河西地区。这些地区是毛皮的重要生产区，比如在吐鲁番文书《天宝二年（743）交河郡市估案》、敦煌文书 S.8444《唐内文思院回赐甘州回鹘进贡物品会计簿》中，记载有西州、沙州地区的毛皮交易情

1　关于唐代扬州手工业，见卞孝萱《唐代扬州手工业与出土文物》，《文物》1977 年第 9 期，第31—37 页。李廷先：《唐代扬州史考》，第 379—392 页。朱祖德：《唐代扬州手工业析论》，《淡江史学》第 24 期，2012 年，第 12—151 页。

2　卞孝萱：《唐代扬州手工业与出土文物》，《文物》1977 年第 9 期，第 33 页。

3　南京博物院：《扬州唐城手工业作坊遗址第二、三次发掘简报》，《文物》1980 年第 3 期，第14 页。

4　李肇：《唐国史补》卷下，上海古籍出版社，1978，第 64 页。

况。[1] 在 P.2942《唐某年河西节度使判集》中有《甘州兵健冬装、肃州及瓜州并诉无物支给》，也谈及"回易皮裘"。[2] 薛爱华指出，"在唐朝本土，最大的皮毛生产地是陇右道（大体相当于现在的甘肃省）。唐朝官方具列陇右道的土贡称'厥贡麸金、砺石、棋石、蜜蜡、毛毼、白氎及鸟兽之角、羽毛、皮革'。在唐朝其他一个道的贡物中，我们都没有见到过类似的记载"。[3] 严耕望在研究唐代纺织业的地理分布时，也认为毛织品"有毡褐等，大抵出皆关内、陇右"。[4]

由于回纥帮助唐朝平定安史之乱，所以回纥商人在唐朝境内享有很多特权。加之西北局势的影响，回纥商人在中原和西北的贸易中居于垄断的地位。据《新唐书·回鹘传》：

> 初，安西、北庭自天宝末失关、陇，朝贡道隔。伊西北庭节度使李元忠、四镇节度留后郭昕数遣使奉表，皆不至。贞元二年，元忠等所遣假道回鹘，乃得至长安。[5]

按照日野开三郎的研究，在代宗时期，回纥商人的势力大为发展，在长安的金融业中扮演了重要角色。[6] 森安孝夫指出，这些商人是粟特商人的直系，都信仰佛教。[7] 然而因为粟特人曾经在安史叛军中扮演了关键

1　池田温『中國古代籍帳研究』東京大学出版会、1979、447-462 頁。池田温：《中国古代物价初探——关于天宝二年交河郡市估案断片》，韩昇译，池田温：《唐研究论文选集》，中国社会科学出版社，1999，第 133、138、188 頁。土肥义和：《敦煌发现唐、回鹘交易关系汉文文书残片考》，刘方译，《西北民族研究》1989 年第 2 期，第 194 頁。李昀：《晚唐贡赐的构造——以甘州回鹘和沙州归义军的贡赐比价为中心》，荣新江主编《唐研究》第 22 卷，北京大学出版社，2016，第 246—249 頁。

2　池田温『中國古代籍帳研究』、494 頁。

3　薛爱华：《撒马尔罕的金桃——唐代舶来品研究》，第 280 頁。

4　严耕望：《唐代纺织工业之地理分布》，《唐史研究丛稿》，新亚研究所，1969，第 653 頁；又《严耕望史学论文集》，第 800 頁。

5　《新唐书》卷二一七《回鹘传》，第 6124 頁。

6　日野開三郎『唐・五代の貨幣と金融』、253 頁。

7　森安孝夫『東西ウイグルと中央ユーラシア』名古屋大学出版会、2015、430 頁。

角色，加之回纥商人在长安放高利贷，不时与长安的达官显贵发生纠纷，中原人产生了排纥的情绪。比如德宗建中元年（780）发生的张光晟袭杀回纥使团的事件，就是这种排纥情绪的集中体现：

> 八月，甲午，振武留后张光晟杀回纥使者董突等九百余人。董突者，武义可汗之叔父也。代宗之世，九姓胡常冒回纥之名，杂居京师，殖货纵暴，与回纥共为公私之患；上即位，命董突尽帅其徒归国，辎重甚盛。至振武，留数月，厚求资给，日食肉千斤，他物称是。纵樵牧者暴践禾稼，振武人苦之。光晟欲杀回纥，取其辎重，而畏其众强，未敢发。九姓胡闻其种族为新可汗所诛，多道亡。董突防之甚急；九姓胡不得亡，又不敢归，乃密献策于光晟，请杀回纥。光晟喜其党自离，许之。上以陕州之辱，心恨回纥；光晟知上旨，乃奏称："回纥本种非多。所辅以强者，群胡耳。今闻其自相鱼肉，顿莫贺新立，移地健有孽子，及国相、梅录各拥兵数千人相攻，国未定。彼无财则不能使其众，陛下不乘此际除之，乃归其人，与之财，正所谓借寇兵赍盗粮者也。请杀之。"三奏，上不许。光晟乃使副将过其馆门，故不为礼；董突怒，执而鞭之数十。光晟勒兵掩击，并群胡尽杀之，聚为京观。独留一胡，使归国为证，曰："回纥鞭辱大将，且谋袭据振武，故先事诛之。"上征光晟为右金吾将军，遣中使王嘉祥往致信币。回纥请得专杀者以复仇，上为之贬光晟为睦王傅以慰其意。[1]

而且，回纥商人经常在金融贸易上与唐人发生纠纷，最终导致唐文宗在大和五年（831）出台诏令，限制唐朝人和外族人的金融交易：

> 如闻顷来京城内衣冠子弟及诸军使并商人百姓等，多有举诸

---

[1] 《资治通鉴》卷二二六"唐德宗建中元年"，第7287—7288页。

蕃客本钱，岁月稍深，征索不得，致蕃客停滞市易，不获及时。
方务抚安，须除旧弊，免令受屈，要与改更。自今以后，应诸色
人，宜除准敕互市外，并不得辄与蕃客钱物交关，委御史台及京
兆府切加捉搦，仍即作条件闻奏。其今日已前所欠负，委府县速
与征理处分。[1]

安史之乱后，唐朝人逐渐失去了对陇右毛皮源的控制，与此同时，回纥
商人控制了西北与中原的贸易，但唐朝人对回纥商人具有排斥情绪。在
这样的背景下，扬州毡帽作为毡帽业的后起之秀，终于在长安占得一席
之地。加之裴度案的宣传效应，以及长安上流社会的风尚所及，扬州毡
帽得以在长安风靡开来，并延续到晚唐时期。

三　唐后期扬州的商人群体

（一）扬州商人群体的研究情况

扬州毡帽的制作及其在长安上层社会的流行，说明了扬州商业在
长安乃至全国范围的成功运营。而这一商业运营的成功，离不开扬州商
人群体的努力。就族群划分而言，扬州的商人主要为本土商人、波斯商
人、新罗商人等。关于扬州的商人群体，学界已经有深入的研究，尤以
波斯商人和新罗商人研究较多。其中，新罗商人的研究情况前文已有介
绍，下面将依次介绍波斯商人和本土商人的研究情况。

日野开三郎对活跃在唐朝金融界的波斯人进行了研究。[2]日野氏认
为，在唐代货币经济的刺激下，从长安到扬州出现了资本雄厚的金融商
人。波斯人在金融业有巨大的势力，波斯钱（波斯商人的金银、绢帛、
钱等资本的总称）对唐代的政治（如买官求职等）也有影响。[3]日野氏

1　王钦若等编著《册府元龟》卷九九九《外臣部·互市》，第 11562 页。
2　日野开三郎『唐·五代の货币と金融』、231—243 頁。
3　日野开三郎『唐·五代の货币と金融』、238—239 頁。

从《太平广记》中辑录出 19 则有关商胡（主要是波斯人）经商的史料，涉及长安、洛阳、扬州、广州、洪州、宋州等地，这些是河网连接起来的城市，可以看出波斯人商业经营的网络。[1]

薛爱华利用《太平广记》中的波斯商人故事，对唐朝境内的波斯人、波斯客、波斯店等进行了梳理。[2]

而后，荣新江先生对唐朝境内的波斯人群体做了进一步研究。[3]荣先生指出，"虽然史料记载长安东西市上也有识宝的波斯老胡，但文献出现的波斯商人或他们所开设的店铺，更多是在东南沿海一带"，"唐朝时期在华的波斯人大致分为王族首领使者与商人两类"，其中商人"原本在萨珊王朝时地位就低，到中国以后地位似乎也没有提高"；而就波斯商人的活动地域而言，"更多的波斯胡人出现在扬州、洪州、广州等江南都市，以及湖北、四川等地，他们的分布十分零散。从时间上来看，波斯人主要活跃在安史之乱以后"；波斯商人和海路有密切关系，进入中国后，"除了一些大都市的波斯邸店外，看不出这些波斯商人始终固定在一个地点上，而凸显的是他们到处找宝的形象"，"波斯商胡在江南地区的广泛活动，也使得他们越来越融入中国社会"。[4]

李铁匠依据对扬州波斯庄的实地考察，提出对唐代波斯商人在扬州活动情况的看法。[5]李氏认为，唐朝来扬州的波斯商人不会很多，因为"一是唐代蕃商总数不多，来到扬州的也就不多"；二是波斯商人流动性较大；"三是蕃商主要经营珠宝、香料、药材。这些贵重物品只有统治阶级上层分子、富商大贾和寺庙需要，销售量极其有限，不可能很多

1　日野開三郎『唐・五代の貨幣と金融』、234—236 頁。

2　Edward Schafer, "Iranian Merchants in T'ang Dynasty Tales", in Waltes J. Fischel, (ed.), *Semitic and Oriental Studies Presented to William Popper*, Berkeley: University of California Press, 1951, pp. 403–422.

3　荣新江：《波斯与中国：两种文化在唐朝的交融》，《丝绸之路与东西文化交流》，第 61—80 页。

4　荣新江：《波斯与中国：两种文化在唐朝的交融》，《丝绸之路与东西文化交流》，第 68—75 页。

5　李铁匠：《波斯庄历史调查》，叶奕良编《伊朗学在中国论文集》第 3 集，北京大学出版社，2003，第 44—59 页。

人从事这些行业"。李氏同时指出，"如果蕃商来扬州经商，那也只能在扬州'市'内活动。《太平广记》记李勉于淮阴葬波斯老胡，后至维扬旗亭，果然找到老胡之子。这个旗亭就是扬州'市'管理开市、收市的机构。这说明市场之内才是蕃商活动场所"。[1]

2004 年，波斯人李摩呼禄墓志出土，学界对此墓志展开分析。[2] 按照荣新江先生的研究，李摩呼禄可能入唐不久，因为"没有变成正规的汉文名字"，而他的穆姓妻子，"原本出自中亚花剌子模地区的木鹿（Marv）"，这方墓志显示了波斯人与海上丝绸之路、摩尼教的密切关系。[3] 此外，在扬州也出土有粟特人墓志，即《米宁女九娘墓志》，印证了中亚族群及其后裔在扬州的定居情况。[4]

此外，扬州唐城考古队在对唐时期房屋遗址进行挖掘时，发现了151 片波斯釉陶器碎片，[5] 这可以反映出波斯文化在扬州的影响力。

关于扬州的本土商人，学界的关注不及前者。李廷先的研究较为全面详细。[6] 李氏依据《旧唐书》《新唐书》《太平广记》以及唐诗记载，将扬州商人按照活跃程度，依次分为盐商、茶商、珠宝商、药商。其

1　李铁匠：《波斯庄历史调查》，叶奕良编《伊朗学在中国论文集》第 3 集，第 52、50 页。

2　郑阳、陈德勇：《扬州新发现唐代波斯人墓碑意义初探》，《中国穆斯林》2015 年第 3 期，第58—60 页。周运中：《唐代扬州波斯人李摩呼禄墓志研究》，《文博》2017 年第 6 期，第 69—72 页。荣新江：《一个入居唐朝扬州的波斯家族》，林悟殊主编《脱俗求真：蔡鸿生教授九十诞辰纪念文集》，广东人民出版社，2022，第 335—346 页。

3　荣新江：《一个入居唐朝扬州的波斯家族》，林悟殊主编《脱俗求真：蔡鸿生教授九十诞辰纪念文集》，第 337—338 页。

4　周绍良主编《唐代墓志汇编》，上海古籍出版社，1992，第 2244—2245 页。关于该墓志及其反映的扬州粟特人活动情况，见荣新江《魏晋南北朝隋唐时期流寓南方的粟特人》，韩昇主编《古代中国：社会转型与多元文化》，上海人民出版社，2007，第 138—152 页；后收入荣新江《中古中国与粟特文明》，三联书店，2014，第 42—63 页。

5　中国社会科学院考古研究所等编著《扬州城：1987—1998 年考古发掘报告》，文物出版社，2010，第 176 页。

6　李廷先：《唐代扬州史考》，第 393—404 页。此外，朱祖德、金相范对扬州商业等也有研究，见朱祖德《唐代扬州的商业贸易》，《史学汇刊》第 30 期，2012 年，第 57—101 页；朱祖德《试论唐代扬州在中西交通史上的地位》，《兴大历史学报》第 18 期，2007 年，第 193—224 页；金相范《唐代后期扬州的发展和外国人社会》，《台湾师大历史学报》第 44 期，2010 年，第 37—66 页。

中，珠宝商以胡商为主，其他商人均以本土商人为主体。谭凯则注意到
扬州商人向两京地区移民的现象。[1]

总体而言，学界对外来商人群体的研究较为深入，对本土商人的研
究反而不及前者。并且后者多侧重于宏观、整体，在微观层面有待继续
发掘。本文正是希望通过微观层面，探究扬州商人的活动对扬州经济繁
荣的助力，进而对长安上流阶层产生的影响。下文试就商人群体的活动
情况展开分析。

（二）《孙绥墓志》所见的扬州商人

在中国古代正史中，除个别商人对政治运行产生了重大影响，因而
留下了较为丰富的记录外，大量商人的活动是很难从正史中看到的。这
时，就需要求助于小说笔记和考古资料了。

在扬州的墓志资料中，可以找到一件明确的商人墓志，题为《唐
故乐安郡孙府君墓志铭并序》，墓主为孙绥。今将墓志内容移录如下：

> 唐故乐安郡孙府君墓志铭并序
>
> 府君姓孙氏，讳绥，其先周文王少子康叔之后。本贯青州乐
> 安郡。初随祖过江，止润州丹阳县，后避兵徙居广陵焉。祖溺，
> 烈考伦，皆高道不仕，世为逸人。府君绍缉宗祠，承训礼婚会稽
> 虞氏。夫人四德具美，令淑播闻；颈剖明珠，不征兰梦。育男三
> 人，□□保持。长曰宝，婚清河张氏；仲曰志，娶颍川陈氏；季
> 曰□，□□阳汤氏；皆高援名族，明奉箕帚，各有孙息。府君平
> 生深仁厚义，长者有余，虽贸易往来，而与物无贵，冀□椿寿，
> 福庆子孙。奈何亲懿方洽，孝善当时，三乐之康年，遭二竖之致
> 疾，伏枕逾月，百药不瘳，圆灵匪仁，纤我尊德，乾符五年十月

1　Nicolas Tackett, *The Destruction of the Medieval Chinese Aristocracy*. 中译本见谭凯《中古中国门阀大族
　　的消亡》，第 115 页。

五日属纩于扬州江阳县会义坊之私第，享龄八十有一。当其岁戊
戌十月癸亥廿三日乙酉，以桑梓隔越，将迁窆于当县城东权创北
道化坊茔内。地东西八步，南北十四步。松槚呜呼，生为达人，
终而得地。三男皆娶，数孙长成，环泣营葬，生死终礼。惟夫人
糟糠义重，偕老有违，垂白孤孀，恨乖同穴。悲风殒涕，高月低
□，云树惨凄，寒泉呜咽，丘山虽失，中馈弥□，虑龟蓍昧贞，
故刊玄石，其铭云：圆虚毓人良与贤，生厌世兮如逝川。惟我父
兮福庆返，寿过荣兮三乐全。孝子孝孙俱潸然，嗟夫人兮亦尊年。
龟有语兮著有言，下玄堂兮城东阡，崇封冈兮虚丘圆，孤月悲，长
地仙。[1]

按照墓志的记载，孙绶少年时随祖父从青州移居润州，后来在扬州定
居。孙绶父祖都未做官，其子似乎也是如此。孙绶本人是商人，这从
"贸易往来"四字可以看出。在唐朝，除了战乱等因素外，平时在全国
各地移动的，除了官员、使者、士兵外，就是商人。孙绶病逝于僖宗乾
符五年（878）十月，享年81岁，则他当生于德宗贞元十四年（798）。
在孙绶的童年时期，青州为平卢淄青节度使李师古把持，但此时唐廷和
淄青方面还处于和平状态。润州兵乱，当是镇海军节度使李锜在元和二
年叛乱一事。因为此后相当长的时期，润州都处于和平状态。这么看
来，孙绶应该祖孙三代都是商人。

其实，晚唐后期，商人家庭的活动情况在笔记小说中也有反映。如
《太平广记》引《玄怪录》中有一则题为《尼妙寂》，讲的是一个商人
家庭的妻子为被杀的父亲、丈夫复仇的故事。其中就透露出商人在各地
活动的信息：

尼妙寂，姓叶氏，江州浔阳人也。初嫁任华，浔阳之贾也。父

1　周绍良、赵超主编《唐代墓志汇编续集》，上海古籍出版社，2001，第1133—1134页。

升与华往复长沙广陵间。唐贞元十一年春，之潭州，不复……〔李
公佐谓叶氏曰〕："杀汝父者申兰，杀汝夫者申春耳。"……〔叶氏〕
乃男服，易名士寂，泛佣于江湖之间。数年，闻蕲黄之间有申村，
因往焉。流转周星，乃闻其村西北隅有名兰者。默往求佣，辄贱其
价。兰喜召之。俄又闻其从父弟有名春者，于是勤恭执事，昼夜不
离，见其可为者，不顾轻重而为之，未尝待命。兰家器之。昼与群
佣苦作，夜寝他席，无知其非丈夫者。逾年，益自勤干，兰逾敬
念，视士寂，即自视其子不若也。兰或农或商，或畜货于武昌，关
锁启闭悉委焉。因验其柜中，半是己物，亦见其父及夫常所服者，
垂涕而记之。而兰、春，叔出季处，未尝偕至，虑其擒一而惊逸
也。衔之数年。永贞年重阳，二盗饮既醉。士寂奔告于州，乘醉而
获。一问而辞伏，就法。得其所丧以归，尽奉母而请从释教。[1]

在这则故事中，江州浔阳人任华及其丈人在往潭州做生意途中，被蕲
州、黄州之间申村人申兰、申春杀害。任华妻叶氏偶然得知了凶手的姓
名，于是乔装成男性，辗转到申兰家做佣工，收集凶手的罪证。后趁申
兰、申春醉酒时，向官府报案，将他们一举擒拿。叶氏能够在江州到蕲
州、黄州间自由流动，以佣工为生，这可能与唐后期"户无主客，以见
居为簿"的户籍管理制度有关。[2] 申兰"或农或商，或畜货于武昌"，这
说明唐后期四民身份的转化比以前更为自由。

　　孙绥童年的经历，应当也属于随同父祖辈所进行的商业迁徙。这样

1　李昉等编，张国风会校《太平广记会校（附索引）》卷一二八《报应·尼妙寂》引《玄怪录》，
　第1777—1779页。又李昉等编，张国风会校《太平广记会校（附索引）》卷四九一《杂传
　记·谢小娥传》，第8787—8789页，这当是该故事的母本，作者为李公佐。不过《谢小娥
　传》未提及扬州。按《太平广记》原作引《续幽怪录》，此据会校本考证而改。在《太平广
　记》中，因避赵玄朗讳而将《玄怪录》《续玄怪录》改题作《幽怪录》《续幽怪录》。参见卞
　孝萱《再谈〈续玄怪录〉》，《山西大学学报》1983年第4期，第91—97页；程毅中《〈玄怪录〉、
　〈续玄怪录〉的版本和作者》，《社会科学》1983年第2期，第75—82页；徐志平《〈续玄怪录〉
　研究》，花木兰文化出版社，2007。
2　《旧唐书》卷四八《食货志》，第2093页。

的情况，在唐后期并不罕见。比如高骈的侧近吕用之也有这样的经历。据《太平广记》引《广陵妖乱志》：

> 〔吕用之〕父璜，以货茗为业，来往于淮浙间。时四方无事，广陵为歌钟之地，富商大贾，动逾百数。璜明敏，善酒律，多与群商游。用之年十二三，其父挈行。既慧悟，事诸贾，皆得欢心。时或整履摇箑，匿家与奴仆等居。[1]

《广陵妖乱志》对高骈、吕用之等人进行了妖魔化的描写，但并非毫无根据。比如上引的这段记载和唐后期扬州的情况就很契合。从这段描写也可以看出，唐后期扬州的商人社会地位应该不低，能够在扬州过上十分体面的生活。这和唐后期商人社会地位提高的整体形势有关。

（三）唐后期商人社会地位的提高

唐后期商人社会地位的提高，最明显地体现在入仕上。唐初，对商业的从事人员有严格规定。《唐六典·尚书户部》云：

> 辨天下之四人，使各专其业：凡习学文武者为士，肆力耕桑者为农，功作贸易者为工，屠沽兴贩者为商（原注：工、商皆谓家专其业以求利者；其织纴、组紃之类，非也。）工、商之家不得预于士，食禄之人不得夺下人之利。[2]

这样的规定，来自儒家"君子不尽利以遗民"的思想，[3]同时包含有严守四民界限的理念。但是，随着安史之乱后唐朝时局的变化，这样的规定

---

1 李昉等编，张国风会校《太平广记会校（附索引）》卷二九〇《妖妄·吕用之》引《广陵妖乱志》，第4803页。按《广陵妖乱志》在会校本中题作《妖乱志》。

2 李林甫等：《唐六典》卷三《尚书户部》，第74页。

3 董仲舒撰，苏舆注《春秋繁露义证》卷八《度制》，第229页。

出现了变革。在白居易《甲乙判》中，有一判，题为："得甲之周亲执工伎之业，吏曹以甲不合仕。甲云：'今见修改。'吏曹又云：'虽改，仍限三年后听仕。'未知合否？"判词为：

> 业有四人，职无二事。如或居肆，则不及仕门。甲爰有周亲，是称工者。方耻役以事上，且思禄在其中。有慕九流，虽欲自迁其业；未经三载，安可同升诸公？难违甲令之文，宜守吏曹之限。如或材高拔俗，行茂出群，岂唯限以常科，自可登乎大用。以斯而议，谁曰不然？[1]

这道判词说明，"工商之家不得预于士"的规定已经松动：只要工商之家改变职业，那么其子在三年后就可以参加科举。如果其子特别有才能，理应得到参加制举的机会。

从描写扬州的笔记小说中也会发现，商人在身后可以名列仙籍。比如《太平广记》引《续仙传》有一话题为"李珏"，写的是扬州米商李珏的故事：

> 李珏，广陵江阳人也。世居城市，贩粜自业。而珏性端谨，异于常辈。年十五时，父适他行，以珏专贩事。人有籴者，与籴，珏即授以升斗，俾令自量。不计时之贵贱，一斗只求两文利，以资父母。岁月既深，衣食甚丰……及珏年八十余，不改其业。[2]

后来，李珏因为一生行善，得以名列仙籍。于是，作者又借与李珏同名的淮南节度使之口，发表了这样的评论：

---

[1] 谢思炜校注《白居易文集校注》卷三〇，第 1774 页。
[2] 李昉等编，张国风会校《太平广记会校（附索引）》卷三一《神仙·李珏》引《续仙传》，第 366 页。

> 乃知世之动静食息，莫不有报。苟积德，虽在贫贱，神明护
> 佑。名书仙籍，以警尘俗。[1]

这无疑是一则宣扬因果报应、提倡积德行善的故事。然而这则故事还说
明，当时在社会中已经具有了这样一种意识，即无论一个人生前从事什
么样的职业，只要生前积德行善，在身后就可能名列仙籍。阴间的想象
本是人间社会的投射，这样的故事说明商人的社会地位已经明显得到
提高。

张中秋对唐后期商业管理法律的变化问题有独到研究。[2] 张氏认为，
"唐代前期是贵族型的中古社会，中后期开始向世俗社会转变，因此，
金钱的魔力在唐代经历了一个受压制到逐渐自由放纵的过程，一个很有
象征意义的是商人的地位得到了自然的提高，抑商的法律虽依然存在
（这是政治法律滞后于经济的正常表现），但权威和效力均不能与初唐
相提并论，经商的热情弥漫到乡村田野"。[3] 这应该是十分中肯的总结。

像米商李珏的故事，在《太平广记》中并非个案，笔者可以对此类
故事进行举例，列成表Ⅱ-1。

表Ⅱ-1 《太平广记》中身份转换的故事举隅

序号	人物	登场身份	最终身份	《太平广记》卷数	原出处*
1	张老	金融商	仙人	卷一六·神仙	《玄怪录》
2	裴谌	药商	仙人	卷一七·神仙	《玄怪录》
3	卢生	金融商	仙人	卷一七·神仙	《逸史》
4	冯俊	佣工	富民	卷二三·神仙	《原化记》

---

1 李昉等编，张国风会校《太平广记会校（附索引）》卷三一《神仙·李珏》，第367页。
2 张中秋对唐代商业法律的研究，集中见其《唐代经济民事法律述论》，法律出版社，2002。概
   述性的讨论，另见《唐代商业法律叙论》，《南京大学法律评论》1994年秋季号，第69—78页。
3 张中秋：《唐代经济民事法律述论》，第76页。关于中唐时期法律调整在社会上的影响，参见
   陈烨轩《新发现旅顺博物馆藏法制文书考释——兼论唐律在西州诉讼和断狱中的运用》，荣
   新江主编《唐研究》第22卷，第181—202页。

序号	人物	登场身份	最终身份	《太平广记》卷数	原出处*
5	张公	金融商	仙人	卷二三·神仙	《广异记》
6	刘白云	富商	仙人	卷二七·神仙	《仙传拾遗》
7	李珏	米商	仙人	卷三一·神仙	《续仙传》
8	东陵圣母	医师	仙人	卷六〇·女仙	《女仙传》
9	赵旭	富商	仙人	卷六五·女仙	《通幽记》
10	刘弘敬	富商	富商遗泽子孙	卷一一七·报应	《阴德传》
11	尼妙寂	商人妻	比丘尼	卷一二八·报应	《玄怪录》

　　* 此据会校本考证。
　　资料来源：李昉等编，张国风会校《太平广记会校（附索引）》。

　　在晚唐人的诗歌中，有将帝国的心脏大明宫比喻成仙境，将登科比作入仙籍的说法。比如韩偓《及第过堂日作》写道"早随真侣集蓬瀛，阊阖门开尚见星"，"暗惊凡骨升仙籍，忽讶麻衣谒相庭"。[1] 说的就是诗人在及第后，感觉自己到了蓬莱仙境，脱胎换骨，名列仙籍。这种观念在中国传统社会影响很广，比如《儒林外史》中，范进中举后，他的岳父胡屠户就认为，范进"如今却做了老爷，〔黄评：'天鹅肉'竟吃着了。〕就是天上的星宿"。[2] 而在唐后期，随着商人社会地位的提高，原本属于"四民"之末的商人，这时候也被认为有了名列仙籍的可能。这和科举考试对商人家庭限制的放松几乎是同时的。这种法律的调整、社会观念的变化，对扬州这样的商业大都会的影响必然是巨大的。

结　语

　　在本文中，笔者从裴度被刺案中裴度所佩戴的毡帽入手展开分析。

1　吴在庆校注《韩偓集系年校注》卷三《及第过堂日作》，中华书局，2015，第585页。

2　吴敬梓著，李汉秋辑校《儒林外史汇校汇评》，上海古籍出版社，2022，第63页。

裴度因为佩戴毡帽而幸免于难，这在当时成为传奇。裴度所佩戴的毡帽，按照《续定命录》的记载，为当时新兴的扬州毡帽，而《资暇集》对这种毡帽的样式进行了介绍。

扬州毡帽能够在长安流行，是长安上流阶层从玄宗时代以后形成的爱好胡服的风气使然，同时也和西北局势的变化有关，但更重要的还是扬州发达的手工业，以及扬州商人群体的努力。

唐朝后期，商人整体地位的上升刺激了人们经商的热情，也使得扬州毡帽这种新产品的发明和流行成为可能。扬州境内既有本土商人的活动，也有波斯商人、粟特商人、新罗商人的往来，这些商人群体，是扬州商业繁荣的中流砥柱。通过对裴度遇刺案中扬州毡帽的分析，我们不仅能够对该案有更为深入、细致的认识，而且能够管中窥豹，看到唐代后期商业的发展，以及由此带来的政治、文化和社会方面的变化。这样的变化，正昭示着中国近世社会的到来。

（原刊叶炜主编《唐研究》第 24 卷，北京大学出版社，2019，

第 499—519 页 ）

附录Ⅲ　钱王射潮传说与 10 世纪杭州的海塘建设

在五代钱氏吴越国和北宋前期的建设下，杭州从普通的州郡成长为北宋的东南第一州。[1]杭州的崛起有海洋史的背景。《资治通鉴》云：

> 〔后梁开平四年（910）〕吴越王镠筑捍海石

1　关于钱氏吴越国的研究，见 Edouard Chavannes, "Le Royaume de Wou et de Yue 吴越", *T'oung Pao*, Vol. 17, No. 2 (1916), pp. 129-264。佐竹靖彦「杭州八都から呉越王朝へ」『人文学报』第 127 号、1978 年、1－36 頁。后收入氏著『唐宋变革の地域的研究』、261－310 頁。诸葛计、银玉珍编著《吴越史事编年》，浙江古籍出版社，1989。周峰主编《吴越首府杭州》，浙江人民出版社，1997。何勇强：《钱氏吴越国论稿》，浙江大学出版社，2002。山崎覚士「港湾都市，杭州：9・10 世纪中国沿海の都市变貌と東アジア海域」『都市文化研究』第 2 号、2003 年、56－71 頁。池泽滋子：《吴越钱氏文人群体研究》，上海人民出版社，2006；李最欣：《钱氏吴越国文献和文学考论》，中国社会科学出版社，2007。9—13 世纪杭州的地名变化不一，为方便行文，本文统一使用"杭州"。

塘，广杭州城，大修台馆。由是钱唐富庶盛于东南。（胡三省注曰：
"今杭州城外濒浙江皆有石塘，上起六和塔，下抵艮山门外，皆钱
氏所筑。"）[1]

捍海石塘的修建，使杭州避免了受海潮入侵的威胁，保障了农业、商业
等发展。[2] 关于钱镠如何修建石塘，民间流传有钱王射潮传说：钱镠苦
于石塘未能修成，命令士兵用箭一齐射向钱塘江潮头，潮水随即转头，
石塘因此顺利修成。民间传说当有真实发生的历史作为蓝本。那么，历
史到底如何发生？这里面蕴含着深厚的社会文化背景。

一　钱王射潮传说的文本

（一）钱王射潮传说的母本

据说，钱王射潮传说最早见于孙光宪《北梦琐言》，其文云：

> 杭州连岁潮头直打罗刹石。吴越钱尚父俾张弓弩候潮至，逆
> 而射之，由是渐退。罗刹石化而为陆地，遂列廪庾焉。[3]

但这段文字不见于今天流传的《北梦琐言》，[4] 而是出自苏轼《八月十五
日看潮》诗的施注（即南宋施元之父子的注释），故文本来源存疑。

目前更为可靠的传说母本，见于《吴越备史》。该书旧题为宋武胜
军节度使掌书记范坰、巡官林禹所撰，[5] 然而据陈振孙《直斋书录解题》，

1　《资治通鉴》卷二六七《后梁纪二》，第 8726 页。
2　参见周祝伟《7—10 世纪杭州的崛起与钱塘江地区结构变迁》，第 121—128 页。
3　《苏轼诗集》卷一〇《八月十五日看潮五绝（其五）》，王文诰辑注，孔凡礼点校，中华书局，
　　1982，第 486 页。
4　孙光宪：《北梦琐言》，贾二强点校，中华书局，2002。
5　范坰、林禹：《吴越备史》提要，中华书局，1991，第 1 页。

以及李最欣的考证,此书作者实为吴越末代国王钱俶之弟钱俨。[1]《吴越备史》记载:

> 〔后梁开平四年〕八月始筑捍海塘,王因江涛冲激,命强弩以射涛头,遂定其基。复建候潮、通江等城门。
>
> 〔原注〕初定其基而江涛昼夜冲激,沙岸板筑不能就。王命强弩五百以射涛头,又亲筑胥山祠,仍为题诗一章,巫钥置于海门。其略曰:"为报龙神并水府,钱唐借取筑钱城。"既而潮头遂趋西陵,王乃命运巨石,盛以竹笼,植巨材捍之。城基始定。其重濠累堑通衢,广陌亦由是而成焉。[2]

按照这段记载,钱王射潮有三个关键步骤:(1)命令五百名弩手向潮头射箭;(2)修造胥山祠;(3)题诗一首,封印在海门上。这三个步骤使潮水转头,筑塘工作得以继续进行。

"胥山祠"即祭祀春秋时期吴国重臣伍子胥的庙宇。唐元和十年(815)十月,杭州刺史卢元辅撰有《胥山祠铭》,肯定了伍子胥作为地方保护神的地位。[3]《吴越备史》引佚名氏《封胥山祠》记载:唐乾宁三年(896),钱镠在抵御董昌的进攻时,曾以"沙路之患未弭,乃祭江海而祷胥山祠。一夕惊涛,沙路悉毁,江壖一隅无所患矣"。[4]这说明钱镠很早就希冀借助伍子胥的"神力"来解决在江海上遇到的困难。

"海门"指钱塘江入海口的龛山和赭山。陶宗仪《南村辍耕录》载:"浙江之口,有两山焉。其南曰龛山,其北曰赭山,并峙于江海之会,谓之海门。"[5]这是天然形成的景观。

"龙神"是中古时期重要的海神,在两浙尤为如此。白居易刺杭时,

---

1 陈振孙:《直斋书录解题》卷五《伪史类》,徐小蛮、顾美华点校,上海古籍出版社,2015,第137—138页。李最欣:《钱氏吴越国文献和文学考论》,第1—72页。

2 范坰、林禹:《吴越备史》卷一《武肃王》,第125—126页。

3 卢元辅:《胥山祠铭》,董诰等编《全唐文》卷六九五,第7137—7138页。

4 范坰、林禹:《吴越备史》卷一《武肃王》,第66页。

5 陶宗仪:《南村辍耕录》卷一二《浙江潮候》,中华书局,1959,第150页。

撰《祭龙文》；据传钱镠也曾撰《建广润龙王庙碑》《投龙文》等。[1]龙王形象的来源有佛教因素，并带有"佛教化"的印记。[2]但在《吴越备史》的行文中，龙神应视为道教体系中的神祇。钱镠先祭拜胥山祠，再题诗一首，献给水府中的龙神，这是道教的仪式。

《吴越备史》当是后世钱王射潮传说的基本源头，《宋史·河渠志》在论述浙江（今钱塘江）海塘的筑造时，基本沿用了前者的记载。[3]苏轼知杭州时，曾撰《表忠观碑》，文中有"强弩射潮，江海为东"等文字，[4]说明北宋时，这则传说在杭州当地得到了官方的肯定。

然而《旧五代史》《新五代史》《资治通鉴》都没有提及这段传说，说明在北宋，此故事的流传还未获得位于开封、洛阳的国家知识精英的肯定。但到了南宋，此传说不仅见于官修的地方志，也见于各种笔记。这应该与杭州被提升为南宋的国都、文化实力上升有关。

（二）朱熹与"临安铁箭"

朱熹曾评论道："临安铁箭，只是钱王将此摇动人心，使神之。"[5]换言之，钱镠射潮是一种政治宣传行为，目的在于使自身的统治神圣化。朱熹的这一见识非常超前，以至于五百多年后，清乾隆朝的江宁府教授沈清瑞在撰写《射潮考》时，仍然"以此语为未然"，并认为："古人之以一诚孚水德者，当与钱王不殊也。"[6]

钱镠作为吴越王国的开创者，"摇动人心"是维持统治的常规手段。比如《吴越备史》云：后唐天成三年（928）"夏六月已来，大旱，有蝗蔽日而飞，昼为之黑。庭户衣帐，悉充塞之。王亲祀于都

---

1 吴越武肃王钱镠：《建广润龙王庙碑》《投龙文》，董诰等编《全唐文》卷一三〇，第1308—1309页。
2 陈政禹：《浙江龙王信仰的"佛教化"研究》，《台州学院学报》2017年第1期，第27—30页。
3 《宋史》卷九七《河渠志》，第2396页。
4 茅维编《苏轼文集》卷一七《表忠观碑》，第500页。
5 黎靖德编《朱子语类》卷一三八《杂类》，中华书局，1986，第3287页。
6 沈清瑞：《颐彩堂文集》卷三，清嘉庆二十三年沈维鐈武昌刻本，叶七至叶八。

会堂。是夕大风，蝗堕浙江而死"。[1]此段文字即为"飞蝗过境"的故事，常用于古代循吏的事迹书写模式，[2]这里被用来神化钱镠的统治。

当然，在肯定朱熹见识的同时，还需回到此评论的语境。其实"临安铁箭"并未见于前引《吴越备史》。朱熹提到的"铁箭"，实则是钱镠射潮后留下的一处景观。据《咸淳临安志》：

> 铁幢浦在今便门侧。土人相传云，吴越王射潮箭所止处，尝立铁幢，因以名之。又有闻诸钱氏子孙者，谓钱王筑塘时，高下置铁幢凡三，以卫水。此则其一也。淳祐戊申，赵安抚与筹买民地置亭其上。[3]

又据元代刘一清《钱塘遗事》：

> 五代钱王射潮箭，在临安府候潮门左首数步。昔江潮每冲激城下，钱氏以壮士数百人候潮之至，以强弩射之，由此潮头退避。后遂以铁铸成箭样，其大如杵，作亭泥路之旁，埋箭亭中，出土外犹七尺许，以示镇压之意。然潮泛之来，常失故道，临安府置一司，名"修江司"焉。[4]

按照王瑞来的考证，刘一清其人在历史上没有留下记载，其身份有道士、淳安县教授、他人托名三种说法。[5]观此记载，可知其道教色彩

1　范垌、林禹：《吴越备史》卷一《武肃王》，第 155 页。

2　"飞蝗过境"，参见孙正军《中古良吏书写的两种模式》，《历史研究》2014 年第 3 期，第 12—21 页。

3　潜说友纂《咸淳临安志》卷三六《山川》，浙江古籍出版社，2012，第 1320—1321 页。《淳祐临安志》卷一〇《江》有更简略的记载，见阮元辑《宛委别藏》第 45 册，江苏古籍出版社，1988，第 272 页。

4　刘一清撰，王瑞来校笺考原《钱塘遗事校笺考原》卷一《射潮箭》，中华书局，2016，第 23 页。

5　王瑞来：《"镜古孰非殷监呈"——〈钱塘遗事〉考述》，《四川师范大学学报》2013 年第 4 期，第 139—141 页。

浓厚。《咸淳临安志》成书于南宋末年，比《钱塘遗事》稍早。后者所谓"作亭泥路之旁"，似乎与前者的宋淳祐八年（1248）"赵安抚与筹买民地置亭其上"一事存在关联。《咸淳临安志》作为官修方志，对民间传说的处理比较严谨，所以特别说明是"土人相传"。《钱塘遗事》的叙述更完整：钱镠射潮后，铸造了大如木棒的铁箭，即《咸淳临安志》所云的铁幢，埋在射潮处，在地面上的部分还长达七尺，这是为了厌胜潮水。《梦粱录》沿用了《咸淳临安志》的记载。[1]

由此可说明，朱熹的评论是针对民间的"铁箭"传说而言的。不过铁幢浦在北宋中叶已经存在，王安石就写有《铁幢浦诗》。[2] 南宋中叶的《舆地纪胜》也记载了铁幢的故事。[3] 关于铁箭，明代的徐一夔曾撰《辨铁箭》以考证：

> 幢本有三，故老云，一在旧便门街东南小巷，今其巷尚名曰铁箭。一在旧桥门外，皆埋塞于居民，仅存其在利津桥者，又为民居所蔽，若不表识，久成埋塞。此实幢也，近世有赋铁箭者，遂指此幢为箭，认幢首为镞首，不思方射潮时箭已逐去矣，岂能存。且镠虽英雄，其所发箭，亦不过致一时之精诚，未必异于常箭，不考而妄作如此。又谓其首出土面，可撼而不可拔，以为神异，此尤不察其下有关键之故也。至惑于《夷坚志》之说，谓此夭拔则龟目红，其言犹谬，今恐以讹传讹，故力辨之。[4]

据此可知钱王射潮故事到明代有了更多细节。此时传说中的铁箭所在地共有三处，但从仅存实物来看，是铁柱而非铁箭。但即使是铁柱也不可见。其中《夷坚志》的文字不见今本，或为逸文，但可看出铁箭传说在

1　吴自牧：《梦粱录》卷一一《溪潭涧浦》，第 198 页。
2　《临川先生文集》，王水照主编《王安石全集》第 5 册，复旦大学出版社，2016，第 667 页。
3　谢芳、陈华文：《论两宋时期钱镠传说的流变》，《民俗研究》2016 年第 2 期，第 112—122 页。
4　马蓉等点校《永乐大典方志辑佚·杭州府志·考证》，第 613—614 页。

民间的广泛流传。

用射箭的方式厌胜潮水，在中国有悠久的传统。比如《水经注》载晋代贰师将军索劢在楼兰屯田射水，后世还流传过东汉伏波将军马援在岭南射潮的故事。[1] 试图借神力镇压海潮的做法在宋代也有记载，如两宋之际方勺的《泊宅编》云："政和丙申岁，杭州汤村海溢，坏居民田庐凡数十里，朝廷降铁符十道以镇之。"[2] 考虑到宋徽宗以崇信道教闻名，通过降铁符来镇压海潮有其时代特点。更典型的例子应该是六和塔的修建。

（三）六和塔与镇潮

曹勋《六和塔记》云：

> 钱氏有吴越时，曾以万弩射潮头，终不能却其势。后有僧智觉禅师延寿同僧统赞宁，创建斯塔，用以为镇。相传自尔潮习故道，边江石岸，无冲垫之失，缘堤居民，无惊溺之虞。闻者德之，而武林郡民日由之而不以为德。[3]

六和塔修建于吴越国时期，北宋末年方腊起义时被毁。绍兴二十二年（1152），宋高宗下诏重修此塔。绍兴二十六年，在僧智昙的主持下，此塔重建完成。[4]《六和塔记》正为纪念重修而作。这段文字追忆了六和塔初次修建的历程：钱镠射潮，依然不能改变潮水汹涌的趋势。于是高僧延寿和两浙僧统赞宁二人合作主持了六和塔的修建，用于镇压潮水，并取得了良好的效果。

北宋一代，《旧五代史》《新五代史》《资治通鉴》均未提及六和塔，

---

1 王子金：《说索劢楼兰屯田射水事》，《甘肃社会科学》2013 年第 6 期，第 75—87 页。此处承徐维焱博士提示，谨表谢忱。

2 方勺：《泊宅编》卷四，中华书局，1983，第 22 页。

3 曹勋：《松隐文集》卷三〇，此据曾枣庄、刘琳主编《全宋文》卷四二〇四，第 76 页。

4 潜说友纂《咸淳临安志》卷八二《寺观》，第 2998 页。

甚至《宋高僧传》和南宋末年刊行的《佛祖统纪》也未提及延寿修建六和塔的功绩，这说明六和塔的镇潮神话仅存在于杭州民间。到了南宋绍兴年间，六和塔镇压潮水的神话得到了朝廷的承认。据《建炎以来系年要录》：

〔绍兴二十二年十一月〕乙卯，吏部尚书兼侍讲林大鼐言："武林江山之会，大江潮信，一日再至。顷者江流失道，滩碛山移，潮与洲斗，怒号激烈，一城为之不安枕。虽诏守臣漕司专意堤埽，日计营缮，才成即决，不支年岁。臣以为南至龙山，北至红亭，二十里间，乃潮势奔冲之下流，正迎敌受患之处，虽缮治无益也。望选历练谙达之士，专置一司，博询故老，讲究上流利病，古今脉络，而后兴工。或者以谓钱塘之潮，应有神物主之。葺庙貌，建浮屠，付之有司，此亦易事。"时六和塔坏，又伍员祠以火废，故大鼐及之。辅臣进呈，上曰："恐浸淫为害，可令乘冬月水不泛溢时治之为易。又旧有塔庙，阴以相之，虽出小说，亦不可废，宜付礼部看详。"[1]

绍兴年间，钱塘江潮为患。高宗重臣林大鼐认为，钱塘江的海潮，应当是有神力在起作用，所以不仅要整修石塘，也要修葺道教和佛教的寺庙，即前文提到的伍子胥祠和六和塔。宋高宗认为，以前的塔、庙暗中帮助镇压潮水，这虽然出自小说家言，但仍应重视，需要由负责国家祭祀的礼部认真处理。这实际上承认了六和塔的镇潮之力，并将其纳入国家的神灵崇拜体系之中。这也给六和塔寺壮大力量提供了契机。《宋史·程大昌传》云：

六和塔寺僧以镇潮为功，求内降给赐所置田产仍免科徭，〔程〕

1　李心传：《建炎以来系年要录》卷一六三，第 2831 页。

> 大昌奏:"僧寺既违法置田,又移科徭于民,奈何许之!况自修塔
> 之后,潮果不啮岸乎?"寝其命。[1]

六和塔寺因被认为镇潮有功,得到皇家表彰受赐田产,虽然豁免科徭的请求最终被驳回,但可以看出其势力的扩大。在此背景下,钱王射潮的传说有了新的变化。原本钱镠借助伍子胥的神力,使得筑造海塘的工作顺利完成,但在《六和塔记》中,六和塔的神力明显更为强大,达到了镇压海潮的效果。尽管曹勋是宋朝的官僚,但《六和塔记》无疑是站在佛僧的立场上写的,这从此文对主持重修工作的智昙的赞美之词就可看出。[2]

两浙地区的佛教,从吴越国到宋代,一直十分兴盛。吴越国的历代统治者都是佛教事业的支持者。[3]《吴越备史》里的钱王射潮故事,钱镠所借助的是道教的力量,到了南宋初年,这个故事又增加了佛教的因素作为后续。这背后可以看到佛僧的力量。

(四)钱王射潮传说的定型

进入明清以后,钱王射潮的故事基本定型。清嘉庆年间,出现了汇编性质的《捍海塘志》。[4]《捍海塘志》中有一篇题为钱镠曾孙钱惟演所作的《筑捍海塘遗事》(在《钱氏家乘》中名为《射潮记》),此文对钱王射潮有详细记录。

《钱惟演集》的校者收入该文时,对其真实性提出怀疑。[5]事实上,

1　《宋史》卷四三三《程大昌传》,第12860页。
2　《宋史》卷三七九《曹勋传》,第11700—11701页。曾枣庄、刘琳主编《全宋文》卷四二〇四,第77—78页。
3　参见阿部肇一「呉越忠懿王の仏教政策に関する一考察」『駒沢史学』第2号、1953年、19—30页。畑中净园「呉越の佛教——特に天台德韶とその嗣永明延寿について」『大谷大学研究年报』第7号、1954年、305—365页。杜文玉:《吴越国杭州佛寺考——以〈咸淳临安志〉为中心》,杜文玉主编《唐史论丛》第26辑,三秦出版社,2018,第232—255页。
4　钱文翰等辑《捍海塘志》,王国平主编《杭州文献集成》第5辑《武林掌故丛编》(五),杭州出版社,2014,第177—196页。
5　《钱惟演集》,胡耀飞点校,浙江古籍出版社,2014,第68—69页。

在明代以前，所有论及钱王射潮传说的材料中，均未有引用此文，而且此文涵盖了南宋之后才出现的故事元素，更不当为北宋时期的作品。《钱氏家乘》的成书情况相当复杂，绝非可以轻易相信的材料，[1]比如此书收录的《武肃王筑塘疏》，就被证明是伪作。[2]《筑捍海塘遗事》的情况应该与其相同。

尽管《筑捍海塘遗事》当为后世托名之作，但仍可反映钱王射潮传说在清代的流传情况。现移录如下：

> 谨按：曾王父武肃王，以梁开平四年八月筑捍海塘。怒潮急湍，昼夜冲激，版筑不就，表告于天，云："愿退一两月之怒涛，以建数百年之厚业。"祷胥山祠，云："愿息忠愤之气，暂收汹涌之潮。"函诗一章，置海门山以达海神。
>
> 遂命将督率兵卒，采山阳之竹，使矢人造为箭三千只，羽以鸿鹭之羽，饰以丹朱，炼刚火之铁为镞。既成，用苇敷地，分箭六处。币用东方青九十丈，南方赤三十丈，西方白七十丈，北方黑五十丈，中央黄二十丈，鹿脯、煎饼、时果、清酒、枣脯、茅香、净水，各六分，香灯布置。
>
> 以丙夜三更子时属丁日，上酒三行，祷云："六丁神君、玉女阴神、从官兵士六千万人，镠今斋洁，奉清酒美脯，伏望神君歆鉴。镠以此丹羽之矢，射蛟灭怪，竭海枯渊。千精百鬼，勿使妄干。唯愿神君佐我助我，令我功行早就。"
>
> 祷讫，明日，命强弩五百人以射涛头。人用六矢，每潮一至，射以一矢。及发五矢，潮乃退钱塘，东趋西陵。余箭埋于候潮、通江门浦滨，镇以铁幢，誓云："铁坏，此箭出。"又大竹破之为器，长数十丈，中实巨石，取罗山大木长数丈植之，横为塘。依

1　参见钱文选辑《钱氏家乘》，上海书店出版社，1996。

2　参见陶存焕"《武肃王筑塘疏》真假探讨"，《浙江水利志通讯》1990年第1期。此转引自魏嵩山《太湖流域开发探源》，江西教育出版社，1993，第179页。

匠人为防之制，内又以土填之，外用木立于水际。去岸二丈九尺，
立九木。作六重，象《易》"既济""未济"二卦。由是潮不能攻，
沙土渐积，岸益固也。[1]

此故事除了增加"铁幢"部分外，其他基本元素和《吴越备史》相仿，
但叙述要详细得多。其中的打醮环节，和《地理新书》的记载十分相
近。[2] 此外，《筑捍海塘遗事》还专门叙述了卦数在海塘修筑中的作用。

　　综上，《筑捍海塘遗事》的作者当有道教徒的背景，并且熟知钱王
射潮传说的流传。清代《海塘录》引用了此文，说明此文创作时间不晚
于清代中叶。[3]

　　结合表Ⅲ-1，可了解钱王射潮传说的基本元素及其产生的年代。

表Ⅲ-1　钱王射潮的故事结构

阶段	环节	出现时代	信仰因素	现存最早记录
前奏	表告于天	清代或更早	道教、儒学	《筑捍海塘遗事》
	祷胥山祠	北宋初	道教	《吴越备史》
	函诗海门，告知水府龙神	北宋初	道教	《吴越备史》
	造箭	清代或更早	道教	《筑捍海塘遗事》
	打醮	清代或更早	道教	《筑捍海塘遗事》
过程	强弩五百射潮头	北宋初	道教	《吴越备史》
后续	运巨石，盛以竹笼，植巨材，以捍石塘	北宋初	无	《吴越备史》
	作六重，象《易》"既济""未济"二卦	清代或更早	道教	《筑捍海塘遗事》
	作铁幢	北宋中叶	道教	《铁幢浦诗》
	作六和塔	两宋之交	佛教	《六和塔记》

1　钱惟演：《筑捍海塘遗事》，曾枣庄、刘琳主编《全宋文》卷一九四，第 399—400 页。
2　王洙等编撰《地理新书》卷一五《改葬开墓法》，湘潭大学出版社，2012，第 451 页。
3　参见陶存焕《〈海塘录〉简介》，《中国水利》1987 年第 9 期，第 40 页。

如表Ⅲ-1所示，钱王射潮传说尽管在后世增加了许多内容，但始终是一个道教故事。六和塔的传说是佛僧针对道教故事的反映。这或许说明，在钱镠筑造捍海石塘的过程中，道教的因素曾经起到关键作用。

古代的科技常常要披上一层宗教的外衣，这不足为奇。和西欧中世纪的炼金术师（Alchemist）对化学发展的贡献相仿，中国中古时期的道士在科技发展上也有突出的贡献，比如火药的发明就是典型的例子。在航海史上更是如此。比如航海罗盘和堪舆罗盘在形式上是接近的；在航海出行前，也必定要举行祈风仪式。[1]

联系前文引用的《建炎以来系年要录》，在神文时代，杭州的民众相信钱塘江潮是龙王在施展神力，需要借助伍子胥的力量来镇压。所以钱镠在道士的帮助下，进行射江潮的仪式是合乎现实的。然而，仪式和石塘修筑的成功离不开对科学规律的把握，这体现在对潮汐认识的提高和筑塘技术的改进两个方面。

二　钱王射潮背后的海塘工程和潮汐学知识

（一）捍海塘遗址与竹笼巨石技术

宋代以后，两浙海塘大规模兴修，一直到清代最终完成。清乾隆朝的《两浙海塘通志》《海塘录》就是东南沿海海塘修筑史的总结。[2]

尽管唐代以前浙江就有海塘的建设，但那还是零星进行的；钱镠筑造捍海石塘，正开风气之先，加之其人的名望和功绩，所以为后世所铭记。从前引《吴越备史》可以看出，开始修筑捍海石塘的时间是在开平四年八月。具体修筑的程序分为三个步骤：（1）运来巨石；（2）用竹笼将巨石固定住；（3）在石塘前植入大型树干，作为防护。

1983年，捍海石塘遗址被发现并发掘，地点在杭州市江城路。1985

1　关于道士与先秦至唐代海上丝绸之路的关系，见周运中《道士开辟海上丝绸之路》，花木兰文化出版社，2020。

2　见方观承《两浙海塘通志》，浙江古籍出版社，2012；瞿均廉《海塘录》，台湾商务印书馆，1969。

年，浙江省文物考古研究所发表《五代钱氏捍海塘发掘简报》（以下简称 1985 年考古简报），其中写道："五代钱氏捍海塘遗迹暴露于距地表约 3 米深处，其上迭压六个地层"，"揭去上面六层堆积，就暴露了钱氏捍海塘"；"捍海塘是用石头、竹木和细沙土等材料筑成的。海塘基础宽 25.25、面部宽 8.75、残高 5.05 米。钱氏捍海塘属'竹笼石塘'结构，它有扎实稳固的基础，有立于水际的巨大'滉柱'和建筑讲究的塘面保护层。"[1] 简报引用的主要文献为清代成书的《捍海塘志》，如前文所述，此文献的内容需要进一步甄别。

2014 年，杭州市文物考古研究所再次对捍海塘遗址迎水面、顶面、背水面进行考古发掘。相关成果发表在 2015 年 2 月 13 日的《中国文物报》上。按照此次发现，可制成表 III-2。

表 III-2　2014 年捍海塘考古发现情况

分区			各区信息	
迎水面（发掘宽 14 米，"呈斜坡状，近塘处坡度约 28° 左右，自西向东往钱塘江方向逐渐平缓"）	东面	土层	用竹编、芦苇铺盖，用直径 4 厘米的木橛固定	
		木桩	2 排，每条直径约 20 厘米，用长麻绳连接	
	西面	木框架	基本信息	"井"字结构，即从东向西分布 8 排木桩，用两层（上下间隔 1.2 米）横木贯穿，用竹索捆绑，局部以横木东端的榫卯加固
			东区	用竹编分隔木桩，形成大竹框架（3 米 ×2.7 米），内填大石块、泥土，上部用竹笼装载小石块，作为护塘石，塘面分层铺上稻草、芦苇、泥土，并用木橛加固
			西区	宽 1.2 米，竹篱和木桩间填砂土
		竹篱	共 2 道，用于分隔木框架	
顶面			发掘宽 18 米	
背水面			发掘宽 2 米	

　　资料来源：杭州市文物考古研究所：《杭州发现国内最早海塘遗址——五代吴越捍海塘》，《中国文物报》2015 年 12 月 13 日，第 8 版。

---

[1]　浙江省文物考古研究所：《五代钱氏捍海塘发掘简报》，《文物》1985 年第 4 期，第 85—89 页。此外，吴振华也转述了此考古简报的记录，参见吴振华《杭州古港史》，人民交通出版社，1989，第 46—50 页。

2015 年的考古发现"以 T3-T4 为例",将捍海石塘遗址的层位关系分为 11 层,其中:

> ⑦ 至 ⑧ 层为北宋早期增高的海塘,系沙土质塘体,厚约 2.3
> 米,较纯净,包含的瓷片很少;⑨ 层是五代吴越国修缮海塘增高
> 部分,出土了数量较多的唐五代瓷器残片,多为碗、罐、盘、壶
> 等生活用具;⑩ 层是五代吴越国钱镠修筑的海塘本体及文化堆积,
> 出土了晚唐时期越窑瓷器;⑩ 层以下是钱塘江潮水冲积的原生粉
> 砂土。[1]

然而正如 2015 年考古发现所指出的那样,捍海石塘"从五代到北宋初年经过三次不同规模的修缮增筑"。[2]李约瑟(Joseph Needham)《中国科学技术史》也利用南宋时期袁褧所写的《枫窗小牍》,论述过钱塘江口海塘的历次修筑。[3]事实上,由于沙坎沉积等作用,杭州城东南段的海岸线不断东移,到北宋中期吴越时修筑的海塘已经失去作用。[4]但钱塘江口的海塘建设并未止步。

吴振华曾讨论宋代钱塘江海塘的修筑情况,可惜没有说明出处。[5]事实上,《枫窗小牍》就对宋代钱塘江口海塘的修筑做了详细的叙述,[6]《读史方舆纪要》也有一定的补充。[7]杭州钱塘江博物馆的陈伟等学者对

1　杭州市文物考古研究所:《杭州发现国内最早海塘遗址——五代吴越捍海塘》,《中国文物报》2015 年 12 月 13 日,第 8 版。

2　杭州市文物考古研究所:《杭州发现国内最早海塘遗址——五代吴越捍海塘》,《中国文物报》2015 年 12 月 13 日,第 8 版。

3　Joseph Needham et al., *Science and Civilisation in China*, Vol. 4, Part 3, Cambridge: Cambridge University Press, 1971. 中译本见李约瑟《中国科学科技史》第 4 卷第 3 分册,汪受淇等译,科学出版社,2008,第 363—364 页。

4　杭州市文物考古研究所:《杭州发现国内最早海塘遗址——五代吴越捍海塘》,《中国文物报》2015 年 12 月 13 日,第 8 版。

5　吴振华:《杭州古港史》,第 95—98 页。

6　袁褧撰,袁颐续《枫窗小牍》卷上,中华书局,1985,第 10 页。

7　顾祖禹:《读史方舆纪要》卷九〇《浙江·杭州府·仁和县》,贺次君、施和金点校,中华书局,2005,第 4128—4129 页。

钱塘江口海塘的修筑方法进行了很好的历史梳理，[1]在陈文的基础上，笔者将宋代的石塘修筑法简写为竹笼法、柴塘法、叠石法等。竹笼法，如前所述；柴塘法放弃了竹笼巨石的旧例，采用木柴和土相互夯筑；叠石法用石板叠成迎水面，这是竹笼法之后的技术革新。宋代杭州钱塘江口海塘的修筑如表Ⅲ-3 所示。

表Ⅲ-3　后梁至宋代杭州钱塘江口海塘（"杭州江堤"）的修筑情况

序号	时间	主持者	事迹	方法	资料来源
1	开平四年（910）	钱镠	采用竹笼巨石，植大木的方法，开始修筑捍海石塘	竹笼法	袁褧撰，袁颐续《枫窗小牍》
2	大中祥符七年（1014）	李溥	延续钱镠的旧方法，修缮石塘	竹笼法	袁褧撰，袁颐续《枫窗小牍》
3	天圣四年（1026）	方谨	修建了两个泄水的斗门	柴塘法	袁褧撰，袁颐续《枫窗小牍》
5	景祐三年（1036）	俞献卿	凿西岩，修筑江堤，长60 里	柴塘法	顾祖禹：《读史方舆纪要》
	景祐年间（1034—1037）	张夏	设置捍江兵，采石修塘	叠石法	袁褧撰，袁颐续《枫窗小牍》
6	皇祐年间（1049—1054）	田瑜	叠石数万，修成龙山堤	叠石法	顾祖禹：《读史方舆纪要》
7	庆历六年（1046）	杜杞	修筑从官浦到沙陉的石塘	叠石法	袁褧撰，袁颐续《枫窗小牍》
8	绍兴二十年（1150）	不详	整修海塘	叠石法	袁褧撰，袁颐续《枫窗小牍》
9	乾道七年（1171）	沈复	将石塘增加至 94 丈	叠石法	袁褧撰，袁颐续《枫窗小牍》
10	乾道九年（1173）	不详	修筑庙子湾一带石塘	叠石法	顾祖禹：《读史方舆纪要》
11	嘉熙二年（1238）	赵与权	先筑土塘，后修石塘	土塘＋石塘	顾祖禹：《读史方舆纪要》

1　陈伟等：《钱塘江海塘建设的历史沿革》，《浙江建筑》2018 年第 9 期，第 2—3 页。

从表Ⅲ-3可以看出，北宋初年，李溥等人曾经对捍海石塘进行重修。沈括《梦溪笔谈》对北宋时期的捍海塘有所叙述：

> 钱塘江，钱氏时为石堤，堤外又植大木十余行，谓之"滉柱"。宝元、康定间，人有献议，取滉柱可得良材数十万，杭帅以为然。既而旧木出水，皆朽败不可用，而滉柱一空，石堤为洪涛所激，岁岁摧决。盖昔人埋柱以折其怒势，不与水争力，故江涛不能为害。杜伟长为转运使，人有献说，自浙江税场以东，移退数里为月堤，以避怒水。众水工皆以为便，独一老水工以为不然，密谕其党曰："移堤则岁无水患，若曹何所衣食？"众人乐其利，乃从而和之。伟长不悟其计，费以巨万，而江堤之害仍岁有之。近年乃讲月堤之利，涛害稍稀，然犹不若滉柱之利，然所费至多，不复可为。[1]

按此记载，大约在北宋前期宝元、康定年间（1038—1041），钱氏捍海堤旧有的木桩（滉柱）就被拔出了。《中国科学技术史》曾复述上引文，并认为："这大约是张夏用木笼代替竹笼的时候（1035—1040）。"[2]不过，按照1985年考古简报，五代捍海塘所在的地层得到了保留，北宋时期被破坏的是海塘的顶层。[3]因此，沈括的记录可能有夸大的成分。

另外，后世对于这些木桩的来源及其坚硬性有过美妙的传说。《捍海塘志》引《神州古史考》云：

> 江滨有栳木营，罗木桥，考之前史，栳木，日本国所献，钱王卧巨石为塘，中贯以铁，大木为桩。后人修理失时，渐次剥蚀。潮水冲激，合抱大桩参天拔起。土人或盗木截为器皿，文理奇致，

1　沈括：《梦溪笔谈》卷一一《官政》，金良年点校，中华书局，2015，第117页。
2　李约瑟：《中国科学技术史》第4卷第3分册，第365页。
3　浙江省文物考古研究所：《五代钱氏捍海塘发掘简报》，《文物》1985年第4期，第86、88页。

乃知即昔所谓椤木也。[1]

这段文献认为，吴越捍海塘所使用的木材是来自日本、质地坚硬的椤木，后来这些木桩由于潮水冲击而露出地面，当地人偷偷盗取这些木材制成器具，纹理奇特，不同寻常。《神州古史考》成书于清代康熙年间，由曾任内阁中书的钱塘人倪璠所撰，虽然是残本，但对于唐以前杭州的历史地理、人文传说等进行了梳理，具有一定的参考价值。[2] 藤田丰八注意到此则传说，并认为"或可凭信"。[3] 但这则记载不见于唐宋文献，可知是后世的民间传说。

　　1985 年考古简报指出：

　　　　海塘所用木材已知有杉木、松木、梓木等几种，文献中提到的"罗木"至今未为我们所认识。[4]

罗木又写作"椤木"，根据榎本涉的考证，可能与日本的"桧木"（ヒノキ）有关联。[5] 而日本的史料也表明，日本和中国之间确实存在木材的流通，罗森福（John M. Rosenfield）利用日僧重源《作善集》证明：1186—1187 年，重源为重建东大寺而在日本周防国寻找木料时，"雇用了一两千人，在两年内，用船运送了超过一百五十根的木材到奈良，另外四根送给中国"。[6] 木材被传为"日本国所献"，这反映了浙江和日本

1　钱文翰等辑《捍海塘志》，王国平主编《杭州文献集成》第 5 辑《武林掌故丛编》（五），第 188 页。

2　徐栋：《残本地理志〈神州古史考〉述论》，《中国地方志》2013 年第 7 期，第 33—37 页。

3　藤田丰八：《中国南海古代交通丛考》，何建民译，商务印书馆，1936，第 183 页。吴振华也曾叙述此则传说，可惜没有给出处。见吴振华《杭州古港史》，第 50 页。

4　浙江省文物考古研究所：《五代钱氏捍海塘发掘简报》，《文物》1985 年第 4 期，第 88 页。

5　榎本涉『「板渡の墨蹟」から見た日宋交流』四日市康博編『モノから見た海域アジア史：モンゴル一宋元時代のアジアと日本の交流』九州大学出版会、2008、54—56 頁。

6　John M. Rosenfield, *Portraits of Chōgen: The Transformation of Buddhist Art in Early Medieval Japan*, Leiden: Brill, 2011. 此据罗森福《奈良大佛与重源肖像——日本中古时期佛教艺术的蜕变》，颜娟英译，石头出版社，2018，第 58 页。

之间紧密的海上联系。

关于竹笼法,《中国科学技术史》认为这是"按照灌县的做法",即李冰修都江堰的方法，用竹笼巨石巩固江堰。在灌县李二郎庙中，有1906年所书的《治水三字经》碑文,《中国科学技术史》认为这是宋代王应麟创作的，但没有证据。《治水三字经》有"笼编密，石装健"的句子,《中国科学技术史》解释道：

> 这些是著名的编制竹笼技术，中国用的很多。有腊肠形的，约10—20英尺长……这些用竹条编制的"腊肠"装满石头，很结实，修建在石基或者混凝土基础上，有两大好处：（a）水能缓慢地排进排出，使渠壁减轻饱胀的压力，（b）对于轻冲积土地基来说，不算太重。[1]

研究中国海塘工程史的张文彩也认为：

> 李冰父子在四川修都江堰时，就曾破竹为笼盛之以石，用以筑溢洪用的区沙堰。显然，钱镠筑杭州海塘就是借鉴于此。[2]

不过,《史记》《汉书》并未记载李冰父子在修建都江堰时使用了竹笼法,[3] 也没有材料显示钱镠直接借鉴了都江堰的旧例。早在西汉，竹笼法已用于修建黄河堤坝。《汉书·沟洫志》记载：汉成帝河平元年（前28），"河堤使者王延世使塞，以竹落长四丈，大九围，盛以小石，两船夹载而下之。三十六日，河堤成"。[4]此外在中古时期，中国南方曾流行

1　以上引文见李约瑟《中国科学技术史》第4卷第3分册，第331、333—335、364页。

2　张文彩：《中国海塘工程史》，科学出版社，1990，第98页。

3　《史记》卷二九《河渠书》，中华书局，1982，第1407页。《汉书》卷二九《沟洫志》，第1677页。

4　《汉书》卷二九《沟洫志》，第1688页。《汉书》卷一〇《成帝纪》，第309页。

"在土坑内用编织好的竹篾圈支护井圈"的"竹圈井"。[1] 钱镠理应从更晚近的工程中学习。

经实践证明，这种修筑方法不能长期抵御海潮的侵袭和腐蚀，所以被更先进的方法替代。这也体现了筑塘技术的进步，以及宋代海洋知识的丰富。

（二）八月射潮与潮汐知识

按照《吴越备史》，钱镠修建捍海塘的时间是在农历八月。但八月正是钱塘江大潮最盛之时，为何钱镠要选择在八月修建，而不像前引《建炎以来系年要录》中宋高宗的做法那样，在海潮相对平缓的冬天修建？可能正是因为八月钱塘江大潮肆虐，迫使钱镠不得不断然选择在不利的时机进行修筑。限于材料的不足，今天很难做出完整的解释。

即使如此，相信这一时期浙江地区已掌握的海洋潮汐规律会对捍海塘的修筑起到正面的作用，甚至传说中所谓的海潮退避转向，也可能与对潮候知识的运用有关。

明朝俞思谦辑录的《海潮辑说》，是研究明朝以前中国潮汐学发展史的基本史料。[2] 20 世纪 80 年代出版的《中国古代潮汐论著选译》《中国古代海洋学史》对中国古代潮汐学知识及其实际运用，有详细的梳理和研究。[3] 李约瑟《中国科学技术史》第 3 卷也涉及对潮汐学史的讨论。[4]

杭州湾的海潮属于半日潮[5]；钱塘江潮属于涌潮，是海潮和江水联合

1　南越王宫博物馆编《南越王宫署遗址：岭南两千年中心地》，广东人民出版社，2010，第293 页。

2　俞思谦纂《海潮辑说》，中华书局，1985。

3　中国古潮汐史料整理研究组《中国古代潮汐论著选译》，科学出版社，1980。宋正海等：《中国古代海洋学史》，海洋出版社，1989。

4　Joseph Needham et al., *Science and Civilisation in China*, Vol. 3, Cambridge: Cambridge University Press, 1959. 中译本见李约瑟《中国科学技术史》第 3 卷，梅荣照等译，科学出版社，2018，第491—503 页。

5　半日潮即海潮在一天内来去两次，涌潮又称暴涨潮。杭州湾的潮汐情况，参见中国海湾志编纂委员会编《中国海湾志》第 5 分册《上海市和浙江省北部海湾》，海洋出版社，1992，第21—27 页。

作用下的结果。唐代卢肇《海潮赋》在回答"客人"第七问"何钱塘汹然而独起,殊百川之进退"时说道:

> 尝信彼东游,亦闻其揆。赋之者究物理,尽人谋,水无远而不识,地无大而不搜。观古者立名而可验,何天之造物而难筹。且浙者折也,盖取其潮出海屈折而倒流也。夫其地形也,则右蟠吴而大江覃其腹,左挟越而巨泽灌其喉。独兹水也,夹群山而远入,射一带而中投。夫潮以平来,百川皆就,浙入既深,激而为斗。此一览而可知,又何索于详究。[1]

卢肇是望蔡上乡人,会昌三年(843)状元及第。[2]从这段回答来看,卢肇曾经亲见钱塘江潮,并了解中唐已有的研究。卢肇认为,钱塘江因为河道曲折,形成了汹涌的江水,因此,当海潮在钱塘江口与江潮相遇时,就形成了壮观的钱塘江大潮。这就是大潮成因的"地形说"。

到了北宋,学者官员燕肃经过对钱塘江实地调查,提出了"沙潬说"。其《会稽论海潮碑》反驳了"夹岸有山,南曰龛,北曰赭,二山相对,谓之海门,岸狭势逼,涌而为涛耳"(即卢肇的"地形说")的旧说,认为:

> 若言"狭逼",则东溟自定海,吞余姚、奉化二江,侔之浙江,尤其狭逼,潮来不闻涛有声也。今观浙江之口,起自纂风亭,(地名,属会稽。)北望嘉兴大山,(属秀州。)水阔二百余里。故海商舶船,畏避沙潬,不由大江。水中沙为潬,惟泛余姚小江,易舟而浮运河,达于杭、越矣。盖以下有沙潬,南北亘连,隔碍洪波,蹙遏潮势。夫月离震、兑,他潮已生,惟浙江潮水未

1　卢肇:《海潮赋》,董诰等编《全唐文》卷七六八,第7992页。《中国古代潮汐论著选译》,第51—52页。此据后者标点。

2　徐松:《登科记考》卷二二《唐武宗会昌三年》,赵守俨点校,中华书局,1984,第791页。

至，洎月经乾、巽，潮来已半，浊浪堆滞，后水益来，于是溢于沙潬，猛怒顿涌，声势激射，故起而为涛耳，非江山浅逼使之然也，宜哉。[1]

沙潬即沙滩，现代地理学家常用"钱塘江口沙坎"来形容此泥沙堆积现象。[2] 钱塘江口的沙坎堆积，对于杭州湾的海陆变迁、港口沉浮、自然景观的变化有重大影响。在前引文中，燕肃提出，由于泥沙堆积，潮水到来时受到阻碍。正常情况下，当月亮离开震、兑的方位即东、西方时，潮水已经涌动。但是，在钱塘江口，当月亮经过乾、巽方位即西北、东南方时，潮水来了一半，并且和江水激烈碰撞。之后潮水不断到来，在沙潬的作用下，形成壮观的大潮。

"地形说"和"沙潬说"在后世影响很大，并互有争论，到清代周春的《海潮说》才有比较明确的结论，即判断为江潮和海潮联合作用的结果。不过，这时候观潮的地点已经从杭州转移到海宁了。[3]

燕肃的"沙潬说"是一种学术创新。不过除了宋代外，"地形说"在历史上仍然是主流。卢肇的说法有古老的学术源流。早在东汉，王充就提出因河流入海口"殆小浅狭，水激沸起，故腾为涛"的"涌潮说"。[4] 中古时期，道教徒在解释涌潮上也有贡献。葛洪《抱朴子》认为：

涛水者，潮取物多者其力盛，来远者其势大。今浙水从东，地广道远，乍入狭彭，陵山触岸，从直赴曲，其势不泄，故隆崇涌起而为涛。俗人云："涛是伍子胥所作。"妄也。子胥始死耳，天

1　姚宽：《西溪丛语》卷上《会稽论海潮碑》，孔凡礼点校，中华书局，1993，第 25 页。

2　陈吉余等：《钱塘江河口沙坎的形成及其历史演变》，《地理学报》1964 年第 2 期，第 109—123 页。钱宁等：《钱塘江河口沙坎的近代过程》，《地理学报》1964 年第 2 期，第 124—142 页。《中国海湾志》第 5 分册《上海市和浙江省北部海湾》，第 40—51 页。陈韬霞等《钱塘江河口沙坎演变的数值模拟研究》，《浙江水利科技》2013 年第 5 期，第 1—4 页。

3　周春：《海潮说》，中华书局，1985。宋正海等：《中国古代海洋学史》，第 282—284 页。

4　王充撰，黄晖点校《论衡校释》卷四《书虚篇》，中华书局，1990，第 185 页。

地开辟，已有涛水矣。[1]

葛洪认为，钱塘江因山形水势，在入海口形成了大潮。后来，燕肃在回顾前人的海潮说后，总结道：

> 观古今诸家海潮之说者多矣。或谓天河激涌，（原注：见葛洪《潮说》。）亦云地机翕张，（原注：见《洞真》《正一》二经。）卢肇以日激水而潮生，封演云月周天而潮应，挺空入汉，山涌而涛随；施师谓僧隐之之言。析木大梁，月行而水大。（原注：见窦叔蒙《涛志》。）源殊派异，无所适从，索隐探微，宜伸确论。[2]

燕肃的回顾，是为了引出自己的见解。这段文字正好可以帮助我们了解海潮说的学术源流。其中，"天河激涌""地机翕张"都出自道教学说，这说明了道教徒在古代海潮解说史中的重要地位。

前文在解释钱王射潮的故事文本时，笔者指出这是一个道教的故事，其背后可能反映了道教徒在海塘修筑中的作用。除开宗教的因素外，道教徒所掌握的潮汐知识可能确实在射潮的仪式中起到了作用。

而晚到北宋，杭州的官府已经掌握了海潮的潮候规律。据《淳祐临安志》卷一〇，宋至和三年（1056）八月十三日，浙江税监吕昌明复位了杭州的四季潮候表，对季度内每月每天高潮到来的时刻按照干支进行记录，并标明了潮势的大小。[3]

在宋代，杭州、明州等地的官府已经能够绘制海潮的实测潮候表。[4]钱塘江潮属于涌潮，和一般的海潮是不同的。然而钱塘江口海潮的情

1　葛洪撰，杨明照点校《抱朴子外篇校笺》附录《佚文》，中华书局，1991，第 755 页。

2　姚宽：《西溪丛语》卷上《会稽论海潮碑》，第 24 页。

3　《淳祐临安志》卷一〇《江》，阮元辑《宛委别藏》第 45 册，第 268—271 页。

4　宋正海等：《中国古代海洋学史》，第 224—232 页。

况，也是可以被掌握的。官府的实测潮候表，离不开当地民众和学者等的长期知识积累。相传赞宁就曾创作潮候口诀。[1]因此，在吴越国时期，运用长期积累的潮汐知识为射潮仪式选择恰当的时机，是可以实现的。

结　语

《旧五代史》云：

> （钱）镠尤恃崇盛，分两浙为数镇，其节制署而后奏。左右前后皆儿孙甥侄，轩陛服饰，比于王者，两浙里俗咸曰"海龙王"。[2]

《旧五代史》成书于宋开宝六年（973），此时吴越还未归附，因此这段记载当来自前代中原王朝的传闻。龙王不仅为沿海地区民间重要的海神，放诸全国也是重要的神祇。钱镠能被浙江民间称为"海龙王"，恐怕不仅是生活作风上比拟王者就可以做到的，更可能是因其整治海洋环境的功绩而被民间神格化。到了清雍正三年（1725）六月，钱镠因为修建海塘的功绩被清廷册封为诚应武肃王，成为朝廷认定的浙江海神。[3]

捍海塘的修建，是钱镠治理海洋环境，开发两浙特别是杭州地区的重要一环。钱镠在后世的声名，很大程度上缘于他在两浙地区的开创之功。钱王射潮故事的演变，正体现了钱镠的神格化过程。

钱镠捍海塘修筑的成功，一方面缘于竹笼法的应用，这源于对内河堤坝修筑技术的借鉴；另一方面缘于对潮汐认识的加深。而道教徒在潮汐学史上有重要的地位，他们掌握的知识可能被运用到射潮仪式之中。中古时期的科学常常披着宗教的外衣，这是学界的常识。比如，北宋在

1　陶宗仪：《南村辍耕录》卷一二《浙江潮候》，第 149—150 页。宋正海等：《中国古代海洋学史》，第 227 页。

2　《旧五代史》卷一三三《钱镠传》，中华书局，1976，第 1771 页。

3　《清世宗实录》卷三四，雍正三年六月，《清实录》第 7 册，中华书局，1985，第 512 页。

海潮学说史上有突出贡献的张君房，同时也是《云笈七签》的编纂者，[1]
这就很好地证明了作为科学的潮汐学说和宗教知识的联系。当然，这时
候的潮汐学说，更多的属于博物之学[2]的范畴。比如燕肃本人，就是一
位杰出的博物学家。

当然，我们需要以更广、更高的视角来看待 10 世纪杭州海塘的修
建。如果将历史延伸到宋元乃至明清就会发现，捍海塘的修筑其实正是
两浙海塘大规模修筑的先声。海塘的修造，从地理环境安全上保障了两
浙地区日益繁荣的社会经济，巩固了沿海港口城镇的建设开发，同时也
使海上和河流上的交通得到保障。

潮汐学说的进步，在航海发展史上具有基础性作用。当海舶需要靠
岸时，对潮候的把握显得十分关键。而在 11 世纪初期，浙江地区的海
洋情况已经为官府所掌握，民间自然也对此有丰富的认识。这说明宋元
时期海上丝绸之路的繁荣，有日益进步的海洋知识作为支撑。

（原刊赵世瑜主编《北大史学》第 22 辑，社会科学文献出版社，
2021，第 67—91 页）

---

1 《宋史》卷二〇五《艺文志》，第 5196、5230 页。
2 中国古代博物之学的定义，参见余欣《敦煌的博物学世界》，甘肃教育出版社，2013，前言第
 1—13 页。

附录Ⅳ　宋代东南第一州
——10—13 世纪杭州的海港功能探析

一　问题的提出

唐宋之间，杭州在社会经济方面发生飞跃，到北宋初年更发展为东南区域的中心城市。唐代宗永泰元年（765），在李华的记录中，杭州仅仅"骈樯二十里，开肆三万室"。[1] 到了宋仁宗皇祐五年（1053），杭州已经被柳永描绘为："东南形胜，江吴都会，钱塘自古繁华……参差十万人家。"[2] 据说，宋仁宗曾称赞杭州："地有湖山美，东南第一州。"[3] 其后，虽然受到

1　李华:《杭州刺史厅壁记》，董诰等编《全唐文》卷三一六，第3205—3206 页。

2　柳永著，薛瑞生校注《乐章集校注》中编《望海潮》，中华书局，2012，第 322、326 页。

3　潜说友纂《咸淳临安志》卷四二《御制·仁宗皇帝·赐守臣梅挚诗》，第 1524 页。

方腊起义（1120—1121）以及靖康之变（1126—1127）的影响，但经过休养生息，到南宋后期，杭州登记的户口数已接近 40 万。[1]

在不到 400 年的时间里，杭州从一个地方的普通州郡变为地方政权吴越国的都城，之后又变成北宋的"东南第一州"，在南宋更成为实际的都城、欧亚世界的国际中心城市。这在中国乃至世界的城市发展史上都是极为罕见的。

（一）对杭州崛起的既有解释

关于杭州成为北宋东南第一州的原因，谭其骧先生曾经在 1947 年题为《杭州都市发展之经过》的讲演中进行分析，并总结了六点原因：（1）钱氏吴越定都于杭州，"自两浙而言，则苏、越皆有偏处一隅之病，杭州正为地理中心所在"；（2）唐末五代的"兵燹把其他大都会惨烈地破坏了，而太平无事使杭州能循序发展"；（3）"海岸石塘的修筑"；（4）"城区运河的整治"；（5）"市舶司的设置"；（6）"手工业的发达"。[2] 谭先生的这篇讲演富有建设性，对今天的研究仍富有启发。

目前对杭州的崛起进行专门讨论的，是周祝伟的专著《7—10 世纪杭州的崛起与钱塘江地区结构变迁》。[3] 此书对杭州的崛起、杭越易位、钱塘江地区的一体化进行了详细的讨论，并充分吸收了已有的研究成果。此书从三个方面总结了杭州崛起的动因：（1）"杭嘉湖地区的深度开发"，这体现为杭嘉湖平原低洼地的开发、杭嘉湖地区的农田水利建设、本地区农业产量的稳定提高；（2）"江南河交通干线功能的发挥"，其一是隋炀帝时期大运河的建设，以及"江南河的开通改善了杭州的交通区位条件"，还有"中外商路重心的转移为杭州的发展与繁荣带来了

1　吴松弟：《南宋人口史》，上海古籍出版社，2008，第 98 页。

2　谭其骧：《杭州都市发展之经过》，《东南日报》副刊《云涛》1947 年 1 月 9 日。后收入包伟民选编《史学文存：1936—2000——浙江大学中国古代史论文集》，上海古籍出版社，2001，第 94—106 页。

3　周祝伟：《7—10 世纪杭州的崛起与钱塘江地区结构变迁》，社会科学文献出版社，2006。

新的契机";（3）"六井的开筑与西湖治理"，李泌筑六井，白居易、钱
镠对于西湖的治理，解决了杭州的环境变化问题。[1]

按照周氏的研究，杭州崛起的关键因素为经济腹地的发展、交通
运输条件的改善以及杭州历任良牧对于杭州环境的整治等。与此同
时，还应注意到海洋贸易的影响。比如谭先生所提及的"市舶司的设
置"，周氏所讲到的"中外商路重心的转移"，有助于我们做更全面深
入的思考。

（二）来自海洋史的思路

贾志扬（John W. Chaffee）在《宋代与东亚的多国体系及贸易世界》
中研究了杭州在南宋海外贸易中扮演的角色，他提出了一个很值得思考
的问题："杭州是南宋时期帝国最大的城市，扮演南宋首都的角色。当
然，既然它是首都，又位于富饶的长江三角洲边上，到底它的繁华在多
大程度上是来自海外贸易是很难判断的。"[2]其实在杭州崛起的关键时段，
也就是钱氏吴越时期，海洋贸易对于杭州以及吴越国的影响也难以定量
分析。柯胡（Hugh R. Clark）在《剑桥中国宋代史（907—1279年）》中
比较了吴越、闽、南汉三个东南沿海割据政权的海外贸易：

> 十国中的三个国家明显得以某种形式控制港口贸易。闽、南
> 汉以及有着同样经济结构的吴越，都意识到控制这项收入是国家
> 生存的关键，但是这种收益并不仅仅停留在国家财政收入方面。
> 除了吴越以外，其他的沿海国家也是奢侈品的重要进口国家。这
> 些商品市场主要集中在位于长江和黄河流域的传统的大城市。商
> 品通过广州、泉州进入国内，然后通过吴越港口所经过的主要路
> 线，这样便成为相关国家的一个重要的收入来源，尤其是闽和南

1　周祝伟:《7—10世纪杭州的崛起与钱塘江地区结构变迁》，第119—186页。
2　贾志扬:《宋代与东亚的多国体系及贸易世界》，胡永光译，《北京大学学报》2009年第2期，
　　第103页。

汉，他们的商品相对较少地销往北方市场。这种港口贸易具有双重优势：一是对十国的统治者尤其是闽和南汉来说，这种贸易可以独立进行；二是对于十国的商人，这种贸易弥补了北方市场上所缺乏的商品，使他们得以进入与北方进行贸易的网络。此外，由于海外对中国纺织品尤其是丝绸、金属及金属制品有着极大的需求，它使得中国商人进入海外市场。最重要的是，促进了五代十国的陶瓷生产。[1]

柯胡长期研究五代十国史以及唐宋的海外贸易，这段话有助于我们从宏观上把握海外贸易对于上述三个沿海割据政权的重大作用。森克己对唐宋与日本的贸易往来进行了多年的研究，并列举有史书所载的吴越国和日本的 13 次交往记录，可见吴越国和日本的密切联系。[2]另外，耿元骊认为："五代十国时期，分属南汉、闽、吴越的广州、泉州、福州、明州、杭州成为'前早期经济全球化'时代代表性港口城市。五城带动中国南方形成了贸易为重、海商为尊的观念，率先成为重要的海上丝绸之路贸易港区。"[3]这也值得注意。

到了宋代，乃至元朝，海外贸易在两浙地区的经济发展中依然发挥着重要作用。比如，马可·波罗在叙述"行在城"的赋税时，就说道：

　　所有把货物通过陆路带到这个城市，并将它们从此地运往他处的商人，以及那些通过海路运输货物的商人，[Z] 以同样的方式 [R] 付货物中的三十分之一，即三十份中抽取一份，占百分之

1　Hugh R. Clark, "The Southern Kingdoms between the T'ang and the Sung 907–79", in Denis Twitchett and Paul Jakov Smith (eds.), *The Cambridge History of China*, Vol. 5 Part 1, p.186. 此据崔瑞德（杜希德）、史乐民编《剑桥中国宋代史（907—1279 年）》上卷，宋燕鹏等译，中国社会科学出版社，2020，第 171—172 页。

2　森克己『続日宋貿易の研究』勉誠出版、2009、210−217 頁。

3　耿元骊：《五代十国时期南方沿海五城的海上丝绸之路贸易》,《陕西师范大学学报》2018 年第 4 期，第 79 页。

三又三分之一；但是那些通过海路运输货物的商人，[Z] 以及从像印度（India）这样遥远的国度、地区运来货物的商人 [R]，则缴纳百分之十的赋税 [Z]。[1]

马可·波罗所描述的应当是元代初年的情况，但南宋的海洋贸易为朝廷的财政贡献了很大的份额，这也是学界所明知的。[2]《马可·波罗寰宇记》这则记载的价值，不仅在于提供了蕃商所需缴纳税率的具体数值；而且还说明商人可以通过海路到达杭州，亦即杭州本身具有作为海港的功能，而且此功能在实际中获得了使用。那么，杭州的海港功能究竟如何，又是如何运作的？这值得我们思考和探析。

二　杭州的海港功能辨析

（一）学界的争议

藤田丰八较早注意到杭州的海港功能，但他认为，明州（今宁波）是比杭州更为重要的海港，"杭州本为都城，故商人及商货，似有入其地，但船舶即不然，因有天然之障碍"。[3] 藤田氏引用燕肃《海潮说》，认为"钱塘江，对船舶之上溯，诸多困难"，"当时入杭州之海货，似从余姚，经由绍兴而入者"。[4] 后来，谢和耐（Jacques Gernet）在《蒙元入侵前夜的中国日常生活》一书中，沿用了藤田氏的观点。[5]

1　*Marco Polo: The Description of the World,* Vol.1, p. 342. 此据江唯、任柏宗初译，北京大学马可·波罗读书班会校稿。

2　最新研究见 Angela Schottenhammer, "China's Emergence as a Maritime Power", in John. W. Chaffee and Denis. Twitchett (eds.), *The Cambridge History of China,* Vol. 5, Part 2, pp. 437-525。

3　藤田丰八：《宋元时代海港之杭州》，《中国南海古代交通丛考》，何建民译，商务印书馆，1936，第 183 页。

4　藤田丰八：《宋元时代海港之杭州》，《中国南海古代交通丛考》，第 184 页。

5　Jacques Gernet, *La Vie Quotidienne en Chine: À la Veille de l'Invasion Mongole 1250-1276,* Paris: Hachette, 1959. 此据《蒙元入侵前夜的中国日常生活》，刘东译，北京大学出版社，2008，第 72 页。

斯波义信也认为："从广南、福建、温、台州运载重货往杭州的南船，因阻于浙江的高潮与沙堆，必需在余姚县改装运河船经由西兴渡到达杭州。"[1]后来，斯波氏进一步总结道："从杭州往南，有一段运河从杭州湾的南岸向东经过绍兴流入余姚江，在宁波和甬江汇合后流入东海，由此与往来日本、高丽国以及福建、广东的海路相通。由于大运河在结构上把长江水路和海路连在一起，其所发挥的作用比表面看到的要大得多。"[2]斯波氏对明州港的地理优势有简明扼要的陈述：

> 杭州湾水浅，尖底大型远洋船的进出很危险。而距明州20公里左右流入东海的甬江则水深5—8米，宽度有400多米，也无需清理泥沙之劳。且在明州把货物分装小船后沿着余姚江逆流而上，经过很短的运河到达曹娥江，横渡曹娥江就进入了晋代建成的"浙东运河"，接下来途经绍兴到达西兴镇，在杭州湾处越过钱塘江口就直达杭州城下。这一路线虽说在沿途需要花费时间装卸几次货物，但却是连接大运河和海路的安全路线。[3]

斯波氏也指出："杭州湾的海潮流速快，存在着沙堆的危险，凭当时帆船的技术，来往航行很困难，因此杭州与甬江口的交通有必要依赖内陆运河。"[4]这使得明州港的优势更为突出。

吴振华的专著《杭州古港史》则论述了杭州在历史时期作为内河港、海港的兴衰，此书指出：

> 北宋时，它是直通汴京的大运河与海相通的南大门，故以国

1　斯波義信『宋代商業史研究』。此据斯波义信《宋代商业史研究》，第64页。
2　斯波義信『中国都市史』東京大学出版会、2002。此据斯波义信《中国都市史》，北京大学出版社，2013，第24页。
3　斯波义信：《中国都市史》，第137—138页。
4　斯波義信『宋代江南経済史の研究』。此据斯波义信《宋代江南经济史研究》，第480页。

际贸易港和中转港的面目出现，其作用是舶货的进口征榷，使节、
贡物由外海转内河并向京城汴梁的中转。南宋时，国都设在杭州，
因而杭州更带有浓厚的友好交往港的形态，以接待来访的各国使
臣和舶商为主。从海外贸易角度来说，它是中国惟一的建过都城
的海港。[1]

吴氏认为，杭州作为一个海港，要等到明代才走向衰落。此外，伊原
弘、梅村坦也认为杭州是重要海港。[2]

曹家齐则认为"尽管钱塘江口水宽沙多"，"但不等于没有海船从江
口直航杭州"，曹先生引用《西湖游览志》所载的"海船夜泛，以灯塔
为指南焉"，指出此灯塔即钱塘江北岸的六和塔。此外，"神宗熙宁时，
日僧成寻搭乘赴北宋船来中国，经海路至明州岸后，循南岸水域西上至
杭州，并非由浙东运河"，[3]亦即杭州曾经是一个海港。

邱志荣和陈鹏儿则根据《宋会要辑稿》、燕肃《海潮论》以及顾炎
武《天下郡县利病书》，认为：

> 唐代钱塘江入海航道基本畅通，但到了北宋，不过一百余年，
> 由于受河床沙潬之阻遏，对于大型海船，这条航道基本弃之不用，
> 只能从明州走浙东运河航线，"易舟"盘驳，到达杭越。到了南宋，
> 情况有所变化，出现了浙东运河为主，辅以后海沿岸的两条并存
> 航线。[4]

换而言之，邱、陈两位先生认为杭州的海港功能具有阶段性，唐代、北
宋、南宋各不相同。

1　吴振华：《杭州古港史》，第 190 页。
2　伊原弘、梅村坦『宋と中央ユーラシア』中央公論社，1997、134 页。
3　曹家齐：《唐宋时期南方地区交通研究》，华夏文化艺术出版社，2005，第 94 页。
4　邱志荣、陈鹏儿：《浙东运河史》上卷，中国文史出版社，2014，第 268 页。

通过以上文献梳理可看出，杭州在宋代是否曾经作为海港，学者们存在较大的争议。那么孰是孰非？还应该回到文献本身。

（二）史料的辨析

目前，证明杭州在北宋不具备海港条件的重要论据，出自燕肃《海潮论》。燕肃此文作于宋仁宗在位（1022—1063 年）初年，是他对广南和浙东的海岸进行实地考察整理而成的心得。根据他对钱塘江口的观察：

> 今观浙江之口，起自篡风亭，（地名，属会稽。）北望嘉兴大山，（属秀州。）水阔二百余里。故海商舶船，畏避沙潬，不由大江。水中沙为潬，惟泛余姚小江，易舟而浮运河，达于杭、越矣。盖以下有沙潬，南北亘连，隔碍洪波，蹙遏潮势。[1]

燕肃的这段文字是为了解释钱塘江涌潮的成因。文中提到，海商的船队因为害怕海底的暗沙，不会从钱塘江口进来，而是换船走浙东运河，到达杭州、越州。燕肃对沙潬（沙坎）的描述，符合现代地理学家对于杭州湾沙坎演变史的考察和复原。华东师范大学陈吉余等学者在 20 世纪 60 年代曾经结合历史资料和桩孔资料，对钱塘江口的沙坎和涌潮成因进行考察，认为：

> 根据考古资料和历史资料推断，杭州湾形成的时间约在3000—4000 年以前，沙坎开始形成，就在杭州湾形成以后（即距今 3000—4000 年以前）。变形了的潮波，导致进出沙量不平衡。部分物质在漏斗状内部堆积，不断发展有以致之的，到距今 2500年前左右，由于沙坎成长到一定高程的时候，潮波由强烈变形而

1　姚宽：《西溪丛语》卷上《会稽论海潮碑》，第 25 页。

破裂，形成了涌潮。形成沙坎的物质，可能有四个方面的来源，流域来沙、口外沿岸泥沙流（包括邻近河口来沙），河口区冲刷槽和河段本身的泥沙搬运。这其中，海域来沙是主要的方面。在历史上，沙坎的下界较稳定，上界向下移动，当潮流从南大门进出时沙坎成鞍形，经北大门以后，沙坎滩顶河段，潮势较南大门为弱，江流作用增强，滩顶有下移之势。[1]

此后，有学者通过数值模拟，对钱塘江口的沙坎演变进行了更精确的分析，但不脱上引的解释框架。[2]由于沙坎和涌潮的存在，钱塘江口确实不是优良的航道。但仍然有不少史料表明，北宋的钱塘江口有海舶进入。

据欧阳修写于仁宗嘉祐二年（1057）的《有美堂记》：

> 钱塘自五代时，知尊中国，效臣顺，及其亡也，顿首请命，不烦干戈，今其民幸富完安乐。又其俗习工巧，邑屋华丽，盖十余万家。环以湖山，左右映带。而闽商海贾，风帆浪舶，出入于江涛浩渺烟云杳霭之间，可谓盛矣。[3]

欧阳修提到，在钱氏吴越的建设下，杭州成为一个繁华而美丽的城市。来自福建的海商，驾着帆船，出入于钱塘江口，蔚为壮观。比欧文稍后，蔡襄写于英宗治平三年（1066）的《杭州清暑堂记》也记载道：

> 前有江海浩荡无穷之胜，潮涛早暮以时上下，奔腾汹涌，蔽映日月，雷震鼓骇，方舆动摇。浮商大舶往来聚散乎其中。朝霞

1　陈吉余等：《钱塘江河口沙坎的形成及其历史演变》，《地理学报》1964 年第 2 期，第 122 页。
2　陈韬霞等：《钱塘江河口沙坎演变的数值模拟研究》，《浙江水利科技》2013 年第 5 期，第 1—4 页。
3　《欧阳修全集》卷四〇《居士集·有美堂记》，李逸安点校，中华书局，2001，第 585 页。

夕景，不缋而彩翠。旁走群山，滨山而湖，崖潇弥漫，并包巨泽。岩岫崒峍，圾乎河汉之上。苍烟白云，少顷万变。茂林香草，冬荣不雕。此所以娱君之视听也。[1]

在蔡襄的笔下，浮商大贾已经成了钱塘江景观的一部分，其描写与欧文有相近之处。《有美堂记》和《杭州清暑堂记》文学色彩浓厚，作者在叙述时不乏想象和夸张的色彩。更能说明杭州作为海港地位的，还是曹勋为纪念高宗绍兴二十二年（1152）重修六和塔所写的《六和塔记》。此文赞美了六和塔作为钱塘江口航行灯塔的作用：

> 是塔也，不特镇伏潮不为害，又航于海者，寅夕昏晦，星月沉象，舟人未知攸济，则必向塔之方，视塔中之灯光以为指南，则海航无迷津之忧。是致富商大舶，尤所归向而喜舍无难色，此又塔之利也。[2]

这段文字说明，六和塔在夜晚会作为灯塔，为海中的航者指引方向。《梦粱录》也记载道：

> 江岸之船甚夥，初非一色：海舶大舰、网艇、大小船只、公私浙江渔捕等渡船、买卖客船皆泊于江岸。盖杭城众大之区，客贩最多，兼仕宦往来，皆聚于此耳。[3]

上述材料已经明确表示，海舶停泊于杭州城外的钱塘江岸。以上充分说明，从北宋到南宋，杭州一直都是一个海港。

1　蔡襄：《蔡忠惠集》卷二五，此据曾枣庄、刘琳主编《全宋文》卷一〇一八，第199页。

2　曹勋：《松隐文集》卷三〇，此据曾枣庄、刘琳主编《全宋文》卷四二〇四，第77页。

3　吴自牧：《梦粱录》卷一二《江海船舰》，第215页。

　　邱志荣和陈鹏儿为证明南宋绍兴二年后，"从明州（庆元）到杭州
出现了两条水运航线，一条是内陆航线，另一条是仅通小型湖船的后海
航线"时，[1]引用了《宋会要辑稿·食货·漕运》的文字。这条记载很能
说明南宋初年杭州湾的航行情况，今引录如下：

　　　　〔绍兴二年〕四月二日，绍兴府言："闽、广、温、台二年以
　　来，海运粮斛钱物前来绍兴府，并系至余姚县出卸，腾剥般运，
　　而本县常患无船，不能同时交卸，往往留滞海船。今既移跸临
　　安，缘自定海至临安海道，中间砂碛不通南船，是致沿海之民岁
　　有科调之扰。契勘明州自来有般剥客旅货物湖船甚多，欲乞专委
　　官一员措置，将闽、广、温、台等处发到钱物斛，并就本州岛出
　　卸，优立价直，雇募湖船腾剥，就元押人由海道直赴临安江下。
　　既得少舒绍兴诸县民力，又免海船留滞之患，粮斛不致失期。"
　　从之。[2]

　　绍兴府司的上奏，讨论的是绍兴初年的漕运情况。此时，福建、广东、
温州、台州的税粮，通过海上运输到绍兴余姚县，再从余姚县运至临
安。前引藤田丰八、斯波义信的观点也与此记载相符。但是，杭州的泥
沙堆积严重，南方来的船舶不能进入，因此滞留情况多有发生。于是，
官府建议南船在明州交卸粮食，转雇由适合在杭州湾上航行的湖船代为
运到临安。

　　不过，这则材料并不能说明绍兴二年开辟了新的航运路线。因为这
里讲的是官方漕船的海运问题。南方来的船舶无法经过杭州湾，所以也
无法直抵临安，从而必须借助民间适于在杭州湾上航行的湖船。这从侧
面说明，明州到杭州的海洋航线，一直在民间行用。

1　邱志荣、陈鹏儿:《浙东运河史》上卷，第 269 页。
2　徐松辑《宋会要辑稿》食货四三，第 6981 页。

三　吴越到宋代的杭州海港建设

（一）杭州与外界的海上联系

　　杭州成为一个重要的海港，应该始于钱镠的建设。[1] 据《旧五代史·钱镠传》：

> 　　钱塘江旧日海潮逼州城，镠大庀工徒，凿石填江，又平江中罗刹石，悉起台榭，广郡郭周三十里，邑屋之繁会，江山之雕丽，实江南之胜概也。[2]

钱镠在位期间，筑造了捍海石塘，并削平钱塘江中的罗刹石，使在钱塘江口航行变得更为安全。此外，具有灯塔功能的六和塔也在吴越时期建成。[3] 吴越国没有设立市舶司，而是设立了与市舶司功能类似的博易务，以管理海外贸易。[4] 而从宋初的史料，也可以看出杭州与外界的海上联系。《宋会要辑稿》云：

> 　　〔至道元年（995）〕四月，令金部员外郎王渭与内侍杨守斌往两浙相度海舶路……九月，王渭等使还，帝谕以"言事者称海商多由私路经贩，可令禁之"。渭等言："取私路贩海者不过小商，以鱼干为货。其大商自苏、杭取海路，顺风至淮、楚间，物货既丰，收税复数倍。若设法禁小商，则大商亦不行矣。"从之。[5]

1　参见山崎覚士「港湾都市，杭州：9・10 世紀中国沿海の都市変貌と東アジア海域」『都市文化研究』第 2 号、2003 年、56—71 頁。

2　《旧五代史》卷一三三《钱镠传》，第 1771 页。

3　曾枣庄、刘琳主编《全宋文》卷四二〇四，第 76 页。

4　吴振华：《杭州古港史》，第 78—79 页。

5　徐松辑《宋会要辑稿》职官四四，第 4204 页。

至道元年，离吴越纳土的太平兴国三年（978）已经过去17年，以杭州为驻地的两浙市舶司也早已成立，在这一年的四月，宋太宗命王渎与杨守斌二人到两浙考察当地的海路情况。王渎等人回来报告称，两浙地区的渔民经常走私下的航路贩卖鱼干等物，苏杭地区的大商人可以直接从当地走海路到达淮、楚一带，在收获利润的同时，也给朝廷增加了丰富的税收。这和笔者前引的"浮商大舶往来聚散乎其中"等描述相符。

又如《梦粱录》云：

> 其浙江船只，虽海舰多有往来，则严、婺、衢、徽等船，多尝通津买卖往来，谓之长船等只，如杭城柴炭、木植、柑橘、干湿果子等物，多产于此数州耳。明、越、温、台海鲜鱼蟹、鲞腊等货，亦上滩通于江、浙。[1]

到了南宋时期，浙东的府州依然向杭州提供海产品，而且上引文明确指出，运输路线为"上滩"，即由海路，经过杭州湾的沙滩，从钱塘江口溯流而上。《马可·波罗寰宇记》也描述道："每天都有大量的鱼被从距河流25哩的海洋中运至此处。"[2]即临安城中。这也体现了杭州和周围地区密切的海上往来。

当然，正如前引文王渎等人所言的那样，大商人的贸易对国家财政的影响更加突出。王勇、郭万平撰有专著讨论南宋时期临安的对外交流，其中回顾了两浙地区从历史时期以来的对外交流史，不过没有讨论杭州作为一个海港的情况。[3]据《宋史·食货志》：

1　吴自牧：《梦粱录》卷一二《江海船舰》，第215页。
2　*Marco Polo: The Description of the World*. Vol.1, p. 328. 此据高亚喆初译，北京大学马可·波罗读书班会校稿。
3　王勇、郭万平：《南宋临安对外交流》，杭州出版社，2008。

〔开宝〕四年，置市舶司于广州，后又于杭、明州置司。凡大食、古逻、阇婆、占城、勃泥、麻逸、三佛齐诸蕃并通货易，以金银、缗钱、铅锡、杂色帛、瓷器，市香药、犀象、珊瑚、琥珀、珠琲、镔铁、鼊皮、玳瑁、玛瑙、车渠、水精、蕃布、乌樠、苏木等物。[1]

《马可·波罗寰宇记》R 本也提到：

在前述广场的后面，有一条与上述街道平行的非常宽阔的运河，在这条运河的近岸，有许多石砌的大房子，所有来自印度和其他地方的商人都在这里存放他们的货物和商品，他们靠近广场，可以便利地到达……那里既不产葡萄也不产葡萄酒，但是优质的干葡萄被从其他地方带到此处，葡萄酒也是如此。居民们对其不以为意，他们习惯于饮用米和香料制成的酒。[2]

以上材料表明，杭州与外国商人间存在密切联系。甚至从印度洋到来的商人，也在杭州拥有存货的仓库。而香料由于广泛存在，甚至被用于制酒。当然，《马可·波罗寰宇记》展现的是元朝初年的杭州城景象，杭州和外国商人的紧密联系要开始得更早。陈寅恪曾利用杜甫《解闷》、范摅《云溪友议》指出：“西陵为杭越运河之要点，铜庐则转海乘舟之步头，皆唐代商胡由海上经钱塘江出入内地之孔道。”[3] 可见，早在唐代，杭州就多有外国商人往来。

关于从杭州到泉州，再出洋航行的基本情况，可以见《梦粱录》的叙述：

---

1 《宋史》卷一八六《食货志》，第 4558—4559 页。

2 *Marco Polo: The Description of the World*, Vol.1, p. 328. 此据高亚喆初译，北京大学马可·波罗读书班会校稿。

3 陈寅恪：《刘复愚遗文中年月及其不祀祖问题》，《陈寅恪集　金明馆丛稿初编》，第 363 页。

> 浙江乃通江渡海之津道，且如海商之舰大小不等，大者五千料，可载五六百人。中等二千料至一千料，亦可载二三百人。余者谓之"钻风"，大小八橹或六橹，每船可载百余人。此网鱼买卖，亦有名"三板船"。不论此等船，且论舶商之船。自入海门，便是海洋，茫无畔岸，其势诚险。盖神龙怪蜃之所宅，风雨晦冥时，惟凭针盘而行，乃火长掌之，毫厘不敢差误，盖一舟人命所系也。愚屡见大商贾人，言此甚详悉。若欲船泛外国买卖，则自泉州便可出洋，迤逦过七洲洋，舟中测水，约有七十余丈。[1]

这里的"浙江"自然还是指钱塘江。"可载五六百人"的商船可以从钱塘江入海，依据指南针的指引，一直到达泉州，再进入南海。作者吴自牧还指明，他听到了许多来自"大商贾人"的描述。不过，《梦粱录》的记载可能较为夸张。由于钱塘江口沙潬的影响，从钱塘江口出发的船舶应该更类似于内河航行的平底船，而这样的船舶难以在深海航行。因此，应该正如谢和耐所解读的那样："海船扬起由草席或深色帆布制成的风帆，渔舟和运输船有的停泊岸边，有的驶入内河，此处的河宽在1—2英里之间。可是远洋的大船不大到杭州来，因为浙江河口被一些沙洲阻塞了。一般常见的都是一些较小的船只。"[2]由此可见，不能高估杭州作为一个海港的优越性。而这也正是杭州附近的澉浦港得以崛起的客观条件，我们将在最后讨论。

（二）杭州市舶司的位置及其兴废

杭州海港的位置在哪里？目前的考古工作并未揭示其确切位置。吴振华认为，在唐朝和吴越国时期，位于"钱塘江北岸柳浦"的樟林桁，即"用木头作桩，挑出江中、上铺木板的木结构浮桥式码头，专供吃

1　吴自牧：《梦粱录》卷一二《江海船舰》，第214页。"则自泉州"，原作"则是泉州"，依清《学津讨原》本改。
2　谢和耐：《蒙元入侵前夜的中国日常生活》，第45页。

水较深的大海舶停靠。这是杭州湾记载最早的码头设施"。而六和钱塘江沿岸六和塔下面的龙山古渡,"为唐末五代杭州港的重要海港港渡之一"。宋时"海港先是位于城南钱塘江滨,后来一度改在候潮门外的运河旁(即市舶司所在地)和盐桥大河北端的泛洋湖附近(即市舶新务所在地),最终还是移到钱塘江边"。[1]

  吴振华对宋时市舶司和市舶新务所在地的定位,依据的是宋代三部《临安志》的记载。据《咸淳临安志》:

>   市舶务:在保安门,海商之自外舶至京者,受其券而考验之。又有新务,在梅家桥之北,以受舶纲。[2]

《乾道临安志》更确切地将市舶务的地点标在"保安门外诸家桥之东"。[3]《梦粱录》卷九也指出:"市舶务在保安门外瓶场河下。"[4]关于杭州市舶新务的位置,《淳祐临安志》云:

>   市舶务:旧在保安门外。淳祐八年(1248),拨归户部,于浙江清水闸河岸,新建牌曰"行在市舶务"。[5]

为什么会出现新、旧两个市舶司的地址?这涉及杭州市舶司的存废问题。据曹家齐先生的考证:

>   由于杭州成为重要之港口,北宋政府于端拱二年(989)就在杭州设置市舶司,而且是两浙路第一个市舶司。淳化时曾一度移

---

1 吴振华:《杭州古港史》,第50—52、93页。
2 潜说友纂《咸淳临安志》卷九《行在所录·监当诸局》,第348页。
3 周淙:《乾道临安志》卷二《仓场库务》,钱保塘校记,中华书局,1985,第47页。
4 吴自牧:《梦粱录》卷九《监当诸局》,第179页。
5 《淳祐临安志》卷上《城府·诸仓》,阮元辑《宛委别藏》第45册,第137页。

司明州定海，但次年又复于杭州置司。杭州设置市舶司，反映出其作为港口地位之重要。但杭州成为行都，出于对金战争防务方面之考虑，海外商舶来杭受到限制，对外贸易大不如以前。绍熙元年（1190），杭州市舶机构被撤废，其作为对外贸易港之地位，就此消失。[1]

其中，端拱二年设司说还需要进一步的证明。因为这一说法应该来自《宋会要辑稿·职官·市舶司》：

> 端拱二年五月，诏："自今商旅出海外蕃国贩易者，须于两浙市舶司陈牒，请官给券以行，违者没入其宝货。"[2]

端拱二年宋太宗下诏，所有到海外贸易的宋朝商人都需要在位于杭州的两浙市舶司那里取得官方凭证，否则按违法处理。此举体现了宋廷严格控制国人出洋的意图。但所有的海商都需到杭州领取官凭，这实际是给予杭州特许权，对杭州当地的海上贸易发展当有所帮助。不过，端拱二年的诏书并不能说明两浙市舶司在此年设立，可能时间还要更早。关于宋理宗宝庆三年（1227）以前杭州以及两浙地区市舶机构的演变情况，《宝庆四明志》有很好的概括，这应该也是目前所见的最早史料：

> 汉扬州、交州之域，东南际海，海外杂国，时候风潮，贾舶交至。唐有市舶使总其征，皇朝因之，置务于浙、于闽、于广。浙务初置杭州，淳化元年（990）徙明州，逾六年复故。咸平二年（999），杭、明二州各置务。其后又增置于秀州、温州、江阴

1　曹家齐：《唐宋时期南方地区交通研究》，第138—139页。
2　徐松辑《宋会要辑稿》职官四四，第4204页。

军，在浙者凡五务。光宗皇帝嗣服之初（1190），禁贾舶至澉浦，则杭务废。宁宗皇帝更化之后（1195），禁贾舶泊江阴及温、秀州，则三郡之务又废。凡中国之贾高丽，与日本诸蕃之至中国者，惟庆元得受而遣焉。初，以知州为使，通判为判官。既而知州领使，如劝农制，通判兼监，而罢判官之名。元丰三年（1080），令转运兼提举。大观元年（1107），专置提举官。三年，罢之，领以常平司，而通判主管焉。政和三年（1113），再置提举。建炎元年（1127），再罢，归之于转运使。二年，复置。乾道三年（1167），乃竟罢之，而委知通、知县监官同行检视，转运司提督。宝庆三年（1227），尚书胡榘守郡，捐币以属通判。蔡范重建市舶务，并置厅事于郡东南之咸家桥。[1]

据此记载，再结合前引《淳祐临安志》，以及曹先生的考证，杭州市舶司的存废时间如表IV-1所示。

表IV-1　宋代杭州市舶机构的兴废

时间	事件
端拱二年（989）或更早	在杭州兴设两浙市舶司
淳化元年（990）	两浙市舶司驻地转移到明州
至道元年（995）	两浙市舶司驻地转移回杭州
咸平二年（999）	杭州、明州独立设置市舶司
绍熙元年（1190）	撤销杭州市舶司
淳祐八年（1248）	新置行在市舶务
德祐二年（1276）	杭州纳入元朝版图

按照表IV-1，位于杭州的市舶司，被移走1次，时间为5年；被撤销1次，时间为58年，则存在的时间总计不应少于224年。进入元

1　罗濬等：《宝庆四明志》卷六《市舶》，《宋元浙江方志集成》第7册，第3197—3198页。标点略有不同。

代，杭州市舶司依然被保留了一段时间。《元典章》载：

> 　　凭所赍文遣数目，依例收税，验至元二十九年（1292），杭州市舶司实抽办物货价钱，于杭州商税务课额上依数添加，作额恢办。将杭州市舶司革罢，将元管钱帛等物，行泉府司明白交收为主。为此，于至元三十年四月十三日奏过事内一件："江南地面里，泉州、上海、澉浦、温州、庆元、广东、杭州七处市舶司有。这市舶司里要抽分呵，粗货十五分中要一分，细货十分中要一分有。泉州市舶司里这般抽分了的后头，又三十分里官要一分税来。然后不拣那地面里卖去呵，又要税有。其余市舶司里，以泉州一般三十分要一分税的无有。如今其余市舶司依泉州的体例里要者。温州的市舶司并入庆元，杭州市舶司并入杭州税务里的，怎生？商量来。"奏呵，"那般者"。圣旨了也。[1]

按照此记载，到元世祖至元三十年（1293），杭州市舶司才被并入杭州税务司，其原来保管的钱物也被转移到泉州。这应该是杭州作为政治中心的功能消失后，其海外贸易的价值下降所致。

　　再回到杭州市舶司的位置问题上。旧的杭州市舶务位于保安门外朱家桥之东，新的杭州市舶务位于浙江清水闸河岸。《咸淳临安志》载：

> 　　城外：运河南自浙江跨浦桥，北自浑水闸、萧公桥、清水闸、众惠桥、椤木桥、朱家桥，转西，由保安闸至保安水门入城。（原注：土人呼城河曰"贴沙河"，一名"里沙河"）[2]

其中，"朱家桥"当为《乾道临安志》所言之"诸家桥"。由上引文可

1　《元典章》户部卷之八《市舶》，陈高华等点校，中华书局、天津古籍出版社，2011，第875—876页。
2　潜说友纂《咸淳临安志》卷三五《山川·河》，第1283页。

知，新旧市舶务衙署都位于城外运河的沿岸，旧址更靠近保安门，后者更靠近钱塘江。据杜正贤考证，保安门原称小堰门，位于临安城东墙的南部，有旱门和水门：

> 南宋初，增筑临安外城，对小堰门重新予以修葺，改名为保安门。保安门的位置十分重要，南宋时期，主管商贸的机构就设置在这里。由于往来人数众多，且舟车不息，因此保安门旁建有"小堰门瓦子"。（中略）保安门是一座旱门，"造楼阁"，原来门内不通水路，后为解决城外运河从门南端流入城内的问题，在保安门南端修建了水门，名为保安水门。从此，城外东南部的河流经保安水门入城。[1]

由此可见，来自海上的舶商应当从钱塘江进入城外运河，然后在市舶司处接受检查，之后货物可以沿运河经保安水门进入城内。这印证了马可·波罗所叙述的，来自印度的商人在运河沿岸的房屋中存储货物。

（三）澉浦与杭州的关系

前引《宝庆四明志》提到，"禁贾舶至澉浦，则杭务废"，这说明了澉浦与杭州市舶司的密切联系。吴振华即指出澉浦是杭州的"外港"。[2]澉浦位于今天的浙江省嘉兴市（宋代为秀州、嘉兴军）海盐县，是在宋代因盐业和海外贸易而兴起的市镇。《马可·波罗寰宇记》记载了澉浦作为海港的繁华：

> 再者，我使你知道，在距**行在** [P] 城二十五哩的东北和东方之间，就是**印度** [FB] 海洋，**海边** [P] 是一座叫作澉浦（Gampu）的

1　杜正贤：《南宋都城临安研究——以考古为中心》，上海古籍出版社，2016，第43—46页。
2　吴振华：《杭州古港史》，第115页。

城市，那儿是一处非常优良的港口，**所有** [R] 装载着大量**各类** [FA] 高价货物的巨大船只，**极大数量地** [P] 从印度和其他**境外** [FA] 地区**往** [FA] 来至此，**增加了这座城市的价值** [FA]。从此**行在** [R] 城到港口是一条大河，**河于此入海而形成港口** [R]，船只能通过此河上溯到达此城；**行在的船只装载着货物，整天** [R] 随其所愿地 [FB] **上行或下行，在这里向其他船只上装载货物，这些船只驶向印度和契丹（Catai）的不同地区** [R]。这条河流也流经比此城更远的其他地区**和城市** [FB]。[1]

马可·波罗的叙述得到了宋代地方志的证实。目前我们可以见到宋代后期完成的《澉水志》。按照陈林飞的介绍："从宋绍定三年（1230）开始著述，历时 26 年之久，直到宋宝祐四年（1256），《澉水志》才最终完成。"[2] 此书保存了宋代澉浦的重要信息。据《澉水志》：

> 市舶场在镇东海岸。淳祐六年，创市舶官；十年，置场。[3]

这应该是淳祐年间复建市舶场的情况。此书也记载了澉浦与外界的水路联系：

> 海在镇东五里，东达泉、潮；西通交、广；南对会稽；北接江阴、许浦；中有苏州；洋远彻化外。西南一潮至浙江，名曰上潭。自浙江一潮归泊黄湾，又一潮到镇岸，名曰下潭。东北十二里名曰白塔潭，可泊舟帆，亦险要处。虽在澉浦、金山两军之间，

---

1 *Marco Polo: The Description of the World,* Vol.1, pp. 328-335. 此据陈希初译，北京大学马可·波罗读书班会校稿。

2 陈林飞：《〈澉水志〉四种简介》，《浙江档案》2015 年第 5 期，第 46 页。

3 常棠：《澉水志》卷上《坊场门》，中华书局，1985，第 16 页。

相去隔远。[1]

"潭"当作"潬",即上文所言的沙潬。"潮"在这里为航海计程单位。按照何沛东的研究："潮汐'自涨而落或自落而涨'称为'一潮',古人以两地航道沿途潮汐相继发生的次数（或需要候潮的次数）表现航程的远近","以'潮'计程是以时间约计航程的一个形式,是古代航海从以时间计程向以里数计程发展的一个过渡形式"。[2]杭州湾海域为半日潮,一日夜会有两次潮起潮落,所以从澉浦到钱塘江口,约需要半天时间,回程需一日夜。因此,海商从澉浦到钱塘江口,沿临安的城外运河航行,接受市舶司检查,再经保安水门进入城内,是较为便利的。

《澉水志》也记载了海商的货物在镇内的运输情况：

> 六里堰在镇西六里,高下相去数仞,为惠商、澉浦、石帆三村灌田堤防之所,缘舟船往来,实为入镇门户,因置车索,今属本镇提督。三里堰在镇西三里,元无此堰。淳祐九年六月大旱,居民沿河私捺小堰,至水通,诸堰悉复毁去,独此堰为居民私置车索,邀求过往,久为定例。然军船之往来,盐场之纲运,酒库之上下,与夫税务诸场之版解,商旅搬载海岸南货,别无他歧,河流易涸,实为不便。况此方既有六里堰,足以防闭水利,此堰赘立,委是为害。淳祐十年,茶院酒官朱南杰申县开掘,济利一方；但提督诸堰,实隶镇官,常宜觉察重捺邀求之弊。[3]

据此记载,六里堰为进出澉浦镇的门户。淳祐九年六月,澉浦的居民为了抗旱,筑造了三里堰；不久此堰成了索求过路费的路障,并和六里堰

---

1 常棠：《澉水志》卷上《水门》,第10页。
2 何沛东：《试析中国古代的航海计程单位"潮"》,《自然科学史研究》2018年第4期,第438、445页。
3 常棠：《澉水志》卷上《水门》,第12—13页。

的功能重复，遂于次年被官员要求毁去。其中，海商要转运来自澉浦港的货物，也需要通过三里堰所在的河道。这条路线，即浙西运河，按照《宋史·河渠志》，此运河"自临安府北郭务至镇江江口闸，六百四十一里"。[1]六里堰、三里堰就是运河上的堰闸。所以海商的货物也可以在进入澉浦后，通过浙西运河，到达临安府。因此，从澉浦共有海路和河路两条进入杭州的路线，以承担此两地间物品往来的功能。

结　语

在中国近古史的研究中，江南史深受瞩目，这既是因为这里保存的资料相对丰富，但更重要的还是江南作为中国近古社会经济文化发达区域的缘故。杭州被称为宋代东南第一州，自然也是受到学界瞩目的地区。

以往学者多从当地农业、手工业以及商业的发展，以及人口的增多、区域市场的整合等方面来研究江南区域的发展史。然而海洋对于杭州崛起的影响也不应被低估。宋代的史料表明，杭州所在的钱塘江口虽然有涌潮和沙坎两种不利于航行的因素，但仍然有海船逆流而上，到达杭州城，这从数次出现的"上淉"一词就可以知道。在南宋，海路不仅是杭州居民获取海产品的途径，而且也是来自福建、广东的米粮的运输路线，同时还是外国货品进入我国的通道。杭州与澉浦、宁波有日常使用的海上通道，这也可以反映出两浙区域市场的发展情况。另外，虽然杭州港客观上受到自然条件的限制，但反而催生了附近地域海港的发展，因而到元代初年，两浙地区出现了5处市舶管理机构，这反映了经济中心地区与周边地区的协同发展。

不过正如贾志扬、柯胡等学者所指出的那样，对于河运和海运同样发达的江南地区，海洋贸易在其社会经济发展中究竟扮演了多么重要的

1　《宋史》卷九七《河渠志》，第 2405 页。

角色是很难界定的。我们很难像今天计算一个地区的生产总值那样，说明海洋贸易的经济贡献值。但无论如何，杭州的例子表明：研究江南经济的发展史，不能忽略海洋贸易的因素。而京杭大运河与海洋路线的关系，值得继续关注和研究。固然外国的商品如何进入中国是关键问题，但外国的商品在中国如何流通显然也同等重要。另外，海洋路线也不仅仅是中外交通的路线，浙、闽、粤乃至与山东等地的海上交通，同样值得我们进一步思考。

（原刊《杭州文史》2020年第2期，第18—37页）

后　记

　　展现在读者朋友们面前的这本小书，是我以 2022 年 6 月提交北京大学历史学系的博士学位论文为底本修改而成的，同时附上我攻读博士学位期间所发表的四篇相关论文。

　　本书能够完成，最应该感谢我的导师荣新江教授。在求学期间，荣先生不仅督促我阅读北京大学大雅堂马可波罗研究室和图书馆中的相关藏书，还让我参与到历史学系的海上丝绸之路研究项目中，使我得以阅读最新出版的海丝著作，并到相关遗址点进行考察，赴外地参加研讨会。荣先生更亲力亲为，带领学生到宁波、上海、苏州等地考察海上丝绸之路遗址点，拜访在地的海丝研究学者，调研考古研究和文物保护部门。荣先生承担多项研究任务，时间十分紧张，但每周仍定期听我报告研究进展，并给予指导。

在我完成本书初稿后，荣先生提供了十分细致的修改意见，大到篇章结构，小到注释规范。这种对学生高度负责的精神、对学术研究一丝不苟的态度，永远是我学习的榜样。

牛军凯、李庆新、刘迎胜、钱江、李鸿宾、朱玉麒、姚崇新、孟宪实、孟彦弘、陆扬、韩琦、叶炜、史睿、余欣、赵冬梅、党宝海、吴滔、於梅舫、游自勇、孙英刚、谢湜、杨培娜、叶少飞、贾利民、赵莉、陈贤武诸位专家学者对本书的写作和修改惠赐了宝贵的意见，这些意见有的高屋建瓴，有的细致入微，都起到了鞭策我前进的作用。感谢文欣、陈博翼、陈椰、林瀚、马晓林、罗帅、徐畅、刘子凡、陈瑞翾、林丽娟、李丹婕、陈春晓、段真子、马俊杰、付马、郭桂坤、吴天跃、徐冠勉、苗润博、求芝蓉、沈琛、李文丹、周杨、胡晓丹、李昀、王尔、张凯悦、徐维焱、张良、达吾力江、高燎、陈希、何亦凡、王四维、杨园章、李思成、林飖宇、张照阳、黄承炳、刘瑞、张子健、张建宇、林植林、冯婧、王燕彬、严世伟、刘祎、宛盈、王溥等师长、同学在本人专题研究中给予的帮助和关心。这是本书能够完成的关键。

本书的写作得到北京大学历史学系"'海上丝绸之路与郑和下西洋'及其沿线地区的历史和文化研究"项目、北京大学大成国学研究生奖学金（DC202012）的资助；社会科学文献出版社郑庆寰、赵晨、汪延平、梅怡萍诸位老师为本书的出版进行了细致的筹划和编校，谨表感谢。

最后感谢我的父母陈永得、余凤如对我的学业和研究长期以来的坚定支持，他们同样也是本书的衣食父母。

本书的主要内容，皆是在我三十岁之前完成。现在本书终于出版了，希望这意味着我的研究生涯也迎来而立之年，也希望我能够为读者朋友们带来新的著作。

于北大中古史中心图书馆

2023 年 9 月 20 日

图书在版编目（CIP）数据

东来西往：8—13世纪初期海上丝绸之路贸易史研究/
陈烨轩著. -- 北京：社会科学文献出版社, 2023.11
（北京大学海上丝路与区域历史研究丛书）
ISBN 978-7-5228-2574-8

Ⅰ.①东… Ⅱ.①陈… Ⅲ.①海上运输－丝绸之路－
历史－研究－8-13世纪②对外贸易－贸易史－研究－中国
－8-13世纪 Ⅳ.①K203②F752.9

中国国家版本馆CIP数据核字（2023）第181705号

·北京大学海上丝路与区域历史研究丛书·

东来西往
8—13世纪初期海上丝绸之路贸易史研究

著　　者 / 陈烨轩

出 版 人 / 冀祥德
组稿编辑 / 郑庆寰
责任编辑 / 赵　晨　汪延平
文稿编辑 / 梅怡萍
责任印制 / 王京美

出　　版 / 社会科学文献出版社·历史学分社（010）59367256
　　　　　　地址：北京市北三环中路甲29号院华龙大厦　邮编：100029
　　　　　　网址：www.ssap.com.cn
发　　行 / 社会科学文献出版社（010）59367028
印　　装 / 北京联兴盛业印刷股份有限公司

规　　格 / 开　本：787mm×1092mm　1/16
　　　　　　印　张：34　字　数：487千字
版　　次 / 2023年11月第1版　2023年11月第1次印刷
书　　号 / ISBN 978-7-5228-2574-8
定　　价 / 128.00元

读者服务电话：4008918866